齐树洁，男，河北武安人，1954 年 8 月生。1972 年 12 月自福建泉州一中应征入伍，1978 年 4 月从新疆军区某部退役。1982 年 7 月毕业于北京大学法律系，获法学学士学位。1990 年 8 月毕业于厦门大学民商法专业，获法学硕士学位。2003 年 11 月毕业于西南政法大学诉讼法专业，获法学博士学位。曾在西南政法学院、中国人民大学、香港大学、澳门大学、台湾政治大学、菲律宾雅典耀大学、英国伦敦大学、德国弗莱堡大学、法国巴黎第二大学、美国佛罗里达大学研修和访问。现为中国民事诉讼法学研究会副会长，厦门大学法学院教授、博士生导师、司法改革研究中心主任，澳门科技大学法学院兼职博士生导师。

Access to Justice

东南司法评论

SOUTHEAST JUSTICE REVIEW

（2014年卷·总第7卷）

主　编　齐树洁

执行主编　　刘旺婢　熊云辉

主　办　厦门大学司法改革研究中心
　　　　厦门市中级人民法院研究室

厦门大学出版社
XIAMEN UNIVERSITY PRESS

卷 首 语

强化司法职能，维护公平正义

■ 陈国猛 *

2013 年，厦门市中级人民法院（以下简称中院）在市委领导、市人大及其常委会的监督和上级法院的指导下，深入学习贯彻党的十八大、十八届三中全会精神，认真执行市十四届人大二次会议决议，忠实履行宪法和法律赋予的职责，各项工作取得了新的进展。全市法院受理各类案件 71997 件，办结 65652 件。其中市中院受理 9187 件，办结 8253 件。

一、强化司法职能，依法保障经济社会的发展

依法保障经济发展。中院认真贯彻市委十一届六次全会精神，指导全市法院把依法公正审判与服务保障大局统一起来谋划和推进。审慎处理涉及民间借贷、金融保险、股权转让、房地产买卖等纠纷案件，既防范金融风险又帮扶企业发展，保障宏观经济政策落实和产业结构调整，共审结各类商事案件 17654 件，标的额 60.27 亿元。积极服务跨岛发展、绿色发展，及时化解涉及重点项目、重点工程的矛盾纠纷 458 件，审结环境污染、破坏能源资源等案件 45 件。积极服务我市的创新发展，审结著作权、专利权、不正当竞争等知识产权案件 599 件，中院审理的 2 个侵害商标权纠纷案件入选"2012 年中国法院知识产权司法保护 50

---

* 作者系厦门市中级人民法院院长，二级高级法官。

个典型案例"①。审结涉外、涉港澳案件 686 件,努力以公正高效的司法为投资环境加分。

全力维护社会稳定。紧紧围绕深化平安建设的部署,依法严惩黑恶势力、杀人、抢劫、盗窃、毒品等危害社会治安犯罪,走私、合同诈骗、非法集资等破坏市场经济秩序犯罪和贪污、贿赂、渎职等职务犯罪,全年审结各类刑事案件 5362 件,判处罪犯 6258 人。坚持宽严相济的刑事政策,判处 5 年以上有期徒刑直至死刑 699 人,判处缓刑、管制等非监禁刑的 1775 人、免予刑事处罚的 98 人。以刑事和解方式审结轻微刑事案件 502 件 570 人。推行裁前公示、公开审理和集中宣判等阳光审判方式,办理减刑、假释案件 1373 件,受到福建省高级人民法院充分肯定并在全省会议上介绍经验。积极参与社会治理,坚持寓教于审,对 262 名未成年罪犯实行轻罪记录封存②,帮助 23 名失足青少年复学、就业。针对案件审理中发现的社会管理漏洞,提出司法建议 90 余条,积极与民革厦门市委合作"我市农村征地补偿款分配方案的规范化研究"课题,帮助相关部门依法解决涉农征地纠纷等问题。

积极参与依法治市。加强对行政行为的合法性审查,保障行政相对人的权益,促进依法行政,审结行政案件 337 件,审查非诉行政执行案件 1247 件。建立健全每年发布"行政审判白皮书"制度,积极为政府出台规范性文件、处理公共突发事件等提供法律意见。推进司法与行政的良性互动,行政机关负责人出庭应诉率大幅提升。积极宣传法制,深入推进以案释法,组织基层群众旁听"3·10"

---

① 2013 年 4 月 22 日,最高人民法院发布《中国法院知识产权司法保护状况（2012 年）》（即白皮书）,公布 2012 年中国法院知识产权司法保护十大案件、十大创新性案件和五十个典型案例。这些案例都具有较强的法律适用意义及较大的社会影响,不仅展示了中国法院知识产权司法保护工作的成绩和力度,同时也为当事人提供了可资借鉴的维权范本。市中院一审的"年年红国际食品有限公司与德国舒乐达公司、厦门国贸实业有限公司侵害商标权纠纷案"及"周志坚与厦门山国饮艺茶业有限公司侵害商标权纠纷案"（省高级人民法院二审均维持原判）同时入选 50 个典型案例,占全省法院入选总数的 50%。

② 修订后的刑诉法专门设立了未成年人轻罪记录封存制度,规定对犯罪时不满十八周岁、被判处五年有期徒刑以下刑罚的未成年人的犯罪记录,应予以封存,除司法机关为办案需要或者有关单位根据国家规定进行查询外,不得向任何单位和个人提供。依法进行查询的单位,应当对被封存的犯罪记录的情况予以保密。

特大跨国电信诈骗案①等典型案件的宣判,配合最高人民法院在中院成功召开打击电信诈骗犯罪新闻发布会;与思明区法院共建"鼓浪屿公民司法体验基地"②;在全市法院全面推行"小法官"夏令营活动③;与电视台合作播出 52 期"法院视点";翔安区法院还依托闽南之声广播节目加强对农村群众的普法宣传,充分发挥司法的教育、评价、指引、示范功能,在全社会弘扬法治精神。

二、坚持司法为民,切实维护群众的合法权益

妥善审理与群众生产、生活密切相关的案件。全年共审结各类民事案件 23945 件。注重依法保障民生,审结婚姻家庭、教育医疗、劳动就业、人身伤害、征地拆迁、住房消费等案件 15128 件,强化对妇女、儿童、老人、农民工、残疾人等群体的权益保障。与市总工会、市劳动争议仲裁委员会建立调、裁、审一体化工作机制。积极开展涉民生案件和农民工工资专项执行活动,为 3460 名工人追回被拖欠工资 1.11 亿元。依法严惩危害人民群众生命健康犯罪,审结危害食品药

---

① 2011 年 3 月 10 日,公安部刑事侦查局与台湾刑事警察局成立"3·10"联合专案组,将涉及海峡两岸相关电信诈骗案件并案侦查。同年 6 月,两岸及柬埔寨、印尼、马来西亚、泰国等地警方统一行动,成功摧毁了跨境电信诈骗犯罪集团,一举抓获犯罪嫌疑人 598 人,其中部分大陆犯罪嫌疑人由厦门市公安局带回厦门立案侦查。2013 年 7 月 15 日至 23 日,市中院根据最高人民法院的指定管辖决定,对相关系列案 8 件 56 个被告人进行了集中公开开庭审理,查明诈骗 360 余起,被害人涉及 10 余个省市区计 180 余人,诈骗数额 1556 万余元。8 月 29 日,市中院以诈骗罪分别判处 56 名被告人二年零三个月至十二年不等的有期徒刑,并处罚金。十余名全国、省、市人大代表、政协委员旁听了案件宣判。最高人民法院同时在市中院召开新闻发布会,通报了人民法院依法严惩电信诈骗犯罪活动的有关情况。人民日报、新华社、凤凰卫视等境内外 40 多家媒体进行了现场采访,中央电视台新闻频道首次对法庭宣判和新闻发布会同步进行了现场直播。

② 该基地系市中院和思明区法院依托鼓浪屿法庭,利用法院自身司法资源和鼓浪屿人文优势,共同精心打造的一个集法制宣传、司法体验和廉政教育等功能为一体的公益项目。它具有"互动体验"、"3D 动感高科技"等特色元素。基地建成后,大量中小学生、社会群众纷纷前往参观体验。上级法院、省、市相关部门领导及台湾地区大法官、澳门地区参访团等嘉宾视察参观后,均给予高度评价。

③ 该活动系我市法院针对未成年人身心特点量身打造的一项普法教育活动。2002 年由思明区法院首创,通过组织参观法庭、开展模拟审判、案例讨论和法律知识竞赛等活动,对中小学生开展"互动""体验"式普法教育,每年暑期举办一次,至今已举办十一届,受到社会的广泛好评。活动自 2009 年起在市中院推行,2013 年推广到全市两级法院,累计有数千名中小学生参与。2014 年 1 月 3 日,在中央综治办、团中央、中国法学会联合举办的"未成年人健康成长法治保障制度创新事例评审"活动中,思明区法院未成年人"小法官"夏令营工作制度获评全国 50 件优秀事例。

品安全、危险驾驶等案件 1318 件。与厦门警备区共建"法律维军网"，邀请部队官兵旁听庭审、座谈培训，审结涉军案件 42 件。

不断完善司法便民措施。大力改进诉讼服务中心的软、硬件建设，增设对外咨询和诉讼材料转递窗口，完善立案"绿色通道"和网上立案审查等便民措施，尽量缩短立案审查期限，加强诉讼指导和风险提示，方便群众诉讼。加大司法救助力度，为确有困难的 1641 件案件的当事人依法缓交减免诉讼费 291.96 万元，向 373 名刑事被害人、特困申请执行人发放救助款 269.81 万元，为 400 余名被拖欠工资的工人提供司法评估援助。①

加大力度化解涉诉信访案件。认真贯彻落实涉诉信访工作改革措施，建立完善法院内部接访、约访、备访机制，积极引导涉诉信访人遵循法律途径解决合理诉求。开展新一轮集中清理涉诉信访积案活动，依法化解信访积案 52 件。认真落实信访工作责任制，重视一审、二审、执行等环节的初信初访，全面实施案件审判效果和社会稳定风险"双评估"，推行判后答疑、申诉听证等做法，努力预防和减少涉诉信访问题的发生。全年信访投诉率为 0.23%，同比下降 0.08 个百分点，海沧区法院连续 7 年没有赴省进京越级上访案件。

三、深化司法改革，着力促进司法公正高效

努力健全审判管理监督机制。严格贯彻执行修改后的刑诉法和民诉法，完善二审开庭、庭前会议、刑事量刑规范化、民事小额速裁、行政简易程序、知识产权"三合一"审理等机制。发挥特区优势在司法改革方面先行先试，指导湖里区

---

① 为切实保障生活困难的当事人参与诉讼时申请评估、鉴定的权利，市中院与经考核合格的评估、鉴定机构签订协议，对经严格审核筛选、符合《厦门市法律援助条例》规定且因特殊紧急情况需尽快完成司法评估、鉴定程序的无人支付或难以支付评估、鉴定费用的群体性紧急案件以及伤者急需治疗费、生活费的工伤事故、交通事故案件，统一从入册机构中，摇号确定承担援助任务的机构顺序，待符合接受援助的情形发生时，再依序确定相应机构并及时按要求完成评估、鉴定任务。

法院启动审判综合改革试点①。强化审判监督指导,修改完善案件质量评查办法,建设庭审监控评查系统,认真开展对申诉信访、上级法院发回重审等案件的专项评查和裁判文书、庭审"两评查"活动,提高办案质量。8个庭审获评全国、全省法院优秀庭审。充分发挥审委会总结审判经验、指导司法实践的作用,对财产保全等工作进行统一规范。通过案例指导、业务培训交流、评选精品案例、定期通报二审发改案件等方式,统一全市法院的法律适用和裁判尺度,规范自由裁量权。强化审判流程管理,实行审限分段预警,科学调配办案力量,根据收、结案情况适时分流案件,着力提高审判效率。

不断深化执行工作机制改革。针对代表反映强烈的执行难问题,中院积极争取市委、市政府的支持,启动了"点对点"网络执行查控系统建设②,与厦门银监局及各金融机构建立协作联动机制,通过网络对被执行人银行存款实施查询、冻结、扣划,并纳入全市诚信信息共享平台建设。开展"反规避执行"集中统一行动,对拒不执行生效裁判的被执行人在电视、报刊上曝光77人,在最高人民法院失信被执行人名单库及福建省高级人民法院政务网公布269人,限制高消费、限

---

① 2013年8月,湖里区法院被省法院确定为全省法院审判综合改革的试点单位。经过几个月的充分调研论证,在直接挂钩联系湖里区法院的最高人民法院杜万华专委的亲自指导和湖里区委的支持领导下,经过省、市、区三级法院的共同努力,研究确定了改革方案并于2014年1月1日正式实施。市中院、湖里区委分别成立改革指导小组和改革领导小组,中院院长、区委书记分别担任组长。改革的主要任务是围绕实现人民法院依法独立公正权威行使审判权这一目标,在构建审判权力运行机制、打造精英法官、实施法院工作人员分类管理和深化司法公开等方面积极探索新方向、新路径,为全省法院司法改革探索总结成功、成熟的做法和经验。

② 系指法院与各商业银行、公安、工商、税务、房管、土地等单位"点对点"搭建网上系统平台,进行相关数据信息的直接交换,更好地发挥执行联动机制的作用,提高执行效率,协力解决"执行难"问题。市委政法委对该系统建设高度重视,不但大力支持各项工作,而且将它列入2013年全市社会管理创新的重要项目,作为厦门市诚信信息共享平台的子平台来协调推进。系统的建设首先选择涉及单位最多、业务需求量最大、数据格式最复杂的中资在厦银行业金融机构进行合作。自2013年10月21日系统上线运行至年底,全市法院通过该系统向各银行发出查询被执行人存款指令7.31万条,查询到存款15.84亿元;发出冻结(解冻)指令1540条,涉及款项3.15亿元;发出扣划指令1138条,扣划款项2394.44万元,大大提高了办案效率。目前正在推进与在厦外资银行及市公安局、土房局、工商局等单位的联网对接工作。

制出境、司法拘留 143 人。在全省率先启动司法拍卖机制改革①，通过现场和互联网相结合竞拍的方式进行公开拍卖，有效防范围标、串标行为，提高了执行财产的变现率。全年共执结案件 16660 件，执结标的 126.45 亿元，同比分别上升 0.62％和 31.93％。

大力推进诉调对接机制改革。在两级法院全面设立诉调对接中心，聘请退休政法干警、退休教师和法学专业人士担任特邀调解员，与市司法局合作设立"法律援助中心市中级法院工作站"，邀请律师进驻法院提供法律援助服务，总结和推广集美区法院对适宜调解的案件立案预登记的做法②，两级法院诉调对接中心成功调解案件 6607 件，占全年民、商事案件结案数的 15.88％。总结完善道路交通事故一体化调处机制，全市交通事故损害赔偿案件从 2012 年的 10630 件下降到 2013 年的 8948 件。中院与市司法局、台办、贸促会、证券期货业协会建立诉调对接机制，与筼筜街道共建"法官工作室"，加强对行业调解和人民调解的业务指导。加强诉讼调解，全市法院一审民商事案件调撤率达 66.91％，同比提高 1.68 个百分点。

探索创新涉台司法工作机制。中院专门成立涉台案件审判庭，推行涉台民事、刑事、行政案件"三合一"集中审理机制，制定涉台案件集中管辖办法，受到了台胞、台商的欢迎。两级法院全年受理涉台案件 1203 件，审执结 907 件，协助和委托台湾地区法院调查取证、送达司法文书 175 件。中院依托台商协会设立全

---

① 改革主要突出"四个统一"：即统一司法拍卖平台、统一拍卖场所、统一保证金监管、统一采用电子竞价或电子竞价与现场竞价相结合的方式。同时，在拍卖机构的组合上改革正、候选制为联合竞拍制，对各拍卖机构实行拍前、拍中、拍后三个阶段 15 项重要节点的量化考核，凡一年内被法院黄牌警告 2 次或总评分低于 80 分的拍卖机构不得参与下一年度的司法拍卖活动。自 2013 年 7 月 1 日正式实施以来，全市法院共计实施拍卖 120 件，成交 80 件，成交额 5.4 亿元，成交率 66.7％，溢价率达 10.01％。

② 为促进多元纠纷解决机制的建立健全，鼓励当事人选择非诉讼方式解决纠纷、化解矛盾，根据《中华人民共和国民事诉讼法》、《中华人民共和国人民调解法》、《最高人民法院关于建立健全诉讼与非诉讼相衔接的矛盾纠纷解决机制的若干意见》及《厦门市人大常委会关于完善多元化纠纷解决机制的决定》等相关规定，2013 年 12 月，市中院在总结集美区法院试点经验的基础上，制定了《立案预登记制度操作规程（试行）》，在全市法院试行立案预登记制度。立案预登记制度遵循自愿、合法、高效、便民的基本原则。人民法院在一审民商事案件立案审查时，征得起诉人同意后，对适宜调解的案件暂缓立案，转为立案预登记，引导当事人通过非诉讼解决机制解决矛盾纠纷，及时有效化解矛盾。对立案预登记及先行调解的案件，法院一律不收取费用。

国法院系统首个"涉台司法服务站"①,定期举办台胞陪审员、调解员培训班,加强法律宣讲和业务指导。大力加强大陆与台湾地区法律问题研究,积极参与"两岸关系和平发展协同创新中心"②建设,完成市社科院涉台审判机制改革重点课题。两岸司法交流取得突破,台湾"海基会"董事长林中森一行、台湾地区金门、连江地方法院院长等7名法官及"海基会"婚姻参访团、台湾律师代表参访团相继到我市法院参访交流,我市法院成为台湾地区法官首次以公职身份参访的大陆法院;中院院长应邀赴台参加"第二届海峡两岸暨香港澳门司法高层论坛"并在论坛研讨中作主题报告。我市涉台司法工作的影响力迅速提升,国台办以及人民日报、新华社、中央电视台等国家级主流媒体均给予充分的肯定。

着力完善司法公开机制。组织司法透明度课题调研,加强法院网站建设,两级法院全部开通官方微博,加大裁判文书上网及立案、庭审、执行公开力度,举办54场主题开放日活动,邀请各级人大代表、政协委员及社会各界代表2264人参观座谈、旁听庭审、见证执行或参与法院组织的明察暗访。选取有代表性的案件听取人大代表、基层群众的意见,努力使裁判结果在法律规定的范围内更加贴近群众的公平正义观念。加强人民陪审员工作,全市307名人民陪审员参与审理案件5791件,一审陪审率达85.81%,同比提高5.96个百分点。

四、着眼司法公信,不断强化法院自身建设

以主题教育实践活动为载体强化思想作风建设。坚持抓党建、带队建、促审判,引导干警坚定司法为民的宗旨理念和公正司法的价值追求。扎实开展群众路线教育实践活动,中院召开征求意见会9场,发放征求意见函750份,分解落实87条整改项目,开展改进司法作风专项教育活动,出台信访举报提醒谈话、检察建议办理等制度,完善挂钩联系基层、党建结对、困难帮扶等群众工作机制,建

---

① 该服务站系全国法院系统首个依托当地台商协会设立的涉台司法服务综合平台。主要职能包括开展法律宣导、指导台协调解、引导进行司法确认与正确诉讼、提供法律咨询、收集台胞、台商对司法工作的意见建议等。

② 该中心系厦门大学、复旦大学、中国社科院台湾研究所、福建师范大学等多家单位机构共同组建的以"两岸和平发展"为研究方向的新型智库机构。市中院与该中心的协作项目主要集中在两岸法院司法互助、审判实务交流、司法改革区域比较研究等领域。

立青年法官基层工作联系点,与基层村企共建的"四方联创"机关党建品牌①被授予第二届"厦门市机关党建十大品牌"。建立完善涵盖审务、政务、信访等内容的综合督查机制,对两级法院开展 9 次巡查督查,有效提高了司法效率和机关效能。

以提升能力素质为目标强化人才队伍建设。通过举办讲座、沙龙、研讨等多种形式加强审判业务培训,与厦门大学共建法学教育实践基地。加强对疑难复杂案件的研究,我市报送的 101 个案件入选 2013 年《中国法院年度案例》。中院年度调研成果、学术论文获奖数、信息工作均名列全省法院第一,中院和思明区法院同时获评全国法院第 25 届学术讨论会"组织工作先进奖"和《人民法院案例选》先进工作单位"。全市 4 名法官获评"第二批全省法院高层次审判人才",中院 1 名法官入选"厦门市第七批拔尖人才"。中院成立首届青年工作委员会,建立初任法官履职宣誓制度,开展审判业务导师与青年干警结对子传、帮、带活动,选派干警到街道、社区挂职锻炼,加强对青年干警的锻炼和培养。完善干警业绩档案,建立综合绩效考评机制,加大竞争性选拔干部的力度,采取"双向选择"的方式对 41 名干部进行轮岗,有效地激发了队伍活力。

以源头防治为重点强化司法廉洁建设。认真开展警示教育和司法廉洁教育活动,加强和改进随案发放办案监督卡②工作,完善与司法局、律师协会的联席会议制度,积极构建廉政风险防控机制,被确定为市级"廉政文化建设联系点"和"廉政风险防控建设联系点",中院司法巡查工作③被推荐在全国法院纪检监察

---

① 这是市中院与海沧区法院、厦门钢宇工业有限公司、海沧区东孚镇寨后村建立的法院、村、企党建联创联建工作新模式。其目的在于通过与村企基层党组织开展互动、互助、互建式的联创联建活动,加强基层服务型党组织建设和基层党建资源整合,更好地发挥基层党组织在推动发展、服务群众、凝聚人心、促进和谐中的作用。开展这项活动以来,共组织党员法官进村入企开展法律服务 10 余次,结对帮扶孤困儿童和优秀困难学生 20 余名。

② 2008 年,市中院建立了每个案件当事人在立案的同时就能收到印有最高人民法院"五个严禁"等廉政纪律和举报办法的办案监督卡制度,但存在回收率不高的问题。为此,2013 年中院重点在监督卡的内容和形式上进行改进和完善。在内容上,尽量简化填写,让当事人通过打钩的方式即可完成评价;在形式上,将监督卡设计成已印好邮编、收件单位的标准信封,回寄邮资由法院总付,方便了当事人回寄。实施该办法以来,回收率明显提高。中院通过对监督卡反映问题意见的汇总、分析和核查、整改,有效促进了法院工作。

③ 司法巡查工作是指上级法院对下级法院领导班子建设、司法业务建设和队伍建设等情况开展驻点巡查。2011 年以来,市中院先后派出 4 批工作组,完成了对翔安、海沧、思明和同安 4 个基层法院的驻点巡查,通过个别谈话、走访座谈、调查测评、列席会议、调阅文件资料、明察暗访等多种形式,发现和梳理了 52 项各类问题,通过回访、派人蹲点督办、领导约谈、巡查督察、建章立制等形式促进问题整改。同时,积极向被巡查法院同级党委通报巡查情况,争取政法委、组织部门的支持,有力协调、推动了法院的各项建设,促进了司法的公正廉洁。

工作会议上交流经验。深入贯彻中央"八项规定",对会员卡清退、违规配置使用公车、违规经商营利、办公用房清理等情况进行专项治理。加大违纪案件查处力度,采取廉政提醒谈话、批评教育、完善制度、纪律追究等措施,努力防止司法活动中的不正之风和消极腐败问题。

以监督指导为抓手强化基层基础建设。加强对基层法院领导班子的协管力度,完善对基层法院队伍建设、党风廉政建设、党建工作、综治工作责任状的考评和半年巡回督查、年终班子述职述廉制度,推动全市基层法院比学赶超、科学发展。完成全市人民法庭统一标识建设,增设湖里区法院殿前法庭和同安区法院西柯法庭,完成看守所远程视频提讯建设。出台厦门法院文化建设三年规划,推动两级法院文化建设再上新水平,同安区法院"运用民俗资源,培育乡土法官"项目获评全国法院文化建设特色项目。深入开展创先争优活动,全市法院共有 26 个集体、23 名个人受到省级以上表彰,纪检监察、司法警察、信息化建设、涉军维权、司法宣传等工作得到最高人民法院和省有关部门的肯定和表彰,新评省级以上"青年文明号"4 个,新增省级"巾帼文明岗"3 个、全省"优秀法庭"2 个。中院在全省法院年度工作责任状综合考评中再度名列第一,取得"三连冠"佳绩。中院民一庭被评为"全国法院先进集体"。

2014 年,全市法院要深入学习贯彻党的十八大、十八届三中全会和习近平总书记系列重要讲话精神,围绕市委十一届六次全会的部署,充分发挥审判职能,为全面深化改革、建设美丽厦门提供更加有力的司法保障。

1. 坚决维护宪法和法律的权威,大力营造良好的法治环境。要深刻认识人民法院在加快推进法治建设中的神圣职责,坚持依法独立公正审判,保障宪法法律的正确实施。加大对诚信行为的保护力度和对失信行为的惩罚力度,大力强化以案释法和法制宣传工作,发挥司法裁判的导向作用,彰显法治精神,努力让人民群众在每一个司法案件中都感受到公平正义,夯实经济社会发展的法治基础。

2. 切实发挥审判职能作用,服务我市发展稳定大局。紧紧围绕全面深化改革的部署,依法妥善审理与经济、政治、文化、社会和生态文明体制改革密切相关的各类案件。认真落实平安建设各项措施,通过个案审判,依法妥善化解矛盾纠纷。立足司法职能,努力在依法推动完善符合市场规律的商事登记制度及公司治理与退出机制、促进产业转型升级、健全现代市场体系、推动城乡发展一体化、深化两岸交流、保障两岸金融服务中心建设、提升社会治理能力、创新资源环境保护体制机制等方面发挥更大的作用。

3. 大力弘扬特区精神,积极落实中央司法改革部署。发挥特区的改革试验田作用,在湖里区法院试行审判综合改革,探索构建科学合理的审判权力运行机制,完善主审法官、合议庭办案责任制。全面推进生效裁判文书上网公开和案件全程录制庭审资料,实施人民陪审员"倍增计划",巩固提升审判流程公开、裁判文书公开、执行信息公开三大平台建设。树立科学的刑事司法理念,全面推进量刑规范化改革,突出庭审中心地位,尊重和保障律师依法履职,建立健全防范冤、假、错案的工作机制,抓好轻微刑事案件快速办理机制暨发挥拘、役、刑教育矫治作用改革试点工作。学习借鉴"枫桥经验",进一步深化诉调对接机制改革。继续推进执行工作机制和司法拍卖机制改革,设立执行指挥中心,推进与公安、土地房产、工商等部门的联网查控。探索建立涉诉信访依法终结制度,推动涉诉信访纳入法治轨道解决。继续在海沧区法院试行"家事法庭"审判模式,探索专业化审判机制。

4. 不断加强法院队伍建设,持续提升司法公信形象。巩固深化党的群众路线教育实践活动成果,深入贯彻落实习近平总书记在中央政法工作会议上提出的四个"决不允许"的要求,认真贯彻最高人民法院进一步加强人民法院纪律作风建设的指导意见,深入开展正风肃纪教育活动,建立健全改进作风的长效机制。坚持以正规化、专业化、职业化建设为导向,深化干部人事制度改革,加强司法能力建设,不断健全科学合理的审判业绩考评机制,提高队伍管理水平。持之以恒地贯彻落实"八项规定",严格规范司法行为,坚决查纠"冷、硬、横、推"、"庸、懒、散、奢"等不正之风。深入推进廉政风险防控机制建设,强化"事前预警、事中监控、事后查究"的监督防线,健全司法权力运行的制约和监督体系,确保司法公正廉洁。

目　录

司 法 调 研

厦门涉台审判机制改革及两岸法院司法互助研究报告

■厦门市中级人民法院课题组*

摘要:本课题组从厦门涉台审判机制改革的宏观路径、实践运行、改革中的问题与对策以及两岸法院司法互助四个方面展开调研。在此基础上,从宏观和微观上对厦门涉台审判机制改革及两岸法院司法互助进行实证研究,重点分析了改革及两岸司法互助中遇到的问题,并提出了相应的对策。

关键词:厦门法院　涉台审判　审判机制　司法互助

*　课题第一负责人:陈国猛(厦门市中级人民法院院长);课题第二负责人:陈动(厦门大学法学院教授)。课题组成员:郝勇(厦门市中级人民法院副院长)、黄小民(厦门市中级人民法院副院长)、傅远平(厦门市海沧区人民法院院长)、刘旺婢(厦门市中级人民法院研究室主任)、李桦(厦门市中级人民法院涉台庭庭长)、曹发贵(厦门市海沧区人民法院副院长)、黄鸣鹤(厦门市中级人民法院研究室副主任)、郑文雅(厦门市中级人民法院法官)、陈璐璐(厦门市中级人民法院法官)、罗小茜(厦门市海沧区人民法院法官)、靳羽(厦门市中级人民法院法官)、罗发兴(厦门市中级人民法院法官)、刘远志(厦门市中级人民法院法官)、刘国如(厦门市中级人民法院法官)、李婧(厦门市中级人民法院书记员)、吴成杰(厦门市中级人民法院书记员)、陈进杰(厦门市海沧区人民法院法官)、叶炎乾(厦门市海沧区人民法院法官)、王思思(厦门市中级人民法院法官)。报告执笔人:王思思。本研究报告系厦门市社会科学院2013年重点课题"厦门涉台审判机制改革及两岸法院司法互助研究"(课题编号:厦社科研[2013]15号)的结项报告。

引　言

　　厦门作为海峡西岸的中心城市，与台湾地区有着"地缘近、血缘亲、文缘深、商缘广、法缘久"的"五缘"优势。近年来，厦门法院坚持把推动涉台审判机制改革、加强涉台案件审判以及涉台司法互助及交流作为贯彻中央新时期对台工作大政方针和落实《厦门市深化两岸交流合作综合配套改革总体方案》的重要举措，大胆创新，率先在厦门市海沧区人民法院（以下简称海沧法院）成立了全国首个涉台专业法庭，并推动创设了厦门两级涉台案件集中管辖工作。与此同时，涉台司法互助及司法交流也取得了积极的进展。从 2012 年 2 月开始实行集中管辖至今，厦门涉台审判机制改革已经走过了一年多的历程。本课题报告将从厦门法院涉台审判机制改革的宏观路径、实践运行、改革中的问题及对策，以及两岸法院司法互助的发展及问题和对策等四个方面展开调研，从宏观及微观上对厦门涉台审判机制改革及两岸司法互助展开实证研究，分析其中的问题并提供进一步的对策及建议。

第一部分　厦门涉台审判机制改革的宏观路径

　　随着《海峡两岸经济合作框架协议》（ECFA）的签订，两岸经贸文化交往更加频繁，涉台纠纷也越来越多。而涉台案件具有较强的政治性、政策性，客观上需要专业化的审理。厦门市海沧区是全国设立最早、面积最大、台商投资最集中的台商投资区，海沧法院作为最高人民法院司法改革联系点，在涉台案件集中管辖方面先行先试，积极向最高人民法院司法改革办公室（以下简称司改办）申报"审判管理暨对台审判工作方面集中管辖"改革项目。2011 年 12 月 20 日，最高人民法院司改办书面批准将该项目列为 2012—2014 年的改革项目。厦门法院涉台审判机制改革从此拉开了序幕。厦门的涉台审判机制改革，从宏观架构上看，经历了从涉台民商事案件集中管辖，到涉台民商事、刑事、行政案件"三合一"集中管辖的过程。

一、民商事案件的集中管辖

　　集中管辖是最高人民法院以司法解释或批复的形式就某一辖区内特定类型的案件成批量的指定或准许某一法院审理的管辖制度。集中管辖制度的核心内容是将通常应由不同法院管辖审理的某类案件交由若干个特定的法院集中管辖和审理，以实现司法资源和案件数量的合理配置。目前我国施行或者试行集中管辖的案件类型比较多,主要集中在民商事案件和刑事案件中,包括:最高人民法院确定实行的涉外民商事案件的集中管辖、知识产权案件的集中管辖、涉及金融危机的商事案件的集中管辖,各地人民法院探索实行的未成年人案件的集中管辖、劳动争议案件的集中管辖、资金链断裂引发的企业债务案件的集中管辖等等。[①]

集中管辖不是专门管辖,专门管辖是指对某些特殊性质的案件只能由专门法院行使管辖权。根据《法院组织法》的规定,专门管辖是指军事法院、海事法院和铁路运输法院等3种专门法院的管辖。[②] 在我国,集中管辖源于最高人民法院对涉外(含涉台)民商事案件管辖权的调整。2002年2月25日,为应对加入世界贸易组织的需要和保证良好的国家司法形象,最高人民法院颁布了《关于涉外民商事案件诉讼管辖若干问题的规定》(以下简称《涉外案件管辖规定》),规定将以往分散由各基层人民法院、中级人民法院管辖的涉外民商事案件集中由收案较多、审判力量较强的少数中级人民法院和基层人民法院管辖,以克服涉外民商事案件审判过程中的地方保护主义现象,并提高涉外民商事案件的审判质效。此后,集中管辖被广泛用于某些专业性较强的案件类型。一些法院根据所属辖区的区位特点及案件审理情况,就知识产权纠纷、环境纠纷、医疗纠纷等类型案件的集中管辖进行了诸多有益的尝试。

(一)集中管辖的价值

与将涉台民商事案件分散于各个法院内部庭室审理相比,由专门的涉台法庭集中管辖无疑更显优势。

1. 有利于克服司法领域的地方保护主义

我国法院审级建制基本上与行政区划一致,地方法院的人事、财政、编制、经费等都依赖于地方。在这种体制下,地方法院很容易变为“地方的法院”。而实行集中管辖,将某类案件指定由某一法院审理,可有力地排除地方保护主义的干扰,实现案件的公正审理。

2. 有利于优化司法资源配置

需要集中管辖的案件类型,往往较为复杂或者具有其特殊性,如分散于各个法院,法院审判人员受业务水平、驾驭该特定类型案件的能力所限,可能对案件审理难以把握,容易造成错案或审理期限的拖延。此外,某些法院的该特定类型

① 叶赞平、刘家库:《行政诉讼集中管辖制度的实证研究》,载《浙江大学学报》2011年第2期。

② 黎章辉:《涉外民商事案件集中管辖要论》,载《人民司法》2002年第7期。

案件往往案源不足，如将案件分散受理，则会浪费司法资源。而对于被赋予该类型案件管辖权的法院，审判力量往往较强，法官的审判经验也相对比较丰富，且法官长期审理该类型案件，随着经验的积累，其驾驭该类型案件的能力也会提高，有利于优化司法资源的配置。

3.有利于统一裁判尺度

法官要正确适用法律，维护公平正义，需要良好的法律素养，而法律知识仅仅是其中的一个组成部分，与案件相关的其他专业知识同样不可或缺。实行集中管辖，对弥补传统按民事商事区分庭室导致的专业性不足的缺陷，打造专业性的审判队伍，提高法官的素养，无疑意义重大。实行集中管辖还可以克服广受诟病的同案不同判现象，确保区域内该类型案件司法裁判的统一性。

（二）厦门涉台民商事案件集中管辖的必要性

1.涉台审判工作自身的客观需求

与涉港澳、涉外民商事纠纷相比，涉台民商事纠纷具有较强的政治性、政策性，更为敏感。涉台审判工作不仅直接关系到对台工作大局、祖国和平统一、两岸和谐交流，还直接关系到台湾同胞的切身利益和台湾同胞对大陆司法的认同感和信任度。这就要求对台工作的各项政策在涉台审判工作中得到统一贯彻，充分保障涉台审判的质效，保证案件得以公平公正的处理，杜绝同案不同判现象。这在客观上就需要对涉台案件施行集中管辖，由熟悉对台政策、政治素质过硬、具有较高法律素质和人文素养的法官进行专业化的审理，从而平等地保护两岸民众，树立祖国大陆司法体系的权威，增强台湾地区民众对祖国的认同感。此外，为改变以往各自为政、资源分散的司法交流状况，客观上亦需要集中管辖这一交流纽带和平台，以促进和实现两岸司法交流的常态化和机制化。事实上，这种因某一群体的特殊性而实行集中管辖的事例，在台湾地区也存在。2013 年 1 月，台湾地区为保障原住民的权益，在 9 所地方法院设置原住民专业法庭。①

2.解决涉台审判困境的现实需求

涉台民商事案件审理的难点在于涉案台籍人员或企业身份的特殊性、大陆与台湾地区法律差异和司法互助机制不健全带来的各种困惑。通过涉台民商事案件的集中管辖，进行专门审理，不但可以由集中管辖的法院统一办理协助涉台送达、对台委托送达等事宜，还可以统一由集中管辖的法院做好与台湾事务办公室、对外经济贸易发展局、台商投资企业协会等单位的沟通、协商工作，使集中管

---

① 施圣文:《部落新闻眼:被忽略的权利:观察原住民法庭设置》,http://www.lihpao.com,下载日期:2013 年 10 月 8 日。

辖的法院成为台胞、台商投诉、维权的重要窗口和对台先行先试的司法交流平台。

3.发挥厦门自身优势的必然要求

厦门与台湾一水相隔,习俗相近、语言相同、文化相承,有"地缘近、血缘亲、文缘深、商缘广、法源久"等五缘优势;有中央加强社会管理制度创新的决定以及给予福建先行先试政策的政策优势;厦门的台企数量占全省数量的一半以上,投资总额是全省的 67% 以上,台企数量多、投资巨大,有着经济总量上的优势。海沧作为全国最大的台商投资区,台资总额占据厦门的半壁江山,已成为台商投资集中地之一。① 经济总量巨大,必然出现案件量不断提升的趋势,有必要实行专业化的审判,提升审判质量。为发挥厦门自身的优势,有必要创新目前的涉台案件管辖机制,以便更好地服务于海西建设。

二、从涉外民商事案件集中管辖到涉台民商事案件集中管辖

从涉外(含涉台)商事案件集中管辖,到专门的涉台民商事案件集中管辖,厦门法院经历了一个发展变化的过程。

(一)涉外民商事案件集中管辖

2002 年 3 月 1 日之前,厦门市中级人民法院(以下简称厦门中院)管辖厦门地区范围内的涉台民商事案件,由厦门中院经济庭审理。2002 年 3 月 1 日起,根据福建省高级人民法院(以下简称福建高院)《关于执行〈最高人民法院关于涉外民商事案件诉讼管辖若干问题的规定〉的意见》,厦门中院管辖厦门、龙岩、泉州、漳州四个地区范围内的第一审涉台民商事案件,由厦门中院知识产权庭审理。2002 年 9 月起,根据福建省高院《关于全省法院涉外民商事案件诉讼管辖若干问题的规定》,厦门中院不再管辖泉州地区涉台民商事案件。2003 年 3 月,厦门中院成立民事审判第四庭,原由中院知识产权庭审理的厦门、龙岩、漳州三个市范围内的第一审涉台民商事案件归由中院民四庭审理。2007 年 7 月,根据

---

① 根据《大公报》、厦门市台办和台商协会提供的数据,在闽台资企业实有 3796 户,厦门有 2100 户;在闽台企投资总额达 86.05 亿美元,而厦门台商合同投资逾 58 亿美元,实际到资 44 亿美元,台湾地区百大企业中已有 17 家在厦门落户。厦门的台企数量占全省数量的一半以上,投资总额占全省的 67% 以上。海沧区投资总额为 43.13 亿美元,合同利用台资 33.25 亿美元,台企投资总额占厦门台资投资总额的一半以上,台湾地区百大企业中落户厦门的 17 家也均在海沧区。参见厦门市海沧区人民法院课题组:《关于涉台民商事案件集中管辖的调研报告》,载齐树洁主编:《东南司法评论》(第 6 卷),厦门大学出版社 2013 年版。

福建省高院《关于指定漳州市中级人民法院管辖漳州、龙岩两市一审涉外民商事案件的通知》，厦门中院不再管辖漳州、龙岩两市的涉台民商事案件，只管辖厦门辖区内的涉台民商事案件。2009 年 8 月，海沧法院获最高人民法院批准，取得对其辖区内涉外、涉港澳台民商事案件的管辖权，成为福建省第二家、厦门市首家有权审理一审"四涉"民商事案件的基层法院，但厦门市其他区的一审涉台民商事案件仍由厦门中院管辖。

（二）涉台民商事案件集中管辖

2011 年 12 月 20 日，最高人民法院司改办下发《关于批准司法改革联系点法院申报司法改革项目的通知》，书面批准海沧法院申报的"审判管理暨对台审判工作方面集中管辖"作为 2012—2014 年的司法改革项目。2012 年 1 月 16 日，福建高院印发《关于由海沧区人民法院集中管辖全市涉台一审民商事案件的批复》中，同意海沧法院成立专门的涉台审判业务庭，集中管辖全厦门市的部分一审涉台民商事案件，管辖标准为双方当事人都在厦门的、争议标的在人民币 3000 万元以下，以及一方当事人不在厦门的、争议标的在 1500 万元以下的案件。

2012 年 2 月 2 日起，根据厦门中院《关于涉台民商事案件集中管辖的实施办法》（以下简称《实施办法》），厦门市辖区内具有涉台因素的一审民商事案件由厦门市海沧法院集中管辖。2012 年 6 月 14 日，海沧法院涉台法庭正式揭牌，统一审理厦门市辖区具有涉台因素的一审民商事案件。2012 年 5 月 9 日，中共厦门市委机构编制委员会同意厦门中院增设涉台案件审判庭，专门审理应由厦门中院管辖的具有涉台因素的一审、二审民商事案件。从 2012 年 11 月 1 日开始，厦门中院涉台庭开始专门审理具有涉台因素的一审、二审民商事案件，民四庭不再审理涉台商事案件。2013 年 1 月 28 日，厦门中院涉台案件审判庭正式揭牌。

三、从涉台民商事案件集中管辖到"三合一"集中管辖

"三合一"集中管辖，是指人民法院探索建立将民事、刑事、行政案件统一归口由某个独立审判庭审理的审判工作机制。这种工作机制已经在全国各地法院知识产权、少年审判和林业审判等工作中试点开展，并取得了积极的效果，厦门市思明区人民法院（以下简称思明法院）已建立的知识产权案件"三合一"集中管辖制度，就是很好的例证。

（一）知识产权案件"三合一"集中管辖优势之借鉴

厦门法院知识产权案件"三合一"集中管辖的成功经验，为涉台案件"三合

一"集中管辖提供了良好的借鉴。

2008 年 6 月,《国家知识产权战略纲要》明确规定推进知识产权案件审理"三合一"。2009 年 3 月,最高人民法院发布相关意见,再次强调推进"三合一"新机制。2010 年 7 月福建高院下发《关于同意在厦门市思明区人民法院、厦门市中级人民法院开展统一受理知识产权民事、行政和刑事案件试点工作的批复》。2010 年 10 月,厦门中院以文件(厦中法〔2010〕107 号)的形式将原来由全市各基层人民法院管辖的知识产权一审行政案件,指令由思明法院集中管辖。2010 年 12 月,在厦门市委政法委的协调下,厦门中院、厦门市人民检察院、厦门市公安局以会签文件(厦中法〔2010〕134 号)的形式,指令市各区级人民检察院在收到公安机关移送的案件时,凡涉及知识产权犯罪的,移送思明区人民检察院审查后,由思明区人民检察院向思明法院提起公诉。由此,思明法院知识产权民事、刑事和行政案件集中审理的"三合一"机制正式启动。同时,厦门中院民三庭(知识产权庭)也集中审理知识产权刑事、行政、民事一审案件以及思明法院民三庭移送的上诉案件。

知识产权案件"三合一"集中管辖的实质是将知识产权民事、刑事、行政案件集中由知识产权审判庭统一审理,以解决知识产权专业性、技术性带来的刑事、行政审判认定事实困难及执法不统一等问题,实现知识产权司法保护的科学性、公正性和统一性。厦门法院知识产权案件"三合一"集中管辖的实践,展现出诸多优势,如有利于统一裁判尺度、有利于打击知识产权侵权行为、有利于形成知识产权司法保护与行政保护良性互动机制、有利于培养专业化的审判队伍等。这些都为涉台案件"三合一"集中管辖提供了良好的借鉴。

(二)厦门涉台案件"三合一"集中管辖之进程

就涉台案件审判而言,在"三合一"之前,厦门市的民商事案件已集中由海沧法院统一管辖,但涉台刑事、行政案件仍分散于厦门各级法院管辖。通过借鉴知识产权"三合一"集中管辖之经验,厦门法院积极探索并先行先试涉台案件"三合一"集中管辖。2012 年 8 月 13 日,海沧法院制定《关于涉台审判"三审合一"的实施方案》,决定将其辖区的涉台刑事、行政案件统一交由涉台法庭审理。2013 年 1 月 24 日,厦门中院及海沧法院根据《福建省高级人民法院关于对厦门市中级人民法院实施涉台案件集中管辖改革的批复》,开展涉台案件"三合一"集中管辖试点工作。当日,厦门中院与厦门市人民检察院、厦门市公安局、厦门市司法局以会签文件(厦中法〔2013〕8 号)的形式,通知自 2013 年 1 月 24 日起,各公安分局侦查的全部或部分犯罪嫌疑人系台湾地区当事人的一审刑事案件直接移送海沧区人民检察院审查批捕、起诉。经审查符合起诉条件的,由海沧区人民检察院向海沧法院提起公诉。其他各区人民法院自 2013 年 1 月 24 日起不再受理检察机关提起的全部或部分被告人系台湾地区当事人的一审刑事案件（知识产权刑事案件集中管辖的除外）。2013 年 1 月 28 日，厦门中院涉台案件审判庭于挂牌当天受理了第一件涉台刑事案件。2013 年 3 月，厦门中院和海沧法院先后受理首起涉台行政案件，厦门两级法院实现了涉台民商事、刑事、行政案件"三合一"集中管辖工作机制的全面运行。

（三）涉台案件"三合一"集中管辖的意义

从 2012 年 2 月开始，厦门市辖区内一审涉台民商事案件由海沧法院集中管辖，接近一年的良好运行态势，为涉台案件"三合一"集中管辖打下了良好的基础。相较于在台商投资区设点巡回审判，或在中院及各区院分散设立涉台审判庭的做法①，"三合一"集中管辖的厦门模式呈现了其自身的优越性。借鉴厦门市知识产权案件"三合一"集中管辖的成功经验，实行涉台案件"三合一"集中管辖有以下意义：

1.有助于统一裁判尺度，打造司法交流平台

涉台案件集中管辖有利于在法官酌定事项方面的相对平衡与一致，统一类型化案件的裁判标准和量刑尺度，提升涉台案件的裁判效果，提高司法公信力，增强台湾人民对祖国的认同感。此外，使集中管辖的法院成为台胞、台商投诉、维权的重要窗口，有利于打造台商法律服务中心和对台先行先试的司法交流平台。

2.有助于方便当事人诉讼，节约诉讼成本

涉台案件集中管辖实现涉台案件一审集中在海沧法院审理，二审在厦门中院涉台案件审判庭集中审理，不再像涉台审判机制改革施行前那样，标的额几千元的涉台案件需要到在福州的福建高院上诉。此举有效地减轻了台胞的讼累，节约了诉讼成本。

3.有助于有效发挥与政府相关部门的联动作用

涉台案件集中管辖加强了与公安、检察机关的沟通联系，有利于双方信息共享、情况通报和事务会商，形成良性互动机制。

4.有助于培养专业化的审判队伍，提高法官综合审判能力

涉台案件集中管辖后，法官要同时审理民商事、刑事、行政三大诉讼案件，在

---

① 例如 2009 年就在全国法院系统率先成立独立建制"涉台案件审判庭"的漳州市中级人民法院，其涉台案件的审理模式如下：在中级法院及几个台商较为集中地区的基层法院设立"涉台案件审判庭"，且管辖的范围都包括民事、刑事和行政案件，但并不是集中管辖。参见厦门大学法学院"海西纵贯线"调研组：《漳州法院涉台案件审判的调研报告》，载张卫平、齐树洁主编：《司法改革论评》（第 10 辑），厦门大学出版社 2010 年版。

整合审判资源、优化配置的同时,也强化了对三大诉讼业务的训练,有利于培养一支经验丰富、专业精通的涉台案件审判法官队伍,提升法官的综合审判能力。

第二部分　厦门涉台审判机制改革的实践运行

一、集中管辖后审判运行情况

根据涉台案件"三合一"集中管辖的相关规定,海沧法院涉台法庭受理案件的范围包括:(1)双方当事人都在厦门的、争议标的在人民币 3000 万元以下,以及一方当事人不在厦门的、争议标的在 1500 万元以下的厦门市一审涉台民商事案件。此外,对于婚姻、继承、家庭、物业服务、人身损害赔偿、交通事故、劳动争议等涉台案件,以及群体性纠纷涉台案件,由海沧法院管辖,不受上述诉讼标的额的限制。(2)厦门市区法院有管辖权的一审涉台行政、刑事案件。

厦门中院涉台案件审判庭受理案件的范围包括:(1)从海沧法院上诉而来的二审涉台民商事、刑事、行政案件;(2)厦门中院有管辖权的一审涉台民商事、刑事、行政案件。

此外,集中管辖后,台湾地区法院委托调查及送达的案件,也统一由厦门中院涉台案件审判庭与海沧法院涉台法庭办理,该类案件有独立的案号,计入涉台审判工作的范畴。

(一)海沧法院涉台法庭审判概况

海沧法院涉台法庭自 2012 年 2 月开始集中管辖涉台案件,截至 2013 年年底,共受理各类涉台案件 1218 件,其中民商事案件 1107 件,刑事案件 23 件,行政案件 1 件,司法互助案件 87 件。

2012 年至 2013 年受理的涉台案件中绝大多数为民商事案件,占涉台案件总数的 90.89%,涉案标的额达 8.846 亿元。其中涉台湾地区主体案件 507 件,涉台企案件 600 件。截至 2013 年年底,涉台民商事案件共结案 933 件,其中判决 340 件,调解 315 件,撤诉 268 件,移送 9 件,终结 1 件,结案率 84.28%,调撤率 62.49%。因不服判决上诉 88 件,上诉率 27.33%,上诉案件中绝大多数为劳动争议案件。海沧法院涉台法庭受理的民商事案件收案类型多达 60 多种,其中合同纠纷和劳动争议案件最多,合同纠纷案件中以买卖合同纠纷和民间借贷纠纷为最多。以 2013 年的数据为例,2013 年海沧法院涉台法庭受理的数量上排在前三位的纠纷分别是:买卖合同纠纷 148 件、劳动争议案件 64 件、民间借贷纠纷 55 件,这三种类型的案件占同期民商事收案总数的 41.78%。

2012 年至 2013 年海沧法院涉台法庭共受理刑事案件 23 件,审结 23 件。受理涉台行政案件 1 件,审结 1 件。

2012 年至 2013 年海沧法院涉台法庭共办理协助台湾地区送达司法文书案件 85 件,协助台湾地区法院调查取证 2 件(其中 1 件为民事案件,1 件为刑事案件);请求台湾地区送达司法文书 56 件,请求调查取证 27 件。

(二)厦门中院涉台案件审判庭审判概况

厦门中院涉台庭从 2012 年 11 月开始集中管辖涉台案件。截至 2013 年年底,中院涉台庭共受理各类涉台案件 113 件,其中民商事案件 93 件,刑事案件 13 件,行政案件 2 件,协助台湾地区调查取证 5 件。刑事案件以走私犯罪居多,13 件刑事案件中有 10 件为走私类案件,其中涉台走私毒品案件 6 件。在除却 5 件司法互助案件后的 108 件案件中,二审案件共 90 件,占 83.33%;一审案件共 18 件,占 16.67%。

截至 2013 年年底,厦门中院涉台庭共结案 92 件,其中二审结案 75 件,占 81.52%;一审结案 12 件,占 13.04%;协助台湾地区调查取证结案 5 件,占 5.43%。

厦门中院受理的涉台案件也以民商事案件居多,占涉台总收案的 82.30%。从新收的 93 件涉台民商事案件的案件审级来看,二审案件 84 件,占 90.32%。从案件类型来看,以合同纠纷和劳动争议案件为最多,其中,合同纠纷 36 件,占 38.71%;劳动争议案件 39 件,占 41.94%,且均为大陆劳工与厦门台资企业之间产生的纠纷。

二、涉台审判机制改革的主要措施

(一)配强审判力量,提升审判质效

为适应集中管辖涉台案件的需要,海沧法院和厦门中院先后成立专门的涉台法庭及涉台案件审判庭。及时调整人员力量配备,优化资源配置。两级法院都精心选配了高素质、会说闽南话、懂台情和熟悉台湾地区法律的专业化涉台审判法官。中院涉台案件审判庭有 4 名法官拥有硕士学位,其中含在读博士 1 名,有香港及美国留学经历。海沧法院涉台法庭 4 名法官中有 3 名硕士。同时,两级法院注重强化业务培训,多次组织参加最高人民法院涉台审判业务培训、福建高院司法互助培训和涉台审判业务培训,不断提升法官及辅助工作人员的学习力、战斗力。在确保案件审判质效的同时,灵活采用审理方式。海沧法院涉台法庭目前有 4 名办案法官和 3 名书记员,考虑到办案法官长期从事民商事审判工

作,该院从全院角度调配办案力量,将涉台刑事案件交由刑事审判庭主办,将涉台行政案件交由行政审判庭主办,将涉台婚姻案件交由家事审判庭主办,由涉台法庭派人参与合议审理。中院涉台庭受理的涉台刑事、行政案件,也都邀请相应的刑事审判庭、行政审判庭资深法官担任审判长,以确保案件的审理质效。

(二)出台便民举措,方便台胞诉讼

坚持"最大化便民利民"原则,认真落实司法服务和保障措施,切实维护台胞的合法权益。除了设置法律宣传点加强涉台法律宣传,以及制订《涉台案件诉讼指南》,对涉台案件当事人进行风险提示和法律指导外,厦门法院还采取以下制度化的措施方便当事人进行诉讼:

一是开展夜间法庭。涉台法庭依当事人的申请,经审查符合条件并取得各方当事人一致同意的,便可启动夜间法庭庭审程序,切实解决部分当事人工作时间难以到庭的难题。

二是开展巡回审判,就近就地审理。涉台案件的当事人遍布厦门市辖区,为方便当事人诉讼,在当事人提出申请的前提下,结合案件的具体情况,可采取巡回审判的方式,到当事人所在地进行就近审理。

三是采用网络预约立案。当事人不用亲自到法院,在网上即可预约立案。法院工作人员收到当事人的立案请求后,会主动联系当事人,详细告知立案和诉讼的相关注意事项和诉讼应当提交的有关材料,避免当事人不了解相关规定和缺乏相应材料而来回奔波,节约当事人的诉讼成本,方便当事人诉讼。

四是首创电子法庭,实现远程庭审。当事人身处边远、交通不便地区,以及当事人有特殊理由无法到庭参加诉讼的,可采用远程网络庭审。厦门法院已采用集语音、数字、图像处理为一体,综合应用数据库技术、网络技术、自动控制技术的多媒体系统,有效实现了各类证据的可视化展示、远程证人作证和网上庭审直播。

(三)创新参审机制,实现无缝对接

一是积极推进与市台办建立多元化解与诉讼协调工作机制,充分发挥台办在协调解决涉台纠纷中的作用,把司法审判法律优势与行政管理政策优势、诉讼调解与非诉讼调解有机结合起来,有效预防和妥善化解涉台纠纷。2013年9月3日,中院与市台办召开涉台纠纷多元化解与诉讼协调工作第一次联席会议。会议就如何进一步规范涉台案件集中管辖机制、完善法院与台办工作联系机制等问题征求了各方意见。

二是积极强化与台商协会的日常联系,通过市台商协会向台商企业分发《企业法律风险提示手册》200余册,增强台胞遵守法律、运用法律和堵塞漏洞、预防

纠纷的意识,充分发挥行业自律作用。

三是聘请台商为调解员和陪审员并进行规范管理。中院聘请了 12 位台胞为特邀调解员,海沧法院聘请了 7 位台胞为调解员。海沧法院涉台法庭还聘请了包括厦门市前后三任台商协会会长在内的 10 名杰出人士为台胞陪审员。利用台胞调解员、陪审员"同乡、同业"的优势,参与案件调处,高效化解矛盾。

为保障台胞陪审员依法参加涉台案件的审理,厦门法院制定了《台胞陪审员工作规范》,规范台胞参审机制。如对于一方为大陆当事人另一方为台湾地区主体的案件,实行"双陪审员"制度,即由台胞陪审员和大陆的人民陪审员与经办法官组成合议庭审理案件,通过陪审员介入调解、审理,打消当事人疑虑,更易于顺利化解矛盾纠纷。对于简易程序案件,可视具体情况,个案委托台胞陪审员进行调解。甚至还有部分案件的当事人主动要求台胞陪审员参与案件的调处。实行业务会议制度,召集台胞陪审员对涉台当事人、台资企业且具有普遍影响力的案件事实、法律问题进行集体讨论,多数意见可作为法院办理相关涉台案件的重要参考,为办理好案件集思广益,保证涉台案件的审判质量。仅 2013 年,海沧法院涉台法庭邀请 9 名台胞陪审员参与调解、陪审案件 71 件,涉案金额达人民币1.02亿元,取得了良好的法律效果和社会效果。

(四)积极延伸服务,有效司法助企

当前国内外的经济形势给台企的生产经营带来了不少困难,涉台法庭积极践行司法为民理念,采取有效措施司法助企:

一是灵活变通保全,保证台企正常经营。适时采用"活查封"等灵活保全措施,尽量不因保全手段的实施而对台企的生产经营活动造成影响。

二是发放问卷手册,解答台企法律困惑。通过发放调查问卷等方式,了解台资企业管理制度、用工状况等情况,介绍集中管辖和涉台法庭开展工作情况。

三是主动走访送法,了解台企经营困难。主动走访危困台企,了解台企经营困难的原因及企业应对困难的解决思路,提供详细的法律咨询和指导;选派法官到纠纷频发企业做防范合同风险的法律讲座。

四是深入调查研究,增强服务的前瞻性。选派调研骨干,完成有针对性的调研课题,加强涉台审判信息的搜集、分析和研判,牢牢掌握涉台审判前沿动态。

(五)做好司法互助,提升司法互信

涉台法庭积极做好协助台湾地区法院送达司法文书和调查取证等司法互助工作,有效服务了两岸司法审判工作。

一是建章立制,规范司法互助工作。规定从立案、分案、送达、回复、报结、归档等各个环节的具体操作流程与审批程序,并采取专人办理的方式,指定一名审

判员和一名书记员专门负责。

二是尽力协助,穷尽各种送达手段。所有协助送达案件均采用直接送达的方式;在直接送达未果的情况下,主动到公安机关户籍中心查询应收送达人的详细身份信息,或电话联系台湾法院,进一步查询相关信息后再行送达。

三是及时高效,提升司法互助效率。开辟两岸司法协助案件的"绿色司法通道",实行"快立快送",一般在收到材料当日即予以立案,并迅速将案件材料移交经办法官;具体经办部门实行"快送快结",一般均在一周内完成送达工作,并及时将送达情况予以回复。

厦门两级法院目前所办理完成协助送达的文书案件中,涉及台湾地区多个县市法院,既有民商事领域中涉及婚姻、家庭、继续、合同的案件,也有刑事领域中暴力犯罪、诈骗的案件。

(六)善用对台资源,拓展交流渠道

涉台庭不仅是集约运用审判资源,实现涉台案件专业化审理的专业法庭,还承载着对台司法交流的重要使命。伴随着涉台审判机制改革的进行,两岸司法交流也迈上了一个新台阶。厦门法院聘请的台胞陪审员来自各个行业和台湾各个地区,均为业界的资深人士,在台湾地区也拥有广泛的人脉资源。厦门法院通过利用台胞陪审员在台湾地区的资源优势,在推动对台司法交流上取得了令人瞩目的成果。2013 年 7 月 22 日,台湾地区 7 位法官首次以公职身份参访厦门法院,在两岸司法交流史上具有重要的里程碑意义。2013 年 9 月 6 日,台湾"海基会"婚姻参访团以施惠芬副秘书长为首一行共 16 人参观厦门中院,并就两岸婚姻所衍生的子女权益维护及遗产继承等相关议题进行了交流。

此外,厦门法院还通过参与或举办学术研讨会的形式,拓展与深化两岸司法交流。2012 年 11 月 16 日,厦门中院院长及两级法院部分法官应邀参加了厦门大学台湾研究院主办的"两会协议的理论与实务"学术研讨会,与参会的台湾地区法官进行交流互动。2013 年 5 月 31 日,海沧法院举办"两岸医疗纠纷司法实务研讨会",台湾地区两位法官应邀出席并作讲座。台湾地区法官来厦门实地参观涉台法庭、旁听涉台案件审理,并与涉台审判法官交流互动,揭开了厦门与台湾地区司法交流的新篇章。

三、涉台审判机制改革的运行效果

实践证明,厦门法院的涉台审判机制改革,取得了良好的运行效果。

（一）当事人的热烈拥护与肯定

涉台法庭集中管辖，可以统一司法标准和裁判尺度，最大限度地避免法律适用不统一和不同法院同案不同判等情况，保证案件质量；可以有效地排除地方的干扰，打消台商的疑虑，创造良好的法治投资环境；可以集中优势审判资源审理涉台案件，实现有限司法资源的集约化，进一步提高诉讼效率。涉台法庭的专业审判使得在厦台胞获得了实实在在的好处，赢得了台商、台胞的赞许。从2012年2月集中管辖到2013年年底，海沧法院案件调撤率达62.49％，上诉率为27.33％，至今没有信访案件。调撤率高、上诉率低、零信访，充分说明了涉台案件集中管辖得到当事人的拥护与肯定。在2013年9月12日举行的"厦门市中级人民法院涉台司法服务站"揭牌仪式暨台商代表座谈会上，厦门市台商协会黄如旭会长表示，厦门法院近几年来通过设立涉台法庭、涉台审判庭、邀请台胞、台商参与陪审等方式，大大拉近了台胞、台商与司法工作的距离，台胞、台商对于厦门司法审判的接受度、信任度大大提升。

（二）中央及地方的积极评价与认可

时任全国政协常委、社会和法制委员会主任张福森，时任海协会副会长张铭清，省、市委领导苏增添、钟兴国、詹沧洲、郑云峰等先后莅临海沧法院视察调研，张福森、苏增添充分肯定海沧法院首创全国首个涉台专门法庭的做法及在增进两岸司法交流上的作为。在揭牌仪式当天，最高人民法院司改办发来贺信，肯定了海沧法院在司法改革方面取得的积极贡献和设立涉台法庭的重要意义。2012年第四届海峡论坛期间，时任"海基会"董事长江丙坤在听取了台胞陪审员李世伟介绍涉台法庭后，表示"海沧法院涉台法庭的模式可以在台商投资集中地区推广"。2012年10月31日，在国台办例行的新闻发布会上，发言人在回答台湾网记者关于设立台商法庭的有关问题时，特别举例肯定了海沧法院设立涉台法庭的意义。

（三）媒体舆论的正面报道与宣传

厦门法院充分利用网络、报纸、广播、电视等宣传媒介，全方位地宣传涉台专门法庭的工作情况、典型案例。围绕集中管辖、法庭筹建、选任台胞陪审员及法庭成立揭牌，精心策划，层层推进，扩大涉台法庭的影响力。新华社、中新社、人民网、福建日报、法制日报等知名媒体多次予以报道；台湾中天新闻、香港文汇报、凤凰网等境外媒体及台海宽频等大陆入台媒体也同时播发了相关新闻，引起了社会的广泛关注，反响积极。此后，中央政法委带领人民网等十四家国家级媒体组成的"聚焦执法公正"采访团对海沧法院涉台法庭等亮点进行了专题采访报道。2013年5月,"根在基层·中国梦"2013年中央国家机关青年干部调研团一行进驻海沧法院实地调研,调研团一行近距离接触并参与涉台法庭的各项日常工作,在《人民法院报》发表《两岸情·中国梦》调研侧记,专门介绍海沧法院涉台法庭的各项工作。

第三部分　厦门涉台审判机制改革中的问题及对策分析

在涉台审判机制改革运行的过程中,不可避免地会出现一些问题。

一、厦门涉台审判机制改革中的问题

(一)因台资企业的范畴不明确导致的立案问题

《实施办法》第1条规定:"本办法所指涉台案件包括涉台及涉台资企业民商事案件。"第2条对第1条的内容进行细化,其中第4项规定:"当事人一方或双方是注册地或营业地在大陆的台湾同胞投资的独资企业、合资企业、合作企业或个体工商户等",当属对涉台资企业范畴的明确。但是,第一,个体工商户以其业主为诉讼当事人,不属于其他组织范畴,不应属于台资企业范畴。第二,"台湾同胞投资",系使用《中华人民共和国台湾同胞投资保护法》对于台湾同胞投资的界定,《实施办法》未对"台湾同胞投资"这一术语进行解释,易被误认为投资主体仅为台湾地区的自然人。第三,将合资、合作企业界定为台资企业,是否要求台资控股没有明确。第四,台湾投资者经第三地转投资的企业是否属于涉台资企业也未明确。第五,台胞隐名投资的企业是否属于台资企业没有明确。第六,台资企业再投资的企业是否属于涉台资企业亦没有明确。

台资企业界定的不明确,容易引起管辖权异议及产生案件移送问题。管辖权异议一经提出,法院必须进行审查并裁定,且需重新指定举证期限;而案件移送,则需重新立案,通知应诉等。这无疑会延长审判期限,浪费审判资源并影响审判效率。

在实践中,还出现了因无确切涉台因素证明而导致的涉台立案问题。单从2013年1月到7月,海沧法院在涉台立案审查中发现三类情形无确切涉台因素证明,决定不予受理案件20件,其中经其他区法院指导当事人到该院起诉的占比80%,不仅当事人来回奔波起诉,还影响到法定起诉期限,特别是不服劳动仲裁裁决起诉案件,引发了当事人的强烈不满。一是仅能证明争议一方的法人、非法人组织的法定代表人为台湾人,但因大陆法律规定法定代表人可以聘请公司股东以外的人,故仅法定代表人为台湾人的不能认定为涉台企业;二是企业工商注册登记信息中的注册地或所属国别没有列明中国台湾,有的仅表述为台港澳合资的;三是当事人提供的被告人信息仅有身份证号码、台胞证号码而无书面证明材料的,在立案审查时也暂不认定具有涉台因素,防止当事人虚构此类信息规避管辖。

(二)台籍被告人的缓刑适用问题

在审理涉台刑事案件的实践中,存在台籍被告人缓刑适用比例偏低的情况。据统计,2009 年至 2012 年期间,厦门中院审理的 25 件 45 人涉台刑事案件中,被判处缓刑的台籍被告人仅有 5 人,占全部台籍被告人的 11%,远低于大陆被告人被判处缓刑的比例。这与目前全国法院普遍存在的对流动人口较少适用缓刑的状况一致。[①]

而台籍被告人之所以在适用缓刑的比例上偏低,其主要成因在于:一是部分台籍被告人所涉罪行较重,依法应在 3 年以上有期徒刑的幅度内量刑,缺乏适用缓刑的法定条件。二是部分台籍被告人在厦门没有固定的居住场所或工作单位,社区矫正机构通常以不能监管为由出具不愿意接受缓刑监管的意见。三是基于监管压力日益增大,有的司法所对在大陆有固定住所或工作单位的台湾被告人也不愿意出具社区矫正意见,甚至是不同意对其进行社区矫正。四是在司法所不愿意接受的情况下,必然导致法院的判决执行移送无门。法院因难以落实缓刑监管问题,一般情况下也就回避了缓刑的适用,使得本可宣告缓刑的涉台被告人只能被判处实刑。

针对台籍被告人缓刑监管措施落实难的问题,厦门中院根据案件的不同情况,采取了一些变通的做法:一是对个别罪行较轻的被告人依法判处单处罚金。二是根据被告人的羁押情况,对被告人采取关押多久刑期就判处多久。三是在落实缓刑监管及社区矫正措施上,与司法局、台商协会、被告人亲属及辩护人进行事先沟通,化解司法行政部门对台籍被告人监管的担心,提前解决被告人在缓刑期间的工作、生活及居所问题。

在实践中,存在因台籍被告人能够提供其在大陆购买房产、开设公司、一定期限内的租赁合同等材料,其居住地的司法行政机关同意对其进行缓刑监管的情形。但就目前的实践来看,台籍被告人缓刑适用以及缓刑监管措施落实难等问题仍未全面得到解决。

[①] 最高人民法院刑一庭副庭长薛淑兰通过调查指出,全国法院普遍存在着对流动人口较少适用缓刑的情况,同一地区内流动人口与户籍人口适用缓刑的几率相差极大,据浙江省统计,在该省判处缓刑的罪犯中,本地人约占 80%,外地人仅占 20%。参见薛淑兰等:《缓刑适用实证研究》,载《人民司法·应用》2010 年第 9 期。

（三）法律冲突及法律适用问题

大陆与台湾地区法律制度如信用卡管理、继承制度等存在较大差异，法律文化也有所不同，法律释明工作难度大。以涉台刑事案件为例，因海峡两岸适用不同法律及对大陆法律的不熟悉，在涉台刑事案件的审理中，曾有台籍被告人当庭表示难以理解大陆法律，不服判决。审判过程中兼顾法律的统一适用与涉台案件的特殊性难度大，判后息诉工作难度大。如何在涉台审判机制改革中，借助集中管辖的优势，顺利化解这些涉台案件处理中的常见问题，也是一大挑战。

以海沧法院在 2012 年审理的原告中国工商银行股份有限公司厦门市分行与被告廖静惠、曾柏绮、曾柏维信用卡纠纷案为例。该案是涉台信用卡纠纷和涉台法定继承相互交织的新类型案件，涉及如何查明台湾地区法律以及如何正确处理大陆与台湾地区法律冲突的问题。死亡时经常居住地在中国大陆的台胞生前在大陆留下债务，其在台湾地区的法定继承人对该债务所承担的法律责任，适用中华人民共和国法律，对于台湾地区的不动产继承适用台湾地区法律。中国大陆关于法定继承人对被继承人生前的债务所承担法律责任的规定与台湾地区关于限定继承制度之间存在冲突，且台湾地区已就相关争议先行作出裁决。在该案中，正确地查明及适用法律，对于消除两岸在法律领域的误解，促进两岸相互认同和司法交流互助有重要的意义。该案在审理过程中充分运用对等及司法礼让原则，从方便当事人在台湾地区申请认可执行本判决及有利于两岸人民关系的角度出发，最终作出了适当的判决。此外，该案通过海峡两岸司法互助委托调查取证的方式，使台湾地区的法律得到查明，为以后需要查明台湾地区法的案件指引了一条法律查明的切实可行的路径。

（四）因集中管辖导致的法院办案的不便利问题

首先，开展巡回审判无疑会增加法院的司法成本。其次，送达及现场勘验、取证不易。涉台民商事案件对送达要求较高，应尽可能地采用直接送达的方式，尤其在协助台湾地区法院送达时，原则上应采取直接送达的方式。由于海沧法院的送达人员对其他区的地址并不熟悉，直接送达时效率较低，适用留置送达还需协调当地村委会或居委会配合。同样，到现场勘验或调查取证亦费时费力。另外，从 2013 年 9 月起，在厦门市查询当事人信息统一只能到位于湖里区枋湖的政务中心，且查询的范围缩小到只能查有厦门户口人员的信息或外地人员来过厦门的信息，这一变动给送达工作带来了极大的不便。最后，跨区执行难度较大。《实施办法》未规定集中管辖审结的案件由哪个法院执行，实践中一般由作出判决的法院执行。一方面，跨区执行无疑会增加执行成本，另一方面，由于执行人员对其他区的被执行人的情况不了解，增加了执行难度。

此外,"三合一"的审理模式对刑事案件而言,涉及侦查机关、检察机关、审判机关的分工,需政法委进一步加强协调。在审判实践中,还发现公安、检察机关部分笔录、决定书、公诉书等文书材料存在用语表述不规范现象,如将"台湾地区"表述为"台湾省",直接使用台湾地区"五院"及所述各"部、会"称谓,未表述为"台湾地区××主管机构(部门)",对被告人住所地冠以引号,文书首部标题冠以"中华人民共和国"字样或未冠以"福建省"的名称,甚至在文书中出现"中华民国"字样(如"中华民国机动车驾驶证")等等。此外,两级法院之间以及同公安机关、检察机关之间的交流如何开展,也是需要进一步完善的问题。

对于群体性案件、破产案件,往往需要多方合力才能得以妥善解决,需要相应辖区区委、区政府的协调才能保障和谐稳定,由海沧法院集中管辖,在需要该辖区区委、区政府协调时,若协调渠道不畅通,协调处理将有难度。

(五)司法统计系统与法庭建设方面的问题

目前,尽管司法互助类案件已进入司法统计系统,并有专门的案号,但是在"三十一率"考核指标之一的"人均结案数"中,未将司法互助类案件纳入统计。这一方面不能如实体现涉台庭的实际工作情况,另一方面也不利于提高法院系统对涉台司法互助的重视程度。

集中管辖涉台案件后,两个专门成立的涉台审判机构,除了审判业务工作外,还肩负着司法协助与司法交流的重任。涉台庭成员需要对台湾地区的司法生态、法律法规及习俗、文化有深入的了解。同时,由于民商事、刑事、行政三类不同案件在诉讼程序上的差异,给涉台庭的法官也带来了更大的挑战,法官必须理解不同诉讼制度的差异,并能灵活地应用。目前海沧法院涉台法庭只有 4 名办案法官,为保障办案质量,应对巡回审判的需要,需要增加涉台法庭办案人员。经常性指派涉台法庭办案人员参加各类涉台审判业务培训,邀请专家培训涉台审判人员,增强其办案能力也尤为重要。

作为司法改革创新项目,涉台法庭极具特色,它是对台司法交流平台和台胞了解大陆法律、政策的窗口,是司法改革创新的试验田和海峡两岸合作交流综合改革配套措施的项目之一。从硬件上看,目前涉台法庭临时办公场所设在海沧法院,办公条件较为简陋,除了给日常办公造成不便外,也难以承担日益众多的来访交流的接待任务,且也与涉台法庭日益响亮的品牌形象不符。随着涉台法庭品牌效应日益显现,前来参访、交流的人络绎不绝,而法庭接待能力有限。涉台案件送达困难,执行困难,办案车辆严重不足。而且目前海沧法院并无关于台湾地区法律方面的专门藏书或数据资料,这不利于审判人员对台湾地区相关法律和制度的深入了解。

(六)对台司法交流方面的问题

虽然自涉台案件集中管辖以及成立专业的涉台法庭后,两岸司法交流较之以往有较大的发展和进步,但从整体上看,仍未全面深入,在沟通交流的针对性、深度和持续性上有所欠缺,也未形成长效机制。大陆法官去台湾地区交流少,对台湾地区司法生态、法律法规及习俗、文化了解不深入;台湾当事人及台胞陪审员对大陆的司法生态、法律法规等也不甚了解。

二、完善厦门涉台审判机制的建议

(一)明确集中管辖的范围,减少立案中的困难

建议制定规范性的文件统一明确集中管辖的范围,应对实践中出现的各种问题。尤其对涉台因素及台资企业的判断要统一标准,减少立案中的困难。

明确界定台资企业的概念,尤其是台湾投资者经第三地转投资企业是否属于台资企业。因台湾地区《两岸人民关系条例》的相关限制,一些拟来大陆投资的台胞不得不通过经第三地转投资的方式来大陆投资,且以这种方式投资的企业不在少数。这些企业是否认定为台资企业,也是涉台集中管辖需要解决的问题。2013年2月,商务部和台办共同发布了《台湾投资者经第三地转投资认定暂行办法》,对台商投资者经第三地转投资的认定进行了规定,建议法院在对此类企业是否属于台资企业的认定上,与行政机关认定保持一致,即台湾投资者经第三地转投资在大陆投资设立,并且持有标注"(台湾投资者经第三地转投资)"字样的外商投资企业批准证书的企业,应纳入集中管辖的范畴。

针对立案中因涉台因素的难以判断导致的立案难题,我们建议:一是对确有涉台因素但当事人未能提供足够证明的,由立案庭有针对性地指导当事人收集补充。二是对当事人确实无法提供涉台因素证明材料的,由其他法院依照被告住所地、合同履行地等管辖依据受理,避免出现各基层法院推诿管辖的情形。三是对当事人未能提交确切涉台因素证明材料的,可由其他法院先行受理,对查有涉台因素的再移送管辖,避免当事人重返其他区院起诉时已超过法定期限。四是建议明确规定,案件审理过程中追加当事人使得案件具有涉台因素以及因存在隐名投资情况而使案件具有涉台因素的,应将案件移送至海沧法院审理。

2013年7月,厦门中院审判委员会讨论拟定了《关于涉台刑事、民商事、行政案件集中管辖的实施办法(征求意见稿)》,并于2013年8月9日专门召开讨论会进行讨论并从当日起试行,在试行的基础上,于2013年10月30日起正式施行《关于涉台刑事、民商事、行政案件集中管辖的实施办法》。

(二)全面做好台籍被告人缓刑适用工作

鉴于目前对台籍被告人在适用缓刑上出现的困境,需要从立法、司法及执法等层次上寻求解决之道,全力做好缓刑适用工作。

在立法方面,建议由福建省人大、厦门市人大制定涉台人员适用缓刑的监管条例。福建省作为海峡两岸经贸、文化、人员往来交流最主要的地区之一,也是涉台人员犯罪较为集中的地区。而涉台人员犯罪的性质、情节有轻重之分,量刑上亦应视不同情形分别酌处,对海峡两岸人员均等适用刑罚,当然包含缓刑的适用。当前,对台籍人员适用缓刑,主要问题在于监管问题,即台籍人员在大陆或是没有固定居住地,或是有居住地而所在地的监管机构不愿意承担监管职责,导致推诿、扯皮,甚至是缓刑难以执行等情形。为此,建议省市人大在不违反法律规定的前提下,制定涉台人员缓刑监管条例,以体现对两岸涉案人员在刑罚适用上的无差别化。

在司法方面,建议尽快落实两岸司法互助协议。双方在协商、合作的基础上,审查认可对方的刑事裁判,并认可移管(接返)被判刑人(受刑事裁判确定人),亦即对于涉台人员犯罪情节较轻,且有悔罪情节,适用缓刑后,由大陆司法机关通过一定的程序,将台籍犯罪人员移交台湾地区有关司法部门进行监管,切实落实两岸刑事司法互助协议的有关精神。

在执行方面,建议由厦门市政法委牵头组织公、检、法司等部门进行协调,由市司法局在每个行政区确定一个社区或司法所,对被判处管制、缓刑、监外执行的台籍人员进行集中监管和社区矫正,或者各区确定一个司法所,在不受台籍人员固定居住地影响的情况下,就近对其进行监管。司法行政机关应规范对台籍被告人的审前社会调查程序,并依法出具意见书。台籍被告人及其亲属、辩护人应当通过台湾地区的公证机构提供被告人在台湾的前科、罪前表现等资料,以便于法院、司法行政部门对是否符合缓刑适用条件、能否进行社区矫正进行判断。

(三)加强法院之间的协调以及法院与其他相关部门的协调

考虑到一审涉台案件大部分在海沧法院审理,建议建立与其他基层法院的协调和信息共享机制。为解决跨区办案造成的不便,建议由厦门中院组织牵头,协调各区法院提供必要的协助,建立相应的协调机制和信息共享机制并制度化。即各区法院将现有的人民调解员名册、村(居)委会联络员名册以及建立诉调衔接机制的情况等信息共享,涉台法庭可请求其他区法院协调相关人民调解员、村(居)委会人员及诉调衔接机制联络人,以方便办案。必要时,涉台法庭还可直接借助其他区法院的诉调衔接机制处理有关纠纷。

加强与高校法学院、涉台研究机构及兄弟庭室的合作调研,努力破解涉台审判实务难题。联络完成中院与市台办《关于建立涉台纠纷多元化解与诉讼协调工作机制的意见》的签订工作。与台商协会就建立包括开展讲座、庭审观摩、典型案例评析、在台商期刊中设立法律宣传专栏等内容在内的服务台商平台展开进一步的磋商,订立长效工作机制。

探索建立工作联络制度。建议进一步加强与公安、检察、司法行政等部门的横向联系,健全完善涉台纠纷信息共享、情况通报和事务会商,以适应涉台民商事、刑事、行政案件"三合一"集中管辖的工作需要。针对当事人身份信息查询难的问题,建议由中院牵头与公安机关统一协调,提高查询的效率。针对涉台刑事案件侦查、公诉材料用语不规范的问题,鉴于涉台案件具有较强的政治敏感性,表述不当易引起不必要的争议,建议由上级党委政法委牵头,制定涉台案件文书用语规范文件,供公、检、法机关办案时遵照适用。

(四)加强人员培养,推动"台商投资区法院"的设立

可将涉台法庭作为涉台审判调研基地,聘请厦门大学台湾研究院和法学院教授以及台湾地区知名、热心人士作为涉台法庭的顾问,强调涉台法庭审判人员的调研参与度;邀请专家培训涉台法庭审判人员,不定时举办专门的涉台法律法规讲座和对台时事讲座,提高涉台审判人员素质以保证涉台案件的审判质量,树立涉台法庭的形象和公信力。从硬件上,建议能够改善涉台审判办公条件,包括对办案车辆的保证,对法庭选址、建设进度的保证,在法庭用地规划、建筑设计方面邀请两岸专家共同参与,体现两岸特有风格。建议能够增加相应的涉台图书和电子数据资料,方便审判人员对台湾地区法律及文化的进一步了解,提高办案人员的涉台审判业务能力和对台政策水平。

谋划和推动"台商投资区法院"的设立。目前,海沧法院涉台法庭作为全国最大的台商投资区里的涉台法庭,虽名为法庭,但受理了全厦门市的一审涉台民商事、刑事、行政案件,并承担着全厦门市绝大部分涉台司法互助工作,一年来承担了千余件涉台案件。随着海峡两岸经济合作框架协议的签订和国务院对福建"两岸人民交流合作先行先试区域"的战略定位,厦门身处对台工作最前沿,辖区内有三个台商投资区,有四千多家台企和十几万台胞,厦门和台湾地区经济文化交流、人员往来将日益密切。对此,建议以开阔性的视野和前瞻性的思维,将创设"台商投资区法院"作为重大议案列入人大议事日程。可命名为"厦门台商投资区法院",管辖标准暂定与目前海沧法院涉台法庭的管辖标准一致。人员配置上,可以在厦门市范围内选调政治素质强、学历高、业务好,熟悉两岸政策和法律,熟悉两岸文化,熟悉两岸风土人情,有较强法学理论功底的法官充实到台商投资区法院的审判队伍中。在配套设施方面,可以附设两岸司法文化研究机构,布置海峡两岸及港、澳司法文化展厅,搭建海峡两岸及港、澳司法文化交流的大

平台。

(五)创新司法交流模式，建立"院对院"的司法交流平台

厦门与台湾地区所属的金门县、连江县相距不足一小时的船行航程距离，地缘极其相近，两地人员来往频繁，同时有大量的金门籍台胞在厦门投资、工作、生活。厦门法院与台湾地区金门地方法院、连江地方法院有直接交流的良好"地缘、人缘"基础。台湾地区金门地方法院、连江地方法院到厦门法院考察交流时，均对与厦门法院开展"院对院"直接交流表达了浓厚兴趣和积极意愿。因此，建议将厦门法院作为两岸司法交流的试点，建立厦门法院与台湾地区金门法院、连江法院"院对院"的司法交流平台。具体而言，可从以下几个方面开展：

1. 在人员交流方面

相互委派法官到对方法院跟班学习交流一段时间，以便厦门法官通过系统性、实地体验式全面深入的交流，学习、熟悉台湾地区的法律，提高涉台审判水平。为厦、台两地法官互访审批开辟绿色通道，每年给予厦门法院至少1个赴台湾考察交流的计划团组，团组人数和时间分别按照15人、10日予以立项。在执行年度计划团组、随外系统单位团组出访、个人应邀或因公临时非随团赴台考察交流方面，最高人民法院授权福建高院对厦门法院上报的请示予以审查，并商国台办同意，由省台办出具赴台任务批件。允许厦门法院工作人员到台湾地区特别是金门、连江考察交流时，采取审批一次可多次往返的模式，具体方式为：年初一次性层报年度内准备赴台湾地区考察交流的请示至最高人民法院审查，最高人民法院同意的，商国台办出具审批一次可多次往返的任务批件，本年度内拟赴台湾地区考察交流的人员根据需要，可在审批的次数内，直接前往出入境管理部门办理赴台签注手续。最高人民法院同意厦门法院邀请台湾人员来访的，厦门法院执行邀请来访任务时，建议最高人民法院授权福建高院对厦门法院上报的请示予以审查，并商国台办同意，由省台办进行审批。

2. 在司法资料交流方面

如通过汇编涉台案件典型案例及法律实务研讨材料等，定期与对方法院交流司法材料，及时了解大陆与台湾地区法律及司法实务动态。

3. 在开展常态化的涉台司法培训项目方面

邀请金门、连江法院法官到厦门访问交流，开展学术讲座，进行学术与实务中的深度交流，增进对彼此法律制度的了解。建议最高人民法院商国台办给予厦门法院赴台进行研修、培训的项目，允许厦门法院与台湾地区法官学院、中华法学会、高校法学院等建立常态化的涉台司法培训项目，选派涉台审判人员定期到台湾地区研修、培训。

第四部分　两岸法院司法互助的发展及问题、对策分析

涉台案件的集中管辖将司法互助案件归口于厦门中院和海沧法院,进一步便利了两岸法院司法互助的进行。而两岸法院司法互助的顺利发展,又进一步促进了厦门涉台审判机制改革的进行。司法互助是涉台审判机制改革的重要部分,推动和保障着涉台司法体制改革的顺利进行。伴随着厦门涉台审判机制改革的进行,两岸法院司法互助也取得了前所未有的突破,尤其是送达文书和调查取证方面司法互助的发展,集中体现了厦门涉台审判机制改革的成效,其中呈现出的问题,也值得进行进一步的对策思考。本部分将首先介绍厦门法院涉台司法互助的总体概况,接着重点分析司法互助中送达文书和调查取证方面的发展及问题,最后提出相应的建议。

一、厦门法院涉台司法互助的总体概况

从 2009 年《海峡两岸共同打击犯罪及司法互助协议》(以下简称 2009 年《互助协议》)来看,两岸司法互助主要包括送达文书、调查取证、裁判认可、罪犯移管(接返)等方面。

(一)在裁判认可方面

认可与执行台湾地区民事判决与仲裁裁决方面的案件总量少,近 3 年并无新的案例。在认可与执行台湾地区民事裁决与仲裁裁决方面,厦门法院的实践呈现出以下几个特点:一是案件总量少,近 3 年并无新的案例。2002 年至 2013 年,厦门中院共受理了 8 件申请认可台湾地区有关法院或仲裁机构作出的民事判决、仲裁裁决案。二是案件类型多样,既包括认可台湾地区民事判决(包括离婚判决、商事判决、请求给付资遣费案的判决等),也包括认可台湾地区刑事附带民事和解笔录、仲裁裁决等。三是影响突出,创下了"三个第一"。2004 年,厦门中院受理了大陆第一个认可和执行台湾地区仲裁裁决案、福建省第一例认可台湾地区商事判决案;2005 年,厦门中院受理了大陆第一起认可台湾地区法院作出的刑事附带民事和解笔录案,并均裁定认可。厦门中院认可台湾地区仲裁裁决、刑事附带民事和解笔录,这些在大陆均属首例。

(二)在罪犯移管(接返)方面

根据 2009 年《互助协议》第 11 条的规定,双方同意基于人道、互惠原则,在请求方、受请求方及被判刑人(受刑事裁判确定人)均同意移交之情形下,移管

(接返)被判刑人(受刑事裁判确定人)。厦门中院审理了自 2009 年《互助协议》签订以后大陆首次向台湾警方移交重症罪犯的案例。该案中,台湾金门籍罪犯冯立信因犯走私运输毒品罪于 2009 年 11 月 20 日被厦门中院刑一庭一审判处无期徒刑。在二审审理期间,冯立信被查证患有咽喉癌晚期不适于羁押。基于人道主义考虑,有关方面为其依法办理了监外执行手续,但监管问题仍存在隐患。二审生效之后,经多方共同努力,厦门中院配合福建省公安机关在厦门将冯立信移交台湾警方押解返台,后续程序交由台湾司法机关依法处理,移交台湾警方监管并执行刑罚。目前,两岸已经就罪犯移管的具体实施问题展开协商。鉴于厦门是台胞的聚集地,且厦门法院具备较为丰富的涉台审判经验和专业的涉台审判人员,建议最高人民法院将厦门法院作为两岸罪犯移管执行地的试点法院。

(三)在送达文书与调查取证方面

厦门实行涉台审判机制改革后,在涉台司法互助领域,送达文书与调查取证方面取得了最显著的进展,不仅体现在数量上,也体现在工作机制上。首先,是处理该类案件的平台集中。涉台集中管辖后,由海沧法院涉台法庭和厦门中院涉台案件审判庭集中处理两岸协助送达文书及调查取证,改变了以往分散的做法。其次,是做法逐步统一规范。司法协助平台的集中,有利于形成统一的规范。针对涉台文书送达及调查取证的司法互助,厦门法院建章立制,规定了从立案、分案、送达、回复、报结、归档等各个环节的具体操作流程与审批程序,有效地保证了司法互助的效率。

从前文的分析来看,涉台案件"三合一"集中管辖后,厦门两级法院审理的案件以民商事案件为主,司法互助案件基本上以民事司法互助案件为主,包括协助送达和协助调查取证。因此,本部分将主要分析涉台审判机制改革前后,厦门法院涉台司法互助(主要指送达文书和调查取证)的发展,指出其中出现的问题,并提出有针对性的建议。

二、厦门法院涉台司法互助的历史沿革

2009 年《互助协议》明确规定了两岸同意在送达文书和调查取证方面相互提供协助,但该协议的规定过于原则,可操作性不强。时隔两年,2011 年 6 月 25 日起施行的最高人民法院《关于人民法院办理海峡两岸送达文书和调查取证司法互助案件的规定》(以下简称 2011 年《规定》)有效弥补了 2009 年《互助协议》在可操作性上的不足,明确了大陆各级别法院的职责分工以及送达文书、调查取证司法互助的具体程序,为两岸司法互助的顺利进行奠定了良好的基础。

(一)2011 年《规定》施行之前

在 2011 年《规定》出台之前,厦门中院受理的台湾地区当事人作为被告的案件,除了能通过 2008 年最高人民法院《关于涉台民事诉讼文书送达的若干规定》第 3 条前 4 项规定的直接送达等方式成功送达的情况外,法院一般先采取邮寄送达的方式,邮寄退回便直接采用公告送达。公告送达在以台湾地区当事人为被告的信用卡纠纷案件中尤为普遍。在这类案件中,作为被告的台湾地区当事人当初在信用卡申请表上填写的往往是其在大陆的地址,一旦出现纠纷,银行根据申请表上的地址及电话找不到被告,便诉至法院。在两岸司法互助尚不便利的时候,法院无奈只有先按原告起诉状及证据体现的地址邮寄,邮寄退回便公告送达。

从 2009 年《互助协议》生效到 2011 年《规定》施行的两年时间里,厦门中院几乎没有根据 2009 年《互助协议》委托台湾地区法院送达及调查的案件。这很大程度上缘于 2009 年《互助协议》的过于原则性和缺乏可操作性。但在从 2009 年《互助协议》生效到 2011 年《规定》施行这两年的时间里,台湾地区法院请求大陆法院送达和调查多起案件。单思明法院在 2010 年就办理了台湾地区法院委托送达的案件 26 宗。这一奇怪现象被大陆司法实务界人士称为两岸司法协助领域里的"单边特色现象"。①

(二)2011 年《规定》施行之后至集中管辖前

根据 2011 年《规定》的规定,最高人民法院授权各高级人民法院就办理海峡两岸送达文书司法互助案件,并建立与台湾地区业务主管部门联络的二级窗口。2011 年 7 月 19 日,厦门中院首次根据 2011 年《规定》,通过福建高院二级窗口请求台湾地区法院协助送达诉讼文书。

表 1　2011 年 6 月—2012 年 1 月厦门两级法院与台湾地区法院司法互助案件类型表

单位:件

	总数	民事	刑事	行政
台湾委托厦门	65	58	6	1
厦门委托台湾	5	5	0	0

---

① 黄宇:《海峡两岸民商事司法协助实务初探》,载《中国涉外商事审判研究》(第 2 辑),法律出版社 2011 年版。

表2　2011 年 6 月—2012 年 1 月厦门两级法院与台湾地区法院司法互助送达情况表

单位:件

		台湾委托厦门	厦门委托台湾
总数		65	5
送达成功		52	3
送达失败		13	2
送达失败原因	地址错误或不详	7	0
	查无此人	5	2
	姓名错误	1	0

从 2011 年 6 月到 2012 年 1 月两岸送达的数据来看,存在以下特点:

一是送达司法文书以民事案件居多。2011 年 6 月至 2012 年 1 月厦门法院协助台湾地区法院送达的 65 件文书中,民事文书 58 件,占 89.23%。

二是厦门法院申请台湾地区法院协助送达文书的数量远不及台湾地区法院申请厦门法院协助送达文书的数量。说明"单边特色现象"仍然存在。

三是厦门法院协助台湾地区法院送达文书成功率高。从统计数据来看,65 件案件共成功送达 52 件,送达成功率达 80%。

四是送达失败的原因多与申请方提供的信息错误密切相关。地址错误或不详、查无此人或受送达人姓名错误成为送达失败的主要原因。

2011 年《规定》施行之后至海沧法院集中管辖前,厦门中院请求台湾地区法院协助调查取证 1 件,接受台湾地区请求调查取证 0 件。2011 年 10 月 20 日,厦门中院首次根据 2011 年《规定》,请求台湾地区法院协助调查取证。在请求的内容中,除了调查台湾地区被告继承人范围等情况外,还包括查明台湾地区继承法的内容。台湾地区台中地方法院于 2012 年 3 月完成调查取证并将调查结果返回,调查结果显示其成功完成了厦门中院请求调查的各项内容,包括台湾地区继承法的查明。

(三)集中管辖后

1.协助台湾地区法院情况

自 2012 年 2 月集中管辖以来,海沧法院涉台法庭承担着全厦门市辖区内的绝大多数涉台司法互助案件,截至 2013 年年底共办理协助台湾地区法院送达司法文书案件 85 件,涉及台湾地区 15 个县、市,协助台湾地区法院调查取证 2 件(1 件民事、1 件刑事)。厦门中院协助台湾地区调查取证 5 件(4 件民事、1 件刑事),没有协助台湾地区送达文书的案件。

海沧法院涉台法庭协助送达司法文书过程中主要采取以下做法：一是建章立制，规范司法互助工作。涉台法庭规定了从立案、分案、送达、回复、报结、归档等各个环节的具体操作流程与审批程序。此外，涉台法庭指定一名审判员和一名书记员专门负责两岸司法互助中司法文书的送达工作，协助送达案件虽不计入办案数，但作为工作量统计。二是尽力协助，穷尽各种送达手段。海沧法院涉台法庭认真贯彻落实《互助协议》中"尽最大努力，相互协助送达司法文书"的有关规定，所有协助送达案件均采用直接送达的方式，亲自到应收送达人所在地进行送达。在直接送达未果后，或主动到公安机关户籍中心查询应收送达人的详细身份信息，或直接通过电话联系台湾地区请求方法院，进一步查询受送达人的信息，再次进行送达。在海沧法院办理的协助送达案件中，邀请街道、居委会工作人员协助送达8件，邀请居委会工作人员参与、见证留置送达3件，一个送达案件往往要来回奔波两三次才能最终完成。三是及时高效，提升司法互助效率。开辟两岸司法协助案件的"绿色司法通道"，立案诉讼服务中心实行"快立快送"，在具体经办部门实行"快送快结"。根据规定，应在收到材料之日起5个工作日内立案，海沧法院一般在收到材料当日即予以立案，并迅速将案件材料移交经办法官。根据规定，应当自立案之日起15日内完成协助送达，最迟不得超过2个月，海沧法院一般均在一周内完成送达工作，并及时将送达情况予以回复。

2. 请求台湾地区法院协助情况

自2012年2月至2013年年底，海沧法院涉台法庭受理各类涉台案件1218件，其中民商事案件1107件，占90.89％。对于在大陆无其他住址，无诉讼代理人或指定代收人，也没有明确的传真号码和电子邮箱地址，且无法查明在台湾地区住址的当事人，通过福建省高院（如涉及调查取证，则通过最高人民法院）请求台湾地区法院调查当事人在台湾地区的住址并协助送达。自2012年2月至2013年年底，海沧法院涉台法庭请求台湾地区法院协助送达文书60件，请求台湾地区法院调查取证27件。厦门中院请求台湾地区法院调查取证2件，没有请求台湾地区法院送达的案件。

可见，实行集中管辖后，两岸司法互助呈现出以下可喜的新面貌：一是"单边特色现象"大为扭转。从2012年2月至2013年年底海沧法院共办理协助台湾地区法院送达司法文书案件99件，请求台湾地区法院协助送达司法文书的案件共60件。与上一阶段相比已经大大缩小了差距。这一时期调查取证司法互助的数据显示，厦门法院请求台湾地区法院调查取证的案件数大大超过台湾地区法院请求厦门法院调查取证的案件数。二是制度上实现了规范化管理。从立案、分案、送达、回复、报结、归档等各个环节保证了规范和高效。三是有力地践行了"尽力协助"原则。2009年《互助协议》第7条规定："双方同意依己方规定，尽最大努力，相互协助送达司法文书。"2011年《规定》第9条规定："人民法院协助台湾地区送达司法文书，应当充分负责，及时努力送达。"第 16 条规定："人民法院应当尽力协助调查取证，并尽可能依照台湾地区请求的内容和形式予以协助。"厦门法院通过尽量直接送达、积极查询受送达人信息、多次送达等方式践行了"尽力协助"原则。

三、两岸司法互助实践中存在的问题

（一）因请求方提供信息不全、重复委托等导致的送达困难

从厦门法院协助台湾送达文书的情况来看，送达成功与否与申请方提供信息的准确度密切相关。通常，台湾地区法院提供的受送达人身份信息仅包含姓名、地址，并无手机、固定电话等联系方式，也没有提供受送达人的身份证号码。据统计，从 2011 年 1 月到 2012 年 10 月，厦门法院协助台湾地区法院送达文书失败的 28 件中，因地址错误或不详以及受送达人姓名错误的达 14 件，占 50%。其余因"查无此人"送达失败的 13 件也与台湾方面提供的送达地址不准确或地址信息更新滞后相关。而不提供受送达人的身份证号码，往往使得被请求方在根据请求方提供的地址无法送达后，也不能根据受送达人身份证号码在公安机关进行查询后再送达，降低了送达成功率。

对于台湾地区法院委托送达的案件，有些因为提供地址错误，或者厦门市辖区内并无该应受送达人，导致未能成功送达，厦门法院都附有送达情况说明表予以回复。但有个别已经明确回复无法送达的案件，台湾地区法院一再重复委托，委托材料中还是旧有的信息，造成了司法资源的浪费。

（二）因被请求方未尽力协助导致的送达程序拖延

2009 年《互助协议》和 2011 年《规定》均强调了司法互助中的"尽力协助"原则。但司法实践中在"尽力协助"的尺度把握上存在操作上的难题。以互助送达为例，两岸在协助送达中，都要求对方提供受送达人详细的居住地址。这里涉及一个问题，倘若因受送达人搬迁等原因，被请求方依照请求方提供的受送达人地址不能完成送达，被请求方是否有义务查实受送达人的新地址再进行送达？抑或以"查无此人"为由退回？对这一问题的处理与是否践行"尽力协助"原则相关联。厦门法院在实践中的做法是，先按照请求方提供的受送达人地址进行送达，若不能完成送达，在请求方提供了受送达人身份证号码的情况下，主动向公安机关调取受送达人新的地址信息再进行送达。但台湾地区法院的做法并不统一，在按请求方提供的受送达人地址无法送达的情况下，台湾地区有的法院会主动调查地址并进行送达，有的法院则直接退回。

以厦门中院请求台湾地区法院送达的王景木诉陈俊杰民间借贷纠纷案为例,在初次请求台湾协助送达时,厦门中院提供了受送达人详细的送达地址及身份证号。台湾地区台北地方法院送达证书表明送达失败,原因是该地址现在是某公司的营业地,找不到受送达人。厦门中院于是再次请求台湾调查受送达人在台湾的地址并送达,台湾地区法院最终根据厦门中院提供的受送达人身份证件号码等信息查询到受送达人新的地址,并成功进行了送达。此案从第一次请求协助到最终送达成功,历经了8个月之久。倘若台湾地区法院在第一次协助送达时,发现根据受送达地址找不到受送达人后,便根据证件号码主动查询受送达人新的送达地址,该案送达就不会耗时过久。但在厦门中院请求送达的另外一件中国工商银行股份有限公司厦门市分行诉陈启章案中,台湾地区法院主动调查了受送达人的地址并送达成功。

(三)因法律差异导致的台湾地区法院协助送达效力的认定难

台湾地区民事诉讼制度中的送达方式有五种,即直接送达、间接送达、寄存送达、留置送达及公示送达。其中,寄存送达是大陆民事诉讼法中所没有的制度。[①] 寄存送达是指文书不能依直接送达或间接送达方式送达时,将文书寄存于送达地之自治或警察机关,并作送达通知书两份,一份粘贴于应受送达人住居所、事务所、营业所或其就业处所门首,另一份置于送达处所信箱或其他适当的位置。无论应受送达人实际上于何时收受文书,均应自寄存之日起,经10日发生法律效力。但如应受送达人在寄存送达发生效力前,已向寄存机关领取寄存文书,则领取时即发生送达效力。寄存机关对受寄存的文书,应保存2个月,期满后因受送达人未领取,寄存机关应将送达文书退回法院,但并不影响寄存送达效力。

台湾地区"民事诉讼法"对于间接送达在有权签收人的规定上也与大陆不同。大陆民事诉讼法规定的有权签收人,受送达人是公民的,为他的同住成年家属。而台湾地区"民事诉讼法"规定的有权签收人是"有辨别事理能力之同居人或受雇人",该规定的范围显然大于大陆民事诉讼法规定的范围,意味着不是其家属的其他同居人或受雇人如保姆等也是有权签收的主体。

对于台湾地区法院按其民诉法特有规定协助大陆法院进行送达效力的认

---

① 关于两岸民事送达制度的比较,参见何其生:《域外送达制度研究》,北京大学出版社2006年版,第282~285页。

定,在实践中曾一度产生困惑,引发了一定的讨论。① 但随着两岸司法互助实践的进一步发展,这一问题已经在实践中得到了解决。学界认为,送达司法文书是一种很重要的司法行为,具有严格的属地性。② 2009年《互助协议》也规定,双方各自以己方规定开展司法互助。因此对于台湾地区法院依其"民事诉讼法"规定协助大陆法院进行送达的案件,其效力的认定应依据台湾地区"民事诉讼法"的规定。这一做法在实践中也得到了最高人民法院的认同。厦门法院在实践中也都一贯依照这一原则进行了认定。实践中需要特别注意的是,台湾地区法院通过寄存送达方式成功送达的案件中,台湾地区送达证书"送达时间"栏所载日期为寄存日,应自该日起经过10天产生送达效力,但如应受送达人在寄存送达发生效力前,已向寄存机关领取寄存文书,则领取日(一般记录在寄存机关制作的具领人签收记录中)即发生送达效力。

(四)因办理流程烦冗导致的司法互助效率低下

两岸具体经办司法互助事务的法院之间并未建立直接的司法互助渠道。对于送达司法互助案件,2011年《规定》设置了两道基本程序。对于请求台湾地区法院协助的案件,在案件审理法院提出请求后,经高级人民法院审查后转送台湾地区办理;对于台湾地区请求协助的案件,经高级人民法院审查后,直接转交中级或基层人民法院具体负责办理。对于调查取证司法互助案件,2011年《规定》设置了三道基本程序。对于请求台湾地区协助的案件,在案件审理法院提出请求后,经高级人民法院初步审查后报最高人民法院,由最高人民法院最终审查后转送台湾地区办理;对于台湾地区请求协助的案件,由最高人民法院审查后,转请高级人民法院转交中级或基层人民法院具体负责办理。无论送达文书还是调查取证,有关结果的回复均应按照原程序回溯进行。依照台湾地区目前的做法,台湾地区法院委托大陆法院送达和调查取证均需通过台湾法务主管部门中转。

层层报备、层层流转的办理流程会人为地降低司法互助的效率以及相关诉讼的审理效率。从实践中看,厦门法院在协助台湾地区法院送达司法文书的过程中,严格遵守2011年《规定》的时限要求,绝大部分案件在立案之日起15日内完成协助送达,个别超过15日在2个月内送达的案件,都经分管院长审批。尤其是海沧法院建章立制,开辟两岸司法互助案件"绿色司法通道"、规定各个环节的具体操作流程与审批程序等做法,更是有效地保证了司法互助的效率。然而,

---

① 张果、郭淋:《两岸司法互助热点难点问题探析——以平潭法院涉台司法互助实务为视角》,载《2012海峡两岸司法实务研讨会论文集》;蒋英虹、刘锋:《在司法互助视野下解决两岸送达方式可采性问题的路径选择》,载《2012年海峡两岸司法实务研讨会论文集》。

② 韩德培主编:《国际私法》,高等教育出版社、北京大学出版社2007年版,第483页。

由于中转上的时间损耗,送达以及调查取证的结果到达台湾地区请求法院的时间不得而知。

　　台湾地区法院协助大陆法院送达司法文书是否也有类似时限的规定,笔者目前没有找到相关的资料。在实践中,从2011年《规定》施行后至2012年3月底厦门中院请求台湾地区法院送达的5个案件,从申请寄出到收到台湾地区法院送达完成材料耗时均在3至4个月左右。从2011年1月至2012年10月,台湾地区法院请求送达的87件案件,厦门法院在2013年3月前已全部送达完成。而厦门法院请求台湾地区法院送达的案件,截至2013年3月底,尚有约一半送达结果未回,层层报备、层层流转的办理流程导致的时间损耗不可小视。

(五)因司法管理系统不完善导致的统计及管理上的困难

　　福建法院司法管理信息系统,是拥有审判质量效率评估和工作绩效考评考核两大体系的网络数据信息平台。涉台审判机制改革后,对于厦门市两级法院的涉台专业法庭来说,除了案件审理工作外,还肩负着司法互助与司法交流的重任。尽管司法管理系统处在不断的升级完善中,但目前仍不能完全体现司法互助和司法交流的工作量,不仅造成统计上的困难,也会影响涉台审判人员的工作热情。

　　2012年以前,司法管理系统对涉台司法互助案件管理上的不足,主要体现为相应立案案由缺失及管理上的分散导致的统计上的困难。依照2011年的《规定》,送达法院在收到转送的材料后应以"协助台湾地区送达民事(刑事、行政诉讼)司法文书"立案,但2012年年底以前福建省新的司法管理信息系统未设"协助台湾地区送达民事(刑事、行政诉讼)司法文书"案由项,导致立案庭无法录入生成对应案由的案号,厦门各级法院做法不一。厦门中院的做法是立"民他"或"刑他"字案号,而个别基层法院对此类案件只有书面档案,无法录入系统。且该类案件在司法管理系统数据统计中也无法体现。

　　2013年以后,这一情况有所改观。福建法院司法管理信息系统已渐渐能够严格依照2011年《规定》进行立案,在案号和案由的确定上也严格依照2011年的《规定》进行。这极大方便了涉台司法互助案件的统计,一定程度上克服了之前人工统计的缺陷。然而,司法管理系统质效指标中的"人均结案数"并未将司法互助类案件纳入统计。这样导致根据司法管理系统计算的工作量,不能充分体现涉台专业法庭实际的工作量,不能实现科学的审判管理。

四、完善涉台司法互助的建议

（一）增强司法互助意识，扭转"单边特色现象"

在 2009 年《互助协议》签订以后至 2011 年《规定》施行以前，由于 2009 年《互助协议》缺乏可操作性，大陆法院不请求台湾地区法院协助而台湾地区法院大量请求大陆法院协助的"单边特色现象"大量存在。不仅在厦门法院，在其他沿海以及内陆省市的法院也是如此。资料显示，2010 年左右珠海市中级人民法院也协助台湾地区法院送达珠海当事人近 50 件司法文书，但该法院自身却未充分利用该协助送达平台。[①] 2010 年深圳市两级法院也无一例按照 2009 年《互助协议》约定委托台湾相关法院进行送达的案件，但深圳中院在同年却处理了台湾地区法院委托送达和调查的案件 57 宗。[②] 2011 年 1—9 月，四川法院累计完成台湾地区法院请求协助送达司法文书 205 件，而在同期四川法院请求台湾地区法院协助送达司法文书才 12 件。[③] 2012 年 2 月厦门市海沧法院开始集中管辖涉台民商事案件后，在厦门法院，"单边特色现象"有一定的缓解，然而还是存在着一定的差距。若再考虑两岸的地理面积、人口数量等因素，会发现差距更惊人。因此，在接下来的涉台审判实践中，大陆法院需进一步加强司法互助意识，花大力气扭转"单边特色现象"。厦门作为海峡西岸两岸人民交流合作先行先试区域，更应在思想上高度重视两岸司法互助。

（二）设立三级窗口，提高司法互助效率

层层报备、层层流转的办理流程人为地降低了司法互助的效率以及相关诉讼的审理效率。2009 年《互助协议》对于一些极具程序性的事项规定得过于笼统，2011 年《规定》开通了大陆高级人民法院与台湾地区业务主管部门对接联络的二级窗口，但其主要是针对规范高级人民法院的互助工作，便于基层人民法院操作的实施细则仍处于不完善的状态。基层包括中级人民法院是两岸司法互助的直接践行者，开启司法互助的三级窗口，实现基层包括中级人民法院与台湾地

---

① 贺晓翔:《关于涉台商事审判中司法协助问题的法律思考——以珠海中院的司法实践为模本》,载《中国涉外商事审判研究》（第 2 辑）,法律出版社 2011 年版。

② 黄宇:《海峡两岸民商事司法协助实务初探》,载《中国涉外商事审判研究》（第 2 辑）,法律出版社 2011 年版。

③ 杨傲:《四川法院完成台湾地区请求协助送达司法文书 205 件》,http://news.163.com/,下载日期:2013 年 6 月 3 日。

区司法互助窗口的"点对点"直接接触,有利于提高司法互助的效率。建议最高人民法院在厦门法院开展司法互助试点工作,授权厦门中院就办理海峡两岸送达文书司法互助案件,建立与台湾地区业务主管部门联络的三级窗口,提升司法互助案件办理的效率。在条件成熟的情况下,授权厦门中院在与金门法院、连江法院的司法互助个案中,进一步实行"点对点"直接沟通机制,建立个案互助中两岸法院直接沟通的渠道,如专线电话、加密网络通道等方式,在地址有误、当事人情况不明、委托事项模糊等情况下,就具体事项进行及时沟通协调,推进司法互助工作的高效、顺利进行。

2011年《规定》第10条第2款规定:"需要台湾地区协助送达的司法文书中有指定开庭日期等类似期限的,一般应当为协助送达程序预留不少于6个月的时间。"实践中,常常出现送达结果在三四个月内返回,但却因此前的排庭预留了六个月以上的时间,导致送达结果返回后还要再等待两三个月才能开庭的情形,严重降低了案件审理的效率。结合既有的司法互助实践,展望司法互助三级窗口设立后的便捷,建议将预留时间改为"预留不少于三个月的时间"。

(三)细化"尽力协助"原则,出台客观的判断标准

对于"尽力协助"原则,2009年《互助协议》的规定较为笼统,在司法实践中很难准确把握。何为"尽力"以及"尽最大努力",带有强烈的主观判断色彩。以司法互助送达为例,根据"尽力协助"原则,应当穷尽各种送达方式,尽最大努力予以协助,但应当尽力到何种程度,并无明确规定。尽力与否,关系到司法互助仅仅是走一个过场,还是能真正从程序上保障两岸人民的诉讼权利。因此,细化"尽力协助"原则,在两岸司法互助实践中逐渐确立明确的判断"尽力"与否的标准,至关重要。若不给"尽力协助"原则一个确定的标准而单靠各方自律,难免会出现只注重走过场的现象,进而导致与2009年《互助协议》签订初衷背离的结果。有可能导致对采用司法互助途径本身的关注大于对是否能真正送达到受送达人,进而保障其诉讼权利的关注的后果。"尽力协助"原则的细化及客观判断标准的建立,有助于两岸双方在司法互助送达及调查程序上统一标准,避免因未尽力而导致的程序反复及拖延的现象,有利于在实质上促进2009年《互助协议》目的的实现。在接下来的实践中,两岸应就此进一步协商。

(四)完善司法互助细节,建立对台当事人信息查询制度

考虑到两岸协助送达失败的主要原因是地址不详或当事人信息错误,为提高协助送达效率,各方在提出请求时应尽量提供受送达人最为详尽的地址和信息并仔细核对,尤其要注意提供受送达人的身份证件号码。被请求方法院在根据请求方法院提供的受送达人地址无法送达的情况下,不应轻率地作出送达失

败的结论并将结果返回请求方，而应根据请求方提供的受送达人身份证件号码及其他信息进行查询，待查询到新的地址和联系方式再行送达。基于两岸的协议约定及各自民事诉讼法中送达制度的差异，双方协助对方送达应当尽可能地采用双方均乐于接受的直接送达方式。建立对台湾地区当事人的信息查询制度。建立与公安机关出入境管理部门的互联系统或设置专门的司法查询平台，以便于委托送达前明确台湾地区当事人的身份信息与住址信息，从而加快委托送达时明确当事人信息的效率。

（五）开拓调查取证方式，建设远程视讯基地

台湾地区法院在审理涉及大陆的案件中，常有对身处大陆的证人进行调查的现实需要。鉴于两岸相对隔离的现状，大陆证人因存在到台湾地区作证签证审批手续烦琐，时间和财力耗费较大等问题，难以或不愿到台湾地区法院作证。因此，台湾法院法官对大陆证人的远程视讯询问有较为强烈的意愿。厦门中院为涉台审判配备了科技法庭，配备了先进的数字化法庭庭审系统，具备远程庭审应用功能，可以通过单独建立加密网络通道等方式，实现异地同步进行诉讼活动，同时法庭内部设置可借鉴台湾地区审判法庭的设计，融合涉台因素，提升涉台审判的公信力和亲和力。建议将厦门中院作为厦门及福建，乃至周边地区远程视讯的试点基地。台湾地区法院在有必要对在大陆的证人进行询问时，可以依据 2009 年《互助协议》第 8 条关于调查取证的规定，向两岸司法互助机构提出申请，经我方司法互助机构同意后，通过设在厦门中院审判法庭的视讯基地对身处大陆的证人以网络视频的方式进行远距离的询问，以节约时间和费用，提高审判效率。厦门中院在远程视讯的过程中，除提供审判场所、设备等技术支持外，还可以派专门法官全程参与，一方面协助台湾地区法官开展证人询问工作，另一方面辅助对证人权利义务进行告知和保障。

（六）创新工作机制，开辟台胞参与途径

厦门与台湾经贸文化往来源远流长，厦门的台资总额超过全省的六成。推动两岸司法互助工作顺利开展，特别是司法文书有效送达，不仅是为了方便两岸法院，更是为了有效维护两岸同胞的合法权益。可以尝试由台胞陪审员或台商协会参与司法互助工作，例如在协助台湾地区法院向在厦台胞或台企送达司法文书的案件中，可借由台胞陪审员和台商协会的积极作用，参与司法互助送达，进一步提高送达的效率和成功率。

（七）完善管理体系，建立司法互助激励机制

大陆法院要尽快将涉台司法互助案件办理情况纳入人民法院司法统计工作

报表,科学设计统计项目和案件考评指标,如实反映人民法院司法互助的工作量。规范的司法互助案件管理系统,使司法互助案件的立案、送达结果、所耗时长等信息均一目了然。此外,大陆法院还可以尝试在司法管理系统上上传协助送达和调查的影音资料,使得互助过程更为翔实、可靠,以丰富司法互助的形式。

为加强司法互助意识以及对司法互助工作的重视,大陆法院可尝试建立司法互助激励机制和奖惩制度,将司法互助纳入法院业绩考核与案件评查范围,奖勤罚懒,奖优罚劣,提高司法互助案件专办员的积极性、主动性和创造性,进一步提高司法互助的效率。

结　　语

涉台审判机制改革到如今,已经走过了一年多的历程。面对新形势、新任务,厦门法院紧抓精品意识塑造,做大、做强、做精涉台审判品牌,努力将涉台专门法庭建设成为方便台商诉讼、增进两岸交流合作的平台,在涉台法庭建设方面创造了新经验。厦门法院积极拓宽对台交流渠道,在持续推进两岸司法领域交流与合作上先行先试,在涉台审判与交流以及司法互助方面开创了新局面。改革过程中困难在所难免,但随着改革的一步步深入,一些难题已得到有效的化解,一些尚未解决的难题也正得到有效的应对,坚冰被突破,经验在形成,改革也随之向更纵深的方向发展。我们相信,随着涉台审判机制不断完善,厦门法院必将在促进厦门经济特区科学发展跨越发展与两岸关系和平发展方面不断做出新的贡献。

温州地区非法集资犯罪问题的调研报告

■温州市中级人民法院课题组*

摘要：近年来，全国各地非法集资活动高发，温州地区在2008年国际金融危机与2011年局部金融风波的影响下，非法集资案件数量也是激增，并呈现出收、结案数不平衡、涉案金额巨大、犯罪主体单一、犯罪手法多样、犯罪周期较长、被害人数众多等突出特点。现有法律对非法集资活动的规制手段比较严厉，但是其社会效果却不尽如人意。基于促进信息披露、市场信用良性培育的刑事规制内在逻辑，法律应将集资款用于正当经营或来源于亲友等情形纳入合理抗辩理由的范畴进行合理设置。

关键词：非法集资　刑事规制　合理抗辩

我国多年持续的经济发展需要大量的资金支持，经济快速发展带来的充沛民间资金也需要寻找更多的投资渠道。然而，就中国目前而言，正规的融资渠道只有商业银行、信托、股票、公司债券、企业债券、保险、证券投资基金、短期融资券等几类，利用这些渠道获得资金都需要获得相关监管机构的批准或者有较高的条件要求。而且基于我国从原有的计划经济向市场经济转型的特征，正规的融资渠道较多偏向国有企业，忽略民营经济的融资需要，当前的金融制度亦无法为资金融通提供顺畅的管道，那些急需资金的企业和个人，不得不自谋出路，走上了非法集资的不归路。因此，在经济已经飞速发展、金融仍在缓慢转型的中国，如何更合理、有效地处理非法集资活动，是促进民营经济发展的重要基础。

温州地区的中、小企业众多，但是多数企业内部结构不健全、运作不规范、会计制度不完善，很难通过正规金融渠道获得资金，因此只能求助于民间融资渠道，温州民间非常充沛又无处投资的资金则刚好为此提供了先天的便利条件。

---

* 课题负责人：徐建新（温州市中级人民法院院长）。课题组成员：詹复亮（最高人民检察院反贪总局副局长）、陈有为（温州市中级人民法院副院长）、鞠海亭（温州市中级人民法院民二庭庭长）、吴海（温州市中级人民法院刑二庭副庭长）、叶希希（温州市中级人民法院法官）。报告执笔人：吴海、叶希希。本调研报告系中国法学会2012年度部级法学研究课题最终成果的部分内容。

在一般情况下,可以通过民间借贷相关法律法规对这些民间融资行为进行规制与引导。但是近年来,在 2008 年国际金融危机与 2011 年局部金融风波的影响下,温州地区的非法集资活动高发,案件剧增,且影响非常大,颇受关注。基于此,课题组以 2006 年 1 月至 2013 年 4 月期间温州市法院审结的非法集资案件为样本对相关问题进行探讨,并在实然审视和应然展望的基础上思考刑事政策的立场与范畴,在"司法迷思"中寻找应对之策与解决之道。

一、温州地区非法集资犯罪案件的基本情况

(一)收结案数不平衡

从温州市法院自 2006 年 1 月至 2013 年 4 月期间审理的非法吸收公众存款罪案件和集资诈骗罪案件数量来看,各法院非法集资案件的收、结案数呈现不平衡的特点,这主要有以下两个方面的表现:一是各年度的收、结案数不平衡。从温州市法院审理的非法吸收公众存款罪案件情况(见图 1)来看,该类案件 2006 年的收、结案数均为 5 件,2007 年回落为 3 件,2008 年明显上升,收、结案数均为 11 件,2009 年再次明显上升,收案数为 27 件,结案数为 26 件,2010 年、2011 年有所回落,收、结案数均在 15 件以下,2012 年的收案数则飙升至 39 件,2013 年

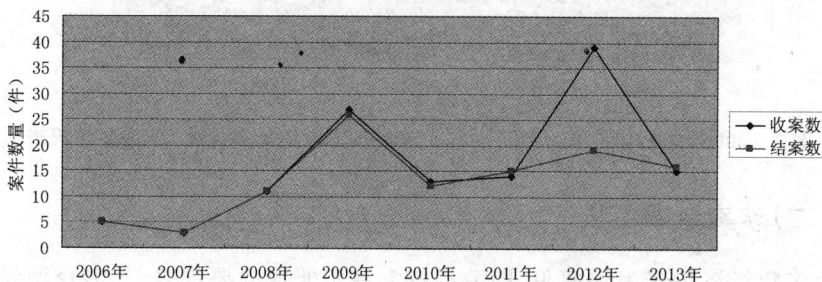

图 1   2006 年—2013 年 4 月温州市法院非法吸收公众存款罪案件收、结案数情况表

1—4 月的收案数亦有 15 件。从温州市法院审理的集资诈骗罪案件情况(见图 2)来看,该类案件在 2006 年至 2008 年期间的收、结案数均在 5 件以下,2009 年明显上升,收案数为 9 件,结案数为 10 件,2010 年、2011 年的收案数稍有回落,均为 7 件,2012 年的收案数则飙升至 27 件,2013 年 1—4 月的收案数为 4 件,表现相对平稳。可见,上述两类案件的收结案数均在 2009 年、2012 年出现峰值,其中以 2012 年尤为突出,这在相当程度上也是受 2008 年国际金融危机和 2011 年局部金融风波影响的结果。二是各法院的收、结案数不平衡。从图 3 可

以看出龙湾、瑞安、乐清、苍南法院关于非法集资案件的收、结案数相对较高,均在 10 件以上,其中以乐清法院尤为明显,达 67 件;而洞头、文成、永嘉法院的收、结案数则相对较低。

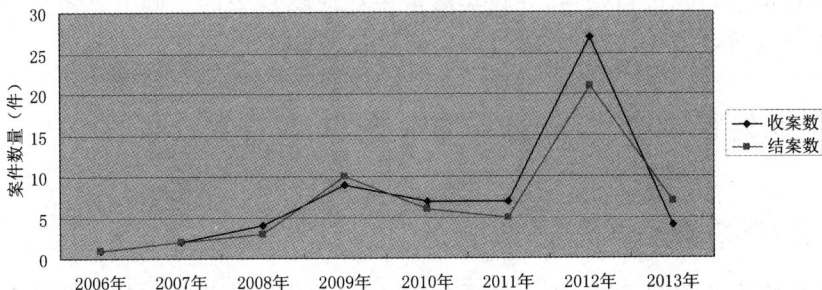

图 2 2006 年—2013 年 4 月温州市法院集资诈骗罪案件收、结案数情况表

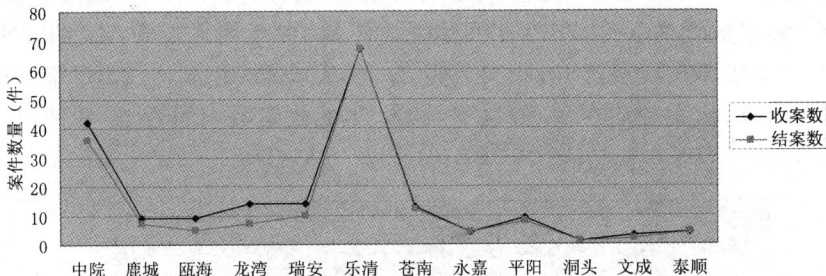

图 3 2006 年—2013 年 4 月温州市各法院非法集资类案件收、结案数情况表

(二)涉案金额巨大

大多数经济犯罪为数额犯,即数额较大系犯罪成立要件之一,涉众型经济犯罪更是如此。与一般经济犯罪相比,因为涉众型经济犯罪针对的是为数众多的被害人,这就决定了该类犯罪涉案数额往往特别巨大,其中又以非法集资犯罪更为显著。由于集资行为大多基于亲戚、朋友、邻里等熟人关系形成的民间借贷关系网,其"非法吸储"的本质较难被发觉,再加上比银行更高的利息和更便捷的手续的诱惑,使集资者能够披着"民间借贷"的外衣以"滚雪球"的方式聚敛大量的资金。从温州市法院自 2006 年 1 月至 2013 年 4 月期间审结的非法集资案件情况来看,涉案金额为 1000 万元以上的非法吸收公众存款罪案为 65 件,占审结的全部非法吸收公众存款罪案件的 50.78%,其中涉案金额超亿元的有 12 件。涉案金额为 500 万元以上的集资诈骗罪案为 45 件,占审结的全部集资诈骗罪案件的 73.77％,其中涉案金额超亿元的有 11 件。

(三)犯罪主体单一

从温州市法院自 2006 年 1 月至 2013 年 4 月期间审结的非法集资案件的情况来看,犯罪主体以自然人为主,单位犯罪较为少见。在 166 件案件中,涉及单位犯罪的只有 2 件,其余均为自然人犯罪。这些自然人犯罪主体呈现出以下特点:一是文化程度较低。在 210 个被告人中,文化程度是文盲的有 19 人,小学文化程度的有 71 人,初中文化程度的有 73 人,高中文化程度以上的只有 47 人,其中大学文化程度的仅 9 人。从图 4 可以看出,初中文化程度以下的比例高达 78％,而大学文化程度的比例仅为 4％。二是年龄以 40～50 岁为主。在 210 个被告人中,30 岁以下的仅 1 人,30～40 岁的为 44 人,40～60 岁的有 145 人,60 岁以上的为 20 人。从图 5 可以看出,40～60 岁的比例高达 69％。

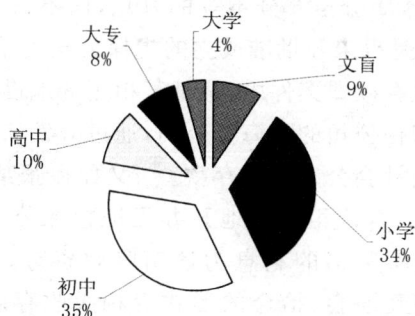

图 4 2006 年—2013 年 4 月温州市法院非法集资类案件被告人文化程度情况统计表

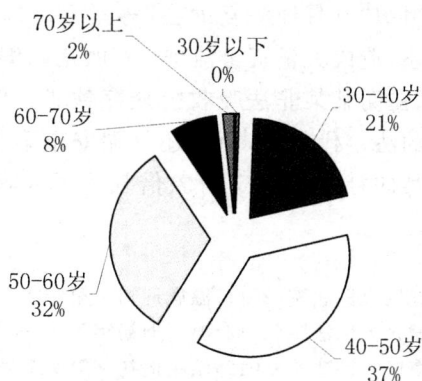

图 5 2006 年—2013 年 4 月温州市法院非法集资案件被告人年龄构成情况统计表

（四）犯罪手法多样

为了规避法律的直接监管，非法集资活动较少采用直接吸收公众存款、公开发行股票、公司、企业债券之类的典型方式，往往采取各种隐蔽形式，花样翻新、手段多样。犯罪主体通常会采用夸大自身实力和经营效益等各种手段来达到吸收存款的目的。发生在不同行业的非法吸收公众存款特别是变相吸收公众存款行为手法隐蔽，各具特点，从温州市法院审理的非法集资案件来看，犯罪手法主要有以下表现形式：一是以合法成立的公司的名义高息吸收存款。如在林某某非法吸收公众存款罪案件中，林某某以投资期货的名义，通过某公司开办的企业总裁管理培训班授课等途径，采取按日息2‰至3‰不等的标准支付利息的非法形式吸收资金，并用于期货交易及支付后续利息，至案发时全部亏空。[①] 又如在张某某非法吸收公众存款罪案件中，张某某以某公司需要资金周转、发放工资、厂房扩建为由，承诺给予1分至6分不等的月息，向不特定人员吸收资金，直至案发前无法归还。[②] 二是以未经批准成立的担保公司为平台高息吸收存款。如在施某某非法吸收公众存款罪案件中，施某某租用场地设立"担保公司"，对外则宣称系某依法成立的担保公司的瓯海分公司，通过分发名片等方式公开宣传，以支付高额利息为诱饵向社会公众吸收存款。[③] 又如在张某某非法吸收公众存款罪案件中，张某某与他人合伙租用场地开办无证担保公司，通过口口相传的方式，以高于银行存款利率数倍的利息为诱饵吸收资金，并转贷给他人赚取利差。[④] 三是以民间经济互助会、抬会的形式变相吸收存款。如在黄某某、高某某、杨某某等非法吸收公众存款罪案件中，在未经金融主管部门批准的情况下，以呈会、做生意需要资金周转为由，以高息回报为诱饵，非法向社会不特定的多人大量借款，同时非法组织"月月经济互助会"等呈会用以高息变相吸收他人存款，直至案发前无法归还，造成大量资金流失。[⑤] 四是以编织光环诱使被害人上当的方式吸收存款。如在谢某某非法吸收公众存款罪案件中，谢某某不仅是温州某公司、黄山某公司的法定代表人，而且还是瑞安市第十四届人大代表，正是得益于这些头衔，谢某某向社会不特定对象借款才更为容易。[⑥] 五是直接以高

[①] 浙江省温州市鹿城区人民法院(2011)温鹿刑初字第1247号案件。

[②] 浙江省温州市鹿城区人民法院(2012)温鹿刑初字第1959号案件。

[③] 浙江省温州市瓯海区人民法院(2012)温瓯刑初字第727号案件。

[④] 浙江省温州市龙湾区人民法院(2012)温龙刑初字第771号案件。

[⑤] 浙江省乐清市人民法院(2008)乐刑初字第896号案件、浙江省温州市中级人民法院(2009)温刑初字第16号案件、浙江省苍南县人民法院(2009)温苍刑初字第555号案件。

[⑥] 浙江省瑞安市人民法院(2011)温瑞刑初字第954号案件。

息为诱饵吸收存款。犯罪主体一般会对先期投资者及时足额兑现高息承诺,以进一步引诱存款人参与投资。这种手段上的欺骗性,使存款人很难看清其中的危害,以至于大批的存款人深陷其中而不及时报案,事实上这些不断存入的资金也为犯罪的延续提供了经济上的保障。如在郑某某非法吸收公众存款罪案件中,郑某某以资金周转或投资矿山为由,先后以月利率2‰至4‰或年回报率50‰的高额利息吸收存款4000多万元。①

(五)犯罪周期较长

非法聚敛公众资金是一个渐进的过程,在集资人尚能维持"拆东墙补西墙"的状态时,此类案件的犯罪行为经常在隐蔽状态下持续较长的时间,直到大量存款本息不能按时偿还时才案发,使得现有的金融监管体系难以有效控制。温州市法院2006年1月至2013年4月期间审结的非法集资案件的平均犯罪周期约为2.7年,仅4个案件的犯罪行为在半年内案发,其余案件的犯罪行为的持续时间基本上都是1年以上,其中持续时间在5年以上的有25件案件,占案件总数的15.06‰。

(六)被害人数众多

非法集资犯罪是典型的涉众型犯罪,非法吸收公众存款罪和集资诈骗罪的构成要件均包括对象的不特定性,因此该类经济犯罪涉及被害人人数众多,且往往为不特定的人。自2006年以来,在温州市法院审结的非法集资案件中,涉案的被害人数达10734余人,平均每案被害人数达65人。一些大案的被害人数达数百人甚至上千人。如在张某某等人非法吸收公众存款罪案件中,时间跨度从1990年年初至2004年6月,涉案的被害人数达3000余户,而且被害人多为当地的普通老百姓,身份不特定,阶层各异,涉及面非常广,引发了大量债权、债务纠纷,社会影响恶劣。②

二、非法集资行为法律规制之社会效果困境

自从1995年开始对非法集资行为予以刑法规制以来,对非法集资行为的打击力度一直比较大,一经发现都会被依法取缔,集资者会被追究轻重不等的刑事责任;对集资诈骗罪,最高可被处以死刑。但从实际效果来看,非法集资活动并

---

① 浙江省文成县人民法院(2009)温文刑初字第125号案件。
② 浙江省泰顺县人民法院(2006)泰刑初字第43号案件、(2007)泰刑初字第53号案件。

没有得到有效遏制，陆续出现的"万里大造林案"、"亿霖木业案"、"兴邦公司案"、"海天公司案"、"中科公司案"、"丽水小姑娘杜益敏案"、"辽宁蚁力神案"、"浙江东阳吴英案"等一批重大非法集资案件的社会影响都非常大，尤其是"浙江东阳吴英案"，是否应对吴英判处死刑还引发了学界激烈的讨论。但同时对于以孙大午为代表的有正常融资需求的非法集资者而言，现行严厉的刑法规制手段是否合适，又一直备受争议。而且非法集资案件的涉众性特点明显，其处理结果牵动着众多受害者的利益，且多数被害人都要自行承担损失，单纯处以严厉的刑法规制手段很难实现法律效果与社会效果的统一。

在现实生活中，地方政策对于集资行为的规制力度存在时有松紧的状态，所谓"没事就是民间融资，出事就是非法集资"。监管政策导向不明确，集资公共决策上的摇摆，使得区分合法与非法的界分标准模糊，也加大了民间融资的刑事法律风险。即司法实践中淡化了对非法集资犯罪构成要件的关注，却往往以集资者的成败、群体性纠纷的程度作为刑事追诉的标准。一般而言，对于有借有还的集资行为，只要不存在因资金链断裂导致不能偿还借款的情形，亦未影响社会稳定的，刑法就不予规制；而对于产生不能偿还借款后果，并造成群体性纠纷事件的集资行为，刑法就要介入并予以严惩。在民营经济发达的温州地区，中小企业数量庞大，因内部管理不规范、信用体系不完善等问题普遍存在融资难的问题，银根收紧更是导致民营经济融资困难、资金链紧张。在这样的情况下，部分企业主为了维持企业的经营和发展，只能求助于高息借款的方式，以求度过危机。比如颇有影响的温州海鹤药业有限公司、浙江信泰集团有限公司、泰顺立人集团均因受金融风波影响而求助于高息借款。毋庸置疑，如果温州海鹤药业有限公司、浙江信泰集团有限公司、泰顺立人集团在求助于高息借款的方式之后能够顺利度过债务危机，就不会这么受人瞩目，也不会发生刑事案件了。但这三家企业最终因资金链断裂引发债务危机，并成为危困企业，在这样的情况下，温州海鹤药业有限公司、泰顺立人集团的负责人均因涉嫌非法集资而锒铛入狱，浙江信泰集团有限公司负责人能够幸免牢狱之灾的重要原因是其集资行为并未引发重大的群体性纠纷，对社会稳定未造成不良影响，这是"以结果论英雄"思维的典型真实写照。

维护社会稳定是司法必须着重考虑的价值目标，但是以惩治犯罪、保护社会为基本职责的刑法，本身应当具有平衡保护的功能，不能因企业成功、失败之别而存在差异保护。司法实践的上述做法，存在违背刑法平等保护之嫌。这样典型的"成者英雄败者寇"的理念所导致的司法失范，从长远来看，会加剧民间金融领域的投机和道德风险，显然不利于民间金融体系的培育，也不利于构建对非法集资活动的有效规制体系,未能为民间金融的合法化预留空间。①

三、集资行为的刑事规制

(一)集资行为刑事规制的内在逻辑

金融市场本身错综复杂、专业性强、系统性风险突出,一个小问题都可能发生牵一发而动全身的影响,民间金融风险的来源主要是民间信贷的组织化、规模化突破了熟人社会基于亲缘、地缘的人格约束的范围,参与各方信息不对称以及非理性逐利而形成金融系统性风险。因此,金融监管的内在逻辑就是风险防范,保持金融系统的稳定性,通过各种制度安排来预防、控制金融市场的风险,维持金融市场的良好秩序,保护市场所有主体尤其是弱势群体的合法权益。

非法吸收公众存款罪与集资诈骗罪分别规定于《刑法》"分则"第三章"破坏社会主义市场经济秩序罪"下的"破坏金融管理秩序罪"与"金融诈骗罪"两节中。按照通说,犯罪客体是作为确定不同罪名在刑法分则中的归属以及对不同的犯罪进行分类的重要依据,据此,传统的刑事理论认为,非法集资犯罪侵犯的是国家金融秩序。长期以来,官方的说法认为,非法吸收公众存款入罪的理由,是由于这种金融活动不仅使民众的财产安全处于"风险"火山上,而且这种行为严重破坏了金融管理秩序。② 可见,这种观点将该罪侵犯的法益视为金融管理秩序的同时,还将集资行为刑事规制的目的理解为维护银行吸收公众存款业务的垄断地位。实质上,这是一种金融机构中心主义,而不是金融交易中心主义,这在某种意义上强化了金融垄断主义这一不公平现象。

非法集资行为社会危害性的根源在于行为人持有资金数额巨大,且在使用资金的过程中缺乏监管,金融风险无法预测,不可控制。这集中体现在两个方面:一是被害人在作出投资决策时信息不对称。从温州市审结的案件来看,较多被害人是基于亲友的口口相传,出于对集资者的信任将资金交给犯罪主体的;有的被害人是被犯罪主体编织的光环所迷惑而向犯罪主体投资的;还有的被害人则纯粹基于先期高额回报的诱惑而持续向犯罪主体投资的。可以说,被害人不仅主观上缺乏对集资者进行投资调查的意识,同时客观上也缺乏相应的调查途径。二是被害人在投资后关于资金去向的信息不对称。很多被害人只看到犯罪

---

① 彭冰:《非法集资活动规制研究》,载《中国法学》2008 年第 4 期。

② 姜涛:《非法吸收公众存款罪的限缩适用新路径:以欺诈和高风险为标准》,载《政治与法律》2013 年第 8 期。

主体光鲜的外表,却不知道这背后正是用其所投资金大肆挥霍才造就的。即使有些犯罪主体一开始是将所吸收的资金用于正常的生产经营活动,被害人也很难深入了解这些生产经营活动的具体情况。由此可见,由于缺乏透明畅通的信息了解渠道,集资行为事实上蕴含了巨大的金融风险。因此,集资行为刑事规制的主旨不是单一保护投资者存款,也不是保护银行的吸储垄断地位,而是维护货币借贷的直接融资制度,防范金融风险,[1]并以此促进信息披露、市场信用的良性培育,这与金融监管的内在逻辑是一致的。

(二)合理抗辩理由设置

1.用于正当经营之抗辩

我们认为,如果集资用于正当经营需求,而且行为人已经履行了充分的信息披露与风险提示义务,则可以考虑对集资者免责或减轻责任。这种合理抗辩,既能缓解现行刑事规制模式的紧张状态,也有助于形成正向的评价机制:行为人为了减免行为的刑事责任风险——对参与者预先进行信息披露和风险提示——投资者获得与资金用途及资金去向有关的信息,减少信息不对称——投资者评估投资风险,决定是否参与集资。[2] 也就是说,为开展生产经营活动而发生的民间融资行为,即使未经批准可能会涉及违反有关的金融行政法规,但是也不能一律纳入非法集资的范畴。[3] 对此,浙江省司法机关在办理吸收公众存款类案件过程中,已经开始依据省内实际情况作审慎处理。例如,对于吸收公众存款主要用于生产经营的行为,2008年浙江省高级人民法院、浙江省人民检察院、浙江省公安厅联合发布的《关于当前办理集资类刑事案件适用法律若干问题的会议纪要》第4条明确规定:"为生产经营所需,以承诺还本分红或者付息的方法,向社会不特定对象筹集资金,主要用于合法的生产经营活动,因经营亏损或者资金周转困难而未能兑付本息引发纠纷的,一般可不作为非法吸收公众存款犯罪案件处理。"2011年浙江省高级人民法院、浙江省人民检察院、浙江省公安厅联合发布的《关于当前办理集资类刑事案件适用法律若干问题的会议纪要(二)》没有否定此项规定。这种入罪与不入罪的做法,事实上是对集资行为是否合法的一种法律评价,是"以司法方式为民间融资谋得一角安全港"[4],其积极意义不容小觑。

---

① 高艳东:《诈骗罪与集资诈骗罪的规范超越:吴英案的罪与罚》,载《中外法学》2012年第2期。
② 毛玲玲:《集资行为的刑事规制——金融危机背景下的考察》,载《政治与法律》2009年第9期。
③ 谢望原、张开骏:《非法吸收公众存款罪疑难问题研究》,载《法学评论》2011年第6期。
④ 刘伟:《非法吸收公众存款罪的扩张与限缩》,载《政治与法律》2012年第11期。

2.向亲友集资之有限豁免

在实践中,通过人情网络口口相传的方式进行非法集资是比较多见的。集资者通常会借助亲戚、朋友、邻里、同乡等关系开始借款,随着资金需求不断增加,逐渐向外扩展,转为向不特定的陌生人集资,存在着由亲到疏的层级变化过程。相应的,各层级的出借人与集资者之间的信息均衡程度也是有一个变化过程的。而非法吸收公众存款罪的本质在于因信息不对称,从而使出资人的财产处于一种高风险状态,进而给这些出资人带来巨大的经济损失。因此,我们认为,基于司法实践的需要,可以简单地从当事人的亲属关系程度的角度,对集资双方信息传递状况及信息均衡程度得出基本的结论。一般而言,出借人与集资者越亲密,就越有可能获得充分的信息,也更有机会得知集资者的"风吹草动"。也就是说,一旦集资者有肆意挥霍集资款或将集资款用于违法犯罪活动等行为时,出借人一般可以及时知晓,从而对是否继续出借款项进行判断,这对出借人来说是比较公平的。当然,亲朋好友之间的亲疏程度有别,何种程度的亲友关系才足以推论为信息均衡,不能一概而论。我们认为,可以口口相传的层级这一因素为主,结合集资者与出借人之间的往来情况进行综合考虑和判断。一般而言,随着口口相传层级的递增,出借人要对集资者的个人品格、个人能力、风险偏好、自身资金实力、集资用途等作出准确判断的可能性就会递减,尤其是在多数案件中,集资范围扩大的过程中都会有融资中介的参与,而融资中介的资金除了自有资金外,更多的来自于亲友团的集资,这样就形成了大大小小、相互交织的民间融资圈。在口口相传层级较多的情况下,如果集资者没有主动真实地披露其基本信息,出借人与集资者之间的信息交流肯定是失衡的。但是,对于口口相传在两个层级以下的,集资者与出借人的关系往往还处于较为亲密的状态,出借人了解集资者真实信息的可能性是比较大的。在此种情况下达成的交易关系,也可以推论为信息均衡状态,应当能够排除于非法集资之外。同时,对于口口相传在两个层级以上的,若集资者与出借人之间有人情往来的,一般可以说明出借人能够对集资者有充分的了解,在此种情况下,也可以推定双方的信息是均衡的。

结　　语

从法律发展的历史过程来看,由于法律技术性功能不够完善而带来的对社会冲突进行评价的局限性在各个社会都不同程度地存在。[①] 我们在对温州非法集资案例进行梳理后发现,正是由于法有限而情无穷,对非法集资案件这一"社

---

① 顾培东:《社会冲突与诉讼机制》,法律出版社 2004 年版,第 21 页。

会冲突"难以作出完善的评价，才导致审判实务中对个案进行处理时会面临法律适用和社会效果层面的种种困惑。一方面，虽然法律、司法解释都已经作了相当程度的努力，试图为实践中一直存在争议的非法集资案件的审理工作提供明确的指导，但在审判实务中仍然面临着法律关系调和难、案件性质界定难、亲友标准适用难、犯罪数额认定难、实际问题解决难等一系列难题。另一方面，如何准确界定非法集资活动，为合法民间金融活动提供保障也是困扰审判人员的难题。在当前温州地区非法集资案件高发这一特定的历史条件下，一部符合"良法"标准的刑法，不仅仅要体现对犯罪行为予以严惩，更为重要的是要合理有效地规制非法集资行为，以促进民营经济的发展。

现行金融体系下的融资困局是集资者寻求各种集资行为的最为重要的原因，这在中小企业融资难问题上表现得更为突出，即在融资渠道受限的情况下，各种集资创新形式是中小企业融资不得已而为之的有效途径。而现行的不论集资行为是否具有真实经济意义均无法改变其"非法集资"属性的刑事规制方式，更是加剧了中小企业的融资困境。若集资者纯粹以非法占有为目的进行集资，则所犯的是集资诈骗罪；若将集资所得款项投入生产经营活动，则有可能触犯的是非法吸收公众存款罪，因为非法吸收公众存款罪关注的是行为人是否存在吸储行为，而并不关注行为人对集资所得的用途。资金是企业的血脉，而这样的金融规制方式更加压缩了中小企业的自主融资空间，显然不利于中小企业的发展壮大。温州的中小企业数量庞大，是地方经济发展的主力军。企业发展受到资金的限制必然会影响地方经济的发展，甚至在一定程度上也会成为发生金融风波的重要诱因。由此可见，刑事规制中的非法吸收公众存款罪等罪名加剧了经济发展过程所蕴含的市场主体的融资冲动与金融监管之间的紧张关系，基于此，在充分运用金融监管方式的基础上承认各种金融创新方式的合法地位或许是更为有效的解决途径。当然，要真正解决企业融资的困境，推进中小企业的制度改进，解决其风险测度与防范问题也是必须同步推进的。只有这样，才能为中小企业真正摆脱融资困境奠定长久而坚实的基础。

普遍逮捕状况与影响因素分析

——以 L 区检察院的实践为中心

■海口市人民检察院课题组 *

摘　要: 普遍逮捕在我国是一个客观状况,并遭到了严厉的批判。从实践考察来看,刑事诉讼中的逮捕比例近年来有一定程度的降低,但普遍逮捕的状况没有根本性的改变。普遍逮捕主要还是受司法操作某些实际困难的影响,其背后的社会影响因素十分复杂。当前转变普遍逮捕状况势在必行,但需要审慎细致地考虑实现的基础条件及各种影响因素。逮捕程序司法化、社会危险性证明标准细化以及非羁押强制措施的改革会深刻影响逮捕的普遍程度,但必须抓住一些关键要素比如风险分担机制、成本承担能力等进行深入的考虑,以防止改革的偏差。

关键词: 普遍逮捕　海南　刑事诉讼

一、普遍逮捕的状况

(一)研究动因和分析方法

普遍逮捕指的是我国刑事诉讼案件中大多数犯罪嫌疑人、被告人被适用逮捕强制措施的状况。有人称之为"逮捕中心化",即"在整个强制措施体系中,逮捕成为中心和支柱,其他措施都处于辅助性或者边缘化地位"[①]。有分析认为,普遍逮捕偏离了立法精神,违背了法定条件,并造成了严重危害。例如,在立法精神层面,"无论是根据刑事诉讼法条文规定强制措施的顺序,还是法条中包含

---

　* 课题负责人:于沆(海口市人民检察院副检察长)。课题组成员:于沆、苏晓龙、陈开坚(三人均为海口市人民检察院检察官)。执笔人:苏晓龙。本文系海南省人民检察院 2013 年度检察研究课题"侦查监督工作贯彻修改后刑事诉讼法若干问题"的成果。
　① 梁玉霞:《逮捕中心化的危机与解困出路——对我国刑事强制措施制度的整体检讨》,载《法学评论》2011 年第 4 期。

的一般逻辑,逮捕都应当是备选的,在后的,例外的,不得已而适用的措施,而不能是经常的,优先的,例行的,可以随意适用的措施"①。在法定条件层面,"逮捕适用条件被曲解和'合理化'利用,没有很好地落实宽严相济刑事政策。如果逮捕条件被严格把握,'必要性'标准被正确理解和适用,有相当比例的犯罪嫌疑人应该说是可以不会被采取逮捕这一最为严厉的刑事强制措施"②。在危害后果层面,"对轻微刑事犯罪嫌疑人一律予以逮捕,这既违背宽严相济的刑事司法政策,也无益于社会稳定,既不利于促使犯罪嫌疑人改过自新,有时反而会引起矛盾激化,造成更大的利害冲突","普遍逮捕还需要国家巨额的财政支出,造成人力、物力、财力的巨大靡费。看守所的财政支出逐年增加,大肆羁押一方面使看守所人满为患,另一方面也增加财政负担,且由于错误羁押的诉讼日益增多,大量国家赔偿不仅损害司法形象,也增加了财政压力"。③

普遍逮捕是一个客观事实。然而需要分析的是,当前究竟在何种程度上存在过度逮捕?如果存在这一局面,又有多大可能性进行改变?从普遍逮捕到普遍不捕的转变症结究竟何在?透过基层司法机关的具体运作来观察,可能更有利于前述问题的分析。这是因为,一方面,基层司法机关处理了大量轻微刑事案件,这些案件在理论上更应少用逮捕,相应地其普遍逮捕的问题更加突出;另一方面,基层司法机关的案件相对较少,也较为简单,容易开展个案考察。

(二)数据情况与初步分析

逮捕羁押状况,一方面,可以从案件移送审查起诉时犯罪嫌疑人是否被逮捕这一状态即直诉率来反映,这一数据可以大体反映刑事案件的一般逮捕状况。④另一方面,检察机关批准和决定不予逮捕的案件与受理报请逮捕案件的比率即不捕率,也可以反映逮捕措施的适用状况。本文选取 H 省 H 市 L 区人民检察院(以下简称 L 区检察院)的数据为分析样本。考察分为两个方面:一是 2008 年至 2012 年 5 年间的逮捕情况,以便观察逮捕案件的状况有没有大致的规律或者趋势;二是 2013 年上半年的逮捕情况,主要目的是对比刑事诉讼法修改前后逮捕状况的差异,观察是否有根本性的改变。

---

① 易延友:《刑事强制措施体系及其完善》,载《法学研究》2012 年第 3 期。
② 刘计划:《逮捕审查制度:中国模式及其改革》,载《法学研究》2012 年第 2 期。
③ 刘计划:《逮捕功能的异化及其矫正——逮捕数量与逮捕率的理性解读》,载《政治与法律》2006 年第 3 期。
④ 这里的直诉率只是移送起诉案件逮捕外措施的比例,不是绝对的非羁押状况下直接起诉的比例,极少数的犯罪嫌疑人由于已在服刑或是被强制戒毒等,事实上处于羁押状态。

表1　L区检察院受理移送审查起诉案件逮捕情况(2008—2013年上半年)

年度	受理	逮捕	其他	直诉率
2008	660	610	50	7.56%
2009	869	817	52	5.98%
2010	898	800	98	10.91%
2011	892	765	127	14.24%
2012	1173	975	198	16.88%
2013 上	411	332	79	19.22%

表2　L区检察院审查逮捕案件情况(2008—2013年上半年)

年度	受理	逮捕	不构罪不捕	无逮捕必要	不捕率
2008	591	553	8	6	6.43%
2009	738	696	3	15	5.69%
2010	781	698	13	13	10.63%
2011	818	671	15	25	17.97%
2012	949	802	11	36	15.49%
2013 上	456	383	13	32	16.01%

　　从前述数据看：首先，2008年以来，逮捕案件的适用比例大体上已经由90%下降到80%，说明逮捕的适用受到了一定程度的抑制。① 这一变化在直诉率上体现得更为明显，例如从2009年到2013年上半年，直诉率连续上升，从不足6%上升到接近20%，发生了很大变化②。从不捕率方面来看，虽然其总体趋向与直诉率一致，但却存在一定的起伏，说明这一数据的内在影响因素更加复杂。

────────────

　　①　2005年的某些统计得出的结论是全国每年的刑事案件中，有90%的案件在适用羁押措施，参见陈卫东主编：《羁押制度与人权保障》，中国检察出版社2005年版，序言，第2页。这与本文统计的L区检察院2010年前的状况基本一致。

　　②　需要特别说明的是，由于H市进行未成年刑事案件诉讼改革，2011年和2012年L区检察院不负责未成年人案件的审查起诉工作，所以2011年和2012年的统计不含未成年人案件的数据，这一因素对直诉率的计算有一定的影响。考虑到受刑事政策影响未成年人更容易获得非羁押待遇，所以这两年的直诉率本应更高。另外，2009年下半年开始基层法院不再负责职务犯罪案件的审查逮捕，所以2010年以后的不捕率其实是不包括职务犯罪案件的。但由于职务犯罪案件的总量很少，其对不捕率的影响并不显著。

综合来看，可以理解为近年来检察机关对侦查机关的报捕案件批准逮捕的比例批捕率有一定程度的下降，同时侦查机关也降低了报请逮捕的案件的比例，两个方面的因素使得诉讼中的羁押率大致有了 10％以上的降低。其次，从无逮捕必要案件的情况来看，2008 年以来也呈现出逐渐增长的趋势，例如 2008 年全年仅有 6 人，而 2013 年上半年即达到 32 人。即使考虑到年度受案量的差异，也足以说明无逮捕必要案件在近年来，特别是在刑事诉讼法修改后有了大幅增长。这一数据可以说明检察机关对逮捕必要性的审查是始终存在的；另外也要看到，无逮捕必要案件的比例在近两三年才有了比较明显的增长，说明客观存在进一步限制逮捕适用的空间。

虽然刑事诉讼中逮捕案件的比例逐渐降低，无逮捕必要案件的数量也有较大的增长，但普遍逮捕的状况恐怕不是短期内可以改变的。如果真要称得上普遍不捕，则直诉率至少应当在 50％以上。按照这一标准，以目前接近 20％的直诉率计算，则至少还有 30％的被逮捕者需要采取其他替代性强制措施。那么，究竟是司法人员理念尚未改变，还是存在现实困难？为此，需要进一步从操作层面展开研究，并透过个案进行分析。

二、普遍逮捕影响因素的考察

（一）关于社会危险性证明的考察

社会危险性是逮捕的必要性要件之一。基层司法机关多数案件的犯罪嫌疑人单就刑罚来说尚达不到必须逮捕的程度，[①]所以如果其他措施能够防止发生社会危险性就不应当被羁押。也就是说，基层司法机关如果处理好了社会危险性的问题，是相对容易实现普遍不捕的。由于具体的报捕和不捕原因很难进行精确的数据统计，笔者主要通过调取 L 区检察院提请逮捕意见书和审查逮捕意见书考察司法机关关于社会危险性的证明模式和方法。

从报捕书的情况看，侦查机关对社会危险性的证明是极为稀少的，其报捕书大多是就犯罪证据展开论述的，很少触及关于社会危险性的直接证明。即便是在刑事诉讼法修改后，这一状况也没有明显的变化。检察机关在审查案件时往往需要透过案卷材料才能进一步考虑社会危险性问题，有时甚至需要与侦查人

---

① 根据 2012 年修改后的《刑事诉讼法》第 79 条第 2 款的规定："对有证据证明有犯罪事实，可能判处十年以上有期徒刑的，应当予以逮捕。"这类案件在基层法院的占比低于 10％（参见后表）。

员进行直接沟通。也就是说,侦查机关在报捕中集中解决的是犯罪嫌疑人的构罪问题,逮捕必要性问题居于次要位置,社会危险性问题更是缺乏专门证明,这一点在刑事诉讼法修改前后没有明显的差异。从检察机关的不捕意见书来看,2008年以来无逮捕必要案件主要有以下几类:一是未成年人犯罪案件,主要是未成年人的故意伤害、抢劫、盗窃等常见犯罪案件。例如,在2013年上半年无逮捕必要的32人中,未成年人达14人,占比为43.75%,充分说明对未成年人的逮捕受到了很大的抑制。二是一些特殊类型的犯罪案件如赌博罪、开设赌场罪、滥伐林木罪、掩饰隐瞒犯罪所得罪、非法行医罪等。三是当事人达成和解的轻微刑事案件,如交通肇事、故意伤害、抢劫等犯罪案件。可见,检察机关的不捕集中于特殊身份、特殊罪名和特定情形。需要注意的是,2013年以来检察机关的一些不捕案件在"社会危险性"的把握上有了一定的突破。例如在一个盗窃案中,嫌疑人盗窃的目的是给其母亲治病,所以检察机关决定不捕;在另一个盗窃案中,因为嫌疑人是酒后实施的顺手牵羊式的盗窃,也决定不捕。这些不捕跳出了"身份"、"罪名"及"和解"条件的限制,更多地考虑"犯罪情节"和"主观恶性",使"普通人"和"普通罪"有了一定的适用空间。然而,即便是在刑事诉讼法修改后,检察机关在决定不捕时也没有就社会危险性的条款展开直接论述,而是以一些相对确定的因素或情节作为不捕的依据。

可见,在实践中关于社会危险性的证明是倒错的:一方面,需要证明存在必须逮捕的社会危险性的侦查机关没有主动证明具体的社会危险性,而不批准逮捕的检察机关反而需要证明不逮捕也可以防止发生社会危险性,这是证明方向的倒错;另一方面,可以防止发生社会危险性的证明被等同于存在某些特定的情节或满足某些特殊要求,从而导致原本关于社会危险性的证明变成了某些特定情形的证明,这是证明内容上的倒错。背后的原因在于,一是侦查机关很难有充分的证据指明存在何种具体的社会危险性,这一工作事实上极难完成,更难言准确,社会危险性在很多情况下只能是一个综合判断,很难机械地论证。二是检察机关更是无法直接证明嫌疑人有或没有社会危险性。由于审查时间及信息的局限,很多案外因素不能得到充分的考虑,检察机关只能借助于确定的因素和情节来作为不捕的依据。更深层的原因在于,社会危险性既难以证明也难以反证,且最终是否实际发生难以预知,所以司法机关要么尽量回避,要么将其转化为更加确定的内容,以降低自身的风险。

(二)关于适用逮捕案件轻缓刑判决的考察

犯罪嫌疑人、被告人必须是可能判处徒刑以上刑罚的才能适用逮捕,这是逮捕的刑罚条件。有学者经过统计分析,认为逮捕案件被大量适用轻缓刑,说明逮捕的刑罚标准没有得到准确的把握。为此,笔者统计了L区检察院2008年以来审查起诉案件的量刑情况。本文将判处轻缓刑的人数与全部判决刑罚的人数的比例,称为轻刑率,这一数据可以大体反映不应当逮捕的被告人的比例。这里的轻缓刑,指的是判处管制、拘役和缓刑这三种刑罚。①

表3   L区检察院审查起诉案件量刑情况表(2008—2012 年)②

年度	受理	管制、拘役、缓刑	三年以下徒刑	三年以上徒刑	十年以上徒刑	轻刑率
2008	660	56	390	113	24	9.60%
2009	869	90	552	128	17	11.44%
2010	898	102	539	116	25	13.43%
2011	892	179	466	128	29	22.32%
2012	1173	178	441	90	3	25.00%

从上表看:首先,2008 年以来的刑事判决在轻缓刑比例上呈现出明显的上升趋势,从 2008 年的不足 10% 上升到 2012 年的 25%,上升明显。特别是在 2012 年,管制、拘役和缓刑的比例达到 25%,达到相当高的程度。③ 其次,如果将轻刑率与同期案件的直诉率进行对比,可以发现虽然轻刑率比直诉率略高,但是基本上在 5% 到 10% 之间。可以推测的情况是,没有采取逮捕强制措施的案件多数获得了轻缓刑,还有不到 10% 的采取了逮捕措施的案件也获得了轻缓刑。如果前述推测能够成立,则认为大量轻微刑事案件不满足刑罚要件被错误适用逮捕的说法并没有切实的根据。特别是缓刑在本文中被归入了轻缓刑中,但其本身是符合"徒刑以上刑罚"的逮捕条件的,所以是"捕当其刑"的。当然,从逻辑上说,既然可以判处非羁押的缓刑,则对其逮捕就并无必要了。总的来看,L 区检察院并不存在被逮捕嫌疑人最终被大量适用轻缓刑的情况。

以下以另外两个图表作进一步的说明:一是 2008 年以来审查起诉案件中被逮捕嫌疑人最终判处轻缓刑的情况,二是 2008 年以来审查起诉案件中未被逮捕

①   审查起诉的案件中还存在未结案、不诉、无罪及免刑、单处罚金等诸多情形,为集中分析轻缓刑问题,在此不进行更细致的统计分析。

②   由于 2013 年 L 区检察院审查起诉的案件大多尚未判决,所以未纳入分析。

③   需要指出的是,2008 年的判刑率(这里指处刑判决数与受理审查起诉数的比例)为 88.33%,而 2012 年的判刑率为 60.70%。这是因为 2008 年审查起诉的案件到 2013 年统计时基本已经结案,而 2012 年审查起诉的案件到统计时还有一定比例的案件没有结案,而其中相对严重的案件诉讼周期更长,结案的比例更低。如果假设 2012 年审查起诉的案件全部结案,则其轻缓刑比例会有一定的降低。换句话说,25% 的比例是有一定水分的。

的嫌疑人中最终判处轻缓刑的情况。

表 4　L 区检察院审查起诉逮捕案件量刑情况表（2008—2012 年）

年度	已捕	管制、拘役、缓刑	轻刑率
2008	610	32	5.24％
2009	817	55	6.73％
2010	800	56	7.00％
2011	765	104	13.59％
2012	975	99	10.15％

表 5　L 区检察院审查起诉未捕案件量刑情况表（2008—2012 年）

年度	未捕	管制、拘役、缓刑	轻刑率
2008	50	24	48.00％
2009	52	35	67.31％
2010	98	47	47.96％
2011	127	75	59.06％
2012	198	79	39.90％

　　从表 4 的数据看，2008 年以来的审查起诉案件中，被采取逮捕强制措施的案件最终被判处管制、拘役与缓刑的人数占比基本在 10％以下，并不十分突出，这进一步印证了认为大量轻刑案件被错误适用逮捕的观点是错误的。一个有趣的现象是，大约是法院执行刑事司法政策发生了某种转变，2011 年之前大量判处三年以下有期徒刑实刑的贩毒案件在从 2011 年开始被拘役所取代，由于总量较大，导致 2011 年的捕后轻刑率上升（2011 年达 13.59％）。随之而来的是，2011 年至 2013 年，检察机关对毒品案件开始较多地作无逮捕必要不捕（见后表 8）的处理。可能的原因是，检察机关看到法院对该类案件判处了轻缓刑，则有针对性地对这类案件不捕，这种不捕进而又影响到侦查机关的报捕。可见，公、检、法三机关在逮捕标准上是有互动关系的。特别是在刑罚标准上，检察机关和公安机关会受到法院的直接影响。由于客观存在这种动态平衡关系，所以简单地认为检察机关或公安机关为达追诉目的有意对轻缓刑案件实施逮捕是没有事实根据的。从表 5 的数据看，未捕案件最终被判处轻缓刑的比例在 40％到 70％之

间,①平均在 50％左右,其他有的作了不起诉、免予刑事处罚等,也有被判处有期徒刑实刑的,但总的比例在合理范围之内。

（三）关于非羁押强制措施适用的考察

普遍不捕的实现最终有赖于其他非羁押强制措施的广泛实施。因此,分析其他非羁押强制措施的实施状况,有助于对普遍逮捕转变的深入探讨。

表 6　L 区检察院审查起诉案件逮捕外措施情况表

年度	总数	取保候审	监视居住	其他
2008	50	48	2	0
2009	52	48	2	2
2010	98	90	5	3
2011	127	110	10	7
2012	198	170	15	13
2013 上	79	74	3	2

表 7　L 区检察院审查起诉案件类型分析表

年度	总数	按罪名类型			按本外地			按年龄	
		毒品	暴力侵财	经济其他	本市	本省	外省	未成年	成年人
2008	660	222	344	94	499		161	58	602
2009	869	291	432	146	687		209	88	781
2010	898	310	407	181	696		202	63	835
2011	892	323	382	187	695		197	18	874
2012	1173	355	590	228	918		255	3	1170

---

① 2012 年受理的未捕案件中,有些尚未判决,所以其比例偏低。

表 8　L 区检察院审查起诉案件逮捕外措施情况分析表

年度	总数	按罪名类型			按本外地			按年龄	
		毒品	暴力侵财	经济其他	本市	本省	外省	未成年	成年人
2008	50	0	14	36	42		8	7	43
2009	52	8	6	38	40		12	7	45
2010	98	6	24	68	85		13	17	81
2011	127	16	25	86	90		37	不详①	
2012	198	20	48	130	150		48	不详	
2013 上	79	8	32	39	37	28	14	17	62

　　从表 6 看,L 区检察院逮捕外强制措施的适用主要是取保候审,监视居住的采用比例不到取保候审的 1/10。从表 7、表 8 看:首先,逮捕外强制措施主要适用于经济犯罪及其他一些非典型案件领域,相对来说,在暴力和侵财性犯罪中适用比例较低,在毒品犯罪领域则更低。例如,经济及其他非典型案件在全部案件中的占比在 20% 左右,但其适用不捕的比例超过 50%;毒品案件在全部案件中的比例在 30% 到 40% 之间,但其适用不捕的比例通常在 10% 以下。其次,本地人与外地人在适用逮捕外措施上差别不大。例如外省嫌疑人的案件占 20% 略多,适用逮捕外措施的比例与之大致相当。特别是从 2013 年的情况来看,H 市外和 H 省外的嫌疑人不逮捕人数占到全部未逮捕人数的 53.16%,说明外来人员在是否被决定逮捕问题上没有受到明显的歧视。最后,未成年人相对容易获得逮捕外的羁押。例如,未成年人案件约占全部案件的 10%,但其非羁押率均超过该值,2013 上半年更是达到 21.52%。

　　可见,犯罪类型、犯罪嫌疑人年龄在逮捕羁押决定中具有比较明显的影响,而犯罪嫌疑人户籍地的影响则不太明显。这是因为,暴力侵财类犯罪嫌疑人往往是社会的底层,所以无论从居住地还是财产状况要求上,都难以支持采取其他强制措施,更由于其本身经济条件无保障,再次犯罪的可能性也很高,所以不容易适用非羁押强制措施;相反,经济犯罪和其他非典型犯罪的嫌疑人相对有较好的财产保障,同时再犯的几率也不大,所以比较容易获得逮捕外强制措施;毒品犯罪具有交易特征,还有再犯可能性,且常常有其他未到案嫌疑人,再加上性质

---

　　①　由于 H 市进行未成年人刑事案件诉讼改革,2011 年和 2012 年 L 区检察院不负责未成年人案件的审查起诉工作,所以 2011 年和 2012 年的统计不含未成年人案件的数据。

严重,所以最不易获得非羁押处理。嫌疑人户籍在逮捕上差异不明显的原因在于,对外来犯罪人员实施逮捕的主要原因还是他们以流窜作案为主,在本地没有固定的工作单位和住所,不符合取保候审、监视居住的条件。实践中很多外来人员在 H 市内只是没有取得户籍,实际上有固定的工作单位和住所,所以仍旧能够获得非羁押的待遇。至于未成年人获得优待,则主要是宽严相济刑事司法政策的影响。一个有趣的现象是,近年来司法机关对未成年人严格限制逮捕,有时甚至需要付出额外努力。例如,有的未成年人家属不仅不主动要求为未成年人取保候审,甚至也不积极配合司法机关,司法人员甚至需要动员家属协助办理取保候审手续,这无疑增加了额外的司法成本。

三、当前转变普遍逮捕状况的影响因素

当前,围绕审查逮捕的改革正深刻影响着普遍逮捕的状况。对此,有必要展开进一步的分析。

(一)逮捕程序司法化的影响

检察工作的适度司法化是检察改革的重点。由于审查逮捕具有司法审查的特点,其程序更被认为应当尽快司法化。2013 年 6 月全国检察机关第四次侦查监督工作会议已经提出:"对于案件事实清楚,证据收集到位,不涉及国家秘密和商业秘密,公开案情不至于影响案件侦查,在是否构成犯罪、是否具有社会危险性上争议较大的案件,可以试行公开听取侦查人员、犯罪嫌疑人及其辩护人、被害人及其诉讼代理人意见的审查方式,进一步推动审查逮捕程序向诉讼化转变,增强中立性和透明度,提高公信力。"[①]

逮捕程序司法化或者说诉讼化事实上关系到两个基本问题:一是程序运作的司法化,二是决策过程的司法化。作为司法化尝试的听证模式可以保证嫌疑人得到更多的权利主张机会,也容易形成更加公开公平的观感,然而也存在不足。首先,听证程序是一个相对复杂的程序,需要多方当事人到场,这使得听证在实践中需要耗费较多的司法资源,因此往往只能针对个别案件展开,所以并不具有普遍的适用性;其次,听证过程与决策过程在现有体制下还很难达到完全统一,举行听证者与作出决策者并不一致,听证有可能被认为是走过场。因此,司法化要解决的问题事实上有两个:一是程序足够简便,二是风险可以分担。只有程序足够简便,才能具有普遍的适用性,从而使所有案件的嫌疑人都得到同等对

---

① 2013 年 6 月 21 日全国检察机关第四次侦查监督工作会议报告。

待,这本身就具有保障诉讼公平的价值。更重要的是,与实现形式上的公平相比,实现风险的恰当分担,才是改变逮捕普遍化的核心条件。目前审查逮捕的通常程序是:承办人认为应当逮捕的案件,交部门负责人审核后报分管检察长批准,此为承办人模式;承办人认为不应当逮捕的案件,则先由部门讨论,后报检察委员会讨论决定,此为检委会模式。这种程序明显对逮捕控制较松而对不捕控制较严,背后的原因不在于检察机关有逮捕的偏好,而在于不捕的考虑因素客观上更加复杂和困难,存在更大的风险,需要通过更复杂的程序来分散风险。因此,司法化改革只有排除司法机关和司法人员的自身顾虑,不捕的决策才有可能更加大胆,因为"如果社会创造了合适的制度安排,那么他们的私人动机将引导他们按照自己确信的公共利益而行动,即便这些动机与其他的每个人的动机相似,即部分根源于他们自己的个人利益"①。合议制或者是多人听审制可能更有利于无逮捕必要特别是社会危险性标准的落实,其理由并不在于其司法化的观感,甚至不在于直接言词原则的运用,而在于与检委会模式相比其成本相对较低,与承办人模式相比风险分担较多而已。因此,逮捕的司法化样式本身并不能真正降低羁押率,关键是这种司法化在制度设计上要实现风险的恰当分担,同时又不能因为过于复杂而失去可操作性。

(二)社会危险性标准细化的影响

前文分析已经指出,实践中关于社会危险性的证明是倒错的:侦查机关一般回避社会危险性的证明,检察机关则将无社会危险性的证明变成了某些特定情形的证明。对此,有一种倾向认为,细化社会危险性标准可以将"抽象的社会危险性"转化为"客观具体的社会危险性",从而为相关证明铺平道路。也就是说,通过限制社会危险性的范围,可以达到限制逮捕适用的目的,从而转变普遍逮捕的状况。刑事诉讼法修改以后,全国多地进行了社会危险性标准细化的尝试,例如天津市人民检察院与天津市公安局 2013 年 1 月会签了《关于适用逮捕措施有关问题的意见》,其核心就是细化五种社会危险性及无逮捕必要的情形。海南省人民检察院与海南省公安厅也于 2013 年 7 月 22 日会签了《关于办理逮捕案件的若干意见(试行)》,其重点就是对五种社会危险性进行细化。

细化社会危险性无疑可以大大提高司法操作的便利性,但从前文的数据来看,无逮捕必要案件的绝对数量虽然有一定的上升,但相对于案件总量来说其比例仍然不高,说明细化标准对转变普遍逮捕状况难以发挥根本性的作用。尤其

---

① [美]安东尼·唐斯:《官僚制内幕》,郭小聪译,中国人民大学出版社 2006 年版,转引自刘方权:《取保候审保证方式实证研究》,载《法制与社会发展》2008 年第 2 期。

需要注意的是，细化社会危险性甚至有可能是一个伪命题。社会危险性的解释难言周延，具体内容更是难以细化。"要给社会危险性设立一个证明标准是非常困难的。对将来可能发生的行为所作出的预测，实际上不可能完全准确。证明社会危险性什么情况下发生或者什么情况下不发生，能够证明的只是一种可能性或者严格地说是一种概率，即社会危险性在一定条件下发生机会的多少和强弱程度。"[1]例如，在"可能实施新的犯罪"上，有些解释将受到行政处罚作为依据，但事实上受到过行政处罚的嫌疑人未必就一定有很高的再犯罪风险。又如，在"有危害国家安全、公共安全或者社会秩序的现实危险"上，有的将涉嫌黑恶势力犯罪作为依据之一，但黑恶势力犯罪属于涉众型犯罪，其中不乏一般参加者，这些人甚至可以判处轻缓刑，所以认为一律有"现实危险"也并不妥当。所以，本来是要通过细化标准来降低适用逮捕几率的，但是如果把握不好，有可能反而放大了社会危险性的适用，最终提高了非逮捕措施的适用门槛。对不捕来说，其社会危险性是始终存在的，根本性的问题是司法系统和整个社会有何种程度的试错空间和试错容忍度。不捕的尺度究竟如何，最终取决于司法机关和整个社会对各种不利后果的容忍度。基层司法机关和司法人员强烈要求进一步细化标准，并非其真的对嫌疑人的社会危险性无从判断，而在于其希望得到更加简单确定的依据，从而将"错误"的风险降到最低。

（三）非羁押强制措施改革的影响

在非羁押强制措施的改革上，学界提出了很多思路，实务界也在不断探索。比如主张通过监视居住的自由化，实现监视居住的普遍化，以此取代犯罪嫌疑人、被告人的普遍审前羁押状态。又如，在监控管理上，主张"运用科技手段激活监视居住的使用，如用电子手镯、电子脚环加卫星定位等方法，进行监视居住"[2]。在取保候审改革上，有人主张，关于缴纳保证金的方式，立法可扩大财产担保的范围，将保证金担保扩展为一切财产或财产性利益担保，方便现金不充分的嫌疑人，还可以借鉴美国的定金保证制度，即法官裁定保证金数额以后，仅收取该数额的 10% 作为保证金。[3] 再如，针对外来人口犯罪问题，可以建立异地取保候审制度，也可以根据实际建立单位、工厂取保候审制度以及社区监管制度。[4] 在实务界，针对外来

---

[1]　范森:《慎用逮捕措施是宽严相济的必然要求》,载《法学杂志》2008 年第 6 期。

[2]　梁玉霞:《逮捕中心化的危机与解困出路——对我国刑事强制措施制度的整体检讨》,载《法学评论》2011 年第 4 期。

[3]　金文杰、史笑晓:《修改后刑诉法逮捕必要性审查"十年"之议》,载《检察研究参考》2013 年第 6 期。

[4]　余新喜:《外来人口犯罪逮捕问题实证研究》,载《河北法学》2009 年第 9 期。

人员平等保护问题,吉林等地制定了流动人口涉案人员监督管理办法,江苏、浙江、福建、广东等地探索建立了涉罪外来人员监督管护基地或"帮教联络员"等。①

尽管不乏改革和创新,非羁押强制措施仍然面临着一个根本性的问题即司法成本和社会成本问题。"追求公平正义或其他任何价值,都必须坦然面对所涉及的成本。要提升公平正义的刻度,必须以充分的资源为后盾,而一旦涉及资源的运用,当然就是成本的问题。"②非羁押状况下的嫌疑人、被告人如何管理,涉及各种成本问题。根据法律的规定,取保候审和监视居住应当由公安机关执行,但公安机关未必有足够的资源执行。在宋英辉教授的一个调研访谈中,派出所民警就表示"我们对取保候审想管也实在没心思管"③。虽然修改后刑事诉讼法增加了被取保候审犯罪嫌疑人的报告义务以及决定机关可以酌情责令其不得与特定的人员会见、通信等规定,但在司法实践中具体执行的派出所精力有限,客观上不可能对被取保候审人进行有效的管理和监督。在实践中取保候审的适用远远大于监视居住,原因之一就在于监视居住的管理成本更高。进一步来说,如果管理不善,还要考虑支付额外的成本。例如,犯罪嫌疑人非羁押后脱逃,司法机关要为追逃花费相当大的成本,更不要说再次犯罪可能造成的危害。"经济发达地区可以通过加大人力物力的投入加强对被取保候审人的监控,不致发生太多的弃保脱逃或者再次犯罪的情况。而经济欠发达或者落后地区则根本没有如此条件加以配套。"④因此,大规模不捕客观需要考虑当前的司法承受力和社会承受力。

余 论

普遍逮捕是一个现实需要的结果,同时又是司法机关现实选择的结果。从逮捕的成本看,将投入的资源与取得的收益相比,必须承认逮捕的综合效益是高的。普遍逮捕是整个司法承受力和社会承受力有限的体现。

如果说逮捕是便宜而不太坏的强制措施,并不是要就此认为普遍逮捕是合理的,且不需要进行改变。逮捕程序司法化、社会危险性证明标准细化以及非羁押强制措施的改革会深刻影响逮捕的普遍程度,但必须抓住一些关键要素比如风险分担机制、成本承担能力等进行深入考虑,否则,各种改革均有可能成本高企而效果不佳,不仅不符合诉讼经济原则,甚至会出现适得其反的情况。

---

① 2013 年 6 月全国检察机关第四次侦查监督工作会议报告。
② 熊秉元:《正义的成本》,载《南方周末》2011 年 1 月 4 日。
③ 宋英辉:《关于取保候审适用具体问题的调研分析》,载《法学》2008 年第 6 期。
④ 邵尔希:《扩大适用取保候审的潜在困难分析》,载《华东政法大学学报》2007 年第 1 期。

关于翔安法院司法救助制度运行情况的报告

■厦门市翔安区人民法院课题组[*]

摘要：广义上的司法救助制度，包含诉讼费的缓减免、刑事被害人的救助以及执行救助等三个方面。本报告以翔安法院 2009 年至 2013 年的相关数据为样本，分析了当前司法救助制度的运行情况以及存在的突出问题，并提出了两个方面的完善之策：一是消极救助的完善，即在诉讼费缓减免上制度的改进，并不增加法院经费的支出；二是积极救助的完善，即通过积极的金钱给付，帮助经济困难的当事人。

关键词：司法救助　诉讼费用　司法制度

公平正义是司法活动的永恒主题，当经济困难群体的合法权益受到侵害时，诉权难以公平公正实现，可能引发社会矛盾，甚至成为诱发群体性事件的突出因素。司法救助机制不仅是推动法治建设、实现公平正义的迫切需要，同时也是保护弱势群体的基本人权，体现以人为本的时代需求。[①] 但时至今日，我国的司法救助制度的发展步履维艰，未能发挥其应有的作用，有必要加以检视和完善。本文拟通过对厦门市翔安区人民法院（以下简称翔安法院）司法救助运行情况的调研，管中窥豹，分析现行司法救助制度的状况及其存在的问题，并提出相关的完善措施，以期对司法救助制度的完善有所裨益。

一、司法救助制度的内涵和外延

司法救助制度是随着欧美市场经济、福利国家的出现而产生的，主要针对消

---

* 课题指导：李子青（厦门市翔安区人民法院院长）、柯坤荣（厦门市翔安区人民法院副院长）。课题负责人：郑锋；课题组成员：洪春稻、邓小飞、黄晓慧（以上成员均为厦门市翔安区人民法院法官）。报告执笔人：郑锋、洪春稻、邓小飞、黄晓慧。

① 徐盼：《完善我国司法救助机制的路径选择》，载《长春工业大学学报》2012 年第 2 期。

费者、穷人和受歧视者这类人群设立,在当事人私权利受到侵害后,由于其处于弱势地位,无法或难于请求公力救济时,司法机关应当对其进行救助。司法救助有狭义和广义之分。

狭义的司法救助又称为诉讼费用豁免制度。最高人民法院于 2000 年 7 月颁布、2005 年 4 月修订的《关于对经济确有困难的当事人予以司法救助的规定》(以下简称《司法救助规定》)采用的就是狭义上的司法救助。《司法救助规定》第 2 条规定:"本规定所称司法救助,是指人民法院对于当事人为维护自己的合法权益,向人民法院提起民事、行政诉讼,但经济确有困难的,实行诉讼费用的缓交、减交、免交。"国务院 2006 年 12 月公布的《诉讼费用交纳办法》也对司法救助作了专章规定,明确诉讼费用的免交只适用于自然人,当事人符合规定情形的,人民法院应当准予司法救助。狭义的司法救助存在着明显的缺陷和不足:一是适用程序存在遗漏。仅适用于民事、行政诉讼案件,而不包括刑事案件,从而忽略了对刑事被害人及其家属合法权益的维护。二是适用范围不够广泛。从《司法救助规定》、《诉讼费用交纳办法》来看,当事人可以申请司法救助的情形已达 13 种之多,但仍不能适应司法实践的需要。三是尚未适用于执行程序。现行的司法救助不包括执行程序,这将使经济困难的当事人在执行阶段处于不利地位或陷入困境,从而影响司法公正的有效实现。[1]

广义的司法救助,是指人民法院对诉前、诉中、诉后陷入困境或者需要法律或经济帮助以及特殊案件的自然人、法人或非法人组织提供的经济救助和法律帮助。[2] 它的外延除了包括狭义的民事诉讼、行政诉讼诉讼费用的缓、减、免之外,还包括刑事诉讼案件和执行案件中经济困难或处于弱势地位的自然人和非法人组织,同时与狭义的司法救助相比,在救助阶段、救助对象、救助方式、救助内容上都进行了扩展,它将更好地满足人民对司法公正的需要。

狭义的司法救助,既不能完全满足人民群众的司法需求,也不能很好地反映当前的司法实践。因此,本文所调研的司法救助,是指广义上的司法救助。从目前的司法实践来看,广义的司法救助主要包括三个方面:一是诉讼费的缓、减、免;二是刑事被害人的救助;三是执行救助。

①　吴迪莱:《我国的司法救助制度——现状、缺陷与改革》,载《法学杂志》2012 年第 9 期。

②　周荣静:《论我国司法救助制度的完善》,安徽大学 2010 年硕士学位论文。

二、司法救助制度的运行情况

（一）诉讼费用的缓、减、免情况

1.实践中的具体做法。在近几年的实践操作中,翔安法院在标准的把握、材料的审核、程序的要求上都形成了一套较为明确的做法。

(1)诉讼费用缓、减、免的条件和标准。缓交受理费的条件依照《司法救助规定》、《诉讼费用交纳办法》的相关规定来把握,缓交受理费的比例原则上控制在应交受理费数额的30%以下。在司法实践中,针对低保户等弱势群体,因交通、医疗事故等原因造成重大身体伤害而住院花费大量医疗费的当事人,以及法律援助案件的当事人,法院给予全额缓交,而对有委托律师或法律工作者代理诉讼的案件(法律援助的除外),则原则上不予报批缓交受理费。

(2)申请时需提供的材料及办理程序。有关案件缓、减、免交受理费的规定均在立案大厅显眼处予以公示。当事人在申请时需提供村、镇基层组织或民政、劳动保障部门出具的关于申请人经济困难的证明或低保证明,且缓交申请书须明确写明缓交的数额。办理程序如下:首先由审查立案人员负责审查当事人的申请是否符合条件,然后根据其诉求的标的确定缓交数额,填写审批表报立案庭负责人审核。一般在 7 日内报批完毕,为减轻当事人的讼累,实践中绝大多数案件在当天办妥。缓交期限一般确定至一审宣判前,缓交期满后仍未交的视案件的具体情况给予批准减交、免交或依法裁定按撤诉处理,由于办理部门不一,实践中缓、减、免三者之间的衔接存在割裂,有待完善。

2.实施的总体情况。2009 年至 2013 年,翔安法院共立民商事一审案件10587 件(不含旧存),对 384 件案件中经济确有困难的当事人实行了诉讼费缓、减、免,救助比例占 3.63%。从这几年的运行情况来看,主要呈现以下特点:

(1)审批上的从严把握。从翔安法院实施缓、减、免交诉讼费用司法救助的总体情况来看(见表1),同意给予救助的案件占当年立案总数的 2%～5%之间,保持平稳的运行态势。因此,可以说实践中法院在司法救助的审批标准上相对较严,这样把握有两个优点:一方面,尽可能确保经济确有困难的当事人得到及时的救助,确保其诉权的行使;另一方面,也有效地维护了司法的公正和权威,同时防止和减少了当事人滥用诉权的情况。

表1　翔安法院 2009—2013 年缓、减、免交诉讼费用情况统计表

单位:件

年份	民商事立案数 （不含旧存）	实施救助案数	救助所占比例
2009 年	1335	38	2.85%
2010 年	1712	59	3.45%
2011 年	2131	77	3.61%
2012 年	2571	125	4.86%
2013 年	2838	85	2.99%
合计	10587	384	3.63%

（2）救助对象的单一性。从实施诉讼费用救助的对象及案件类型来看（见表2），实施诉讼费用缓、减、免司法救助的对象均为自然人，几乎没有法人或其他主体。在实施救助的自然人当中，主要有残疾人、因生活困难接受国家救济的低保户、因自然灾害或不可抗力等原因造成生活困难的群体、孤寡老人和未成年孤儿。救助对象的广泛性体现了人民法院对诉讼上处于弱势地位的困难群体给予缓、减、免交诉讼费用极为重视，不足之处在于救助对象仅限自然人，忽视了将困难的小微企业等法人或组织作为司法救助的对象。此外，案件类型较为单一，主要集中在交通事故等人身损害案件的当事人。

表2　翔安法院 2009—2013 年缓、减、免交诉讼费用案件类型统计表

单位:件

年份	缓、减、 免交诉讼 费案数	交通 事故	人身 损害	医疗 损害	买卖 合同	其他
2009 年	38	24	4	4	2	4
2010 年	59	51	4	1	0	3
2011 年	77	46	7	2	22	0
2012 年	125	63	27	0	25	10
2013 年	85	30	20	1	0	34
合计	384	214	62	8	49	51

注:人身损害案件包含雇员受害、提供劳务者受害、生命健康权案件

（3）减、免交适用率低。从实施诉讼费用司法救助的形式来看（见表 3），实施缓交诉讼费救助的案件数和金额所占的比重均最大，而适用减交的则完全没有，免交诉讼费用的也仅占很小的比例。2009 年至 2013 年，翔安法院共对 384 件当事人经济确有困难的案件实行了诉讼费缓、减、免，总额为 621950 元，缓交 263 件，占 68.49%；免交 121 件，占 31.51%；减交 0 件。从救助金额来看，缓交金额达 618453 元，占 99.44%，而 121 件免交的案件金额仅为 3452 元。

表 3　翔安法院 2009—2013 年缓、减、免交诉讼费用各自所占的比例

年度	缓减免案件数	缓交件数、金额	减交件数、金额	免交件数、金额
2009 年	38 件	37 件,137131 元	0	1 件 100 元
2010 年	59 件	59 件,149736 元	0	—
2011 年	77 件	62 件,142235 元	0	15 件 419 元
2012 年	125 件	53 件,112767 元	0	72 件 1549 元
2013 年	85 件	52 件,76584 元	0	33 件 1384 元

（4）仅针对案件受理费。从调研统计材料看，对因诉讼而支出的其他费用，如保全费以及诉讼中有关证人、鉴定人、翻译人员、理算人员出庭发生的交通费、住宿费等必要费用的缓、减、免的司法救助，基本都没有适用，因此有必要扩大减免费用的范围。

（二）刑事被害人救助情况

刑事被害人救助是指在刑事程序中，被害人及被害人生前供养的人因遭受犯罪行为侵害生活陷入困境，犯罪嫌疑人无赔偿能力，又无法从其他机构或个人处获得赔偿的，由国家给予被害人或被害人生前供养的人救助的一种机制。[①] 从国家立法层面上看，目前尚无专门的刑事被害人救助的法律法规。但是，该项工作正日益得到社会各界的关注与重视，2009 年 3 月，中央政法委、最高人民法院、最高人民检察院、财政部、民政部等八部门联合发布了《关于刑事被害人救助工作的若干意见》，提出了开展刑事被害人救助工作的制度性要求。根据该意见，人民法院对于被告人及其他赔偿义务人无力履行赔偿义务，或因证据不足宣告被告人无罪的案件中，符合救助条件的刑事被害人或其近亲属，提出救助意

---

① 廖卫平：《刑事被害人司法救助制度构建研究——以确立司法救助范围为视角》，南昌大学 2012 年硕士学位论文，第 3 页。

见,报政法委审批后,由财政部门负责拨付。但是,由于该制度起步晚、资金来源无法保证、操作程序烦琐等,在执行的过程中遇到了不少阻力。就翔安法院而言,目前并无真正意义上的刑事被害人救助机制。

表4　翔安法院2009—2013年刑事附带民事诉讼案件被害人救助情况

年份	故意伤害案件数	交通肇事案件数	附民案件数	调撤数	判决数	救助案件数	救助金来源
2009年	95	26	48	21	27	1	执行救助金
2010年	85	33	53	20	33	1	执行救助金
2011年	75	41	52	22	30	1	执行救助金
2012年	92	43	62	23	39	2	执行救助金
2013年	96	42	55	30	25	3	执行救助金
总计	443	185	270	116	154	8	

通过表4,可以发现对于刑事被害人的救助,都是通过执行救助的形式实现的。而执行救助与严格意义上的刑事被害人救助是有很大区别的。首先,救助阶段不同。刑事被害人救助既可以在诉讼阶段,也可以在执行阶段;而执行救助仅限于执行阶段。其次,审批程序不同。刑事被害人救助的决定权在于政法委,人民法院仅享有提议权;执行救助金的发放则由法院审批即可。最后,发放程序不同。刑事被害人救助金的发放必须通过财政部门;执行救助金则是列入财政预算,于当年度即拨入法院账户,由法院决定随时发放。就翔安法院而言,目前执行较为规范的主要是执行救助机制,而刑事被害人救助则基本上还处于空白阶段。

(三)执行救助运行情况

近年来,随着执行积案的日益增多,各种矛盾不断交织激化,破解"执行难"作为一项亟待解决的重大课题被提上日程。在实践中,有相当一部分未执行案件是无财产可供执行的,这就意味着这些执行积案不是法院不去执行或执行不力,而是被执行人根本就不具备执行条件,无法执行。与此相对,因种种意外缘由陷入诉讼,通过正常渠道维护自身合法权益的当事人虽打赢官司却没有获得实际应有的保障和救济,处境愈加艰难窘困。执行救助制度是在寻求克服执行难道路上的一个产物。2009年,中央政法委、最高人民法院联合发布《关于继续开展全国集中清理执行积案活动的工作方案》,第一次提出了执行救助这一概念。此后,各地法院都在积极探索执行救助的具体做法。以翔安法院为例,我院根据中央政法委 2005 年 52 号文件和市政法委有关文件精神,制定了《厦门市翔安区人民法院特困群体案件执行救助基金管理办法》,执行救助基金由区财政局拨款设立,纳入法院年度预算,并由我院成立执行救助基金管理领导小组进行日常管理。2009 年至 2013 年,翔安法院共对 49 件申请执行案中 79 名申请执行人发放执行救助金 923155 元,在解决特困群体的困难及息诉、息访上取得了一定的积极效果。

表 5　翔安法院 2009—2013 年执行救助金发放情况

内容年度	发放案件数(件)	发放人数(人)	发放金额(元)
2009 年	8	11	53500
2010 年	20	30	139715
2011 年	6	13	75000
2012 年	2	2	270940
2013 年	13	23	384000
合计	49	79	923155

从我院 2009 年以来发放的 49 件执行案件类型看,包括道路交通事故损害赔偿案件、公路旅客运输合同纠纷、人身损害赔偿案件、雇员受害纠纷、故意伤害、交通肇事、同居关系析产、子女抚养纠纷等。其中在救助金发放的案件类型中,交通事故人身损害赔偿纠纷 33 件,占总执行救助案件数的 67.35%,占总救助金额的 71.50%;刑事附带民事赔偿纠纷 8 件,占总案件数的 16.33%,占总执行救助金额的 6.37%;其他 8 件,占总案件数的 16.33%,占总执行救助金额的 32.12%。

三、司法救助制度存在的问题

司法救助充分体现了司法为民的社会主义法治理念,为妥善解决纠纷,维护社会稳定,促进经济发展和构建和谐社会起到了积极的推动作用。但该制度在现实运行中,还存在诸多不足和缺陷。

(一)诉讼费缓、减、免存在的问题

1.立法的不统一造成法律适用上的困难。目前,有关司法救助的规定散见于《民事诉讼法》、《行政诉讼法》、《诉讼费用交纳办法》等法律、法规之中,缺乏统一的司法救助制度的立法体系。我国的司法救助制度由最高人民法院出台的

《司法救助规定》加以规定,属于司法解释范畴。该规定以列举的方式规定了 14 种可以申请司法救助的情形,但具体内容抽象简略,无法囊括司法救助实践中所遇到的需要救助的范围。国务院《诉讼费用交纳办法》作为开展诉讼费用缓、减、免司法救助工作的依据,只是对诉讼费用的司法救助以及救助的形式、程序等作出了原则规定,对司法救助的申请、审查和批准程序未作具体的规定,致使实践操作很不规范。此外,《诉讼费用交纳办法》属于行政法规,效力高于最高人民法院的司法解释,造成司法实践规范适用的不统一。

2. 司法救助对象宽严不一,不利于维护法律的公正权威。《司法救助规定》及《诉讼费用交纳办法》采取列举式规定,很难穷尽,在司法实践中亦存在两种倾向:一是司法救助范围被扩大,部分法院为争取案源,诉讼费缓、减、免的比例过高,对一些不符合司法救助条件案件予以适用,有失公正;二是司法救助范围被缩小,部分法院对一些符合司法救助条件的案件因办案经费紧缺而没有给予司法救助,使合法权益没有及时得到保护,无法体现社会公平公正。①

3. 救助内容单一且规定不明,不利于全面维护困难当事人的利益。首先,有关申请人因诉讼而支出的申请费(如保全费)以及申请证人、鉴定人、理算人员等人员出庭而发生的交通费、住宿费等必要费用是否属于救助范围没有规定;其次,救助内容仅限缓、减、免诉讼费用等单纯的经济救助,没有规定提供法律帮助、法律释明等其他形式的救助内容,明显过于单一,亦缺乏司法救助与法律援助之间的有效衔接机制;最后,司法救助未有效覆盖到诉前、诉中、诉后的每一个环节,且三个阶段的衔接并不顺畅,而且上诉案件、再审案件、支付令案件的当事人可否申请司法救助规定不明。

4. 救助标准规定不够科学。《司法救助规定》第 2 条以"经济确有困难"、《诉讼费用交纳办法》第 44 条以"当事人交纳诉讼费用确有困难"作为救助条件,但没有规定具体的标准。而"经济确有困难"在实务中很难界定和把握,没有具体标准可比对,导致司法救助随意性较大。

5. 救助程序操作性不强。《司法救助规定》及《诉讼费用交纳办法》对实施司法救助的程序作了一些原则性的规定,没有具体的操作细则,审批程序不透明,不利于当事人进行司法救助。比如《司法救助规定》及《诉讼费用交纳办法》对缓、减、免交诉讼费审批程序虽作了一般性的规定,但对缓交期限、未被批准的后果等没有具体的操作规范,且对减免交诉讼费用,法院在何时由何人作出决定没有明确的规定。

---

① 陈福强等:《完善司法救助 扩大权利救济》,载《人民法院报》2011 年 7 月 7 日第 8 版。

（二）刑事被害人救助存在的问题

1. 与诉讼费、缓、减免不同的是，目前我国法律没有规定国家应该对部分特困刑事被害人进行救助，也没有一部统一的对刑事被害人救助的实施办法，这块立法的空白导致对刑事被害人的救助局限于个案救助、随机救助，缺乏规范性。

2. 救助时间明显滞后。从目前的救助程序启动时间上来看，司法救助普遍发生在审判阶段甚至是执行阶段，大多是在判决生效后，在被害人民事赔偿请求难以实现的前提下，为特别困难的执行申请人提供救助，此时案件已经经过了漫长的侦查、公诉、审判阶段，这与多数国家的刑事被害人自案发之日起即可申请救助的程序相比，具有明显的滞后性。[①]此外，司法救助普遍将犯罪人未明或未归案情形下的被害人排除在救助对象之外，使得这一部分被害人能否得到救助处于持续的不确定状态，明显不合理。

3. 过度依附于维稳案件。目前救助程序的启动过多地依赖于涉访、涉讼案件，这将导致涉访、涉讼案件成为给予司法救助的首要对象，从而在客观上导致"爱哭的孩子有糖吃"的现象，变相鼓励刑事被害人的申诉上访行为，最终必然影响到救助制度的公平性和公正性。由于社会稳定是政府负责人的考核指标之一，因此不断上访、申诉的被害人及其近亲属往往能够得到国家的司法救助，而这将产生新的社会不公平。

（三）执行救助存在的问题

1. 资金来源缺乏应有的保障。2009年中央政法委、最高人民法院联合发布的《关于继续开展全国集中清理执行积案活动的工作方案》，对于救助资金的来源只是模糊地提出由政府财政及民政等部门共同设立，却未明确提出承担的单位，造成了在实际操作中，各个地方的资金来源缺乏应有的保障。大部分地方的资金来源主要通过政府财政拨付，但却非常有限，而且，是否设立该执行救助资金，一般由各省市根据自身的财政实力和司法环境决定，导致有关该制度及资金建设参差不齐。同时，作为救助实施主体的法院缺乏主导，以及政府财政拨付的随意性使得执行救助资金缺乏后续保障。以翔安法院为例，执行救助基金虽然由区财政局拨款设立，但每年只拨付固定数额20万元，这个数额并没有因为案件的增加而有所提高，财政拨款的数额未能满足现在的执行救助数量需求。且该数额若未能按照预算发放完毕，将被财政依法收回，而不能进行累积使用。因

---

① 杨飞、吴美来：《我国刑事被害人救助制度的审视与完善》，载《法律适用》2011年第8期。

此,救助资金的低回笼率及财政拨款的有限性导致了执行救助的功能也极其有限。

2.救助功能发生扭曲。随着信访案件的增多,当前正处于信访问题比较突出、刑事赔偿法律制度尚未建立健全的特殊时期,维稳成了政府的重要工作内容之一。信访问题的凸显,使得执行救助基金的性质逐渐向维稳基金转变,成了进一步做好部分信访案件当事人救助工作而设立的一种过渡性安排。因此,执行救助资金的来源更多地以维稳的名义申请,除了区财政予以安排外,同时鼓励社会组织和个人捐助,资金的使用由区政府统一调配,各个联动单位凡涉及信访的均可申请使用,从某种角度上看,法院在执行救助制度运行上其实已经丧失了其应有的独立性。在翔安法院所办理的36件执行救助案件中,其中两笔最大数额的执行救助均来自于区政法委专项资金救助的拨付,执行救助资金的来源依附于区级维稳基金的拨付,较强的政府依附性决定了其资金来源缺乏一定的保障性及稳定性,导致法院执行救助在解决特困群体的特殊困难上效率低下。以翔安法院为例,在日常受理的信访案件中基本上90%属于执行案件,从2009年至今的救助对象中,案件信访率为100%,有些属于缠访、闹访。在这些救助的对象里,有些当事人的生活其实并不困难,也不属于《厦门市翔安区特困群体案件执行救助基金管理办法》的救助对象范围,但为了较快地化解当事人的信访,法院在执行救助原则上作出了让步,政府以执行救助的名义为被执行人垫付了所有执行款,甚至包括利息。执行救助制度在某些时候已经沦为当事人要挟法院和政府的工具。

3.执行救助资金回笼率低。如上所述,执行救助资金的有限性严重地制约了执行救助制度的运行。执行救助资金的代垫性质决定了资金回笼的必然性,但法院却不得不面对现实的困难局面。在现实中,法院所发放的执行救助案件的被执行人一般情况下都是不具有履行能力或者下落不明的人,导致发放出去的资金回笼率极其低下,在法院所发放的49件执行救助案件中只有2件垫付的执行款发放后得到执行,回笼率仅为5.56%,由此加剧了执行救助资金支持下的执行救助工作的困难。

4.执行救助发放标准难以设定,随意性大。现有的执行救助制度对执行救助资金的发放标准未加以明确,不同类型的执行案件标准也难以设定,因此,对于是否发放以及发放的金额由法院内部以会议的形式自行确定。但是,不同案件当事人的困难程度不同,法院难以衡量,这就容易造成资金发放的随意性大,可能导致不甚合理情形的产生。从2009—2013年执行救助金发放的案件中,通过发放救助金执结的案件有7件,占14.29%,而这些案件标的基本上为1万元以下。80.56%的案件虽然有救助,但是其救助目的并未达到,且在这部分案件中,救助金额与申请标的额的比例并不等同。例如,在交通事故案件中,申请标的为 1086757 元的案件与标的为 287688 元的救助金额一样,同样为 2 万元,这样的发放比例显然是不合理的。

四、完善司法救助制度的应对之策

存在权益的损害,就存在救济的必要,存在权益上的弱势者,就存在救济的必要,①因为"没有救济的权利就不是权利"。司法救助制度的实施,对于救助弱势群体的合法权益发挥了重要的作用,但是随着司法实践的发展,对我国的司法救助制度进行必要的改革和完善已经势在必行。无论是诉讼费的缓、减、免还是刑事被害人救助、执行申请人救助,都存在着无法可依或者法律适用模糊等问题,为完善司法救助制度,亟待由全国人大常委会制定一部有关司法救助的整体性法律。该法律应当涵盖司法救助的各个层面,为司法救助制度的运行提供立法上的保障。

在具体操作层面,我们认为可以从两个方面进行完善:(1)消极救助的完善,即在诉讼费缓、减、免上制度的改进,并不增加法院经费的支出。(2)积极救助的完善,即通过积极的金钱给付,帮助经济困难当事人。刑事被害人救助、执行救助均可归入此类。下文以此为思路进行论述。

(一)建立科学合理的诉讼费缓、减、免制度

1.适当扩大诉讼费用司法救助的对象和范围。实施诉讼费用的司法救助应遵循平等原则,对于自然人之外的诉讼主体只要符合条件应当允许获得司法救助。法律应当保障不同主体在相同条件下享有司法资源权利的平等,只要符合条件,法人或其他组织与自然人获取司法救助的机会应该对等。现实中不能排除"经济确有困难"的法人或其他组织的存在,在他们请求司法救济、有理无钱时,法院如一律拒绝,显然与该制度设置的初衷相悖。而且,法人有获得司法救助的权利,既有理念支撑,又有现实需要。此外,有关申请人因诉讼而支出的申请费如保全费以及申请证人、鉴定人、理算人员等人员出庭而发生的交通费、住宿费等必要费用亦应列入救助范围。

2.明确当事人经济确有困难的具体审查标准。法院可以通过走访、现场调查、取证等方式核实申请人的救助条件。当事人属自然人,如果是农村户口的,应提供户籍所在地乡(镇)级以上人民政府出具的书面证明材料;如果是城市户

① 赵成泽、黄金波:《刑罚革命与司法救助措施》,http://chinacourt.org,下载日期:2013 年 8 月 10 日。

口的,应提供户口所在地街道以上民政部门出具的书面证明材料,同时还要考察其接受社会救济或有关部门救助的情况,或者其本人及其家庭经济状况是否符合当地民政、社会劳动保障等部门规定的公民经济困难标准,以此作为参考标准。当然由于申请对象不同,还要相应地提供残疾人证明、见义勇为证明、优抚、安置对象证明、法律援助证明等材料。当事人属于企业法人或其他组织的,除了提供企业法人或其他组织的登记材料外,还应当视申请情况而定,如濒临倒闭且属于政府改制范围之列的企业申请缓、减、免诉讼费用的,则应提供其上级行政主管部门的书面证明材料及财务状况证明。

3.建立诉讼费缓、减、免三者之间的衔接机制。诉讼费缓交的审查批准是在立案部门,而诉讼费能否减免的审批则在案件审理部门。由于办理部门不一,实践中缓、减、免三者之间的衔接存在割裂,因此,有必要统一三者之间的标准,即当事人提交给立案审查部门的材料在案件审理部门同样适用,以避免造成当事人的诉累。同时审理部门应及时对案件进行审查并报分管院长审批决定,将诉讼费的缓交及时转为减交或者免交,并加大减交、免交的力度。

4.建立诉讼费用司法救助的监督及撤销机制。在实践中,有的当事人提供虚假证明骗取法院救助,有的当事人滥用诉权申请救助,有的法官滥用裁量权给予不符合条件的申请人"人情救助"。以上情形均有损法律的权威。为了避免上述情况的发生,有必要建立诉讼费用司法救助的监督和撤销机制,以保障司法救助制度真正落到实处,帮助需要救助的人,同时也可以防止诉讼费用无谓的流失。一是建立救助公示制度,法院决定给予申请人缓、减、免诉讼费用的救助后,应当将决定的内容在法院公告栏上公示,接受社会的监督,防止救助出错。二是建立救助撤销制度,若当事人骗取司法救助的,应撤销救助决定,并责令其补交诉讼费用;拒不补交的强制执行,并以妨害诉讼行为论处,可给予警告、训诫处分,情节严重的,依法追究法律责任。在具体操作过程中,要加强立案庭与审判、执行庭、室之间的沟通,规范操作程序,加大对不符合司法救助条件当事人应负担的诉讼费用的执行力度,保障这部分诉讼费的回收。

(二)建立统一的司法救助基金

为了整合刑事被害人救助、执行救助等积极性质的司法救助工作,进一步加强司法救助的及时性、有效性,我们认为有必要在法院设立统一的司法救助基金。

1.多渠道筹集司法救助基金。"巧妇难为无米之炊",经费问题一直是制约司法救助工作深入开展的瓶颈。司法救助基金来源渠道的单一性、资金数额的有限性,影响了基金救助功能的发挥。因此,应该广泛发动社会各界的力量,多渠道筹集司法救助基金,使之有个稳定的资金来源。来源渠道可以包含以下两个方面:(1)财政拨款。由于司法救助行为属于非竞争性、受益非排他性、无对价性的国家公共行为,理应由国家财政加以保障。财政拨款应成为救助基金的主要来源。但是,财政拨款的主导权在政府,拨与不拨、拨多拨少,都由政府一言决定,而无法考虑到司法救助的实际情况。因此,我们认为可以以法院所收诉讼费、刑事犯罪所判罚金和没收财产、违法所得为基础,以固定比例(比如20%)提取,由财政反拨给法院,确保司法救助金有可靠、不受干扰的稳定来源。"羊毛出在羊身上",诉讼费取之于当事人,也应用之于当事人。(2)社会捐赠。财政拨款不一定能够完全满足司法救助案件所需的总量,可协调福利机构引导社会各界参与司法救助资金的筹集,鼓励其捐助,促进司法救助基金的筹集方式的多样化。

2. 明确司法救助对象。司法救助基金的救助对象是刑事被害人及执行申请人。对刑事被害人的救助主要包括以下几个方面:(1)刑事被害人因被犯罪行为侵害而死亡,造成其家庭丧失生活来源,无法保证基本生活标准,不能维持基本生活的,其近亲属或受养人可以申请救助。(2)刑事被害人因被犯罪行为侵害而重伤或残疾,丧失全部或部分劳动能力,其本人及家庭无力支付医疗费用,不能维持基本生活的,其本人、近亲属或受养人可以申请救助。(3)特别需要强调的是,在特殊刑事案件中,当事人既是被告人亦是事件的受害人的,可以申请救助。随着社会的发展,刑事案件愈发具有多样性,若将刑事被害人简单定义为因犯罪行为造成损害的承受者显然不合时宜。比如,翔安法院2006年审理的被告人李某某故意伤害致其丈夫死亡一案,被告人的亲邻及被害人的亲邻曾联名上书请求司法机关对被告人予以从宽处理。经审理查明,被告人李某某作为家庭暴力的被实施对象,十多年来一直处于受害者的角色,因一时气愤在被害人对其实施暴力时以暴制暴,打死被害人。该案虽经法院判决得以缓刑,但被告人的生活却陷入了困境。根据狭义的刑事被害人概念,被告人李某某不能作为受害人得到救助,但其实际上亦是事件的受害者。因此,我们认为有必要明确在特殊刑事案件中,当事人既是被告人亦是事件的受害人的,亦可以申请救助。

在执行申请人方面,应符合以下条件:(1)申请人生活确实困难,不能维持正常生活的或者有伤病急需治疗的;(2)被执行人确实无财产可供执行或者短期内财产执行不了的;(3)已经穷尽一切执行手段仍无法执行到位的。

3. 规定基金使用原则。司法救助基金毕竟是有限的,不可能随意使用,必须遵循一定的原则,确保使用的合理性、持续性。我们认为,基金的使用应遵循以下原则:(1)辅助性原则。司法救助制度具有明显的国家福利性质,是最后的救济手段,但该制度不是一种普及的任何情况下都适用的制度,而只有在申请救助人穷尽其他救济手段仍不能缓解生活困难的情形下方可发放。(2)救急性原则。司法救助不是赔偿,是救急性的一项措施,不可能完全满足申请人的诉求。

（3）及时性原则。救急性往往意味着救助必须具有及时性。因此,救助的程序不能过于复杂,作出救助决定的周期不能过长,应在尽可能短的时间内进行救助,使申请救助人尽快度过困难。（4）公平性原则。救助的范围、标准、程序都应当是公平的,不因当事人的职业、地位、是否上访等因素而使赔偿有所差别。

　　4.规范基金使用程序。为了加强对司法救助金的管理,有必要对资金使用进行程序上的规范。我们认为,基金的使用应包含以下程序:（1）申请。当事人申请司法救助,应当提交书面申请。当事人确实无法书写的,可当场由法官代为书写,由当事人签名或盖手印。当事人提出申请时,应写明申请救助的具体理由并提交相关的证明材料。（2）审查。当事人提交申请后,先由承办法官进行初步审查,认为符合条件的,交由庭（室）领导审核,庭（室）领导认为符合条件的,提交院长办公会讨论决定。（3）复议。承办法官驳回当事人申请的,当事人可向庭领导申请复议,庭领导驳回当事人申请的,当事人可向院长申请复议。（4）讨论。对于各部门提交的当事人救助申请或者院长经复议认为有必要提交讨论的当事人申请,通过每周的院长办公会讨论决定是否举行听证。（5）听证。为了使司法救助制度更合理的运行,可以考虑引入司法救助听证程序。（6）决定。院长办公会综合听证情况,决定是否给予救助以及具体的救助金额。（7）回笼。通过后续执行,被执行人履行了全部义务的,应将救助部分资金回笼到司法救助基金,使基金能够良性运行。

　　5.严格把握基金用途。司法救助基金的设立初衷是救助特困群体。解决无经济来源、生活极度困难的特困群体的困难应是司法救助基金的首要存在价值。因此,司法救助制度效能的发挥首先应明确其自身的性质,司法救助基金的设立应独立于维稳基金,而不能两者混为一谈,甚至弱化司法救助基金的功能。随着信访案件的增多,司法救助目的在一定程度上发生了变化,法院越来越多地将司法救助对象集中在信访人群。我们认为,司法救助对象更多地应以其生活是否特别困难作为判断标准,确实解决特困群体的生活困难。从另一个方面讲这样也能够相应地缓解案件的信访压力,不能因为信访而在司法救助对象上有所妥协。同时,基于维稳的考虑,可以考虑由政法委设立专项的维稳基金,用于处理某些群体性、敏感性纠纷及涉诉信访案件。

同安法院诉调对接机制的实践与探索

■厦门市同安区人民法院课题组*

摘要： 面对案多人少的困境,同安法院注重发挥调解优势,积极探索诉调对接的新机制,有效整合社会公共资源,缓解审判工作压力。然而,由于囿于司法资源、运行模式等限制,诉调对接工作在发展过程中面临"调审一体"、社会协同不足等问题,导致调解出现"合意贫困化"倾向。为此,应吸收实践模式的先进做法,回归诉讼和调解的本质属性,交错应用非诉和诉讼法理,"有限地分离"调解和诉讼程序,使二者在一定距离间实现"公共耦合",充分发挥调解和审判在纠纷化解中的组合优势。

关键词： 诉调对接 调审一体 有限分离 公共耦合

调解和审判作为人民法院行使民事审判权的方式,在我国可谓历时久远,围绕两者之间的关系历经反复,至今理论界与实务界仍争议不断。"诉调对接"作为两者关系的一种新阐述,逐渐成为一种强有力的观点,在实践中方兴未艾。以厦门市同安区人民法院(以下简称同安法院)为例,近年来,同安法院严格落实2007 年最高人民法院《关于建立健全诉讼与非诉讼相衔接的矛盾纠纷解决机制的若干意见》(以下简称《若干意见》)和 2005 年《厦门市人大常委会关于完善多元化纠纷解决机制的决定》(以下简称《决定》),先后成立"农村家事纠纷援助中心"、"外来员工纠纷援助中心"、诉调对接中心、建设工程法律服务站等,不断探索和完善诉调对接工作机制,民事纠纷调解工作取得了良好的成效。然而,由于案件压力、资源有限等现实因素,诉调对接工作进一步深化也遇到了一定的瓶颈,亟须进一步拓宽思路。本文以同安法院"农村家事纠纷援助中心"等实践平台为分析样本,梳理诉调对接工作的亮点与不足,并基于调解和诉讼的功能、价值定位,提出以"有限分离"与"公共耦合"来厘清调解与审判关系,推进多元化纠纷解决机制的完善。

---

* 课题负责人:廖惠敏(厦门市同安区人民法院院长)。课题组成员:叶鑫欣(厦门市同安区人民法院法官)、黄银斌(厦门市同安区人民法院书记员)。报告执笔人:叶鑫欣、黄银斌。

一、同安法院诉调对接工作概况

　　"农村家事纠纷援助中心"作为同安法院积极落实《决定》的创新举措,其探索的工作机制为同安法院后续开展诉调对接工作积累了有益的经验。随后,同安法院在诉讼服务中心和交警大队分别设立诉调对接工作室,共同成立道路交通法庭,并邀请保险公司入驻,构建道路交通事故赔偿调解、司法确认、保险赔付等流程化机制,积极打造道路交通事故纠纷处理"一站式"平台。此外,同安法院联合同安区司法局制定《人民调解与诉讼相衔接的实施意见和委托调解实施办法》,完善法院非诉讼调解与人民调解的衔接和互动机制;联合同安区工商局制定《消费纠纷案件诉调对接工作若干规定》,实现对消费纠纷案件批量化解,积极营造诚信经营的商业氛围;与同安区政法委、同安区工会、同安工业集中区管委办等五部门联合成立"外来员工纠纷援助中心",助力企业发展与员工维权,完善劳动纠纷联调机制;与同安区建设局、同安区建筑协会联合成立"建设工程法律服务站",引入建设领域的专业人士化解建设工程、房产交易等合同纠纷,有效预防和及时化解城镇化进程中的建设工程纠纷,着力在民生领域、重点工程领域保障民生。从2010年至2013年,同安法院共调解各类纠纷7289件,并对225件由非诉调解组织主持达成的调解协议予以司法确认,有效缓解了逐年上升的案件压力。下文简要地回顾近年来同安法院诉调对接工作的具体实践。

(一)第一阶段:出于规范、指导调解的需要

　　在"半熟人社会"的农村,村民间关系相对密切,一旦发生纠纷,基于亲缘、地缘等产生联系的宗亲、基层干部等大都会出面劝解。不过,由于这种调解行为缺乏制度保障,或多或少笼罩着传统的色彩,调解主体的纠纷化解能力也有限,纠纷解决效果可能与社会治理政策目标、制度精神相悖,导致社会治理出现二元化趋势。为此,同安法院梳理辖区内历年的家事纠纷案件,分析和总结家事纠纷的特点,于2005年在五显镇明溪村试点设立"农村家事纠纷援助中心",在发挥农村传统解纷方式优势的基础上,注重对调解员的业务培训,认真编制家事纠纷处理指南,不定期地召开调解员联席会议,动态掌握家事纠纷的信息。凡有村民向中心求助或中心了解到纠纷苗头,调解员就会尽快赶赴纠纷现场,利用其社会阅历和经验,依据群众普遍接受的"乡约民俗"、"公序良俗"等规范,充分运用情理和法理进行劝解,努力在不影响双方当事人的感情关系和不破坏双方和气的情况下彻底化解纠纷。对于事实争议较大、难以劝解调处的纠纷,由驻援助中心法官通过释法析理促成当事人达成调解协议并积极履行义务。

(二)第二阶段:以缓解办案压力为主要需求的调解优先

目前我国正处于社会矛盾凸显期,各种民、商事矛盾纠纷不断呈现,调解有利于当事人接受纠纷处理结果,进而减少上诉、再审、申诉、缠诉的优势明显。《若干意见》确立了"能调则调,当判则判,调判结合,案结事了"的指导方针,扩大了法院调解的适用范围,突出了法院调解的重要性。援助中心通过制度化建设,强化调解等非诉方式对家事纠纷化解的积极作用,将调解"作为家事纠纷诉讼的一个前置环节",使援助中心站在"解决纠纷的第一道防线上",确保能够第一时间介入家事纠纷。

在总结农村家事纠纷调解工作经验的基础上,援助中心完善了《农村家事纠纷援助中心工作细则》,明确了工作机制。援助中心挂靠在五显镇所辖 15 个村的调解委员会,调解成员由调解主任、治保主任、妇女主任及其他村干部组成,并吸收 99 名在村民中口碑好、威望高、热心于群众工作的退休干部、辖区学校教师、老村民参加,并由法院安排 1 名驻村法官挂靠援助中心点。在法院的支持协助下,援助中心确立了"受理登记、处理原则、协议签订、回访、工作记录存档"等五个调解工作程序制度,统一设置家事纠纷调解台账,制作"家事纠纷登记簿"及家事纠纷专用调解协议书。大量的婚姻家庭、遗嘱继承、分家析产等纠纷被有效及时地化解在基层、调解在诉前。结合 2009 年开展的全市法院"加强人民调解指导,促进无讼社区建设"活动,同安法院以"家事纠纷援助中心"为平台,深入推进"无讼乡村"建设,使明溪村成为名副其实的"无讼村"。目前,援助中心将家事纠纷化解新模式向莲花等镇推广铺开,构建"一街镇一中心"的工作格局,实现同安农村地区的全覆盖,并有效发挥司法能动作用,将法制宣传和司法服务深入到农村基层,实现农村社会管理的创新与飞跃。8 年来,援助中心坚持服务基层的宗旨,积极构建新型农村纠纷解决机制,共诉前化解各类家事、邻里纠纷 237 件,其中 10 人以上的群体纠纷 21 件,入村就地司法确认 54 件,解答群众法律咨询800 多次,印发宣传手册 1000 多份,工作成效得到当地群众的充分认可,《人民法院报》、《法制日报》等媒体先后报道援助中心的工作成绩,社会反响良好。

(三)第三阶段:以整合调审资源为导向的诉调对接

2009 年 11 月 12 日,同安法院在总结诉调工作经验的基础上,积极构建大调解工作格局,在全市率先成立全国首家常驻式、专业化处理道路交通事故损害赔偿的道路交通法庭,创新与交警部门、保险公司、人民调解等各方衔接的工作机制,在高效化解交通事故纠纷、创新社会管理机制、实现司法为民服务方面取得了突出的成绩。2012 年 2 月,同安法院建立道路交通事故处理机制,启动交通事故案件"三合一"机制,即受理的机动车交通事故责任纠纷等民事案件、当事人未羁押及无严重冲突的交通肇事、危险驾驶等刑事案件和不服交警行政处罚的行政案件统一归口由道路交通法庭审理,构筑立案、调解、审判、执行流程化,民事、刑事、行政审判一体化的司法审执机制。自启动道路交通事故案件"三合一"机制以来,同安法院共审结机动车交通事故责任纠纷案件 2593 件,调解撤诉结案 2402 件,调撤率为 92.63%;审结交通肇事案件 100 件、危险驾驶案件 273 件,平均审理时长为 9.96 天,诉前化解 6 件当事人对交警事故责任认定不服的案件。

同安法院发挥司法能动作用,注重利用调解所具有的优势,积极打造诉调对接工作的司法服务品牌,在纠纷化解过程中始终坚持尊重当事人的意志,促使当事人在自愿的前提下进行对话并在相互理解的基础上达成化解纠纷的共识。2013 年 6 月 28 日,同安法院正式成立"诉调对接中心",同时在工业集中区"外来员工纠纷援助中心"、竹坝华侨农场"法官服务站"和道路交通法庭成立 3 个调解工作室,聘任 10 名社会威望高、工作经验丰富的特邀调解员,有效化解矛盾纠纷 156 起,调解成功率达 68.72%,调解案件标的额达 1927 多万元。

实践证明,调解的功能是有限的,即使是熟人间,也会因冲突升级导致纠纷无法运用调解方式化解,这时就需要法院运用审判方式来结束当事人之间持续的敌对状态,重新确立社会关系发展的起点。因此,赋予当事人程序选择权,有效地实现调解与审判之间的"模式切换",成为多元化纠纷解决机制的核心问题。同安法院积极构建的多元化纠纷化解机制不仅有效地分流了案件,减轻了法院的审判工作压力,而且对维护辖区的和谐稳定发挥了重要作用。

二、同安法院诉调对接工作的成效

(一)实现"对传统资源的利用与恢复"①

同安法院探索的诉调对接机制,有效联合行政机关、妇联、行业协会、村调解委员会等组织和社会力量,充分运用闽南风俗习惯化解各类民、商事纠纷,使得离纠纷对象最近的社会力量能在第一时间了解纠纷的缘由,并以"保护者"的姿态介入,避免纠纷解决过程中出现当事人面临山杠爷的"尴尬"②和秋菊的"困

---

① 巫若枝:《30 年来我国家事纠纷解决机制的变迁及其启示》,载《法商研究》2010 年第 2 期。

② 梁治平:《法治进程中的知识转变》,载《读书》1998 年第 1 期。

惑"①，从而有效地促进辖区的和谐稳定。

(二)实现纠纷调处的社会联动

同安法院探索成立"农村家事纠纷援助中心"、诉调对接中心等司法服务品牌，是认真贯彻落实市人大《决定》，参与社会管理创新和发挥司法能动作用的重要举措。随着"农村家事纠纷援助中心"等调解组织的成立，同安法院更加重视与调解组织、行业协会、交通警察、工业集中区管委会等部门和组织的衔接互动，积极探索委托调解等多元纠纷化解机制，为完善大调解工作体系积累了丰富的工作经验。近年来，同安法院不断巩固和提升调解工作水平，搭建"法官服务点、镇综治办、村综治员"三级联调网，推行就地释法、就地调解、就地确认的"一站式服务"，建立和完善根植群众、贴近基层、着眼未来的新型纠纷化解机制，成为依靠公共资源化解纠纷的典范。

(三)实现审判资源优化配置

法院依托调解平台加强与基层调解组织的衔接互动，积极利用调解组织扎根基层等优势，开展经常性、日常性工作联系。基层调解组织通过细致排查家事、邻里、劳动争议、建设工程施工合同纠纷的苗头信息，并及时到场化解，有效地防止了矛盾激化，为法院分流了案件压力。法院不定期地组织召开联席会议，加强对调解员的法律知识培训和调解业务指导，有效地提高了调解员的纠纷化解能力，促使调解员合法、合理地化解民商事纠纷，确保纠纷调解工作符合社会管理的法律规定和政策要求。对于疑难复杂、争议较大的家事案件，法官依托调解组织查清纠纷事实缘由，耐心地释法析理，并基于司法便民的考虑，根据当事人的申请，及时地入村就地对调解协议进行司法确认，尽可能地在诉前彻底妥善化解纠纷。当纠纷进入诉讼程序后，各调解组织则积极配合法院做好调解工作，帮助法官全面了解纠纷的缘由，提高法院的案件审理质量。

三、同安法院调解工作实践面临的困境

在发挥司法能动作用的过程中，同安法院积极探索构建多元化纠纷化解机制，在化解家事纠纷、劳动争议、道路交通事故赔偿纠纷等领域取得了明显成效，有效地促进了辖区的和谐稳定。但是，在肯定经验和成效的同时，还应分析诉调工作机制运行过程中面临的困境，直陈多元化纠纷化解机制的缺漏和不足，以进

---

① 苏力:《中国当代法律中的习惯——从司法个案透视》，载《中国社会科学》2000 年第 3 期。

一步推进诉调对接工作机制的完善。

(一)调审合一的问题

案多人少的现状以及法院重视调解结案率的政策导向,使得法院调解的主持人员与审判案件的法官出现重合,法官承担着说服和判定的双重功能,形成了"调审一体"程序结构。由于调解理念的强化,调解结案率、服判息诉率等成为法官业绩考核的重要指标,并与年终奖惩等直接挂钩。错案追究制度等评价案件发回、改判情况,使得案件处理结果直接关系到法官业务能力评价,无形地将法官的个人利益与当事人对案件处理的态度绑定起来,"使得本与案件无利害关系的法官间接地与案件处理的评价体系产生了'利益'关系[1]。尽管调解应遵循合法原则,但并没有像审判程序那样严格。调解只要求不损害国家、集体、第三人的利益和不违背公序良俗,这在一定程度上软化了民事法律规定。在"调审一体"程序结构下,主持调解的法官又控制着审判权,在面临纠纷处理结果与其存在"利害"关系的困境下,难免会利用主持者的话语优势,动用所拥有的资源并运用各种纠纷处理技巧,极力提出自己认为"正确合理的解决方式"。"在调解者对具体纠纷的解决持有自己的利益时,往往可以看到他为了使当事者达成合意而施加种种压力的情况。""因为调解者对当事者常常持有事实上的影响力",[2]积极"利用"调解程序可能进入或回归审判的威胁而"强制"当事人同意调解方案,排斥自主合意的形成,出现了调解强制化或是合意贫困化的倾向,"异化"的法院调解蒙上了"审判阴影",导致部分学者质疑法院调解对权利的保护功能。[3]

"当然,我们不能说现在民事诉讼中的调解都是在违背当事人意愿的情形下达成的,但十分清楚和不可否认的是,在目前这样的司法环境中,强制调解的情形必然会高频率发生,强制调解难以避免。"[4]在调解率等评价指标的驱动下,调解法官会积极营造有利于实现评价指标的环境,这虽然为当事人合意解决纠纷提供了沟通平台,但法官仍会对纠纷的解决进行"干预",模糊了诉讼和调解的界线。"调审一体"架构固然有助于调解和审判程序的转换,促使纠纷化解结果既尽可能符合原有事实,又最大限度地遵循法律和政策的要求,但会使法官面临双

---

[1] 唐力:《在"强制"与"合意"之间:我国诉讼调解制度的困境与出路》,载《现代法学》2012年第3期。

[2] [日]棚濑孝雄:《纠纷的解决与审判制度》,王亚新译,中国政法大学出版社2004年版,第11页。

[3] 有学者认为,即使调解中的让步是当事人自愿作出的,但仍存在对权利保护不足的问题。参见李浩:《民事审判中的调审分离》,载《法学研究》1996年第4期。

[4] 张卫平:《推开程序理性之门》,法律出版社2008年版,第88页。

重角色的矛盾。尤其在评价指标的压力下,法官容易利用对调解的引导支配权,通过以劝压调、以拖压调等手段,自觉或不自觉地对当事人施加压力,排斥当事人的自治性,导致调解强制化倾向的出现。有的法官甚至可能为了促进调解而采取"各打五十大板"的葫芦官结案方式,这不仅使法院调解背离合意的本质属性,贬损了法院调解的正当性基础,还会影响调解协议的自觉履行、当事人的真正和解,给社会造成不良的示范效应。

(二)社会协同配合的问题

诉讼并非解决纠纷的最佳途径。同安法院将"家事纠纷援助中心"挂靠在村调解委员会,"外来员工纠纷援助中心"挂靠在工业园区管委会、"道路交通法庭"挂靠在交警大队,旨在为处理纠纷提供多样化解决渠道,鼓励以和解、调解等非诉讼途径化解纠纷。然而,对比法院的积极介入,各协同部门的作用发挥稍显不足,甚至个别部门采取消极推诿态度,将大部分的纠纷引向法院。这偏离了诉调对接多元联动的目标,不利于各部门和组织在纠纷化解方面的协作配合。

四、完善民事纠纷诉调对接机制的建议

通过剖析同安法院的"家事纠纷援助中心"、"外来员工援助中心"等调解组织工作机制的优势,正视诉调对接工作所面临的困境和运作机制的缺漏,我们将重新回归诉讼和调解的本质属性,吸收调解工作机制的合理之处,交错应用非诉和诉讼法理,尝试重构民事纠纷诉调对接机制。通过合理分配调解人员的工作职责,安排诉前调解法官主持调解工作,"有限地分离"法院调解和诉讼程序,能有效避免二者"绝对分离"或"调审一体"带来的弊端,使二者在一定距离间实现对接互动,充分发挥调解(包括社会调解和法院调解)和审判的组合优势。

(一)民事纠纷诉调之有限分离

基于现行工作机制的限制,调解工作呈现"调审一体化"的趋势,这就难免导致"合意贫困化"等现象,贬损调解协议的正当性。因此,有必要使调解和诉讼之间适当地相对分离,使纠纷化解工作契合民事纠纷的特点和纠纷解决的一般规律。我们认为,诉调对接机制是对调解和诉讼选择的否定之否定,符合纠纷解决机制的发展规律。诉调对接机制的改革需要借鉴其他国家和地区分离审判部门和调解部门的做法,在对接耦合的前提下实现"有限分离"。

1. 人员的分离

(1)法院附设机构调解的模式。"农村家事纠纷援助中心"、"外来员工援助中心"等调解机构,重视实务工作、本土经验等的实践理性,在非诉调解工作机制探索上已取得良好的成效。因此,非诉调解模式架构可直接借鉴上述做法,以社区调解员、警察、妇联、行业协会工作人员等为主承担非诉调解工作,必要时,在征得当事人同意后,可以委托人民调解委员会等组织介入。

(2)诉调对接中心模式。重点是实现调解法官与审判法官的分离。选任具有丰富调解经验和人生阅历、有耐心、擅于心理疏导的法官担任调解法官。调解法官专门负责援助中心、社区调解员的培训,审查非诉调解的合法性、合理性,审查确认和解、调解协议,并在家事案件诉讼立案前,鼓励当事人和解,实现诉前调解与非诉调解的对接。应该注意的是,调解法官不得参与家事审判工作。

2.程序分离

程序分离可以借助场地的设置来实现。随着民事纠纷的日益复杂化、专业化,我们可以借鉴其他国家和地区的做法,根据案件类型的特殊性,设置专门机构。配备专业法官,例如设置专业合议庭或专业法庭(比如调解庭)。[①] 然而,基于现实的考虑,由于仍处于探索阶段,为避免法庭设置的大波动,只需要合理利用现有的司法资源,整合审判力量,抽调在各自领域具有丰富审判经验的法官成立合议庭,由该合议庭专门集中审理各类纠纷案件,实现了调解和审判的机构、人员和程序之"有限分离"。法院可在此基础上对法官考核机制进行进一步完善,区分承担调解业务的法官和承担审判业务法官的考核标准,弱化审判法官的调解结案率要求,从而在根本上解决"调审一体化"所带来的"调解强制化"、"合意贫困化"等问题。

(二)民事纠纷诉调之公共耦合

耦合在物理学上就是指两个或两个以上的实体相互依赖于对方的一个量度。"在社会科学领域中,我们可以把两种社会现象通过某种条件,使二者有机结合起来发挥作用的客观事物,称之为耦合。"[②]而公共(环境)耦合指通过一个公共数据环境相互作用的模块间的耦合,同样可以把社会科学领域的类似情况称为公共耦合,如调解和诉讼在纠纷主体、纠纷内容、证据材料、解决程序等方面具有共同指向对象,从而能够促使调解和诉讼在纠纷化解领域有相互作用的基础,这也是有限分离的诉调程序架构能够对接互动的理论依据。在纠纷处理的过程中,诉讼与调解的"绝对分离"固然能避免"调审一体化",解决调解强制化和合意贫困化的问题,但也可能因为机械地划分纠纷解决流程,造成重复调查事

---

① 厦门法院探索涉台、知识产权、道路交通等纠纷的"三合一"审理机制,正是集中专业司法资源,专门审理某特定类型案件,适应了纠纷专业化审理的需要。此外,广东省高级人民法院、江苏省徐州市贾汪区人民法院成立的"家事合议庭"也是纠纷专业化审理的积极探索。

② 徐孟州:《论市场机制与宏观调控的经济法耦合》,载《法学家》1996年第2期。

实、拖延解决等问题。因此,我们应当注重调解和诉讼在纠纷解决方面的共性,在整合各自优势的基础上促使有限分离的诉调程序架构对接互动,确保在解决"调审一体"问题的同时克服二元绝对分离的缺陷,实现案结、事了、人和。

1.人员对接方面

尽管社区调解员独立负责援助中心的运作,但当在调解过程中当事人遇到专业能力、伦理议题的限制时,可以视情况要求调解法官指导。在诉前调解中,由调解法官负责事实调查、司法确认等工作,在调查事实时可视情况要求社区调解员协助,这样既保证了审判人员与调解人员的分离,又能发挥法院参与纠纷调解工作的优势,避免法官顾虑到现行的评价机制而"迫使"当事人接受调解。在机构对接方面,援助中心与诉前调解办公室、诉讼服务中心与审判法庭(或审判法官)在案件受理、证据材料移交等方面可衔接配合,就就此设计出标准的程序转介流程。

2.在执业守则对接方面

调解人员和审判人员应严格保密履职过程中知晓的个人隐私,坚持公正原则,保持不偏不倚的态度,避免带有决断性或恐吓性的言语行为。与当事人存在利害关系的人员应当回避。在非诉调解和法院调解过程中,应当允许当事人以简便的口头方式提出诉求,并在一定情况下允许宗亲、基层干部、行业工作人员等主体参与纠纷的调解工作。由于部分民事纠纷可能会涉及弱势群体利益保护问题,在调解和诉讼过程中要适当坚持职权主义,适度限制当事人自主行使和处分权利,①处理时应考虑当地风俗习惯,尊重相关主体如未成年子女表达意见的权利。在发现可能存在虐待等情况时,调解人员应及时依法通报,要求法官妥善处理。调解场所应采取"圆桌式"布置,以"和"为主旋律,以责任担当、亲情维系、宽容理解为内涵,并配以引导纠纷双方当事人和睦相处的宣传标语、图画等材料,尽可能地营造和谐的气氛。

3.程序对接方面

无论是援助中心的非诉调解还是法院的诉前调解,调解主体在纠纷进入诉讼程序前都应进行诉前调解评估。在纠纷进入诉讼程序后,仍可以软化刚性的诉讼程序,吸收调解制度的田间送达等便民措施。诉讼阶段的调解由审判法官主持,在审判过程中,随着纠纷事实的查明,当事人表现出调解意愿时应当被允许。为避免调解强制化问题的出现,法院需要摒弃对审判法官的调解率考核,避免给审判法官造成调解压力。程序对接的重点是,审判人员是否可以直接援用

---

① 如驳回婚姻无效等身份关系诉讼,可基于维护公共利益的需要,适当限制当事人的处分权利。

调解阶段收集的证据和调查的事实。许多纠纷中的证据转瞬即逝、证据事实难以保存或发现,直接影响诉讼效率和正义伸张。目前,许多国家基本上都确认"调解自认排除规则",要求调解中的陈述或让步不得为裁判的基础,以免除当事人在调解过程中的心理顾虑,促使当事人达成调解协议。部分民事纠纷涉及当事人的隐私,需要对涉及个人隐私的证据材料进行区分。通常情况下,只要不是当事人的自认,法院可以援用调解过程中收集的证据材料,优先适用调解记录,肯定其证据效力。必要时法院也可以邀请调解员出庭作证,帮助查清案件事实,但不能涉及与纠纷事实发生无相当因果关系的隐私内容,忽视当事人对调解人员的信任。在确保调解协议的履行方面,调解人员可根据具体情况引导当事人向法院负责调解的窗口申请司法确认,方便当事人快速地取得执行名义。对于一方当事人拒绝自动履行调解协议,而另一方当事人主张依照调解协议作出判决的,审判人员应当在没有明显相反的证据或意思表示的情况下,认定调解协议具有合同性质的效力并径直作出判决,以督促当事人自觉履行调解协议,实现调解和审判的互动。

中小企业融资难问题的司法解读与思考

——对中小企业融资情况的调研报告

■厦门市中级人民法院民二庭课题组*

摘要：世界各国通常采取政府管制、金融支持、信息咨询、系统组织以及人才培养等方式，促进中小企业的发展。这些做法的局限性在于因政策制定者的偏好不同而出现政策的不稳定性，难以确保中小企业发展的稳定和持续。从世界各国的发展经验来看，只有从根本上为中小企业发展提供稳定的法制环境，才能从根本上为提升中小企业的市场竞争力提供条件。为中小企业参与市场竞争提供完善充分的法律保障，主要有两个方面：一是制定法律，二是对政府有关政策赋予法律属性。

关键词：中小企业融资　司法性失信惩戒机制　影子银行　信息公开制度　信用担保制度

围绕改善中小企业的经营环境，解脱其在商事审判中面临的困境，厦门市中级人民法院（以下简称厦门中院）民二庭课题组，邀请了厦门市政府有关部门、市人大、政协、部分银行、中小微企业以及行业协会的代表等 30 余名嘉宾，观摩了"原告福建渝商投资有限公司与被告丁建辉、丁玉灿、吴俊股权转让纠纷案"的庭审活动，并围绕中小微企业的热点问题，展开了"促进中小微企业健康发展"的座谈。课题组还专门拜访了市政府金融办、市银监局、保监局以及我市 10 家涉诉最多的银行，走访了我市部分涉诉、破产的中小企业，了解其融资现状和造成企业困境的成因，通过发放问卷的形式，向我市 15 家成长型良好的中小企业了解企业资金流通情况及成功融资的原因和形式。

调研结果显示，中小企业融资不仅关系到企业自身的生死存亡，更与国家转型时期经济的平稳运行息息相关。民间资金究竟如何合法介入资本流动，如何

---

　　* 课题指导：郝勇（厦门市中级人民法院副院长）。课题负责人：刘新平（厦门市中级人民法院民二庭庭长）。课题组成员：尤冰宁、靳羽、李婧（以上成员均为厦门市中级人民法院法官）。报告执笔人：李婧。

在旺盛的民间投资热情和巨大的中小企业融资缺口中寻求新的平衡点,行政、经济、法律等体制都在研究探索,课题组认为,法律保障是中小企业融资中效力最高、最具约束力的保障方式。现就调研情况报告如下:

一、我市中小企业融资难的司法困境

2008 年以来,厦门法院金融借款合同纠纷案件数量大幅增长,与上年同期相比,新增收案率为 36.49%,结案标的增长率为 26.16%,2009 年更是出现井喷式增长,新收案件数量较上年增长了 59.24%,结案标的则增长了 161.18%。尽管 2010 年至 2012 年的年新收案件数呈下降趋势,但 2012 年的结案标的额又明显上升,较之 2011 年上升了 138.85%,2013 年的新收案件与结案标的额与 2012 年基本持平。涉案主体中中小企业约占 95%(详见表1)。

表1 2008—2013 年厦门两级法院金融借款合同纠纷情况

年份(年)	收案数(件)		结案数(件)	已结案件标的额(万元)	收案增长率		标的额增长率
	旧存	新收			新增	总量	
2008	63	1526	1459	118380.4559			
2009	127	2430	2456	309187.5798	59.24%	60.92%	161.18%
2010	98	1422	1459	131571.9932	−41.48%	−40.56%	−57.45%
2011	63	1281	1288	97751.3065	−9.92%	−11.58%	−25.71%
2012	36	1150	1063	233474.8661	−10.23%	−11.76%	138.85%
2013	100	1170	1119	229735.8656	1.74%	7.08%	−1.60%

(一) 大量企业之间相互担保引起的系列案件

2011 年至 2013 年,厦门两级法院受理金融借款合同纠纷案件 3063 件,其中厦门中院受理 333 件。在厦门中院民二庭受理的 242 件案件中,涉及三家企业互保或个人与企业联保的案件 242 件,占全部案件 100%,涉案标的 36.4 亿元,关联企业联保案件 165 件,涉案金额 18.0 亿元。

金融借款合同纠纷案件情况统计表明,企业贷款联保现象严重,存在潜在的金融风险和社会不安定因素。企业联保放大了贷款担保能力和信用倍数,在市场上升期有助于集中规模优势,更易获得银行贷款。但是,一旦市场下滑,一家或多家企业出现偿付困难,资金链风险就会顺着担保链条危及全部联保企业,风险系数放大,形成系统性风险。厦门中小企业贷款的互保、连环保现象较为普遍,长期以来形成了错综复杂、牵涉面广的担保链。在经济下行期,企业之间的担保非但不能化解和缓释风险,反而进一步传递和放大了风险,往往导致一损俱损,只要一家企业资金链断裂,将迫使关联互保企业资金链产生危机,导致联保企业连锁倒闭,进而引发大量债务纠纷等连锁问题。①

金融借款合同纠纷的案件大都存在 4 个以上被告,涉及中小企业的案件则多达数十个被告。众多被告之间存在相互担保关系,在大量涉诉时,往往没有清偿能力,同时给后起诉的银行造成大量损失,进一步恶化了中小企业的融资环境。较典型的有东方龙系列案件,截至目前,东方龙系列案件涉案金额 4 亿多,信达公司系列案件涉案金额 4 亿多,中瑛融资担保公司与佰旺建材等系列案件,涉及案件超过 20 起。

企业联保或企业与个人互保极易引发大量的社会问题。公司法定代表人、股东个人参与企业联保,容易为个人利益而大肆向银行借款举债。部分企业发生危机容易导致企业联保债务的产生以及企业法定代表人、大股东携款逃跑、恶意躲债等问题。这不仅为企业债务后续清偿制造了障碍,而且会产生大量的社会问题。

(二)金融借款合同纠纷、企业借贷纠纷与民间借贷纠纷相互交叉

2011 年下半年以来,国际经济环境日趋严峻,国内宏观政策调整的累积效应显现,经济增速放缓,给企业经营带来较多不利影响。同时,由于福建经济结构中存在一些不合理的方面使区域经济发展面临挑战,银行不良贷款出现较大反弹,各大银行银根紧缩,中小企业资金出现断裂。自 2008 年起,厦门法院受理的民间借贷案件数量逐年增多,民间借贷案件与企业借贷案件的标的额均大幅度增长,出现大量企业及企业主向民间资本进行融资的纠纷(详见表2、表3)。

究其原因,一方面,是部分银行的抽贷、压贷行为加剧了企业资金链的紧张程度,进而造成其他债权银行风险上升。另一方面,部分企业涉足高息民间借贷,财务成本巨大,使得经营亏损和资金链断裂。中小企业无法从银行得到足额的融资,转向民间寻求短期融资渠道,又因资金链断裂无法偿还高额的民间借贷利息,引发一连串民间借贷纠纷案件,且涉及案件均超过 20 起。

---

① 如 2011 年以来,先后发生厦门东方龙集团有限公司、厦门市万亨欣进出口贸易有限公司、启高(厦门)机械工业有限公司、厦门力鹏船运有限公司、迈士通集团有限公司倒闭,厦门市德阳鞋业有限公司破产等系列案件 50 余起。每一串联保企业涉及不同银行的金融借款合同纠纷案件少则 5、6 件,多则 10 余件,标的均在 5000 万元以上。

表 2　2008—2013 年厦门两级法院的企业借款合同纠纷情况

年份（年）	收案数（件）		结案数（件）	已结案件标的额（万元）	收案增长率		标的额增长率
	旧存	新收			新增	总量	
2008	0	20	19	2272.3927			
2009	1	14	10	931.3927	−30.00%	−25%	−59.01%
2010	4	4	7	997.21	−71.43%	−46.67%	7.07%
2011	1	22	23	5494.4	450.00%	187.5%	450.98%
2012	1	41	38	10814.5677	86.36%	82.61%	96.83%
2013	4	31	30	16167.9922	−24.39%	16.67%	49.50%

表 3　2008−2013 年厦门两级法院的民间借贷纠纷情况

年份（年）	收案数（件）		结案数（件）	已结案件标的额（万元）	收案增长率		标的额增长率
	旧存	新收			新增	总量	
2008	77	1980	1857	40979.396			
2009	200	2440	2419	65035.6984	23.23%	28.34%	58.70%
2010	219	2990	2980	95644.7761	22.54%	21.55%	47.07%
2011	229	3528	3537	241548.6256	17.99%	17.08%	152.55%
2012	223	5503	5375	549495.2523	55.98%	47.09%	127.49%
2013	355	6079	5656	492321.288	10.47%	12.36%	−10.40%

(三)钢贸行业的融资纠纷频发

自 2012 年起,厦门钢贸企业因金融资金链断裂产生的连锁经济纠纷十分严重。其中,密集地出现当事人以钢材贸易作为融资手段,向银行、企业和个人等进行融资,后因钢材的跌价及资金链断裂产生纠纷,有些还夹杂着经济犯罪现象,影响社会经济秩序的安全。如:2012 年以来,厦门中院受理钢材贸易纠纷 56件,涉案标的 11.7 亿元,涉及联保企业的约 23 件,由此导致上下游整个产业链发生危机。在钢贸交易过程中,出现了同一批货在同一钢贸市场、同一时间、同一交易主体之间进行多次交易,交易商与仓储方勾结进行一物二卖,或将已出卖货物又向银行质押的情况。同时,法院在审理过程中也发现了仓储方或监管方对同一批货物开出两份仓单或仓储清单、两份不同的发票和货物质量证明等情形。

钢材贸易的案件主要见于买卖合同纠纷、仓储合同纠纷和委托合同纠纷，案件的特点在于，涉诉中小企业多，涉案金额巨大，当事人申请诉讼保全比例较高。

二、我市中小企业融资难的法律成因

中小企业融资所面临的各种问题的成因是多方面的，既有宏观经济调控方面的原因也有经济环境变化影响的原因；既有货币资源配置不均衡的因素也有信息不对称的影响；既有来自于外部的"规模歧视"和"所有制歧视"，也有企业自身发展的先天不足。但研究分析认为：导致中小企业融资难的根本原因是法律保障制度的不尽完善。

（一）促进中小企业发展的法律体系尚未建立

目前，我国适用于中小企业发展的法律仅有《中小企业促进法》和《中小企业信用担保法》，法律在中小企业权利、义务、责任以及融资方式、信用担保、信息公开、金融监管、政府服务等方面保障乏力，因而出现企业经营不规范以致信用度低，融资担保不合规以致骗贷赖账横行，监管服务不到位以致歪门邪道充斥市场，违法处罚效力不高以致企业规避责任逃避处罚的现象。

（二）现有的法律和制度还不尽完善

《中小企业促进法》和《中小企业信用担保法》颁行多年，有些规定已不适应中小企业发展的需要。在现有的法律中，有些规定因过于原则而缺乏操作性。中小企业在经营中，有一些似是而非的操作，处于法律规定不明的"灰色地带"。法官在审理案件时，常出现认定标准不一致，裁判尺度不统一的情形，影响了裁判的公平和公正。例如，尽管法律对担保制度作了规定，但企业互保、联保机制不够健全，司法实务中对让与担保的效力争议较大。而法规的操作性不足使得政府有时过多地介入中小企业之间的纠纷，进而发生管理不善的情况。

（三）中小企业经营者依法经营和依法管理意识淡薄

调研结果反映，大多数中小企业经营者不知道国家出台的有关法律、政策和规定，一些金融机构也出现有法不依、有规不循的现象，在一些环节中，政府介入也可能违法。更糟糕的是，政府、法院与金融机构之间信息无法共享、透明度不足，主管金融的政府部门、法院、金融机构、银监局、中小企业协会之间的信息不畅通，使法律应有的保障能力大大降低。例如，银行一旦得知贷款企业涉诉，就纷纷要求企业提前还贷，企业因无法还贷陷入资金困境，而企业生产资料又遭法院保全，官司缠身，使企业无法正常经营。

政府和有关管理部门依法管理意识淡薄,还反映在对中小企业融资的法律保障和制度服务方面的不足,这是致使中小企业发展不断陷入困境的基本原因。大量案件表明,对中小企业的支持单纯地注重增加货币供给而忽视对中小企业融资的法律制度完善,必将导致中小企业受到法律的各种限制和束缚,从而影响中小企业融资途径的拓展和融资效率的提高,并将在很大程度上阻碍中小企业的发展。

三、破解中小企业融资难的法律思考

中小企业面临着国有大型企业和跨国公司的严重挑战,融资渠道狭窄、获取资金困难、生存空间狭小。因此,应当结合中小企业实际发展状况,借鉴美国、日本等发达国家支持中小企业的成功经验,进一步完善中小企业立法体系,切实有效地解决中小企业融资难的现状。

(一)进一步完善中小企业融资的法律制度

许多发达国家都通过立法来确定中小企业在国民经济发展中的地位。例如,美国政府 1953 年制定了《小企业法》(*Small Business Act*)并经国会通过,这是一项框架性的立法。该法规定,小企业是维持自由竞争的重要因素,扶持小企业可消除不完全竞争。2010 年 9 月,美国总统奥巴马签署了新的《2010 年小企业法》(*Small Business Jobs Act of* 2010),旨在为小企业减税和提供更多的贷款。日本于 20 世纪 50 年代,修改了《中小企业基本法》,以推动独立的中小企业富有多样性和充满活力的成长与发展为宗旨,明确规定了中小企业的划分原则和中小企业发展的基本原则。此后,日本陆续颁布了《商工组合中央金库法》、《中小企业振兴资金助成法》、《中小企业金融公库法》等法律,形成了比较健全的中小企业法律体系,为以后的中小企业立法指明了方向。[①]

1. 适时修订《中小企业促进法》

《中小企业促进法》是我国中小企业立法发展的一个巨大突破,标志着我国中小企业发展事业开始走上法制化和规范化的轨道。中小企业融资其他问题的

---

① 日本是中小企业比重很高的国家,被称为"中小企业之国"。据 2008 年的统计数据显示,日本企业合计有 654.17 万个,其中中小企业数为 648.43 万个,占全部企业总数的 99.1%。中小企业在日本经济和社会发展中发挥着重要的作用,从中小企业对就业的贡献来看,在全国 4900 万就业人员中,中小企业占 80.6%。从中小企业对日本 GDP 的贡献来看,日本中小企业零售业中,小企业零售额占 78%,制造业产值占总产值的 55.5%。可以看出,中小企业在日本的经济地位举足轻重。

法律依据主要来源于《公司法》、《担保法》、《商业银行法》等普遍适用于市场各类主体的法律、法规及国务院各部委和各地出台的政策性文件。在法律制度层面，中小企业融资的"先天劣势"来源于现行法律、法规对其关注不足，即使颁布了《中小企业促进法》和有关的政策性文件，也依然无法使中小企业在现有的法律体系内获得实质性的保护。且《中小企业促进法》在立法上也不够完善，存在一些不容忽视的缺陷。例如，不够关注中小企业自身谋求发展的权利；没有理顺中小企业的管理机制；扶持中小企业的措施不能满足需求；法律规定的可操作性差等。《中小企业促进法》对于什么样的企业可以作为中小企业法律关系主体还没有明确的定义和划分标准，对中小企业法律关系各主体的权利、义务及中小企业的责任等法律问题的规定还不尽明确。在法律中明确中小企业的资格、权利和责任是中小企业发展的基础，也是法律对中小企业保护的依据。

2.制定《中小企业融资法》

目前我国尚未制定有关中小企业融资的专门性法律，在与中小企业融资有关的融资方式、信用担保模式、政府及有关机构的介入方式、融资监管、中小企业融资的权利和义务等方面，均缺乏法律统一规定。有关中小企业融资的相关规定散见于《中小企业促进法》和其他法律法规和政策性文件之中。这些法律法规、政策性文件由于立法主体、立法角度、所属领域和政策目的不同，难免会相互矛盾，影响中小企业融资法律的适用。因此，需要制定专门的《中小企业融资法》，以突破现有法律在融资方式、信用担保制度、金融监管以及中小企业权利等方面保障乏力的困境，为中小企业融资提供更为具体的法律制度，保证中小企业融资有法可依、合法运作。比如，美国针对中小企业融资就专门制定了《社区再投资法》[①]来解决融资难题。

3.制定与《中小企业促进法》相配套的实施细则和法律法规

针对《中小企业促进法》关于建立"中小企业发展专项资金"的要求，2008年，国家财政部、工业和信息化部制定了《中小企业专项资金管理办法》（以下简称《专项资金管理办法》），但由于该办法颁布距今已有五年之久，国内外经济环境发生了巨大变化，因而已无法适应新的发展要求，急需重新修订。由于《专项

---

① 为了鼓励社区银行满足其所经营的社区的信贷需求，同时规范社区银行的运作，美国国会于 1977 年制定实施了《社区再投资法》（*Community Reinvestment Act*，CRA），鼓励金融机构向中低收入社区提供金融服务，规定社区银行免征各种税赋，可以参考市场利率自主决定存贷款利率等优惠措施使得社区银行在更为公平的环境中得以发展。该法颁布 30 多年以来，不断汲取实施过程中的经验教训，多次进行修改，以适应经济金融环境的变化。美国众议院金融服务委员会于 2009 年 3 月收到了议员提交的新的《2009 年社区再投资现代化法案》，目前美国对《社区再投资法》的进一步修改仍在讨论中。

资金管理办法》对管理机构、专项资金的申请、使用和监管等问题的规定过于原则、缺乏可操作性,我国应及时制定《中小企业专项资金管理法》,详细规定中小企业专项资金使用和管理中的主管机构及其权限、资金来源、专项资金的支持方式、中小企业申请专项资金的资格条件、专项资金的审批机关及监管机关等事项,保证中小企业专项资金的申请和审批、使用和监管有法可依。

美国有一系列保障中小企业发展的配套法律制度,①我国可以借鉴该配套立法模式,根据中小企业融资普遍面临的信用担保、融资机构、融资服务等问题,依据《中小企业促进法》,对现有法律资源加以整合,加快制定相关单行法律法规,以配合《中小企业促进法》,构建一个包括担保制度、融资服务、技术创新、财税支持、竞争地位、公司破产等一系列问题在内的完善的中小企业融资法律体系。

(二)完善中小企业信息公开制度

信息不透明被认为是影响中小企业融资效率的重要因素。由于中小企业多处于企业成长初期,其内部财务制度较不完善。加之大型银行和投资者对中小企业的歧视性待遇,致使中小企业难以公开也不愿公开其财务信息。但是,要了解中小企业是否具有融资资格,就必须获得这些公开的公司财务信息和有关企业真实经营状况的其他信息,这其中包括来自于其他相关企业和行业内部的评价等。但就目前的制度设计来看,能为有关金融机构提供中小企业信息的机构较少,即使能提供,信息数量也十分有限。正因为如此,完善我国中小企业信息公开制度对于帮助中小企业直接融资和间接融资,甚至通过非正规渠道融资都有重要的意义。

1. 针对中小企业建立主办银行制度

主办银行制度是一种体现并调整银企关系的现代金融制度,建立该制度的目的在于通过主办银行和企业之间的资本互动,解决由于企业财务信息不公开而影响银行发放贷款的问题,从而实现银企融资博弈中的双赢。② 主办银行制

---

① 美国联邦政府为扶持中小企业的发展制定了一系列法律、法规,用立法的形式规范中小企业的融资服务体系,包括《中小企业法》、《中小企业投资法》、《中小企业经济政策法》、《中小企业技术革新促进法》、《小企业投资奖励法》、《小企业开发中心法》等。

② 面向中小企业最典型的主办银行是美国的社区银行。社区银行被定义为独立的银行和储蓄机构,其资产从不到 1000 万美元到数十亿美元不等,关注的核心是贷款给小企业和农场,而大型银行关注的核心是美国公司。截至 2010 年,美国大约有 7000 多家社区银行,包括商业银行、储蓄机构、储备和互助储蓄机构等形式,分布于全美 5 万个以上的地方。社区银行占美国所有银行的 96.4%。

度除了帮助中小企业获得银行间接融资之外,最重要的意义在于解决了银企之间信息不对称的问题。这主要表现在两个方面:一是通过与中小企业直接和长期的合作,银行能够最大限度地获取和积累企业的真实信息,并对企业实施必要的监控;二是通过向信贷经理积极表达融资愿望,中小企业能够获得主办银行提供的合理信贷计划,节约融资信息转换的成本。

1996 年 7 月颁布的《主办银行管理暂行办法》(以下简称《暂行办法》)规定:主办银行是指为企业提供"转、贷、存"业务,以银企双方签订的《银企合作协议》为纽带,与企业建立稳定合作关系的中资银行。但由于制度设计重理论探讨和原则规定,缺乏对实际情况的考量,在实践中暴露出许多问题,该《暂行办法》最终因背离制度设计的初衷而没有长期实施。但是,随着我国经济转轨和金融体制改革的深入,重新建立中小企业"主办银行制度",并通过制定相关的法律,明确"主办银行"的法律地位、职责以及主办银行基本制度,显得尤为必要。法律对"主办银行制度"的规范和保护,能够打消中小企对企业信息公开的顾虑,消除中小企业融资中的"规模歧视"和"所有制歧视",依法促使中小企业信息公开。

2. 依法完善中小企业信息共享机制

各家融资机构都有建立中小企业信息共享机制的动机和意愿,有效的信息共享机制能够帮助这些融资机构快速了解中小企业的信息并作出决策,从而有效控制融资进度,提高融资效率。但目前的信息共享机制尚有不尽完善之处,从法律角度来说,需要从以下几个方面加以改进:

一是规定中小企业信息的合法来源。建立信息共享机制的基础是信息来源的问题。一般来说,主办银行信息应当作为信息共享机制的主要组成部分,并以其他相关银行、证券发行机构提供的信息作为补充。法律应当对非法定渠道获取的信息作为信息共享的部分作出具体的规定,既要对"合法"与"非法"信息加以界定,也要对相关部门的职权作出规定。同时,法律还需要对金融机构因信息甄别有误而给中小企业带来损失所应承担的责任加以明确规定。

二是依法建立和完善中小企业信用评级制度。目前,我国还没有针对中小企业的专业信用评级机构。信息公开制度的重要内容就是信息中介机构对大型商业银行提供的信息数据加以分析,并结合中小企业所属行业、地区等因素对中小企业信用情况进行分级。此外,还有必要建立中小企业信用信息库,以保证大量的中小企业信息能够在全国范围内不同金融机构之间实现共享。因此,法律有必要对中小企业信用机构的机构设置、机构职能和权限、中小企业信用评级方法以及对中小企业信息共享系统的维护加以规定。

三是加强对中小企业信息公开的监管。中小企业信息与中小企业的生存和发展息息相关。一旦发生信息泄露,势必给相关企业造成不良影响,既不利于维护信息共享机制的稳定,也易造成中小企业对信息共享制度的不信赖。因此,需要对现有相关法律加以修改,明确必须公开的数据及公开的方式。如《银行信贷等级咨询系统管理办法》应当对此问题加以明确规定,并要加强对违法公开中小企业信息主体的惩处力度,保护中小企业的权益。

(三)完善中小企业信用担保制度

融资交易过程是货币资源配置的过程,融资担保机构通过依法向中小企业提供担保,能够引导货币资源在融资交易过程中的优化配置。因而,中小企业信用担保体系的建立,可以降低银行等融资中介的管理成本,降低中小企业不良贷款的风险,促进中小企业顺利融资。完善的中小企业信用担保体系,在系统内能有效地完成信息收集和确定担保目标、放大信用担保倍数等任务。

目前,中小企业融资中所涉及的担保问题的主要法律依据是 1999 年颁布的《担保法》、2007 年颁布的《物权法》以及相关的司法解释。但这些法律规定适用的对象十分广泛,因而难以有针对性地解决中小企业在信用担保实践中出现的问题。而此后颁布的政策性文件则由于仅对完善信用担保的措施提出了指导性意见,因而也难以胜任指导建立中小企业信用担保体系的重任。因此,法律需从以下几个方面加以具体规定:

1. 建立中小企业信用担保基金

担保机构的风险与收益往往难成正比,因此大多商业性融资担保机构不愿为中小企业融资提供担保。而根据我国《中小企业信用担保法》的规定,中小企业信用担保机构属非金融机构,是政府为间接支持中小企业法发展的政策性扶持机构。因而在法律中应明确规定政府帮助中小企业实现融资担保的责任,依法赋予政府合法介入的权力,规范政府介入中小企业融资担保过程中的行为,为政府对中小企业融资的有效介入提供法律依据。此外,可借鉴国外的经验,由政府筹集建立中小企业信用担保基金,并在法律中加以规定。

2. 建立信用担保风险分散体系

当今世界即使在市场经济较为发达的国家,中小企业的发展同样充满荆棘和考验,建立融资担保的风险分散体系是担保机构平稳运转的重要环节。因此,应当分散信用担保风险,依法加强对信用担保机构的监管,支持中小企业融资担保体系的健康运行。应将信用担保机构的信用审查与融资中介机构的信贷审核结合起来,由融资中介机构负责融资风险的控制,担保机构主要承担事后的审查和追偿责任。在建立信用担保基金的基础上,由政府筹集信用风险担保基金和再担保基金,在政府主导下将中小企业融资担保的风险降至最低。

3. 建立中小企业互助融资机构

《中小企业促进法》对国家鼓励中小企业融资担保的措施作出了规定。第 20 条规定:"国家鼓励中小企业依法开展多种形式的互助性融资担保。"但目前对此尚缺乏可操作性的细则。法律应当明确规定成立中小企业间的互助性融资担保机构，规定该机构的法律地位、产权结构、互保机制、风险承担机制和内部监管机制，从而有效整合社会资源，帮助中小企业顺利获得资金支持。

（四）构建中小企业融资服务体系

中小企业融资难的问题很大程度源于中小企业在市场资源竞争过程中的先天劣势地位。[1] 目前，我国对中小企业的管理主要分为两个层次：一是国家及政府机构对中小企业的宏观管理，二是以市场化中介服务机构为主的微观服务。这种管理层次和服务还有待于进一步完善，由此导致的中小企业与资金提供方、与政府和其他企业间信息不对称问题的出现，影响了中小企业融资的效果。因此，需要在现有的基础上进一步完善中小企业融资服务体系。

1. 规范市场化中小企业服务市场

《中小企业促进法》第 38 条规定："国家鼓励社会各方面力量，建立中小企业服务体系，为中小企业提供服务。"市场化的中小企业服务组织是市场机制与政府宏观调控的结合点，是解除中小企业融资服务资源瓶颈的重要手段，既可以帮助中小企业跨越产业壁垒，推进自身更好地发展，也可以集中搜集资金信息，节约信息搜集成本，有效克服中小企业与外部资金信息不对称的问题。但目前中小企业使用社会服务的比例还很低，据调查统计，我市约三分之二的中小企业不知道政府出台的相关规定。这其中的主要原因在于我国目前尚未有相关的法律对中小企业市场化服务机构进行监管，再加上中小企业服务机构客观上也存在着很多问题，如成立时间短、服务资金小、服务资源不足、地区发展不均衡、服务机构间的不正当竞争和多头监管等。

对此，一是可以将市场化的中小企业融资服务机构的活动方式纳入法律监管之中，以法律的形式明确规定为中小企业融资服务的市场中介的组织性质、权利和义务；以法律方式界定市场化融资服务机构的活动范围和方式，从而规范中小企业融资服务机构的组织行为。二是依据《行政许可法》、《中小企业促进法》、《律师法》等法律及相关政策性文件中的规定，建设市场化中小企业融资的法律服务平台，明确中小企业融资法律服务平台内各主体的法律地位、行为准则以及服务范围、服务平台运行机制、监管机构的设置等问题。通过服务平台将中小企业和具有专业融资经验的法律机构联系起来，引导中小企业与有关融资法律服

---

[1] 美国的做法是依法成立了中小企业管理局（SBA）。中小企业管理局是以政府指引为导向，中小企业融资交易双方之间、中小企业与政府之间以及中小企业之间、中小企业与其他企业之间的资金中介、利益表达以及政策咨询的中介机构。

务机构间的合作,破解中小企业融资中的法律障碍,帮助中小企业从融资成本和法律风险等角度进行统筹安排,为中小企业提供融资决策的最优方案。

2. 健全中小企业政府管理体系

按照《中小企业促进法》和国家《"十二五"规划纲要》中相关规定的要求,几乎各级政府(县级以上)都设有相应的中小企业主管部门,经贸、工商、财务以及科技等各部门都颁布有各类支持中小企业发展的政策措施,并依职权对中小企业进行监管。但因部门分治、缺少政策组合等问题严重影响了各部门有关职责的发挥。因此,要在现行的行政管理体制基础上形成完整的中小企业政府管理体系。完整的中小企业行政管理体系是建设中小企业融资服务体系的重要保障。要加强政府各有关部门间的协调合作,建立中小企业管理协调机制,并在法律统一规定的基础上依法行政、协调配合,更好地从不同领域服务于中小企业的发展。

(五)制定法律规制"影子银行"

法律对合法的非正规金融保护缺失,对不同类别的非正规金融融资的性质认定边界不清和监管不足,是目前对非正规金融管理法律方面存在的主要问题。因此,为适应非正规金融融资发展的现状和中小企业的融资需要,保护中小企业融资双方的利益,需要从以下方面引导非正规金融融资。

一是要加快民间资本设立银行。要加快制定民间借贷融资法律规范,通过立法承认民间借贷的法律地位,在必要的情况下制定细化的配套法律,引导民间借贷市场的健康发展。要适时修改相关法律,加快金融制度创新,重视和肯定"合法"非正规金融的存在及其地位,在金融制度改革中提供非正规金融转变"体制外"身份的途径。

二是要加强对非正规金融融资的监管。非正规金融融资因其游离于金融体制之外而缺乏有效的监管,且合法的非正规金融与非法的非正规金融都具有资金融通、资金提供者获得利益的特征,因而司法实践中对这些不同性质的非正规融资的认定难度较大。因此,要加强对非正规金融融资资金来源和使用的监督,要理清多种非正规金融融资形式的法律界限。

(六)建立司法性中小企业失信惩戒机制

建立良好的信用是中小企业依靠中小企业信用担保体系、主办银行制度等相关制度和政策倾斜顺利融资的前提。对于信用观念淡薄甚至缺乏信用的中小企业,除无法获得法律和政策的支持外,还将受到失信惩戒。要建立健全法律对失信中小企业的惩罚机制,要将中小企业对维护企业信用的责任和失信惩戒机制的规定上升至法律层面,以法律的权威性强化中小企业的信用观念,以此促进中小企业与社会资源的良性互动。要加强监管机构对中小企业信用评级中信用度较差、连续被降级的中小企业的监管，并依法对严重失信的中小企业适用相关的惩戒规定。

综上所述，构建以《中小企业促进法》为基本法、单行法为配套法的法律保障体系，是解决中小企业顺利融资问题的根本办法。这不仅能为中小企业的界定、政府职责的定位、相关机构的设立、融资模式等问题的解决提供法律依据，而且能完善中小企业的正规金融和非正规金融融资法律制度，完善中小企业信用担保制度和信息公开制度，构建中小企业融资的合法保障服务体系，以此来服务与保障中小企业融资的顺利进行。

机动车交通事故案件调解中的问题
——以思明法院的司法实践为例

■厦门市思明区人民法院课题组*

摘要：机动车交通事故的剧增给城市交通和法院收案都带来了巨大的压力，调解是快速而妥善地处理交通事故纠纷的重要方式。由于诉讼主体复杂、交警处理失范、双方地位不对等等因素，往往导致调解受阻。为此，应通过规范保险行业赔付标准、增进与交警的联动、加强基层法院调解能力、创设向当事人告示赔付标准的程序等措施，促进交通事故调解的成功，力求快速化解此类纠纷。

关键词：机动车 交通事故 调解 保险理赔

随着社会经济持续的高速发展，我国国民的物质生活水平不断提高，道路网络亦不断延伸，机动车日益成为人们日常生活中重要的一部分。机动车保有量剧增，随之而来的是交通事故的频发。交通事故不仅造成了事故双方的财产损失和人身伤害，也加剧了城市的交通拥堵。在城市化进程中轨道交通施工等造成的城市交通脆弱期，快速而妥善地处理机动车交通事故纠纷显得尤为重要。调解具有处理时间短、工作效率高、社会效果好、节省司法资源的优势，故而成为交通事故案件的最佳解决模式。本报告通过梳理厦门市思明区人民法院（以下简称思明法院）调处机动车交通事故案件的实践，总结相关工作经验和创新举措，剖析当前交通事故案件调解中存在的困难和问题，进而探讨相应的对策和建议，以期对法院更好地调处机动车交通事故案件有所助益。

* 课题指导：张嵘（厦门市思明区人民法院副院长）。课题负责人：李辉东（厦门市思明区人民法院审判委员会专职委员）。课题组成员：彭朝辉、陈彤、张朝禧（以上成员均为厦门市思明区人民法院法官）、吴宇昌、孙蕾、林晓翔（以上成员均为厦门市思明区人民法院书记员）。报告执笔人：吴宇昌、孙蕾。

一、机动车交通事故案件调处概况

(一)机动车交通事故案件大幅增长

厦门市交警支队车管所的统计数据显示,截至 2013 年 9 月 20 日,厦门市机动车保有量达到 1007850 辆,①突破百万大关,厦门机动车进入"百万时代"。而在 2006 年和 2010 年,这个数字还分别只是 43.9 万和 72.5 万。② 机动车保有量的爆发式增长,使得城市道路承载压力日益加大,加之厦门进入轨道交通建设期,道路情况愈加复杂而脆弱,此外还有外来流动人口多且交通安全意识相对薄弱等因素,共同导致了交通事故剧增。

大量事故在经双方当事人协商及交警、保险公司的处理均无法化解后,成为纠纷进入诉讼,法院受理的机动车交通事故案件不断增多。以思明法院为例,机动车交通事故纠纷案件收案数从 2010 年的 1761 件剧增至 2012 年的 4451 件。此后,随着厦门市法院"无讼社区"创建之"无讼交通"的推进,2013 年回落至 3816 件,但仍处于高位运行。在当前法院持续案多人少而机动车保有量持续攀升的情况下,形势不容乐观。

除机动车保有量增长所导致的事故多发外,机动车交通事故纠纷案件之所以大幅度增长,还有以下两个方面的原因:

1.保险理赔流程普遍不够规范

根据保险的基本原则及《保险法》的相关法理,事故发生后,应先由保险公司垫付保险款项,保险公司代位取得投保人的权益,向最终责任方追偿。但实务中几乎未见如此操作,一般是由投保人先行与事故另一方处理(包括通过诉讼的方式),由其中一方先垫款,最后投保人持票据向保险公司理赔。这样一来,《保险法》最基本的原则在实践上未得到遵守,各方当事人责任错位。由于事故双方在专业知识上不如保险公司专业,在程序、赔付金额等环节上难免产生分歧,大量纠纷由此产生。

2.交警部门对事故的认定不够客观

由于机动车车主一方投保了交强险和商业险,非机动车、行人无投保,交警在道路交通事故认定过程中,或出于保障受害人得到足额赔偿的"善良"动机,或

---

① 吕寒伟:《厦门机动车保有量超百万,小汽车占比近六成》,http://www.fj.xinhuanet.com,下载日期:2013 年 9 月 29 日。

② 詹文等:《厦门机动车"百万时代"到来 岛内每百人就有 12.7 辆车》,载《海峡导报》2013 年 4 月 15 日第 4 版。

出于对责任归属把握不准等原因,往往倾向于将主要甚至全部责任归于机动车车主一方,从而使实际责任认定与事实常有不符。这一方面,使得保险公司承担本不应承担的赔偿;另一方面,亦使车主方承担保险费率上升、保险公司不予理赔的风险,更助长了现实生活中非机动车、行人违规的不正之风。

(二)交通事故案件调解的必要性与可行性

机动车交通事故案件涉及当事人财产损失、身体伤害,与当事人切身利益息息相关。对于这类案件的审理,不仅要求法官以较高的审判水平精准地作出裁判,更需要法官尽可能促成案件快速解决、赔偿款及时支付,给予受害者及其家属财产上的救济及心理上的抚慰。调解具有处理时间短、社会效果好、节省司法资源等优势,可实现及时、高效、便捷的化解效果,对审理机动车交通事故案件意义重大。

1.必要性。交通事故案件的处理具有紧迫性。若按照一般的审判程序时限处理,即使适用简易程序,三个月的一审期限,如果再加上二审及执行阶段,受害者拿到赔偿款大概需要一年甚至更多的时间,这对于急需等钱治病的受害者无疑是无法承受的诉讼之累。实践表明,调解结案快速高效且效果好。调解结案的案件,受害者快则当天、慢则两周就可拿到赔偿款。调解不仅使受害者可以早日获赔,而且也可以让责任方尽快摆脱事故的不利影响,对于法院而言还节省了审判资源,达到了多赢的效果。

2.可行性。交通事故案件所涉事实一般较为明晰,双方对事故发生的经过大多无异议,法律关系较为简单。机动车交通事故的相关赔偿标准比较明确而具体。交通事故案件具有偶发性,当事人双方之间一般没有其他积怨。机动车大多购买了保险,保险公司是主要的赔偿义务主体。一般情况下,事故已由交警作出责任的认定。交警作为交通事故的第一处理者,具有丰富的事故处理经验及一定的权威性。经过交警勘查、询问调解意愿,事故责任认定等一系列过程,到了法院受理阶段,受害者及其家属希望得到赔偿、抚慰的心理更加迫切,调解的意愿更加强烈。

二、交通事故案件调解的做法及取得的经验

针对思明辖区道路交通事故频发、纠纷不断增多的现状,思明法院创新社会管理,与思明区交警大队、思明区司法局深入构建"交通事故一体化调处机构",共同成立了"思明区道路交通事故调处中心"(以下简称调处中心)。在此基础上,思明法院设立常驻调处中心的"交通巡回法庭"。随着厦门市保险行业协会成员单位的进驻,调处中心的职能进一步完善,形成了多家协助、一站式处理交

通事故的高效便民新平台。目前调处中心内设法律咨询、司法鉴定、人民调解、司法确认、诉前保全、民事立案、巡回法庭、保险咨询与理赔等窗口，这些窗口涵盖了交通事故纠纷处理所涉及的相关部门，能够最大限度地保证公正、合法、规范、便民、快速地完成矛盾纠纷化解工作。

经过三年多的实践探索，思明法院不断延伸服务领域，创新工作机制，联合协作单位相继推出道路交通事故路面司法确认、轻微人伤事故快速调处等联动工作机制，实现了交通事故纠纷的高效、便捷处理，在机动车交通事故案件的调解问题上摸索出了一条卓有成效的道路。2010年以来，思明法院所审理的机动车交通事故案件的调撤率均高达近90％及以上。（见表1）

表1　2010—2013年思明法院机动车交通事故案件处理情况

年份	案件总数	调解	撤诉	调解率	调撤率
2010	1761	1518	55	86.20％	89.32％
2011	2317	1997	99	86.19％	90.46％
2012	4451	4147	113	93.17％	96.16％
2013	3816	3514	124	92.09％	95.35％

思明法院在机动车交通事故案件调处上取得了显著成效，为厦门市交通事故一体化实践提供了有益经验。值得一提的有两大方面的创新。

（一）"马路上的司法确认"

思明法院首创了行政调解与司法确认合二为一的司法确认新机制，创新了司法确认申请方式。对损失在3万元以下，且不存在人身伤亡的交通事故，交警现场认定事故责任，当事人当场达成协议后由交警直接开具道路交通事故认定（司法确认）书，当事人可在该文书上简单勾选即可现场申请司法确认，随即移交法院审查。若符合条件法院便可作出具有法律强制力的司法文书，实现事故处理和司法确认的协同进行。如肇事方不履行民事调解书，当事人可直接向人民法院申请强制执行，无须再受讼累。对损失在3万元以上或者有人身伤亡的交通事故，可先由交警进行行政调解或者由人民调解委员会进行调解，经双方达成合意，并同意司法确认的，人民法院审查后当即予以司法确认并送达民事调解书。该程序免去了当事人在法院、交警部门及人民调解委员会之间来回的奔波，整合了各项资源，形成纠纷处理合力，能快速有效化解纠纷。

（二）轻微伤人事故快速调处

2013年4月，在现场司法确认制度基础上，思明法院加强了交通事故案件

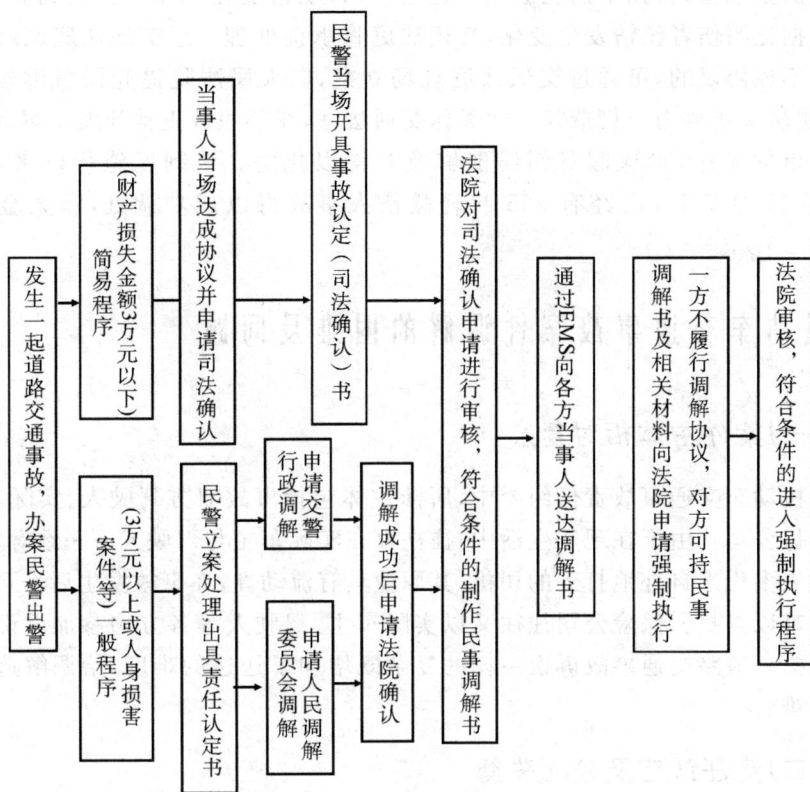

思明区人民法院道路交通事故调解协议司法确认工作流程图

调处机制创新,在充分调研的基础上,联合思明区公安分局、思明区司法局、厦门市保险行业协会制定了《厦门市思明区轻微人身损害道路交通事故快速处理办法(试行)》,全面启动轻微伤人道路交通事故快速处理机制。该机制适用于在思明区道路上发生的、各方当事人对于道路交通事故事实无争议的轻微人身损害交通事故,旨在解决轻微伤人交通事故"小事故大处理"、"小事故、长扣车"以及"自行协商无法保险理赔"等涉及交通调处、民众利益的热点问题。该机制如有如下特点:(1)高效快捷。事故各方当事人只要对道路交通事故事实无争议,即可撤离现场,将车辆移至不妨碍交通的地点停放,等待民警到场处理。民警只对车主方是否有责任进行认定,加速事故处理流程。(2)自行协商可赔性。事故各方当事人现场自行协商,民警制作调解笔录,车方事后可根据交通法庭出具的证明直接向保险公司理赔,不需要医院诊断证明及发票,当场理赔限额为1000元,免去烦琐的理赔流程。(3)免检对接便民性。双方当事人对事故事实无争议的,在道路交通事故事实确认书上签字确认,一律不再委托车辆鉴定,善后处理由道路交通法庭承接，暂扣车辆能够及时返还。（4）伤情变化保障性。当场调解后，若有证据证明伤者伤情发生变化，交通法庭将承接处理。经交通法庭调解后当事人达不成协议的，可通过交通法庭现场立案，向人民法院提起民事诉讼。此外，思明法院还致力于打造"5＋2"无休交通法庭，在节假日正常开展立案、调解、开庭等审判工作，确保假日纠纷能够及时得以化解。该制度施行以来，截至 2013 年 11 月 7 日，已经有 555 起轻微伤人事故得以成功调处，涉案金额达 749388.16 元。

三、机动车交通事故案件调解的困难及问题

（一）案件主体相对复杂

在机动车交通事故责任纠纷中，所涉主体包括事故双方驾驶人、实际车主、车辆投保公司。由于在现实生活中，往往存在实际车主与驾驶人不一致等情况，且驾驶人多为来自外地打工的司机，其职业具有流动性，在事故发生后一旦去向不明则难以查找。保险公司往往又以实际车主、驾驶人等各方均参加诉讼为调解的前提。道路交通事故诉讼主体的复杂既增加了送达的难度，给调解造成了一定困难。

（二）责任认定及分配失衡

如前所述，交警在认定事故时往往倾向于把责任归于投保了交强险和商业险的机动车车主。若此种认定与事实存在不符，案件在进入诉讼阶段后，车主方往往坚持事故认定书有失偏颇而持有异议或强烈不满，另一方则凭借交警对事故作出的对其有利的认定而不肯让步，无法达成一致的意见。此外，若事故中机动车与非机动车、行人被认定为同等责任比例，法院基于保护弱势一方，常按"四六开"分配责任比例，让机动车方承担更多责任。这在交警责任认定已偏向非机动车一方的情况下，难免被质疑对非机动车有过度保护之虞，可能纵容非机动车及行人不遵守交通规则。

（三）赔偿项目适用标准不一

1. 保险公司理赔标准与法院判决标准不一致

在实际操作中，保险公司提出的理赔方案所依照的标准往往低于法院的判决标准（见表 2），这往往造成双方主张的赔偿金额差异过大，难以达成一致。

表 2　厦门市法院判决标准与保险公司理赔标准之比较

赔偿项目	法院判决标准	保险公司理赔标准
医疗费	法院按实际发生的费用依法裁量	非医保部分按医疗费 10%～20%扣除,由肇事方自行承担。
营养费	依据伤情酌定	无医嘱不予支付
交通费	依法酌定	无票据不予支付
误工费	同行业标准	农、林、牧、渔标准
精神损失费	依法酌定	无伤残等级不予支付

2.法院在处理交通事故中适用标准不统一

由于机动车交通事故中所涉赔偿项目众多,在标准适用上,现有的司法实践尚有诸多方面未达成一致,法院在处理交通事故中适用标准的不统一也在客观上导致了当事人在调解中缺乏对结果的可预见性,增加了调解难度。

以车辆贬值损失为例。车辆因交通事故造成损坏后,经修理虽可恢复使用功能,但实际价值或转让价格有所降低,这种前后价值或价格的差别即车辆贬值损失。关于此项损失属于直接损失还是间接损失争议较大。我国《道路交通安全法》等法律中没有"车辆贬值损失"的赔偿项目。保险业亦不认可该项理赔主张。大多数保险公司在第三者责任险和车损险条款中增加车辆贬值损失属于免赔条款的规定,认为无论是因市场交易价格变动还是因与第三人发生事故造成的车辆贬值损失,都不属于保险责任范围。在司法实践中,由于影响车辆价格的因素复杂,车辆贬值损失分析测算的主观任意性大,加之专门车辆贬值评估机构的缺乏,司法裁判难有客观中立的依据可供参考。因此,法院对于车辆贬值损失的主张是否支持、如何支持尚无定论。

又如非医保费用在交强险中是否可以优先赔偿的问题。根据保监会制定的《机动车交通事故责任强制保险条款》第 21 条的规定,保险公司在医疗费赔偿限额内支付符合基本医疗保险的费用。但国务院发布的《机动车交通事故责任强制保险条例》第 42 条第 3 项及最高人民法院《关于审理人身损害赔偿案件适用法律若干问题的解释》第 19 条均未将医疗费的赔偿范围限定在医保用药范围内。在实际操作中,受害人、加害人往往主张非医保费用在交强险中优先支付,保险公司则常常依据行业条款规定主张扣除非医保费用。法院如何判决尚无统一的操作模式。

(四)在证据材料上,双方当事人争议较大

在司法实践中,双方争议较大的主要是残疾/死亡赔偿金等项目中涉及的适

用城乡标准的认定以及误工费的认定。保险公司对证据的形式要求往往比法院更为严格。例如，需当事人提供连续居住满1年的暂住证才能适用城镇居民标准；误工费不仅需当事人单位证明，更需其提供相应社保证明、银行转账凭证等。在现实生活中，往往存在外来务工人员未办理或未及时办理暂住证，或务工单位未为劳动者及时缴纳社保等情况，这些都会导致后续的调解障碍。

四、提高机动车交通事故案件调解质效的对策和建议

（一）加强与保险协会的沟通，规范保险行业赔付标准

针对保险公司在交通事故案件的调处中，利用自身的强势地位、受害人急于用钱及与当事人信息不对称等优势，惯性压低赔付标准的情况，法院应加强与保险协会的沟通，向其提出建议，促使保险协会对保险公司加以约束。此外，法院还可积极组织座谈，向保险公司指明其在交通事故调处中的问题，督促其在理赔和调处上更趋合理合法。

（二）增进与交警部门的联动，共同促进调解工作开展

首先，加强与交警部门的沟通，统一法定赔偿标准。一旦调解成功，法院立即给予司法确认，如调解不成功，应给予当事人权益维护指引。当事人的身份信息等情况应由交警部门现场认真核实，以免信息错误导致当事人失联。其次，针对责任比例分配失衡的情况，法院可主动向交警部门发送司法建议，以减少责任比例认定过于偏向非机动车及行人一方的情况。

（三）进一步加强基层法院的调解能力

基层法院调解能力的加强，可以通过以下几个方面进行：一方面，统一基层法院之间的赔偿标准和证据认定标准，对于非医保等争议较大的赔偿项目，上级法院应出具统一的指导意见，以统一裁判尺度，增加当事人对于法院裁判的可预见性，促进调解的成功率。另一方面，则要加强法官培训，提高调解能力。针对机动车交通事故责任纠纷近年来大规模增长的现状，审判人员应予以重视，尤其是在交强险和商业险赔付一并处理的案件中，应对商业险条款具备一定的专业知识，以达到更好的调解效果。

（四）创设向当事人告示赔付标准的程序

在司法实践中，多数赔偿项目都有较为明确的标准。然而，大多数当事人尤其是作为个人的事故受害方，由于对相关法定赔付标准以及保险合同内容不了

解,往往在索赔时有着较高甚至不切实际的期待。法院可通过创设向当事人告示赔付标准的程序,将各个常规项目赔付标准以列表式清单列出,并附以相应的法律法规,在起诉立案或者开庭前送达传票时一并送达当事人,以使其对依法可得或应付的赔偿有一个较为实际的预期,这将缩小交通事故纠纷调处过程中双方期待值的差距,从而促进调解的最终达成。

通过完善调处机制,一方面,可矫正保险公司、受害方、责任方及交警各自在交通事故的问题,使责任认定、权益主张、保险赔付等程序更趋合理、合法,可提高交通规则遵守及执法水平,同时促进保险理赔规范化;另一方面,则可提高法院调处交通事故案件的效率,不仅有利于缓解法院在案多人少现状下的办案压力,更有益于减少交通事故对城市交通及社会和谐造成的破坏。促使交通事故快速调处,减轻当事人的讼累,最大限度地减少交通事故对城市交通的阻碍及对社会运行成本的损耗,亦是法院能动司法参与社会管理创新、实现司法为民、服务大局的重要举措。

关于先行调解机制运行的调研报告
——以集美法院的实践为分析样本

■张庆东　李　晨*

摘要：新《民事诉讼法》第122条规定的先行调解制度在理论上和实践中均有待于深入的探索。近年来，由厦门市集美区人民法院开始推行并在全市法院推广的立案预登记制度为先行调解的运行提供了具体的操作范例，并就诉权的保护、事实的固定、纠纷的及时化解、法院考核指标的要求等事项予以了规范。

关键词：先行调解　调解制度　立案预登记

2012年修订的《中华人民共和国民事诉讼法》(以下简称《民诉法》)第122条规定："当事人起诉到人民法院的民事纠纷，适宜调解的，先行调解，但当事人拒绝调解的除外。"该规定提出的"先行调解"意在加强人民法院的调解工作，促成更为便民、高效的效果，但是，由于缺乏具体的实施意见和相关的理论探讨，先行调解的实行仍然存在着众多的实践和理论问题：一是先行调解的操作流程问题，如先行调解的案件范围、调解主体、先行调解的纠纷是否进行登记、调解后如何与诉讼相衔接等；二是如何保障当事人的自愿性；三是如果先行调解不成功，如何巩固先行调解中的成果以节省诉讼中的时间，如调解中的自认、开展证据交换、归纳争议焦点等；四是如何评析先行调解在增强司法透明度、缓解立案压力、提高调撤率、结案率、均衡结案率等审判质效的作用；五是先行调解的界限问题，调解人员与诉讼中的办案人员可否同一的问题、回避的问题、以拖代调问题、虚假诉讼问题等等。

厦门市集美区人民法院(以下简称集美法院)自2012年试行立案预登记制度和人民调解工作室制度，我们可以从对这两项制度的运行情况中反观上述问题。

---

* 张庆东：厦门市集美区人民法院审判委员会委员、杏林法庭庭长；李晨，厦门市集美区人民法院书记员，法学硕士。

一、集美法院立案预登记制度的运行情况

(一)概况

"立案预登记制度"是指立案庭对涌入法院的纠纷进行甄别,对所有适宜调解的纠纷,在征得当事人同意的情况下,暂缓立案,予以明确登记,并引导至法官调解、人民调解、行政调解、行业调解、专家咨询、政府协调等方式进行诉前化解。立案预登记制度的功能主要是将适宜调解的纠纷抽取出来统一登记,进而将这些纠纷分流至各纠纷调处平台,起到对诉前调解的纠纷"收纳"和"分流"的作用。

自 2012 年 4 月起,集美法院杏林法庭试行立案预登记制度。具体做法如下:对适宜调解的纠纷,立案室工作人员征求当事人的同意,并经庭长的审批,予以立案前的预登记,将纠纷分配至法庭法官、人民调解工作室调解人员,或者将纠纷委托给辖区司法所、辖区工商所等平台,开展诉前调解工作。调解成功后,法庭予以司法确认或者经当事人要求立案出具调解书,调解不成功的,诉前调解人员积极做好送达地址确认、无争议事实确认等工作,立案室对纠纷进行正式立案,为诉讼做好衔接。

自 2012 年 4 月至 2013 年 10 月 1 日,杏林法庭立案预登记 676 件,占同期受理纠纷数 1438 件的 47.01%。[①] 立案预登记的案件类型如下:民间借贷 324 件,婚姻家庭纠纷 72 件,交通事故责任纠纷 76 件,房屋买卖租赁纠纷 61 件,征地补偿纠纷 24 件,人身损害赔偿纠纷 20 件,劳动纠纷 17 件,相邻权纠纷 4 件。经过立案预登记并调处成功的纠纷共计 252 件,占立案预登记纠纷的 37.28%。调处成功的纠纷类型如下:民间借贷 152 件,调处成功率为 46.91%;交通事故责任纠纷 22 件,调处成功率为 37.28%(扣除移送交通法庭专门管辖的 17 件);婚姻家庭纠纷 30 件,调处成功率为 41.67%;劳动纠纷 4 件,调处成功率为 23.53%;人身损害纠纷 2 件,调处成功率为 10%;相邻权纠纷 2 件,调处成功率为 50%。

(二)法律依据及既有经验

最高人民法院 2009 年《关于健全诉讼与非诉讼衔接的矛盾纠纷解决机制的若干意见》第 14 条、第 15 条、第 20 条提出法院于诉前可联系行政机关、人民调

[①] 由于立案预登记制度的尝试主要是在集美法院杏林法庭开展的,故本文中的数据主要来自于集美法院杏林法庭。

解组织、商事调解组织、行业调解组织等组织开展调解工作,并规定相应的司法确认等制度。最高人民法院 2009 年发布《人民法院第三个五年改革纲要(2009—2013)》,明确要求完善多元纠纷解决方式之间的协调机制。2010 年颁布的《人民调解法》和《关于人民调解协议司法确认程序的若干规定》正式规定并细化了司法确认程序。2012 年 8 月通过的新《民诉法》第 122 条对先行调解作出了规定。

洛阳市中级人民法院于 2009 年实行"立案预登记制度"。① 该院以立案预登记制度为核心,以专家志愿者咨询服务窗口、调解工作室、"法官村长"等为平台,以对调解协议进行司法确认为保障,形成了独具特色的诉前化解矛盾纠纷的"洛阳模式"。法院在立案审查时,对有调解可能的婚姻家庭、相邻关系、宅基地、土地承包、小额欠款等纠纷,进行立案预登记,将纠纷移交相应组织进行调解,如在一定期限内未调解成功,法院再转入诉讼程序进行审理。这种模式充分借助专家、律师、社会团体、民调组织等社会力量,挖掘法院内部人员潜力,便捷、经济、有效地化解了纠纷。

上海市浦东新区人民法院(以下简称浦东法院)设立了"诉前调解室"。② 2006 年 2 月 16 日,浦东法院率先探索以"非诉调解前置"和"调解协议效力司法直接确认"为特征的诉前调解机制——即在当事人自愿的前提下,对部分民商事纠纷和刑事自诉案件,在立案审查阶段引导当事人选择该院聘任的诉前调解员或者有关调解组织进行调解,将调解达成的协议经法官审查后直接出具民事调解书,调解不成再启动诉讼程序。截至 2009 年 7 月底,有 19793 件诉至浦东法院的纠纷进入诉前调解阶段,调解成功 15354 件,占该院同期民商事案件结案数的 21%。由此,法院的纠纷化解功能得到了优化,审判、执行和信访压力得到了缓解,纠纷处理周期缩短了,诉讼成本降低了,司法效率提高了。

(三)运行流程

1.制度规范

为规范运行立案预登记制度,杏林法庭先后制定了《立案预登记制度》、《人民调解工作室运行规程》、《诉前调解前置程序(试行)》、《人民调解工作室运行流程图》、《无争议事实确认和争点归纳制度》、《司法确认流程图》、《诉前鉴定实施细则》等文件。上述文件详尽地规定了立案预登记制度运行的组织管理、案件范

---

① 冀天福:《立案预登记:审判管理创新之路》,载《人民法院报》2012 年 4 月 10 日第 7 版。

② 包蕾、张嫣:《"诉调对接"的新路径——解读上海浦东新区法院诉前调解机制》,载《中国审判》2009 年第 10 期。

围、调处的平台、调处规范、调解时限、委托调解流程、送达地址确认、无争议事实确认、争点归纳、诉前鉴定、卷宗整理等等。

2.组织管理

（1）审批与登记。立案法官收到当事人的起诉材料或者反映的纠纷情况后，针对适宜调解的纠纷，征得当事人同意后，建议庭长予以立案预登记。庭长查阅了案件材料批准预立案。配备立案预登记的专门人员，对预立案的纠纷予以登记、制表。

（2）分流与协调。庭长审批预立案后，根据纠纷的特点，分流至法庭的法官、人民调解工作室的人民调解员或者委托行政机关调处，立案预登记的专门人员予以登记并引导、协调案件的分流处理。

（3）终结与衔接。立案预登记的专门人员对调解时间进行监控，对调解结果予以登记，并联系法官进行司法确认、出具调解书或者协助正式立案。

3.调处平台

纠纷自立案预登记后被引导、分流至四个纠纷调处平台：即法官调解、人民调解工作室人民调解、行政调处、政府协调。

就纠纷化解的情况而言，自2012年4月至2013年10月1日，法官调处的纠纷约146件，占立案预登记纠纷的21.60%，调解成功53件，调解成功率为36.30%；人民调解工作室调处纠纷405件，占立案预登记纠纷的59.91%，调解成功128件，调解成功率为31.60%；行政调处纠纷38件，占立案预登记纠纷的5.62%，调解成功22件，调解成功率为57.89%；政府协调87件，占立案预登记纠纷的12.87%，调解成功49件，调解成功率为56.32%。

（1）法官调解。庭长在批准立案预登记时也会根据案件的特点，将具有较多法律问题，需要法官进行阐明、解释的纠纷，直接分配给某个法官进行化解。或者，当人民调解工作室或者其他非诉机构在调解纠纷需要法官协助的时候，由立案预登记专员协调法官予以支持和协助。纠纷化解的这些平台之间不是相互隔绝的，而是互通、协作的，法官在与其他非诉机构的互动中，常常起到指导的作用，实现"1+1＞2"的效果。

（2）人民调解工作室。在社区的支持下，共有2名人民调解员驻点法庭接受立案预登记案件的诉前调解工作，每个社区还安排1名人民调解员配合法庭调解涉及该社区的纠纷。人民调解员诉前调解的纠纷主要是法律关系较为简单、事实较为清楚的纠纷，或可以利用社区人民调解员在社区的威望或者资源的纠纷，如相邻权纠纷、婚姻家庭纠纷、借贷纠纷等等。调解成功的案件，经由社区人民调解委员会盖章制作人民调解协议书，由双方当事人申请进行司法确认，或者应当事人的要求由法庭立案、审查并出具调解书。人民调解工作室化解纠纷也非常需要法官的指导和协助。法庭也着重开展对人民调解员的培训和个案指导工作。

人民调解工作室配备人民调解员长期驻点开展诉前调解工作,且其调解的纠纷法律关系简单、事实清晰,因此,其诉前处理的纠纷数量在诉前调解的全部纠纷中占有较大的比例。据统计,近 60% 的诉前调解是经人民调解工作室进行的。

(3)行政调处。杏林法庭将涉及相关行政机关职能的纠纷委托、分流至相应的行政机关进行调解。杏林法庭先后将辖区司法所、派出所、工商所等行政机关纳入立案预登记制度下的行政调处平台。主要采取委托调解或者邀请协助调解的方式,将需要行政职能部门介入调处的纠纷引导化解。调解成功后,形成行政调解协议书,进而进入司法确认程序,调解不成功的转入立案程序。2012 年 8月,杏林法庭对一起产品质量纠纷进行立案预登记,并引导当事人通过与辖区工商所建立的"12315 调解衔接工作室"进行非诉化解。在工商所的调解下,净水公司同意一次性支付消费者 25000 元,以赔偿因净水器漏水导致的墙面、地板损坏造成的损失,事后双方当事人一同到法庭进行了司法确认。行政调处在处理一些常规性、多发性、社会性的纠纷中,对于弱势群体利益的维护比司法程序更为直接和明显。

(4)政府协调。针对涉及征地拆迁、市政工程建设等政策性、群体性的需要先行与政府协调处理的纠纷,杏林法庭积极与政府协调化解。例如,对涉及西亭社区 17 户村民的征地补偿款分配纠纷,杏林法庭在立案时考虑到涉及人数较多,具有不安定因素,易引起群体性纠纷,影响重点工程建设,认为不宜直接立案开庭裁判,于是对该案件进行立案预登记,积极开展政府协调工作。杏林法庭启动"无讼重点项目"工作模式,与杏林街道等部门联动,逐个走访 17 户村民,共同开展普法宣传、思想疏导和纠纷化解工作,最终促成各方当事人达成征地补偿款的分配协议,纠纷得到了圆满化解。

4.经费补贴

杏林法庭诉前调解的纠纷中有近 60% 被分流至人民调解工作室化解。关于人民调解员工作的经费问题,主要由法院与杏林片区人民调解委员会达成协议,人民调解员可以将调解成功的案件制作成人民调解卷宗,以此向辖区司法所申请相应的经费补贴。法官调解和委托行政机关调处则没有相应的经费。

5.卷宗管理

由立案预登记专员统一登记、整理并保管诉前调解案件的诉前调解通知书、调解笔录、送达地址确认书、调解协议、调解书、司法确认裁定书等档案材料。

(四)创新之处

1.无争议事实确认和归纳争议焦点制度

针对诉前调解不成功的情形,我们也不能浪费已经付出的努力。在立案前尤其是开庭前,当事人一般没有太多诉讼上的防备,较为"单纯",此时法官更容易了解案件的客观真实情况。因此,法官可利用立案前的这个时机,针对双方当事人没有争议的事实及时制作笔录,并让双方当事人确认笔录内容为自认事实,为案件转入诉讼程序后的办理提供便利。目前,立案预登记后诉前调解的纠纷中近15%的纠纷当事人在笔录中确认了无争议事实。基于无争议事实确认的严肃性及其效力的问题,参考最高人民法院《关于民事诉讼证据的若干规定》第67条的规定,应遵守两个前提:一是必须在法官指导和参与下完成;二是区别于当事人为达成调解协议或者和解而作出的妥协所涉及的案件事实。

另外,先行调解人员还可以对双方争议的焦点进行归纳,由双方进行签字确认,以便案件进入诉讼阶段后作为参考使用。当然,争议焦点的确定仅仅是作为一种参考,在案件审理中发现新情况可以由法官进行调整。

2.人民调解员调解规程

为进一步规范人民调解员的诉前调解工作,杏林法庭联合辖区司法所出台了《人民调解员调解规程》,对人民调解员在调解过程中如何制作调解笔录、如何调查事实、分析证据等实用而具体的问题作出了相应的规定。

3."诉前调解通知书"

诉前调解工作中需要一个相对正式的文书来通知当事人到庭参与调解,为此杏林法庭创设了"诉前调解通知书",该文书中写明了调解的案件、时间、地点、程序、联系方式,还指明当事人如果不愿意参与调解可以口头或者书面形式告知法院,以此保障调解的自愿性。

4.笔录制作

一般情况下,诉前调解工作均制作笔录,以规范调解过程,固定调解成果。当事人签字确认笔录,有助于日后形成进一步的调解协议,方便司法确认等工作的开展。

5.送达地址确认

诉前调解工作人员开展诉前调解工作时,在征得当事人同意后,要求当事人填写确认送达地址,以供案件的开庭送达或者执行之用。尤其是对于那些未能诉前调解成功的案件,法院在诉前阶段让当事人确认送达地址,可以为日后的诉讼工作节省时间,提高效率。目前,经过立案预登记进入诉前调解的纠纷中近50%都确认了送达地址,剩余纠纷未能确认送达地址的主要原因,是当事人拒绝到庭参加诉前调解或者拒绝签字确认送达地址。

6.诉前鉴定

对于诉前调解过程中遇到的需要鉴定的问题,法官会在给当事人制作关于选定鉴定机构、鉴定检材质证、预交鉴定费等事项的笔录后,移送法院司法鉴定部门进行鉴定,从而有利于缩短办案时间,减少事实分歧,有利于纠纷的化解。目前,杏林法庭已经开展了 2 件纠纷的诉前鉴定工作。

7.调解时间与时效中断

杏林法庭明确规定经立案预登记开展诉前调解工作,调解时限一般为 7 日,经当事人同意可以为 30 日。在调解时限内调解不成功的,应即时转入立案程序。在立案预登记的实际运行中,我们发现某些当事人的诉讼时效就要过期,为了避免因为调解工作而影响当事人诉讼时效的问题,杏林法庭可以为当事人出具时效中断的证明,以保证当事人的时效利益。

(五)立案预登记机制与审判质效

1.司法透明度

司法透明度虽然不是我国审判质效考核的一项具体指标,但是它是审判合法性、合理性和司法公信等的内在要求。新《民诉法》颁行前,在审判实践中法院已经开始了大量的诉前调解工作。诉前调解固然取得了一定的效果,但也难免存在着诸如违背当事人意愿的强制调解、没有诉前调解时间表的以拖代调等不良情况。这些问题给本应合法、合理的诉前调解抹上了一层阴影。新《民诉法》关于先行调解的规定,从民诉法的角度重新肯定并为诉前调解的开展提供了新的契机和平台。立案预登记制度将诉前调解工作登记在案、严格规定调解时限、合理引导调解主体、实行回避制度等等,为诉前调解工作的透明化、规范化发挥了核心作用。

2.平均审理时间指数

平均审理时间指数是评价案件审理效率的指数之一,其计算公式为:(案件审理天数－法定事由扣除天数)÷法定审限。

纠纷经立案预登记以后进入诉前调解,诉前调解的期限并未计算入审理时间,诉前调解的时间不影响平均审理时间。反而案件在经过立案预登记、诉前调解的步骤后,平均审理时间会缩短,平均审理时间指数会提高。例如,诉前调解成功后,当事人若向法院申请司法确认或出具调解书,法院一般当天立案当天就可确认或出具调解书,平均审理时间仅为 1 天。即使诉前调解不成功,案件进入正式立案阶段,也不会影响平均审理时间。因为当事人在诉前调解过程中确认的送达地址和无争议事实,会为法院的后续诉讼程序节省大量的时间。如上所述,杏林法庭在诉前调解阶段让当事人确认送达地址的比例为 70%,确认无争议事实的比例为 15%,即使这些案件诉前调解不成功,也能缩短后续的审理时间。根据上述调查问卷,89％的被调查人认为诉前调解工作可以缩短纠纷化解的时间。

我们还需要考虑立案预登记后,诉前化解纠纷的实际耗时。立案预登记制度将所有适合调解的案件筛选出来,进行了案件的首次繁简分流,对适合调解的纠纷立即处理,会提高纠纷化解的效率。杏林法庭7天内调解成功的纠纷占所有调解成功纠纷的比例约为20％,1天内调解成功的约占5％。我们通过取样100件诉前调解成功的案件(其中民间借贷纠纷34件,交通事故责任纠纷33件,离婚纠纷33件),发现平均办理时间约为15天,具有较高的效率。

3.结案均衡度

结案均衡度的考核指标是为了促进均衡结案,避免年底突击结案以及年底不收案等情况。开展立案预登记制度,对纠纷进行诉前化解有益于结案均衡。

2013年以来,杏林法庭的结案均衡度一直保持在集美法院的第一位。对涌入法院的纠纷,经当事人同意,法院暂缓立案并开展诉前化解工作,可以起到调试收案的效果。收案数量的合理调试,缓解了立案压力,同时也调试了结案率,有利于均衡结案。更重要的是立案预登记制度创造了诉前调解的平台,能快速处理适合调解的纠纷,甚至可以对法律问题较多的案件,联动其他部门先行沟通、协调和化解,有利于缓和双方当事人的矛盾,避免矛盾的激化,这与均衡结案的内在要求是一致的。

但是,立案预登记以及诉前调解工作绝不能侵犯当事人的诉权,法院不能为了保持当月的结案率、实现结案均衡,而对当事人拒绝调解的纠纷不予立案。立案预登记以及诉前调解工作必须建立在当事人许可,并且适合或者需要诉前联动的前提之上。

4.民商事案件调解率

经立案预登记开展诉前调解工作后,约95％的案件经当事人要求出具调解书结案,5％的案件通过司法确认结案。自2012年4月至2013年10月,杏林法庭诉前调解成功了252件,占全部调解案件数524件的48.09％,对民商事案件调解率作出了重大的贡献。

5.缓解案多人少情形,减轻办案压力

大量的纠纷在诉前得以化解,可以有效地减少进入诉讼阶段的案件数量,从而有效地减少法院的人均办案数量,减轻办案压力。虽然诉前调解工作需要法官的参与,这会花费一定的时间和精力,但立案预登记制度下的人民调解和行政调解等平台也可以化解大量的纠纷,减轻法官的办案压力。另外,案件通过调解结案不会出现上诉的问题,诉前调解可以更好地维系双方当事人的关系,减少涉诉信访的可能。

二、对集美法院立案预登记制度实施情况的调查

为进一步了解立案预登记与先行调解工作在人民群众中的接受度和合理性，我们制作了《关于立案预登记与先行调解的调查问卷》，调查情况如下：

(一)被调查主体

该次问卷调查共发出调查问卷 100 份。调查对象为律师 30 人，普通当事人 30 人，高校法学教师 15 人，政府机关工作人员 10 人，法院工作人员 10 人，人大或者政协工作人员 5 人。从性别上看，男性 60 人，女性 40 人。

(二)可接受度

为调查实践中人们对立案预登记以及诉前调解工作的接受度，该次问卷调查设计了 7 个问题，分别询问了人们对法院在立案前开展调解工作的认可度，以及对法官、社区人民调解员等主体参与诉前调解的接受程度。

对于是否接受法院在立案前开展调解工作的问题，有 92％的人认可法院开展诉前调解工作，仅 8％的人表示不愿意。从这个意义上说，人们对法院附设诉前调解还是具有较高的认可度的。

在问及对诉前调解的参与主体的认可程度时，人们的看法是：90％的人愿意或者基本接受法院工作人员开展诉前调解工作，65％的人认可社区人民调解员介入诉前调解工作，70％的人认可法院联动司法所共同诉前调解纠纷，67％的人认可法院联动派出所、工商所诉前化解纠纷，78％的人愿意或者基本接受法院于诉前与政府协调纠纷化解。

当调查组对一名高校教师问及为何其对其他非诉机构的认同度低于法官的时候，其回答当事人起诉至法院就是要求通过诉讼的方式化解，而在诉前要求当事人与其他非诉机构调解，显然是在浪费时间。而且，其他非诉机构的纠纷化解能力肯定低于法院，也不排除未接受系统法律教育的调解人员会陷于纠纷非理性之中，不利于纠纷的调解。法官应该加强对其他非诉机构诉前调解的指导。

通过这次调查，我们还发现人们对政府参与协商的认同度相较其他机构为高。一名律师认为，有些征地拆迁、国企涉诉纠纷通过与街道、政府协调可以得到更快的解决，当事人也愿意看到这样的结果。但一名高校学者表达了不同的意见，该学者认为法院会同政府协调处理或许有利于当下问题的解决，但不利于法治社会的长远建构，法院可以于诉前向当事人解释某些纠纷不属于人民法院的诉讼主管范围，但法院直接与当地党委政府共同协调纠纷的处理容易引起人们对法院独立审判的质疑，特别是针对有些本身就涉及政府职权行为的纠纷，这

样做会容易走上"大政府、小社会"的回头路。

从上述调查结果可以反映出人们对法院组织诉前调解的认同度较高,但更倾向于由法官开展诉前调解工作,而非通过其他非诉纠纷化解机制。人们希望法院在委托非诉机构诉前调解中加强指导。法院应该加强对大调解机制的宣传,肯定非诉机构的调解成效,妥善处理政府协商化解纠纷的途径,在程序上更为公开、中立、规范地开展有其他非诉机构参与的诉前调解工作。

(三)合理度

在问及是否愿意开展诉前鉴定工作时,95%的人表示同意或者基本接受,说明诉前鉴定比较符合人们的司法需求。

对于诉前调解是否能够节省当事人的时间,是否更为便利,是否更能维系和谐关系这三个便民性的问题,人们的肯定回答占据大多数,分别为89%、87%、80%。对于诉前调解是否较之"对簿公堂"更容易化解矛盾纠纷以及是否能够节省司法办案成本的问题,我们也得到了89%和87%的肯定。因此,可以说诉前调解便民高效的特性得到了人们的认可。

对于在诉前调解笔录中确认当事人无争议事实的必要性和合理性,73%和70%的人给予了支持和认可。通过对调查对象的深度咨询,我们了解到,有人认为诉前无争议事实的确认根本不是证据,是当事人的妥协不能采用;有人认为纠纷调解过程中最好不要制作笔录,更不要对无争议的事实进行确认,只有这样才能够让当事人放开手脚,不断试探对方的底线,以期达成双方利益的均衡,实现调解的目的,反之,如果都记录笔录,或者告知双方当事人无争议事实确认的法律效果,调解的环境就必然会被破坏,不利于纠纷的化解。调查组认为无争议事实诉前确认与调解中的妥协完全不同,由于这是一个新问题,人们需要一个接受的过程,应当进一步研究、规范、推广无争议事实诉前确认机制。比如,认可当事人通过相反证据的推翻等等。

对于诉前调解中是否存在虚假诉讼的问题,有65%的人认为较少存在,3%的人认为较多存在,32%的人认为不存在。由此,可知虚假诉讼的问题也需要进一步的防范。

综上所述,立案预登记与诉前调解工作在人们心中还是具有较高的认可度的,法院需要进一步规范和完善诉前与政府协调纠纷的化解、无争议事实确认机制,同时还有努力应对虚假诉讼的问题。

三、立案预登记制度存在的问题

(一)立案预登记的公开程度

立案预登记制度通过对诉前调解的纠纷予以立案预登记,使得当事人能够掌握其纠纷化解的进度,进一步规范了诉前调解实践的运行。但是,登记的公开化程度仍然是有限的,相较正式立案后的纠纷具有的网上查询、自助查询等功能,立案预登记与立案登记的公开、公示程度仍具有一定的差距。当然,案件在没有正式立案之前,其公开程度如何还有待研究。

(二)先行调解队伍的构建

先行调解的主体范围如何框定?包括法院在内的多元纠纷解决的主体,目前主要是人民调解工作室、行政机关等,如何进一步拓展和完善?

(三)先行调解队伍的考核和管理

先行调解过程中,调解员的积极性有时并不高。且由于调解员法律知识缺乏、乡缘关系过重等原因,可能存在一些不良调解等情况。如何对先行调解的调解人员进行考核管理,提高其调解的积极性,以及如何提高其调解技能是需要解决的问题。

(四)调解渠道的最优化

先行调解队伍包括诉讼和非诉讼机构的调解人员。不同的调解主体具有不同的优势,然而,在建构起了多元的调解队伍后,如何从多元走向最优,如何将不同类型、特点的纠纷分配给不同的调解主体,使得调解渠道最优化是需要解决的问题。

(五)先行调解的范围

先行调解的纠纷范围一般为适宜调解的民事纠纷,如何进一步明确规定,是否需要明确列举等,也是需要研究的问题。

(六)先行调解中诉权的保护

法院对起诉至法院的纠纷暂缓立案予以先行调解,其法律依据在于上文已经提及的新《民诉法》第 122 条。但是,这仍然不能打消人们的疑虑,先行调解必须有当事人的自愿,先行调解不能侵害当事人的诉权,不能以拖代调,迟迟不予以立案,否则,先行调解制度、立案预登记制度的效果将与初衷背道而驰。

(七)无争议事实的确认及诉前调解笔录的制作

如上文所述,为了使得先行调解未成功的案件与日后的诉讼过程衔接更为紧密,为日后的诉讼提供便利,杏林法庭采取制作诉前调解笔录以确认无争议事实的措施。该措施能够较早且较真实的记录、固定案件情况,为案件的审理提供依据。但是也有人表达了不同的意见。在调查中,有高校教师担忧调解中的妥协意见也被作为无争议事实确认,且制作诉前调解笔录会约束当事人调解意见的表达。如何打消人们的疑虑,如何规范地进行无争议事实的确认,都是需要进一步思考的问题。

(八)调解人员的回避

参与先行调解的人员,在纠纷到达诉讼阶段后,是否仍然由其承办案件?还是应当回避?调解人员与当事人或者纠纷具有利害关系是否需要回避?具体程序为何?都是需要进一步解决的问题

(九)虚假诉讼的问题

如上所述,法官、律师都认为当事人利用诉前调解进行虚假诉讼是应予重视的问题,但如何进行识别,如何进一步规范仍有待于进一步探讨。

四、立案预登记制度的改进与理论的提升

(一)加强先行调解的透明、公开程度

包括审判信息在内的所有公务信息公开化已经是便民、民主的趋势,只要是合法的公务信息都可以且应该公开。我们认为可以进一步通过网络及法院电子查询系统公开诉前调解纠纷的立案预登记时间、当事人姓名、纠纷类型、调处结果。当然,如果不愿意公开的,当事人可以向法院提出,由法院来审查决定公开的程度和公开的形式。

(二)先行调解队伍的优化

绝大多数的学者都认为先行调解的主体应该以法院法官为主,以其他非诉

讼纠纷化解组织为辅,从而构建先行调解的"大阵营"。① 我们亦认同这样的观点,同时提出两点建议:一是由法院统一登记、审批、分配、协调。就起诉至法院的纠纷,由立案法官统一立案预登记,立案负责人统一审批,设置先行调解的衔接专员(法官)统一分配,协调纠纷的化解、指导以及达成调解协议后的审查。二是建立由法官、人民调解组织、行业组织、专家团队、具有调解职能的行政机关等在内的先行调解队伍。

(三)调解队伍的考核管理

杏林法庭建立的《人民调解员调解规程》即一种规范非诉调解人员调解工作的尝试。但我们还需要作出更多的努力,由法院与各非诉讼纠纷化解机构共同协商确定对调解人员的考核奖惩标准,如调解纠纷数量计入工作考核指标、由诉调对接中心对各调解员的工作情况进行评价,并与其所在机构进行反馈和沟通,建立调解人员违法调解的惩罚机制等等。同时还需要开展多样的调解人员培训工作。

(四)从纠纷化解的多元化到最优化

法官与各种非诉讼调解组织在纠纷的化解上各具优势。社区人民调解员、德高望重的长老适宜协调化解邻里纠纷、家庭婚姻纠纷等;而医患纠纷、建设工程纠纷、消费者维权纠纷更需要专业机构提供相关信息;涉及征地补偿、国企改制等问题的纠纷则更需要政府协调。在立案预登记后,由庭长(或者诉调对接中心主任)对不同纠纷的适宜调解机构进行判断和推荐,并在审批立案预登记时标明出来。在纠纷化解渠道的引导中,由立案预登记专员为当事人讲解纠纷适宜的化解渠道。此外,我们还可以尝试增加当事人的选择权。可以探索公示各调解人员的名单甚至调解业绩、当事人评价等等,以供当事人选择。

(五)先行调解的范围

对于哪些纠纷可以通过立案预登记引导至先行调解,应当进行规定并公示。可以通过正面列举和反面排除的方式来规定可以先行调解的纠纷范围。首先,我们可以从正面明确列举四类可以先行调解的纠纷:一是事实清楚、争议不大的简易纠纷;②二是人身、伦理属性较强的纠纷,包括婚姻家庭纠纷、邻里纠纷、身

---

① 谢绍静:《论我国民事诉前调解程序之构建》,载《华北电力大学学报》2012 年第 6 期;赵钢:《关于"先行调解"的几个问题》,载《法学评论》2013 年第 3 期。

② 需要注意的是简易纠纷并非对等于小额纠纷,诉讼标的额的大小并不与纠纷的难易、复杂程度直接挂钩,所以不宜使用小额为标准。

体权纠纷、承包地经营权纠纷等等；①三是技术性较强的纠纷，比如医患纠纷、建设施工纠纷等；②四是政策性、群体性纠纷。③ 其次，我们可以作出反面的排除规定，规定当事人书面拒绝调解的纠纷、发回重审和再审的案件不适宜先行调解。反面规定排除一些不适宜先行调解的纠纷类型，有利于保护当事人的诉权，有利于优化先行调解的科学、规范运行。

（六）先行调解中诉权的保护

新《民诉法》第 122 条规定："当事人起诉到人民法院的民事纠纷，适宜调解的，先行调解，但当事人拒绝调解的除外。"此拒绝可以是口头的，也可以是书面的，杏林法庭对每一个立案预登记并先行调解的案件当事人发送诉前调解通知书，其中明确表明当事人如果拒绝诉前调解可以及时提出，法庭将立即转入立案程序，并且严格规定诉前调解的时间（一般为 7 日），经当事人同意可以延长至 30 日。

另外，为进一步保障当事人的诉权，应该设置诉讼时效中断机制。经当事人申请，法院应该为其出示时效中断证明，载明该纠纷何时经过法院组织的先行调解，当事人主张过权利而致使诉讼时效中断。目前，杏林法庭设计了诉讼时效中断证明书。

（七）先行调解不成后与诉讼的衔接

如果先行调解未能成功，则纠纷正式进入立案程序。这里碰到的一个问题是，先行调解程序如何更好地与后续诉讼程序相衔接，为后续诉讼活动提供便利，且同时还要保证后续诉讼活动的公正性。可以通过以下几个渠道加强先行调解程序与后续诉讼程序的衔接。

1. 无争议事实确认

对于先行调解中调查到的且双方无异议的案件事实，调解人员可以在法官的指导下制作无异议事实的确认笔录，并由双方当事人签字确认。该笔录可由诉讼阶段的承办法官采信，有相反证据证明的除外。对于先行调解阶段中当事人作出的妥协意见，诉讼阶段的法官不得采信为证据，因为妥协的意见并不能反应客观事实。当事人在诉讼阶段提出相反证据证明先行调解中确认的无争议事实有误时，法官应重新调查。

2. 归纳争议焦点

---

① 该类纠纷由社区人民调解组织等民间机构调解更为合适，有利于当事人之间和谐关系的维护。

② 该类纠纷可以启动诉前的鉴定或者邀请专家提供专业意见，提速纠纷的化解。

③ 该类纠纷不适宜直接作为民事纠纷立案处理，应该协调政府机关协同化解。

在先行调解的过程中,在法官的指导下,调解人员可以对纠纷的争议焦点进行概括,并由当事人签字确认,以提高日后诉讼阶段的审查效率。在诉讼阶段,在没有其他异议的情况下,上述概括的争议焦点可以供承办法官参考。

3.诉前证据质证

在立案预登记先行调解的理论探讨中,也有人提出可否进行证据的诉前质证。我们认为,调解人员在记录诉前调解笔录的过程中,可以对双方的证据及其质证意见进行记录,在没有相反证据或合理理由推翻的情况下,这些笔录在诉讼阶段也可以使用。但是,质证需要围绕证据的合法性、关联性、真实性进行,这对于调解人员的操作技巧有一定的要求,因而集美法院现在还在尝试和探索中,还未形成明确的诉前质证规则。

4.诉前鉴定

诉前鉴定的结论在没有相反证据和正当理由的情况下,诉讼阶段的法官应采信。

5.送达地址确认

先行调解中当事人签订的送达地址确认书,如无书面异议或者更正,仍然适用于诉讼阶段的送达。

(八)调解人员的回避问题

我国法律明确规定,参与诉前先行调解的法官原则上不能在诉讼阶段继续承办该案,以免因诉前与当事人接触而受到先入为主的前见影响或者其他有损公正原则的不良影响。另外,如果先行调解人员与纠纷的当事人或者该纠纷有利害关系,则应该回避。但值得讨论的问题是,基于调解的特殊性,当事人的亲属或者利害相关人在某些场合或许更适宜作为纠纷的协调人,因此,当事人明知具有回避情形,并明确表示不用回避的,不需要回避。调解权力和裁判权力毕竟不一致,前者主要汇集双方的意见,后者具有独断性,只要保证参与先行调解的人员不参与诉讼阶段的裁判即可。

(九)虚假诉讼的防范

虚假诉讼的情形在诉前调解中时有发生,已经引起了人们的重视。虚假诉讼是当事人通过虚构事实或串通相关人员,向法院起诉,利用法院的裁判,规避法律义务或者获得非法利益的行为。虚假诉讼多表现为当事人通过伪造借款、房产买卖、工资支付等行为侵害债权人或配偶的利益,或规避房产管理制度等。虚假诉讼侵害他人合法权益,浪费司法资源,扰乱诉讼秩序,必须予以坚决打击。法院应当进一步加强虚假诉讼典型类别归纳,提升识别能力,加大对重点案件类型的审查力度,强化对虚假诉讼人的惩戒等等。

关于终结本次执行制度的调研报告

■厦门市湖里区人民法院课题组*

摘要:终结本次执行程序制度的确立为畅通法院执行积案出口作出了巨大的贡献,但因其制度设计理念的偏差及相关配套法规欠缺以及操作过程不透明等原因,部分终结本次执行程序案件难以得到当事人的认可,产生了"内终外不终"的怪象。课题组分析了厦门市湖里区人民法院近五年终结本次执行程序案件存在的问题,在借鉴域外相关执行制度和我国各地法院实践经验的基础上,提出完善终结本次执行制度的一些建议。

关键词:执行程序 终结本次执行 清理执行积案

一、问题的提出

强制执行以实现债权人债权为目的的,非经法定程序不停止执行。但在司法实践中,大量存在着由于客观条件限制而导致执行不能的现象,如被执行人无财产可供执行且下落不明,公司名下无财产且歇业却未经破产清算等。此类执行案件的被执行人暂无履行能力,或应当具有履行能力,却暂时确定不了可以作为执行对象的财产,案件此时处于既不能继续推进直至债权得以实现,又无法终了的"悬置"状态,造成了所谓的执行"积案"。① 由于我国目前的市场经济体制尚不完善,各种市场主体诚信意识和偿债能力还比较薄弱,甚至有部分民商事主体利用法律漏洞,通过"玩失踪"、"金蝉脱壳"等手段恶意逃债,以求"一夜暴富",因

---

* 课题指导:蔡守业(厦门市湖里区人民法院副院长)。课题负责人:何如男(厦门市湖里区人民法院执行局局长)。课题组成员:尹胜虎、唐雪阳、林娜(以上成员均为厦门市湖里区人民法院法官)、肖安定(厦门市湖里区人民法院书记员)。报告执笔人:肖安定。

① 最高人民法院《关于人民法院执行工作若干问题的规定(试行)》第108条规定:"执行结案的方式为:(1)生效法律文书确定的内容全部执行完毕;(2)裁定终结执行;(3)裁定不予执行;(4)当事人之间达成执行和解协议并已履行完毕。"被执行人暂无履行能力明显不能适用于上述任何一种结案方式。

此我国执行积案数量相当可观。在社会生活中,社会普遍对无财产可供执行案件在认识上存在偏差。许多当事人认识不到其自身对案件无法执行的风险所应当承担的责任,社会各界也认识不到社会本身对案件无法执行的风险应当承担的责任,认识不到生效法律文书所确定的债权得不到实现是经济发展水平、市场交易风险、市场管理制度性缺陷等综合因素造成的。申请执行人对无法实现自己债权的执行行为往往表现为不能理解,迁怒于法院和执行员,甚至产生强烈的偏见。他们或通过上访,向各级党委、政府、人大反映法院如何消极执行;或在社会上捕风捉影,制造传闻,贬低法院和法官的形象。债权人将自身在市场交易过程中因选择交易伙伴不当或意思表示判断失误的过错转嫁给法院,认为生效判决所确定的债权得不到实现就是法院失职,让法院成了众矢之的,无疑导致了法院公信力的下降,损害了司法权威。

大量执行积案给法院带来巨大的涉执信访负担,占用了宝贵的司法资源,并影响着新受理案件的实际执行,造成"恶性循环"。为缓解执行积案对当事人和人民法院工作的长期困扰,理论界和实务界的仁人志士进行了大量的理论研究和实践探索,但获得社会认可而付诸施行的成果却不多。为了填补上述法律空白,中央政法委、最高人民法院于 2009 年 3 月 19 日下发了《关于规范集中清理执行积案结案标准的通知》(以下简称《清积标准》),规定对于无财产可供执行的民商事执行案件,在一定期间无法继续进行,符合一定条件的,经合议庭评议,可裁定终结本次执行程序后结案。人民法院得以名正言顺地对一些执行不能的执行案件经过实体上的无财产确认和程序上的公开宣告后,以"裁定终结本次执行程序"(以下简称"终本")作为此类案件的结案方式。相对于一些地方法院实施的"债权凭证制度"、"债权登记制度"①而言,终结本次执行程序更易为社会和当事人认可。但是,由于受我国法院超职权主义执行工作体制的长期影响,在"终本"制度实施过程中当事人和法院严重信息不对称,双方在执行案件过程中所追求的目性的差异存在,导致了申请执行人和人民法院在执行工作中不知不觉中

---

① 债权凭证制度、债权登记制度情况在本调研报告第三部分有详细的介绍。

陷入了一种无法达到资源最优配置的"囚徒困境"①,大量执行工作人员的精力耗费在应付申请人信访等非正常工作上。如何真正破解执行积案的困境,提高"终本"制度的透明度,加大当事人和社会对执行案件的参与和监督,真正畅通执行案件出口,以提高法院执行的公信力和办案的社会效果,是一个极具现实意义的问题。

二、现状与特征分析

本报告以厦门市湖里区人民法院(以下简称湖里法院)2009年至2013年上半年以终结本次执行程序结案的3189个民事执行案件(其中公司作为被执行人的占28.01%,个人作为被执行人的占71.99%)为样本进行了统计分析,其特点分析如下:

(一)"终本"是执行案件主要结案方式之一

本次调研统计的3189件"终本"案件,占同期执行案件总数的27.39%。"终本"案件总标的额为1544241455元,占该时段全部执行案件标的额的70.06%。"终本"案件平均标的额为484240元,是全部执行案件平均标的额的2.55倍。

(二)"终本"案件案由相对集中

"终本"案件执行依据的案由涉及合同、侵权、劳动争议等各种类型,但合同类的案由占主要地位。全部"终本"案件执行依据案由分布如下:合同占82.97%,其中民间借贷纠纷占全部"终本"案件比例为43.58%;劳动争议占9.70%;侵权类执行案件占5.74%;婚姻家庭占1.58%。

(三)调解书执行不能现象大量存在

近1/4的"终本"案件在诉讼阶段以调解结案。部分案件当事人在未充分考

---

① 囚徒困境的故事讲的是,两个嫌疑犯作案后被警察抓住,分别关在不同的屋子里接受审讯。警察知道两人有罪,但缺乏足够的证据。警察告诉每个人:如果两人都抵赖,各判刑1年;如果两人都坦白,各判8年;如果两人中一个坦白而另一个抵赖,坦白的放出去,抵赖的判10年。于是,每个囚徒都面临两种选择:坦白或抵赖。然而,不管同伙选择什么,每个囚徒的最优选择是坦白:如果同伙抵赖、自己坦白的话放出去,不坦白的话判1年,坦白比不坦白好;如果同伙坦白、自己坦白的话判8年,不坦白的话判10年,坦白还是比不坦白好。结果,两个嫌疑犯都选择坦白,各判刑8年。如果两人都抵赖,各判1年,显然这个结果好。但这个改进办不到,因为它不能满足人类的理性要求。

虑自身履行能力的情况下与申请执行人签订了民事调解书,甚至有的被执行人在法院已有大量执行案件不能履行的情况下,还恶意在其他案件中为他人提供债务担保,造成了调解案件在执行阶段的困难,不得不以"终本"结案。本次统计的"终本"结案案件执行依据分布情况具体如下:5.07%的案件为裁决案件,23.60%的案件为调解案件,71.33%为判决案件。

(四)被执行人无财产可供执行是"终本"的主要原因

课题小组对湖里法院近年来的"终本"案件裁定的理由进行统计分析归纳如下:一是完全无财产可供执行,此类案件占 62.56%;二是有查封财产,却因为查封的财产属于轮候查封、查封车辆下落不明、查封房产系被执行人唯一住房等原因无法继续执行等,此类案件占 8.21%;三是其他,如参与分配、评估拍卖程序所需时间较长、申请人申请延期等原因,此类案件占 29.23%。

(五)七成"终本"案件经申请人同意

本次调研统计的"终本"案件中 70.99%经申请执行人同意而裁定"终本",另外 29.01%的案件由法院依职权裁定。

三、存在的问题及原因

(一)"终本"制度自身理论与立法存在缺陷

1.法理上存在争议

在理论上,终结意味着结束,终结执行的裁定一经作出,标志着该案的执行完结,不存在继续执行的问题,也不存在恢复执行的问题。对终结本次执行程序的案件恢复执行,意味着已终结的法律关系得以恢复,与终结的本意相违背。

2.制度设计理念存在偏差

"终本"制度最早为解决法院内部执行积案而产生,《清积标准》中对无财产案件退出执行程序规定了一些限制性条件,但是对当事人的知情权、救济权利以及当事人应承担的财产举证义务等并未作详细的规定。这使"终本"制度成为法院内部统计时的自说自话,而当事人却对"终本"程序缺乏足够的了解,造成了"终本"案件"内终外不终"的尴尬。

3.法律依据混乱

我国《民事诉讼法》(以下简称《民诉法》)第 257 条对执行终结作了较详细的规定,但并没有明确在案件终结的情况下是可以恢复执行的,这与"终本"的情形并不完全契合。而《民诉法》第 256 条规定的中止执行又并非执行案件的结案方式,与"终本"的规定有显著区别。正式文件中提及终结本次执行程序一语的只有中央政法委、最高人民法院联合下发的《清积标准》。法律依据的混乱导致了各地法院作出的"终本"裁定在引用法律条文时出现混乱,有的适用《民诉法》第 257 条,有的适用《民诉法》第 256 条,有的则直接适用《清积标准》。《清积标准》下发后分管执行的最高人民法院领导又进一步要求各级法院应当尽快建立常态无财产执行积案退出机制,即在严格条件和程序的前提下,对确无财产可供执行的案件终结本次执行程序,作结案处理。但到目前为止,"终本"制度尚未能在有关的法律中加以明确规定。

(二)"终本"操作规定不完善

1.适用范围不明确

由于对"终本"的法律规定不明确,导致了司法实践中"终本"制度被滥用。一是适用主体扩大化。根据最高人民法院《关于人民法院执行工作若干问题的规定(试行)》(以下简称《执行工作规定》)第 89 条的规定,作为公司的被执行人资不抵债时,债权人应提请破产以清偿债务。但实际操作中由于破产对债权人、债务人以及执行法官来说均非最优选择,大量倒闭、歇业企业在无财产可执行时以"终本"结案。由此引发许多无财产可供执行的"死案"在公司倒闭后仍不断涌向法院,造成了执行法院在查找财产、送达文书、内部材料整理等方面的重复,浪费了司法资源。二是适用情形被滥用。部分应当延长执行期限或扣除执行期限的事项被当成了"终本"的理由,例如评估拍卖,当事人要求延期执行等。究其原因主要是避免此类事件对法院执行工作考核指标的影响。

2.适用标准不科学

《清积标准》规定,对于被执行人无财产而中止执行满 2 年,经查证被执行人确无财产可供执行的,法院方可依职权"终本"。且不说人民法院将 2 年前中止执行案件重新找出进行裁定是否符合效率原则,在执行无果的情况下,向 2 年前的申请人送达"终本"裁定等工作也难以得到申请人的认同。类似规定在清理执行积案的运动中或许可行,在常态化的执行案件退出机制中却明显不适用。为此,最高人民法院在《清积标准》下发后,要求各地法院积极探索执行程序退出机制的常态化方法,以弥补运动式清积的不足和缺陷。

3.恢复执行标准缺失

"终本"裁定作出并送达后,如果当事人又发现被执行人可供执行财产时,可以向人民法院申请恢复执行。但恢复执行的标准和程序,却没有相关规定予以明确。人民法院对于被执行人提供的财产线索是否真实只能进行形式性审查。导致了两种极端的现象:一种是恢复执行审查过于宽松,当事人申请即予以重新立案，查无财产后又以"终本"结案，如此反复，造成执行案件"终本"与恢复以"翻烙饼"的方式重复进行，浪费了司法资源；另一种是审查标准过严，使一些本应得以通过执行实现的债权错过了时机，引发了当事人的不满。

（三）当事人对"终本"认同程度不高

本次调研统计的近 4 年催促执行的 73 件涉执信访件中，有 42 件（占57.53％）在当事人信访时已经以终结本次执行程序结案。课题组成员在查阅信访人所提交的信访材料中，均未见信访人提及终结本次执行程序的问题。由此可以看出，在很大程度上，"终本"程序只是法院解决无财产执行案件内部结案问题的办法，而当事人并不认同他的执行案件已经结案。造成这种"内终外不终"的情况的原因既与当事人缺乏法治理念有关，也与执行法院与当事人缺少正当而规范的沟通有关。

1.传统文化中"重实体、轻程序"的法律观念根深蒂固

"重实体、轻程序"是我国长期存在的法律传统，职权主义诉讼传统深厚，法律工具论者尚大有人在。我国司法以追求实质上的公正为目的，既体现在刑事司法的惩治犯罪、维护社会秩序上，也体现在民事司法的实现债权上。至于是通过什么样的程序达到上述目的似乎并不重要，仿佛只要结果公正了，程序公正与否就无须考究了。与之相伴而生的观念是，如果实质的公正没有达到，债权人的权利没有实现，即使程序再公正，当事人也会发出"拿不到钱，我来法院做什么？"的质问。

2.长期法院职权主义制度影响当事人举证积极性

由于我国执行制度对法院传统超职权主义的继承，申请执行人在申请执行时只需提供执行依据、本人身份证明即可，而对于执行工作致关重要的被执行人财产线索则并无要求，甚至连被执行人的下落和联系方式都无须提供，剩下的工作就由执行法院去完成。当法院告知其被执行人无财产可供执行时，申请执行人就会认为是法院"执行不力"，甚至用捕风捉影的传言来恶意中伤执行工作人员。

3."终本"过程中与当事人沟通不畅

执行职权主义虽减轻了当事人对财产线索的举证责任，但相伴而来的是在执行过程中，执行法院与当事人之间严重的信息不对称。执行法官由于案多人少、工作压力过大等原因也往往抱着多一事不如少一事的态度，缺乏向当事人告知执行过程中相关事项的积极性。由于缺乏沟通，或者沟通无效果，当事人对人民法院执行工作缺乏理解，对法院不信任，对"终本"制度产生严重的轻视和抗拒心理。

(四)当事人权利救济方式缺失

"无救济即无权利",执行程序终结直接关系到债权人在生效法律文书中确定的权利能否在本次执行程序中实现。"终本"制度使当事人救济手段与渠道的缺失,严重影响了当事人正常合法权利的实现。

1.不服"终本"裁定的当事人无法通过上诉得到救济

《民诉法》第154条并未规定中止或终结执行的裁定可以上诉。如果"终本"裁定确实存在错误,当事人也无法以上诉的方式对其进行纠正,这间接加大了涉执信访的发生概率。

2."终本"裁定不宜通过审判监督程序予以纠正

《民诉法》第198条①规定的审判监督程序针对的对象是"法院已发生法律效力的确有错误的判决、裁定",有人据此主张生效执行裁定发现错误的当然适用于审判监督程序。课题组认为,《民诉法》中"审判监督程序"是"审判程序"一编中的一章,而"审判程序"与"执行程序"是各为一编,分别为"总则"指导下相互独立的不同部分。因此,审监程序并不适用于"终本"裁定。执行案件追求效率,再审案件的过程漫长,从实用的角度来看,审监程序不宜适用于执行案件。

3.上级法院监督乏力

《执行工作规定》虽然规定了上级法院对下级法院执行工作规定的监督权②,上级法院发现下级法院在执行中作出的裁定、决定、通知或具体执行行为不当或有错误的,应当及时指令下级法院纠正,并可以通知有关法院暂缓执行。但是,就司法实践来看,这种监督方式效果并不明显,因为这种监督方式只是法院内部的一种监督机制,即使当事人提出审查申请,也不必然导致上一级法院对终结裁定的审查,而且实践中上一级法院审查后通常只向执行法院发出内部函件,很少作出正式的裁定。

---

① 我国《民诉法》第198条第1款规定:"各级人民法院院长对本院已经发生法律效力的判决、裁定、调解书,发现确有错误,认为需要再审的,应当提交审判委员会讨论决定。"

② 《执行工作规定》第129条规定:"上级人民法院依法监督下级人民法院的执行工作。最高人民法院依法监督地方各级人民法院和专门法院的执行工作。"第130条规定:"上级法院发现下级法院在执行中作出的裁定、决定、通知或具体执行行为不当或有错误的,应当及时指令下级法院纠正,并可以通知有关法院暂缓执行。下级法院收到上级法院指令后必须立即纠正。如果认为上级法院的指令有错误,可以在收到该指令后五日内请求上级法院复议。上级法院认为请求复议的理由不成立,而下级法院仍不纠正的,上级法院可直接作出裁定或决定予以纠正,送达有关法院及当事人,并可直接向有关单位发出协助执行通知书。"

四、域外相关制度借鉴和国内实践分析

执行不能案件退出机制的缺乏，已成为威胁我国法院执行工作队伍稳定和执行工作正常开展的一大隐患。相比之下，许多外国的强制执行制度之所以没有发生所谓"执行难"的问题，其中很重要的一个因素就是，这些国家的执行制度是一个更为注重程序性处理的开放性体制，案件进入执行后按某些"流水线"式的程序作业，执行案件进入时因对债权人申请执行有若干程序性要求而显得比较困难，案件在出口处的终结却相对容易。执行机构只负责对当事人已经提供相关信息或线索的"产品"（执行财产）进行程序性"加工"，一旦规定的所有程序走完，执行机构或者国家的责任即告完结。

（一）美国的登录制与深圳中院的实践分析

执行登记备案制度（登录制）是指因申请执行人发现被执行人无可供执行财产及财产线索，存在执行不能的情况下，申请执行人在法定时效内持生效法律文书向法院申请强制执行，同时申请延期执行，法院审查同意并给予登记的制度。登录制最具代表性的国家是美国。美国各州的法律规定不一，但是登录制的内容大致相同。例如加利福尼亚州法律规定一份判决的有效期为 10 年，10 年期限届满判决自动失效。如判决债务在判决 5 年后还没有得到清偿，债权人可以向审理法院的书记官提交一份"更新审决申请"。但申请必须在判决生效后 5 年以上 10 年以内提交，判决更新后，就对更新后的判决全部金额计算利息，在更新判决的有效期内，债权人有权围绕被执行人财产状况的查明，不断的、数次地向法庭申请发出针对执行官的授权性的"执行令状"，或针对被执行人的"出庭受询令"等。①

最早试行与美国登录制类似制度的国内法院是深圳市中级人民法院（以下简称深圳中院），该院规定当事人在申请法院强制执行具有金钱给付内容的法律文书前应当向法院进行执行申请权登记，并由法院发给执行申请权登记凭证，并规定执行申请权登记是申请人民法院强制执行具有金钱给付内容的生效法律文书的必经程序，凡经过执行申请权登记的，在据以申请法院强制执行时，人民法院不再进行申请时效的审查。当事人经过执行申请权登记后，可以根据发现被执行人财产的数额申请法院强制执行。人民法院对立案受理的情况和实际执行

---

① 黄金龙：《美国民事执行制度介绍》，载最高人民法院执行工作办公室编：《强制执行指导与参考》（第 3 辑），法律出版社 2003 年版。

金额在执行申请权登记凭证上加以记载。①

深圳中院的做法对于限制执行案件入口，减少当事人因害怕超过执行时效而盲目申请执行所造成的无财产死案作出了有益的尝试，但是登录制也存在如下问题：一是在没有法律规定的情况下将执行申请权的登记作为强制执行的先行程序，有违对公权力"法无明文规定即禁止"的法治原则；二是根据司法最终解决原则，法院所作出的裁判文书是对当事人之间纠纷的最权威裁断，非经法律程序不得更改，类似执行申请权登记凭证的文书是对法院裁判权威性的破坏；三是不符合我国目前提倡的能动司法理念，执行法院在调查被执行人财产线索方面具有更大的优势，而集中查询被执行人财产线索也更具有效率，但登录制坐等当事人提供财产线索，被动执行，有悖能动司法理念，也不利于保护债权人的利益。

（二）台湾地区的债权凭证制与浙江法院的实践分析

债权凭证制是指执行程序中，由执行法院向具备条件的申请执行人发放用以证明申请执行人就未执行的标的对被执行人享有债权的权利证书。② 台湾地区"强制执行法"第 27 条第 1 款规定："债务人无财产可供强制执行，或虽有财产经强制执行后所得之数额仍不足清偿债务时，执行法院应命债权人于一个月内查报债务人财产，债权人到期不为报告或查报无财产者，应发给凭证，交债权人收执，载明俟发现有财产时，再予强制执行。"

2000 年以来，我国浙江部分基层法院也曾试行债权凭证制度，对一些无财产可执行的案件，在债权人自愿的情况下，法院对债权人发放债权凭证后结案。债权人可以在任何时间持债权凭证向人民法院再次申请对被执行人的财产予以强制执行。但是债权凭证实行一段时间后，社会评价却并不高。归纳起来主要存在如下问题：一是缺乏法律依据，我国目前尚未有任何一部法律或者司法解释存在债权凭证的相关规定或者精神；二是部分法院利用债权凭证制度片面追求

---

① 深圳市中级人民法院《执行案件流程管理规定（试行）》第 7 条规定："对于具有金钱给付内容的法律文书，当事人应当在法律规定的申请人民法院强制执行时效期限内向人民法院提出执行申请权登记请求，经立案庭审查符合登记条件的发给《执行申请权登记凭证》，确认其享有在能够提供被执行人有可供执行财产或财产线索时随时可以请求人民法院强制执行的权利。"第 8 条规定："执行申请权的登记是申请人民法院强制执行具有金钱给付内容的生效法律文书的必经程序，申请人申请人民法院强制执行应当首先进行执行申请权登记。《执行申请权登记凭证》是申请人日后申请人民法院强制执行时证明其保留申请时效的凭证。凡经过执行申请权登记的，在据以申请法院强制执行时，人民法院不再进行申请时效的审查。""当事人经过执行申请权登记后，可以根据发现被执行人财产的数额申请法院强制执行。人民法院应当对立案受理的情况和实际执行金额在《执行申请权登记凭证》上加以记载。"

② 杨与龄：《强制执行法论》，中国政法大学出版社 2008 年版，第 257 页。

结案率，导致适用范围扩大化，以至于债权凭证被一些社会人士嘲讽为"法院给老百姓公开打的真正的法律白条"。从执行实践来看，近年来债权凭证制度已在许多法院名存实亡。

（三）瑞士的执行无结果证明制与强制执行法草案条文规定

《瑞士联邦债务执行与破产法》第 149 条规定，债权人因其未获清偿的债权部分而获发一份执行无结果证明。债务人取得执行无结果证明副本。执行无结果证明视为债务认可。债权人可在执行无结果证明送达后 6 个月内无须新的支付令要求继续执行。第 149 条之一规定，执行无结果证明所证明的债权在执行无结果证明签发后 20 年失效；但相对于债务人的继承人，该债权最迟在继承开始后 1 年失效。债务人可在任何时候通过向签发执行无结果证明的执行事务局支付的方式清偿债权。执行事务局将款项转交债权人或者向提存机构提存。债务清偿后，登记册上登记的执行无结果证明予以删除。应债务人要求，得向其出具确认删除的证明。[①]

与上述制度最相似的国内相关尝试是最高人民法院于 2003 年 7 月起草的《执行法草案》（第四稿）第 80 条（无财产可供执行情况下的终结执行）规定："执行人员经调查，在六个月内未发现可供执行的财产，预计被执行人在一年内仍无财产可供执行的，经申请执行人签字确认，执行员可以决定终结本次执行程序，并向申请执行人发放债权未受清偿的证明。依前款规定终结执行后，发现被执行人有可供执行财产的，申请执行人可以重新申请执行，不受申请执行期限的限制。"从我国现行的法律中也可发现类似的法律精神。《民诉法》第 257 条规定的终结，实际上可以分为两种终结：彻底的终结和不彻底的终结，或者是不能再执行的终结和可以再次执行的终结。终结本次执行程序就是不彻底的终结，不免除被执行人的实体责任，不排除以后再执行的一种特殊的终结制度。以《清积标准》和《民诉法》第 257 条为引申，并借鉴执行无结果证明相关制度以完善终结本次执行程序，将其作为无财产可供执行案件的一种结案方式和退出机制，这是我国完善执行退出机制目前最为可行的一种方案。

从以上各种执行退出制度的比较中课题组发现，"终本"制度虽然存在一定的不完善之处，但为我国建立无财产可供执行案件退出机制提供了思路，有利于解决无财产积案的"执行难"问题，减轻法院和执行人员的压力，对案件管理、卷宗管理、工作量考核、科学统计等均有较好的作用。完善"终本"制度是目前化解

---

① 刘汉富译：《瑞士联邦债务执行与破产法（一）》，载最高人民法院执行工作办公室编：《强制执行指导与参考》（第 1 辑），法律出版社 2003 年版。

执行积案的最优选择。

五、建议

正义是司法的首要价值,但是对同一案件,不同当事人对正义的期待值是不一样的,就执行案件而言,申请执行人期待的是其债权能够得到及时全面的实现,而就被执行人而言,强制执行的结果不应损害其基本生存权。当这种"正义的期待"发生冲突时,司法机关应引导公众正确对待理性的正义观和个案期待,以司法宽容的态度对待个案,以免矛盾冲突进一步升级或演变为动摇社会正义大厦的因素。倘若再大规模地动用社会成本和资源,将大量人力、物力耗费在注定无果的执行不能案件上,最后仅仅实现了个别或部分案件的"公正"结果,相对于其他案件的不及时或不合理的处理,则造成了更大的"不公正"。鉴于中国现有司法资源相对于社会诉求而言具有稀缺性,因此在其配置管理上更应谨慎精细,不能无限运用,其基本要求是运用较小的司法成本获取最大的司法收益。最合理的司法资源配置,才能最大限度地实现司法公正。只有确立有限执行原则,完善"终本"制度,畅通执行不能案件出口,才能更有效地实现司法公正,提高司法效率。

(一)统一"终本"标准,确立执行穷尽原则

执行工作程序性强的特点要求案件"终本"需从流程管理入手,制定科学的穷尽执行标准。第一,穷尽调查手段。执行机构主要依据申请执行人的举证、被执行人的财产申报和必要的依职权取证,正确运用查询、搜查等调查手段,全方位了解被执行人所有的财产及财产性权利、动产、不动产、无形财产等等,同时要善于发现被执行人转移、隐匿财产的线索与迹象,善于发现有无被执行主体扩张的情形,防止有能力执行的当事人逃避执行。第二,穷尽执行程序。执行机构应依照法律规定的公正程序执行,如在法定期限内向被执行人发出执行通知书和财产申报令等。凡是法律有规定程序的都应当遵照执行,增强"终本"程序的透明度。第三,穷尽强制执行措施。执行措施是人民法院依照法律规定,强制义务人履行生效法律文书确定的义务的具体方法和手段。执行机关应依法采取与案件情况相适应的执行措施,如针对金钱债权的执行措施;查封、扣押、冻结、扣留、限制出境等控制性执行措施;划拨、提取、拍卖、变卖、以物抵债等处分性执行措施;对特定物的强制交付等等。只有在执行机构已经穷尽了应当采取的强制执行措施后,才能最终确定被执行人的履行能力。第四,穷尽执行制裁措施。当强制执行措施无法实施或实施过程中遇到阻碍时,执行机构必须用制裁的手段(如罚款、拘留等)来排除妨碍,这些制裁手段以人身强制为原则。因此,在西方国家

的执行理论和实践中，把通过对被执行人的人身予以强制迫使其履行义务的措施称为间接强制。被执行人有能力履行法律裁决确定的义务却不履行，不仅是对申请执行人权利的侵犯，更是藐视法律本身，具有明显的违法性，应当受到相应的法律制裁。现有的执行制裁措施主要有拘传、罚款、司法拘留、刑罚处罚，执行机构应当正确行使法律赋予的执行制裁措施。为维护交易安全和公共安全，必须加大违法行为的法律成本，通过更为严厉的法律制裁，使违法者不敢或不愿冒高额的风险和成本获取非法利益。

（二）提高"终本"规定的立法等级，完善"终本"法律依据

执行案件"终本"，虽然属于程序性事项，但对当事人权利的最终实现具有决定性的影响。目前只在《清积标准》这一司法解释中存在少量条文规定，而无正式的法律规定。在部分当事人看来，司法解释属于法院内部的办案标准规定，不能以此来约束当事人的权利，从而影响了"终本"制度的社会效果。将"终本"制度以人大法律的形式规定下来，已迫在眉睫。提高"终本"规定的立法等级，一方面，可以促进"终本"制度相关立法和理论的探讨，有利于制度的完善；另一方面，也可以使当事人更加重视执行阶段的财产举证义务，提高执行效率。

（三）扩大当事人和社会公众的参与和监督权利

执行案件终结本次执行程序，不能仅由法院自说自话，而应更多地吸收当事人和社会公众的参与。建议扩大当事人和社会公众在"终本"过程中参与和监督的权利。一是扩大申请人对执行事项的知情权，人民法院对执行案件财产调查、控制、变现等阶段采取的措施和实施的结果应主动对申请执行人进行公开，以增加案件办理的透明度。二是实行执行案件法官更换制度。对一些对抗情绪比较严重的当事人，可事先将准备终结的事项进行告知，当事人如果对终结事项存有异议，由其提交书面异议，执行法官移送由人大代表和政协委员组成专门的审查委员会审查，审查委员会在接到书面异议后可决定是否举行听证会，经委员会审查或听证后不应退出执行程序的案件更换法官继续办理，符合退出条件的案件交由执行法官裁定终结执行程序。

（四）完善"终本"与恢复执行的救济制度

完善"终本"救济制度是提高执行公信力，真正畅通执行案件出口的保证。

一是应将听证制度广泛引入"终本"的执行案件中来。通过听证，可以让当事人双方就被执行人履行能力的有无、强弱作出充分的辩论，人民法院也可以说明在案件执行过程中所使用的手段、采取的方法，最大限度地使"终本"案件做到公开透明。

二是落实"终本"复议制度。鉴于《民诉法》第 154 条第 1 款第 8 项规定的中止或者终结执行程序不属于可以上诉的情形之一,课题组认为当事人如对"终本"裁定有异议应以执行复议形式提请人民法院纠正。理由如下:执行是具有行政权性质的行为,这些行为类似于具体行政行为,其追求的价值取向更偏重于效率。复议程序优越于诉讼程序之处就是更灵活、简便、高效。因此当事人如果认为执行裁定有错误,可以申请复议。此外,"终本"裁定一经作出即发生法律效力,即使当事人申请复议也不影响裁定的效力,这与复议制度的原则之一复议期间不停止原执行行为的执行也是相一致的。另外,随着对执行机构改革理论研究的深入,应当认为执行机构的合理设置至少应有执行裁判庭和执行工作部两个机构,其中执行工作部便是具有行政权性质的执行机构,实际上可作为复议机关,复议制度也有了组织上的保证。由于执行措施裁定更偏重于追求效率,课题组认为可实行终局复议制,即当事人向上级法院执行机构提请复议时,上级法院复议决定一经作出即可终结案件。当事人如不服,既不能再申请复议,也不能提起诉讼。

三是保障申请人恢复执行时的救济权。对于申请人申请恢复执行,经执行机构审查,终结该案的本次执行程序情形没有消失,不符合恢复执行条件的,应告知申请人不予立案;申请人坚持重新申请立案的,人民法院应当裁定不予立案。申请人对人民法院作出的终结本次执行程序或不予重新立案执行的裁定不服的,可以在收到裁定之日起 10 日内向上一级人民法院申请复议。上级人民法院收到申请复议人的申请复议后,经过审查认为下级人民法院裁定终结该案的本次执行程序或不予重新立案不当的,可指令下级人民法院撤销原裁定,下级人民法院对上级人民法院的指令必须服从。上级人民法院审查认为复议不成立的,应予以驳回。

综上所述,完善"终本"制度,应以执行公开促进执行公正,并在程序构造上体现简易性,以实现公正价值与效率价值的整合与衡平。只有将执行公开推向实质,将执行程序的启动、进展、结果等方面的情况向当事人公开,保障其知情权,将执行权运行过程透明化,接纳执行当事人的直接参与,接受权力机关与社会公众对执行程序的监督,同时赋予执行当事人质辩权与获得救济的权利,使无财产可供执行案件的退出机制体现出开放性、灵活性与严密性兼备的特点,"终本"制度才能获得更多的社会认可。

关于涉农案件执行情况的调研报告
——基于农村城镇化进程的实证分析

■厦门市海沧区人民法院课题组*

摘要:海沧是一个较晚进行城镇化的区域,具有"外来人口聚居、农村集体土地大量国有化、城镇化带来大范围拆迁、本地人口保持划村而居"等鲜明的特点。这些特点给法院的执行工作带来了巨大的挑战。2010年以来,海沧法院执行局为了从涉农执行中探索出规律,破解涉农执行难问题,推行"一案一跟踪"机制,课题组对2010—2013年度海沧法院受理的4441件案件中影响执行的因素进行了统计,并以该数据为基础,对影响涉农执行的因素进行了分析,试图从中获得破解涉农执行难的方案及对策。

关键词:涉农 执行难 农村宅基地 农村小额资本循环

引 言

当代中国农村正由传统的农业社会向现代社会转型,经济、政治、文化发生着深刻的变化。在司法层面呈现的,就是传统法律思维模式与现代司法理念的冲突、制度性法律与观念性法律的冲突、钝化现代法制的程序性、规范性与传统正义观的矛盾等问题。农村在现代化变迁过程中,呈现出对现代司法特殊的需求。这种需求一是来自于现代司法自身的应变能力,二是传统司法模式(包括理念)对现代司法的承接和吸收。基层法院是涉农司法的主体力量,如何化解制度性法律与观念性法律之间的冲突,在广大农村如何促使"纸面上的法律"转变为"行动中的法律",使人们的实际价值观念与现代司法达到某种程度的契合,是摆

---

* 课题指导:李加胜(厦门市海沧区人民法院副院长)。课题负责人:吴靖峰(厦门市海沧区人民法院法官)。课题组成员:卢建斌(厦门市海沧区人民法院法官)、方珺(厦门市海沧区人民法院执行员)、邱胜侠(厦门市海沧区人民法院执行员)、郭碧娥(厦门市海沧区人民法院法官)。报告执笔人:卢建斌、方珺。

在基层法院面前的一项艰巨任务。

厦门在历经 30 多年的改革开放历程后,①已经由海防前线小城蜕变为户籍人口超过 190.92 万人,常住人口超过 367 万人的城市。② 多年的城镇化进程逐渐打破了村落群居、社区间孤立隔膜的形态。海沧区作为较晚进行城镇化的区域,与厦门岛内的思明区、湖里区相比有着鲜明的特点,表现为外来人口聚居、农村集体土地大量国有化、城镇化带来大范围拆迁、本地人划村而居、相互隔阂的形态等。这些特点给法院的执行工作带来了巨大的挑战。从本质上说,厦门市海沧区人民法院(以下简称海沧法院)的执行案件有八成以上含有涉农因素。③ 2010 年以来,海沧法院执行局为从涉农执行中探索出规律,破解涉农执行难问题,建立了"一案一跟踪"机制。课题组对 2010—2013 年度海沧法院受理的 4441 件案件中影响执行的因素进行统计,并以该数据为基础,对影响涉农执行的因素进行分析,试图从中获得破解涉农执行难的方案及对策。

一、海沧区涉农执行基本情况

海沧区位于福建省厦门市西南部,西北与漳州市长泰县交界,西南与龙海市毗邻,东北与集美区接壤,东南与厦门岛隔海岛相望,南止于九龙江。2003 年 8 月,原杏林区迁址海沧镇,并由杏林区更名为海沧区,更名后海沧区区划与原杏林区区划相同。截至 2012 年末,海沧辖区总面积为 195.19 平方公里,辖有 2 个街道(海沧街道、新阳街道)、1 个镇(东孚镇)、领 18 个社区、20 个村委会、1 个农(林)场。全区总人口 34.49 万,其中常住人口 13.7 万,流动人口 20.79 万,城镇化率为 44.16%。④ 近年来,海沧区的新城建设取得了令人瞩目的成就,但无论是碍于历史渊源还是地理位置的局限,究其本质而言,海沧区仍然仅仅是个城乡接合部。随着海沧区工业繁荣发展而不断涌进的流动人口⑤,海沧区实际的农

---

① 1979 年,党中央、国务院批准广东、福建在对外经济活动中实行"特殊政策、灵活措施",并决定在深圳、珠海、厦门、汕头试办经济特区,福建省和广东省成为全国最早实行对外开放的省份之一。

② 厦门市海沧台商投资区政府网:《海沧概况》,http://www.xm.gov.cn,下载日期:2013 年 9 月 4 日。

③ 本文探讨的涉农案件,指涉及农民、农业、农村因素的案件。

④ 厦门市海沧台商投资区政府网:《海沧概况》,http://www.xm.gov.cn,下载日期:2013 年 9 月 4 日。

⑤ 据不完全统计,进入海沧辖区务工的流动人口超过九成为农村人口,为方便数据统计分析,本文将流动人口全部归入农村人口的范畴。

村人口数占总人口数的比重远远大于全市乃至厦门市其他辖区。

(一)"涉农"案件执行总体情况及发展态势

1."涉农"案件占海沧法院执行案件总量的比重较大。在海沧区城镇化进程中,涉及农业、农村和农民利益调整和政策落实等案件不断增加,随之而来的"涉农"执行给法院带来新的压力和挑战。课题组通过对海沧法院 2010—2013 年所受理的案件逐一分类,统计出海沧法院受理的"涉农"案件的总体情况。

2010—2013 年,海沧法院共执行各类案件 4441 件,其中"涉农"案件 3624 件,占执行案件总数的 81.6%,且总体呈递增发展趋势。一是涉农执行案件数量总体递增。2010 年涉农执行案件占总执行案件比重为 73.11%,2011 年上升到 84.12%,2012 年持续上升到 84.64%,2013 年回落至 82.4%。二是涉农案件涉案标的额总体呈逐年递增趋势。相对于 2010 年的涉农案件总标的额 7018.61 万元,2011 年涉农案件标的额为 15015.14 万元,上升 113.94%;2012 年涉农案件标的额为 32156.76 万元,上升 114.16%;2013 年涉农案件标的额为 22355.67 万元,与 2012 年相比回落 30.48%。2010—2012 年这 3 年的涉农执行案件标的,几乎以一年翻一番的趋势增长,虽然 2013 年涉农案件标的额相比 2012 年有小幅回落,但总体看来,2012 年与 2013 年 2 个年度中,涉农案件所占的案件比重以及涉案标的额比重差距不大。涉农执行案件比重的不断增大,递增幅度的总体上升,充分说明海沧区城镇化过程中涉及农民利益的矛盾突出,迫切需要规范解决。

2."涉农"案件类型典型突出,民间借贷与劳动争议高居榜首。近 4 年来,海沧法院受理的诸多类型的涉农案件中,民间借贷、劳动争议、机动车交通事故、村民小组纠纷以及征地拆迁分居前 5 名,占据了涉农案件总数的 88.88%(其中民间借贷占 34.41%,劳动争议占 23.1%,机动车交通事故占 11.09%,村民小组纠纷占 10.87%,征地拆迁占 9.41%),且案件数量呈逐年递增趋势。

表 1　2010—2013 年海沧法院受理的涉农执行案件类型分析表

单位:件

类　型	2010 年	2011 年	2012 年	2013 年	合计
涉农案件总数	620	699	1102	1203	3624
民间借贷	182	244	385	436	1247
劳动争议	24	53	295	465	837
机动车交通事故	84	102	128	88	402

续表

类　　型	2010 年	2011 年	2012 年	2013 年	合计
村民小组纠纷	140	79	120	55	394
征地拆迁	121	79	85	56	341
婚姻、家庭、继承	18	29	32	30	109
涉农村信用社	30	16	23	26	95
计划生育非诉	5	6	7	19	37
其他类型	16	91	27	28	162

（二）海沧区涉农执行案件的特点及成因分析

1. 民间借贷纠纷占据各类案件类型首位

海沧区作为政府重点打造的新城,城市化建设已取得较大成绩,但金融环境尚不成熟,因征地拆迁等原因衍生出大量民间借贷纠纷。一部分村民因房产拆迁及土地征用突然获取巨额款项,却又因无相关的投资渠道及正确的理财观念而进行民间借贷;一部分村民试图在征地拆迁之前抢建房屋,但又囿于无法向银行贷款而进行民间借贷。作为借方的村民,因怀有获取巨额征地拆迁补偿款的期待心理,通常抱有超前消费的无所谓心态,以支付高额利息的方式借款用于消费。2010—2013 年以来,海沧法院受理的民间借贷执行案件总标的金额达到48034.55 万元,而实际执行到位金额为 12271.23 万元,款项到位率仅为 25.55%。其中 51.24% 的案件都以暂无可供执行财产为由而终结本次执行程序(以下简称"终本"),这些案件成为每年恢复执行的主角。除上述类型的案件外,以和解结案,但最终未实际履行的案件也不在少数。

表 2　2010—2013 年海沧法院受理的民间借贷执行案件情况表

	2010 年	2011 年	2012 年	2013 年
民间借贷案件数	182 件	244 件	385 件	436 件
涉农案件数	620 件	699 件	1102 件	1206 件
民间借贷案件比重	29.35%	34.91%	34.94%	36.15%
民间借贷标的额	5890.26 万元	9864.55 万元	14208.46 万元	18071.28 万元
涉农案件标的额	7018.61 万元	15015.14 万元	32156.76 万元	22355.67 万元
民间借贷标的额比重	83.92%	66%	44.18%	80.84%

续表

	2010 年	2011 年	2012 年	2013 年
民间借贷实际到位额	598.00 万元	3068.45 万元	4086.96 万元	4517.82 万元
款项到位比例	10.15％	31.11％	28.76％	25％
自动履行	13 件	58 件	95 件	44 件
和解	30 件	43 件	35 件	109 件
强制执行到位	11 件	23 件	35 件	65 件
委托执行	4 件	11 件	24 件	8 件
终结本次执行程序	124 件	109 件	196 件	210 件

民间借贷纠纷执行案件呈现以下特征：一是单笔借款金额较大。2010—2013 年，海沧法院受理的民间借贷执行案件中单笔金额超过 30 万元的案件有 669 件，占民间借贷案件总数的 53.65％。二是借贷利息高。申请执行人在放贷的时候，往往已提前收取相应利息，绝大部分案件的利息约定为 3 分息至 4 分息，甚至更高。三是被执行人借款大多数用于消费，而非用于实际的经营。很大一部分的借方是因输球、输六合彩对庄家欠下赌资，在未实际向出借方（庄家）借钱的情况下而直接向庄家出具借条。

2. 农民工权益保护案件不断增多，劳动争议纠纷成为涉农案件热点问题

2010—2013 年间，海沧法院受理劳动争议执行案件 837 件，占涉农执行案件总数的 23.1％，且数量呈迅猛递增的井喷式发展趋势。原因在于：一是海沧工业区作为国家级台商投资区，集中了大量工厂及企业，企业中因劳动争议涉诉、涉执的当事人大多数为外来务工人员。此类案件的个案标的额虽然不大，但与农民工的切身利益息息相关，社会敏感度高，矛盾易激化，处置不当极易引起群体性信访难题。二是金融危机及央行银根紧缩等问题引发大量企业在 2010 年起采取民间借贷方式融资，从而引起企业资金链断裂、多家大型企业倒闭等情形，劳动争议案件大幅增长。三是 2012 年海沧法院对全市涉台案件集中管辖后，除因工厂突发性倒闭、停产停业而引发的群体性劳动争议案件在各区法院集中审理外，厦门市各区的零散涉台劳动争议纠纷均集中至海沧法院审理和执行。此类案件因劳动者跨区诉讼、申请执行耗时耗力、辖区间信息机制沟通不完善等多种因素导致执行效果不佳。此外，国家保障体系仍不完善，用工单位对农民工合法权益保障体系未健全也是导致劳动争议案件多发的诱因。

3. 双方当事人均为流动人口的交通事故责任纠纷多发

机动车交通事故责任纠纷案件在海沧区所呈现的特点是——"货柜车撞摩托车死伤惨重、申请人在外被执行人财产难找、委托执行难办理赔款难赔"。海

沧法院近年来投入较多的司法力量应对,但效果并不尽如人意。具体分析原因有以下几点:一是海沧工业集中区及保税港区大量运行的拖头车、货柜车等大型车辆超载运行、司机超时且违反交通法律法规驾驶。肇事司机多为在厦务工农民,履行能力差,财产调查困难。特别在交通事故发生后,被执行人大多遭遇财产或人身损失,有的肇事车辆被损而丧失大部分价值,赔偿能力相对于赔偿金额有较大的差距。二是申请人多为摩托车司机或乘客。虽然厦门岛内已经"禁摩",但摩托车目前仍然是海沧区主要的交通工具之一。尤其作为营运用的摩托车在行驶时违反交通规则、未做好保护措施,导致摩托车常常成为大型车辆下的"牺牲品"。三是当事人之间矛盾尖锐常常引发涉诉信访。此类事故发生后往往死伤惨重,当事人之间矛盾尖锐。申请人急于得到赔偿的急切心理与被执行人较差的履行能力之间形成强烈的反差,甚至有的被执行人同样遭受强烈的身体创伤,本身已不具备履约能力,生活已经陷入困境。申请人在执行难以取得效果时往往认为法院执行不力,到处上访。

4.农村信用社高风险放贷恶化农村金融环境

2010—2013年间,海沧法院执行局共受理涉信用社借款合同案件95件,被执行人基本为本地村民。其中被执行人到庭并达成执行和解的案件只有9件,其余86件均未执行到位。由于被执行人均为本地村民,法院基本都能掌握被执行人的下落,未执行到位的原因有三:一是被执行人缺乏履行能力。本地村民基本上能解决温饱问题,而向信用社借来的款项往往用于翻建房屋,期待将来房屋在被国家征用时能获得较为可观的补偿款。但若房屋迟迟不被征用,被执行人则基本无力偿还借款。二是信用社在贷款审批时尺度把握不严,导致缺乏履行能力的被执行人能顺利通过某些方法,诸如人情、熟人担保而获得贷款。信用社对于担保人的财产状况审查不明,导致借款合同到期后债权无法实现。三是村民法律意识淡薄,往往认为能从信用社那里贷得越多越好。这种观念导致两个严重的后果:一是贷款用途常常偏离原贷款目的(诸如用于建房),转而用于放贷、投资等经营性行为;二是在村民之间形成了一种不良风气,认为贷款能力即经济实力,本末倒置,违背国家对农村村民政策性支持的初衷。

5.征收社会抚养费案件矛盾突出,大部分难以执行到位

2010—2013年间,海沧法院受理的征收社会抚养费案件仅为37件,与其他案件相比数量较小。但此类案件执行标的每件均超过10万元,案件大部分集中在霞阳村及新垵村,且在执行此类案件过程中,被执行人对抗情绪较为激烈,执行效果不好。该类案件矛盾突出的主要原因在于:一是海沧地区生活水平尚可,客观上具有执行期待可能性,而当事人主观上却并不配合缴纳罚款,故计划生育管理部门申请执行比例较高。二是被执行人绝大多数分布在尚未进行城镇化的农村,生育观念较为落后,重男轻女、养儿防老、多子多福、有儿不被欺等传统观

念在其思想中根深蒂固,认为生育孩子抚养孩子是自己的事,国家没出一分钱,不应当执行计生处罚政策,人民法院更不应当强制执行。三是集中频发计划外生育的霞阳、新埭两辖区有自身的特点。该辖区是典型的正在进行城镇化的农村——虽然居民的户籍已经改为城镇,但并未享受到城镇户籍人口的优惠,却被强制限制生育二胎,故而在法院进行强制执行时居民对抗情绪往往较为严重。

二、"涉农"案件执行难点分析

(一)被执行人"跑路现象"突出,强制执行抵触情绪明显

此类现象突出表现在民间借贷纠纷中。申请执行人之所以放心借款给被执行人,是由于被执行人在农村的房产或土地具有可期待的征地拆迁补偿款。但法院在实际执行过程中查明,被执行人借款用途多用于享乐消费,而非生产经营。在所借款项挥霍一空后,转而向其他人借款,其他债权人在不知道被执行人已借有多笔款项的情况下,基于类似的心理而借款给被执行人。故在被执行人房产被征用前,已被多个债权人追债,或虽房产已被征用并取得征地拆迁补偿款,但实际已资不抵债。在这种情况下,被执行人一般选择跑路外出,逃避债务。此外,因双方约定利息较高,在借贷期满后,被执行人若未偿还借款,申请执行人并不急于起诉,而是采取换写借条的方式,将利息与之前的本金一齐换成新借条的借款本金。借款期限越长、换条次数越多,届时申请执行案件标的金额与实际借款金额差距越大。同时,在被执行人并未实际从申请执行人处借得款项,仅仅因输球、输六合彩而直接向庄家出具借条的情况下,案件进入执行阶段后,被执行人经常叫嚣法院的强制执行行为是在支持赌博、六合彩等非法活动,拒不配合法院执行。

(二)协助主体拒绝配合,征地拆迁款难以执行

1. 征地拆迁相关部门拒绝配合

拆迁款是申请人期望最大的被执行人的可得财产。但拆迁款在执行过程中却是障碍重重。在实际执行过程中,申请执行人向法院提供被执行人已与拆迁办签署拆迁协议但尚未领取相关款项的财产线索后,法院会向拆迁办出具协助执行的相关法律文书,要求其将被执行人款项汇入法院账户。依照法律的规定,拆迁办作为协助执行主体,应积极配合,但各拆迁办及拆迁公司均以"若配合法院执行,村民会领不到拆迁款,其他村民将会拒绝签署拆迁协议,后续拆迁工作将难以开展"为说辞,明确拒绝配合法院执行。

2.村委、村小组消极配合

此种情况主要体现于征收社会抚养费案件中。村民认为因生孩子而被法院强制执行，与欠钱不还或因其他非法行为被法院执行有极大的区别，不符合农民朴素的正义感。故法院在查找被执行人的过程中，村民往往拒绝为法院带路，即便通知村委会工作人员协助，其也仅仅是消极配合。在未找到被执行人下落的情况下，村委会工作人员反而如释重负。

(三)农村房产流转法律障碍重重

1.农村房产流转的法律障碍

目前，我国现行的法律对农村宅基地和房屋的流转采取严格限制原则。一是宅基地范围要在法律规定的标准之内。《土地管理法》第62条第1款规定，农村村民一户只能拥有一处宅基地，其宅基地的面积不得超过省、自治区、直辖市规定的标准。二是宅基地不允许自由交易。《土地管理法》第63条规定，农民集体所有的土地的使用权不得出让、转让或者出租用于非农业建设。《担保法》第37条规定，耕地、宅基地、自留地、自留山等集体所有的土地使用权不得抵押。国土资源部《关于加强农村宅基地管理的意见》规定，严禁城镇居民在农村购置宅基地，严禁为城镇居民在农村购买和违法建造的住宅发放土地使用证。三是在政策上农村房屋不允许自由销售。国务院办公厅《关于加强土地转让管理严禁炒卖土地的通知》规定，农民的住宅不得向城市居民出售，也不得批准城市居民占用农民集体土地建住宅。由于上述诸多限制性规定，法院在执行农村房产时只能对其进行查封而基本无法通过拍卖或者变卖程序进行强制处理。

2.农村宅基地性质的障碍

宅基地和农村集体经济组织成员的身份紧密相连，是集体组织成员享有的福利保障，且该保障是集体成员的长期权利。法律严格限制了宅基地收回的条件：一是农户全部成员丧失社员资格，如获得城市户口；二是农民迁移他处，放弃原住宅基地；三是农户全家死亡，无继承人或继承人不需要。因此，农村宅基地的性质决定了它对农民房屋保障的保护不可突破。当执行标的指向农民的宅基地、房屋时，债权人债权利益的实现与国家对农民宅基地保护的利益之间就产生了激烈的矛盾。

3.农村房产登记、过户制度缺失的障碍

一是审批宅基地建房一般以户为单位，房屋处于家庭户共同共有状态。执行农村房产时，往往会影响其他家庭成员的权益，涉及共有财产的分割。二是很多农村房产系未经审批而搭建的违章建筑，相关土地管理部门对超面积建房、违法搭建等情形未作及时处理，法院在执行中无法对农村宅基地进行确权，难以强制执行。三是农村宅基地上房屋权属登记管理制度未健全，绝大部分的农村房

产只有集体土地使用权证而没有房产证,即使农村房产拍卖成功,买受人持法院的民事裁定书及协助执行材料也难以得到土管部门的过户协助。四是拆迁安置房难以执行。从性质上说,农村的拆迁安置房属于保障性住房,但因拆迁安置房登记制度并不健全,执行过程中不但无法确定房屋所有权人,更难以拍卖变现。

三、涉农案件强制执行的对策及建议

(一)从源头上减少劣质案件进入执行程序

进入执行程序的案件质量不好,由此导致执行效果不好,这是中国法院执行的核心问题。案件质量存在先天缺陷,这决定了法院的努力作用不大,或者作用受到限制。[1] 如果我们已经发现,在进入执行程序之前,这些案件已经因为市场、体制等原因存在弊病,那么从它产生的源头控制这些劣质案件的形成则成为控制难执行案件爆发的重要手段。

1. 推广"国有资本引领村财运作的温厝样本",用活村民闲置资金

"国有资本引领村财运作"机制是时任海沧投资区管委会主任、区长的翁云雷大胆提出的新政策。2003 年海沧区区划调整后,农民将领到的土地补偿款投入生产经营的情形并不多,有一部分村民将补偿款用于违章抢建,甚至购买六合彩。村财也存在投资失误,有的集体企业无法产生利润,有的血本无归。为探索征地拆迁村民的闲置资金使用途径,规划失地农民的第二职业,海沧区大胆提出了"国有资本引领村财运作"的政策——先由国有资本以股份的形式介入项目,对项目进行监管、经营,当取得较好的经济效益时,国有资本就退出,让村民资金或集体资金介入,从项目中受益。而温厝村则成为这一政策的试点"村改居"社区。2004 年 6 月 18 日,温厝用村民的征地补偿款 1421 万元,购买了厦门出口加工区一栋厂房用于出租,年租金达 130 万元以上;2005 年 6 月 13 日,又用 1398 万元购买了另一栋厂房,年租金达 197 万元。随后,该村通过村民代表大会,对这两栋通用厂房进行股份量化到人的处置,并确定每年分红一次。该村向每位村民分发"红利分配确认书",每位村民投入征地补偿款 7000 元,今后每位村民每年可一次分得红利 700 元,投资回报率为 10%。温厝村村民资本利用模式正逐渐成熟并计划推广。目前,海沧区即将投入使用的东孚镇"同发工业园"1 号生产厂房项目、海沧镇东屿海鲜水产批发市场项目也将以股份的形式吸引村民

---

[1] 唐应茂:《法院执行为什么难——转型国家中的政府、市场与法院》,北京大学出版社 2009 年版,第 3 页。

参与,让村民成为持股分红的股东。温厝村模式不仅对于用活村民闲置资金有极大的推动力,对于改善失地农民职业结构、推动"村改居"地区农民创业和就业也有极大的作用。对于减少这一地区恶性民间借贷、赌博、六合彩等非法借贷纠纷也有明显的成效。

2.加强农村信用社信贷业务风险防控

我国农村信用社经过50多年的建设,成为农村及城乡接合部金融业务的主力军和经济桥梁。农村信用社在2012年正式更名为农商银行,这意味着信用社的性质即将发生根本性的变化:信用不再是农民借款的唯一担保。2013年8月,厦门市政府办公厅转发《市金融办、市国土房产局、市财政局关于厦门市农村房屋抵押融资试点工作总体方案》,明确提出厦门试点镇街的村民今后申请贷款时,可用自己的房屋作为抵押物。首批试点镇街选在集美灌口镇、海沧东孚镇、同安大同街道、翔安马巷镇,今后逐步扩大试点范围。[①] 这意味着农村房产抵押逐渐成为可能,也意味着法院必须加快探索农村房产变现的途径。为此,我们提出如下建议:(1)信用社应当依法签订贷款合同,确保担保合同合法有效。对于担保物为农村房产的抵押合同,应当善尽审慎义务,评估其可执行性后再依据风险等级放贷。(2)信用社与法院建立联系沟通机制,及时获取被执行人名单用于信贷业务,对已成为法院被执行人的借款人不得发放贷款。

(二)加强联动机制,加大执行力度

1.强化"执前"财产调查,提高反规避执行力度

法院应加强对尚未进入执行程序案件可执行财产的查实、跟踪,提高对被执行人转移财产规避执行的风险控制,建立执行可行性评估机制。在立案审查阶段,评估被告的财产情况,根据评估结果建议原告是否采取诉讼财产保全措施,依据履约诚信度、执行难易度分等级标示,随案移送风险评估表以告知审判阶段承办人员案件风险。在诉前调解阶段,评估当事人履约诚信度,对履约诚信度低的当事人适时调整审理思路,及时跟踪并查清是否具有转移财产、虚假诉讼的风险。在审判阶段,评估判决执行的可行性,尽可能地发现导致执行难或执行不能的因素,查明当事人基本信息及财产状况。利用紧密结合的"执前"财产调查制度,在法院受理案件的全阶段跟踪当事人去向,避免出现"空调解"、"空判决"等有损司法威信的情况。

---

① 厦府办〔2013〕189 号文件:《厦门市人民政府办公厅转发市金融办等部门关于厦门市农村房屋抵押融资试点工作总体方案和厦门市农村房屋抵押融资管理暂行办法的通知》,http://www.gazette.xm.gov.cn/gazette/4214,下载日期:2014 年 6 月 22 日。

2.建立法院之间的信息沟通机制

2010 年 1 月至 2014 年 6 月 16 日,海沧法院共受理危困企业案件共 921 件,涉案标的为 9186.16 万元。其中涉及农民工劳动争议的案件达 730 件,涉案标的为 1294.31 万元。涉农民工劳动争议纠纷执行占危困企业纠纷案件总数的 79.26%,涉案标的占危困企业纠纷涉案标的总数的 14.09%。这类案件具有影响范围广、执行周期长、个案标的额小等特点,处理不当极易引起群体性上访。被执行人多为危困企业,为维持企业继续运转而继续留用工人生产,存在拖欠工人工资的情况。由于企业设备评估、拍卖周期较长,工人容易误会政府部门及法院对倒闭企业不管不顾,引发争端。这一类案件的债权人通常到不同的法院起诉并执行,由于各区未设立危困企业信息通报机制,容易导致执行混乱及执行资源的严重浪费。

为此,我们提出如下建议:(1)各区法院应加强信息沟通。如在中级人民法院主持下定期召开执行工作联席会议,对本市跨辖区的执行工作难点进行清理。(2)建立跨区危困企业信息通报制度。由中级人民法院制定,将各区法院执行局、各区劳动监察部门、劳动争议仲裁委员会纳入信息通报义务人范围。要求信息通报义务人每月向中级人民法院通报辖区危困企业现状及可能出现的劳动争议情况等,再由中级人民法院以信息发布的方式告知各区法院,方便各区法院集中资源,统一执行。(3)开设危困企业预评估、拍卖绿色通道。对于涉及大量劳动争议纠纷的危困企业,允许其主动申请对企业资产预评估。对于已进入拍卖程序的企业,应尽可能简化拍卖流程,加快拍卖速度,及时变现企业资产,防止工人因评估、拍卖周期延误引发不满情绪而群体上访。

(三)寻找农村房产流转、变现的出路及变通执行方式

1.找寻农村房产执行的法律依托

首先,依据《物权法》对所有权的规定,农村居民可以对其具有所有权的房屋进行处分。可见我国现行的法律并未明文禁止农民转让房屋的行为。依据我国"地随房转"的土地流转原则,农民转让宅基地上的房屋时,宅基地应当一并转让。其次,尽管《土地管理法》第 63 条第 4 款规定,农村村民出卖、出租住房后,再申请宅基地的,不予批准。但我们认为,该立法之本意在于规范宅基地的申请行为,是对农民宅基地分配申请资格的限制,而非对宅基地使用权转让的禁止。纵然国土资源部颁布的《关于深化改革严格土地管理的决定》这一部门规章禁止农民转让宅基地,但该禁止应当仅仅指向农民依据合同或其他方式私自转让宅基地的情形。法院通过强制执行程序处理农村房产,体现的是国家对涉诉财产的处分,而非农民私自处分宅基地,故而该条规定对法院强制执行宅基地的情形不适用。并且,部门规章的法律位阶低于《民事诉讼法》的法律位阶,也不属于法

律规定的强制性规范范畴。因此,我们认为,我国法律并未将宅基地的强制执行出口完全锁死。相反,新颁布的《物权法》及其他位阶较高的法律和强制性法律规范给予法院强制执行农村宅基地上房屋相应的法律支持。

2.规范农村房产执行的操作程序

如前所述,农村房产管理体制本身相当不完善。在理顺农村房产执行可能性后,最为迫切的就是建立完善的农村房产登记管理体制。在当前相对混乱的农村房产管理体制下,要清楚明了地执行农村房产,需要依托法院的调查。本报告主要探讨涉农执行案件的总体思路,为避免以偏盖概全,农村房产执行的操作程序及实践中需要处理的实务问题不在本报告中详细阐述,此处仅罗列农村房产执行的总体路径(见表3)。此外应注意的是,法院应当在执行裁定书或相关告知书中明确"地随房转"原则,告知当事人宅基地附随房屋一并转让,明确房屋受让价款中包含土地价值。

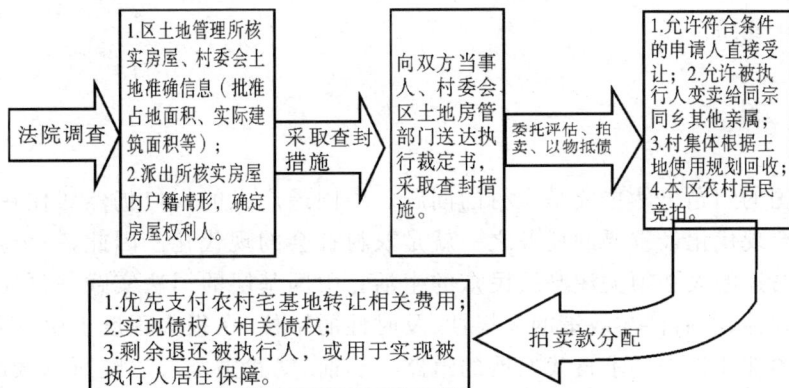

表3　农村房产执行操作程序示意图

3.变通农村房产的执行方式

在被执行人的农村房产无法拍卖、变卖、抵债或以其他现行法律规定的方式变现的窘况下,不对房屋的所有权进行转移,而将使用权进行转移,同样能达到执行的效果。例如将被执行人所有的房屋交由申请执行人管理,由申请执行人进行出租并收益。这一方式在海沧区尤其适合。目前海沧区石塘村的农村房产,一间30平方米左右的房间月租金为500至600元。如此计算,一栋楼层为7层、每层含15间单间的农村房产,在其住满租客的情况下,月租金将超过6.3万元,年租金可超过70万元。采用执行农村房屋使用权方式的好处在于,执行不涉及房屋所有权、宅基地使用权,且房屋使用人的受让范围不受限制,有利于发挥房屋价值,也有助于防止被执行人在收取房屋租金后立即转移。

4.促进拆迁部门的积极配合

若被执行人的房屋已经纳入拆迁规划或正在拆迁进程中,法院可就其即将取得或已经获取的拆迁利益予以执行。从应然的层面上看,如果法院欲执行将要拆迁的房屋,可对房屋直接查封,并向征地拆迁部门送达协助执行通知书,要求予以协助。但如前文所分析的,为鼓励村民积极配合拆迁,相关拆迁部门往往并不积极配合法院的执行工作。因此在实践中拆迁部门的积极配合显得尤为重要。为此我们建议:一是拆迁部门应当依照法律规定配合法院执行工作,及时接受法院送达的执行通知书,即便在未签订拆迁协议或未理顺拆迁条件时亦应当接收。二是拆迁部门应当积极配合法院扣留、提取被执行人的拆迁款项。建议拆迁部门不用现金方式发放拆迁款,转而为拆迁户开设拆迁款账户(或办理个人借记卡),直接将款项支付至拆迁款账户,而后及时通知法院对该账户进行监控。三是拆迁部门按照个人份额将款项发放至拆迁户中的个人账户,而不采用"挂户"、"借用户头"等方式笼统地将一个家族的拆迁款支付至一人名下,以避免进一步产生纠纷。

小　　结

中国的问题仍然主要是农村的问题。中国最广大的人口仍然居住在农村,中国社会现代化最重要的任务之一就是农村社会的现代化。因此,一个真正关心中国命运的人必须关注基层民众的生活。中国基层的司法实践一再证明,法律的被动性、滞后性与政策的积极性、及时性的错位,在很大程度上引导着中国基层法治在曲折中寻求自我发展的道路。当前,就我国基层法院所承载的社会功能来看,法院不仅肩负着审判、执行、解决纠纷的职能,而且还被赋予维护社会稳定、弘扬社会道德准则、为经济发展提供司法保障的社会职责。而执行作为司法的最终果实,是解决农村基层法律纠纷的途径之一。涉农案件纷繁复杂,本报告仅对执行过程中较为典型的、具有代表性意义的现象进行探讨,并针对具体问题提出一些对策及建议,希望对涉农执行问题的解决有所裨益。

理 论 纵 横

第三人撤销之诉的程序困境及制度完善

■ 石先钰　陈志杰[*]

摘要：第三人撤销之诉制度是我国 2012 年修订的《民事诉讼法》新增的一项制度，诉讼法学界对该制度从理论基础到实务操作等方面都进行了热烈的讨论，对第三人撤销之诉制度设立的理论基础、必要性、可操作性进行分析，以及对该制度与我国当前法律语境下的其他各项制度之间的关系等进行了大量的研究和阐释。在此基础上，有必要对相关制度进行比较分析，进一步厘清我国的第三人撤销之诉在司法运行中存在的问题，从而提出完善建议。

关键词：第三人撤销之诉　恶意诉讼　程序保障

一、我国第三人撤销之诉的基本内容

我国新《民事诉讼法》第 56 条第 3 款规定："前两款规定的第三人，因不能归责于本人的事由未参加诉讼，但有证据证明发生法律效力的判决、裁定、调解书的部分或全部内容错误，损害其民事权益的，可以自知道或者应当知道其民事权益受到损害之日起六个月内，向作出该判决、裁定、调解书的人民法院提起诉讼。人民法院经审理，诉讼请求成立的，应当改变或者撤销原判决、裁定、调解书；诉讼请求不成立的，驳回诉讼请求。"该条款即为我国第三人撤销之诉的规定。

对法律条款进行解构，可以看出第三人撤销之诉包含以下内容：

＊　石先钰：华中师范大学法学院教授，法学博士；陈志杰：华中师范大学法学院硕士研究生。

其一，确定了提起撤销之诉的条件。在主体方面，为"前两款规定的第三人"，即《民事诉讼法》第56条第1款、第2款规定之有独立请求权和无独立请求权第三人。另外，还须同时满足两个条件："因不能归责于本人的事由未参加诉讼"，以及"有证据证明发生法律效力的判决、裁定、调解书的部分或全部内容错误，损害其民事权益"。至于"不能归责于本人的事由"应当如何认定，以及"有证据证明……错误"的"证据"，在实务中又如何把握，还有待于立法进一步规定。

其二，第三人撤销之诉的对象为生效的判决、裁定、调解书。第三人诉求的直接对象不是自己与其他当事人之间的纠纷，或者一个确切的实体性权利，而是通过诉讼以"改变或者撤销"法院已经作出的处理结果，间接地达到保护自身合法权利的目的。

其三，提起第三人撤销之诉的程序也有严格的限制。在提起的期间方面，为"自知道或者应当知道其民事权益受到损害之日起六个月内"。期间的起算点为"知道或者应当知道"，为法律规定中的常用语，以通常情况下一般人知道或应当知道为标准，六个月的期间给第三人来提起诉讼已经足够充分了。第三人撤销之诉的管辖法院为"作出该判决、裁定、调解书的人民法院"。事实上，因为第三人有异议，甚至诉求改变或者撤销原判决、裁定、调解书，说明原案的事实和证据很可能相对复杂，而原作出过处理的法院对案件的事实和争议有着更清楚的了解，原审法院进一步审理该案可以省省更多的司法资源，也更有利于调查清楚证据和事实。另外，第三人撤销之诉的审理程序为两审终审的既定审级程序下的程序规则，虽然第三人的诉求事项非为某一具体的实体性权利，实为常规程序下的诉讼请求规则。

其四，第三人撤销之诉的审理结果。结果有两种："改变或者撤销原判决、裁定、调解书"或者"驳回诉讼请求"。对于改变或撤销原处理结果，虽条文并没有详细规定部分错误的情况下该如何处理，但应当认为：在实务中，当错误部分与正确部分是可分的，则可以仅就错误部分进行改判或者撤销，正确部分则不必作出处理；如果错误的部分与案件处理结果具有整体性，是不可分的，那么法院则应当对处理结果一并改变或者撤销。

二、我国第三人撤销之诉的程序困境

在第三人撤销之诉制度颁行之后，仍然面临着一个严重的问题，即由于法条的规定过于简单、粗糙，法院在面对此类案件的时候无所适从，或者不给出明确的答复,久拖不决,甚至直接不予受理。① 法律的生命在于实施,第三人撤销之诉制度如果得不到有效的实施,将失去存在的意义。作为一种全新的制度,法条规定较为简单,具体规则有待司法解释的细化,进一步明确操作性问题,包括立案条件、审查标准、原告资格、审判程序、法律效力、防止滥用权利等。

1. 立案审查

立案审查阶段是决定一个案件能否进入审判程序的关键,其宽严程度同时也决定着法院受理案件的数量。对第三人撤销之诉的立案审查应当实质审查还是形式审查,学界对此颇有争议。我们要把握好第三人撤销之诉的如下特点:首先,第三人撤销之诉针对的是法院已经作出的审理结果,基于既判力理论,如果大量生效的裁判都可以被提起撤销之诉,将导致审判结果的不稳定性,造成诸多民事法律关系不稳定,损害司法权威。其次,第三人撤销之诉的目的在于保障第三人的合法权利,第三人获得这种程序权利之后,可能会认为只要与自己有法律上或者事实上的关系就提起此类诉讼,将导致权利被滥用的风险。第三人撤销之诉作为改变和撤销发生法律效力的判决、裁定和调解书的特殊权利救济途径,为了维护生效裁判所确定的法律秩序的安定性,在诉的利益以及起诉条件方面应当对其启动加以限制,防止诉权滥用行为的发生。② 最后,第三人撤销之诉作为一种救济途径,过低的门槛将会导致此类案件的大量出现,如果不在立案阶段严格审查,将可能导致司法审判的讼累,不利于有效利用审判资源,为法院增添不必要的负担。

所以,有必要对第三人撤销之诉的准入明确标准,有必要从原告适格、不可归责于本人的具体事由、期间问题等方面进行细化。

2. 提起第三人撤销之诉的主体

根据规定,可以提起第三人撤销之诉的主体为有独立请求权和无独立请求权的第三人。前者需要第三人对原诉讼中的诉讼标的有独立请求权;后者需要第三人与案件的处理结果存在法律上的利害关系。就提起第三人撤销之诉的主体而言,在实务中存在着难以适用的情况。

(1)有独立请求权第三人

有独立请求权第三人属于对他人之间的诉讼标的有实体权利请求的当事人,从司法实践的情况来看,这种实体权利主要体现为物权,第三人可以提出诉讼请求而参加到诉讼中来。当第三人的权利受到损害或者可能受到损害时,第

---

① 王健:《一个民企的"第三人撤销之诉"困境——〈尴尬的"第三人撤销之诉"〉专题报道之一》,载《民主与法制周刊》2013 年 10 月 31 日第 3 版。

② 刘君博:《第三人撤销之诉原告适格问题研究——现行规范真的无法适用吗?》,载《中外法学》2014 年第 1 期。

三人的救济方式除了主动提起诉讼之外,还可以选择提出执行异议或者申请再审。

其一,我国《民事诉讼法》第227条规定,案外人可以对执行过程中执行标的提出书面异议,并可以导致中止执行,异议被驳回的,还可以进入再审程序,以充分救济第三人对异议标的物的权利,而再审制度的程序设计在我国相对比较成熟和完善,包括了法院、检察院和一定条件下的案外人均可以成为申请再审的主体。不可否认的是,长期以来,再审程序成为当事人以及案外人权利救济的重要途径,对当事人也有着很大的吸引力。

其二,由于有独立请求权第三人的地位和特点,其实际上是可以以原告的身份向法院提起独立诉讼的,以主张自己对诉讼标的所享有的权利。民事诉讼法对其权利救济和诉讼地位有着制度性的既定规则。而根据我国民事诉讼的处分原则、辩论原则,有独立请求权第三人可以自己作出是否参加原诉讼的选择,法律上并无强制有独立请求权人参加原诉讼之要求。既然这样,《民事诉讼法》第56条第3款规定的"因不能归责于本人的事由未参加诉讼"可作为有独立请求权第三人提起撤销之诉的条件,存在给有独立请求权第三人多余权利之嫌疑。如果有独立请求权第三人提起撤销之诉,因不符合既定的"不能归责于己的事由未参加诉讼"的条件,则不能提起撤销之诉。

(2)无独立请求权第三人

无独立请求权第三人对他人之间的诉讼争议虽然不存在独立的请求权,但案件的处理结果与其存在法律上的利害关系,一般常见为权利性关系和义务性关系,即案件的处理结果可能在法律上维护了该第三人的某种权利,或者案件处理的结果是该第三人需要承担某种法律责任或应履行相应的义务。也只有在后一种情况下,无独立请求权第三人才可能取得诉讼当事人完全相同的诉讼地位。

通常情况下,无独立请求权第三人需要救济是因为其需要承担一定的法律责任或者履行相应的义务。而如果无独立请求权第三人的诉讼权利义务跟当事人一样或类似并参加到诉讼当中去,就不存在需要提起第三人撤销之诉来维护自身的权利了。在实际情况下,无独立请求权第三人因不能归责于自己的事由未参加诉讼的情形极少发生。因为对无独立请求权第三人在被直接判决承担民事责任时,其享有当事人的诉讼权利义务,而人民法院也应当为其提供程序性保障,即通知其参加诉讼。即使法院未能依职权对其进行诉讼告知而导致上述情况的发生,也应当向承担民事责任或须履行义务的无独立请求权第三人送达裁判文书。在这种情况下,无独立请求权第三人若对送达的裁判文书不服,可以通过行使上诉权进行救济,而不必在事后通过提起撤销之诉来实现救济。

因此,对提起第三人撤销之诉的原告应当进行限制,如果不加限制地使受到本诉案件处理结果影响的任何案外人都能够成为提起第三人撤销之诉的适格原告,则可能会导致法院生效裁判所形成的法律秩序处于不稳定的状态。

3. 提起第三人撤销之诉的事由

法国和我国台湾地区对撤销之诉提起的事由并未像再审事由那样有具体的规定。但我国台湾地区的撤销诉讼制度的较多具体规则都准用再审程序的规定,如诉讼期间、诉状之提起,而撤销诉讼的事由也可以准用再审的事由。

受我国台湾地区的观点影响,我国有学者认为,在司法解释出台之前,第三人撤销之诉的起诉事由可以参考再审的申请事由。我国可申请再审的事由既包括实体上的错误,也包括程序上的严重瑕疵。也有学者认为第三人撤销之诉的事由即为再审事由中的实体事项,理由主要是再审之诉是为了保护当事人的合法实体权益和程序权益,第三人撤销之诉则主要是为了保护当事人的实体权益。① 而如果将第三人撤销之诉的提起事由界定在再审事由的实体事项中,很大程度上可以实现对第三人权利的有效保障,因为第三人撤销之诉的事由在于第三人对实体权利的主张,而并非在生效判决作出过程中存在的实体上的错误或者缺陷,只要第三人主张的是实体权利,即可以撤销生效判决对第三人的效力。这与立法实际并不一致,根据规定,法院审理结果有错误是第三人提起撤销之诉的前提。

所以,在对第三人撤销之诉的事由进行标准化、法定化时,应当谨慎考虑第三人提起撤销之诉事由是否在于对实体权利的主张,并且这种主张还应当与原诉讼争议有着具体的、明确的法律关系,而不应当直接套用再审之诉事由的实体部分。

4. 对原裁判或调解书的影响

理论上,第三人撤销之诉对既判力的突破是毋庸置疑的。在具体运用中,对判决、裁定、调解书的影响也是不同的。以裁判否定裁判,属于法院自我纠错;而调解书往往是在当事人充分表达意思自治后达成的结果,应当得到充分的尊重,法院通过新的裁判否定当事人意思自治达成的调解书也是有着严格限制的。应当认为,其中法理还应从撤销之诉的独立性去理解,后诉的目的在于纠正前诉裁判对第三人权益侵害的部分,应为新的诉讼。后诉对前诉改变的部分,应当以后诉为准,前诉中未改变部分说明是正当的,仍具有法律效力。

根据规定,对于改变或撤销原裁判或调解书的裁判形式都适用判决,并未区分撤销的对象为裁定、判决或是调解书。针对的若是判决,使用判决没有问题,可针对的若是裁定呢? 比较再审审理的情形,对于不予受理、驳回起诉等裁定作

---

① 崔玲玲:《第三人撤销之诉的事由——与再审之诉的事由比较》,载《社科纵横》2011年第9期。

出的处理都适用裁定而不是判决。主要是因为裁定针对的是程序问题，对程序问题的处理用裁定。而在第三人撤销之诉中，原裁定也可能是对程序问题的处理，那理应也不能用判决。

三、完善我国第三人撤销之诉程序相关制度的建议

第三人撤销之诉制度在功能上与第三人参加诉讼制度、案外人异议之诉制度和再审之诉制度有着重合之处。同时，因为该项制度设立之初，其自身程序的缺失，导致其自设立以来，适用仍相当有限，制度功能甚至被边缘化。在司法实践中，只有充分完善第三人撤销之诉制度，才能在民事诉讼实践中体现其制度价值。

（一）完善我国第三人撤销之诉的立法体例

我国第三人撤销之诉制度的立法体例不科学，可能带来许多问题，必须进行相应的调整。域外国家和地区的做法值得我们借鉴。在对第三人撤销之诉立法体例的探讨中，有观点认为：直接将第三人归入可提起再审之诉的主体范围中，确立案外人申请再审制度，将之规定在《民事诉讼法》的"审判监督程序"一章。日本采用的就是此种做法。也有学者主张：单独设立一章称之为特殊救济程序，作为与普通救济程序相并列，特殊救济程序则包括再审之诉和第三人撤销之诉两种制度。

第一种体例安排忽略了第三人撤销之诉制度的独特价值，倾向于再审制度，从第三人撤销之诉的基本内涵和制度功能出发，不应当被考虑。而后一种观点借鉴的是法国的做法：在法国，第三人取消判决的异议制度在立法体例上，与再审申请制度和向最高司法法院提出上诉制度并存，属于法国民事诉讼法的非常上诉程序。法国的做法值得借鉴，理由有二：其一，设计的制度功能取向有所不同，再审之诉虽也有保障第三人权益之功能，但本质上是裁判纠错的救济途径；而第三人撤销之诉制度则重在保障第三人权益，对第三人合法权益进行直接救济，更具权益保障功能。二者对瑕疵或者错误从裁判纠错和权益保障两个角度进行救济，共同构成特殊的救济制度。其二，二者均属于确定判决之瑕疵救济程序的范畴，但制度逻辑不一样，运作的基本原理也有所差别，再审与第三人撤销之诉在当事人、程序、效力等方面都有所差异，有必要将二者安排为特殊救济程序的两种途径。

需要说明的是，最高人民法院《关于适用〈中华人民共和国民事诉讼法〉审判

监督程序若干问题的解释》第5条第1款关于案外人可以申请再审的规定需要作出调整。[①] 首先,案外人申请再审存在的功能价值已经被第三人撤销之诉所囊括,确无赘设之必要;其次,案外人申请再审有突破我国民事诉讼的当事人理论之嫌;最后,案外人申请再审的条件比较严苛,于实务中适用极为有限,其功能也难以得到实现。所以,增设第三人撤销之诉后,案外人申请再审已无存在之必要。

综上所述,第三人撤销之诉在立法体例上,可将其置于民事诉讼法审判监督程序中。并将在现行的民事诉讼法之审判监督程序中单独增加第三人撤销诉讼一节。同时,应当就第三人撤销之诉的主体范围、起诉事由、程序安排、法律效果等方面进行详细的规定。

(二)完善法院依职权通知制度

第三人或案外人主动参加诉讼的情况,体现在《民事诉讼法》第56条第1款的规定中:对当事人双方的诉讼标的,第三人认为有独立请求权的,有权提起诉讼。这种参与诉讼的方式需要第三人主动提出,也就需要第三人知道自己有请求权的争议标的被诉诸法院这一事实。而在复杂的实际情况下,需要第三人知晓他人对特定的争议向法院起诉很不现实,那么第三人的权利就很可能在自己并不知情的情况下受到损害。在这种情况下,法院依职权通知制度就有建立的必要了。

法院依职权通知参加诉讼的情况有两种:通知必要共同诉讼中的当事人参加诉讼与通知无独立请求权第三人参加诉讼。前者体现在共同诉讼中,一方或双方有多个当事人,而诉讼标的是共同的,法院认为必须合并审理的情形。后者的无独立请求权第三人一般分为辅助型或被告型,只有在法院根据审理需要或者明确第三人需要承担法律责任的情况下会被通知参加诉讼,并且一经通知,必须参加。

以上两种情况只是第三人的参诉方式,而且是从便于法院审理的立场出发的。并非法院主动采取的对案外第三人进行保障的措施。出于重视对第三人权利的保护,这就需要建立法院诉讼告知制度。我们可以借鉴我国台湾地区的诉

---

① 最高人民法院《关于适用〈中华人民共和国民事诉讼法〉审判监督程序若干问题的解释》第5条第1款规定:"案外人对原判决、裁定、调解书确定的执行标的物主张权利,且无法提起新的诉讼解决争议的,可以在判决、裁定、调解书发生法律效力后二年内,或者自知道或应当知道利益被损害之日起三个月内,向作出原判决、裁定、调解书的人民法院的上一级人民法院申请再审。"

讼告知制度，诉讼告知制度是指法院将诉讼进行的事实告知可以参加诉讼的第三人。① 我国台湾地区的"民事诉讼法"规定：法院可在事实审言词辩论终结前的时期内，将诉讼事件以及进度以书面形式通知与诉讼结果存在法律上利害关系的案外第三人，使该第三人有参与该诉讼的机会。由此可以看出，诉讼告知制度的特点主要在于，对于正在进行的与第三人存在法律上利害关系的诉讼，第三人是有自主选择权利的，其完全可以自行选择是否参加诉讼，只要法院作出了通知，让有法律利害关系的第三人自主行使选择的权利。

（三）完善对恶意利用法律程序行为的制裁措施

第三人撤销之诉旨在防止他人恶意或者虚假诉讼损害第三人的权利，其制度功能在于维护第三人的权益。事实上，需要第三人主动提出撤销之诉的事后救济是不可能有效抑制虚假诉讼和恶意诉讼的发生的。一方面，从维护司法权威的角度出发，当事人的程序权利不能被滥用，不应当成为损害他人权益的手段，恰恰是保护公民权利的重要途径；另一方面，从维护案外人权利的角度出发，不能只靠恶意诉讼行为完成后，甚至第三人权益受损后予以事后补救，完全有必要从民事制裁的角度对恶意诉讼行为进行遏制。从法律指引功能的角度来看，新《民事诉讼法》对"恶意诉讼"着意规制，满足了司法实践的要求。在社会诚信问题日益严重的今天，"恶意诉讼"一直以来得不到司法的有效治理，不仅有损于诚信，更有害于司法权威。审判是法治文明与恶意行为漫长博弈的主战场，执行则是伸张正义、实现公平的关键环节。新《民事诉讼法》着意在审判和执行的全阶段加以调整，足见此类行为给司法带来的巨大障碍和负面作用。面对日益严峻的"恶意诉讼"，该规定将在保障他人合法权益、节省司法资源、培养司法权威和维护社会诚信机制的过程中发挥重要的法律指引作用。②

新《民事诉讼法》增设了对恶意诉讼的处罚措施，对侵害他人合法权益的行为人将根据情节轻重予以罚款、拘留甚至依法追究刑事责任。此种处罚措施在性质上属于对妨害民事诉讼行为的制裁，和实体法中的制裁有所不同。由于该条文属于宣示性的规定，法官的自由裁量权相当大。根据该规定，对于构成犯罪者，将依法追究刑事责任。然而，恶意诉讼触犯了何种罪名，刑法中是否有专门的条款，仍存在疑问。我们认为，应当在民事诉讼立法中明确，在恶意诉讼企图侵害案外第三人合法权益之初，法院应当驳回请求，将恶意诉讼遏制在提起阶段，唯构成犯罪的，根据情节予以罚款、拘留；同时，在刑法中设立恶意诉讼罪，对

---

① 陈荣宗、林庆苗：《民事诉讼法》，台湾三民书局 2004 年第 2 版，第 230 页。
② 李慧鑫：《对"恶意诉讼"的进一步规制——以司法解释的完善为核心思路》，载《湖北警官学院学报》2013 年第 8 期。

构成犯罪的恶意诉讼,以此罪名追究刑事责任。唯有如此,才能有效地防止不良之人利用法律程序侵害他人合法权益的发生。这一制度从制裁方面,与第三人撤销之诉制度救济的救济方面,共同组成了对恶意诉讼进行遏制的措施体系。

(四)完善我国第三人撤销之诉的具体程序

1.立案审查

我国第三人撤销之诉定位于常规审级下的救济制度,其起诉的条件也应当符合一审普通程序的标准。根据我国《民事诉讼法》的规定,起诉必须符合的条件主要包括适格的主体资格,具体的诉讼请求与事实理由,符合管辖规定。第三人提起撤销之诉,应当审查以下内容:(1)起诉状。第三人须提交符合法律规定的起诉状,起诉状中应当列明原争议案件的具体情况,以及诉讼请求和相应的事实与法律依据,同时有必要附上请求撤销的判决书、裁定书或调解书,有其他证据的应当一并附上。(2)起诉期间。第三人撤销之诉的起诉期限为自知道或者应当知道民事权益受到损害之日起六个月,此处的"知道或者应当知道之日"需要第三人提供证据证明,并且,此为不变期间,不适用中止、中断、延长的规定。(3)起诉事由。可参照申请再审的事由之实体部分,并实质审查当事人的起诉事由是否具体,并满足形式要件,举出至少表面上可以证明原判决与自身的利益关系,并有法定形式的证据,从而认定第三人具备诉的利益。(4)管辖。第三人撤销之诉管辖的法院为作出生效裁判或者调解书的人民法院。(5)审查期限。第三人撤销之诉的审查期限可以与普通案件的审查期限有所区别,可参照再审的三个月审查期限的规定,案件复杂的情况下可以延长。

2.当事人安排

第三人撤销之诉的原告条件:未参加原诉讼的案外第三人,即第56条前两款规定的有独立请求权第三人和无独立请求权第三人,其因不可归责于己的事由未能参加诉讼,有证据证明与案件有利害关系。表面上看,原告的范围似乎很广,实际上从前文的分析来看,原告的主体实有局限性。在我国台湾地区的讨论中,虽然学界对判决效力扩张理论存有争议,也在对第三人撤销诉讼的原告适格问题上难有定论。但有些观点值得借鉴,有学者认为,在涉及人事(身份关系)诉讼如婚姻无效之诉、撤销认领之诉等以及关于法人关系或公司关系的诉讼中法人社员以及公司股东有参与诉讼程序保障利益,所以,判决的既判力应扩张及法人社员和股东,如撤销法人总会决议之诉、宣告财团董事行为无效之诉、撤销公司股东会决议之诉、宣告股东会决议无效之诉、解任公司董事之诉。[①] 所以,对于我国第三人撤销之诉的原告安排应当进行分类,具体规定于法条中,严格掌握有独立请求权第三人和无独立请求权第三人的要件,以实现更强的可操作性。对于第三人撤销之诉的被告,应当是原裁判或调解书中的原、被告。原诉讼中有第三人的,则第三人应当以原诉讼中的诉讼地位列席庭审。

【案例】武汉市中级人民法院审结上诉人李某甲与被上诉人杨某某、李某乙第三人撤销之诉案。[②] 上诉人李某甲因与被上诉人杨某某、李某乙第三人撤销之诉纠纷一案,不服武汉市武昌区人民法院(2013)鄂武昌民商初字第05014号民事判决,向本院提起上诉。本院受理后,依法组成合议庭进行了审理,现已审理完毕。2013年10月,李某甲诉至一审法院,请求判令:(1)撤销(1998)武区黄民初字第371号民事调解书;(2)撤销(1998)武区黄民初字第371号民事调解书调解协议中"李某乙所有的位于武昌区先贤街88号房屋中二楼北端建筑面积29.92m² 一套归杨某某所有"的内容;(3)由杨某某、李某乙承担本案的诉讼费用。一审经审理查明:李某甲在提起第三人撤销之诉时向法院提交的证据材料均不能证明李某甲享有武汉市武昌区先贤街88号房屋的所有权。一审另查明:李某甲因不服武昌区法院于1998年10月17日作出的(1998)武区黄民初字第371号民事调解书,向武汉市中级人民法院申请再审。2013年3月4日,武汉市中级人民法院作出(2013)鄂武汉中民申字第00015号民事裁定书,裁定驳回李某甲的再审申请。一审法院认为:李某甲提交的证据不能证明(1998)武区黄民初字第371号民事调解书实体存在错误并损害其民事权益,李某甲提起的第三人撤销之诉不符合《中华人民共和国民事诉讼法》第56条第3款规定的条件,且其不服(1998)武区黄民初字第371号民事调解书已选择提起再审之诉,其再提起第三人撤销之诉又不符合条件,依照《中华人民共和国民事诉讼法》第56条第3款、第154条第1款第3项等规定,裁定驳回李某甲的起诉。

李某甲对裁定不服,提出上诉,请求上级法院判令:(1)撤销一审裁定,发回重审或改判支持李某甲一审诉讼请求;(2)本案的诉讼费由杨某某、李某乙承担。杨某某辩称:一审裁定正确,请求维持原裁定。李某乙未发表意见。

经审理查明:一审法院查明的事实属实,本院予以确认。本院经审查认为:李某甲对武昌区法院于1998年10月17日作出的(1998)武区黄民初字第371号民事调解书不服,已选择向武汉市中级人民法院申请再审。2013年3月4

---

① 陈荣宗:《第三人撤销诉讼之原告当事人适格》,载台湾《月旦法学杂志》2004年总第115期。

② 案例引自中国裁判文书网,http://www.court.gov.cn,下载日期:2014年15月12日。

日,武汉市中级人民法院作出(2013)鄂武汉中民申字第00015号民事裁定书,裁定驳回了李某甲的再审申请。现李某甲再次对上述调解书提起第三人撤销之诉,且其提交的证据亦不能证明(1998)武区黄民初字第371号民事调解书的部分或者全部内容错误及损害了李某甲民事权益,一审以李某甲提起第三人撤销之诉不符合法律规定的条件,且其已选择过再审之诉,故裁定驳回李某甲的起诉正确,上诉人的上诉请求没有事实和法律依据,本院不予支持。依照《中华人民共和国民事诉讼法》第170条第1款第1项的规定,裁定如下:驳回上诉,维持原裁定。

3.审理程序

从立案到作出裁判,程序参照第一审普通程序,人民法院应当向对方当事人送达起诉状副本。在审判的组织形式上,不适用独任审判为宜,在回避的规则上应有所不同,可以借鉴法国和我国台湾地区的规定,不适用回避程序,而是应当尽量让参加过该争议案件审理的审判人员继续审理。理由有二:其一,撤销之诉审理的重点在于第三人对争议标的的请求,而非原诉讼当事人之间的争议,无回避之必要;其二,参加过原案件审理的审判人员对案件的情况有着更为详细的了解,对案件有更为确切的掌握,更有利于作出正确的裁判。

4.法律效力

对于撤销裁判或者调解书的请求,经法院审查后,法院若认为符合条件,第三人的诉讼请求成立的,法院应作出改变或者撤销原判决、裁定、调解书的处理;法院认为该诉讼请求不成立的,则应作出驳回诉讼请求的判决。

其中,改变原判决、裁定、调解书,指的并不是全面否定原裁判或调解书,而仅对其中存在错误的部分进行改判,同时,改判的范围仅限于第三人提出的部分。作出撤销判决的处理的,则涉及原裁判或调解书的所有内容,应一并撤销。根据处分原则,第三人未提出的部分即使有错,法院也不应当主动予以改变。对于未改变或者撤销部分也应当在判决中予以明确,以避免矛盾的裁判。

5.上诉救济

第三人撤销之诉属于对第三人的第一次救济,根据两审终审制,对第三人撤销之诉的处理结果,当事人可以提出上诉。

醉驾行为入罪标准探析

■ 曾 执 秦 波 钟尔璞 *

摘要:《刑法修正案(八)》增设的危险驾驶罪未将醉驾行为的犯罪情节纳入具体犯罪构成要件要素,其入罪标准已成为审判实践面临的重大课题。通过分析 S 省 C 市 20 个基层法院的相关情况,明确认定该行为入罪标准需解决的先决问题;进而基于由危害结果构建的不同犯罪划分依据,对该行为在常见犯罪分类模式下的归属进行评辨;并就《刑法》第 13 条"但书"在本罪中的适用、自由裁量权与本罪的关系等问题作引申阐述。

关键词:危险驾驶罪 醉酒驾驶 危害结果 犯罪划分依据 入罪标准

《中华人民共和国刑法修正案(八)》[以下简称《刑法修正案(八)》]增设的危险驾驶罪,将原由行政法律规范约束的行为纳入刑法调整的范围,体现了国家的打击立场。但立法者在拟定入罪标准时针对不同情形并未统一做法:(1)驾驶机动车在道路上追逐竞驶(俗称飙车)的,以"情节恶劣"为入罪前提;(2)醉酒驾驶机动车(俗称醉驾)的,则无类似的规定。实践中对于醉驾入罪标准的把握,存在着激烈的争议。一种观点认为,《刑法修正案(八)》没有为醉驾入刑留下可供解释的余地,该行为无所谓严重与否,认定标准不应具有弹性,法院亦没有自由裁量权。[①] 另一种观点认为,处理醉驾案件要注意刑事责任与行政处罚的衔接,虽然立法没有为追究刑事责任设定前提,但依照《中华人民共和国刑法》(以下简称《刑法》)"总则"第 13 条规定的原则,醉驾行为情节显著轻微危害不大的,可不认为是犯罪。[②]

---

* 曾执:成都市中级人民法院助理审判员;秦波:成都市中级人民法院助理审判员;钟尔璞:成都市中级人民法院原副院长、西南财经大学法学院教授。

① 李京华、卢国强:《醉驾入刑岂容含糊——直击北京三起涉酒刑事案》,http://news. xinhuanet.com,下载日期:2011 年 8 月 27 日。

② 卫星:《区别对待醉驾是社会管理创新的必然要求》,载《人民法院报》2011 年 5 月 21 日第 2 版。

笔者走访有关部门后发现,2011 年 5 月至 2013 年 4 月,S 省省会 C 市的 20 个基层法院共审结危险驾驶案 317 件(已全部给予刑事处罚),其中 98.4% 的案件适用了监禁刑,类案服判率达 97.5%。不过,这些数据并不足以支持或反驳前文所列的任一观点。如何正确把握醉驾行为的入罪标准,涉及对犯罪论中危害结果的理解,和对基于危害结果构建的数种犯罪划分依据的甄别。笔者结合相关案例对此展开分析,以期明晰追究醉驾行为刑事责任的一般标准。

一、醉酒驾驶机动车的典型案件及特点

(一)蔡钦危险驾驶案

1. 基本案情:2011 年 4 月 30 日晚,被告人蔡钦驾车到 C 市金阳路用餐饮酒,次日 0 时许返回停车点发动车辆。0 时 35 分,蔡钦驾车行驶约 1500 米后被执勤民警拦下。经呼气酒精测试,其血液乙醇浓度为 188.8mg/100ml。同日 1 时 26 分,蔡钦被带至医院抽血,后经鉴定其血液乙醇浓度为 85.2mg/100ml。蔡钦于当日被取保候审,后被 C 市 Q 区人民法院以危险驾驶罪判处拘役 1 个月,并处罚金 1000 元。

2. 本案特点:(1)本案系 C 市首例危险驾驶案,公安机关对蔡钦作呼气酒精测试后 50 分钟进行了血液乙醇浓度检验,所得乙醇浓度为呼气时的 45.1%;(2)案发后公安机关即对蔡钦取保候审。

(二)陈伟危险驾驶案

1. 基本案情:2011 年 5 月 3 日 21 时许,被告人陈伟在 D 市(县级)南桥附近用餐饮酒后,驾车行至该市幸福路时撞倒路面摆放的交通指示牌,执勤民警遂对其进行检查并要求其下车。陈伟下车后击打民警,阻碍民警执行职务,次日被 D 市公安局以阻碍国家机关工作人员依法执行职务为由行政拘留 10 日。后经鉴定,陈伟血液乙醇浓度为 104.2mg/100ml。D 市人民法院以危险驾驶罪判处其拘役 3 个月,并处罚金 2000 元。

2. 本案特点:(1)陈伟未作呼气酒精测试,径直采用抽血方法,但送检时间在案发次日,得出结论时间又在送检次日;(2)陈伟击打执勤民警的行为,应当定性为单独的行政违法行为,还是作为醉驾的定罪量刑情节,存在认识上的分歧。

(三)兰元国危险驾驶案

1. 基本案情:2011 年 5 月 5 日 20 时 45 分左右,被告人兰元国饮酒后驾车行驶数百米,被民警挡下检查。经现场呼气式酒精测试仪检测,兰元国血液乙醇浓度为 151.3mg/100ml。经抽血鉴定,其血液乙醇浓度为 95.6mg/100ml。C市 C 区人民法院以兰元国犯危险驾驶罪判处其拘役 1 个月,并处罚金 2000 元。

2.本案特点:(1)兰元国接受呼气测试后半小时即被抽血送检,此时抽取的血样中血液乙醇浓度是呼气检测时的 63.2%;(2)兰元国被刑事拘留 3 日后,转为取保候审。

此外,上述三起醉驾案件,被告人均持有有效的机动车驾驶证和车辆行驶证。

二、先决问题的提出与解决

从前述案件可知,欲通过对危害结果及犯罪划分依据的研究,实现对醉驾行为入罪标准的掌握,需解决下列先决问题:其一,如何认定刑法意义上的醉酒驾驶血液乙醇浓度标准;其二,如何认识醉酒驾驶者阻碍民警执行职务的行为性质。

(一)刑法意义上的醉酒驾驶血液乙醇浓度标准

1.关于血液乙醇浓度:有观点认为,《车辆驾驶人员血液、呼气酒精含量阈值与检验(GB/T19522－2010)》(以下简称 GB/T19522－2010)中规定的血液乙醇浓度 80mg/100ml 的标准并非立法意义上的醉酒标准。如直接套用于危险驾驶罪,可能造成涉酒驾行政处罚的虚置。笔者认为,醉驾入刑和《中华人民共和国道路交通安全法》(以下简称《道路交通安全法》)的同期修改,反映了立法价值取向的变化。修正后的《道路交通安全法》将对醉驾行为的处罚从行政法中几乎完全剔除,仅保留了司法机关无权采用的吊销机动车驾驶证。如此一来,《道路交通安全法》就醉驾问题与刑事处罚(拘役、罚金)具有高度同质性的内容(拘留、罚款)均被取消,行政处罚不但不会被虚置,反而会因为吊销机动车驾驶证处罚适用的非例外性得到加强。

《道路交通安全法》的修改使血液乙醇浓度 80mg/100ml 的醉酒驾驶标准对行政处罚的价值大为削弱,但这种削弱并不意味着价值的完全消解。公安机关仍需凭借该标准吊销相关人员的行驶证件,将之移送司法机关。在此情况下,若以 80mg/100ml 只是行政处罚标准而非刑事处罚标准为由,提高醉驾行为的入罪标准,则将导致血液乙醇浓度在 80mg/100ml 以上,且不满该拟议中的较高标准的当事人不能受到司法评价,进而造成《道路交通安全法》"依法追究刑事责任"规定的实现不能。

据此,笔者认为,法律对行为性质评价的升格并不意味着评价标准的同时升格。虽然立法机关尚未出台醉酒驾驶血液乙醇浓度标准,但为了统一执法尺度,避免不同类型处罚间出现真空,同时顾及社会一般心理的接受与认知,在司法实践中将血液乙醇浓度 80mg/100ml 作为认定醉驾行为的现行标准是比较妥当的。

何况,将认定醉驾的标准确定为血液乙醇浓度 80mg/100ml 并不会给《刑法》第 13 条"但书"的理解带来障碍。"情节显著轻微危害不大"是对行为社会危害性的强调。社会危害性是行为人人身危险性和对社会造成的客观损害的统一。[①] 在醉驾案件中,不能单纯依靠行为人血液乙醇浓度判断其社会危害性。

2. 关于血液乙醇浓度的测定方法:GB/T19522－2010 确定的通行血液乙醇浓度测定方法有两种:测定血液酒精含量(BAC)和测定呼气酒精含量(BrAC)。依照《呼出气体酒精含量探测器(GA307－2001)》之规定,二者以下公式进行换算:

$$BAC(in\ mg/l) = BrAC(in\ mg/l) \times 2200$$

可见,呼气酒精测试的结果是缺乏直接性的换算值。且该换算值容易受被测试者服用的药品、食物干扰,在特殊条件下出现较大偏差。[②] 而且,呼气酒精测试不具有可重复性,其检测样本无法保留,还受制于被检测人的配合程度。[③] 与之相对,抽血检定的乙醇浓度具有直接性和较强的抗干扰性,能够更加如实地反映被测试者的酒精水平,在其基础上形成的鉴定意见也更能满足刑事证据"三性"的要求。

但是,在一般情况下,公安机关并不具备立即为涉嫌酒后驾驶的人员实施抽血检测的条件,只能根据呼气测试的结果作出初步判断。然而,这样的判断因不能抗拒干扰带有天生的缺陷,不能根本性地增强法官的内心确信,故仍需采用抽血的方法获取当事人的血液乙醇浓度。换言之,在此类案件中,具有资质的鉴定机构出具的血液乙醇浓度检测报告若付诸阙如,当事人又对呼气检测值提出抗

---

① 高铭暄、马克昌主编:《中国刑法解释》,中国社会科学出版社 2005 年版,第 181 页。

② 经酒精呼气测试,豆腐乳、漱口水、藿香正气水、醪糟等可以使服用者呈血液乙醇浓度不低于 80mg/100ml 样,引起"假性醉酒"。参见《豆腐乳引发醉驾? 警方:刚吃过后少开车》,载《成都晚报》2011 年 5 月 3 日第 7 版。

③ 白向东:《查酒驾 交警应注意哪些执法细节》,载《人民公安报》2011 年 5 月 6 日第 4 版。

辩,势必造成证据链的断裂。①

最高人民法院、最高人民检察院、公安部 2013 年 12 月 18 日出台的《关于办理醉酒驾驶机动车刑事案件适用法律若干问题的意见》(以下简称"两高一部"《意见》)也关注到了血液乙醇浓度检测报告的替代性问题。针对行为人呼气后脱逃、无法抽血检定,提出了以呼气结果作为认定依据的解决思路。这种思路确能化解部分醉驾案件面临的现实困局,但司法解释相对功利的价值取向,也极有可能从根本上影响防范刑事冤假错案工作机制的建立健全。从这个意义上讲,强调抽血方法在醉驾案件办理中的决定性地位,进而规定呼气和抽血的最长时间间隔、血样的保存范式、乙醇浓度衰减的计算规则,既是惩罚犯罪的现实需要,更是保障人权的必然要求。

(二)醉酒驾驶者阻碍民警执行职务的行为性质

在陈伟危险驾驶案中,陈伟因下车击打执勤民警,被 D 市公安局以阻碍国家机关工作人员依法执行职务处以行政拘留 10 日。

有观点认为,陈伟的击打行为属于其醉驾的定罪量刑情节之一,不应单独给予行政处罚。但笔者认为,该行政处罚决定符合《刑法修正案(八)》和《中华人民共和国治安管理处罚法》(以下简称《治安管理处罚法》)的立法精神。

1. 从罪状描述看,本罪的成立需在客观上满足三项条件:道路(驾驶场所)、醉酒(驾驶状态)和机动车(驾驶对象)。陈伟被拦下检查时,已醉酒驾驶机动车在公共道路上行驶了较长距离,客观行为与三条件相符;结合其"在 D 市南桥河边喝了两瓶白酒"的供述考察主观心态,可以认定具有醉驾故意;主客观达成了一致。因此,陈伟下车后击打民警的行为不属于《刑法》第 133 条之一规定的范畴。

2. 《治安管理处罚法》第 50 条规定,阻碍国家机关工作人员依法执行职务的,可处警告、拘留和罚款。阻碍对象为人民警察的,从重处罚。陈伟击打民警,阻碍民警依法履行检查职责,符合该条的规定。据此,公安机关从重给予陈伟行

---

① 抽血送检的血液乙醇浓度检测报告之于醉驾案件的重要意义,为 S 省 C 市中级人民法院 2014 年 4 月发布的示范性案例所揭示:陈某涉嫌醉驾经现场呼气检测后被抽血,因在案证据不能证明送检血样为陈某所有,C 市 W 区人民法院一审判决陈某无罪。检察机关提起抗诉后,公安机关以找到陈某案发时搜集封存的另一份血样为由,重新委托司法鉴定。鉴定意见认定该血样为陈某血样,血液乙醇浓度 146.3mg/100ml。S 省 C 市中级人民法院认为,原审法院依法判决陈某无罪并无不当,二审期间检察机关提供了对定罪有重大影响的新证据,导致原判认定事实不清、证据不足。据此撤销原审,发回重审。参见王鑫等:《一审宣告无罪 公诉机关提起抗诉 二审发现新证据裁定发回重审》,载《人民法院报》2014 年 4 月 17 日第 3 版。

政拘留 10 日的处罚,罚当其责。

另外,对于车辆驾驶人员被民警拦下后立即饮酒导致无法做酒精呼气测试的行为,有观点认为,不论酒是驾车前喝的还是驾车后喝的,只要现场检测的血液乙醇浓度达到醉驾标准,就应立案侦查。① 前述"两高一部"《意见》肯定了该观点。对此,笔者不敢苟同:因车辆驾驶人员的刻意阻碍,执法机关对其是否醉驾已无法查明,进而丧失了以危险驾驶罪追究其刑事责任的现实可能性。"两高一部"《意见》的有关规定,不仅有以高压严惩取代宽严相济之嫌,更弱化了故意犯罪的证明要求,给法官准确把握犯罪的认识要素带来了困扰。笔者认为,此种被拦下后立即饮酒阻碍民警执行职务的行为,如依照《治安管理处罚法》第 50 条第 1 款第(2)项、第 2 款之规定给予行政处罚,将更符合现行刑事法律的制度安排和谦抑本质。

三、基于危害结果构建的不同犯罪划分依据与醉酒驾驶机动车行为

(一)侵害犯—危险犯模式

刑法通说认为,行为对法益之侵害抑或该种侵害之危险为结果。将前述侵害或危险作为刑法处罚犯罪的依据,可划犯罪为侵害犯、危险犯两类。

考察《刑法》第 133 条之一的规定,并结合危险驾驶罪在刑法体系中所处的位置进行文义解释,不难发现本罪保护的法益是道路交通安全。刑法可罚的醉驾行为,仅需具备侵害法益的危险,而不需要相应危害结果的实际存在。由此,可以认定危险驾驶罪是危险犯而非侵害犯。

然而根据大陆法系的一般分类方法,危险犯还可继续细分为具体的危险犯及抽象的危险犯。在此格局下,有学者认为,危险驾驶罪是抽象的危险犯。② 一些实务界人士也赞同这一归类,并认为根据社会一般生活经验,醉驾行为对交通安全具有普遍危险性。③ 因此,醉酒行为是否具有公共危险,毋须司法人员具体判断。

---

① 《当场喝酒能赖掉醉驾?没门!》,http://www.jxnews.com.cn,下载日期:2011 年 8 月 27 日。

② 冯军、张明楷教授均持此观点,并在理论界引起了对危险驾驶罪性质将近三年的争鸣。参见张克文:《也论危险驾驶罪的基本问题》,载《当代法学》2014 年第 1 期。

③ 张爱晓:《危险驾驶罪与相关犯罪的界限与竞合》,载《河北法学》2014 年第 3 期。

不过,笔者并不赞同如此分类及因此作出的危险驾驶罪是抽象的危险犯的判断。笔者认为,危险犯不应再行细分,抽象的危险犯概念亦无存在价值。

抽象的危险犯的肯定论者认为,抽象的危险是拟制的观念上的一般危险。具体的危险犯所称之危险,需要司法认定;抽象的危险犯所称之危险,仅需立法推定。[①] 因而,一旦发生符合犯罪构成要件的抽象的危险行为,无须法官判断,即可推定危险的存在。但社会现象极其复杂,危险行为发生却无危险出现的情况并非鲜事。若此时仍以通常危险论,进而科处刑罚,将有悖于刑法的人权保障机能。

抽象的危险犯的肯定论者也注意到了这一点,并提出了用以弥补的"允许反证推定"理论,指出立法对危险犯的推定在诉讼中无须证明,但可在刑法可能处罚客观上完全无害之行为时进行反证。不过,承担该反证义务的是被告人而非控方。[②] 如是,危险虽未发生而行为人不能证明危险不会发生,亦将承担不利后果。这必然是对"疑罪从无"原则的违背,不能为法治所接受。

因此,司法机关在办理醉驾案件时,应摒弃有罪推定思维,紧扣罪状描述和法益严格认定涉案行为的危险性。在行为人没有主动饮酒,也没有意识到自己已经饮酒的情况下,应排除行为人故意的成立,其行为不构成危险驾驶罪。在行为人醉酒后坐进机动车驾驶室打燃发动机,却未开动的情况下,因行为人尚未着手,法益尚无受到侵害的危险,也不构成危险驾驶罪。[③] 至于行为人醉酒后,驾驶机动车在没有其他车辆行人的荒野道路上行驶的情形,由于《道路交通安全法》意义上的道路不以车辆行人的存在为认定要件,而上述驾驶行为对法益又确有侵害危险,故在逻辑上符合危险驾驶罪的犯罪构成。

(二)行为犯—结果犯模式

行为犯和结果犯是另一组与危害结果密切相关的概念。除个别反对行为犯概念、认为只存在结果犯的观点外,学界一般认为结果犯是由危害行为和危害结果共同构成犯罪客观方面的犯罪,如故意杀人罪以人的死亡结果区分既遂与未遂;行为犯则是以危害行为的完成作为犯罪客观要件齐备标准的犯罪,如强奸罪。二者虽被学界主流视作一组概念,区分标准却从未统一,常见的有如下三种:(1)犯罪构成要件中只规定行为内容的是行为犯,同时规定结果内容的是结

---

① 张明楷:《刑法学》,法律出版社 2011 年第 4 版,第 167 页。

② [日]山口厚:《危险犯之研究》,东京大学出版社 1982 年版,第 205 页。

③ 德国刑法理论认为,醉驾行为的着手始于驾车,即车辆实际上已经发动行走;如果只是热车准备上路,就不是驾车。参见郭小亮、罗云:《"醉驾型"危险驾驶罪中"驾驶行为"的理解和认定》,载《中国人民公安大学学报》2014 年第 2 期。

果犯。(2)行为没有侵害特定对象的是行为犯,行为对对象的侵害属于构成要件要素的是结果犯。(3)行为终了和结果发生没有时间上区隔的是行为犯,存在时间上区隔的是结果犯。[①]

将上述三种标准应用于危险驾驶罪不难发现:(1)本罪的构成要件要素只包括行为内容,即在道路上醉酒驾驶机动车,而没有关于该行为所致结果的内容。(2)立法机关将本罪纳入危害公共安全罪印证了其侵害对象的不特定性。(3)醉驾行为一旦着手进行,危害公共安全的结果即发生;该结果的发生虽在行为终了之前,却能伴随行为保持存续;因而不能认为其行为终了和结果发生存在时间上的区隔。

据此,醉驾行为在行为犯与结果犯的常见区分标准中,均得以归类为行为犯。

然而,行为犯、结果犯的分类方法并不涉及对行为犯和举动犯概念的辨析。大陆法系国家学者多将行为犯和举动犯视为可相互替换的同义概念。[②] 我国学者却并未全盘接受:有的视之为属种关系;有的进一步认为举动犯和过程犯是组成行为犯的两种类型;更多的则在讨论犯罪既遂标准时予以区分,认为举动犯一着手即既遂,行为犯的既遂则需要完成法律规定的犯罪行为。最后一种观点也被我国教科书广泛采纳。

笔者认为,这样的归类价值同样不大。任何犯罪欲达致既遂均需要一个过程,举动犯亦不例外。以通说归类于举动犯的组织黑社会性质组织罪为例,行为人一旦付诸行动组织黑社会性质组织,即可认定着手。但若黑社会性质组织最终未能成立,则不能认定行为人构成组织黑社会性质组织罪。由此可见,成立举动犯确需过程,将举动犯和行为犯以种属视之的观点有失偏颇。借用前例再做假设,若黑社会性质组织的未能成立,系因行为人着手后的自动放弃所致,则不论依何种犯罪理论,均不能认定该行为人犯罪既遂。举动犯着手即既遂的划分标准也就此失去了意义。

(三)即成犯—状态犯—继续犯模式

着眼于法益侵害结果和犯罪终了的关系,可将犯罪分为即成犯、状态犯和继续犯。三类犯罪的典型罪名分别是故意杀人罪、盗窃罪和非法拘禁罪。即成犯的法益侵害结果与犯罪终了同时发生,法益也就此消灭;状态犯的法益侵害结果也和犯罪终了同时发生,但法益并不因此消灭,而持续处于受侵害的状态;至于

---

① 张明楷:《刑法学》,法律出版社 2011 年第 4 版,第 168 页。
② 林东茂:《危险犯与经济刑法》,台湾五南图书出版公司 1996 年版,第 11 页。

继续犯,对法益的侵害持续,犯罪构成符合性亦持续。① 然而不同于即成犯与状态犯,受继续犯侵害的法益相对特殊。以非法拘禁罪为例,本罪保护的法益是公民的人身自由权。从非法拘禁实行行为着手开始,被拘禁者的人身自由权连续不间断地受到侵害。不过,非法拘禁行为一旦终了,其侵害的法益——被拘禁者的人身自由权就即刻地、自动地、完全地得以回复,并与犯罪着手前毫无二致。

与此类似,醉驾行为一旦着手进行,道路交通安全就持续受到侵害;只要行为终了,道路交通安全受侵害的状态也告结束,法益即回复到着手前的状态。因而,在即成犯、状态犯与继续犯的分类中,醉驾行为属继续犯。

四、引申:《刑法》第 13 条"但书"之适用

通过前文的论证,笔者得出如下结论:(1)醉驾行为在常见的数种犯罪划分依据下分属于危险犯、行为犯和继续犯,侵害的法益是道路交通安全;(2)醉驾行为在车辆停驶时即告终了,行为人其后的违法行为,不属于危险驾驶罪的评价范畴;(3)在国家进行立法前,应将血液乙醇浓度 80mg/100ml 作为认定醉驾行为的标准,以避免行政处罚和刑事处罚的断层;(4)基于刑法的谦抑性和人权保障机能,有权机关用以刑事立案、起诉和审判的血液乙醇浓度,应当采用更具有直接性和抗干扰性的抽血检定值。

那么,基于上述结论,法院对抽血检定的血液乙醇浓度在 80mg/100ml 以上的醉驾案件又是否拥有自由裁量权?是否能够依照《刑法》第 13 条"但书"的规定认为其中一部分案件情节显著轻微危害不大的,不构成犯罪?

《刑法》第 13 条"但书"以前的部分,是一个全称肯定判断(SAP)。不可否认,"但书"使《刑法》第 13 条成为一个形式逻辑上的病句。但是,我国刑法上的犯罪概念以社会危害性为本质,"但书"作为"但书"以前部分的自然延伸,所起作用正是对社会危害性程度进行量上的说明与限定。② 因此,"但书"并不存在实质逻辑上的错误。一般而言,侵害法益之行为具有社会危害性。问题在于,这一判断能否被视为 SAP,并以此认定盗窃一粒米也构成盗窃罪?按照形式逻辑规则,答案似乎是肯定的。一旦投入司法实践,这样的答案又必然遭到质疑。因此,需要对违法行为的可罚性进行界定,避免不加区别地在法益侵害与社会危害性之间画等号,造成"法繁于秋荼,而网密于凝脂"的局面。如前文所述,行为人醉驾的身体动静发生在没有其他车辆行人的荒野道路上,纵然该行为具有一定的社会危害性,使法益受到了一定程度的侵害,行为人是否必须为这一不包含具

---

① 张明楷:《刑法学》,法律出版社 2011 年第 4 版,第 171 页。
② 高铭暄、马克昌主编:《中国刑法解释》,中国社会科学出版社 2005 年版,第 190 页。

体危害结果的行为承担刑事责任？

《刑法》第13条"但书"恰如其分地回答了这个问题。情节显著轻微危害不大，正是对侵害法益、具有一定社会危害性，却欠缺社会一般观念上的刑事可罚性的行为的中肯评价。若对这样的行为科以刑罚，打击面过大，不啻对司法资源的浪费。

然而，回顾《刑法修正案（八）》施行以来的司法实践与社会舆论，漠视乃至排除《刑法》第13条"但书"适用、对醉驾行为一律严罚严惩的情形非但不鲜见，反大有成舆论主流之势。统计数据显示，2011年5月至2013年4月，全国查处醉酒驾驶违法行为起数、因醉酒驾驶发生交通事故死亡人数和受伤人数同比分别下降35.2％、21.1％和34.7％。① 其后，全国多地的醉驾案件出现反弹趋势。② 而从2009年8月15日公安部开展酒后驾驶专项治理、提出"四个一律"③起的一个月内，全国因酒后驾驶引发交通事故起数、死亡人数、受伤人数的同比降幅分别是37.5％、36.2％和31％。④ 也就是说，严罚严惩的司法实践一方面大幅提升了为治理醉驾行为付出的社会成本，另一方面却未能带来较先前严格行政执法更多的社会收益。由是，排除《刑法》第13条"但书"在危险驾驶罪中的适用，既不符合刑罚的经济性原则，又违背了刑法分则要接受刑法总则的指导和制约的刑法内在逻辑。

因此，法官在审理醉驾个案时，必须立足于案件事实适用法律，作出涉案行为情节是否显著轻微、是否构成犯罪的判断——这正是法官行使自由裁量权的过程。故不能认为法院在醉驾案件中不具有自由裁量权，更不能因噎废食，将法官执行法律、行使自由裁量权的职业活动视作对法律的曲解。

① 《法制速递》，载《人民法院报》2013年5月4日第5版。

② 新闻媒体公开报道了北京、浙江、河南、重庆等省市的醉驾案件在2013年5月后出现反弹的情况。参见沈义、米劲松：《醉驾，为何在"入刑"第三年反弹》，载《检察日报》2013年10月24日第4版；刘启路、高鸿鹏：《9月醉驾刚被抓 前天这位还酒驾》，载《大河报》2013年11月14日第19版；周琼等：《醉驾入刑第三年 近期以身试法者再度呈现增加趋势》，载《宁波日报》2013年12月16日第2版。

③ "四个一律"是指：对饮酒后驾驶机动车的，一律暂扣驾驶证三个月；对醉酒驾驶机动车的，一律拘留十五日，暂扣驾驶证六个月；对一年内两次饮酒驾驶的，一律吊销驾驶证，两年内不得重新取得驾驶证，属营运驾驶员的，五年内不得驾驶营运车辆；法律法规规定有罚款处罚的，一律从重处罚。

④ 陈玉冰：《〈刑法修正案（八）〉关于醉驾规定值缺陷分析》，载《成都行政学院学报》2011年第4期。

关于诉讼动机的心理学分析

■兰世民*

摘要： 诉讼动机是原告提起诉讼和参加诉讼活动的内在动因。以动机是否具有合法性为标准，诉讼动机可以分为决意诉讼、无意诉讼、刻意诉讼、恶意诉讼和故意诉讼。识别诉讼动机，法官要具备擅于观察、人际交往、认知说服和情绪调节等能力。法官应正确应对诉讼中出现的偏见和逆反心理，准确引导当事人进行利弊关系的衡量和得失选择。针对不当诉讼和违法诉讼，法官还应以明辨是非的司法洞察力，惩处不法诉讼。

关键词： 诉讼动机　心理学　司法应对　司法公正

司法领域对动机的研究以刑事犯罪构成的主观方面为中心。刑法理论认为，犯罪主观方面包括罪过（即犯罪故意或犯罪过失）以及犯罪的目的和动机。"刑法学所研究的动机和目的，不是人的一般故意行为的动机和目的，而是作为行为人故意犯罪活动主观因素的犯罪的动机和目的。所谓犯罪动机，是指刺激犯罪人实施犯罪行为以达到犯罪目的的内心冲动或者内心起因。犯罪动机侧重于影响量刑，对直接故意犯罪的定罪也具有一定的意义。"①

反观民事诉讼领域，理论界鲜有对诉讼动机进行研究者。② 比较而言，刑事诉讼领域的犯罪动机是固定的，即已经发生的。而民事诉讼中的诉讼动机是不固定的，即正在发生的或将要发生的。换言之，在民事诉讼的不同阶段，诉讼动机并不是一成不变的，有时是可以转化的。因而，民事诉讼领域的诉讼动机更显得捉摸不定。这对动机问题的理论研究带来更大的难度和挑战。具体到司法实

---

* 作者系浙江省桐庐县人民政府法制办公室副主任。

① 高铭暄、马克昌主编：《刑法学》，北京大学出版社 2010 年第 4 版，第 211～212 页。

② 笔者以"诉讼动机"为关键词在 CNKI 系列数据库进行搜索，仅有两篇文章论述诉讼心理，一篇文章涉及诉讼的混合动机，其他论述仅涉及虚假诉讼。参见鲁千晓：《论诉讼心理的形成机制及其特点》，载《社会心理科学》1998 年第 3 期；姚铸、周丽：《关于诉讼当事人心理疏导服务的思考》，载《法律适用》2014 年第 2 期；黄鸣鹤：《调解过程中的混合动机判断及价值创造》，载《人民司法》2010 年第 17 期。

践,针对原告的起诉,法院或者审理法官一般都比较重视原告提出的诉的理由,即原告提出诉讼请求所根据的事实。而对原告起诉的动机是什么,却鲜有关注者。由于诉讼动机是心理活动,隐藏在当事人的内心世界,一般情形下审理法官难以发现。这就为公正司法和审判之后的涉诉信访留下了隐患。我们虽然不能对当事人的诉讼动机妄加评论,但却可以通过诉讼行为对其作多角度的审视。法官洞悉诉讼动机,对法官明晰审判思路、当事人服判息诉和预防涉诉信访起着至关重要的作用。

一、诉讼动机的类型化分析

(一)诉讼动机的概念和意义

根据《辞海》的解释,动机有三层含义:一是指使人或动物发动和维持其行动的一种内部状态。二是指与满足个体需要有关的活动的目的或出发点。是人对他的需要的一种体验。它总是指向那些能够满足个体需要的某种事物或行动。三是在哲学上与"效果"相对,组成辩证法的一对范畴。动机指人们行动的主观愿望,人们做任何事情都受一定的动机支配。[①] 每个人从事任何活动都是有一定的原因的,这个原因就是人的行为动机。动机是为实现一定目的而行动的原因,它在心理学中占有十分重要的位置。英语"动机"(motivation)一词,来源于拉丁文(movere),即推动的意思。[②] 现代心理学将动机定义为推动个体从事某种活动的内在原因。因此,所谓的诉讼动机是指原告提起诉讼和参加诉讼活动的内在动因。

民事裁判在社会中发挥着巨大的作用,研究诉讼动机的意义在于:维护司法公平正义;净化司法环境;便于法官对症下药,正确解决矛盾纠纷。

(二)诉讼动机的类型化分析

任何一种行为都具有合理性与不合理性,当事人的诉讼行为也不例外。诉讼行为是否具有合理性,在法理上或司法实践中,法官是可以作出法律上的判断的。行为从何而来?从心理学的角度分析,人类的行为是需要和诱因相互作用的结果。需要和诱因是引起动机的两个条件,诉讼动机决定诉讼行为。在心理学上,根据动机的来源,可将其分为内部动机和外部动机。内部动机是由好奇

---

① 《辞海》,上海辞书出版社 1999 年版缩印本,第 364 页。
② 叶奕乾主编:《心理学》,中央广播电视大学出版社 1994 年版,第 204 页。

的、好胜的和互惠的三种内驱力组成的。① 相反,外部动机是由外部的诱因激发出来的。故而,引起诉讼动机的内部动机是好胜的内驱力,即求成欲。引起诉讼动机的外部动机是诱因。因为诉讼动机是一个一般性的、概括性的称呼,所以将诉讼动机作为一般概念来使用,并进而将诉讼动机按照不同标准作出相关分类是可行的。最直观的判断,就是诉讼动机是善意的还是恶意的。因此,以诉讼行为和诉讼动机是否具有内在的一致性,结合法理学和心理学对诉讼动机进行分类,具有理论上的契合点。

各国和地区法律规定了通常诉讼(或称正当诉讼、合法诉讼)和恶意诉讼,此种分类重视的是诉讼行为与诉讼后果。如美国《联邦民事诉讼规则》第 11 条对滥诉行为进行了规制,澳门《民事诉讼法典》第 385 条规定了恶意诉讼。我国 2012 年修改的《民事诉讼法》也首次对恶意诉讼进行了规定。然而,诉讼行为与诉讼后果背后的诉讼动机是什么,不仅法律没有规定,相关的法理也未对诉讼动机进行相关的分类研究。本文以动机是否具有合法性为分类标准:如当事人诉讼的动机是合法的,动机谋求的是自己的合法权益,该权益确实需要司法保护,则该诉讼请求应当得到法律和法院的支持;反之,如果当事人诉讼的动机是非法的,动机谋求的不是自己的权益,或者该权益根本不存在,该滥用诉权的诉讼就不需要司法的保护,且诉讼同时也侵害了司法权,则该诉讼应当受到法律的惩罚。因此,动机合法的诉讼是正当性诉讼,动机非法的诉讼是违法性诉讼。但分类不尽于此二者。从司法实践来看,有些诉讼则介于合法性与违法性之间,动机混合,我们可以把它称为不当诉讼。诉讼行为也是当事人的意识活动。故而,诉讼动机可以分为合法诉讼、不当诉讼和违法诉讼。当然,我们更加关注的应当是违法诉讼。根据当事人动机的主观恶性程度,违法诉讼可以分为一般违法诉讼(或称轻微违法诉讼)和严重违法诉讼。一般违法行为的诉讼,有无意诉讼和刻意诉讼。严重违法行为的诉讼,有恶意诉讼和故意诉讼。下文的诉讼动机细分便是由此产生的。

1. 决意诉讼。决意即拿定主张。决意诉讼是指原告就产生的纠纷,拿定主张向法院提起诉讼,以保护自己的合法权益。决意诉讼是民事诉讼法中一般意义上的最常见、最普遍的诉讼形式。原告的诉讼请求与诉讼动机完全相一致。决意诉讼的目的具有正当性,诉讼行为与诉讼目的也具有完全的一致性。

2. 无意诉讼。无意即没有做某种事的愿望。无意诉讼是指原告本无意或无心对被告或者产生的纠纷提起诉讼,只因被告的某些行为或者出现的某些事实迫使其提起诉讼。在本质上,原告的诉讼请求与诉讼动机相背离。引起无意诉

---

① 参考美国心理学家杰罗姆·布鲁纳(Jerome Seymour Bruner)的认知发展理论。参见[美]布鲁纳:《故事的形成》,孙玫璐译,教育科学出版社 2006 年版,第 112~115 页。

讼的动机是外部诱因。当前,法律工作者的风险代理是引起无意诉讼的主要动因之一。

3. 刻意诉讼。是指原告用尽心思寻找、制造纠纷或者事实和理由向法院提起诉讼。或者就同一纠纷,不是一次性起诉,待前次诉讼请求被法院驳回后,又以其他诉讼请求再次提起诉讼。刻意诉讼的本质特征是滥用诉讼权利,即无论有理无理,不管何事,到法院起诉。典型的就是知假买假诉讼。近年来,部分媒体赞扬当事人打所谓的"索赔一元钱官司",要理不为钱,利用司法渠道进行"炒作",①这并非认真地对待权利,且造成诉讼成本的浪费,实质是滥用诉权。

4. 恶意诉讼。恶意即坏的用意。恶意诉讼是指当事人明知或应当知道其诉讼目的是不正当的,而仍然诉请保护,以致不正当诉讼发生,侵害对方当事人合法权益的行为。恶意诉讼在司法实践中体现为恶意起诉、恶意保全和恶意反诉等样态。具体可划分为"欺诈型诉讼、骚扰型诉讼和拖延型诉讼等类型"②。行为人起诉的目的是为了追求某种不法利益、不当利益,或者是达到其他非法目的,而颠倒黑白、隐瞒重要事实,拖延履行金钱给付义务。恶意诉讼一词是英美侵权行为法的概念,与罗马法中的恶意诉权概念相似。受行为人的主观恶意支配的行为是"特别值得谴责的、特别恶毒的或是特别不道德的违背善良风俗的加害行为"③。上述情况表明,恶意诉讼并不是我国所特有的现象。

5. 故意诉讼。故意即有意识地。故意诉讼是指根本没有产生纠纷的客观事实,而故意捏造、伪造或者编造部分或者全部的事实和理由提起诉讼,侵害案外人权益或者公共利益的行为。故意诉讼的实质是无中生有,凭空捏造。典型的是虚假诉讼,即双方当事人恶意串通,隐瞒真相,利用虚假的法律关系和伪造的证据向法院提起诉讼,通过民事诉讼程序获取非法利益,损害其他人权益以及公共利益的行为。④ 可见,故意诉讼涉嫌刑事犯罪。

对诉讼动机与诉讼请求的关系评价可见下表。

---

① 李爱芹、张蕾:《"一元钱官司"引爆观念交锋》,http://theory. people. com. cn,下载日期:2014 年 4 月 7 日。

② 叶铭:《恶意诉讼的类型化分析》,载《湖北警官学院学报》2012 年第 8 期。

③ [德]雷斯蒂安·冯·巴尔:《欧洲比较侵权行为法(上册)》,张新宝译,法律出版社 2001 年版,第 50 页。

④ 段瑞群:《刺破"权利"的面纱》,载《民事法律文件解读》(第 12 辑),人民法院出版社 2012 年版。

表 1　诉讼动机与诉讼请求的关系表

动机类型	诉讼动机与诉讼请求即目的与行为的关系	诉讼的事实和理由	诉讼目的评判
决意诉讼	行为和目的完全一致	存在客观事实和理由	合法诉讼
无意诉讼	行为和目的不完全一致	存在基本的客观事实和理由	不当诉讼
刻意诉讼	行为和目的完全一致	存在偏差的客观事实和理由	不当诉讼
恶意诉讼	行为和目的完全一致	存在严重偏差的客观事实和理由	不当诉讼违法诉讼
故意诉讼	行为和目的完全一致	根本不存在的客观事实和理由	违法诉讼

应当指出,当下理论和实务中所称的虚假诉讼,混淆了恶意诉讼与故意诉讼的关系。就侵害客体或者权益而言,恶意诉讼侵害的是当事人利益,而故意诉讼侵害的是案外人利益。就双方争议而言,恶意诉讼的两造具有激烈的对抗性,而故意诉讼则不存在对抗性。

二、诉讼动机影响司法的实证解读

笔者通过调阅东部沿海 H 地区的 X 区法院、J 市法院和 T 县法院 2008 年至 2011 年 4 年间的 1200 例民事审判卷宗,以及与其相对应的 91 位案件承办法官的问卷调查和个别交谈,了解到诉讼动机在司法实践中的相关情况。①

---

①　本次调研选择的法院为城区、县和市法院,具有一定的地域代表性。对审判卷宗的调阅,以尾号为 3、6、9 进行抽取,其中的结案比例为:判决占 40%,调解和撤诉各占 30%。对承办法官即调查对象的选择,其比例为:50 周岁以上、50 周岁以下至 40 周岁以上和 40 周岁以下年龄段的各占 1/3。

(一)诉讼动机类型在民商事案件中的比重

在 1200 例案件中,绝大部分案件中原告的诉讼动机纯正。决意诉讼的案件为 708 件,占整个案件的 59%。无意诉讼案件为 300 件,比重占 25%。刻意诉讼、恶意诉讼和故意诉讼的案件分别为 92 件、27 件和 73 件,占整个诉讼案件的 16%。不当诉讼和违法诉讼的情况占有一定的比例,形势不容乐观。

数据还显示,故意诉讼主要在事后通过审判监督程序和公安机关侦察发现。其中有 20 件疑似故意诉讼,法院也将相关的案件移送公安机关处理,因公安机关未立案侦查而无果。此类案件主要为民间借贷纠纷和侵权责任纠纷。

(二)各类诉讼动机发生领域的分布情况和特点

表 2　各类诉讼动机发生的领域分布表

动机类型	发生诉讼的主要领域	特点	不良后果
决意诉讼	涵盖所有的诉讼	形式的合法性 目的的合法性 争议的对抗性	无
无意诉讼	小标的额诉讼、离婚诉讼	形式的合法性 目的的合法性 争议的弱对抗性	浪费司法资源
刻意诉讼	侵权责任、离婚诉讼 相邻关系	形式的合法性 目的的不法性 争议的对抗性	浪费司法资源 弱化司法权威
恶意诉讼	侵权责任、劳动争议、 与公司有关的纠纷、执行异议之诉	形式的非法性 目的的不法性 争议的对抗性	浪费司法资源 影响司法公正 弱化司法权威
故意诉讼	不法原因给付、离婚诉讼、 破产清算、驰名商标认定 不动产租赁	形式的合法性 目的的不法和隐蔽性 争议的无对抗性	浪费司法资源 影响司法公正 弱化司法权威

（三）诉讼动机与诉讼请求的关系评价

表 3　诉讼动机与诉讼请求的司法处理情况表

动机类型	诉讼请求合法性	事实和理由认定	裁判结果	裁判方式比例			影响司法情况
				判决	调解	撤诉	
决意诉讼	合法	充分或基本充分	支持诉讼请求	61%	26%	23%	无
无意诉讼	基本合法	不充分	部分支持	5%	69%	26%	无
刻意诉讼	合法与违法混合	不充分	驳回	71%	15%	14%	有
恶意诉讼	一般违法	不充分	驳回或支持	90%	10%	0	有
故意诉讼	严重违法	无事实和理由	驳回或支持	10%	80%	10%	有

说明：恶意诉讼和故意诉讼支持原告胜诉的原因是法官按证据进行裁判。

（四）诉讼动机涉及涉诉信访情况

2007 年至 2011 年 5 年间，发生进省和进京上访的案件 15 件 83 人次，除 1 件为刑事案件外，其余上访人均为败诉的原告。

表 4　诉讼动机与涉诉信访、上访的对应情况表

动机类型	发生诉讼的主要领域	涉诉信访、上访动因	对应上访人
决意诉讼	侵权责任、所有权	败诉后动机过于强烈	原告
无意诉讼	小标的额诉讼、离婚	一般动机转为强烈动机	原告
刻意诉讼	相邻关系、侵权责任	不法动机转为强烈动机	原告
恶意诉讼	小标的额诉讼	不法动机过于强烈	原告
故意诉讼	物权纠纷、民间借贷、知识产权	裁判指向的权利或权益受损	案外人

三、法官识别诉讼动机的心理学能力养成

法官识别诉讼动机的能力并不是与生俱来的，要有认真对待工作的激情和求知欲望，它需要法官具备必要的心理学知识，以养成心理学的能力和素养。

(一)擅于观察的能力

观察力是人有目的、有计划地知觉事物的能力,尤其是指辨别物体细微差别和细小特征的能力。在心理学中,因为知觉和思维的密切联系是观察的一个主要特征,所以,观察也被称为"思维的知觉"。观察能力是法官识别诉讼动机的最基本的能力。

1. 观察的亲历性。西周小司寇的五声听讼法是"一曰辞听,二曰色听,三曰气听,四曰耳听,五曰目听"[①],可见古代的法官很早就懂得了亲历性道理。这种通过眼睛看、耳朵听、鼻子闻、嘴巴尝和皮肤接触等方式认识事物的心理过程,就是观察。现代司法更是非常注重司法程序,遵循言辞原则。法官根据两造的表现,形成自己的内心确认。

2. 观察的技能性。人的观察能力不是天生的,通过系统的训练是可以得到提高的。为此,法官在审判活动中,应注意以下几点:(1)充分尊重客观事实,以事实为依据。心理学家经分析认为造成观察偏差的因素主要有四点:自己先入为主的偏见导致了观察的错误;用自己过去的知识、经验生搬硬套观察到的现象,结果"牛头不对马嘴";自己观察中的错觉;被自己的兴趣牵着鼻子走。[②](2)明确观察的目的和任务是观察取得成功的根本。观察本来就是有目的的知觉活动,法官在观察中应明确目的和任务,尽快抓住要领,取得良好的观察效果。(3)观察的成功要依赖一定的知识、经验和技能。要对观察的目标有清醒的认识,并在认识上做好充分的准备工作。(4)在观察过程中要注意每一个细节。细节决定成败,法官在必要时可以借助摄像等现代化设备观察自己可能遗忘的具体环节。(5)观察时要加入思维因素。要运用已有的知识和经验,调动积累的词汇和语言表达方式,由此及彼、由表及里,进行思索、分析、比较,力求对事物产生新的体验和感受,在头脑中留下鲜明、生动的形象。

3. 观察的质效性。(1)要勤于观察,善于观察。凡是具有观察力的人,必然都是勤于和善于观察的人。能够随时随地迅速而敏锐地注意到有关观察对象的各种极不显著但又非常重要的细节和特征。(2)要有必要的知识和社会阅历。法官不仅要具有法学专业知识,还要具有其他学科的知识。知识越丰富,对事物的观察也就会越深入、越周到。同时,社会阅历也可以与知识进行互补。丰富的人生阅历需要岁月的锤炼,可以弥补知识的不足,两者相得益彰。(3)观察全面。观察和掌握当事人的心理动机,在司法实践中,法官主要可以通过以下途径获

---

① 《周礼·秋官司寇》。

② 徐学俊、王文主编:《心理学教程》,华中科技大学出版社 2010 年版,第 78 页。

得：法庭审理过程，通过法庭调查，仔细观察当事人的言行举止；庭后沟通环节，个别交流，当事人的意识流露，包括审判中用社会道德引导；社会调查发现；公安机关侦查。上述四种途径获取诉讼动机的占比为 15%、62%、20% 和 3%。可见，法官观察和掌握当事人心理动机的功夫，有很多在"课外"。

（二）人际交往的能力

法官和当事人的关系是审判中最重要的人际关系之一，这是一种合作—支配型的关系。要把握法官与当事人之间的领导（驾驭）、友好帮助、理解和当事人自主等几个方面。（1）法官要适应当事人，而不是当事人来适应法官。用当事人适应的方式去交流。法官要平易近人，放下架子，淡化权威意识，以知心朋友的角色深入当事人的内心，当事人才可能并愿意把法官当朋友，向法官吐露心声。（2）法官要把解决问题的诚意和善意传递给双方。只有真情才能拉近法官和当事人之间的感情距离。（3）要学会倾听。只有深入当事人心灵，才能把话说到点子上。

（三）认知说服的能力

任何一个说服过程都是从某一"可见的说服刺激"开始的。法官作为信息的传递者——说服者，他对案件的看法，要使当事人认同，必须设计好一套"传递的信息"①。即对所传递的信息内容精心组织，对传递信息的方式精心安排，以说服当事人相信他的观点是正确的，并引导和劝说当事人放弃原有的态度与观点，接受法官的态度与观点。

（四）情绪调节的能力

情绪调节既可以是抑制、削弱和掩盖的过程，也可以是维持和增强的过程。调节当事人的情绪是法官在一些策略和机制的作用下完成的，情绪被管理和调整的过程既包含有意识的、努力的、控制的调节，也包括无意识、无须努力的、自动的调节。法官应"处处替当事人着想，时刻去留心揣摩当事人的心思和感觉，用一种同情的态度去研究当事人"②。

---

① ［美］威尔伯·施拉姆、威廉·波特：《传播学概论》，何道宽译，中国人民大学出版社 2010 年第 2 版，第 183 页。
② ［美］尤文·韦伯、约翰·摩根：《心理调节术》，周国柱等译，中央编译出版社 2009 年版，第 268 页。

四、法官对诉讼动机的心理学应对

法官肩负着维护公平正义和净化司法环境的重任。本文从心理学方面考察,仍从心理学方面进行应对。

(一)正确引导当事人的成就动机①

成就动机对个人发展和社会进步都具有重大作用,它好像是一架强大的发动机那样,激励人们努力向上。因而,法官的正确引导显得至关重要。

1.利弊关系的衡量与引导。人的需要的多样性决定了动机的复杂性。尤其在诉讼环境的特定客观条件下,当事人存在的动机不可能同时获得满足,这就会在当事人的心理上产生动机冲突或者动机斗争。这时,法官如何正确引导当事人对利弊关系进行衡量,显得非常重要。(1)双趋冲突。鱼与熊掌不可兼得,舍鱼而取熊掌。当事人面临两个有利性的问题时,两利相衡取其重,当事人必须在法官的引导后选择其一。(2)双避冲突。当事人面临两个不利性的问题时,两害相衡取其轻,当事人必须在法官的引导后选择其一。(3)趋避冲突。既好而趋之又恶而避之是人的天性,法官应明确告知当事人天上没有掉馅饼的事,引导其衡量利弊。

2.动机归因的正确引导。动机归因理论主要涉及的是对成功和失败的解释。人际知觉在人际交往上的作用就在于使观察者能够预测和控制他人的行为。根据美国心理学家维纳(B. Weiner)的观点,归因不是一个独立的过程,它是行为后果与后继行为之间的中介认知过程。"对行为后果所作的归因会影响到下次结果的预期及情感反应,而预期及情感反应又成为后继行为的动因。"②因此,法官不应该仅仅局限于归因本身,而应当开始探索归因对于当事人后继行为的影响。维纳的简明动机归因模式,对法官审判有很好的启迪。

---

① 标题借用了张春兴教授的成就动机和亲合动机分类概念。张春兴教授认为,心理性动机中包括两个层次:一个层次包括较为原始的三种驱力,即好奇、探索与操弄;另一个层次包括人类所特有的成就动机和亲合动机等。参见张春兴:《心理学》,台湾东华出版社1977年版,第417页。

② 徐学俊、王文主编:《心理学教程》,华中科技大学出版社2010年版,第165~166页。

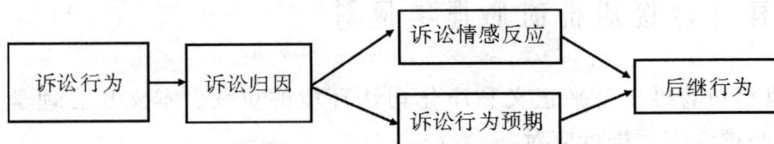

图 1　诉讼动机归因模式

3. 后继行为的预警措施。针对败诉的当事人，可用色彩来区分动机类型实施预警，对当事人的后继行为采取不同的司法对策。

表 5　诉讼动机（需要）的司法预警机制

动机类型	预警色彩	司法甄别态度	发现机制	司法对策
决意诉讼	绿色	允许	——	因势利导
无意诉讼	黄色	允许	立案、审理	因势利导
刻意诉讼	灰色	反对	立案、审理	因势利导
恶意诉讼	红色	禁止	审理	惩处
故意诉讼	黑色	禁止	审理、再审	惩处

（二）积极施展法官的亲和动机

法官在审判活动中，必须与当事人接近、合作和保持友谊。因为亲和活动与恐惧和忧虑有关，要消除当事人的恐惧感和忧虑感，就必须进行深入细致的思想工作。

1. 尊重当事人并进行疏导。尊重是人的基本需要，是法官对当事人的人格认同。当事人也渴望得到法官的尊重、信任和理解。尊重也是法治社会的基本要求。当事人的消极情绪光靠自身调节是不够的，需要有法官的引导。当其被不良情绪困扰时，将内心的压抑向法官吐露出来，并听听法官的意见是大有好处的。当事人从法官那里得到的不仅仅是安慰，还有解决问题的具体办法。当局者迷，旁观者清，法官的点拨往往会使当事人茅塞顿开。

2. 正确应对偏见和逆反心理。偏见和逆反心理是审判活动中非常常见的态度。（1）正确应对偏见。法官在审判活动中可能会对持有偏见的当事人产生一些消极的看法，甚至产生认知上的偏见，进而难以客观地认识和评价当事人，从而影响审判活动的顺利进行。故而，法官对当事人应当一视同仁，平等对待。用一分为二的辩证法观点来把握，做到不偏爱、不偏恶，客观对待。（2）对有逆反心理的当事人，法官应奖惩分明，强化正行为。法官在对当事人的错误进行批评教育时，又要用宽容和仁和的心去理解他们，注意保护当事人的自尊心。法官还要凭借自己冷静的行动使当事人冷静下来。另外，个体在某一时刻最强烈的需要，会在有诱因的条件下,引起最强烈的动机,并且决定行为。诱因被认为是引起动机的外在条件,改变相对比较容易。在挫折行为时,则会产生不满意感。法官应旁敲侧击,找准诱因。

3. 情感公正的司法形象。当事人在心理上,希望免受不公正待遇,故法官要让当事人有信任感和安全感,使当事人希望受司法保护和免遭威胁从而获得安全感的需要得到满足。因此,法官断案,除了实体公正和程序公正以外,还要秉持情感公正,在言行举止上对待当事人一视同仁,展现不偏不倚的司法形象。只有法官坦诚相待,当事人信任法官,才可能会对法官说心里话。

4. 借力案外人的可利用资源。我们生活在一个活生生的世界,中国社会是一个人情社会,有时碰到所谓的"人情案"、"关系案"难以避免,法官也可以利用案外人的资源。任何事物都有两面性,我们反对"人情案"、"关系案",但在审理陷于困境的时候,有时通过案外人的积极努力并传达法官的信息,可以使有些复杂的问题迎刃而解。这也是法官人际交往能力的体现。

(三)严厉惩处当事人的不法动机

1. 运用探询方法正确把握诉的利益。审判中,探询的方法有很多,疑问的眼神、语气词和直接的询问等,都可以起到探询的作用。最常见的是询问。询问要考虑内部原因还是外部原因,原因能否受行动者主观意志的控制,原因是否随时间而改变。询问可以用来搜集信息、查清事实、获取重点、缩小范围。下表可供参考。

表6　维纳常见原因知觉的维度分析

原因源	可　　控		不　可　控	
	稳定	不稳定	稳定	不稳定
内部	持久的努力	一时的努力	能力	心境、疲劳、技能发挥
外部	他人的持久努力,他人的偏见	他人的一时努力,他人的帮助	他人的能力,任务难度	他人的心境,运气,机遇

诉的利益是"为了考量具体请求的内容是否具有进行本案判决之必要性以及实际上的效果(实效性)"而设置的一个要件。其内容在于纠纷解决的必要性与实效性,当原告认为存在着这种解决纠纷的必要性与实效性时,就可以提起诉讼。它是一个以"通过本案判决使纠纷得以实效性地解决"为内容,当原告欠缺此种利益时,起诉则会遭到法院驳回的诉讼要件。因此,诉的利益就是以"首先原告认为自己存在诉的利益,而由除原告以外之人再对原告是否真正存在诉的利益进行判断"之形式而出现的,在这种形式下,对于诉的利益,既可以从"某诉讼不值得受理",也可以从"某避免让对方当事人对无解决纠纷之必要性与实效

性的起诉进行应诉"之被告立场来予以把握。①

2.法官明辨是非的司法洞察力。法官要运用智慧,透过现象看本质。诉讼请求是表象,诉讼动机才是案件背后的隐情。发现当事人的不法动机,不仅仅是观察力,还需要明辨是非的洞察力。注意洞察当事人的言语表情和非言语表情。言语作为人类特有的交际工具,本身就已经表达了一定的思想感情。人们还通过言语的轻重缓急、抑扬顿挫来表达情绪和情感。法官要关注当事人语调低沉、缓慢和高低差别不大的悲愿情绪,语调高昂、快速和高低差别较大的喜悦情绪。但在日常生活中,非言语表情的使用频率是最高的,它没有言语的参与,仅通过面部、姿态等表达情绪和情感。面部表情和姿态表情均由随意运动所支配,因此在一定程度上可以被随意控制。姿态表情虽然不像面部表情那样能细微地表达各种情绪,但它能与面部表情一起表露情绪信息,人在有意识地控制面部表情时,身体姿态却常常泄露真情。②要学会"到什么山上唱什么歌",才能"打蛇打七寸",切中要害。司法判断如下表。

表 7　诉讼动机(需要)表现的司法判断

动机类型	对待法官做工作	心态表露	对法官态度	情绪
决意诉讼	一般意志坚定	义无反顾	一般友好	稳定
无意诉讼	意志摇摆不定	举棋不定	友好	稳定
刻意诉讼	意志坚定	顽固不化	友好或敌对	激动
恶意诉讼	意志坚定	执迷不悟	敌对	偏激
故意诉讼	意志摇摆不定	首鼠两端	友好	稳定

3.心理咨询机制的导入。在重大自然灾害中,目前已有心理咨询师介入的先例,并取得了良好的效果。事实上,诉讼动机与整个社会的大环境休戚相关,诉讼领域也是社会生活中相对不和谐的领域,有很多的当事人在民事诉讼中非常迫切需要接受心理方面的咨询服务。如果法院仅仅解答法律方面的咨询和答复,很难抚平当事人的心理创伤。惩处不如预防,如何使不和谐转变为和谐,心理咨询机制的导入非常重要。③

---

① 〔日〕高桥宏志:《民事诉讼法:制度与理论的深层分析》,林剑锋译,法律出版社 2003年版,第 281～283 页。

② 徐学俊、王文主编:《心理学教程》,华中科技大学出版社 2010 年版,第 181 页。

③ 姚铸、周丽:《关于诉讼当事人心理疏导服务的思考》,载《法律适用》2014 年第 2 期。

对诉权理论中国化的若干思考

■蔡肖文 *

摘要：诉权作为诉讼法学的一个基础概念，是大陆法国家建构民事诉讼法律的理论起点。在诉权理论的发展史上，先后有私法诉权说、公法诉权说、二元诉权论说、宪法诉权说等学说，但这些理论都无法令人满意地解决"为何可以提起诉讼"这一核心命题。诉权理论之所以陷入"哥德巴赫猜想"的困局，很大程度上源自于诸多学者都希望寻找一个放诸四海皆准的诉权理论。任何诉权学说都有其产生、发展和消失的现实的、特定的社会基础。研究诉权理论的意义不是为了在各种既有理论之间舍此取彼，而是基于中国的现实需要，寻求一个合理的方案。

关键词：诉权　接近正义　中国化　诉讼制度

一、问题的提出

19 世纪的欧洲大陆弥漫着自由主义、理性主义、社会达尔文主义、科学主义等哲学思潮，以《法国民法典》为标志的法典化运动，成为这一时期法律演化的主旋律。在思想领域，19 世纪是德国人的世纪。以精于思辨著称的德国人在这席卷欧洲的法典化大潮中，以罗马法、教会法和日耳曼法为思想源泉，展开了对法律概念化、抽象化、系统化的伟大建构工作。在民事诉讼法方面，萨维尼（Savigny）、温德雪德（Windscheid）等著名的法学家及其后来的学者，在对罗马法中"诉"的复杂思辨中逐步创造（他们也许认为是发现）了"诉权"等对未来民事诉讼制度的发展具有深远影响的法学基础范畴。这些不知疲倦的伟大创造者们比照构建民法体系的权利与法律关系的基本架构，仿制出了诉讼权利和诉讼法律关系等基本理论概念，并在此基础上勾勒出来庞大的民事诉讼理论体系。

诉权作为诉讼法学的一个基础概念，在整个民事诉讼体系中始终占据着举足轻重的地位，是大陆法系民事诉讼法学的基础理论，也是大陆法国家建构民事

---

* 作者系澳门科技大学法学院诉讼法博士研究生。

诉讼法律的理论起点。诉权理论是德国理论法律学的产物,是在探究当事人为何可以提起诉的问题。诉权理论由温德雪德基于实体法与诉讼法分离的思想以及创建民事诉讼理论动机而发端的。这种关于当事人提起诉讼,请求法院裁判关于实体法上的权利纷争的权利的学说,被称为诉权(Klagrecht)理论。后因不同时代对诉讼制度目的的认识不同,学理上对诉权理论也陆续产生了各不相同的诠释。

诉权理论的重要意义在于,我们在解释各种诉的行为之前,必须首先认清诉的性质,解释人们"为何可以诉讼"这一命题。易言之,即要首先解释什么是诉的正当性。要解释诉的正当性问题就需要对诸如活力与秩序、个体正义实现的正当性与公共资源分配的有限性、法的安定性与裁判的灵活性等诸多范畴之间的矛盾性进行统一。只有对上述问题作出合理的解释,才能令人信服地确立起民事诉讼的目的与价值所在。可以说,有什么样的诉权理论就会有什么样的民事诉讼,只有当民事诉讼的目的和意义得到充分明晰之后,方才谈得上对具体制度的设计构建。可以这样比喻,诉权理论就是构建民事诉讼这座大厦的基石,我们首先要通过它决定这座大厦的功能、位置、规模和预算。在此前提下,我们才能进一步决定大厦的具体样式、内部结构、外观装饰。

就诉权理论的发展而言,迄今为止,先后有私法诉权说、公法诉权说(抽象诉权说、具体诉权说、司法请求权说、本案请求权说)二元诉权论、宪法诉权说等相继登场,但这些理论都无法令人满意地解决"为何可以提起诉讼"这一核心命题。诉权理论的复杂性使其被视为民事诉讼理论中的"哥德巴赫猜想"。诉权理论之所以陷入"哥德巴赫猜想"的困局,很大程度上源自于诸多学者都希望寻找一个放诸四海皆准的诉权理论。然而,只要法律的地域性、文化性的特征没有消亡,这种努力都是徒劳的。任何诉权学说都有其产生、发展和消失的现实的、特定的社会基础。我们研究诉权理论的意义,不是为了在各种既有理论之间舍此取彼,而是要基于中国的现实需要,去寻求一个合理的方案。

求木之长者,必固其根本;欲流之远者,必浚其泉源。民事诉讼体系的建构必须以一定的价值体系作为其逻辑出发点。将诉权理论尤其是中国语境下的诉权理论作为整个中国民事诉讼体系展开的逻辑基点,不但具有重要的理论意义而且具有重大的现实意义。

二、西方诉讼危机的启迪

发源于美国,随后席卷整个西方世界甚至整个世界的"接近正义/法院"①运

---

① "access to justice"一词含义丰富,"justice"既有正义的意思,也可指法院、司法。

动,是人类司法史上一次非常值得关注的、世界性的法治运动。自二十世纪六七十年代开始,以美国、英国为代表的许多欧美国家开始陆续面临诉讼案件延迟、法院案件大量积压、诉讼费用高昂等严重的司法问题,并已经构成了对正义实现的严重威胁,因而被称为"诉讼爆炸"和"正义的危机"。

1976 年,"基于对司法管理的普遍不满而举行的全国大会"(著名的"庞德会议")在美国明尼苏达州召开。会上提出了关于"接近正义的危机"这一重大议题。正当美国人在庞德会议上热火朝天地讨论时,经由福特基金会、意大利国家委员会(CNR)和欧洲大学协会的赞助下,在大洋彼岸的欧洲召开了佛罗伦萨"接近正义"项目会议,来自全球的学者共同讨论了关于"接近正义"的法律、政治和社会问题。正如著名学者卡佩莱蒂和加斯形容的那样,自此一股发生在美国随后遍及其他西方国家的"接近正义运动浪潮"产生了。截至目前,"接近正义/法院"运动已经经历了三次浪潮:第一波为贫困者提供法律援助,第二波导入公共利益诉讼,第三波则为诉讼寻找替代政策。① 从更深的层次看,"接近正义"运动以其对传统西方诉讼文化的深刻反省,波及了全球各主要国家,它不仅仅是一项全球性的司法改革运动,更是一次深刻的诉讼文化的变革,这一点不仅仅是针对法治成熟的欧美国家而言的,对于正在建设自身法治的发展中国家而言亦是如此。

这场发生在西方的"正义危机"究竟告诉我们了什么?

当我们仔细研读以逻辑缜密、结构严谨而著称的德国民事诉讼法典时,当我们因回味英国《大宪章》确立"正当程序"所带来的感动时,那些为保障自由、确保私权实现而构造的种种程序法体系的完美程度是多么的令人折服。但是,与我们这些观感相去甚远的是,为何在这一套他们和我们都认为极为完善的诉讼体系之下却真实而确定地爆发了"正义危机"?

这无疑给了我们这样的警示:看似完善的西方诉讼体系依然存在着极大的现实局限性和不适性。受自然法思想的深刻影响,西方法律始终是自由主义的天然领地。按照传统的西方法学理论,权利是法律化的自由。法律的基本价值在于保障公民的自由与权利。诉讼的意义就是实现权利、保障权利,并为权利提供救济。由于西方人独特的历史传统,诉讼与司法成为他们最为信赖的实现正义的手段。面对不期而遇的"诉讼爆炸",有西方学者开始意识到,过于依赖司法审判,过于强调法条的作用,会导致僵化的守法主义、形式主义、实证主义,以及对于程序正义的过度信赖。在诉讼程序及其技术日臻复杂、严密的同时,诉讼结

---

① [意]卡佩莱蒂:《福利国家与接近正义》,刘俊祥等译,法律出版社 2011 年版,第 4～5 页。

果却与实质正义渐行渐远。① 现代西方民事诉讼体系都是以两造对抗的方式展开诉讼的。虽然这种以竞争方式展开的诉讼活动,在一定程度上有助于发挥当事人自身的潜力,促进当事人积极举证和主动行使权利,但也不可避免地引发了诉讼的技巧化、策略化和投机化。正如英国沃尔夫勋爵所指出的,"接近正义"运动被描述为诉讼文化的变革,其实质上就是一种诉讼哲学的改变。建基于自由竞争价值理念下的对抗式诉讼,不但没有使人们获得心目中想象的正义,却导致了与正义的疏离,留下的只有时间、金钱及当事人生命的耗损和徒劳。

人们开始质疑,法律及其作为构造因子的权利实现是否就代表了正义?难道只有司法才能提供完整的正义,而其他解决机制下实现的正义不过是"二等正义"?虽然,那种非此即彼的正义观未被立即抛弃,但却逐步被修正了。于是,诉讼的正义观开始发生转变。人们开始认为,新兴的 ADR 方式似乎能够提供一种与之不同的纠纷解决的正义。卡佩莱蒂称之为"共存正义"(co-existential justice),②这是一种合作与妥协下的正义,而不是对抗下的正义。

虽然大陆法系比英美法系对司法中心主义的坚持似乎更为执着一些,但传统的司法中心主义开始发生动摇。人们开始逐渐意识到,程序正义只能是过程正义、数量正义,并不意味着最终的质量正义。西方人也开始更加注重司法实际效果,而不仅仅是程序上的形式。

西方的诉讼危机启示我们,绝对的私权自由、对私权的过度伸张,只会造成诉讼拥堵。依靠诉讼对私权施以无以复加的保护,并不能真正实现私权,反而会导致私权的落空,甚至背离正义的初衷。

反观中国的发展,在 20 世纪 90 年代出现了期望通过鼓励诉讼来推动社会法治发展的做法。然而,这一做法似乎并不符合中国的实际。高调地推崇诉讼和"维权"引发了法院诉讼案件的"大爆棚"和法院负荷的持续增加,社会纠纷却没有因此得到稍稍的缓解,各类上访、群体性事件反而在近十多年来呈井喷状态,层出不穷,花样百出。司法乱象也是屡纠不治,一边是起诉难、执行难、司法不作为、乱作为,司法威信严重缺失;另一边又是滥用诉权、虚假诉讼屡禁不止……。我们似乎也感到,中国也发生了"正义危机",只不过我们的危机较之西方更具复杂性——西方有的问题,我们大多都有;西方没有的某些问题,我们却有。

---

① 刘敏:《论民事诉讼当事人基本程序权利的宪法化》,载《团结》2008 年第 5 期。

② [澳]娜嘉·亚历山大:《全球调解趋势》,王福华等译,中国法制出版社 2011 年版,第 6 页。

三、理论自觉与理论反省

(一)理论自觉与理论反省是社会政治文化发展的客观需要

1949 年后的很长一段时期,我国基本上属于一个"静态"社会。以计划经济为基础建立起的高度集中的社会管理体制渗透到社会的每一个缝隙。公社与各种机关事业单位是存在于那时中国社会的高度整合和低度分化的基本社会组织。公社与单位全面占有和控制着其成员发展的机会以及他们在社会、政治、经济及文化生活中所必需的资源,处于绝对的优势地位,进而形成对其成员的绝对领导和支配。改革开放以前,不同的利益冲突,必须也只能通过公社或单位等"组织"来表达、平衡和解决,诉讼不是社会解决争端的主要手段。

改革开放以后,中国的政治、经济、文化、社会环境发生了翻天覆地的变化。民众开始从狭隘的政治院落、人情藩篱转向了广阔的商品市场。公社消失了,单位松散了。熟人社会被打破,陌生人社会逐步形成。国家对个人的控制力和动员能力都随之大大减弱。中国已经由习惯于思想统一、秩序平静的社会步入一个成分复杂、利益多元、冲突趋向尖锐的"动态"社会。进入 21 世纪,我国进入了经济社会发展的重要战略机遇期和社会矛盾凸显期。我国要在较短的时间内完成发达国家在较长时间内完成的任务,这使得我国现代化过程同时存在传统农业社会的矛盾、工业化进程中的矛盾和后工业社会中的矛盾,而这三种矛盾在发达国家是在不同时期相继发生的。① 保守与激进、先进与落后、传统与现代并存。我们所面临的矛盾更加复杂,维护社会、政治稳定的任务更加艰巨。

如何解决这些问题,并没有现成的答案,完全需要我们自己去摸索。诉权理论在中国的语境下所要回答的问题是:我们应当如何合理解决这些纠纷,使我们所珍视的各种价值能在多元共存的社会中得到较好的安置和平衡。

(二)理论自觉与理论反省是中国法治发展的客观需要

自鸦片战争以来,中华民族经历了两千年未有之变局。在压迫与屈辱之下,中国知识分子对西方的认识开始逐步从器物层面步入制度层面。抱着"救亡图存"的崇高理想,先贤们开始积极学习和引进西方制度层面的各种成果。西方的法律制度是中国人为了实现国家独立富强而最积极主动学习的西方制度成果之

---

① 张军扩、侯永志:《关于我国现代化面临形式和任务的若干思考》,载《中国发展观察》2010 年第 9 期。

一。而且相较之下,法律制度可能是中国最"全盘西化"的事物,从哲学思想到整个术语体系,我们都无一例外地接纳了西方文化。

2012 年,我国政府宣布已初步建立起了社会主义法律体系,但是现实告诉我们,这些汗牛充栋的实体法律并未能发挥其应有的实际效用,甚至许多法律与现实是脱节的,要么备而不用,要么根本被视作一纸空文①。

当下的中国法治发展进入了一个价值迷茫的时期。我国的现代法治建设真正起步于 20 世纪 80 年代初。在这 30 年的实践中,已经走过了三个阶段:恢复基本法制架构阶段(1980—1990 年)——大力发展去意识形态化的程序理性阶段(1990—2006 年)——强调中国国情的现实应对性阶段(2006 年开始至今),但实际上各个阶段都没有完成自己预设的历史目标。在"恢复基本法制架构"阶段,法治发展的主要任务是恢复被"文革"破坏的基本国家法制体系,这是一个补课的阶段。囿于改革开放初期的社会政治环境,所有架构的设计基本上都是建立在对苏联等社会主义国家的模仿和对解放初期宪法架构的恢复上的,因而尚未对未来中国法制的发展作出前瞻性的建构,而只能是摸索前行。然而,社会政治经济的快速发展大大超出了人们的想象力,原有法制架构的弊端迅速凸显出来。为了适应市场经济的发展,借助"经济基础决定上层建筑"的基本认识,人们将法治建设的借鉴模式朝向了市场经济最为发达的西方发达国家。在此期间(20 世纪 90 年代),苏联东欧社会主义阵营解体了,大量在海外(主要是欧美、日本等国家)的法科留学生回国工作,于是我国法律人将学习研究的重心毫无例外地转向了发达的西方国家。这也是很自然的事情。当今世界的绝大部分国家的法律体系都模仿移植自本源于西方文明的大陆法系或英美法系。我国在恢复法治阶段所建构的法律体系也是基于大陆法系(主要是民国时期法律和台湾地区的法律,而民国法律或台湾地区的法律又模仿日本、德国和瑞士)。随着 20 世纪 90 年代海外法科留学生的回国和国际交流的日益频繁,英美法的思想体系也进入了中国。这样,来自欧洲大陆、英国、美国等西方国家的法律思想、法学理论一股脑儿地被引入中国。引进者都希望借此迅速推进中国的法治进程。此阶段的特点反映在理论与实务上,就是大力推动去意识形态化的程序理性,强调权利本位、意思自治、独立审判和正当程序成为改革的核心。有学者将这种观点称为"道德中立的权利—侵权—司法救济观"②。

回顾近代以来的中国法制史,我们始终受到四种价值体系的影响:第一种价

---

① 这样的法律可以说是不胜枚举的。比如,城乡规划法和土地法就始终没有得到全面、严格的执行;合伙企业法虽然有立法,但实践中几乎罕有人愿意以此方式注册企业。

② 李学尧:《转型社会与道德真空:司法改革中的法律职业蓝图》,载《中国法学》2012 年第 3 期。

值体系是中华民族传统的礼法价值观,自清末以后,这种价值观的法律载体已经随着大清王朝的覆灭而烟消云散了,但那根植于我们民族意识、民族传统中的秩序观、价值观、正义观却仍然保留在今天人们的脑海中并发挥着不可低估的作用。第二种价值体系是 1949 年之后引进的苏联的社会主义法律观,这种法制观的革命化意识形态色彩浓厚,但也无法彻底摆脱大陆法系的法律架构与术语体系。应当说,随着 20 世纪 80 年代许多重要法律的不断修改,这种法制观已经逐渐退出了现行的法律文本,但其法律工具化观念却仍然具有强大的影响力。第三种价值体系是改革开放后建立的市场经济法律体系,这些法律或多或少借鉴了台湾地区的立法,进而间接引进了日本、德国的立法,可以说属于德式大陆法体系,而且我们也承认属于大陆法体系。第四种价值体系是 20 世纪 90 年代开始,移植而来的以美国立法为代表的英美法制度,这些制度在商法、经济法领域表现尤为突出。总体而言,除了那些依存在我们文化意识中的传统观念外,我们今天所采纳的、实际运用的所有法律都是纯粹的西方产物,无论是苏联的、欧洲大陆的还是英美的,都无出其右。

旧秩序下的旧文化必须被新秩序下的新文化所替代。中国旧的诉讼文化已经瓦解,只留下生活中的碎片,但新的诉讼文化并未形成。西方法律所蕴涵着的文化理念、价值意识并未在中国立刻扎根下来,而传承数千年的中华法系的固有法观念也没有从中国人的意识中完全消失,解放初期来自苏联的革命法文化依旧在一定的政治意识层面存在①。

这种矛盾反映了当下社会整体的法律观念现状极为复杂。无论是在社会精英层面,还是在社会大众层面,传统的法律意识仍以碎片化的形式与现代法律意识共存在他们的意识之中。传统法文化、革命法文化和改革开放后引进的法治文化交织在一起。传统与现代的法观念、中国与外国的法观念、社会主义与资本主义的法观念在思想碰撞中交锋,这就造成了强烈的思想冲突和观念迷茫;基于权利本位的现代法治秩序观和基于伦理本位的传统礼治秩序观之间发生矛盾;将规范与价值分离的形式理性主义和泛道德化的实质理性主义的情理观之间发生矛盾(如我国传统文化中"拟制"和"推定"的概念就很难被接受);强调程序正义的理想主义与解决纠纷的现实主义发生矛盾,各种观点在争执与疑惑间徘徊,甚至对是否存在普世的司法理念也产生了质疑(如正当程序、司法独立等)。权利观念虽然被人们广为接受,但是也应当看到,《宪法》所规定的诸多公民基本权利仍然只停留于纸面,得不到现行机制的有效保障。

今日之中国已经成为世界第二大经济体和在世界政坛上举足轻重的政治大

---

① 例如,"法律工具论"的思想在当今的我国法律界仍有很大的影响。

国。作为一个大国,中国必须在人类文明贡献谱系上占领世界的高地。我们不但要合理解决改革开放中所遇到的过去闻所未闻的诸多矛盾,而且随着我们国力和民族自信心的不断增强,我们在民族意志上更需要构建一种汲取古今中外各种先进文明成果,适合于中国人自己的制度文明。中国不仅仅要做商品的输出国,而且还要做文化的输出国、文明的输出国。

法律文明正是重要的制度文明。一个文明体的法律影响力也同样来自于这个文明体所创造的法律是否占据着人类文明贡献谱系的制高点。古代中华法系惠泽东亚各国,是离不开其内在的中国传统儒家文化的感召力和说服力的。今日西方法律遍及世界,也离不开其倡导的平等观、自由观对每个个体的承认与肯定。

中国的问题毕竟要由中国人自己解决。中国在经济和政治实力方面的不断崛起,无疑增强了中国人希望看到中国价值观崛起的渴望:一个拥有五千年文明历史的国家难道不应当给当代世界做出更大的贡献吗? 我们应当,也能够寻找到那些可以使普遍性与本土性得以结合的制度与方法,尤其是法律制度。回答现实问题,解决现实问题,既是理论研究的出发点也是归宿点。诉权理论是一种诉讼文化的理论。中国要解决自身发展中所遇到的各种社会纠纷,无疑就必须能够自己创造出一种符合自身需要的诉讼理论,并形成一种符合自身文明传统的诉讼文化。长久以来,我国诉权研究基本停留在"吃别人嚼过的馒头"的层面,重复、复制源自于德国、日本等国的各种理论,而缺乏站在中国土地上的独立思考。因此,诉权理论的中国化、实务化,既是对中国现实难题的解答,也是对中国未来法治走向的期许。

四、我们需要什么样的诉权理论

(一)中国人和中国社会的需要的是什么?

恰如拿破仑因《拿破仑法典》征服世界而感到骄傲那样,放眼当今世界,几乎所有的地域都自觉、不自觉地采纳了源自欧美历史、文化背景和哲学思想的法律概念和法律体系。无疑,欧美式的法制体系牢牢垄断着当代世界,主导了对这个世界法现象、法文化的话语权。

自由、权利、民主等被当今西方世界声称为"普世价值",实际上,这些观念不过是西方世界近三四百年发展出来的思想产物。而中华文化绵延五千年未曾中断过,并曾在世界范围内长期保持着无与伦比的先进程度和辉煌成就,难道我们的文明中就没有什么价值观是普世适用的吗?

整个西方法律价值体系,无论是大陆法系,抑或是英美法系,都无一例外的是建立在对个体权利保障的基础之上的。可以说,权利及其保障架构是西方一切法律的基石。然而,权利意识天生就隐含了个人主义膨胀与社会分裂的基因,以权利竞赛作为机制内核的西方诉讼制度,除了导致"诉讼爆炸"的危机之外,就是导致人们丧失了对法律的神圣信仰,而视之为一门纯粹的利益竞赛工具。

西方以权利为核心构建起来的自由主义法律体系,离不开宗教的约束与公民教育的弥补。但即便如此,权利对人们内心私欲的诱发力仍是不可小觑的。伯尔曼敏锐地察觉到了这一点,他严肃地指出现代美国法律被过度工具化,导致法律与宗教分离,与价值分离。他说:"西方正经历着一场整体性危机……我们的全部文化似乎正面临一种彻底崩溃的可能","法律只在受到信任,并且因而并不要求强制力制裁的时候,才是有效的,依法统治者无须处处都仰赖警察"。① 对于西方法律的理解,千万不可忽视其宗教的作用。这就如同看待中国传统法律不可对礼治视而不见一样。中国人传统的礼法空间中并没有宗教的道场,而是依靠伦理的强大力量来净化人们的思想和灵魂,克制人们的私欲。这是我们在认识中华法制文明中不可忽视的地方。我们不但需要认识什么是真正的西方法律,更应该认识什么是真正的中华传统法制。

伴随着殖民开拓,西方已经将他们的法律文化、价值和观念强制或非强制地散布到了世界的每一个角落。今天的我们已经采用了以西方大陆法系成文法为主的西式法制体系,复古是绝无可能,彻底摧毁重建也确无必要。政治制度的复杂多样性、司法文化传统、国情、大国崛起的使命、政治主体的自决性等多元因素,决定了中国司法应当保持自身特色。我们真正需要做的,是汲取不同文明中合理的成分,构建符合中国国情、解决中国实际问题、满足中国人需要的法制体系。这就需要我们对那些来自于西方的法律体系、概念进行重新的解读和改进,创建属于中国人自己的诉讼文化。

(二)中国社会的"接近正义"问题

进入 21 世纪以来,我国进入了社会转型期,社会矛盾极为复杂。这一现实给中国法治建设带来了巨大的挑战。从社会需求上,人们无一例外的希望法律、司法成为保证社会公正的最后一道门槛。但是,发育稚嫩的中国法制与司法根本无力应对如此复杂而又艰巨的社会任务。人们期许建设一个适应市场经济需求的市民社会或权利导向的社会,权利的观念被不断地普及化和神圣化,法治理念被广泛认同。曾经默默无闻的人民法院从社会权力的角落突然站起身来,担当起"社会正义的最后一道防线"。自 20 世纪 90 年代以来,中国迅速进入了"诉

---

① [美]伯尔曼:《法律与宗教》,梁治平译,三联书店 1987 年版,第 34～35 页。

讼爆炸"或"诉讼井喷"阶段①。法院成为利益的竞技场和矛盾的集散地。中国自 20 世纪整个 80 年代和 90 年代初期才初步建立起基本的法制体系，但面对急速变革的中国社会，自 20 世纪 90 年代中叶就不得不启动司法改革。虽经最高人民法院进行了辛苦的十年改革，但其成果似乎并不被社会所认同。司法遭遇了国家与社会的双重批判。② 面对拥有成熟法制体系发达国家的竞争和冲击，在巨大的时间差和发展压力下，中国法制体系要从望尘莫及，到望其项背，再到引领潮流，其复杂性、艰巨性是可想而知的。在我们还来不及静心研究西方法律的来龙去脉时，大量的立法需求已经迫不及待。因此，中国的法制建设本身是在"摸着石头过河"中边设计、边建设，在追赶中实现自我成长与超越的。中国的诉讼问题不同于西方的诉讼问题。西方的诉讼问题具有其文化根源性的因素，而中国的诉讼问题则是发展性、阶段性的产物。中国诉讼体制的建立从 20 世纪80 年代开端至今也不过 30 多年。就民事诉讼制度而言，尚缺乏自己的逻辑体系，价值取向并不清晰、规则堆砌，甚至法律有不少是移植而来的冬眠条款③。

诉权理论对于民事诉讼体系的构建具有奠基性意义。诉权理论进入中国后，如何理解它、阐释它，需要有中国人自己的主见和认识。"诉权中国化"体现了我们对诉权有着不同于西方的新理解，有着基于中国特殊语境的新认识，是推动中国传统诉讼文化的转型，构建中国现代诉讼文化的重要顶层设计。其终极目的——正如国家领导人所提出的那样——"努力让人民群众在每个司法案件中都能感受到公平正义"④。

（三）什么束缚了我们的研究

诉权是一个源自欧洲社会传统、文化思想和历史演变的产物。作为一个纯粹的西方概念，当我们对其进行研究的时候，会面临着来自内部和外部的双重影响，进而丧失了自我意识和自我价值的表达。

第一个束缚我们的是语言。在法律科学方面，西方的术语体系，我们几乎无法在中国传统法用语中找到知音和等同物。目前，几乎所有我们使用的法律术

---

① 根据 1990 年和 2012 年《最高人民法院工作报告》的数据，1989 年全国各级人民法院共受理一审刑事案件 392564 件、一审民事案件 1815385 件、一审经济纠纷案件 694907 件、一审海事和海商案件 725 件、一审行政案件 9934 件；2012 年最高人民法院受理案件 11867 件，地方各级法院受理案件 1220.4 万件。

② 李学尧:《转型社会与道德真空:司法改革中的法律职业蓝图》，载《中国法学》2012年第 3 期。

③ 比如，督促程序在实务中就形同虚设，很少被采用。

④ 新闻报道:《习近平在中央政法会议上强调，坚持严格执法，公正司法，深化改革，促进社会公平正义，保障人民安居乐业》，载《人民日报》2014 年 1 月 9 日第 1 版。

语都来自于各个阶段、各位译者的翻译,甚至许多还不是第一手的翻译成果,而是借用日语翻译的汉字载体。这就是现代中国法制发展史给我们留下的现状。这使得我们对西方法律概念的理解,存在很深的文化障碍。甚至我们长期使用、耳熟能详的一些基本概念也存在着与西方原本术语不相匹配的窘景。这会直接影响我们研究的思维和判断。

诉权概念的雏形诞生于古罗马时期,其理论的真正形成在 19 世纪的德国。作为一个地道的欧洲大陆法概念,拉丁文、德语、法语和意大利语才是最好的研究语言工具。目前,国内涉及诉权理论研究的多数著述都只是借助 20 世纪 50 年代翻译苏联学者顾尔维奇的《诉权》,以及 20 世纪 80 年代翻译一些日本学者的民事诉讼法教材,还有一些台湾地区学者的著述。许多作者并不掌握上述外语,因此也就缺乏直接阅读有关的原文文献的手段。这就大大限制了作者的视野,无法相对全面、及时地收集、分析和研究诉权理论在大陆法国家的最新发展。

第二个束缚我们研究的是近三十年来在法学研究范式中形成的许多成见与自负。正如邓正来先生在其长文《中国法学向何处去》中所指出的,今日中国的法学研究被陷入"权利本位论"、"法条主义"、"本土资源论"和"法律文化论"等四种范式中而缺乏"总体性"反思与批评,而这所有的范式,不过是西方式法治理想图景在中国的登台上演。笔者从不否认这些研究范式的使用为我们的法学研究展现了不同的景色,拓展了广阔的视野,其历史价值是不容否定的。但是,只有对中国人和中国社会的关怀,才是中国知识分子的真正情怀。这些范式所引进的,不是真正扎根于中华土壤中的文化与知识,而是西方近三百多年来所缔造的那些所谓的"普世价值"和"现代文化"。这些"价值"与"文化"构成了所谓"现代性"的魔咒。所谓"现代性",即使在当今西方世界也正在受到社会现实的挑战和众多有识之士的抨击,这不能不引起我们足够的重视。

第三个束缚我们研究的是对中西方文化先进性与落后性之别的盲目预设。现代西方文化一直以强势的姿态侵蚀着世界的各个角落,他们以文化沙文主义的面目,强行推行着他们的价值观。对于中国的传统文化,基本上都是以全面批判、个别肯定为基调,极少有人是站在整个人类社会、政治、文化发展历史进程的高度去努力客观地认识不同文化、不同文明之间的得失。这一现象在我们即将讨论的法学领域显得尤为严重。在整个世界的发展进程中,我们从曾经的文明辉煌堕落到一百年前的积贫积弱,所以在自强图存的道路上不得不变得更为迫切、更为渴望学习先进,希望迅速摆脱落后挨打的现状。今日中国的法律体系就是在这一背景下从西方急切引进的。我们曾经以为制度层面的与西方同质化必然促进社会政治经济文化的同步发达。但事实反复证明,这一良好的愿望不过是虚幻的假设。我们不能否定西方现行法律体系具有历史的进步性、先进性,但我们也无法忽视这种进步与先进是根植于在地球另一端社会自身政治经济文化发展的产物。我们与他们对这个世界有着不同的领悟,对人的价值有着不同的体会,对社会存在有着不同的认知。因此,我们曾经用以引领社会秩序的管控体系与制度与他们的法制体系是大异而小同的。我们需要扪心自问:"中国这个文明对当下的世界结构中究竟需要何种性质的社会秩序? 中国法律哲学评价法律制度正当与否或者评价社会秩序可欲与否的标准,究竟是根据西方达至的理想图景,还是根据中国达至的理想图景?"①

诉权理论引导民事诉讼体系的构建方式与价值取向,其背后反映了产生它的那个社会所具有的文化特征。希望我们不是将西方意识形态下的诉权理论加以引荐,而是根据中国人社会自身的需要对外来文化加以改造,以满足中国社会的需求。

---

① 邓正来:《中国法学向何处去》,载《政法论坛》2005 年第 1~4 期。

论突袭性裁判之防止

■ 熊云辉 *

摘要: 我国向来根据事实认定和法律适用正确与否,将裁判的类型分为正确的裁判和错误的裁判,这样的区分只是考虑了事实和法律因素,忽略了程序。如果将程序因素纳入考量,从程序保障理念来审视,就会发现事实上还存在突袭性裁判。因此,不仅要纠正错误的裁判,还应当防止发生突袭性裁判。

关键词: 突袭性裁判　发现真实的突袭　适用法律的突袭　促进诉讼的突袭

关于司法裁判,过去我们似乎更多地关注如何将案件判决正确,避免冤假错案,或是针对有影响的大案寻找判决模式,或是寻求判决的正当性,大体都是从事实、法律两个方面确保判决的实体正确,程序因素则有所忽略。笔者过去的研究虽触及判决的程序面向,但终未能找到落到实处的方法。沿着程序正义和程序保障的思路进行分析,我们就会发现在判决的分类中不仅有正确与错误的类型,还有突袭性裁判的新形态。立法上和司法上应防止突袭性裁判的发生,防止突袭性裁判有利于充实判决的程序保障之要求。

一、裁判的过程

法官裁判一般是按照三段论的推理过程作出的。从大前提(法律规范)到小前提(案件事实),最后得出结论(裁判),前者的推理过程称为涵摄。当然这样的分析过于静态,无以呈现法官裁判过程的生动性和复杂性。这是因为,首先,就大前提即法律规范来说,它不会主动出现在法官面前,需要法官选择、甄别,这就是适用法律的过程。该过程涉及法的识别、法条理解、法律语义分析等,充满了复杂性和专业性。其次,就小前提即案件事实来说,案件事实不会说话,且发生在过去,需要认识甚至重建案件事实,这就是认定事实的过程。其中涉及诉讼内

---

*　作者系江西财经大学法学院讲师,法学博士。

各方力量的角逐、诉讼外各方力量的角逐以及诉讼内、外各方力量勾连，其复杂性不言而喻。最后，就推理的结论即裁判而言，也并非像抛硬币那样决定胜负，一锤定音。它必须以理服人，能接受上级法院的审查，经得起法律人的推敲和社会公众的检视。因此，裁判的过程绝非和风细雨地化解纠纷，更似竞争激烈的争夺，每个环节都充满了多变性。每个环节的多变性必然导致裁判过程的艰难性，进而导致裁判结果的多变性。从裁判结果最简单的分类来看，适用法律有正确与错误之分，认定事实也有正确与错误之分，经过组合后，至少会产生四种裁判。一是认定事实正确、适用法律正确的裁判；二是认定事实错误、适用法律错误的裁判；三是认定事实正确、适用法律错误的裁判；四是认定事实错误、适用法律正确的裁判。从这四种裁判来看，最优裁判为第一种，即认定事实、适用法律都正确的裁判。最优裁判率只有四分之一，法院要保证裁判的百分之百的正确，必须排除其他四分之三的错误裁判，从概率上说，是要经历十分艰辛的筛选过程的。即便是这样的分析还是使裁判过程过于简单化，实践中的裁判还要复杂些。如就适用法律而言，其外部层面会遇到情、理、法的纠缠，以及法律与习惯的恩恩怨怨，内部层面要处理法言法语的开放性与封闭性的紧张关系，很难用正确与错误的二分法一而断之。就认定事实而言，存在事实与表达的疏离，认定事实的目标与手段之间的难匹配，事实与法律存在灰色地带等等，这些都加剧了事实认定的困难，不是找回丢失的硬币那么简单。即便作如此分析，裁判过程的复杂性，还只是呈现半个面孔，因为尚未考虑到程序因素。裁判过程因程序而呈现其复杂性的另一半面孔，这也涉及其他裁判形态。

从程序的角度来看，法官不仅要作出裁判（不得拒绝裁判），更要以正义的方式作出裁判，这就涉及程序正义与程序保障的要求。从程序运行的外部要求来看，就是要排除干扰裁判的外部因素，确保法官裁判的独立性。要实现这种独立性，就必须划清司法与媒体、司法与民意、司法与压力集团等界限，此外，还要排除来自上层的长官意志之压力。这些问题需要在宪法规范、组织法规则中解决，在程序规则中解决则力所不逮。从程序运行的内部要求来看，就是要按照程序正义的要求优化程序结构。从程序正义的最低要求来看，要做到以下四点：（1）法官中立，不偏不倚。任何人不得做自己的法官，法官与当事人、案件有利害关系的都应当回避，退出审判。（2）平等待人。要保障双方当事人的诉讼地位平等，不能因为年龄、身份、种族、社会阶层等差别而有所差异。法官应平等地对待双方当事人，一视同仁。不仅如此，法官更应实质上保障双方当事人平等，要让贫穷、专业知识欠缺的当事人获得救济。（3）程序参与。要保障当事人参与程序的机会，无正当理由不得剥夺当事人参与程序的权利。（4）过程公开。司法审判除特殊情形外，应向社会公开，允许旁听，避免暗箱操作。

违反程序运行的外部要求而作出的裁判，属于罪恶的裁判、非文明的裁判、不正义的裁判。在人类从野蛮走向文明的历史长河中,此类裁判并不鲜见。如纳粹时期的司法,就曾作过无数这样的裁判。我国"文革"时期也曾发生不经审判就判处刑罚的现象,现已被中央废除的劳动教养制度即属于非文明司法的表现。违背程序运行内部要求而作出的裁判,是否属于非法裁判,则难以一概而论。因为违反程序正义和程序保障的尺度有一定的弹性,存在轻度、中度、重度的程序违法,而当事人的正义感知、对程序违法的忍耐度也有差别。从诉讼制度发展史来看,早期的诉讼能够容忍刑讯逼供和程序上的不法行为,而现代司法则逐渐持否定态度。我国 1991 年《民事诉讼法》第 153 条明文规定:"第二审人民法院对上诉案件,经过审理,按照下列情形,分别处理:(一)原判决认定事实清楚,适用法律正确的,判决驳回上诉,维持原判决;(二)原判决适用法律错误的,依法改判;(三)原判决认定事实错误,或者原判决认定事实不清,证据不足,裁定撤销原判决,发回原审人民法院重审,或者查清事实后改判;(四)原判决违反法定程序,可能影响案件正确判决的,裁定撤销原判决,发回原审人民法院重审。"根据该条第 4 项的规定,一审判决违反法定程序,但只要认定事实清楚,适用法律正确,不需要撤销原判。立法者对程序违法持容忍的态度。2012 年修正《民事诉讼法》时,将该条修正为:"第二审人民法院对上诉案件,经过审理,按照下列情形,分别处理:(一)原判决、裁定认定事实清楚,适用法律正确的,以判决、裁定方式驳回上诉,维持原判决、裁定;(二)原判决、裁定认定事实错误或者适用法律错误的,以判决、裁定方式依法改判、撤销或者变更;(三)原判决认定基本事实不清的,裁定撤销原判决,发回原审人民法院重审,或者查清事实后改判;(四)原判决遗漏当事人或者违法缺席判决等严重违反法定程序的,裁定撤销原判决,发回原审人民法院重审。"根据该条规定,一审判决严重违反法定程序,如遗漏当事人或违法缺席判决,应撤销原判,发回重审。也就是说,在过去相当长时间内,我国一直将程序违法的裁判排除在错误裁判之外。经过 16 年后,修法者才开始将违反程序正义和程序保障的裁判纳入二审法院的救济范围。不过要注意的是,修法者所关注的程序违法裁判只限于重度的程序违法裁判,对于轻度、中度的程序违法裁判则予以容忍。而且,对于程序违法裁判的救济,除了上诉、再审规定了程序保障的要求外,其他环节有关程序保障的规定则极为少见。换句话说,民事诉讼法注重事后的程序保障,忽略了诉讼中程序保障。因此,我国为当事人提供的程序正义和程序保障还是低限度的。而在德国、日本等国家,程序正义和程序保障是民事诉讼法修法的基本理念,贯穿于诉讼的每个环节。他们特别注意防止诉讼中发生突袭性裁判,而我国民事诉讼法缺乏突袭性裁判的规定。

二、突袭性裁判

突袭性裁判与程序保障理念的兴起分不开。在程序保障理念下,诉讼突袭现象逐渐在国外受到学界和实务界的重视。诉讼突袭包括来自当事人的突袭和来自法官的突袭。来自当事人的突袭是指一造当事人对另一造当事人实施突袭性诉讼行为,如举证突袭、反诉突袭等。来自法官的突袭是指法官对当事人作出突袭性裁判。

所谓突袭性裁判,是指法官违反有关事实上与法律上的阐明义务,而以当事人未受适当程序保障下所得的事实或法律见解为其裁判依据,"以致造成法院所为之裁判乃非当事人基于诉讼所存资料依通常情形所得预期裁判结果之意外效果"①。也有人认为突袭性裁判是指:"隐存于形成心证过程及判决的一定谬误及不完全,原可经由当事人及时提出较充分的攻击防御方法,或陈述必要的意见(包括证据分析),而适时予以治愈或补全,借以避免经济上浪费或错误、不完全的发生时,则因未适时赋予当事人(律师)提出攻击防御方法或陈述意见以促使治愈或补全该误谬或不完全的机会,将终致该误谬或不完全仍然残存。在此情形,当事人为谋补救该残存误谬或不完全之裁判,乃不得不更付出原可节省之劳力、时间、费用。此种隐含误谬或不完全之裁判,系在未赋予当事人上述机会下所作成,属所谓突袭性裁判。"②其主要类型包括发现真实的突袭、适用法律的突袭和促进诉讼的突袭。

1. 发现真实的突袭。发现真实的突袭是指未使当事人在言词辩论终结以前,充分认识、预测法院有关发现真实的心证形成活动,导致当事人未能就发现真实进行充分的攻击防御或提出意见。此种突袭裁判又可分为认定事实的突袭和推理过程的突袭两种。③ 前者是指未使当事人在言词辩论终结以前,充分认识、预测法院所要认定的事实或该事实的具体内容,致当事人在未能就不利己事实进行充分攻击防御之情况下而作出裁判。例如,当事人争执的法律关系为 A,结果法官裁判的法律关系却为 B,就是认定事实的突袭。后者是指未在言词辩论终结以前,使当事人充分预测法院就某事实存否之判断过程(对于有关某事实存否或真伪不明之心证形成资料,法院所得之理解、判断),致使当事人在未能适时提出充分的资料或陈述必要意见(含证据分析)等情况下而作出裁判。在事实

---

① 姜世明:《论合法听审权——以在民事程序法之实践为中心》,载台湾《法学丛刊》2002 年第 4 期。

② 邱联恭等:《突袭性裁判》,载台湾《法学丛刊》1981 年第 102 期。

③ 邱联恭:《程序制度机能论》,台湾三民书局 2007 年版,第 5 页。

审理过程中法官一般要进行三个阶段的推理判断：一是经过举证、质证后，法官就事实存否获得有关心证度的判断；二是对是否达到证明度（证明标准）的判断；三是心证度是否达到证明度的判断。在这三个推理过程中，由于当事人未能预测到其中一个判断过程，都构成推理过程的突袭。

2.适用法律的突袭。适用法律的突袭是指法院裁判行为中，就有关适用法律的部分，因未适度阐明、指示以保障当事人陈述意见的机会，导致该裁判所依据的法律非为当事人所预期。换言之，由于法院裁判前未向当事人阐明法律观点，使当事人丧失了就该法律观点表达意见的机会，从而未预测到法院依据此法律观点作出的裁判。传统观点认为，"你给我事实，我给你权利"，法官应该知法，只要当事人提供证据证明事实，法官依法而断，毋庸将裁判的法律依据告诉当事人。不过，在德、日学说上，多认为法官在证据调查后所形成的法律观点，应向当事人阐明，给予当事人表达意见的机会，如未给予此机会而裁判，就构成法律性突袭裁判。

3.促进诉讼的突袭。促进诉讼的突袭是指未适时使当事人预测法院的裁判内容或判断过程，致当事人未及时地提出有利于己的资料或意见，以避免程序上造成劳力、时间、费用的不必要的支出或不该有的节省等情况下而作出裁判。由于当事人未能适时预测到法院裁判的内容或判断结果，据此提出的资料，使法院未能选择更节省劳力、时间、费用的程序。如果预测到了法院裁判结果，当事人就可以只提供有利于节省劳力、时间、费用的资料，采用更简单的程序审理。如，本应适用更简易的程序审判，结果却适用了复杂的程序审判，这样就构成了促进诉讼的突袭；本来可以在一审和解结案，结果却拖到二审程序、再审程序；本来在审判的早期就可以终止诉讼，结果却走完了整个程序等等，都构成了促进诉讼的突袭。

上述裁判都是当事人意料之外的裁判，未充分保障当事人参与程序的机会，有使当事人沦为程序的客体之嫌，难以让当事人信服，违反了程序正义和程序保障的要求。根据现代程序正义和程序保障的理念，一般认为：第一，基于国民主权原则，当事人应为程序的主体，程序的运作、展开应由当事人主导。立法者、法律运作者（法官）应充分保障当事人参与程序的机会。第二，保证法官判断的客观性。在法国大革命以前，人民对法官普遍不信任，司法证明采用了严格的法定证据主义，以限制法官判断的自由。然而，其带来的机械司法造成了人性的压抑，无以回应人民对自由、理性的追求。因此，法国大革命后，在现代民事诉讼中，已改变了对法官的不信任的传统观念，以自由心证主义替代了法定证据主义。基于对法官的信任，法律允许法官对事实、证据进行自由判断。[①] 但是法官是人不是神，也有认知的局限，甚至犯错，为了保障法官判断的客观性，立法者一方面要求法官公开心证，另一方面赋予当事人充分的攻击防御、表达意见的机会。第三，平衡兼顾发现真实与促进诉讼。传统上，人们长期把发现真实视为民事诉讼的唯一目的，民事诉讼程序都是围绕发现真实而设计的（比如审级制度、合议制度等），从而建立严密而复杂的程序。对于当事人提出的诉讼资料也不作限制，以便发现真实。严密而复杂的诉讼程序有利于达成慎重而正确的判决，但是却可能过分消耗当事人的时间、劳力、费用。另外，本案占用了过多司法资源，难免影响其他案件利用司法资源的机会，从而实质性地阻碍国民接近司法。因此，现代诉讼理念以促进诉讼为民事诉讼运行的另一目的。民事诉讼设计及运作应致力于向当事人提供节省劳力、时间、费用的机会，以保障其程序利益。同时赋予当事人诉讼促进义务，将随时提出主义改为适时提出主义，当事人应根据案件的审理进度适时地提出诉讼资料，避免造成对对方当事人的突袭。

三、突袭性裁判的防止

突袭性裁判的发生，乃在于法官的裁判在当事人的意料之外。根据前文的论述，台湾地区突袭性裁判理论包括认定事实的突袭、推理过程的突袭、适用法律的突袭和促进诉讼的突袭。德国突袭性裁判理论包括认定事实的突袭、推理过程的突袭、适用法律的突袭，而没有促进诉讼的突袭这一内容。相比较而言，台湾突袭性裁判理论因为发展出促进诉讼的突袭而颇具特色，这也是台湾本土学派反复强调其理论独特性的一方面。然而，在笔者看来，促进诉讼的突袭并无太大的价值。有没有发生促进诉讼的突袭，一般要在案件审理结束之后才能知晓。案件审理后，当事人才能发现有些诉讼过程毫无意义，有些进行过的程序没有必要，浪费了劳力、时间、费用，但诉讼审理已结束，不可能再来一次，重新选择节省时间、劳力、费用的程序。如果重新选择，再来一次，则会更加造成当事人的程序不利益。较好的方式是对造成促进诉讼突袭的裁判进行事后救济，但法律不太可能规定对该裁判进行再审，即使再审也不经济，只能在立法上进行防范。要防范突袭性裁判，就必须使裁判按照当事人的预期作出。为此，应采取以下方法。

---

① 邱联恭：《口述民事诉讼法讲义》（一），许士宦整理，台湾元照出版有限公司 2012 年版，第 140 页。

(一)坚持辩论主义、处分主义的审理原则

辩论主义和处分主义是现代民事诉讼的支柱,不得动摇。辩论主义基本要求是:第一,当事人未提出的事实,不得作为裁判的依据。法院裁判的事实基础限于当事人所主张的事实。第二,双方当事人没有争执的事实应成为裁判的依据。第三,法院不得依职权调查证据。① 如果法官严守辩论主义,当事人主张 A 事实,法官只对 A 事实进行判断,不对 B 事实进行判断,就不太可能出现认定事实的突袭。法官采纳当事人自认的事实,据此所作出的裁判也符合当事人的本意,避免了突袭的发生。法官不另行调查证据,避免了法官利用"自己"的证据进行裁判,自然也不会发生对当事人的突袭。处分权主义要求,当事人是否起诉或终结诉讼、何时、何范围、对何人起诉由当事人决定,法官不得干预。② 根据处分主义,当事人对程序拥有主导权,法官处于消极、中立的诉讼地位。程序运行及其结果都是当事人主导的结果,突袭裁判自然就丧失了发生的土壤。从防止发生突袭性裁判来讲,意味着我国民事诉讼应进行结构性调整。一是诉讼模式的转换。民事诉讼应从职权主义诉讼模式过渡到当事人主义诉讼模式。在职权主义诉讼模式下,法律对当事人诉之声明未作详尽的要求,法院需要查清案件事实以确立审判对象,案件的审理结果非当事人所预料,倒是非常常见的现象。因此,可以肯定,我国实践中存在大量的突袭性裁判。由于当事人程序主体地位未得到肯认,人们甚至缺乏对突袭性裁判反思的能力。二是程序选择权的充实。程序选择权既包括实体层面的选择权,也包括程序层面的选择权;既包括一方当事人的选择权,也包括双方当事人的选择权。其中最重要的是承认诉讼契约的合理性,充分发挥当事人合意对诉讼运作的功能,如此方能最大限度地防止突袭性裁判的发生。如诉讼和解,法院不需要作出裁判,从而从根本上杜绝了突袭性裁判。

(二)阐明义务

根据辩论主义、处分权主义的原理,当事人是程序运作的主导者。然而,当事人由于知识、能力的差异,难免发生认知的错误。为了避免无意义的诉讼,以及保障"该赢的赢,该输的输",法官应善尽阐明义务。第一,事实的阐明义务。对于当事人陈述有不明确、不充分、不适当时,法官应通过发问、说明,告知当事人补充、完善、去除相关诉讼资料。对于新的诉讼资料,法官应告知当事人尽早

――――――――――――――――――――――――――

① 骆永家:《民事诉讼法 I》,台湾三民书局 1999 年版,第 118 页。
② 杨建华:《民事诉讼法要论》,郑杰夫增订,北京大学出版社 2013 年版,第 14 页。

提出。法官应将自己对特定事实的观点向当事人表明。第二，法律的阐明义务。当事人应该就事实、法律进行完全适当的辩论，对于当事人对法律的误解、误读，法官可以通过阐明使其清楚，对于如何适用法律、适用何法律，法官应将自己的法律见解向当事人表明。通过行使阐明权，可以避免当事人在诉讼中摸索进行，也可以使诉讼进行得更顺畅，更重要的是使诉讼资料在诉讼过程中完整、全面、及时地提出，并使当事人知晓法律适用的可能。如此，诉讼的结果在诉讼的较早阶段已呈现，判决早已为当事人所预料，从而可以避免突袭性裁判的发生。第三，促进诉讼的阐明。如果事实审理采用适时提出主义，法官应向当事人阐明适时提出诉讼资料的要求，并说明逾期提出的法律后果；同时向当事人阐明何谓新的诉讼资料以及提出的时机。经由如此促进诉讼的阐明，可以防止促进诉讼的突袭发生。关于法官阐明行为的性质，理论上存在权力和义务之争。① 将阐明视为权力，从而作为诉讼指挥权的一部分，只是要求对法官权力略加管束，施以注意义务，以保障司法权的善良运作。若将阐明视为义务，则意味着法官一旦未阐明，则使裁判陷于不法境地，构成上诉的理由。这势必使诉讼难以穷尽，超越了防止突袭性裁判的目标，徒增讼累。因此，笔者认为应将阐明视为权力，即阐明权，其运行的目标是对辩论主义进行调适，以防范突袭性裁判的发生，重点在防范法律突袭性裁判的发生。因为辩论主义只是固化了裁判的事实基础，至于裁判的法律基础则未涉及。虽然法官有知法的义务，但是法律的适用是否恰当对当事人而言则利害攸关。而在实务上，完成事实审后，法官较少将法律见解告诉当事人，更少交由双方当事人进行辩论，因此当事人最后所得到的裁判常是法律突袭性裁判。对于这种裁判，如不存在法律适用不当，则难以通过上诉或再审予以救济。只能对法律突袭性裁判进行适当的防止，较好的方式，就是强化法官裁判前善良行使法律阐明权，使得当事人对案件的法律适用有所预期。

（三）心证公开

一般而言，民事诉讼经过法庭调查、法庭辩论，进入评议阶段，法官评议完后，宣布评议结论。至于法官是如何获得心证和所持法律见解向来是不在判决前公开，告知当事人的。此种心证不公开的审判实务，实乃突袭性裁判发生的根源，损害了当事人的程序利益和实体利益，难以提升当事人对裁判的信服度、接纳度。在德、日，公开心证是属于法院诉讼指挥权的内容，已被纳为法院之义务。② 从防止突袭性裁判的要求来看，心证公开应注意以下几点：第一，心证公

---

① 姜世明：《民事诉讼法》（上册），台湾新学林出版股份有限公司 2013 年版，第 619 页。
② 邱联恭：《司法之现代化与程序法》，台湾三民书局 2008 年版，第 150 页。

开的时机。心证公开的时间一般在案件受理后言词辩论终结前。其间所经历的准备程序、法庭调查、法庭辩论各阶段,如法官在某一阶段获得了某程度的心证,都应适时向当事人表明。第二,心证公开的内容。法官应就事实关系及争点进行概要的说明,听取当事人的意见,必要时与双方当事人进行讨论;对当事人所忽略或认为不重要的法律观点,在给予当事人陈述意见的机会后,才可作为判决的理由;法官对于诉讼胜负起决定性作用的重要事项,如间接事实和法律见解,在心证形成过程中有所认识、判断时,应在诉讼的较早阶段使当事人了解,并听取当事人的意见。据此,当事人能对法院裁判有所预测,从而防止发生认定事实、推理过程、促进诉讼和法律适用的突袭。第三,心证公开的方式。心证公开应采用直接明白的方式向当事人表明。有的人担心直接向当事人公开心证,会引来当事人质疑甚至被要求回避,而不敢直接公开自己的法律见解,或采用较隐晦的方式表明自己的看法。心证公开的目的在于使当事人预测到法院的裁判,避免发生突袭性裁判。由于能预测到审判的结果,也容易使当事人达成和解或放弃上诉。因此,心证公开最好采取直接明白的方式,并保障当事人陈述意见的机会。现代诉讼将事实的判断交由法官自由心证,由法官依据良知和伦理法则自由判断。其前提是因为法官有较高的司法素养和职业道德水准。就我国而言,法官整体素质和道德修养都不够,而法官事实上拥有广泛的自由裁量权,审判的任性和乖张时常发生,也难以控制。因此就一个审理程序而言,心证公开就成为克服审判脱序的最后一道防线。在案件的审理过程中,法官适时地公开心证,接受双方当事人的检视,听取当事人的意见,从而能够控制心证活动所可能出现的任性和乖张,也能对突袭性裁判的防范发挥积极的作用。

结　　语

根据前文关于突袭性裁判的探讨,以下两个方面或许值得注意:

第一,突袭性裁判与程序保障理念兴起有关。在程序不彰时代,人们更加关注裁判的正确性,注重从制度上防范和纠正冤假错案。随着程序保障理念的逐渐兴起,人们开始将程序违法纳入司法审查的范围,只不过其关注的重点为纠正重度或严重的程序违法,注重事后救济,而对中度、轻度的程序违法则予以容忍。随着程序保障理念的全面确立,民事诉讼法应按照此理念重新梳理相关程序规则,或进行改良,或进行重构。其最大特点就是不再容忍中度、轻度的程序违法,注重事前防范,从程序上防范突袭性裁判的发生。

第二,防范诉讼突袭,不仅要防止来自当事人的突袭,更要防止来自法院的突袭。我国新民事诉讼法确立诚实信用原则和举证时限制度,似乎更加注意防范来自当事人的突袭,而对来自法院的突袭则缺乏相应的程序设计。事实上,当事人遭遇法官诉讼突袭是非常常见的现象，法官为了追求裁判的正确性，难免会牺牲当事人的合法听审权和程序利益。因此，防止突袭性裁判应成为理论界和实务界共同关注的问题，成为民事诉讼法再次修改的重要内容。

总之，突袭性裁判这种裁判形态，尚未引起我国学界和实务界的足够重视。考虑到我国向来重实体、轻程序的传统，这种情况也就不足为奇了。随着程序正义和程序保障理念的兴起，以及强化司法的人性关怀，人性尊严日益受到重视，当事人被视为程序的主体而非程序的客体，防止突袭性裁判必将成为司法改革的重要目标之一。

专门法庭的法律构造与机构建制

■ 陈　鸣*

摘要：专门法庭回应了现代社会分工精细化和复杂化对审判组织的制度需求，在制度价值上适应了当今法律专业化和法院现代化趋势的要求。但在实践中，一些专门法庭存在法律依据缺失、内在理性失范、法定职权越位以及价值取向功利等问题。专门法庭的构建应遵循建制法治原则、循序渐进原则以及务实高效原则，应遵循新时期人民法院审判活动的基本规律，以成为我国司法领域具有持久生命力的法治现象。

关键词：专门法庭　专业化　司法改革　审判组织

有学者认为："随着社会分工，特别是市场经济条件下的高度社会分工的发展，法律机构会发生一种趋势性的变化，即法律的专门化。"[①]近年来，审判组织专业化的趋势随着"司法便利化""司法为民""能动司法"等理念的提出而不断地强化。各种类型的专门性审判组织如雨后春笋般不断出现，如环保法庭、涉台审判庭、家事法庭、反垄断合议庭、交通肇事巡回法庭等。这些专业化审判组织的建立既丰富了"司法为民""能动司法"的内涵，也在一定程度上提升了人民法院专业化水平，成为人民法院推进审判机制创新的亮点。然而，对这一司法现象的学术研究却远远落后于实践。本文从现象出发，通过法理分析提炼此类审判组织的内涵、外延和定义，进而进行类型化和正当性研究，最后论述制度设计过程中应当秉持的基本原则及避免的错误倾向。

---

* 作者系厦门市中级人民法院法官，法学硕士。
① 苏力：《法治及其本土资源》，载《中国社会科学》1994 年第 6 期。

一、现象考察：社会分工与社会活动复杂化下的审判组织生态

人民法院内设审判组织的变化不仅反映了司法机关为实现审判任务而进行的内部治理，更体现了法院对社会分工精细化和社会活动复杂化的回应。

新中国成立伊始至1979年，我国人民法院内部审判组织设置简单，除最高人民法院"得设其他专门审判庭"[①]之外，县级和省级人民法院仅设置刑庭和民庭。可以说，这一时期我国法院庭室设置所反映的纠纷解决功能，与当时中国社会形态高度同质化、简单化的现状是一致的。[②]

经济基础决定上层建筑。1978年的改革开放给中国社会带来了巨变，也给作为上层建筑的司法机关传递了变革的信息。1980年，经济审判庭应运而生；1984年，第一个未成年人刑事审判案件合议庭在上海市长宁区人民法院设立；1986年，第一个行政审判庭在武汉市中级人民法院成立；1987年，最高人民法院告诉申诉审判庭成立；深圳市中级人民法院在1988年成立第一个涉外民事审判庭，1989年成立第一个房地产庭；1993年，北京市第一中级人民法院率先成立知识产权审判庭。除了后来经济庭更名，告申庭改革拆分为立案庭和审监庭外，这些业务庭与刑庭、民庭一起，共同组成了我国法院内部审判组织的基本架构，反映了很长一个时期内我国社会最普遍、最典型的社会纠纷形态，具有历史的必然性。

历史的必然性属于共性，但不同地区经济、政治、地理、人文等特征所体现的社会活动和矛盾纠纷的不同特征，成为影响法院内部审判组织设置的重要因素。20世纪90年代以来，全国各地法院开始设立各种类型的专门审理特定案件的审判组织，成为我国司法领域一个不容忽视的现象。（如表1所示）

[①] 1951年《中华人民共和国人民法院暂行组织条例》第31条，已失效。

[②] 刘忠：《中国法院的分庭管理》，载《法制与社会发展》2009年第5期。

表 1 我国人民法院典型专门法庭一览表①

专业	成立时间	成立法院	法庭名称	类型
生态环保类	1979 年	湖南双牌县法院	林业审判庭	独立综合审判庭
	2007 年	贵阳清镇市法院	环保法庭	独立综合审判庭
	2009 年	福建柘荣县法院	生态环境审判庭	独立综合审判庭
	2014 年	福建省高级法院	生态环境审判庭	独立综合审判庭
商事、经济类	1993 年	深圳市中级法院	破产法庭（民七庭）	独立专门审判庭
	2007 年	石家庄新华区法院	城市建设法庭	独立综合审判庭
	2008 年	上海浦东新区法院	金融法庭	独立专门审判庭
	2009 年	厦门思明区法院	应对金融危机合议庭	非独立专门合议庭
	2009 年	上海第二中级法院	反垄断合议庭	非独立综合合议庭
	2012 年	温州市中级法院	金融审判庭	独立专门审判庭
商事、经济类	2002 年	三亚城郊法院	旅游巡回法庭	专门巡回法庭
	2005 年	福建邵武市法院	农民工维权审判合议庭	非独立专门合议庭
	2005 年	深圳市中级法院	劳动争议审判庭	独立专门审判庭
	2009 年	沧州运河区法院	消费纠纷巡回法庭	专门巡回法庭
	2010 年	赤峰敖汉旗法院	妇女维权审判庭	非独立专门合议庭
	2012 年	昆明西山区法院	涉军维权合议庭	非独立专门合议庭
服务重大活动类	2008 年	北京朝阳区法院	奥运村法庭	临时专门法庭
	2010 年	上海浦东新区法院	世博法庭	临时专门法庭
	2010 年	广东省各基层法院	涉亚运会专门合议庭	临时专门法庭
	2010 年	淄博市张店区法院	省运会专项案件审理合议庭	临时专门法庭
特定纠纷、事故类	2008 年	菏泽市牡丹区法院	医疗事故巡回法庭	专门巡回法庭
	2008 年	厦门同安区法院	交通事故巡回法庭	专门巡回法庭
	2009 年	西安莲湖区法院	城管执法巡回法庭	专门巡回法庭
	2010 年	南昌青山湖区法院	物业纠纷速裁法庭	非独立专门合议庭

---

① 本文采取不完全列举的形式呈现我国目前专门审理特定类型案件的审判组织形态。

续表

专业	成立时间	成立法院	法庭名称	类型
民生、家事类	2004 年	石家庄裕华区法院	反家庭暴力合议庭	非独立专门合议庭
	2008 年	河北冀州市法院	民生案件专案法庭	非独立专门合议庭
	2012 年	徐州贾汪区法院	家事审判庭	独立专门审判庭
	2009 年	南京市中级法院	教育行政合议庭	非独立综合合议庭
	2009 年	福建罗源县法院	畲族巡回法庭	专门巡回法庭
	2011 年	厦门海沧区法院	涉台法庭	独立综合审判庭
	2012 年	厦门市中级法院	涉台案件审判庭	独立综合审判庭

曾有学者认为，法庭的设置是体现法院"生态学安排"的重要方面。[①] 从表 1 中这些类型多样的审判组织来看，它们涉及了社会关系的方方面面，有环保类，经济类，维权类，服务重大活动类，特定纠纷、事故类，民生、家事类以及其他许多无法进行合理归类但又极具代表性的样态。这类审判组织的存在，体现了法院当地社会关系和纠纷的独特性，属于明显的"地方性知识"（Local Knowledge）。[②] 它们独特的组织结构和运作机制，与传统的业务庭室在新时期共同形成人民法院系统内部解决纠纷和审判案件的组织生态。如何从学理上对这种现象进行归纳、梳理，以更好地理解、把握和运用这一现象并最终使之形成一种完善的制度，笔者认为首先应从定义着手。

二、语义分析："专门法庭"的术语、特征和定义

(一)"专门法庭"的术语分解

从纷繁复杂的法律现象当中提炼出学术化的定义，是深入进行理论分析的基础。基于对现象的考察，本文认为"专门法庭"这一术语可最恰如其分地概括和描述当前法院系统内部所出现的各类专门审判组织现象。以下笔者用语义学方法对术语进行解析。

---

① 龙宗智：《"法院生态学"四题》，载《社会科学研究》2001 年第 5 期。

② "地方性知识"概念由人类学家吉尔兹首次提出。他认为"法律就是地方性知识"，主张法律多元化，认识法律只能依据地方性知识，只有运用地方性知识系统才能理解地方性事实，外部标准无法作为判断该事实的标准。［美］克利福德·吉尔兹：《地方性知识：事实与法律的比较透视》，邓正来译，载苏力主编：《法治及其本土资源》，中国政法大学出版社 1996 年版。

定义中的"专门"一词取自于我国宪法和相关法律中的专用术语"专门人民法院"。这是因为"专门法庭"与铁路、海事、军事等专门人民法院在概念内涵上具有一致性,均体现了以特定类型案件为专门管辖对象的独特性质。与"专门"一词相近的还有"专业"一词。在最高人民法院1999年出台的《五年改革纲要》中,曾经提到"专业法庭"一词。不过,如果以"专业法庭"定义,则难以将其与传统常规的业务庭区分开来,因为传统业务庭同样具有专业性,"专业法庭"一词无法表达出这类审判组织所具有的特质,存在严谨性的问题。因此,从与"专门人民法院"这一正规立法术语进行比对借用的效果以及从学术研究严谨性的角度来讲,采用"专门"一词较为合适。

"法庭"一词从广义上可以涵盖审判庭、合议庭、人民法庭、巡回法庭等外延形态。因此对于目前实践中出现的各种不同组织形态和法律特征的专门审理特定类型案件的审判组织而言,"法庭"是能够最恰当、最广泛地表达这一法律现象的词汇。

可见,"专门法庭"一词无论在学理上还是在实践中均可较为科学、准确地概括专门审理特定类型案件的审判组织,可作为正式的法律定义予以确立并采用。

(二)专门法庭的特征分析与定义提炼

术语确定后,分析法律特征可以更好地理解该现象的基本内涵。本文综合所能搜集到的文献资料及权威性媒体报道,概括专门法庭的如下三个特征:

1.制度需求的现实性。如前所述,专门法庭的设立与当地的社会、经济、文化、地理因素有密切联系。正是由于这些因素的存在,产生了相应的制度需求,并通过相应机制的反馈作用,最终在法院内部生成各种不同类型的专门法庭。例如贵州省清镇市法院成立环保法庭在很高程度上是因为贵阳市"两湖一库"地区是传统污染较重的地区,故而亟须强有力而专业化的司法保障所致。而同样是环保法庭,无锡中院环保法庭的设立则更多的是受到太湖蓝藻事件的催发。[①]以旅游为支柱产业的三亚市,为更好地构建良好的旅游环境,程序简约、成本低廉、执行便利的旅游巡回法庭即应运而生。奥运法庭、世博法庭等形式的专门法庭的设立,更诠释了人民法院服务大事、服务大局的重要功能。可见大多数专门法庭的设立并不是偶然的,其与当地社会对于法院解决纠纷功能的现实需求密切相关,是对当地社会司法需求的一种积极回应。

2.受案范围的特定性。法院行使职能的最显著特征是必须有纠纷的存

---

① 张一粟:《环境保护法庭能否突围环境迷局》,载《环境》2008年第6期。

在。① 而作为法院审判职能的行使主体,法庭受理纠纷案件的类型可以管窥其特定的权力范围。专门法庭区别于传统业务庭的最重要特征,即在于受案范围的特殊性。这一点从各类法庭的名称当中可以探知一二。需要注意的是,按照"一五"改革纲要的要求,法院内设机构需依照三大诉讼法设置,因此大部分专门法庭最初也是以单一的民事、刑事或行政案件为审理对象,只不过是这三大领域中的一些更为具体的案件类型,如劳动仲裁庭、涉黑涉恶合议庭等。但近几年来,一些新成立的专门法庭对"一五"改革纲要这一原则实现了突破,如环保法庭可以受理涉及环保问题的刑事、民事、行政甚至是公益诉讼案件,②受案范围具有综合性。与此类似的是厦门市海沧区法院设立的涉台法庭,专门审理全市范围内涉台刑事、民事和行政案件。③ 这类综合性审判庭以及综合性合议庭的出现,凸显了专门法庭在受理案件方面的鲜明特征。

3.组织形态的灵活性。灵活性是相对于常规性法庭而言的,是专门法庭在组织形态上的一个明显特征。从后文的专门法庭类型化分析中将会提出,专门法庭的种类多样,既有独立建制的审判法庭,也有非独立建制的专门合议庭、综合合议庭、临时法庭、巡回法庭等。从外延形态上看,由于专门法庭所具有的特殊功能,在人员、场所配置方面需要具有一定的灵活性,以适应现实的需求。比如上海二中院成立的全国第一个反垄断合议庭,是一个"跨民事、行政两大审判领域的新型审判组织"④,合议庭成员均是民、行两庭的业务骨干,但该合议庭也并非一个常设性的审判组织。此外,从现实中一些专门法庭的建制经过来看,在组织形态方面经历了从最初试点的合议庭到时机成熟时成立专业审判庭乃至综合性审判庭的过程。可见,为更好地发挥专门法庭的特殊功能,服务于审理特定类型案件的现实需要,组织形态上的灵活性成为专门法庭重要的法律特征。

综上所述,通过术语界定和特征分析,笔者认为对"专门法庭"可作如下定义:为回应社会现实需求而设立的,专门审理特定类型案件,组织形态相对灵活的新型审判组织。

---

① 贺卫方:《中国司法管理制度的两个问题》,载《中国社会科学》1997 年第 7 期。

② 贵阳市两湖一库管理局:《清镇市人民法院环境保护法庭基本情况介绍》,http://lhyk.gygov.gov.cn/,下载日期:2014 年 6 月 28 日。

③ 彭莉:《创新涉台审判机制 服务两岸和平发展》,载《人民法院报》2014 年 5 月 8 日第 5 版。

④ 潘已中:《反垄断合议庭上路 为什么和做什么》,载《人民法院报》2009 年 2 月 1 日第 2 版。

三、类型甄别:专门法庭的结构分类

本文将专门法庭定义为一种"新型审判组织",而这类审判组织存在着哪些具体形态则需要进一步的探析。笔者通过整合、甄别和归纳,将专门法庭划分为独立专门审判庭、独立综合审判庭、非独立专门合议庭、非独立综合合议庭、专门巡回法庭和临时专门法庭六种类型。

(一)独立专门审判庭

独立专门审判庭是指在法院审判组织系统内部具有独立编制,就某个专门领域仅受理民事、刑事或行政其中的一类诉讼案件的专门法庭。这一类专门法庭类似于在当前法院组织体系中的房地产庭或少年审判庭,它们是一个独立成单元的法院内设庭室,在业务受案范围上仅限于刑事、民事或行政三者中的一类案件。这类审判庭的典型例子如无锡中院的劳动争议审判庭,以及江苏贾汪区法院的家事审判庭等。设立此类法庭的主要目的在于对形成一定数量的类型化案件进行统一的审理以确保审判的专业化。

(二)独立综合审判庭

独立综合审判庭在组织地位上与独立专门审判庭一样,同样是在具有独立编制的法院内设庭室,但在受案范围上其不局限于民事、刑事或行政领域的一类案件,可以受理不同诉讼类别的案件。以上海浦东新区法院的金融法庭、厦门市海沧法院的涉台法庭、珠海中院的知识产权法庭为典型。在某些类型的独立综合审判庭当中,甚至可以受理公益诉讼案件,如贵阳中院的环保法庭。在成立之初,独立综合审判庭的组成人员往往来自于其他业务庭室,一般需要具有较强的综合业务能力以应对不同类型案件的专业问题。设立此类法庭的主要目的在于协调管辖权、裁判权以及审判程序的统一以确保特定领域司法政策的有效落实。

(三)非独立专门合议庭

非独立的专门合议庭是指设置在独立业务审判庭内部,就某一专门领域受理民事、刑事、行政三类诉讼中的一类案件的专门法庭。这类合议庭虽然没有独立的编制,但在人员组成和结构上一般也都具有相对的稳定性。典型的代表有厦门市思明区法院的应对金融危机合议庭,甘肃城关区法院的维护消费者合法权益合议庭,福建邵武市法院的农民工维权审判合议庭等等。非独立专门合议庭在设置目标和业务受案范围与第一类专门审判庭是基本一致的,但相对而言具有设立简便、灵活,司法成本较低的优势。

（四）非独立综合合议庭

非独立综合合议庭在受案范围方面的特点与独立综合审判庭类似，在人员构成上，该类合议庭往往是抽调其他业务庭室的审判人员临时组成。因此虽然在人员组成的稳定性上与综合审判庭有一定的差别，但依然是由一部分综合业务素质较高的审判人员组成的。在组织地位上，作为一个非独立的审判组织，其"悬空"于法院审判系统内部，不隶属于某个内设庭室。此类专门法庭以上海二中院的反垄断合议庭和南京市中院的教育行政合议庭为典型代表，其组成目的在于解决数量不多但专业性较强的纠纷案件。

（五）专门巡回法庭

巡回法庭是当前专门法庭数量最多的一种类型，也是基层人民法院处理专门类型案件可以采用的最为灵活的审判组织形式。其主要特点是在组织上不具有独立的编制，往往隶属于人民法庭或者基层人民法院的某个业务审判庭，形式上一般体现为一个合议庭。专门巡回法庭在办公场所上往往设立于最便于纠纷解决的地点，某些法庭的办公场所具有流动性。例如，全国多地均有交通巡回法庭设置于交警大队，海南省的旅游巡回法庭设置于景点周边场所，福建罗源县的畲族巡回法庭则是设置于当地畲族人口生活聚集区，此外，还有设置在医院的菏泽牡丹区法院的医疗事故巡回法庭、设置于劳动仲裁机构的无锡滨湖区法院的劳动争议巡回法庭等。

（六）临时专门法庭

临时专门法庭是指为了服务重大国事或重大活动而设立的，在该国事或活动期间开展审判工作，专门审理与该国事或活动相关纠纷案件的专门法庭。例如，2008 年北京奥运会期间在奥运村设立的奥运法庭，2010 年上海世博会期间设立的世博法庭。此外，为迎接亚运会的到来，广东省高级人民法院专门发文要求承办亚运赛事的各地基层人民法院应当要设置的亚运专门合议庭。① 这类法庭虽然有的在名称上和外在表现上具有独立的审判组织特征，但形式上一般体现为合议庭形式，并不具有独立的编制，法庭的成员由传统的业务庭审判人员组成。

综上所述，以上六种形态展现了专门法庭的主要外延类型。形态的多样性

---

① 林晔晗：《广东高院保障广州亚运 合议庭专审"涉亚案件"》，载《南方都市报》2010 年 5 月 10 日第 7 版。

说明了此类审判组织发展、创新的繁荣程度,然而,如此繁荣的现象是否具有合理性和可持续性,则离不开对制度根源和价值的正确认识和把握。

四、理论辨析:专门法庭的制度价值及其正当性质疑

(一)专门法庭的制度根源与价值

如前所述,专门法庭本质上体现了社会分工日益复杂化背景下审判组织的新形态。而从其他层面和角度分析,作为一个司法实践中长期存在的审判组织,专门法庭无疑具有特殊的制度根源与价值。

1.专门法庭的存在具有历史合理性。事实上,专门法庭是具有一定历史传统的审判组织制度。早在古希腊时期,亚里士多德在其名著《政治学》当中就将法庭分为八类,分别审理不同类型的案件,处理不同的法律关系。[①] 在我国抗日战争和解放战争时期,在根据地和解放区,就开始建立专门人民法庭和巡回法庭。改革开放以后,各类专门法庭不断出现,从最开始的林业庭、未成年合议庭,到如今不断创新的专门法庭,绝大多数的专门法庭在各自的领域中发挥着重要的作用。即使是最高人民法院《人民法院第一个五年改革纲要》明确了对专门法庭进行清理、撤并、调整的政策,但依然有不少专门法庭因其独特的优势而保留下来,并逐渐成为法院系统审判组织体系不可或缺的组成部分。这一切都说明,专门法庭作为一项组织制度,经受了历史的考验,具有存在的历史合理性和一定程度的必然性。

2.专门法庭是法律专业化的必然产物。从法律专业化的角度来看,专门法庭是法律精细化和法律职业专业化的历史产物。在我国,随着依法治国理念的不断加深,部门法也经历了日益精细化的过程,而这个过程同时影响着法律实施的重要主体——人民法院自身的组织结构。最好的例子莫过于反垄断合议庭。随着我国第一部《反垄断法》的出台,反垄断民事、行政诉讼案件开始出现,由此法院也进行自身的调整,组建综合性的反垄断合议庭,以适应新形势对反垄断案件审判的需求。由于法院内部的专业分工可以弥补中国法官普遍存在的法律专业素养相对欠缺,专业化相对不足的弱点,[②]因此法律职业专业化过程也为专门

---

① 亚里士多德将法庭分为政绩审查法庭、侵犯公共利益案件专审法庭、违宪案件专审法庭、刑事、民事、行政综合法庭、私人契约纠纷解决法庭、杀人案件专审法庭、涉外法庭和小额合同纠纷专审法庭。[古希腊]亚里士多德:《政治学》,吴寿彭译,商务印书馆1965年版,第228页。

② 朱苏力:《论法院的审判职能与行政管理》,载《中外法学》1999年第5期。

法庭发挥作用提供了可能性。专门法庭的适时出现，为审判人员提供了积累和发挥专业知识的舞台。

3.专门法庭是法院职能现代化的缩影。结构的分化和功能的专门化被社会学家和政治学家们公认为现代化的基本指标。[①] 而功能的多元化则是法院现代化的基本特征之一。传统型的法院被认为是作为专制工具的国家机器。在我国几千年的法制史中，刑事审判曾经代表了司法机关最基本、最核心的功能。而如今，现代化的法院处理的纠纷类型却日趋多样化，刑事案件早已失去了往昔唯一的中心地位，重人权、重民生成为人民法院的工作重心。[②] 通过这样的趋势可以发现，专门法庭多属于民事审判性质的法庭，并以解决民事纠纷为主要目标，正是这一法院职能现代化趋势的客观体现。而专门法庭司法为民和诉讼便利化的宗旨不但契合法院现代化的基本要求，也成为法院现代化的微观样本。

可见，从制度根源与价值上看，专门法庭是具有内在合理性的，有助于法院在新形势下更好地发挥定分止争的审判功能，并成为人民法院司法改革不可或缺的重要组成部分。

（二）专门法庭的制度正当性质疑

任何司法领域的制度创新，在理论上都需要符合其制度发展的内在逻辑，在实践层面上则应该符合审判活动发展的客观规律。我国的现状是，专门法庭从其出现伊始，学界的争论就不绝于耳。而事实上，作为决定改革方向的最高人民法院，也曾持谨慎反对的态度。在 1999 年出台的《人民法院五年改革纲要》中最高人民法院明确提出："1999 年底之前完成对现存各种'专业法庭'和不符合条件、不利于依法独立公正地行使审判权的人民法庭的清理、调整和撤并工作。"这表明，专门法庭制度运作存在问题已是客观事实。即便在"三五"改革期间得到蓬勃发展，但笔者认为可将此解释为在不同的司法改革理念主导之下，其所处不同的生存和发展空间所致。本文不对不同时期的司法改革理念进行价值评判，但不可否认，从近年来专门法庭运作实践中可以探知，该制度在实践运行中不仅仅存在科学性、合理性方面的问题，甚至涉及合法性问题。

1.机构建制的法律依据不明。从法律基础上看，中院以上级别的法院设置任何类型的专门法庭均有法律依据，但基层法院设置独立编制的专门法庭则依据不足。根据《人民法院组织法》的规定，只有中院以上级别的法院方有权设置

---

① 左卫民、吴卫军：《现代化视野中的法院建构——评〈人民法院五年改革纲要〉》，载《政治与法律》2001 年第 4 期。

② 程竹汝：《司法改革与政治发展》，中国社会科学出版社 2002 年版，第 162 页。

刑庭、民庭和经济庭以外的业务庭室。虽然目前《人民法院组织法》的规定已经明显落后于司法实践，如经济庭已经退出历史舞台，基层法院也可以依据1987年发布的《最高人民法院关于建立行政审判庭的通知》设立行政庭等，但从严格意义上来讲，最高人民法院并未明文授权基层法院设立独立编制的专门法庭，而在实践中，基层法院要设置独立的专门法庭，一般也需要向上级法院层层报批方可实现。

2. 机构设计的内在理性失范。在机构设计的科学性上，某些专门法庭的设置及其功能配置没有经过充分的论证和试点，具有一定的盲目性。有学者指出，当事人纠纷的复杂性决定了其存在不同性质的诉讼标的和法律关系，在民事（或者刑事、行政）领域过于细化专业法庭的分工可能浪费司法资源，同时在行政化体制下，庭室的增加也可能滋长审判机构的官僚化。① 现实确实如此，从一些专门法庭的前些年的实践即可证实，由于没有相关法律制度的配套，这些专门法庭在功能设置上过于超前，导致只能成为法学理论和研究的"试验田"。② 而有些学者更认为，目前某些类型的专门法庭在设置上缺乏宏观上的整体规划，区域布局并不合理。③

3. 机构运行的法定职权越位。从理论逻辑上看，一些专门法庭职权的行使偏离了审判权应有的运行轨迹。"司法能动"的理念被放大为司法主动主义，背离了被动性这一司法权的本质特征。"法院过度主动性的后果是将作为司法裁判的特殊机关与其他机关混淆起来，将法院的司法业绩与行政机构和政治机构的业绩同论，最终法院司法的过度主动性将直接导致司法裁判的非中立性。"④ 在实践当中某些类型的专门法庭，尤其是某些专门的巡回法庭，⑤严重混淆了法院作为司法机关的审判职能与国家行政机关的行政管理职能的关系，不仅违背了"审判独立"这一宪法原则，更可能深层次地影响审判权在人民群众心目中中立、独立、权威的印象，危害后果不容忽视。

4. 机构改革的价值取向功利。从价值判断上看，专门法庭在一定程度上成

① 张卫平：《论我国法院体制的非行政化》，载张卫平主编：《司法改革论评》（第1辑），中国法治出版社2001年版。
② 丁国锋：《江苏省各环保法庭为何遭遇"零公益诉讼"？》，载《法制日报》2008年7月6日第3版；刘超：《反思环保法庭的制度逻辑——以贵阳市环保审判庭和清镇市环保法庭为考察对象》，载《法学评论》2010年第1期。
③ 徐刚：《生态环境司法专业化研究》，载《重庆与世界》2013年第5期。
④ 张卫平：《琐话司法》，清华大学出版社2005年版，第71页。
⑤ 最为典型的是代替城管部门对行政当事人执行处罚的城管执法巡回法庭，杨彦：《由法庭执行罚单 西安"标准化执法"试破城管困局》，载《人民日报》2009年11月24日第5版。

为地方法院谋求创新，谋求政绩的产品。设置专门法庭，为人民群众提供便利、专业的司法审判活动，属于司法改革的范畴。在西方国家，司法制度是社会改革最保守、改革力度最小的领域。而在中国，司法系统改革却是最活跃的，因此有学者一针见血地指出，司法改革是出政绩的最大资源，是出政绩的取之不尽、用之不竭的资源。① 正是如此，从一些地方专门法庭的设置效果来看，决策者似乎更加在意求新、求变，而没有考虑法庭成立的实际功能和成本效益。一旦如此，将不可避免地陷入一哄而上之后又一哄而散的怪象，影响法院审判组织的稳定性、权威性和严肃性。

上述问题的存在不仅可能影响制度运作的实际效果，更可能影响到司法权的公信力和独立地位。需要指出的是，制度运作中出现的缺陷并不能全然否定制度价值的存在，因此需要我们努力避免在相应的改革中走入误区，以更好地实现专门法庭制度设计的终极目标。

五、理念归依：专门法庭建制的基本原则

人民法院在专门法庭建制工作中应当摒弃改革的盲动性和功利性，建立符合审判规律的审判组织为基点，以便于当事人参加诉讼，便于法院以审理案件为目标，坚持机构建制的法治、渐进、务实原则。

1. 专门法庭建制应遵循法治原则。司法改革应当纳入法治的轨道，由司法改革决策机构认真论证后，统一进行，以避免盲目和冲动。因此，法治原则应是专门法庭设置的基础及其规范化运作的保障。从更深层次的含义上说，专门法庭的建制还应当依据自然法准则，坚持司法权被动、分立、独立、权威的本质特征，坚持其与司法能动、司法为民等理念的有机平衡，确保专门法庭活动合法、有序开展。

2. 专门法庭建制应坚持循序渐进原则。作为人民法院的内设机构，专门法庭的运作效果直接影响着法院的对外形象，而机构一旦设置，在短期内进行调整变更的可能性较小，因此在设置专门法庭之前，法院必须进行可行性论证，必要的时候可以进行试点改革。试点改革的路径可以由下至上，可以从基层法院的试点中总结经验、吸取教训；也可以由浅入深，先设置专门合议庭，时机成熟时再设立独立的审判庭；也可以由点及面，先设置专门合议庭或专门审判庭，在确有必要时再设置综合合议庭或综合审判庭。通过有规划、有步骤的改革措施，促使专门法庭能够最高程度地适应司法需求并节约司法资源。

---

① 张卫平：《琐话司法》，清华大学出版社 2005 年版，第 72 页。

3.专门法庭建制应符合务实高效原则。现实适用性是专门法庭的本质特征之一,由此决定了专门法庭的设置不应成为花瓶,而应实实在在地发挥其制度功效。这是因为"法律制度和司法制度不能随意地为每一种纠纷生成特殊的诉讼程序和审判法庭,如果这样做,遇到的第一个问题就会是审判权界限的模糊"①。在专门法庭设置的过程中,需要考虑:一方面,在制度需求上应具有现实紧迫性;另一方面,在效率上,专门法庭也应当具有经济上的合理性。从司法资源的占用程度来看,设置审判庭的成本是所有专门法庭类型当中最高的,巡回法庭和临时法庭由于需要配备相应的场所和设备,需要的司法资源次之,而合议庭系灵活、简易的审判组织,司法成本最低。因此,人民法院可综合不同的现实需求,选择相应的专门法庭类型。

结　语

在2010年召开的全国高级法院院长会议上,时任最高人民法院院长王胜俊认为可以"根据各类案件相对集中的不同情况",设立各种类型的专门法庭。②这一精神与1998年全国人民法庭工作会议相比可谓有本质的变化,专门法庭也由此迎来了随后几年更大的发展空间。第四轮司法改革大幕将启,以去行政化为主导的改革思路可能极大地影响法院的内部组织构架。不过,无论未来法院内设机构如何变化,专门法庭作为法院的组织制度,应具有内在的稳定性,应避免因政策环境的变化而受到影响。而要做到这一点,除决策机关应当保证政策的科学性和连贯性以外,人民法院尤其是基层人民法院,更应当强化规范意识,使制度在微观层面的运作得以法治化、科学化,从而让专门法庭成为我国现代社会经济发展进程中具有持久生命力的法治现象。

① ［意］莫诺·卡佩莱蒂:《当事人基本程序保障权和未来的民事诉讼》,徐昕译,法律出版社2000年版,第163页。
② 刘嵘:《继承优良传统,努力开拓创新——记全国高级法院原则会议暨全国法院队伍建设工作会议》,载《人民司法·应用》2010年第9期。

论司法公正与司法资源配置

——以诉讼当事人为视角

■ 刘远萍*

摘要: 司法公正的实现及公信力的提升依赖于当事人的认同,当事人的主观司法公正与客观司法公正存在偏差。以诉讼当事人的主观司法公正为视角,可以将司法资源耗费划分为积极的、中立的、消极的三类,三种类型的司法资源耗费在司法权力的运行中均有所体现。增加有益于当事人主观司法公正感的积极司法资源,能够最大限度地提高司法行为的被认可度,提升司法公信力。

关键词: 司法公正 司法资源 诉讼当事人

引　　言

随着中国法治化进程的推进,诉讼在解决纠纷过程中所发挥的作用日益凸显。在社会转型远没有结束的背景下,司法的有效供给与社会需求之间的矛盾,[1]司法资源不可避免地存在短缺的问题。司法资源的短缺,影响的不仅仅是司法效率,由此还将导致纠纷无法得到高质量的处理、个案当事人的诉求无法得到充分的满足,进而引发个案当事人的"司法不公正"之感。

当前关于确保司法公正、提升司法公信的研究大多遵循"问题—对策"的路径,即基于实证或实践发现问题,再有针对性地提出解决途径。[2] 多数聚焦于司法腐败现象,应对措施均以司法机关或者其他公权力机关为视角,指出公权力机

---

* 作者系厦门市思明区人民法院书记员,法学硕士。

① 尤陈俊:《"案多人少"的应对之道:清代、民国与当代的比较研究》,载《法商研究》2013年第3期。

② 遵循"问题—对策"路径的文章,如沈明磊、蒋飞:《资源配置视野下的司法效率》,载《人民司法·应用》2008年第17期。

关应如何具体行事(如推进司法公开、加强监督机制等等)以防止司法腐败现象。[①] 前述研究,将视野放置于司法者的角度。事实上,司法腐败虽然客观上一直存在,但人数不多,每年违法违纪受到惩处的司法人员仅占整个司法队伍的百分之零点几,[②]但是因为影响恶劣,个案的不公经过媒体的报道和民众的口耳相传,对法院声誉造成了严重的伤害,进而危害民众的司法公正感,导致司法公信无从树立。

本文从诉讼当事人的视角出发,关注个案当事人的主观公正感,从分析影响当事人主观公正感的因素入手,在对司法资源主要消耗类型进行分析的基础上,探讨如何优化法院资源配置,通过提高对当事人主观公正感有益的资源,增强个案当事人的主观公正感受,进而促进客观司法公正,提升司法公信度。需要特别说明的是,本文主张司法公正应关注当事人的主观公正,并不是说司法应该全然以当事人的主观感受为导向(这实际上也不可能),也不表示当事人所有的主观司法公正的感受都是依法有据、合乎情理的。本文之旨趣仅仅在于强调在解决司法公正问题的过程中不能完全忽略当事人的主观视角。[③]

一、当事人预期与司法公正

在法经济学看来,"市场那看不见的手与法官的无私公正有着异曲同工之处","败诉的诉讼当事人没有任何理由迁怒于法庭,这正如一个没有发现一件与其愿意支付的价格相吻的产品的消费者不会迁怒于销售商一样"。[④] 这似乎意味着,司法裁判的结果可以、也应该获得当事人的认可。然而,在司法实践中当事人却有各种理由不接受、否定和排斥个案中客观存在的司法公正,甚至时而将

---

① 这一类文章参见何远琼:《站在天平的两端——司法腐败的博弈分析》,载《中外法学》2007 年第 5 期;姚莉:《司法公正要素分析》,载《法学研究》2003 年第 5 期;陈永生:《司法经费与司法公正》,载《中外法学》2009 年第 3 期;刘克毅、翁杰:《法官裁判权的控制与司法公正的实现》,载《法律科学》2006 年第 4 期;樊学勇:《司法公正与法官精英化》,载《法学家》2001 年第 3 期等等。

② 据统计,全国人民法院每年查处的违法违纪干警人数如下:2008 年为 712 人、2009 年为 795 人、2010 年为 783 人、2011 年为 719 人,2013 年为 1548 人,参见 2009 年至 2013 年最高人民法院工作报告,http://www.court.gov.cn,下载日期:2014 年 6 月 16 日。

③ 习近平总书记指出:"要努力让人民群众在每个司法案件中都能感受到公平正义。"该要求体现了对民众主观感受的关注。在我国现有司法效果评价体系中,某些评价标准对此已有体现,例如案件的上诉率、一审服判息诉率。

④ 〔美〕波斯纳:《法律的经济分析》,蒋兆康译,中国大百科全书出版社 1997 年版,第 679 页。

败诉的结果不合理地归咎于法律不公正、法院不独立或法官不清廉。

（一）当事人方面的因素

1.诉讼成本无法决定裁判结果

当事人对于司法判决的接受程度往往同其支出的诉讼成本密切相连。当事人固然无法在没有任何诉讼成本投入的情况下获得任何诉讼结果，但这并不意味着当事人投入的时间、精力、金钱等诉讼成本越多，就越能获得更符合自己预期的诉讼结果。事实上，不少案件的裁判结果往往无法尽然满足所有当事人的诉前预期。如果当事人投入无数的时间、金钱和精力，最终的裁判结果却同其期望大相径庭，恐怕很难期望其能感受到司法公正。

2.个案当事人承受能力的不同

当事人投入诉讼成本将纠纷诉诸法院，目的是获得自己所想要的裁判结果。但当事人所想要的裁判结果具有很强的主观色彩，因人因地因时而异。比如，因同样的格式合同（比如房屋买卖合同）而发生的纠纷，在法院的判决结果相同的情况下，也可能发生如下情形：原告甲因是自我辩护而无须支付任何律师费用，法院的判决结果符合自己相对较低的预期，原告甲非常满意，但原告乙因自己获得的赔偿几乎就是自己支付的律师费用，因而不满判决结果，企图穷尽所有可能的司法途径或司法外途径以获得更有利于己的判决结果。当事人因个体差异而呈现不同的承受能力，导致对相同的处理结果会有完全相反的主观感受及评价。

3.当事人的参与不足

弗里德曼指出，法律市场不是完全竞争市场，当事人无法在充分协商一致的基础上完成选择。伴随着传统权威的解体，现代法律不再是权威强加的名利，而是人们同意的契约。在此，权威脱离了简单的暴力服从，而是蕴含了一种利益相关主体的选择（choice）或同意（consent）。[1] 以当事人的信任、选择、同意为基础的协商一致，已经成为司法所需要考虑的重要问题。

首先，按照程序法上关于法院管辖权的规定，当事人的争议由哪个法院管辖多数是不随当事人的意志而转移的，同时，法院的数量也是有限（比如一个地级市只有一个中级人民法院）的。这意味着，当事人无法自由决定将争议提交给某一特定的法院审理，而只能被动地接受某特定法院的管辖。管辖法院确定后，具体审判法官的确定属于法院内部的行政管理问题，当事人仍无法参与。这种被动性可能会引起当事人在情感上排斥裁判结果。在司法实践中存在的关于管辖

---

① ［美］弗里德曼：《选择的共和国——法律、权威与文化》，高鸿钧等译，清华大学出版社 2005 年版，第 17～23 页。

权异议的案件,部分是因当事人不信任管辖法院或审判法官而排斥裁判结果的事前反应。与此相反,仲裁庭和仲裁员的确定都是当事人自己选择的,这一定程度上解释了为什么当事人通常更接受仲裁裁决的结果。此外,有当事人更多意志参与的调解更容易实现"案结事了",进而有效地保障其司法公正感。值得注意的是,2012年新修订的《民事诉讼法》对协议管辖的范围进行了扩张,并规定了应诉管辖制度,这些都为当事人自主选择法院提供了更大的空间。

其次,出于提高审判效率、避免高昂信息费用的需要,司法程序强制性地规定了辩论参与人的资格、可辩论事项的条件、启动辩论程序的条件、辩论的时间限度以及起点和终点。[①] 因此,司法者仅截取与争议事实相关的信息,并非所有当事人希望为司法者所了解的所有信息均会进入司法程序,再公正的司法都无法创造阿列克西以及哈贝马斯所谓的"理想辩论情境"[②],在诉讼目的的受挫时,当事人可能认为司法者刻意忽视其利益诉求及重要事实导致其败诉结果。

(二)司法方面的因素

1.法律本身存在界限

法律只是调整人类行为的规范整体的组成部分之一,任何法律规范都有其适用条件、范围和界限,法律无法解决所有的问题。在现代法治邂逅传统中国时,法律的界限彰显得更加淋漓尽致。恰如学者苏力在解读电影《秋菊打官司》时所阐述的,"正式的法律制度无法理解,也没有试图理解什么是秋菊要的'说法'"[③],这是现代法律制度存在界限的具体表现之一。当事人在选择通过司法途径解决纠纷时,如果对"作为正义最后一道防线"的司法有过多的期许,认为司法可以解决其同他人间的所有法律和非法律问题,就很容易因自己的问题最后未完全被考虑和解决而在主观上排斥裁判结果。

当然,法律并不是全然不考虑当事人的主观诉求,界定权利和建立权利保护机制在可能的情况下应更多地考虑当事人的偏好。当事人的主观价值事实上也已获得立法和司法的关注和重视,例如在侵权纠纷中,最高人民法院《关于确定民事侵权精神损害赔偿责任若干问题的解释》第4条便允许被侵权人以具有人

---

① 桑本谦:《法律论证:一个关于司法过程的理论神话——以王斌余案检验阿列克西法律论证理论》,载《中国法学》2007年第3期。

② 在阿列克西及哈贝马斯看来,只要人们可以在免于干扰和强制的条件下参与辩论,获得平等的机会去表达自己的主张,按照程序规则进行对话和辩论,由此达成的共识就可以被视为符合正义标准的结果。参见[德]阿列克西:《法律论证理论》,舒国滢译,中国法制出版社2002年版,第196～225页。

③ 苏力:《法治及其本土资源》,中国政法大学出版社1996年版,第26页。

格象征意义的特定纪念物品永久性灭失或者毁损为由向侵权人主张精神损害赔偿。但法律无力精确计算出所有权人对其物品的主观价值[①]而只能退而适用客观价值,这导致的直接后果是法院的裁判结果往往忽略了当事人的主观期许和感受,[②]主观预期被裁剪和压制的当事人往往较难接受即使是十分公正的裁判结果。大量机动车交通事故案件的受害人对于所获得的赔偿无法接受便是重要一例。

2.司法过程无法避免价值判断

尽管当事人的法律知识或许尚未达到法学专家的专业水平,但当事人基于自身对法律的朴素认识抑或道听途说却也都知道,司法裁判者在各种各样的案件中都掌握且行使着或多或少的自由裁量权。对此朴素印象的专业表述是,司法裁判者在将案件事实(小前提)涵摄法律规定的构成要件(大前提)并就此确定法律效果的过程中,不管是大前提的明确(需要解释法律),还是小前提的确定(需要筛选和提炼案件事实),甚至是法律效果的固定(需要具体化法律规范中的相对抽象法律效果)都不可避免地涉及价值判断。[③]"法律适用不只而且主要也不是一种三段论法。"[④]由于司法过程中价值判断存在的普遍性和客观性,在当事人得到一个同自己预期南辕北辙的裁判结果时,即使该裁判结果事实上没有任何法律瑕疵,但当事人或许还会错误地认为这是裁判者在行使裁量权时忽略其利益,故而倾向于否定该个案中存在司法公正。再加之上诉、申诉、抗诉等救济途径,法官对事实认定的反复与错误直接制约了当事人对于裁判结果的认同。[⑤]

3.司法判决的合法性根基

民众并非总是自觉自愿甚至理所当然地接受法院的判决的。[⑥] 根据学者的概括,可能为司法判决的合法性提供根基的方法有:法条主义的演绎、价值衡量

---

① 所有权中蕴含着所有人的情感价值,比如尽管所有权因侵权而丧失可以获得市价的赔偿,但所有人还是倾向于保有自己的财产,而不愿丧失之后再获得赔偿。对此的研究可参见 Daniel Kahneman, et al., The Endowment Effect, Loss Aversion, and Status Quo Bias, J. Econ. *Perspectives*, 1991, Vol. 5.

② [美]波斯纳:《法律的经济分析》,蒋兆康译,中国大百科全书出版社 1997 年版,第 680~681 页。

③ [德]卡尔·拉伦茨:《法学方法论》,陈爱娥译,商务印书馆 2003 年版,第 160~228 页。

④ [德]考夫曼:《法律哲学》,刘幸义等译,法律出版社 2004 年版,第 72 页。

⑤ 时永才、王刚:《论裁判的可接受性》,载《法律适用》2011 年第 1 期。

⑥ [美]斯蒂芬·布雷耶:《法官能为民主做什么》,何帆译,法律出版社 2012 年版,第 3 页。

的方法、法律商谈的视角和法律程序主义。① 但当法律条文不明确、社会价值多元化时,前三种合法性根基在个案适用(如四川泸州遗产纠纷案)中却也捉襟见肘。同时,法律程序主义作为判决合法性根据的主张之合理性也遭到了法条主义论者的质疑。如果连法律共同体自身对于何为司法裁判的合法性根基尚未达成统一的认识,那么就很难期待个案的当事人会对裁判的合法性有中立的评价和客观的态度。

法院作为机构的合法性并不一定就能彰显具体判决的合法性。如果法院所享有的机构合法性在个案当事人看来不充分,不但可能无法为具体判决的合法性提供支撑,反而可能削弱、侵蚀甚至葬送个案判决的合法性。与此相关的是民众尊重和服从法律与司法的态度和习惯。根据托克维尔的论述,美国民众之所以普遍尊重和服从法律,是因为法律是他们自己制造的,并且当法律偶尔损害他们时他们可以修订法律。② 而如果立基于前述原因的尊重和服从法律与司法的习惯付诸阙如,那么对司法裁判的合法性的质疑和否定或许会更为激烈和频繁。

4. 裁判文书的说理论证不充分

中国法院判决书中论证说理部分存在或语焉不详或过分简化的病症早已受到学者的诟病。③ 在当前的司法实践中,部分法官对于判决理由缺乏信心,秉持"言多必失"的原则,对于判决说理往往采取回避的态度。这点从判决书中"被告(原告)的某主张缺乏事实和法律依据,本院不予支持"这种经常性用语中可管窥一斑,至于为何缺乏事实和法律依据则没有深入论述,法官的自由裁量成为难以看见的"正义"。裁判理由的简单化和格式化,无法将法官内心的推理过程呈现出来并接受公众的检视,当事人很难了解法院作出判决的法律依据和法理依据,从而产生对裁判结果的抵触情绪。

(三)小结

当事人对司法公正的感受是主观且个案的,这种主观感受一旦没有实现,他们就更倾向于否认而不是接受、质疑而不是肯定司法裁判。司法过程中普遍存在价值判断的事实以及司法公正和司法判决的合法性根基本身"公说公有理,婆说婆有理"的现状,使得当事人(尤其是败诉方)对司法公正的质疑又多了一个理由而几乎成为一种必然。

---

① 何海波:《何以合法?——对"二奶继承案"的追问》,载《中外法学》2009 年第 3 期。

② [法]托克维尔:《论美国的民主》(上卷),董果良译,商务印书馆 1988 年版,第 274~276 页。

③ 胡云腾:《论裁判文书的说理》,载《法律适用》2009 年第 3 期。

二、当事人视角下的司法资源耗费

基于前文的分析,有必要进一步梳理当前司法资源的配置(即司法的实际运作过程)对当事人产生何种影响。

(一)司法资源耗费的三种类型

根据司法资源的耗费对当事人主观司法公正感受产生的不同影响,本文将司法资源耗费划分为积极的司法资源耗费、消极的司法资源耗费和中立的司法资源耗费。积极的司法资源耗费是指当事人认可司法裁判结果,为达致该裁判结果而耗费的司法资源。此类积极的司法资源耗费能够促进案结事了目标的实现,当事人对个案司法公正具有积极的评价和感受。消极的司法资源耗费与此相反,是指司法资源的耗费因否定当事人的主观司法公正导致当事人对司法公正只产生消极的印象(如觉得司法不公正、法官不廉洁等)。中立的司法资源耗费是指司法资源的耗费对当事人的主观司法公正没有任何影响,这一类司法资源的耗费通常同案件的审判过程和裁判结果无关,因此不会直接影响当事人对司法公正的主观感受。

(二)法院日常运作与司法资源消耗

不同地区,尤其是不同层级的法院在日常的程序运作上往往存在着较大的差异,即使在同一法院内部,因承办案件的法官个性相异或者案件类型不同,程序的运作也可能出现不一致的情况。[①] 以下忽略不同法院具体运作上的区别,从各法院接受统一诉讼法、组织法调整的角度,以受理案件数最多的基层法院作为研究模型,则法院日常的司法资源消耗主要为如下方面:

1. 案件审判

案件审理是法院最重要的一项资源耗费。从案件受理到案件的送达、排期、开庭审理、调解、判决、办理上诉手续,整个过程均可纳入案件审判的范畴。一个案件的裁判结果不能同时让双方当事人都满意,那么消极的司法资源耗费似乎就不可避免。换言之,如果"谁胜诉、谁败诉"的问题是"非此即彼"而不是"或多或少"的关系,由于任何案件中必然存在败诉方,多数裁判结果或许很难实现皆大欢喜,败诉一方当事人因而在情感上更可能无法认可裁判结果的公正性。因

---

① 王亚新:《程序·制度·组织——基层法院日常的程序运作与治理结构转型》,载《中国社会科学》2004 年第 3 期。

此,从长久来看,任何个案的司法资源耗费都可以分为两个部分,对于胜诉方来讲是积极的司法资源耗费,对于败诉方而言是消极的司法资源耗费。司法实践中也存在双方当事人都不满意一审判决而均提起上诉的情形,此时很可能就意味着一审程序中耗费的司法资源在当事人视角下无助于个案司法公正的实现,而只是消极的司法资源耗费。当然,也存在双方当事人都没有对一审判决提起上诉的案件,但没有上诉并不必然意味着一审程序过程中耗费的司法资源就必然属于积极的司法资源耗费,因为当事人可能是因为预期到坚持上诉的成本会超过上诉的收益而放弃行使上诉的权利。就调解来看,由于案件的调解需要建立在当事人自愿的基础上,耗费于调解的司法资源如果未能达致当事人握手言和的圆满结局,也不至于影响当事人对于司法的公正评价。但"久调不判"则可能因为消耗了当事人过多的诉讼成本而引发当事人对司法的不公正感。消极的司法资源耗费不但没有对当事人产生积极的司法公正效应,而且可能抵消积极的司法资源耗费对当事人产生的积极效应。比如,败诉方因为自己的主观司法公正未能获得实现,就或有依据或没依据地质疑甚至抨击法院和法官,通过口耳相传,潜在的诉讼当事人可能因此对法院和法官整体上产生不公正、无效率的消极印象。当然,主观司法公正获得实现的当事人也可能把自己对法院和法官的公正、廉洁、中立、效率等正面社会印象的感受同其他人分享,由此也可能形成一股积极的、信任司法的力量。就此而言,在个案审判上的司法耗费投入无法简单地划归为积极或消极的司法资源耗费,而应该根据积极消耗与消极消耗之间的抵消关系来确定。

2. 执行工作

在当前分工下,民事案件的执行工作成为正义实现的"宝剑"[1],如果经由生效法律文书确定的权利义务无法得到充分执行,体现法律尊严的裁判文书便成了当事人权利义务的"法律白条",民众就会进而否认司法权威,[2]对法院产生不公正之感。由于进入执行阶段的权利义务已经确定,执行到位率能够很好地衡量执行当事人的满意度以及对于司法的公正感。执行到位率越高,则可认为执行工作的司法资源耗费为积极资源,到位率越低,司法资源耗费积极的性质愈向消极方向滑落。此处,司法资源耗费的属性与执行到位率可以为呈正相关。

---

① 在耶林的论述中,正义女神一手持有衡量权利的天平,另一只手握有为主张权利而准备的宝剑。天平与宝剑相互依存,正义女神挥舞宝剑的力量与操作天平的技巧得以均衡之处,恰恰是健全的法律状态之所在。参见[德]鲁道夫·冯·耶林:《为权利而斗争》,胡宝海译,中国法制出版社 2004 年版,第 1~2 页。

② 冯一文:《司法不公抑或司法无力——论当前我国司法权威流失缘由及其出路》,载《河北法学》2009 年第 6 期。

3.日常事务性工作

对于大部分法院而言,除审执工作外还包括大量的行政事务性工作,①这些行政管理事务除了包括与案件审理有关的工作,比如审判流程的管理、案件质量的管理以及为审判工作的正常开展提供保障的后勤工作外,还有内部的任职考核、管理和任免等工作。除服务案件的保障工作外,这一部分的司法资源耗费虽不可避免,但往往同案件的裁判没有非常直接的联系,个案当事人一般不参与。因此,若以当事人为视角,该部分的司法资源耗费对于满足当事人的主观司法公正没有直接的意义,属于中立的司法资源耗费。但是,非审判工作的大量增加,则可能导致稀释其他方面积极的司法资源耗费。同时,当前法院普遍设有接受当事人投诉的机制,不少司法裁判人员或许有时要分心应付当事人的各种投诉,这部分的司法资源耗费尽管是因当事人的行为而引发的,但与个案裁判同样缺乏具体的联系,因此本文也将之归入中立的司法资源耗费。值得一提的是,如果法院和被投诉的法官在投诉事宜的处理上不符合当事人或合理或无理的要求,中立的司法资源耗费很容易就转变为消极的司法资源耗费,进而损害当事人的主观司法公正。

4.教育、新闻、宣传工作

此类工作主要立足于普法教育,通过法院案件审判及工作动态的对外传递实现开启民智、树立法院形象的目的。法院进行宣传报道的形式和媒介随着新兴媒体的发展也呈现出多样化的态势。除了常规性的报道外,为应对舆论对法院工作和法院言行呈现的高强度、高密度监督,不少法院均建立舆情监督机制,以通过新闻宣传和舆论引导及时回应社会关切。法院还通过常规或非常规地组织普法宣传活动,通过此种新闻宣传及舆论引导,让司法承担起教育的功能,对外进行沟通与联系。对个案当事人来说,并不一定每一位当事人都曾阅读过相关的宣传、报道,但此种积极向上的宣传报道对于曾经阅读过的当事人而言,至少不会产生负面消极的影响。故此类司法资源的耗费对于个案当事人而言可归为积极的司法资源耗费。

总之,在当事人的视角下,优化司法资源配置所应追求的目标是努力增加积极的司法资源耗费,尽量减少消极或中立的司法资源耗费,尤其要避免重复的司法资源耗费。同时,由于特定时期内的司法资源总量是有限的,中立的司法资源耗费必然挤占用于审判事务的司法资源的数量,就此意义来讲,中立的司法资源耗费在司法资源短缺,形势十分严峻时极容易丧失中立的色彩而转为消极的司

---

① 王亚新:《司法成本与司法效率——中国法院的财政保障与法官激励》,载《法学家》2010 年第 4 期。

法资源耗费。

三、司法资源的优化配置

(一)司法资源与司法公正

资源配置的目标在于物尽其用,将资源投到发挥效用最大之处。因此,在司法资源总量不变的情况下,如果能在内部进行优化配置,重点满足资源耗费者即诉讼当事人的需求之处,使得司法资源的投入获得最大的产出,保障法官有充分的时间审理个案,最终有助于实现个案的司法公正。

此外也要看到,"迟到的正义是非正义",即使简单明了的案件可能会因为迟迟没有作出最终裁判结果而影响当事人对司法公正的主观感受。随着裁判时间的延长,当事人认为案件结果被操纵的感觉可能越来越强烈。主观司法公正感受挫的当事人又会通过各种行为进一步耗费司法资源,从而加剧司法资源的短缺程度。

(二)优化司法资源配置与主观司法公正的实现

通过前文的考察可以发现,当事人对司法公正的感受是主观的,若当事人的主观司法公正没有得到合理且有效的满足,当事人就可能启动后续诉讼行为而进一步耗费司法资源,同时还可能通过对法院和法官负面社会形象的传播而削弱其他潜在诉讼当事人对司法公正的信心。因此,要缓解司法资源短缺的严峻形势,法院在优化司法资源配置时,就要考虑将司法资源的耗费同满足当事人主观司法公正的目标相结合。如果耗费的司法资源无助于当事人主观司法公正的实现,这样的司法资源耗费的意义就非常有限。概言之,如果还不能说司法资源配置应该以当事人为导向,司法资源的配置至少应该兼顾当事人的主观感受。只有把司法资源配置的核心从人和物的关系转为人和人的关系,将司法资源配置在法院和法官同诉讼当事人的关系上,重视诉讼当事人的主观司法公正,才能有效地缓解司法资源短缺的问题。对此,结合当事人的主观心理状态,司法资源可以通过优化配置而最大限度地保障当事人的主观司法公正感。

(三)司法资源的配置方式

以增进积极性司法资源耗费、尽量减少或压缩中性的、消极的司法资源耗费为原则,结合当事人对司法公正的心理感受,可将资源重点配置于如下方面:

第一,尊重当事人在程序中的自主性。程序自主的价值在于为当事人提供一个可以自由选择的平台,日后无论出现何种局面,均是个人的决定,并非强制,司法程序将更具正当性。例如，当前司法改革中协商选定人民陪审员就是一项当事人自治的重要尝试。在审理程序中，可适度将资源倾斜于创造"理想辩论情境"，减少法官主动的纠问，为当事人提供舒适、自由度较高、时间较不受限制的辩论机会和环境，如此，即使当事人权益没有得到最终界定，但每个人的权益都已被纳入考量范围，由此形成的判决也可以被更好地贯彻执行。①

第二，完善裁判文书的说理论证。对于法官来说，进行合理的论证首先要重视司法的修辞。裁判文书的正式行文，要求准确、直接，以法律叙述行规要求的方式表达国家强制的意志。② 一份可读性强、文通字顺的判决书能够成为一份很好的普法教材，更是法官素质的综合体现。在当前裁判文书上网公开的推动下，法官判决书的影响将超越案件当事人本身，可能成为被后人反复诵读、论证各类观点合法性的先例。其次应展示法官推理的过程。2013年1月1日起施行的新《民事诉讼法》第152条要求判决书应当写明判决结果和作出该判决的理由，判决书应包括判决认定的事实和理由、适用的法律和理由。该条款意味着，法官向公众展示自己的推理过程、下判理由已经上升为法律义务。从长远的角度来看，应当加强法官司法专业技能的发展和培养，鼓励法官钻研法律知识和技能，以激励机制来调动法官的积极性，要注意用制度激励来促使法官解决实际问题，③并增加此项资源的投入。如当前优秀裁判文书的评选可以作为一项值得考虑并广泛推广的激励机制。

第三，强化司法共同体的打造。法律或法治与其他人类的创造一样，不可能是永恒理性的产物。④ 我国的司法资源耗费相较于其他国家而言还由于如下因素的存在而可能特别多：法官的法律解释和适用任务特别繁重。以我国的民事立法为例，由于我国采取的是"零售式"的立法模式，先后制定了《民法通则》、《合同法》、《担保法》、《物权法》、《侵权责任法》。此外，最高人民法院结合审判实践先后颁布了重大直接指导审判的司法解释。前述规范由于缺乏"批发式"制定一部法典时的体系兼顾和权衡，法律文本间的融通协调不尽人意，法律规范难免相互抵牾。学界和实务界对很多规范的理解尚未形成"通说"。"通说"的缺乏使得

---

① ［美］斯蒂芬·布雷耶：《法官能为民主做什么》，何帆译，法律出版社2012年版，第113页。

② 刘星：《判决书"附带"：以中国基层司法"法官后语"实践为主线》，载《中国法学》2013年第1期。

③ 苏力：《关于能动司法与大调解》，载《中国法学》2010年第1期。

④ 苏力：《法条主义、民意与难办案件》，载《中外法学》2009年第1期。

法官的法律解释和法律论证任务异常繁重。[①] 因此，在司法资源的配置上，应当致力于司法文化共同体的打造，司法者应在法律制度的约束范围之内进行裁判，以求得共识，确保同等情况同等对待。司法者尤其应避免使司法沦为政策的工具。

第四，承载司法教育的功能。基于该项司法资源的投入对于个案当事人而言构成积极的司法资源耗费，理论上，应当最大限度地增加该项支出。但在资源总量不变的情况下，此项资源的支出必然削弱其他资源，从而引发主观公正感下降的效应，故而，该项资源的支出也应根据资源情况进行合理的配置。此项资源投入的最大意义在于培育公民对于法律的认同感，让"秋菊"们认识并原谅法律的界限及其局限性，从而夯实法院判决的合理性根基，尽可能地让当事人个体的主观公正接近客观公正，从而提升当事人司法公正的感知度。此外，在司法文化的构建上，应认识到"法律就是一个共同体的生活方式的抽象化表达。人们怎样生活，法律就怎样说"[②]，在司法过程中，关注社会生活的常态，充分考虑案件处理的实际后果，避免疏离民众生活过远。

四、结　　语

纠纷产生司法，但司法的目的却是消灭纠纷。因诉讼当事人主观司法公正的客观存在，要真正实现"案结事了"就不得不尽可能地凝视和关照当事人的主观司法公正，否则当事人主观上对司法公正的不认同将影响客观司法公正的实现，进而影响司法权威及司法公信力的建构。制度形成的逻辑，并不如后来学者所构建的那样是共时性的，而更多的是历时性的。制度的发生、形成和确立都在时间流逝中完成，在无数人的历史活动中形成。[③] 当事人主观司法公正的建立也有赖于每一个个案、每一位法官具体的司法过程。在司法权力运行过程中，唯有正视而不是回避、尊重而不是一味地抑制当事人的主观司法公正，在配置有限的司法资源时想方设法地增加有助于主观司法公正的积极的司法资源耗费，让当事人因心悦诚服而自我抑制后续的诉讼或非诉讼行为，才能有效地促进司法公信力的提升。

[①] "如就某问题已存有通说，论者可在论证中直接引用通说，而不必重复加以论证。"有关通说的功能，可参见庄加园：《教义学视角下私法领域的德国通说》，载《北大法律评论》（2011 年第 2 辑），北京大学出版社 2011 年版。

[②] 秋风：《儒家式现代秩序》，广西师范大学出版社 2012 年版，第 157 页。

[③] 苏力：《制度是如何形成的》，北京大学出版社 2007 年增订版，第 53 页。

香港民事上诉制度的最新发展及其启示

■ 欧 丹*

摘要:2009 年民事司法改革之后,香港的民事上诉制度发生了两个重要变化,即引入非正审上诉许可制度以及规定非正审上诉须采用书面上诉。从改革的内容来看,香港民事上诉制度改革主要集中于限制不必要诉讼程序的展开,进而实现诉讼效率。为实现改革的目标,民事上诉制度的改革不仅要注重保护当事人的实体利益,而且需要协调当事人的程序利益。

关键词:香港 上诉制度 上诉许可 案件管理

在民事上诉制度的改革理念上,香港与英国等普通法系国家和地区具有高度的同一性。但是,香港民事上诉制度并未完全照搬英国民事司法改革引入一套新的法规,而是根据自身的实际情况选择渐进式改革方式对现有制度进行一个完善。2009 年民事司法改革之后,香港的民事上诉程序发生了两个重要的变化:其一,引入非正审上诉许可制度,许可决定由原讼法院及上诉法院决定;其二,规定非正审上诉须采用书面上诉。简言之,香港民事上诉制度的最新发展主要体现在上诉程序中引入上诉许可制度和案件管理制度。

一、上诉许可制度

所谓上诉许可,指当事人提起上诉需经原审法院或上诉法院审查,获得许可方可进入上诉程序的制度。[①] 目前,德国、日本、巴西、英国等国家都实行上诉许可制度。香港地区的民事上诉制度乃至其民事司法改革都是以英国民事司法改革为重要临摹对象的。事实上,上述国家和地区在民事上诉程序中引入上诉许

---

* 作者系厦门大学法学院诉讼法博士研究生,波兰华沙大学法学院访问学者。

① 齐树洁:《从理念到规则英、德民事上诉制度改革述评——兼论我国民事上诉制度之重构》,载《厦门大学法律评论》(第 4 辑),厦门大学出版社 2002 年版。

可制度是对"分配正义"①司法理念的一种贯彻与实践。从规则来看,英国民事上诉许可制度是现在已知的关于这一制度最详尽、可操作性最强的上诉许可制度。香港民事上诉许可制度既有吸收英国民事上诉许可制度的特点,也有不同于英国民事上诉许可制度的地方。

(一)上诉许可制度的适用范围

香港与英国在上诉许可制度的适用范围上存在着较大的差异。英国民事上诉许可制度基本上适用于所有民事上诉程序。在英国,如果当事人针对郡法院或高等法院的一审裁判提起上诉,须经上诉审法院或原审法院许可;如果就上诉审裁判提起第二审上诉,须经第三审法院许可。② 在香港,如果当事人就一个较低级别的法庭所作出的判决向一个较高级别的法庭提出上诉,当事人通常要申请上诉许可。例如,就劳资审裁处和小额钱债审裁处的判决向原讼法庭提出上诉,或就区域法院的判决向上诉法庭提出的上诉,或就上诉法庭所作出的判决向终审法院提出上诉,当事人都需要上诉许可。此外,如果就原讼法庭法官在非正审申请程序中所作出的判决提出上诉,当事人一般必须先申请上诉许可。但是,在香港,如果当事人在非正审申请程序中希望就聆案官于内庭所作出的判决提出上诉,其并不需要申请上诉许可;如果当事人就原讼法庭的判决向上诉法庭提起上诉,当事人一般不需要申请上诉许可,除非上诉案件只涉及讼费。

改革工作小组曾提出建议:"规定与讼一方当事人必须先取得法庭的许可才可以针对原讼法庭的非正审判决向上诉法庭提出上诉。规定与讼一方当事人须先取得法庭的许可才可以针对原讼法庭的正审判决,向上诉法庭提出上诉。"③该工作小组发布《中期报告》之后,社会各界就报告提出的各项建议提出了广泛意见。④ 从香港大律师公会、大律师公会人身伤害赔偿委员会、香港律师会、香港法律援助署、亚洲专利人代理协会、香港海商法协会等组织的反馈意见来看,绝大多数组织都支持在非正审上诉案件中引入上诉许可制度。因此,为反映受咨询者普遍支持这项建议和在其他司法管辖区久已实行的有关做法,工作小组

①　关于"分配正义"司法理念的一般原理,参见齐树洁:《民事程序法研究》,科学出版社2007年版,第7～10页。

②　但是,针对郡法院或高等法院发出的拘禁令、拒绝签发人身保护令或依《1989年未成年人法》第25条作出的住宿保障令提出上诉,当事人无须获得上诉许可。这主要是考虑上述三种裁判可能影响当事人的人身自由,因此赋予当事人一种特别的权利。

③　Chief Justice's Working Party on Civil Justice Reform, Civil Justice Reform Interim Report and Consultative Paper, http://www.civiljustice.gov.hk,下载日期:2014年4月16日。

④　据统计,截至2002年6月30日,香港司法机构通过民事司法制度改革官方网站共收到近41000份反馈意见。

在《最终报告》中提议订定规则,规定必须得到上诉许可才可针对原讼法庭法官的非正审判决向上诉法庭提出上诉。但是,那些对某一方的实质权利有决定性影响的非正审判决(包括简易判决,剔除命令等等),以及那些获得特别豁免的案件(例如关于藐视法庭的命令、拒绝颁发人身保护令、拒绝给予进行司法复核程序的许可等等)都应属例外之列,不受这项规则的限制。针对聆案官的判决向原讼法庭提出上诉,仍属于当然的权利。最终,相关法例修改之后,这一规则在高等法院及区域法院中都适用。① 此次上诉制度改革修正了当事人对非正审判决拥有向上诉法庭提出上诉的当然权利,在向上诉法庭提出非正审判决上诉中引入上诉许可制度。② 例如,就证据开示、令状、延期及讼费担保等法院命令提出上诉必须得到上诉审法院的上诉许可。然而,部分涉及当事人实质权利的非正审判决上诉并不需要得到上诉许可。

对于当事人针对原讼法庭判决提出上诉须获得上诉许可的改革建议,香港有关组织提出了强烈的反对意见。大律师公会、律师会等组织认为当事人向上诉法庭提起上诉的权利是保障其免受恣意裁判影响的必要措施。尽管部分上诉案件可能是非必要的,或者上诉案件涉嫌缠讼,或者上诉案件涉嫌滥用程序,但是这部分上诉案件仍然是上诉法庭固有管辖权的内容。③ 因此,工作小组最终并没有采纳要求当事人针对原讼法庭判决提出上诉必须要有上诉许可的建议。

(二)上诉许可申请的提出

一般而言,当事人申请上诉许可或提出上诉申请必须在法例规定的限期前提出。这个期限不可以延长,除非当事人有充分的理由。当事人提起上诉许可申请,既可以向原审法院提出,亦可以向上诉通知书载明的上诉审法院提出。在向上诉法庭提出上诉的案件中,当事人首先应向原审法院或法官提出上诉申请,如果原审法院法官拒绝给予当事人上诉许可,当事人还可以向上诉法庭提出上诉许可申请。无论上诉法庭是否给予当事人上诉许可,任何一方都不能针对该项决定提出上诉。在向终审法院提出上诉的案件中,当事人同样可以先向上诉法庭提出上诉许可申请,如果上诉法庭拒绝当事人上诉许可申请,当事人可以向终审法院提出上诉许可申请。当然,如果当事人认为有关案件的决定存在实质

① 香港立法会 CB(2)920/07-08 号文件:《2007 年民事司法制度改革(杂项修订)条例草案》委员会报告,http://www.legco.gov.hk,下载日期:2014 年 4 月 26 日。
② 芮安牟:《浅谈新民事司法诉讼》,陈星楠译,香港三联书店出版社 2012 年版,第115 页。
③ Justice Chan & Martin Rogers, *Hong Kong Civil Procedure*, Sweet & Maxwell Asia,2002,p.59.

及程序严重的不公正情形,当事人则可以直接向终审法院申请上诉许可。改革实施后的四年,上诉法庭处理的上诉许可申请并没有因为引入非正审上诉许可制度而出现大幅度的增长。尽管改革实施后的第一年,上诉法庭处理的上诉许可申请有比较明显的增长,但是改革后的第二年,这一数据就开始下降。改革实施的第三年,上诉许可申请增长比较显著,到第四年这一数据再次有了明显的下降。① 从改革四年后的数据来看,各级法院处理的上诉申请数量比改革之前有所增加,但是其总体数量仍处于一个相对平稳的状态。

表 1   香港民事司法改革实施 4 年后上诉法庭处理的上诉许可申请统计数据

2008 年 4 月 2 日至 2013 年 4 月 1 日上诉法庭处理的上诉许可申请数目(件)

	改革前的期间 (2008 年 4 月— 2009 年 3 月)	改革后的期间			
		第 1 年	第 2 年	第 3 年	第 4 年
来自原讼法庭的案件	22	52	49	65	55
来自区域法院的案件	35	46	34	59	39
来自其他法院的案件	16	28	32	36	27
合计	73	126	115	160	121

在香港,部分上诉案件只能向特定的法庭提出上诉许可申请。例如,如果当事人针对劳资审裁处或小额钱债审裁处或小额薪酬索偿仲裁处的决定提出上诉,当事人只能向原讼法庭提出上诉许可申请,原讼法庭拒绝给予当事人上诉许可的决定是最终的决定,任何当事人不能再提出上诉。但是,当事人可以就原讼法庭进行聆讯之后就上诉案件作出的裁决向上诉法庭提出上诉许可申请。

当事人向上诉审法院提出上诉许可申请时还必须符合一定的形式要求。比如,在向上诉法庭提出上诉的案件中,当事人首先应向作出有关判决或命令的法官或审裁处法官(土地审裁处审理的案件)申请上诉许可,申请时必须说明所依据的理由。如果上诉源于各方之间的法律程序,则此上诉许可的申请必须以各方传票的方式提出。当事人申请上诉许可期间,其须草拟一份陈述书以支持上诉许可的申请,陈述书须列明:(a)法庭应给予许可的理由,以及(b)(如果上诉期限已经届满)未能如期提出申请的理由。在大多数情况下,申请人只需提供一份上诉理由的草拟本便能符合第一项要求。上诉许可申请书除应附有上诉理由的

---

① 香港立法会 CB(2)713/11—12(01)号文件:《民事司法制度改革由 2009 年 4 月 2 日至 2013 年 3 月 31 日首四年的实施情况》,http://www.legco.gov.hk,下载日期:2014 年 4 月 26 日。

草拟本外,亦应附有誓章证据(如果情况适合,例如须说明法庭应批准延期的理由),以及一份说明法庭应给予上诉许可的理由的论点纲要。申请人须把上述文件的文本各两份交存法院,并须把传票的文本连同支持申请的陈述书、誓章(如有的话)和论点纲要送达答辩人。①

(三)上诉许可申请的审查

在受理当事人提出的上诉许可申请之后,法院会根据一定的审查标准及形式决定最终是否给予当事人上诉许可。具体而言,法院依据的审查标准就是指当事人申请上诉许可是否有合理的理由;审查的形式就是指法院采用什么形式审查当事人的上诉许可申请是否符合标准,通常是指通过书面审查或者听审审查。其实,在非正审上诉程序中引入上诉许可这一过滤机制的目的是减少非正审上诉的数量。法院并不希望双方当事人在非正审申请上浪费太多的时间,希望鼓励案件尽快进入审讯阶段并得以解决。如果律师们仍然沿用改革之前的诉讼理念,对上诉许可申请的审查还是可能令申请人付出大量的金钱及时间。因此,法庭会对上诉许可申请采取快速及有效的回应。在理想的情况下,非正审申请与其上诉许可申请应在同一口头聆讯中进行。例如,法官可能在聆讯结束之前询问双方当事人是否上诉及其理由,在大多数情况下,双方都应能从聆讯理据中及时找到可上诉的理据。在实践中,法官还可以要求当事人提交书面陈词说明其申请上诉的理由。②

1.上诉许可申请的审查标准

上诉许可申请的审查标准是指法庭给予当事人上诉许可所接受的理由。在英国,上诉许可的一般理由包括以下两项:第一,法院认为当事人提出的上诉具有胜诉希望的;第二,具备对上诉进行审理的其他强制性理由。另外,如果当事人提起的是第二次上诉,唯有上诉许可申请提出重要的法律原则问题或实务问题,或者存在第三审法院进行第三审的强制性理由,方得许可第二次上诉。在香港,改革工作小组在《中期报告》中就建议拟提出上诉的任何一方,必须证明其上诉"有实在的成功机会"或证明"有其他充分的理由,令法庭不得不聆讯其上诉",方可获得法庭批准上诉许可。当然,从司法机构收到的反馈意见来看,香港大律师公会及香港律师会等机构组织都表示赞同这样的建议,但是他们也对这一建议在司法实践中具体如何操作表示顾虑。最终,该工作小组在《最终报告》中采

---

① 《高等法院、区域法院一般民事诉讼程序指引:如何进行上诉》,http://www.civiljustice.gov.hk,下载日期:2014年4月16日。

② 芮安牟:《浅谈新民事司法诉讼》,陈星楠译,香港三联书店出版社2012年版,第117页。

纳了上述意见:"法庭应该在认为上诉会有合理的成功机会的情况下才给予上诉许可;如果有其他充分理由令法庭不得不聆讯其上诉,也应该给予上诉许可。"这一标准在后来的案例中得到了进一步的明确。在 Ho Yuen Ki Winnie v. Ho Hung Sun Stanley 一案中,法官认为申请人应该提供胜诉的充分理由。如果仅仅依据比空想稍强一点的理由就给予当事人上诉许可,那么该理由不是很充分。对充分理由的判断标准要求更高。①

即便当事人提出上诉已经符合有关条件,上诉审法院在决定是否给予其上诉许可时仍然需要考虑其他因素,比如财力有限的当事人提出第二次上诉,上诉审法院受理是否对其公正;法院是否可以采取其他救济措施等。② 事实上,在香港上诉审法院决定是否给予当事人上诉许可时还应当考虑香港民事司法制度改革的基本目标,尤其是提高司法程序的成本效益、提倡以效益与案情相适应原则开展诉讼程序等。例如,在 George Y. C. Mok & Co. v. Trade Advisors Co. Ltd. 一案中,法院在是否给予当事人上诉许可问题上考虑了上述原则,最终上诉法院拒绝给予当事人上诉许可。此案中法官在其决定中指出:"给予当事人继续开展诉讼程序显然有违民事司法改革的宗旨,任何当事人继续浪费各方及公共的资源是不被允许的;其实,有关这一案件的诉讼已经持续长达 8 年之久,法院对这一案件的审理已经足够充分,因此本人拒绝给予上诉许可。"③

2. 上诉许可申请的审查形式

上诉审法院既可以通过书面审查的形式决定是否给予当事人上诉许可,也可以通过听审审查的形式决定是否给予当事人上诉许可。例如,上诉法庭可以只根据书面陈词裁定是否批准上诉许可的申请而无须进行口头聆讯,但也可以指令以口头聆讯的方式处理申请。无论是否进行口头聆讯,上诉法庭法官都可以作出他们认为适当的指示。另外,如有关申请只基于书面陈述而裁定,则因该裁定而感到受屈的一方,可在规定时间内要求上诉法庭在各方之间进行口头聆讯并重新考虑该裁定;如果上诉法庭认为该申请完全缺乏理据,则上诉法庭可以作出命令规定任何一方不得要求在各方之间进行口头聆讯重新考虑该裁定。

其实,对于上述规定香港立法会内务委员会曾经提出顾虑:"上述规定可能会剥夺感到受屈一方获得口头聆讯的权利,并且这种情况可能更会造成不公道的情况。"不过,司法机构也对此问题提出了相应的解释:"关于'完全'缺乏理据的上诉问题在香港已经出现一段时间;在 2005 年至 2007 年的 3 年间,每年平均约有 20% 的许可申

---

① Ho Yuen Ki Winnie v. Ho Hung Sun Stanley [2009] HCMP 1009.

② 齐树洁主编:《英国民事司法改革》,北京大学出版社 2004 年版,第 418 页。

③ George Y. C. Mok & Co. v. Trade Advisors Co. Ltd. [2009] HCMP 2589.

请随后会重提申请,在重提申请中约有 80% 的许可被拒,可见缺乏理据的上诉问题应当予以解决。"[1]最终,相关法例的修改还是采纳了上述意见。

(四)上诉许可的限制

在英国,上诉审法院在作出上诉许可决定的同时,还可以就上诉审的争点进行限制。这样一来,在上诉审中法官可以迅速驳回当事人就其他争点进行审理的申请。不过,在得到上诉审法院特别许可的情况下,当事人也可以在上诉审中提出其他的争点,但是这种申请被要求应该尽可能早地在诉讼初期告知上诉审法院及被上诉人。

香港上诉许可的限制不仅包括内容上的限制,而且还包括条件上的限制。内容上的限制主要是指法院在给予当事人上诉许可时可以要求其就部分争点事项提起上诉。条件上诉的限制主要是指上诉法院在给予当事人上诉许可时可以附加其认为必要的条件。根据条件,上诉人应当作出充分的保证,并承诺遵守法院规则进行诉讼。另外,附加条件也可以是上诉法院对上诉的任何一方的时限要求。[2] 从改革四年的成效来看,目前较谨慎的上诉许可规定已经成功地减少了向上诉法庭提出缺乏理据的非正审上诉数量。在改革四年的时间里,向上诉法庭提出非正审上的数目由第一年的 101 宗进一步减至第四年的 31 宗,有下降的趋势。[3] 从这个角度来看,此项改革正朝着正确的方向发展。

表 2 香港民事司法改革实施 2 年后非正审上诉许可统计数据

2008 年 4 月 2 日至 2013 年 4 月 1 日向上诉法庭提出非正审上诉数(宗)

	改革前的期间 (2008 年 4 月— 2009 年 3 月)	改革后的期间			
		第 1 年	第 2 年	第 3 年	第 4 年
来自原讼法庭的案件	179	78	61	62	28
来自区域法院的案件	10	14	8	8	1
来自其他法院的案件	7	9	4	8	2
合计	196	101	73	78	31

---

① 香港立法会 CB(2)2222/07—08 号文件:《2008 年香港立法会内务委员会会议文件——与民事司法制度改革有关的附属法例拟稿小组委员会报告》,http://www.legco.gov.hk,下载日期:2014 年 4 月 26 日。

② 齐树洁主编:《台港澳民事诉讼制度》,厦门大学出版社 2014 年第 2 版,第 319 页。

③ 香港立法会 CB(2)713/11—12(01)号文件:《民事司法制度改革由 2009 年 4 月 2 日至 2013 年 3 月 31 日首四年的实施情况》,http://www.legco.gov.hk,下载日期:2014 年 4 月 26 日。

二、上诉审的案件管理

为应对诉讼迟延以及滥用程序等问题,英国沃尔夫勋爵主张对诉讼文化进行重大变革,让法官必须取代当事人来对案件各个阶段进行控制,即加强对案件的管理。最终,这一主张在英国《民事诉讼规则》中得到确认。香港民事上诉审的案件管理制度也是充分考虑英国等普通法系国家上诉审案件管理制度改革的经验。然而,从上诉审案件的管理方式来看,香港并没有照搬英国上诉审案件管理的具体规则。

(一)上诉审的案件管理方式

1.中期报告提议的案件管理方式

香港上诉制度改革最主要的内容就是在非正审上诉中引入上诉许可制度。但是,在上诉程序中引入上诉许可制度,当事人提起上诉的成本可能会增加。为解决这一问题,改革工作小组提议借鉴英国上诉制度改革采取一系列措施对上诉案件审理的各个阶段进行充分引导及管理。在英国,这不仅包括在上诉许可程序中的案件管理,还包括在上诉审理中的案件管理。在上诉许可程序中的案件管理最终被香港上诉制度所采纳(这一内容下文另有论述此处暂不展开)。在上诉审理中的案件管理是指:在法院作出上诉许可之后,法院在对上诉案件进行实质审理时应当对上诉案件进行有效的管理进而确保当事人能够为上诉程序顺利开展进行充分的准备,并能够将当事人之间的言词辩论控制在必要的限度内。

英国上诉制度规定上诉法院可以向上诉人送达一份上诉问题调查表,要求上诉人向上诉法院提供其为进行上诉审理所准备的各种信息。具体而言,上诉问题调查表须载明的事项包括:(1)如上诉人委托诉讼代理人的,其律师对上诉审理程序的时间预估(time estimate)。(2)如证据笔录与上诉相关的,若上诉案卷中没有证据笔录的,则确认已作出提交证据笔录之命令。(3)确认上诉案卷副本已准备就绪,应可提交上诉法院使用,并保证已按上诉法院要求提出上诉案卷。就上诉案卷而言,可接受程序笔录之影印件。(4)确认上诉问题调查表及上诉案卷已送达被上诉人,并载明送达日期。其中,时间预估是上诉问题调查表的核心内容。如果上诉人不同意有关时间预估,其须在收到上诉问题调查表之日起7日内通知法院;如果上诉人未提出上述通知书的,则推定其接受律师代表上诉人提出的审理程序时间预估。①

2.最终报告确定的案件管理方式

香港改革工作小组综合考虑各方意见之后,其在《最终报告》中就民事上诉审的案件管理方式作出明确的规定。首先,上诉法庭所有法官都认为制定案件管理问卷对他们没有帮助,因此在上诉审中制定案件管理问卷并未被工作小组所采纳。其次,按照上诉法庭法官的一致意见该工作小组提议制定程序,使关于待决上诉的非正审申请(例如申请搁置执行或申请就上诉的诉费提供保证金)可以由两名上诉法庭法官根据提交的文件处理,无须进行聆讯后作出判决,并于判决时述明简短理由。在适当情况下,该两名法官可指示由他们主持聆讯或由三名法官主持聆讯。针对这些决定提出的上诉应遵循终审法院的通常规定,即就非正审事情提出上诉须有上诉许可。②

(二)上诉许可程序中的案件管理

为避免在非正审中引入上诉许可制度使当事人较未引入上诉许可制度之前承担更多的诉讼成本,香港上诉制度在其上诉许可程序中引入相关案件管理制度。香港上诉许可程序中的案件管理主要表现为要求当事人申请非正审上诉时必须采用书面形式申请上诉许可。过去,申请上诉许可必须通过口头聆讯来决定。现在,作为民事司法改革成果之一,上诉法庭可以不经聆讯而只基于书面陈述裁定有关申请,或指示该申请在口头聆讯中聆讯。任何一方当事人申请上诉许可或者反对上诉许可的申请,并且采用恰当的书面形式时,其同样应该申明是否愿意(上诉许可)申请裁决的依据基础仅为书面陈词或者还有其他,并附理由。③ 如果有关申请只基于书面陈述而裁定,则因该裁定而感到受屈的一方,可在获发该裁定通知书后 7 天内,要求上诉法庭在各方之间的口头聆讯中,重新考虑该裁定。然而,凡上诉法庭只基于书面陈述而裁定有关申请,如上诉法庭认为该申请完全缺乏理据,则上诉法庭可作出命令,规定任何一方不得要求在各方之间的口头聆讯中重新考虑该裁定。

---

① 齐树洁:《英国民事上诉制度改革及其借鉴意义》,载《金陵法律评论》2004 年秋季卷。

② Chief Justice's Working Party on Civil Justice Reform, Final Report Chief Justice's Working Party on Civil Justice Reform,http://www.civiljustice.gov.hk,下载日期:2014 年4 月16 日。

③ 《实务指示 4.1——向上诉法庭提出的民事上诉》,http://www.judiciary.gov.hk,下载日期:2014 年 4 月 26 日。

(三)上诉审庭前准备中的案件管理

改革工作小组在《最终报告》中指出上诉法庭绝大多数法官认为上诉审案件中需要在庭前准备中进行案件管理的案件非常少,况且现有制度能够比较容易实现对上诉审案件的管理。其中,现有的制度就是指上诉审庭前准备中的案件管理。实际上,高等法院规则已对这一制度作出了明确的规定:"在上诉已按照高等法院规则第 59 号命令第 5 条规则排期后的任何时间,司法常务官可就须在上诉时交出的文件、该等文件的提交方式及进行上诉所附带的其他事宜,作出看来最宜于使上诉得到公正、迅速及合乎经济原则的处置的指示。"另外,实务指示 4.1《向上诉法庭提出的民事上诉》(以下简称《上诉实务指示》)也对上诉审案件正式审理前的相关事项作出了相当详细的指引及规范。

《上诉实务指示》不仅明确规定法院可以进行案件管理的阶段及内容,而且还规定法院进行对上诉审案件进行案件管理的方式及程序。就上诉审案件管理的阶段与内容问题,新实务指示明确指出:在上诉案件排期之后,司法常务官可以随时考虑行使《高等法院规则》第 59 号命令第 9 条规则所授予的权力,就上诉时须提交的文件、提交方式及其他与上诉有关的事宜作出相应的指示;司法常务官也可就各方进行口头辩论的时间,作出适当的指示。就上诉审案件管理的方式与程序,新实务指示明确要求:"司法常务官在作出有关的指示前,可先询问预期将会审理该上诉的聆讯的高等法院首席法官、上诉法庭副庭长或上诉法庭法官的意见。有关的指示可以透过书面方式通知诉讼人,或在聆讯时予以通知。有关的聆讯(在适当的情况下)将会安排在司法常务官、高等法院首席法官、上述上诉法庭副庭长或上诉法庭法官席前举行。"

《上诉实务指示》还对上诉审案件的排期、递交文件、论点纲要等问题作出了详细的指引及规范。其主要的目的是鼓励当事人积极参与上诉审的庭前准备工作,进而促进随后的上诉案件实质审理能够顺利进行,避免不必要的烦琐与耗费。其中,上诉法院对上诉人提交的文件形式作出了非常详尽的指引,甚至连文件编码、索引、装订、清晰度等细微问题都作出了一一指引。如果当事人在提出上诉或上诉许可申请时欲提交论点纲要支持自己的上诉或上诉申请,其必须在规定的时间内向法庭提交相关论点纲要,否则法庭可以将已经排期聆讯的案件剔除出案件聆讯表,再另定聆讯日期,并且其可能因此承当相应的诉讼费用,并且《上诉实务指示》对论点纲要的内容及篇幅也有详细的规定。另外,我们还需要注意一个问题,任何申请人、上诉人或答辩人如果没有律师代表,其申请及上诉均需要首先接受司法常务官的"初步指示聆讯",而且所有申请或上诉,均须待上述指示发出后,并待民事上诉案司法常务官证明有关指示已获得遵循后,才会提交上诉法庭进行处理。

三、香港上诉制度改革的启示

(一)注重司法改革的"整体性"

香港民事上诉制度的改革是在仔细考察英国等普通法系国家民事上诉制度改革措施并谨慎考量自身因素的基础上对现有制度进行一个局部的修正。这不仅可以实现香港民事司法改革的预期目标,而且可以避免因急剧变革所诱发的不良后果。从这个角度来看,我们在进行任何一项民事诉讼程序制度的改革时都应当将其置于整体民事司法改革之中进行全面考虑。也就是说,民事司法改革应当注意其司法改革的"整体性"①。

(二)引入上诉许可制度

香港上诉许可制度的改革旨在提高民事司法制度的效率,降低诉讼成本,减少不必要的程序拖延,同时确保诉讼各方得到公正的对待,使法庭资源得到更有效的运用。因此,香港并没有照搬英国上诉许可制度改革的模式将上诉许可制度的适用范围扩大到所有上诉案件,而是限定在一定的范围内。此次上诉许可制度改革的核心就是在非正审上诉中引入上诉许可制度,并积极对上诉许可进行案件管理,确保司法效率。从改革的成效来看,上诉许可制度在减少缺乏理据的非正审上诉案件方面发挥了重要的作用。这点对于内地防止当事人无理缠诉现象具有借鉴意义。

我国内地《民事诉讼法》对上诉程序的启动并没有任何限制,当事人不服地方人民法院一审判决或裁定可以在规定时间内向上一级人民法院提起上诉。这就是说当事人依法享有当然的上诉权,只要当事人在法定期限内提出上诉,则不论理由是否正当,法院都应当启动二审程序。内地上诉制度在充分确保当事人上诉权的同时,也可能增加当事人利用上诉程序缠诉、滥诉的可能性。这可能导致大量一审案件的判决无法生效。大量二审案件积压无法及时审结,最终将造成诉讼周期长、诉讼迟延,进而严重影响司法的公信力。据统计,2009 年至 2012 年内地每年新收二审民事案件都在 57 万件以上;2013 年 1—9 月新收二审民事案件就达 469653 件,同比上升了 1.68%。②

---

① 齐树洁:《民事程序法研究》,科学出版社 2007 年版,第 332～334 页。
② 相关数据参见最高人民法院每年公布的司法统计数据,http://www.court.gov.cn/qwfb/sfsj/,下载日期:2014 年 4 月 26 日。

因此,笔者认为内地可以借鉴香港上诉许可制度方面的成功经验设立有限的上诉许可制度。有限的上诉许可制度首先体现在对非正审上诉实行上诉许可制度。目前,我国内地非正审上诉集中在驳回起诉、不予受理、管辖权异议三类裁定。曾有基层法院法官发现:部分当事人通过滥用管辖权异议裁定的上诉权来拖延诉讼。① 这不仅可能造成严重的诉讼迟延,而且可能导致不合理的司法资源配置。引入上诉许可制度则可以有效地抑制这一现象。有限的上诉许可制度还体现在对部分标的额小、事实清楚的案件判决设置上诉许可制度。有限的上诉许可制度还体现在要求当事人在提出上诉时应当按照程序明确其上诉可能胜诉的理由或因其他司法利益理应上诉的理由。这样既可有效避免部分当事人滥用上诉权无理缠诉,也可以充分保护当事人的合理上诉权。

(三)平衡程序利益和实体利益

从改革的内容来看,香港民事上诉制度改革主要集中在限制不必要的诉讼程序的展开上,进而实现诉讼效率。但是,这一改革的目标并不以牺牲司法的实质正义为代价。一方面,香港民事上诉制度通过在非正审案件中引入上诉许可制度对其进行筛选过滤,尽可能地排除部分当事人毫无理据的上诉;另一方面,香港民事上诉制度仍然保留上诉法院对上诉案件重新听审的权力,进而确保上诉案件的个案正义。这正好体现了香港民事司法改革追求价值均衡化的趋势,改革在确保程序公正的前提下重新彰显了程序效益的价值内涵,使得有限资源的分配更为公平合理。② 这点对于我国内地民事上诉制度的完善具有一定的借鉴意义。

民事上诉审的功能定位决定上诉制度结构与模式的选择。从上诉审的功能定位来看,香港民事上诉制度所采用的事后审制对上诉审审理范围的限度仍然保持比较开放的态度。这主要是通过在保留上诉法院重新听审权力的同时,仍然严格限制上诉审中新证据的采纳。这点对于内地民事上诉制度的完善同样具有一定的借鉴意义。从上述两个方面来看,民事上诉制度的改革不仅要注重保护各方当事人的实体利益,而且要协调当事人各方的程序利益。

---

① 2013年2月至9月笔者在广东省东莞市第一民法法院挂职锻炼期间,与一位专门负责审理交通肇事案件的法官交谈获知。另外,根据笔者自己的观察,部分知识产权一审案件中也存在类似的现象。

② 齐树洁、周一颜:《香港民事诉讼制度改革之回顾与前瞻》,载《现代法学》2013年第3期。

行政承诺行为司法审查问题的探讨

■ 李　乐 *

摘要：行政承诺一般是指行政主体为实现行政管理目标，在其职权范围内通过一定形式向特定或不特定的人作出的单方意思表示，承诺在一定期限到来或一定条件具备之时作出一定行为的行政行为。我国司法实务中已将行政承诺行为作为行政诉讼的受案案由之一，但目前对于行政承诺行为的司法审查仍缺乏明确的法律依据。行政承诺行为在性质上应为行政行为，基于对期待利益和先期投入的保护，应对行政承诺不履行及行政承诺行为本身，依据信赖保护、合法性及合理性等标准，开展司法审查并作出相应的处理。

关键词：行政承诺　行政行为　司法审查　期待利益　信赖保护

一、行政承诺行为概述

（一）典型案例

2005 年，河南省周口市政府计划修建两条公路，由于财政资金困难，向当地最大的房地产开发企业——"汇林置业"提议由其先行垫资修建。2006 年 10 月，周口市政府第六十一次常务会议决定，由"汇林置业""负责大闸路南段工程的投资"，其"投资从应交税款中逐步予以偿还"，并形成（2006）第 12 号周口市政府常务会议纪要。公路修好后，周口市审计局审计确认"汇林置业"投资 2493 万元。但"汇林置业"在与税务机关就税款的抵偿问题交涉过程中，迟迟得不到正式答复。2008 年"汇林置业"开始向地税机关做零申报。2010 年 2 月 13 日，周口市川汇区人民法院一审判决"汇林置业"构成逃税罪，其法定代表人范学林被

---

* 作者系厦门市集美区人民法院书记员，法学硕士。

判刑,并面临着 4 亿元的天价罚单。①

(二)行政承诺行为的定义及特征

上述案例中周口市政府承诺"汇林置业"的投资款从其应缴税款中逐步抵偿,在法律性质上属于行政承诺。在实践中,行政承诺通常是行政机关为更好地实现社会管理目标、提供更加优质的公共服务而依职权作出的,如运用得当,将有利于充分调动公众参与社会管理和公共事务的积极性,提升行政机关的形象。但行政承诺亦是政府诚信的一面镜子,"诺"而不"诚",则会失信于民,损害政府形象。行政承诺行为虽然在实践中被行政机关广泛运用,但相较于其他行政行为,实务界及理论界对其研究皆不多,因此首先必须对行政承诺行为的定义进行明确。

行为承诺行为的概念,国外如德、日等国发展较早。从国外的相关定义来看,行政承诺主要是指政机关就将来的作为或不作为而单方作出自我约束的意思表示,其主要特征是行政机关主动给自己设定义务。德国行政法上的行政承诺概念由来已久。1962 年,第 44 届德国法学家会议决议将其定义为:"行政机关依其行政对于特定的相对人表示所为之高权的自我课予义务。"在日本,这一概念被称为"确约",乙部哲郎认为其是"行政单方约定将来其行为或不行为,所为课予自我义务之言行"②。在我国,关于行政承诺的概念亦未形成统一的认识,存在多种不同的定义。比如,有观点认为行政承诺是指政机关在行政管理过程中,在其职权范围内作出答应行政相对人或者公众在一定期限内作为或不作为某一特定行政行为的意思表示。③ 有观点认为行政承诺是指行政主体为实现行政目标,依法定职权以公开方式,针对特定或不特定的相对人,为自己设定单方面的义务,作为或不作为某种行为的意思表示。④ 综合各种不同的定义来看,行政承诺一般是指行政主体为履行行政管理职责,实现特定管理目标,依据行政职权以一定形式向特定或不特定的人作出的单方意思表示,承诺在一定期限到来或一定条件成就之时作出一定行为(包括作为和不作为)的行政行为。行政承诺行为具有以下特征:

第一,从主体来看,只有合法的行政主体可以成为行政承诺行为的主体,其

---

① 辛红:《河南一开发商"非典型逃税"领 4 亿元天价罚单》,载《法制日报》2010 年 2 月 11 日第 11 版。

② 吴坤城:《公法上信赖保护原则初探》,载城仲模主编:《行政法之一般法律原则》(二),台湾三民书局 1997 年版。

③ 陈艳、李延:《行政允诺制度初探》,载《社会科学家》2010 年第 5 期。

④ 侯莹、王杰康:《行政承诺法律问题初探》,载《云南行政学院学报》2011 年第 6 期。

他主体不能成为行政承诺的主体。

第二,从对象来看,既可以是特定的相对人,亦可以是不特定的相对人。

第三,从内容来看,既包括作为,如奖励现金;亦包括不作为,如承诺一定期限内不予拆迁。

第四,具有单方性。行政承诺是行政主体的单方意思表示,无须与相对人达成双方合意,并且只为行政机关一方设置义务,一般而言多为给付性义务,而相对人享有对应的公法权利。行政合同具有双方性,此为其与行政承诺的不同之处。

第五,具有授益性和公益性。首先,行政承诺一般是行政机关就某个事项的妥善处理作出许诺,此种许诺对于被许诺的对象一般是有利的,在条件成熟或时限到来时,会给特定的人带来特定的利益,而行政机关则因该许诺为自身创设或增加了义务。例如承诺对招商引资行为给予奖励,或承诺对某困难群体给予救助,均为承诺给予利益,而行政主体自身则增加了义务。其次,行政承诺一般是基于管理社会公共事务的目的而作出的,具有公益性,例如前述案例中周口市政府作出行政承诺是为了发展本市经济,是为了本市的公共事业。

(三)行政承诺的类型

行政承诺在实践中广泛存在且形式多元,为了更深入、更全面地认识与把握该行为,有必要对其进行分类。根据不同的标准,行政承诺行为通常可分为以下两类:

1. 实体性承诺与程序性承诺

根据行政承诺的内容,可以将其分为实体性承诺与程序性承诺。实体性承诺是指针对实体性事项的承诺,作出承诺的行政主体在特定人的行为符合承诺设定的条件时给予其实体性利益,包括悬赏奖励、给付承诺、救助性承诺与服务承诺等等。程序性承诺是针对程序性事项的承诺,这类承诺一般是行政机关针对行政许可或审批等程序性事项作出的简化流程、缩短时限、方便相对人等给予程序性利益的承诺。程序性承诺大多都是由具有相应职能的机关作出的,行政主体的程序性义务自然就成为其主要内容。实践中的户籍管理部门、土地申请管理部门、卫生许可等部门作出的承诺都是该类承诺的代表。

2. 一次性承诺与反复适用承诺

根据行政承诺是否可以重复适用,有一次性承诺与反复适用承诺之分。一次性承诺是针对特定的事项或特定的相对人作出的内容明确的承诺,意思表示在所设定的条件实现后就自然失效,比如悬赏性承诺。反复适用承诺,是针对不特定的相对人作出的设定义务规则的行政活动,承诺所设置的条件在一定期限内持续发生效力,该类承诺一般以行政机关公文的形式作出,规定有效力期限,凡在期限内符合条件的相对人都可以获得承诺授予的利益。

(四)行政承诺行为的性质

行政承诺的性质如何,行政承诺是否属于行政行为? 这是对行政承诺行为进行司法审查的基础问题,如果行政承诺不是行政行为,则通过行政司法程序对其进行审查无从谈起。英美法系国家无独立的行政法律体系,因此关于行政承诺的性质问题探讨较少。美国《第二次合同法重述》第 90 条第 1 项规定:"若允诺人有理由期望其允诺会引致受诺人或第三人作为或不作为,且其允诺引致了此种作为或不作为,则唯有强制执行该允诺方可避免不公正时,该允诺具有拘束力。因违反允诺而准许的救济可以限制在维护公正所需的范围内。"有学者指出,在美国,行政允诺导致的纠纷与民事允诺导致的纠纷均适用《第二次合同法重述》的规定,行政允诺被认为是一种有拘束力的国家行为。[1] 在大陆法系国家,德国对行政承诺的规定最为详尽。《德国行政程序法》第 38 条分三部分对行政承诺的作出、变更和效力作出了详细的规定,但对行政承诺的性质,德国学术界仍未形成统一的认识。有学者认为行政承诺行为是"一种预先行政行为或预约裁定,其本身也是一个行政行为"[2];有学者认为"行政承诺没有处理或部分处理的内容,只是提示行政相对人下一步的处理以及在此之前可能作出的处理,没有像行政行为最终处理那样强的约束力,有限的约束力明显不符合行政行为的属性"[3]。

关于行政承诺的性质,我国学界虽有较多的探讨,但亦未达成共识。我国学者对行政承诺性质的观点主要有以下三种:(1)行政主体与行政相对人在行政法关系上达成了协议,该行为实质上是行政合同行为;[4](2)行政承诺属于行政行为,且在不同情形下既有可能是具体行政行为,又有可能是抽象行政行为;[5](3)行政承诺是行政主体自我设定义务的意思表示,不属于行政行为。

可见,关于行政承诺的性质,无论是域内还是域外都存在着不同的观点,赞成行政承诺是行政行为的观点认为行政承诺是一种处理行为,而反对行政承诺

---

① 郑烁:《论行政允诺诉讼的审查规则——以行政允诺的性质为视角》,载《黑龙江政法管理干部学院学报》2012 年第 3 期。

② [德]平特纳:《德国普通行政法》,朱林译,中国政法大学出版社 1999 年版,第 124 页。

③ [德]汉斯·J. 沃尔夫等:《行政法》,高家伟译,商务印书馆 2002 年版,第 146~147 页。

④ 余凌云:《从行政契约视角对"杨叶模式"的个案研究——治安承诺责任协议》,载《中国人民公安大学学报》2000 年第 4 期。

⑤ 张丽丽:《行政承诺不作为行为的理性思考》,载《西北大学学报》2011 年第 6 期。

是行政行为的观点认为行政承诺只是一种单方的意思表示，此外还有一些观点把行政承诺与行政奖励、行政合同混为一谈，对行政承诺的定性模糊不清，或者干脆避而不谈。本文认为，虽然行政承诺没有授予相对人现实的利益，但会给相对人带来期待利益，此种期待利益会对相对人产生实际的影响。因此，从维护行政相对人合法权益的角度，将行政承诺视为行政行为，更贴近行政承诺自由裁量的本质，也与建立服务型政府的要求相契合。并且，行政承诺是行政主体依据法律法规或者职权作出的设定、变更或消灭权利义务，产生行政法上效果的法律行为，符合行政行为的基本要素，因此，应将行政承诺行为认定为行政行为。

二、行政承诺行为司法审查的法理基础和范围

（一）法理基础

对行政承诺行为进行司法审查，其目的是为了给行政承诺行为的相对人提供司法救济，而提供司法救济的前提是相对人的合法权益因行政承诺行为受到损害，亦即其"法益"受到侵害。伴随行政承诺行为产生又因行政承诺不履行受侵害的"法益"，主要是基于信赖产生的期待利益及先期投入，对期待利益和先期投入的保护亦为对行政承诺行为进行司法审查的法理基础。

1. 期待利益

从世界范围来看，可以通过诉讼来实现权益保障的范围已明显扩大，能够请求法院保护的利益不限于物质的、现实的利益，精神上的利益以及客观存在的将来利益也能请求法院的保护。在德国，可以请求法院保护的利益已经从法律所保护的权利延伸到了法律所保护的利益；日本受法律保护的利益早已突破了"法定权利"的限制，而扩展到了"法律值得保护的利益"。① 对期待利益进行法律保护，是权益保障的必然要求，也是法治进步的表现。但并不是所有的期待利益都值得法律保护，只有那些基于合法的事由产生的、相对确定且在条件成就时能够转化为现实利益的期待利益才是法律保护的对象。行政承诺作出后，会在承诺设定的条件成就或某个时间到来时，给符合条件的人带来现实的利益，而在此之前，特定或不特定的人会基于承诺的内容对取得该种利益产生预期。由于行政承诺属于行政行为，其变更或撤销必须依法依程序进行，且通过公开的方式通知符合该承诺条件的人，否则符合该承诺条件的人均有理由相信该承诺必须履行。因此，对于承诺所授予之利益的期待是行政承诺的客观效果，在承诺所授予的利

---

① 汪燕：《行政承诺不作为的司法救济研究》，载《政治与法律》2009 年第 9 期。

益实现之前,受承诺法律效力影响的人对行政承诺享有期待利益,该期待利益是客观的、可实现的,无疑也是值得法律保护的利益。对这种期待利益的保护,是建设法治政府和诚信政府的必然要求。

2.先期投入

所谓先期投入,一般是指在实施某一法律行为、发生某一法律关系之前,为了实现某种法律效果而采取相关行动,因该行动而产生的投入,或者在某一法律关系变更、消灭之前,因该法律关系的产生而发生且受该法律关系变更或消灭消极影响的投入。由于这种先期投入是为了或基于合法的法律关系而产生的,其目的是为了更好地实现某种法律效果,具有积极的、有益的价值,法律应予以保护。行政法上的先期投入一般包括两个方面:一方面,某一行政行为作出之后,一般会给相对人的生产生活甚至社会生活带来实际的影响,特定的主体因此投入了相应的成本,则该行政行为不能随意变更或撤销;另一方面,行政相对人基于对行政机关履行某种义务之职责的信赖而投入一定成本的,行政机关亦不得随意不作为而导致相对人的成本损失,否则应承担相应的法律责任。行政承诺作出之后,不仅会使特定或不特定的人产生期待利益,信赖该承诺的人还会基于承诺的内容采取一定的行动,投入一定的人力或经济成本,该成本即为基于行政承诺的先期投入。由于这种先期投入有助于实现行政主体作出行政承诺所追求的社会管理目标,应予以鼓励和保护。如果行政机关未履行承诺,或者行政承诺被随意变更或撤销,则基于承诺产生的先期投入无法得到回报。从鼓励和保护先期投入的角度,必须对相关的人给予司法救济。

(二)司法审查的范围

在实践中,行政承诺不兑现的现象时有发生,因而确立行政承诺的司法审查范围尤其重要。从我国目前的行政诉讼受案范围来看,只有具体的行政承诺行为可被司法审查。这种具体的行政承诺既可能包括实体性的承诺,也可能包括程序性的承诺。行政承诺的司法救济主要是由以下两种情况引发的:一是行政承诺合法有效,但是行政机关在应当履行承诺义务时却不履行,即行政不作为;二是行政承诺本身效力上存在问题,因承诺的不合法而带来的无效或者撤销,由此也可引发行政诉讼。

1.行政承诺不履行

行政承诺的不履行,亦即作出行政承诺的行政主体不履行其作出的承诺,这是实践中较为常见的对行政承诺行为进行司法审查的情形。当符合行政承诺要求的行政相对人实践了行政承诺列明的条件时,其与作出行政承诺的行政主体之间就形成了确定的权利义务关系,行政主体有履行承诺的义务,若其不履行或未完全履行,则侵害了相对人的权利,相对人有权针对该行政不作为提起履行之诉或确认之诉。另外，如果行政主体对作出的行政行为进行了变更或撤销，而相对人在此之前已经基于对行政承诺的信赖实施了一定的行为；或者行政主体未公开变更或撤销行政承诺的通知，相对人在变更或撤销后基于对原行政承诺的信赖而实施了一定的行为的，如果行政主体不履行原来的行政承诺，则相对人的权利也会受到损害，在这种情况下，相对人亦可针对行政主体变更或撤销行政承诺的行为提起撤销之诉，或者针对行政主体不履行原行政承诺提起履行之诉，法院可对行政承诺的不履行进行司法审查。

2. 附带现实侵害的行政承诺

行政承诺虽然具有授益性，但该授益是相对的，当行政主体把某种利益通过承诺授益予部分人时，可能会侵害另一部分人的利益，或者这一利益属于另一部分人，而行政主体未依法从利益主体手中取得该利益并授予承诺受益人的，也会对利益主体的合法权利造成损害。比如某市政府为发展经济，承诺将某村小组村民的土地给某公司，则该行政承诺可能对这些村民的利益造成损害。再比如，某地政府同意某重污染企业落户该地，则当地居民的健康会受到污染威胁，利益将受到侵害。对于这类附带现实侵害的行政承诺，应当通过科学的论证和合法的程序作出及兑现，并通过合法的程序对利益受损群体给予补偿。否则，利益受损人可以对该行政承诺行为提起撤销之诉，或者对因该行政承诺行为附带作出的行政行为提起相应的行政诉讼，法院可对相关的行政行为进行审查，使该行政承诺的效果不能实现。

3. 行政承诺行为的合法性

行政承诺行为必须由法定的主体依法定的程序作出，如果行政主体作出行政承诺的行为超越职权或未依据合法程序作出，且对行政相对人的合法权益造成损害的，则有必要对行政承诺行为的合法性进行审查。但是行政承诺行为也可能是抽象行政行为，在对作为抽象行政行为的行政承诺进行司法审查时，或者如前文所述对行政主体以抽象行政行为作出的撤销或变更行政承诺的行为进行司法审查时，就会遇到法律障碍。因为目前我国的审判机关没有把抽象行政行为纳入受案范围中，只有具体的行政行为才能提起诉讼。最高人民法院 2004 年发布的《关于规范行政案件案由的通知》中已经将"行政承诺"纳入行政诉讼的受案范围，而且也产生了相关的司法判例，但是抽象行政承诺行为仍不能采用司法审查的途径来解决。我国最初之所以未将抽象行政行为列入行政诉讼审查的范围，是由于审判的客观条件所限，但就当今中国法制发展程度来看，审判机关已具备了对抽象行政承诺行为进行合法性审查的能力。在理论上，要解决抽象行政承诺行为的司法审查问题，可以借鉴美国的行政成熟原则。"成熟原则"（ripeness）即"司法审查时机成熟原则"，是指被指控的行政行为只有在对相对人发生了实际的不利影响并适于法院审查时才能接受司法审查。[①] 抽象行政承诺行为如果对特定的人的利益产生了实际的不利影响,且已经形成最后的决定,则行政主体与该特定的人基于该行政承诺行为形成确定的权利义务关系,该抽象行政承诺行为应认定为已"成熟",司法机关有权对该行政承诺行为进行审查。

三、行政承诺司法审查的标准

对行政承诺行为进行司法审查,必须依据一定的审查标准,根据行政行为的基本原则和行政承诺行为自身的特点,对行政承诺行为的司法审查主要应遵循以下三个标准:

(一)信赖保护标准

行政承诺的信赖保护,是指"对个人就公权力行使结果所产生的合理信赖以及由此而衍生出的信赖利益,法律制度应为之提供保障,而不应使个人遭受不可预期的损失"[②]。行政承诺作为授益性行政行为,信赖保护的要求主要体现在行政主体不得随意变更或者撤销行政承诺,也不得以不作为的方式不履行行政承诺。首先,行政承诺作出后,即具备法律效力,具有公信力,未依法定事由和法定程序,不得变更或撤销。其次,如果行政承诺作出后,发现存在实体法或程序法方面的瑕疵,则要进行利益衡量,如果该瑕疵未对国家或社会造成重大的不利影响,且变更或撤销该行政承诺会给信赖该承诺而产生先期投入的人带来重大损失的,则应该维持该行政承诺的效力。如果该瑕疵会给国家或社会公共利益造成重大损失的,则可以依法对行政承诺进行变更或撤销。最后,如果行政承诺的作出严重违法的,基于对先期投入的保护,也应进行利益衡量,如果该违法承诺未对国家或社会造成重大不利影响或该影响显著轻微,而相对人先期投入巨大的,也应保留该行政承诺,反之则应依法予以变更或撤销。由于行政承诺的单方性,行政承诺出现瑕疵或重大违法情形的法律责任应由作出行政承诺的行政主体承担,对于因先期投入而遭受损失的相对人,则应予以赔偿或补偿。

(二)行政法定标准

行政法定标准要求行政承诺行为的实施必须符合法律的规定,这种合法性

---

① 张弘:《选择视角中的行政法》,法律出版社 2006 年版,第 268 页。

② 刘飞:《信赖保护原则的行政法意义——以授益行为的撤销与废止为考察的基点》,载《法学研究》2010 年第 6 期。

是指一切行政权力的行使都应当有明确的法律依据。但是,要求所有的行政活动都要有制定法上的依据并不现实,行政承诺行为属于授益性行政行为,具有形式多样、方式灵活等特点,在运用行政法定标准对其审查时,应采取一种客观、灵活的态度。具体而言:首先,行政法定标准要求行政承诺必须由法定的行政主体依据法定的程序作出,其他主体作出的承诺不具有行政承诺的意义,违反法定程序的行政承诺则可能无效。其次,行政法定标准要求行政承诺必须依据行政管理职权作出,不得超越职权随意承诺。最后,行政法定标准要求行政承诺必须以法律为界限,不得违反法律的规定或超出法律的规定,但并非要求行政承诺必须有直接的、严格的法律依据,只要行政承诺是依据职权作出,且不违反法律规定的,则应肯定该行政承诺的效力。在实践中,行政承诺一般以规范性文件的形式作出,若该规范性文件之内容与法律法规相抵触,则应以上位法为准。

(三)合理性标准

合理性标准要求行政承诺行为的实施必须公正、客观、适度并符合理性。行政承诺行为是行政机关与相对人之间直接的沟通与合作,行政机关的行政裁量权一旦使用得不合理,就会损害相对人的合法权益。首先,合理性标准要求行政承诺要体现平等与公平。行政主体在作出行政承诺行为过程中应充分公开相关信息,对任何一方都不偏不倚,使任何相对人在相同条件下均有相同的获得承诺利益的机会和权利。其次,合理性标准要求行政承诺要符合效益原则。行政承诺所要追求的管理目标与因该承诺导致的社会付出或行政支出相比,无论从经济效益或社会效果来看,只有产生正效益的行政承诺才是合理的。如果行政承诺消耗了大量的社会资源,其实现的目标对社会来讲增益有限,则该行政承诺应被认定为不合理。

(四)审查标准的运用规则

上述三个审查的标准并非同等适用,而应有主次之分。信赖保护标准虽不是最直接的标准,但却是最重要的标准。法定性标准是最直接、最常用的标准,其适用应以不违反信赖保护标准为前提。符合法定标准但违反信赖保护标准的行政承诺行为,应作出否定性评价。运用法定标准可对某行政承诺行为作出否定性评价的,若该否定性评价会违反信赖保护标准的,则不宜作出否定性评价。因为从法律价值和社会效果来看,维护政府的诚信和相对人的利益之价值大于某一行政承诺的形式合法性价值。合理性标准实际上尚不能作为我国目前司法实务中对行政承诺行为进行司法审查的标准,只能作为行政机关作出行政承诺行为的基本原则,但从延伸司法功能的角度来看,本文将其作为对行政承诺行为进行司法审查的标准之一,灵活加以运用。

四、行政承诺司法审查的方式

传统的行政行为一般都有明确的法律依据,法院审查时只需要依据明文规定就可以判断具体的行政行为合法与否。行政承诺作为非典型的行政行为,立法对其尚缺乏直接的规定,因此,法院在受理相对人的起诉后,应当进行全面审查,并视审查范围的不同分别处理。

(一)针对行政承诺本身进行审查的处理方式

法院针对行政承诺行为本身进行审查,应对行为是否合法有效作出认定,但该行为必须是作为具体行政行为的行政承诺行为。对行政承诺行为合法性的审查,具体处理方式如下:首先,应审查行政承诺是否依职权作出。根据行政法定标准,行政承诺应当依据行政管理职权作出,否则应认定为违法。其次,应审查行政承诺的作出是否符合法定程序。对程序的审查涉及各个方面,包括在作出对地区经济社会发展或对某一社会群体的利益有重要影响行政承诺时是否依法组织听证,行政承诺的形式是否公开透明,变更、撤销行政承诺是否符合时间、方式等限制条件的要求等等。最后,应审查行政承诺的内容是否合法。行政承诺内容合法主要是指给相对人设定的条件要合法,且行政主体在条件成就时履行承诺的行为亦要合法。

法院根据上述要求对行政承诺行为本身进行审查后,应当依据行政承诺行为的审查标准,针对不同的诉讼请求分别作出处理:(1)如果行政承诺在权限、程序和内容方面都未违反法律规定,对该行政承诺行为应予以维持;反之,如果行政承诺在权限、程序或内容方面有一项违反法律的规定,则应根据行政相对人的诉求撤销或部分撤销该行政承诺行为,但基于行政承诺的特点考虑,一般不宜判决行政机关重新作出行政承诺。(2)如果经过审查,从违法性角度讼争行政承诺行为应当被撤销且相对人请求撤销的,但通过利益衡量认为不适宜撤销的,或相对人诉求确认其违法的,应确认其违法。

(二)针对行政承诺不履行进行审查的处理方式

法院针对行政承诺不履行行为的审查,可以从两个层面分别处理:首先,行政相对人的行为是否符合行政承诺设定的条件。行政相对人要求行政主体履行行政承诺,将期待利益转化为现实利益,前提是该相对人通过其行为或以某种事实状态达到了行政承诺设定的条件,在此情况下,该相对人享有获取相应利益的现实权利,而作出该承诺的行政主体履行义务的条件已成就,否则,相对人的诉求即缺乏事实和法律依据,应予驳回。其次,如果相对人符合行政承诺所设定的条件，则应当继续审查行政主体是否应当适当履行承诺。在此情况下，法院应审查行政主体在条件成就时是否履行了承诺中设定的义务。如果行政主体没有履行承诺义务或者履行存在瑕疵，则要审查行政主体是否存在不可抗力或重大情势变更等导致无法履行承诺而可以免除责任的事由，并根据相对人的请求作出不同的处理决定：（1）存在免责事由的，则对相对人的诉求应不予支持；（2）不存在免责事由的，则应支持相对人的诉讼请求，要求行政主体实际履行行政承诺；（3）不存在免责事由，但实际履行该承诺已经没有意义或者相对人诉请确认该行政承诺违法的，应确认该行政承诺行为违法。

（三）对抽象行政承诺行为或对行政承诺行为的合理性进行审查的处理方式

如前文所述，对抽象的行政承诺行为，在理论上应以"行政成熟原则"支持法院对其进行司法审查，但现实是目前我国行政法律法规并未赋予法院对抽象行政行为进行审查的权力。如果在行政相对人针对行政机关不履行某项抽象行政承诺行为提起的行政诉讼中，法院发现该行政承诺行为违法的，不能通过判决的方式对其进行否定，但如果行政承诺是以规范性文件的形式作出的，则对行政相对人的诉求不应依据该规范性文件进行审理，而应依据该规范性文件所抵触的上位法作出处理。

如果法院在审查某项具体的行政承诺行为时，发现该行政承诺行为明显不合理，该行政承诺继续存在会造成社会资源浪费或带来负面的社会效果，由于目前我国的行政诉讼中法院除对行政处罚显失公正可以进行合理性审查外，尚不能对其他行政行为的合理性进行合理性审查，也不能通过判决的形式对该行为作出否定性评价。在此种情况下，法院虽不能通过行政诉讼程序对抽象的行政承诺行为或行政承诺行为的合理性进行审查，但法院可发挥司法能动性，向相关的行政主体发出司法建议，建议该行政主体撤销或变更该行政承诺，并对该行政承诺已经造成的影响进行妥善处理。另外，法院在审理其他行政案件的过程中，如果发现某项抽象行政承诺行为存在违法情形或某行政承诺行为不合理，会对经济社会发展造成较为严重的消极影响的，也可以向作出该行政承诺行为的行政主体发出司法建议。司法建议虽不是对行政承诺行为进行司法审查的常规方式，但可作为司法审查的延伸功能而发挥积极作用。

从"赔命价"看法治在边疆的生长

■孙少石*

摘要:早期的大量研究常常将"赔命价"的形成指向宗教观念的影响,或是现代法治观念的淡薄,并断然认定"赔命价"是落后的,亟待国家干预。然而,作为制度的"赔命价"既然长期稳定存在,必定有其适应于藏区严酷的自然、社会环境的相对合理性。因此,如何有效地将其纳入统一的全国法治框架,就应着眼于长期,渐进地改变当地的社会经济与生活结构,而非简单地诉诸道德批判或强力干预。

关键词:"赔命价" 藏区 自然环境 国家权力 变迁

一、问题的发生

2013年夏天,为了准备以"国家权力向边缘地区渗透"为主题的毕业论文,笔者两度进入阿坝藏羌自治州调研。该地区位于四川省的西北角,迅速隆起的高原地貌使之在自然环境上与更为邻近的成都平原有天壤之别,反倒与遥远的雪域青藏浑然一体,成为中国地势第一级阶梯的组成部分。高原复杂多变的自然环境迫使人们掘虫草、挖贝母、卖药草,从事食品加工,有些地方也有轮歇的粗放农耕,但仍然表现出与内地农耕的巨大不同,多数人生活在草原,以放牧为生。少数民族占当地人口的大多数。受制于特殊的生产方式,这里的社会组织结构以及人们的生活方式与内地的差别十分明显。

本文选取了"赔命价"——一个在接受了现代法学教育训练的人看来颇为另类的,也许不值得咀嚼,而只应当被批判的事物——展开研究。单就事实而言,本文承认藏区"赔命价"的实践不仅在外观上与当前中国、世界主流的刑事诉讼制度运作有冲突,而且它依据受害人性别、地位、出身确定价款,且赔偿基本上由加害人的家属承担等事实,也与"法律面前人人平等"、"罪责自负"等法治正统意

---

* 作者系中国人民大学法学硕士。

识形态相抵牾。当全国实行改革开放,内地大刀阔斧地推进法治现代化转型后,信息的低成本流动使这个原本只属于藏区的地方性制度,非常容易地进入以全国法治为参照的话语体系。在鲜明的对照下,"赔命价"引来了法学界众多的关注与好奇。①

早期的大量研究常常将"赔命价"的形成指向宗教观念的影响,或是现代法治观念的淡薄,并断定"赔命价"是落后的,亟待国家干预(imposition)。然而,本文首先假定,藏区的牧民接受"赔命价"制度是理性的选择。一个粗糙但有力的论辩是:如果不是因为该制度满足了他们在特定情境下的某种现实需求,很难想象它得以在藏区长期稳定地存在,因此"赔命价"制度具有语境中的合理性是一定的。② 但这么说并不是拒绝批判,而恰恰是因为如果要追求更犀利的批判就不能"胡子眉毛一把抓",必须首先深入"赔命价"形成的内在逻辑,在同情、理解它的来龙去脉后,批判才能够"打蛇打七寸",才具有建设性。

本文的切入口是藏区的自然、人文环境,重要的不在于介绍它们是什么,而是要建构这些外部条件与"赔命价"之间的因果关系,试图善意地理解"赔命价"是如何历史地形成的。然而赋予其漫长生命力的却并不是历史,而是历史上这里未曾发生根本变革的经济生产条件。俱往矣,改革开放正在重塑藏区的风貌。随着当地社会结构的变化,国家权力不再像新中国成立之初以军事、政治运动的方式表达,取而代之的是与市场经济相适应的、隐蔽有效的方式,其中的重要方式之一即是法律。当它一点一滴地浸入人们的日常生活,使人们真切地感受到代表国家权力的法律相比"赔命价"具有更大的优越性时,纠纷发生后他们就会倾向于求诸国家,在这个过程中逐渐地建立起对国家的依赖和认同,与此同时,国家潜移默化地实现对当地人民的支配和规训。可以讲,"赔命价"的变迁,反映了国家权力附着于法律等手段向边疆渐进的渗透,它折射的是近百年以来把中国建构成为现代民族国家这一历史主题的延续与发展。

---

① 相关文献如,张济民主编:《渊源流近——藏族部落习惯法法规及案例辑录》,青海人民出版社 2002 年版;张济民主编:《诸说求真——藏族部落习惯法专论》,青海人民出版社 2002 年版;吕志祥:《藏族习惯法:传统与转型》,民族出版社 2007 年版;索瑞智:《关于"赔命价"与现行法律相协调的探讨》,载《青海民族研究》1993 年第 1 期。

② 苏力:《语境论——一种法律制度研究进路和方法的建构》,载《中外法学》2000 年第 1 期。

二、首先采取针锋相对的策略

阿坝州的面积接近四川省面积的 1/5,但仅仅生活着大约四川省 1‰的人口,[1]人口密度每平方公里约 11 人,还不足成都市的 1‰。[2] 地广人稀的问题在草原诸县更加突出。以阿坝县为例,约占阿坝州面积 1/8 的 1 万平方公里的地域内,人口仅仅 5 万,城镇人口不到 8000 人,剩余 4 万多人散落在无边无际的大草原。阿坝县的平均海拔在 3300 米上下,天气干冷,昼夜温差大,全年不存在绝对无霜期,土壤结构以高原草甸土和沼泽土为主。由于不具备内地发展灌溉农业的自然条件,当地除了经营高原作物青稞,还种植豌豆、洋芋、胡豆等耐寒、对高原土壤适应能力强的日照作物,仅占农地总面积 6%的土地可以种植小麦,[3]新鲜的果蔬需要从甘肃、成都平原等地大量输入。苛刻的自然环境几乎向这里的藏民关闭了像内地那样发展精耕细作农业的大门,他们能依托的只有可供发展牧业的广袤草原,可见,从事游牧并不是人们主动的选择,而是无奈的选择。这里的草地也同样受制于青藏高原的自然条件,哪里是描绘塞北的诗歌中所写的"风吹草低见牛羊",几乎只是贴着地表生长的浅草。为了养活同等数量的人口和牲畜,藏民必须采用"撒大网"的战略:每一个家庭占据一片面积宽广的草场,仅仅在重大事务上彼此保持联络。因此,通常流行于农耕社区的通婚、礼赠、窥探等行为,以及基于这些行为产生的互惠、好客、共识等价值,在草原上都变得难以频繁发生。可以将这里概括为一个更为初级的初民社会,[4]但它又并未完全堕落到血腥的"自然状态",[5]因为即便"每个人对每个人的战争",也得首先存在一定规模数量的人口。然而草原的实际却恰恰相反,生活在这里的藏民几个月甚至半年都见不到一个陌生人,用外来者的眼光看,他们几乎与整个外部世界失去联系。

在藏区传统游牧业的语境中,地广人稀意味着即使是和平时期,除非季节性的迁移帐篷需要相互帮扶,平时人们几乎不往来,也就不会产生内地所有的"社群"、"邻居"等概念与实体;青藏高原恶劣的自然条件养育不出蒙古高原日行百

① 四川省统计局:《四川省 2010 年第六次全国人口普查主要数据公报》(第 1 号)。

② 四川省统计局:《四川省 2010 年第六次全国人口普查主要数据公报》(第 2 号)。

③ 中国少数民族社会历史调查资料丛刊四川省编辑组主编:《四川省阿坝州藏族社会历史调查》,四川省社会科学院出版社 1985 年版,第 145 页。

④ 〔美〕波斯纳:《正义/司法的经济学》,苏力译,中国政法大学出版社 2002 年版,第 119~148 页。

⑤ 〔英〕霍布斯:《利维坦》,黎思复、黎廷弼译,杨昌裕校,商务印书馆 1985 年版,第 92~97 页。

里的骏马，号称"高原之舟"的牦牛每天最多行进 60 多里，且只能逐水草而居，这加剧了人员流动的不便；①没有采取集体行动的灌溉农业，自然也就没有因规模引水和防范洪涝所需要的劳动力协调，社会组织和集中决策也就不会产生；②这里交换密度极其稀松，当然建立不起固定的市场，而生活资料单一、匮乏且不发生交换，牧民就会格外珍视他们的财产，锱铢必较；遭遇狼群、暴雨、沙尘、雷暴、泥石流等自然灾害时，牧民无法及时向外界求得帮助，只有自力更生；他们徘徊在生存线边缘，温饱问题尚且没有得到妥善解决，更谈不上有保育站、幼儿园、卫生所这些卫生护理机构。在过去，妇女生产甚至有时是自生自接，即使可以求得帮助，也只能依靠家人。③ 可以想见，在这样的环境下，"国家"的观念将多么难以产生并最终进入人们的生活，一系列支撑现代国家治理的制度和观念，如法律、文字等，也都与牧区绝了缘。④

纵然如此，纠纷并没有远离牧民。设想一下：谁能真正说清自家草场的边界是山的这面还是河的那头？漫山遍野的牦牛顺手牵走几头，主人有无可能很快地觉察？偶然碰上了别处的牧民因为双方习惯、风俗不同而发生了口角、殴斗该怎么收场？听说记载的大量有关"赔命价"的杀人、复仇都是从这些在内地人看来鸡毛蒜皮，甚至匪夷所思的小事中爆发的。⑤ 为什么？是与生俱来的吗？如果仅仅归结为天性，我们并不满足，仍然有必要持续追问：这样的天性是如何形成的？回答这个问题仍然要紧扣牧民所在的复杂的自然、社会背景。

青藏高原特殊的地理位置和自然条件，使历史上中原王朝的政治、文化影响力在其边界戛然而止，而高原内部也难以出现统一的集权政府。即使在小范围里产生带有准政府职能的部落，对于广泛分布在草原的牧民，必定也只是"天高土官远"。因此，为了在如此严酷的自然环境中存活并延续后代，为了拯救国家力量真空带来的个体生存危机，牧民就必须将单个家庭的成员数量扩张到合适的程度，只有这样才能承担起在内地看似天经地义应当由政府发挥的公共职能，

---

① 吴松弟：《无所不在的伟力——地理环境与中国政治》，吉林教育出版社 1989 年版，第 53 页。

② ［美］布莱克：《法律的运作行为》，唐越、苏力译，中国政法大学出版社 2004 年版，第 104～105 页。

③ 中国少数民族社会历史调查资料丛刊四川省编辑组主编：《四川省阿坝州藏族社会历史调查》，四川省社会科学院出版社 1985 年版，第 51～52 页。

④ "国家"的概念在传统藏区并无对应的实体，这一现象在文学作品中得以体现，参见阿来：《阿来文集尘埃落定》，人民文学出版社 2001 年版，第 38 页。

⑤ 张济民主编：《渊源流近——藏族部落习惯法法规及案例辑录》，青海人民出版社 2002 年版，第 151～216 页。

多配偶制顺理成章地出现了。通过家庭内部的劳动分工,既能够增加财富,又能够抗御外来风险,这呼唤着、也必定会产生来自家庭、家族高度强烈的荣誉感。正是这一情感使得分散离居的牧民,对内同心同德,反过来,对外则表现为画地为牢、以邻为壑。这种"胳膊肘朝里拐"的品性与市场经济鼓励的隐忍、宽容、合作严重对立,更令人难以接受的是,他们一旦话不对路就拔刀相向。在他们看来,哪怕一次不起眼的侵犯,如果不针锋相对,都可能引发接续不断的、规模更大的威胁。为了存活,拿出拼死相争的决心、气魄与"挑事者"决战是必定的。但一定要置对手于死地,或至少也得重伤吗?这种行为好像并不理性,然而当我们理解了这一行为与藏区草原的环境之间的联系时,会发现它其实又是相当理性的:第一,了无人烟的环境意味着几乎不可能有其他目击者,即使来了警察,也必定错过了调查取证的最佳时间,法律惩罚施行的难度由此增加。① 第二,由于海拔高、气压低、沸点低,食物煮不烂,塑造了藏民茹毛饮血的饮食习惯,这里男性几乎随身佩戴原本用来切割牛肉的藏刀。据当地人讲,这和汉人带筷子差不多,但刀具获取上的便利却无疑增加了击杀致命的概率。

尽管通过一次干净利落的杀人暂时保全了自己和家人的生命、财产、荣誉,但会带来一系列别的问题:首先,如前所述,草原的生活条件极其残酷,疾病横流,能正常存活已经相当困难,更何况被杀害的是一个正在为家庭做巨大贡献的青壮劳动力,这对被害方家庭意味着财富上的重大损失。其次,复仇有机会成本的问题,假定这段时间因为专注复仇而不能从事其他生产活动,实际损失的财富远大于复仇的潜在收益,复仇发生的几率就会降低,但由于藏区几乎封闭了除游牧以外其他创造物质文明方式的可能,专注于复仇谈不上有多少财富的损失,因此复仇发生的几率就会增大。② 再者,与内地可行的移乡避仇不同,③即使被复仇的一家可以及时逃避,他们也没有能力及时转移上百头的牲口,而它们是牧民最珍贵的财富。一旦牛羊被复仇者截掳去,在没有公共与私人保险的环境中,牧民的生活将遭遇重大威胁。最后,在没有或无法便捷地找到中立第三方公道地化解纠纷的前提下,复仇的执行落在了牧区的家庭、家族肩上,它们的组成和布局方式为复仇提供了情感和行动的支撑条件,并且为了彻底打消后患之虞,复仇者理应采取不留一个活口的屠杀战略,尽管从外部视角看,这缺乏分寸。而如果每一个个体和群体都以这种极端的方式震慑侵犯者,和平就有产生的可能。

---

① [美]波斯纳:《正义/司法的经济学》,苏力译,中国政法大学出版社 2002 年版,第222 页。

② 苏力:《法律与文学:以中国传统戏剧为材料》,三联书店 2006 年版,第 52 页。可以也应当将苏力的推论反过来,追问无法创造物质文明时怎么办。

③ 瞿同祖:《中国法律与中国社会》,中华书局 2003 年版,第 81~82 页。

但毕竟这种用高概率与高严厉性的惩罚相结合换来的和平，代价实在太惨烈了。而且人们在草原游散生活，缺乏像内地那样可以集中、持续、规模化实施规训的外部条件，人们很难自我执行互不侵犯、小心翼翼的规矩，杀人还是时常发生。当意识到生活在朝不保夕的"社会"中时，牧民认为与其投入更多成本从事一些附加值更高的工作，还不如破罐子破摔，继续进行产出低下的放牧事业，他们的生活水平注定难以提高，而低水平的物质生活又会导致他们对任何轻微的伤害都格外敏感，这就会陷入一个恶性循环。[①] 能否以一种更经济的方式，维持牧区的秩序与和平，并有利于人口的持续增长呢？作为制度的"赔命价"应运而生。

三、渐进地向国家正式制度靠拢

"赔命价"意味着不将一方人口或一方的财产彻底摧毁，而是通过财产支付转移的方式产生和平，这在藏区具有保存人口、整合社会的非凡意义。

如前所言，与一般的初民社会相比，人口在藏区尤显价值的可贵。牧区家庭如果希望生活略微富足，它就不仅需要放牧更多的牲口，发展一些副业如酿蜂蜜、制皮革、制肉干，并想方设法将其贩运出去，而且还需要考虑照顾儿童，显然一夫一妻制的人力配置是难以实现这样的分工协作的，必要的人口数量的扩充才是理性的选择。然而一旦发生杀人或复仇，不仅劳动力的数量被削减，而且或许更重要的是，原来多配偶制中基于共同基因利益带来的人员之间的亲密关系也会被破坏，因此哪怕未来在数量上能重新扩充家庭成员，也未必能在短期内恢复到过去的生产协作水平。而现在用"赔命价"代替血腥复仇，被复仇方从自家财产中割舍出哪怕一大部分来代替人员伤亡，但"留得青山在，不怕没柴烧"，复仇方也填补了劳动力被杀害所带来的财富损失，比较复仇行为的成本与收益，双方都会更愿意接受这种方式。

"赔命价"，比如这个部落规定杀死一个头人赔 100 锭银子，那个部落规定杀死一般牧民罚 80 包茶叶，依据当地人不同的身份、地位划定相应的"命价"，以赔偿命价来化解纠纷。尽管这种做法看起来是个别性的，但如果不是将当代司法运作抽象地视为规范的唯一标准的话，我们会发现，其实就其适用所在地而言它仍然是一项规则。因为规则总是用相对抽象的制度化方式去解决具体的问题的，那么这种对具体事物的抽象究竟应达到怎样的程度，这与当地社会的总体环

---

① 万江：《霍布斯丛林的真实模拟——秩序形成的另类逻辑》，载《北大法律评论》（第 8 卷第 2 辑），北京大学出版社 2007 年版。

境、人们的生活习惯密切相关,它是社会建构的产物。因此"赔命价"作为规则,在如何适用这个层面上,不可能超越牧民本身局促的生活范围。并且这对于藏民是非常实用的,稳定的社会位置使他们能迅速计算出"命价"的多少,而不必承担挨个确定的交易费用,甚至还可以早早地筹划这笔钱财,以便从容地安排将来的生活,积累财富。而且"赔命价"还可以视为一种贸易,孕育了市场的价值观,人们开始走出家庭、家族,与更广泛的人合作了。① 可以看出,"赔命价"是在国家权力全面进入藏区以前,藏区内生的、突破了以往以纯粹暴力作为支撑的状态,是一项开始为更广阔的和平社会秩序准备必要条件的制度。

一种对"赔命价"的流行批评是:"赔命价"设定得过高,以致普通牧民负担过重。但是,天底下哪有既要马儿跑,又要马儿不吃草的事,我们无论如何不能以追求完美、一劳永逸的心态去分析一个制度的好坏。"赔命价"较高,是相对于谁"较高"? 是单个的牧民呢,还是家庭或者家族?"集体责任原则使这一社会确定了一个高于个人平均支付能力的赔偿水平,因为个体的亲属要对判决的债务负责。"②从复仇过渡到"赔命价"实际上是在惩罚严厉性这个方面的降低,但由于要使惩罚的预期成本维持足够的震慑水平,就应该适度提高施加惩罚的概率,那么这就通过可以允许对加害人的任何亲属要求负担予以平衡。即便在个案中,哪怕对家庭或者家族,"赔命价"仍旧很高,但仅仅以个别事件的对错对制度作出评判,那恐怕是鸡蛋里挑骨头,最后任何制度都无法证成。评价制度的合理与否应当坚持总体上的利弊权衡。

因此,不应该不加限定地问这个制度还有什么没有做好,而要首先看它在特定的时空条件下已经做了什么,是否在现有条件下对以往制度有所推进。对于"赔命价"我们也应该保持这样一份清醒:"赔命价"回应的是当校正正义成本过高,如何有效分配正义的问题。一方面没有规制型国家提供健全的公共服务,包括安全,也没有一个活跃的市场提供保险,另一方面又不愿意跌入"冤冤相报何时了"这种靠复仇产生的和平中,所以"赔命价"相较于复仇最突出的意义就是它把生命最大限度地留下了,而人是最可贵的。制度总是在历史中逐渐浮出水面的,因此在把握制度的时候切记不能流于外观与我们的直感,而一定要回到制度发生和存在的社会之中去理解其来龙去脉。

从经验上看,一项制度合理性的体现,就在于得到了人们历史的遵从与合作,而"赔命价"正是这样。反过来,这解释了为什么改革开放之初强硬地坚持依

① [美]波斯纳:《法律与文学》,李国庆译,中国政法大学出版社 2002 年版,第 72 页。
② [美]波斯纳:《正义/司法的经济学》,苏力译,中国政法大学出版社 2002 年版,第203 页。

法办事的国家法在藏区遭遇了怀疑、规避、架空和失败的命运——用藏民的话："一只羊不应该剥下两层皮"，他们已经按照"赔命价"转移了财产，而徒刑、死刑又令他们损失劳动力，社会效果甚至还不及当初的复仇。

然而，我们又不能走到问题的另一个极端，即仅仅因为"赔命价"在当地长期或现有的社会效果而对其一味迁就，否认它实际上是对全国法治统一的损害。合则两利，斗则俱伤，因此如何实现"赔命价"与全国法治的合作与协调就变得重要起来。① 是不是仅仅在国家法律的具体落实层面进行变通，问题就解决了呢？这样的思路还是认为社会秩序的形成主要来自于国家单方面的创造和保证。当然不能否认国家在参与秩序塑造中的作用，笔者甚至承认，一个中央集权的、高效率的国家对实现现代化，在中国发挥的效能远远大于欧洲小国，也赞同法律应该对"赔命价"这样的习惯作出适度的妥协。但讨论止步于此，还是用思维上的跃迁替代了问题在真实世界的复杂，还是忽视了法律是在特定的社会系统中发挥作用，并总受制于这个社会系统这一事实。笔者需要把这个问题作进一步的展开：尽管通过行政建制，名义上国家已经取得了对藏区的支配，但至少一开始，生动依附于政府、法院、派出所、学校教育、国旗国徽上的"国家"，对于依旧分布在广阔无垠草原上的牧民，几乎还是难以感受到的。牧民感受不到国家，国家就感受得到牧民吗？它同样也不可能了解这片草原上的国民：他们的姓名、性别、年龄，他们一家几口人，贫穷的他们需要什么——人民币还是牦牛，甚至第一位的问题：他们在哪里。② 一位阿坝县的检察官就曾略夸张地告诉笔者：直到今天，草原上仍然没有一个派出所查清楚了所在辖区的人口基本情况。笔者一时不知道国家和藏区牧民的关系在齐美尔"距离"、"陌生"两个范畴上该当如何摆放。③ 因此，同样都是国家权力自上而下的缓慢渗透，但内地农村与草原牧区很是不同：对于前者，起码是有确定的地理方位的——乡村所在地不大可能变动位置——因此也有一个相对确定的人口信息知悉渠道，然而，对于后者，在过去，除非冬季来临，牧民不再逐水草而居，否则国家去哪里找人做普查登记？同样的道理，牧民又凭什么来县城找法院打官司，就因为据说国家法对"赔命价"妥协了吗？至少也得先把这样的话递过去吧。而在内地接受教育的法官会用当地的方言

---

① 苏力：《法治及其本土资源》，中国政法大学出版社 2004 年修订版，第 65～73 页。
② 利用知识发展国家力量，参见[法]福柯：《安全、领土与人口》，钱翰、陈晓径译，上海人民出版社 2010 年版。
③ "相对于一个人而言，距离意味着对方虽然在身边但(在心理感觉上)遥远，陌生意味着对方虽(在心理距离上)遥远实际上(空间距离上)却很近。"Simmel, *The Sociology of Georg Simmel*, edited by Kurt H. Wolff, New York: Free Press, 1960. 转引自[美]布莱克：《法律的运作行为》，唐越、苏力译，中国政法大学出版社 2004 年版，第 48 页。

吗？这些剪不断、理还乱的问题切实地散漫在藏区的草原上，这片国家权力的边疆，"赔命价"以及牵出的一系列社会问题成为建构民族国家、实现现代化的攻坚对象。

即使艰难，时间的磨砺也会使变化逐步发生。"赔命价"依然存在，但注意一个现象：人们已经开始使用人民币而不是过去的实物支付"命价"了。这意味着什么？如果没有市场经济的波及，藏民的交换密度和生活方式的复杂程度就不可能提高；如果没有经过长达半个多世纪的渗透，国家政权就谈不上触及人们的日常生活，那么货币就不可能作为由国家保证的第三方交易媒介而为人们所普遍接受。人民币的使用只是冰山一角，它与其他现象相互交错，共同烘托了现代化在这里的意义。交通、通信条件的改善，现代教育的推广，大量外地人到这里旅游，使得牧民也自觉地将帐篷安放在公路附近，"藏家乐"得以兴起……人们褪去了曾经浓厚的家庭、家族、宗教的影子，开始融入一种意义更加多元的世俗秩序。这种新的秩序保卫者就是国家，而保卫秩序的主要手段就是法律。在这诸多变化汇聚的大流下，人们的生产生活方式和社会组织形态才会小步快跑地出现结构性调整，"赔命价"的运作也就默默地出现了蜕变：发生了命案，杀人者一般在告知家人后在外先躲上一阵（因为复仇的可能仍旧存在），直到家人在由政府或者政府邀请的活佛的调解下与被害方谈妥"赔命价"，杀人者才会被家人通知去派出所自首。此时纸面的法律被激活了，但这不能从法律本身去理解，而要看到其他社会条件的支撑。

在众多条件之中，或许最基本的就是国家权威的确立。然而这并不是现成的，它的形成又恰恰仰赖于包括法律在内的诸多公共服务"对路"，在这个意义上，作为法治前提的国家权威，又是其后果，二者之间是彼此强化的共生关系。在走访中，笔者发现，虽然《刑法》规定"对于自首的犯罪分子，可以从轻或者减轻处罚"，但在阿坝县的司法实践中几乎不是"可以"而是"应当"，再贴上新《刑事诉讼法》明文规定"当事人和解"特别程序的标签。最后判决的刑罚之轻曾让初来乍到的笔者咋舌。这么说并不是指责当地法官不严格执法，不讲法治，甚至贪生怕死，而是怀疑自己当时是否用一般的概念或理想代替了具体约束下的行动：在这里，如果惩罚严厉性不适当，结果就可能为丛驱爵，削弱国家的影响力，法律也不会取得成效。在国家控制相对薄弱的藏区，法律的首要意义并不在于具体地解决纠纷或者确立规则，那是其次或附带的功能，法律的首要任务是承载着国家权力去触及并规训民众，[①]以培植起一种不同以往的"文化"。所以虽然此时

---

① 强世功：《惩罚与法治：当代法治的兴起（1976～1981）》，法律出版社 2009 年版，第191～198 页。

不合刑罚常规,但因为只有如此才可能使将来的刑罚趋于常规,这是以退为进的策略。只有依托于法官以国家之名开展的具体且公道的司法活动,国家的形象才会在藏民心中不知不觉地丰满起来。

四、结 语

也许有人会认为本文是在为"赔命价"正名:你怎么不主张拦腰斩断,至少也应该表达善恶有别。笔者从未、也无意于作价值上的判断,本文想要表达的只是:在现有条件大体稳定的情况下,作为制度的"赔命价",无论你再多么憎恨它,它都不会消失。换言之,一旦外生条件如交通、通讯、信息、技术出现了重大变革,市场经济开始弥散在人们的日常生活中,国家在边远藏区对个人有效的支配关系就有确立的可能,即当国家可以提供藏民希望消费、也消费得起的、因地制宜的司法服务时,那么即使有人留恋"赔命价",他也会"狸猫换太子"。因此这其实是为我们的行动提示一个不那么宏大但可能更具操作性的方向:国家应该从改变藏民日常生活习惯着眼提供诱致性条件,将他们的生活方式逐步纳入与全国市场经济相兼容的框架中来。① 这既不同于片面强调法律塑造秩序的观点,而是把法律视为一系列社会因素合力的结果;也不是无为而治、"最小的政府"观点的翻版。本文认为国家大有可为,但可为之处在于结合当地实际,提供"对路"的公共服务,例如,政府向牧民赠送高压锅——这将有助于推动人们改变随身带刀切割半生不熟的牛肉的生活习惯。尽管这一习惯不会立即改变,因为还需要其他配套方面的持久努力,如兴建牧民新居、加强治安管理、发展义务教育等,但这并不是否认,反而强调了有为政府应更好地扮演诱致性角色。只有奠定在和平稳定的国家宪制之上,这一切才有实现的可能,用毛泽东的话讲:"国家的统一,人民的团结,国内各民族的团结,是我们的事业必定要胜利的基本保证。"②

还需要作出一个在研究方法上的反思:一个并未在藏区长期生活的人,文章的可信度在哪里?坦白地承认,"调研"的时间大约半月,短暂的时间内搜集到的材料之少之粗可想而知,确实是走马观花,甚至可能是跑马望花,但这不等于在马背上就没有对花的感受。③ 作不成剖析一朵花的发育和授粉的生物学家,但

---

① 林毅夫:《关于制度变迁的经济学理论:诱致性变迁与强制性变迁》,载[美]科斯等:《财产权利与制度变迁——产权学派与新制度经济学派译文集》,刘守英等译,上海三联书店1992 年版。

② 《毛泽东选集》(第 5 卷),人民出版社 1977 年版,第 363 页。

③ 费孝通曾经从自己的姓氏出发,牵引出中华民族大融合的主题,而他并未直接求诸多么浩瀚的史料,参见费孝通:《寻根絮语》,载《读书》1993 年第 4 期。

这并不妨碍可以作一个兴之所至的画家或是诗人。田野调查并不是说田野里有且仅有一个什么"东西",人去了那里,这个"东西"就出得来且只属于你;完全可以、也应当从不同的角度捕获问题的多样性。而且一个人单纯靠经年累月地常驻藏区也并不能保证作品的质量,甚至不能保证作品的出现。这不单纯是学术训练不够的问题,更是因为如果长期生活在一地,除非揉进其他的参照系,否则会对这里的一切都认为天经地义。这就是为什么据说一个外国人到中国待了一周,回去可以写本书,而待了一年,却反倒连一篇随笔也写不出来的道理。

理论的发生是当经验比较、冲突之际,抓住了零光片羽的异己感。这需要好奇心和想象力,敏感于从不起眼的生活细节,从中窥见与法律相关的问题;言下之意,问题意识的产生与在藏区生活了多长时间没什么直接的联系,而与研究者的学术眼力有关,与研究者有没有琢磨一些旁人懒得理睬的问题有关。本文第二节开头之所以介绍人文、自然条件,就在于展示一旦透过法律的三棱镜,它们将呈现为制约法律实践的社会因素。只有带着这样的眼光,法律问题才接了地气,而不只是从理论到理论。但是,这并非否认理论的重要性,因为只有储备了一定的理论知识,才可能从烦琐的生活事件中清理出一条有道理的逻辑。但要切记"削足适履"的教训。理论的逻辑从来不等于生活的逻辑,我们应该时刻准备用自己的生活经验去验证、充实、修正,甚至颠覆既有理论,只有这样,才称得上发展理论。

审 判 实 务

论纵向垄断协议纠纷案件原告主体资格的确定

■ 黄胜春*

摘要：在纵向垄断协议纠纷案件中,作为垄断协议的一方是垄断行为的实施者和行为者,并且已经从垄断行为中获得了利益,对于此类主体是否要赋予其提起损害赔偿之诉的资格一直存有争议。本文从诉权否定到有限诉权的发展过程探讨了各种观点的法理蕴含,提出只有跳出私法而从公法的高度来看待纵向垄断协议当事方诉权问题,才能从协议主体的私法违法和促进市场竞争方面获得平衡,并更有效、更准确地把握赋予作为违法的纵向垄断协议当事一方享有诉权的边界,而这些正是我国建立纵向垄断协议当事方主体资格理论应当借鉴的。

关键词：垄断协议　主体资格　诉的利益　诉权否定论

一、问题的提出

纵向垄断协议纠纷案件原告主体资格问题一直在理论界争议颇大。2013年8月,上海市高级人民法院审结的北京锐邦涌和科贸有限公司(以下简称锐邦公司)诉强生(中国)医疗器材有限公司(以下简称强生中国公司)及强生(上海)医疗器材有限公司(以下简称强生上海公司)纵向垄断协议纠纷案(以下简称强生纵向垄断协议案),①宣告我国实施《中华人民共和国反垄断法》(以下简称《反

---

　* 作者系海南省海口市中级人民法院副院长,海南大学法学院、海南政法职业学院教授,香港城市大学法学院博士研究生。
　① (2012)沪高民三(知)终字第63号民事判决书。

垄断法》）以来法院审理的首例纵向垄断协议民事案件落槌的同时,又引发了纵向垄断协议纠纷案件原告主体资格问题的再次争论。

锐邦公司是强生中国公司和强生上海公司在北京地区从事吻合器及缝线产品销售业务的经销商,双方之间有着长达 15 年的合作,经销合同每年签订一次,有效期为一年。2008 年 1 月 2 日,三公司签订《2008 年经销合同》(以下简称《经销合同》),约定锐邦公司在强生中国公司、强生上海公司指定的相关区域销售两被告缝线产品,合同期限自 2008 年 1 月 1 日至同年 12 月 31 日。合同附件七对锐邦公司的经销区域以及经销指标作出明确的规定;合同附件五第 2 条还规定,锐邦公司不得以低于强生中国公司规定的产品价格进行销售。2008 年 7 月 1 日,强生上海公司致函锐邦公司,以锐邦公司于 2008 年 3 月在人民医院的竞标中私自降低销售价格、获取非授权区域的缝线经销权为由,扣除锐邦公司保证金 2 万元,并取消锐邦公司在中国医学科学院阜外心血管医院、北京整形医院(以下分别简称阜外医院、整形医院)的销售权。上述经销合同项下缝线产品的经营者除强生中国公司和强生上海公司之外,还有南通华利康医疗器械有限公司、德国贝朗医疗有限公司、南通华尔康医疗用品公司、美国泰科医疗、山东威高集团医用高分子制品股份有限公司等企业。锐邦公司诉称,其作为强生中国公司、强生上海公司医用吻合器及缝线产品在北京地区的经销商,与两被告有长达 15 年的合作。在 2008 年与两被告签订经销合同后,因在北京大学人民医院(以下简称人民医院)采购竞标过程中违反经销合同中限制转售价格条款而降低价格竞标,遭受两被告处罚,先是被取消在部分医院的经销权,继而被完全停止供货,遭受重大经济损失。锐邦公司认为,两被告在经销合同中约定转售价格限制条款以及依据该条款对锐邦公司进行处罚直至终止经销合同的行为,构成《反垄断法》第 14 条第 1 款第 2 项所列“限定向第三人转售商品的最低价格”之违法行为,故诉请根据《反垄断法》第 3 条、第 14 条、第 50 条之规定判令两被告赔偿锐邦公司因上述违法行为而致经济损失人民币 1439.93 万元(以下币种同),并承担全部诉讼费用。

原审法院认为,根据《反垄断法》第 50 条的规定,在垄断纠纷案件中,判令经营者承担实施垄断行为的民事责任,需要具备实施垄断行为、他人受损害、垄断行为与损害具有因果关系三个要件。综合本案证据来看,既不能认定两被告实施了垄断行为,又不能认定原告所受损失由被告的被诉行为造成。原审法院据此驳回了原告的诉讼请求。

锐邦公司不服,提起上诉。二审法院认为,本案争议应当适用《反垄断法》与在 2008 年《经销合同》及附件中制定的限制最低转售价格条款在本案相关市场产生了排除、限制竞争的效果,同时并不存在明显、足够的促进竞争的效果,构成《反垄断法》第 14 条所规定的垄断协议。被上诉人对上诉人违反限制最低转售价格协议行为所作处罚以及之后停止缝线产品供货的一系列行为,属于《反垄断法》禁止的垄断行为,应当对其垄断行为造成上诉人的经济损失承担赔偿责任,但其赔偿范围应限于上诉人 2008 年因缝线产品销售额减少而减少的正常利润,本院对上诉人所主张的损失赔偿数额依法予以调整,上诉人其他损失主张则缺乏事实与法律依据。综上,原审判决确有错误,应予纠正,依照《反垄断法》第 14 条第 1 款第 2 项、第 50 条之规定,以及《中华人民共和国民事诉讼法》第 170 条第 1 款第 2 项之规定,判决如下:"(一)撤销上海市第一中级人民法院(2010)沪一中民五(知)初字第 169 号民事判决;(二)被上诉人强生(上海)医疗器材有限公司、强生(中国)医疗器材有限公司应于本判决生效之日起 10 日内,共同赔偿上诉人北京锐邦涌和科贸有限公司经济损失人民币 53 万元;(三)驳回上诉人北京锐邦涌和科贸有限公司的其他诉讼请求。"

原告锐邦公司提起诉讼后,双方就纵向垄断协议当事方是否拥有诉权的问题成为本案争议的焦点之一。在原审中,强生中国公司、强生上海公司认为,本案被控垄断行为是锐邦公司与强生中国公司、强生上海公司之间达成的垄断协议,由本案当事人双方共同签订和执行,锐邦公司本身作为垄断行为的直接参与者和实施者,无资格提起本案诉讼。在上诉阶段,强生中国公司、强生上海公司进一步认为,锐邦公司在本案中所指控的垄断行为是在上诉人、被上诉人之间订立的限制转售价格协议,该协议由上诉人与被上诉人共同订立、共同实施。根据《反垄断法》第 1 条的规定,《反垄断法》保护的是市场公平竞争秩序、消费者利益和社会公共利益,并不保护垄断行为参与者、实施者的利益。因此,有权提起反垄断诉讼的主体是遭受垄断行为损害的竞争者和消费者,不包括垄断行为的参与者、实施者,故上诉人不是本案诉讼的适格原告。

对原告诉讼主体资格问题虽然一审法院采取了回避的态度,但二审法院已就此作出了回应。二审法院认为,上诉人锐邦公司是本案诉讼的适格原告。理由如下:(1)本案上诉人作为接受限制最低转售价格协议的经销商,由于执行该协议而可能失去在最低限价以下销售的机会,进而可能失去部分客户和利润。另外,上诉人由于违反限制最低转售价格协议受到处罚而遭受的损失,可能属于因垄断行为导致的损失。因此,垄断协议的当事人既可能是垄断行为的参与者、实施者,又同样可能是垄断协议的受害者,属于《反垄断法》第 50 条规定的因垄断行为遭受损失的主体范围。如果不允许这类当事人依据《反垄断法》针对垄断协议提起民事诉讼,将导致其民事权利救济无从实现。(2)从反垄断法预防和制止垄断行为、保护公平竞争、维护消费者利益和社会公共利益的立法目的出发,应准许垄断协议的合同当事人提起反垄断民事诉讼。因为,合同当事人之外的利益主体(包括消费者)通常很难知道垄断协议的具体情形,如果不允许知悉内情、掌握证据的垄断协议当事人提起反垄断诉讼,垄断协议这种违法行为就很难受到追究。(3)《最高人民法院关于审理因垄断行为引发的民事纠纷案件应用法律若干问题的规定》第 1 条规定:"本规定所称因垄断行为引发的民事纠纷案件"是指"因垄断行为受到损失以及因合同内容、行业协会章程等违反《反垄断法》而产生争议的自然人、法人或其他组织,向人民法院提起的民事诉讼案件",上诉人就是因为本案《经销合同》内容是否违反《反垄断法》与被上诉人存在争议而提起诉讼,可见,本案上诉人属于可以依据该条规定提起民事诉讼的原告。① 在本案中,作为纵向垄断协议的当事方是否有原告主体资格成为各方争议的焦点之一。

二、域外纵向垄断协议纠纷案原告资格问题的争论

所谓纵向垄断协议通常是指上游企业与下游企业之间的排除、限制竞争的协议、决定或者其他协同行为。在纵向垄断协议纠纷案件中作为垄断协议的一方,他本身就是垄断行为的实施者和行为者,并且已经从垄断行为中获得了利益。对于此类主体是否要赋予原告提起损害赔偿之诉的资格在域外反垄断诉讼领域一直存在着诉权否定论和有限诉权论几种学说。

(一)诉权否定论及其理论支点

诉权否定论是禁止垄断协议或垄断行为参与者提起损害赔偿请求之诉。在大陆法系,诉权否定论的直接诉讼法理论依据是"诉之利益"理论。大陆法系民事诉讼理论上对于诉的利益是源于"无利益即无诉权"这一基本原则,即对于任何一个国家和社会当中所建立起来的,服务于一定目的的民事诉讼制度以及相应的设施来说,它不可能是无条件使用的,而必须是基于利用者某种特殊的需要和必要性,或者说是某种特定的,被法律所认可的利益。② 在民事诉讼法中,无论诉讼类型如何,那些由于存在争议而寻求审判救济的权利必须有进行保护的必要性,否则该权利争议无法进入正式的诉讼程序,因此不可能获得司法的最终认可和保护。因而诉的利益可以理解为通过民事诉讼来实现权利救济所必须具有的正当利益或必要性。只有达到这一点,才有可能获得法院相应的判决。

在大陆法系,诉的利益一直是民事诉讼理论界倍受重视的问题。对于诉之利益,法国的民事诉讼法中称"利益",德国称"权利保护必要"或"权利保护利益",日本、我国澳门等称"诉之利益"。根据德国民事诉讼理论,诉之利益是诉讼

---

① 上海市高级人民法院作出的(2012)沪高民三(知)终字第 63 号民事判决书。
② 常怡主编:《比较民事诉讼法》,中国政法大学出版社 2002 年版,第 36 页。

要件之一,没有诉讼法上的利益,便没有诉讼。德国的民事诉讼理论者几乎一致认为,只具有法律关系还不足以顺利地提起诉讼,为了起诉还必须保证当事人对于诉讼权利有着充分的利益,只有具备这样的利益,才有提起诉讼的可能。如果在诉讼中发现没有这样的利益,或者这一利益已经消失,那么其结果就是被驳回诉讼。① 日本学者兼子一教授认为,诉之利益是诉权的要件,判断一个请求是否具有正当的利益必须从两个方面来进行:一是请求本身从性质上具有以判决确定的一般性的适当性(权利保护资格);二是原告对请求具有要求判决的现实必要性(保护权利利益)。② 在法国,诉的利益被概括为有三个特征:(1)它是一种法律上正当的利益;(2)它是现实存在的利益,但这对预防性诉权有所例外;(3)它是直接的个人利益。③

从大陆法系的民事诉讼概念研究来看,大陆法系中的"诉之利益"至少包含两个方面的含义:一是诉之利益是权利主体请求司法保护之资格;二是诉之利益是一种正当的合法利益。而这一点,我国澳门的民事诉讼法似乎规定得尤为明确:"如原告需要采用司法途径为合理者,则有诉之利益。"④根据传统的大陆法系诉之利益理论,纵向垄断协议一方是垄断行为的实施者、参与者,其利益不具有正当性,因而不具有诉之利益,不具有原告诉讼主体资格。

在英美法系的民事诉讼中虽然没有诉之利益理论,但却有相类似的"诉讼资格理论"(Standing)。该理论认为:如果诉诸国家司法,那么必须有真实的争议存在。提起诉讼的原告必须已经受到直接损害,而且受到损害的利益必须得到宪法或制度法的保护;而且每一诉讼案件必须把向法院寻求的救济特定化,如果发生了某些案件使得原初当事人所要求的救济变得不恰当,那么法院将不接受这个案件。⑤ 美国的诉讼资格理论可以从美国宪法中找到法源。《美国宪法》第3 条规定:"(1)必须涉及真正相等和对抗的当事人;(2)必须存在一项起源于法定事实情形的可被承认的合法利益;(3)必须是通过运用司法权力加以解决的。"⑥很明显,对是否具有可被承认的合法利益是美国民事诉讼原告资格的法

---

① 王福华:《两大法系中诉之利益理论的程序价值》,载《法律科学》2005 年第 5 期。
② [日]兼子一、竹下守夫:《民事诉讼法(新版)》,白绿铉译,法律出版社 1995 年版,第51 页。
③ 张卫平、陈刚:《法国民事诉讼法导论》,中国政法大学出版社 1997 年版,第 70～73 页。
④ 《澳门民事诉讼法典》第 72 条。
⑤ [美]彼得·G. 伦斯特洛姆:《美国法律辞典》,贺卫方等译,中国政法大学出版社1998 年版,第 265 页。
⑥ 李琼华:《试论民事诉法中诉的利益》,中国政法大学 2003 年硕士学位论文,第 6 页。

定要件之一。从这个角度来看,垄断协议一方因其不具有合法的利益,自然地不能提起损害赔偿之诉。这一点在美国的早期判例中已得到印证。在美国第二巡回法院审理的 Eastman Kodak Co. v. Blackmore(1921 年)案和美国第七巡回法院审理的 Tilden v. Quaker Qats Co. (1924 年)案中即禁止对不法行为负有过错或罪责的原告获得损害赔偿的救济。第二巡回法院在 Eastman Kodak Co. 一案中指出,所有共谋协议的参与者,不论他所扮演的是大的还是小的角色,他们参与共谋这一点是根本事实,因此任何一方都无权获得损害赔偿,任何人也不能就他未发起的但从中获利的垄断行为主张清白。在判例法的英国,Courage Ltd. v. Bernard Crehan 一案之前,很长一段时间是禁止纵向垄断协议当事人提起损害赔偿之诉的。其主要的理由就是垄断协议当事人并非受害者,而且垄断协议又损害、限制了竞争。这一点英国上诉法院在审理 Gibbs Mew PIC v. Gemmell (1988 年)一案时的判决理由中得到了佐证。英国上诉法院的法官在审理该案时表示:(1)《罗马条约》(1957)第 85 条致力于保护第三人及竞争者,而不是垄断协议的当事方,因此垄断协议一方当事人无权请求损害赔偿;(2)违反第 85 条的协议是非法的,协议当事人不能基于非法合同请求损害赔偿。据此英国上诉法院驳回了 Gibbs Mew PIC 提出的双方协议违反《反垄断法》的上诉。①

通过英美法有关垄断协议纠纷判例的研究,可以看出,法官不赋予垄断协议当事方诉权除了诉讼资格理论(Standing)外,似乎还有更直接的实体法的理论作为依托,即同等过错原则。作为衡平法的一项主要原则,同等过错原则要求,当一个合同或协议违法或违反公共政策时,法院无权协助它生效,也无权协议因自身违法行为引起损害的一方当事人获得损害赔偿。② 同等过错原则不仅被广泛运用于侵权法领域,而且还被英美法官引入反垄断诉讼领域,与诉讼资格理论一起,成为否定垄断协议当事方提起损害赔偿诉讼的整个理论支撑。

(二)有限诉权论及其理论支点

在传统诉之利益理论的支持下,大陆法系国家对垄断协议当事方是否应赋予损害赔偿诉权一直持保守的否认态度。而在法官具有造法功能的判例法国家对垄断协议当事人是否拥有提起损害赔偿之诉方面却显得更有灵活性,更有与时俱进的味道。英美法系国家法院在 20 世纪中叶在研究垄断协议当事方私人诉讼的违法性的同时,发现了垄断协议当事人提起私人诉讼具有某种意义的合法性,认为垄断协议的"事实主体是私人,但从本质上具有公共利益性,并非单纯

---

① 符颖:《纵向垄断协议的诉讼资格及证明责任》,载《交大法学》2013 年第 2 期。

② Holman v. Johnson(1755),cowp 341 at p. 343 perLord Mansfield.

补偿受害方"①。因而在考量原告在纵向协议中的过错程度,即权衡垄断协议一方当事人的私人利益及公益之后,当该方当事人提起的损害赔偿之诉的公益性大于其私益时,即可赋予该主体提起损害赔偿之诉权,否则不赋予其诉权。也就是说有限地予以诉权,即有限诉权论。有限诉权论突破了传统衡平法的基本思想,立足于反垄断法的公法性质,认为私人执行是反垄断公法执行的有益补充。② 显然,有限诉权论是在注意到纵向垄断协议当事方的违法性的同时,更侧重基于垄断协议一方当事人对垄断行为内幕的了解和熟悉从而允许其提起损害赔偿之诉,以更有效地打破垄断,促进有效的竞争。这一点,美国最高法院在1968 年审理 Penna Life Mufflers Inc. v. International Parts Corp 上诉案时首次鲜明地表明了这一思想。美国最高法院指出:"获得三倍赔偿的原告可能跟被告一样要受到道德上的谴责,但法律应当鼓励他诉讼,这是基于更高的促进竞争的公共利益的要求。对当事人过于挑剔的道德价值评判,只会严重破坏私人诉讼作为反垄断执法防御物的作用。"但美国大法官在承认反垄断私人执行广泛的诉讼资格时,考虑到原告的确存在过错,法院并非绝对地赋予所有纵向垄断当事人绝对的诉权,而是有所保留地给予相对的诉权。在 1968 年 Penna Life Mufflers Inc. v. International Parts 一案中,怀特大法官(Justice White)和马歇尔大法官(Justice Marshall)认为原告就垄断协议负有实质平等的责任时不应当获得救济。而福塔斯大法官(Justice Fortas)则认为"平等过错"原则是有积极意义的,但在反托拉斯法中只适合扮演有限角色,因此原告就他积极参与或发起的协议条款下的损害不应当获得赔偿。在英国,在是否赋予纵向垄断协议当事人提起损害赔偿之诉权问题上与美国相比一直处于保守和谨慎的态度。即使在被誉为开启了欧盟及英国纵向垄断协议当事人诉讼原告资格里程碑的 Courage Ltd. v. Bernard Crehan 案中,也是在获得欧盟法院的初步裁决并得到明确指令后才有改观。英国上诉法院在受理 Courage Ltd. v. Bernard Crehan 一案时,曾一度考虑下级法院在审判中提到的同等过错原则。但考虑到此时英国竞争法与《欧共体条约》第 85 条(现在第 81 条)的协调问题,在 1999 年中止了此案的审理,并就案件涉及的法律问题向欧盟法院申请法律解释的初步裁决。欧盟法院(ECJ)就适用《欧共体条约》第 85 条(现在第 81 条)作出初步裁决,裁决书中指出第 85 条(现在第 81 条)排除了成员国国内法的一项规则,即对限制和扭曲竞争负有责任的合同方禁止获得损害赔偿;然而,共同体法并不排除成员国国内法

---

① Wilkim Bushby, The Unknown Quantity in Private Antitrust Suit the Defense in Paridelicto, *Virginia Law Review*, 1956, Vol. 42, No. 788.

② 符颖:《纵向垄断协议的诉讼资格及证明责任》,载《交大法学》2013 年第 2 期。

的另一项规则,即对限制竞争负有显著责任的一方当事人无权向合同另一方要求赔偿。① 初步裁决书借鉴了美国大法官的思想,注意到反垄断私人执法的公益特性,同时也从维护《欧共体条约》(The EC Treaty)有效实施的角度进行了分析。根据欧共体条约确立的"有效原则"(the principle of effectiveness),当任何人主张欧共体法律权利时,各成员国不能施加难以忍受的或过分的限制。允许参与纵向垄断协议的原告提起诉讼,有助于维护有效竞争市场这一公共利益的实现。

(三)启示

纵向垄断协议当事人诉讼资格问题经过了从诉权否定论到有限诉权论的漫长过程。这一过程的演变凸显了对反垄断私人诉讼性质认识的思想变迁和对协议垄断的价值评判。只有充分认识到协议垄断是一种普遍而又严重地限制了竞争效果的行为时,对纵向协议当事人私人执行行为进行深入评判才具有法律意义。正如美国最高法院大法官在 Penna Life Mufflers Inc. 一案中所说的,反垄断私人执行虽然事实主体是私人,但他是具有双重身份的主体:一个积极的私人维权主体,一个代表政府的"私人总检察长",正是基于双重身份中公共价值优位的考虑,才赋予垄断协议当事人有限诉权。赋予垄断协议当事人诉权,不在于帮助或奖励不法行为者,而在于推动维护和纠正竞争秩序这一公共目标的实现。② 只有跳出私法而从公法的高度来看待纵向垄断协议当事方诉权问题,才能从协议主体的私法违法和促进市场竞争方面获得平衡,也唯有如此,才能更有效、更准确地把握赋予作为违法的纵向垄断协议当事一方享有诉权的边界。而这些正是我国建立纵向垄断协议当事方主体资格理论应当借鉴的。

三、我国纵向垄断协议当事方诉讼原告资格问题

在我国,反垄断法出台比较晚,相应的研究不是很多,特别是对纵向垄断协议方能否提起损害赔偿之诉问题更是没有涉及。值得欣喜的是,上海市高级人民法院在强生纵向垄断协议案中一改上海市第一中级人民法院回避的态度,采取了正面回应,明确表明在我国应当赋予垄断协议当事方提起损害赔偿资格。对此笔者完全赞同。主要理由为:

第一,符合国际主流。从前面的分析已经知道,限制诉权论已成为现代大多数国家对待纵向垄断协议当事方原告资格问题的主流方式。我国赋予纵向垄断

① Courage Ltd. v. Bernard Crehan,C—453/99,[2001]E. C. R. 1—6297(ECJ).
② 符颖:《纵向垄断协议的诉讼资格及证明责任》,载《交大法学》2013 年第 2 期。

协议当事方原告资格符合国际主流。

第二，有法律依据。我国《反垄断法》第 50 条规定："经营者实施垄断行为，给他人造成损失的，依法承担民事责任。"显然，这是一个诉权的赋予条款。诉权的赋予对象是"他人"。现在的问题是"他人"是否包括纵向垄断协议的一方当事人。正如前述强生纵向垄断协议案判决所指出的："本案上诉人（锐邦公司）作为接受限制最低转售价格协议的经销商，由于执行该协议而可能失去在最低限价以下销售的机会，进而可能失去部分客户和利润。另外，上诉人由于违反最低转售价格协议受到处罚而遭受的损失，可能属于因垄断行为导致的损失。因此，垄断协议的当事人既可能是垄断协议的参与者、实施者，又同样可能是垄断协议的受害者，属于《反垄断法》第 50 条规定的因垄断行为遭受损失的主体范围。"

第三，具有公法目的。强生上海公司与中国多家经销商签有纵向垄断协议，而锐邦公司与强生中国公司和强生上海公司又合作多年，锐邦公司知悉垄断协议的内容，掌握了垄断行为的详细资料，允许作为纵向垄断协议当事一方提起反垄断诉讼，有利于打破另一方的垄断地位，制止垄断行为，促进公平竞争，维护消费者利益和社会公众利益。

第四，原、被告双方不存在同等过错。如前所述，同等过错是阻碍纵向协议当事方获得诉权的理论障碍。从本案来看，原告锐邦公司作为垄断协议一方虽然是垄断行为的实施者和参与者，其行为本身具有违法性，其诉求的损失也属因垄断行为而获得。但从垄断协议双方的地位来看，锐邦公司明显处于劣势；从垄断行为的形成过程来看，锐邦公司的过错明显低于强生公司。赋予过错明显小的一方予反垄断诉权已绕过了同等过错这一障碍。

第五，有法理支撑。诉之利益理论是否定纵向垄断协议当事人提起损害赔偿诉讼的主要理论依据。但诉之利益理论伴随着时代的步伐已悄然地发生了变化。突出表现在法院在案件审理时已把社会的普遍公共利益或福利的一般原则、公共政策作为支持或限制特定实体权利保护的根据。[1] 正如我国著名的民事诉讼法专家常怡教授所说，法官在衡量和判断诉的利益有无时，需考虑的主要因素有以下两项：（1）社会主流价值取向，即一定社会意识形态当中占据主流地位并已发展成熟的、固定的道德信念及价值观，它能够决定社会绝大多数人的行为选择方向以及行为模式。（2）公共政策。就公共政策本身而言，它由某种公共权威（主要是指广义的政府）在一定的历史时期和环境条件下制定，目

---

[1] 王福华：《两大法系中诉之利益理论的程序价值》，载《法律科学》2005 年第 5 期。

的在于解决当时存在的公共问题。① 很显然,对诉讼主体行为的公法性考虑已成为诉之利益理论发展的新动向。而赋予垄断协议当事人提起损害赔偿诉之权利正好契合了诉之利益理论的这种新动向。

知识产权侵权损害赔偿定损方法探讨

——以知识产权的市场经济价值为视角

桂　舒[*]

摘要: 在审判实践中,知识产权侵权损害赔偿案多采用法定赔偿方法计算确定判赔数额,但因缺乏统一的标准、因素等,导致司法判定不统一、司法公信力下降等问题。为此,应立足于市场经济运行规律,探讨知识产权侵权赔偿定损问题,建立符合法律规定、适应市场规律而又统一量化、细致可行的定损机制。

关键词: 知识产权　损害赔偿　市场经济价值　定损规则

一、现行的知识产权侵权损害赔偿方式及问题

我国《专利法》第65条、《商标法》第63条、《著作权法》第49条及相关司法解释规定了知识产权侵权损害赔偿数额的计算方法,主要有以下几种:(1)权利人因被侵权所受实际损失;(2)侵权人因侵权所获利益;(3)在权利人损失、侵权人获利无法确定的情况下,以合理倍数计算损失;[①](4)法定赔偿,即在权利人难以取得充分证据证明权利人损失、侵权人获利以及专利许可使用费时,根据权利类型、侵权行为性质和情节等因素酌情判决给予权利人赔偿,属于立法拟制的"后备选择"。

但在审判实践中,因法定赔偿具有减轻原告举证负担、降低上诉后的改判风险等优势,往往成为法官定损的"第一选择",其适用频率和范围远大于其余三种定损方法,造成整体适用不均衡。以C市(某西部省会城市)两级法院2013年知识产权侵权赔偿纠纷案审理情况为例,中级法院审结748件,其中以判决方式

---

[*]　作者系四川省成都市中级人民法院助理审判员,法学硕士。

[①]　此计算方法中的"合理倍数",除文中提及的《专利法》第65条外,最高人民法院《关于审理商标民事纠纷案件适用法律若干问题的解释》第16条第2款及《关于审理著作权民事纠纷案件适用法律若干问题的解释》第25条第2款亦有规定。

结案的 199 件,占结案总数的 26.6%;基层法院审结 796 件,其中判决结案 278 件,占结案总数的 34.9%。[①] 判决结案的案件中仅有两起案件的原告主张依侵权人违法所得计算赔偿额度,但法院均采用法定赔偿方式予以裁判。此类现象造成了以下弊端:(1)认定权利人损失和侵权人获利的因果链条短、设计不合理,没有真正反映权利人的实际损失;(2)在优先适用法定赔偿的定损模式之下,当事人在庭审中怠于就损失或侵权获利问题主动举证,法官一般也不会有意识地加以指导;(3)法定赔偿的酌定性强、自由裁量范围大、判赔金额标准不统一,不同法院之间判定差异较大,可能导致诉讼拖延、当事人质疑裁判结果等情况,影响司法公信力。

除了缺乏统一的定损标准、自由裁量权过大之外,出现上述问题的原因还在于割裂了市场经济运行与知识产权权利价值的内在关系。必须认识到,知识产权由人身权与财产权组成,不同于其他民事权利的相对封闭性和固定性[②],其价值多体现于复制、发行、许可使用、生产、销售等能够产生经济效益的财产性权利中,且必须在市场运作中将无形的智慧成果转化为可见的产品或生产力才能实现财产性价值。同时,知识产权本身也是市场经济活动中的强大竞争力。除少数垄断行业外,处于激烈市场竞争下的绝大多数产业必然涉及知识产权带来的经济利益,权利人的权益受到侵害在所难免。此外,知识产权侵权损害赔偿更多地体现于竞争性的盈利损失和经营获利,必须依托市场运行和行业竞争情况才能合理、正确地确定赔偿数额,否则将导致权利人的损失无法弥补或过于加重侵权人的赔偿责任等,既有失公允,也不切实际。

二、知识产权侵权损害赔偿定损规则的域外经验:以美国专利侵权赔偿的计算方法为例

在成文法规定的内容和确立的原则的基础上,美国联邦法院的几个里程碑式的判决建立了一套较为完整的专利侵权损害赔偿计算方法:权利人可以主张以实际损失计算损害赔偿数额,亦可以在未能举证证明实际损失时请求以合理

---

① 数据来源于 C 市中级人民法院 2013 年 12 月 10 日作出的司法统计。C 市具有知识产权案件管辖权的基层法院共有 4 家,审理标的 50 万元(不含本数)以下的著作权和商标纠纷案件。

② 在传统的民事纠纷中,纠纷双方当事人所争议的财产或其他价值物基本都可在争议当事人(包括涉案财产可能涉及的第三人)中得到解决,因此传统民事纠纷的争议标的通常具有固定价值,且不需要放入整个社会经济运行中进行考察。

的许可使用费计算侵权赔偿数额;权利人所获赔偿可以由已经证明的实际损失和合理许可使用费组成,赔偿总额不应低于合理许可使用费。

(一)以实际损失计算损害赔偿

1.基本理论

根据法律的规定,专利侵权赔偿的"完全赔偿"原则包含权利人能够举证证明的所有可得利益损失。以实际损失主张侵权损害赔偿的关键在于建立"若非"(but-for)的市场环境,即权利人首先应当证明如果没有侵权人的行为,那么侵权人的市场本应当属于权利人;一旦权利人尽到该举证责任,举证负担就转移到侵权人身上,即侵权人应当举出反驳证据证明该"来自侵权行为的损失"完全或者部分不合理。

在此种计算方法中,法院应当允许权利人以不同的市场重构方法论证其主张的侵权环境和侵权数额的经济证据。被控侵权人为了反驳权利人的此种主张,应当有机会举证证明,在权利人所指控的侵权时间段内,市场中存在非侵权的其他替代产品,因此不能单纯以侵权者的销售额作为权利人的实际损失计算赔偿,"来自侵权行为的损失"这个市场和理论前提即已经被打破,"来自侵权的实际损失"不复存在。权利人和侵权人充分地从以上两个方面进行论证和抗辩,是还原真实市场情形的必然要求,缺少任何一方面都将导致市场重构的偏离现实,或对专利权过度的、不当的保护。

2.四个市场因素的建立

专利权人以销售损失主张侵权赔偿的实际着眼点是:如果没有侵权人的侵权行为,权利人能够获得多少利益。联邦第六巡回法院在 Panduit 一案①中明确了权利人为证明其实际损失而应举证证明的四个因素:(1)专利权产品的市场需求量;(2)市场上没有可替代专利权产品的非侵权产品;(3)权利人有能够满足市场需求的生产和销售能力;(4)权利人可获得的销售利益。

因素(2)在权利人举证、侵权人抗辩和法院认定中至关重要。权利人应当举证证明消费者购买专利权产品和侵权产品都是基于同样的需求或解决问题的方法,侵权人亦可举证反驳专利技术的改进并没有给专利产品带来优于其他非侵权替代产品的市场优势。值得注意的是,侵权人后续生产和销售了非侵权的替代产品,并不能抵消在权利人诉称的时间段内没有非侵权的替代产品的事实,这个时间点对法院判断因素(2)以及其后认定侵权和赔偿至关重要。

---

① Panduit Corp. v. Stahlin Bros. Fibre Works, Inc. , 575 F. 2d 1152, 1156, 197 U. S. P. Q. 726, 729~730 (6th Cir. 1978).

3. 以市场占有率计算实际损失

Panduit 案所确立的"若非"环境和四因素为主张实际损失建立起了基本框架。其后,联邦上诉法院在 1990 年的 State Industries 一案中对因素(2)作了突破,确立了以专利权产品的市场占有率计算损失的方法。该方法的基本原则是,专利权产品和侵权产品基于同样的市场需求,即,专利权的发明点是消费者选择专利权产品和侵权产品的决定性因素。

权利人主张此种计算方式时应当首先举证证明其产品的市场占有率,说明只要有销售产品的机会,专利产品就很可能拥有侵权产品的市场份额,此种证明不需要考虑两者之间的市场占有率的大小。在市场中仅有两个竞争主体的情形下,只要权利人充分举证证明其有足够的生产和销售能力满足市场需求,侵权者的市场就是权利人失去的市场占有量;在市场中存在多个竞争主体的情形下,如果能够证明其他市场竞争主体也有可能成为侵权者,权利人得以在本案中将其他主体的市场占有率一并予以主张,因此可以在被控侵权者的销售量中主张更多的赔偿额。尽管此种以市场占有率计算侵权损害赔偿的方法对 Panduit 案中的因素(2)有所突破,但在实际适用中也必须与四因素相结合判断,即权利人在证明实际损失的基本要素外,还应当举证证明专利权产品确有客观且相对固定的市场占有率。

在此种计算方法中,侵权损失赔偿具体分为两个部分:第一,以权利人已经证明的市场占有率,折算侵权人销量的相应部分为实际损失。第二,在市场占有率之外的部分,以合理许可使用费计算损失赔偿数额,该合理许可使用费应当在市场竞争环境下予以确定。

(二)以专利合理许可使用费计算损害赔偿

1. 基本理论

从 State Industries 案确立的以市场占有率计算损失,到 1995 年的 Rite-Hite 案确立的允许将不属于专利权内容所覆盖的产品所失利润计入赔偿额,美国法院为权利人主张实际损失提供了很大的扩张空间。而在 1999 年的 Grain Processing 案中,联邦法院重新调整了权利人主张实际损失的认定原则,并在否定实际损失成立的情形下,确立了以专利合理许可使用费(reasonable royalty)计算专利侵权损害赔偿的方法。

1971 年的 Georgia-Pacific 案创建了作为专利合理许可使用费计算方法的关键和基础的"买卖双方合意原则",即假设在侵权发生前的语境下,权利人(专利许可人)和侵权人(被许可人)可能达成的专利许可使用费。法院认为,计算合理许可使用费的基本原则和情形,应当建立在被许可人(侵权人)作为一个理性的市场主体,支付专利许可使用费后仍能在实际生产和销售产品中获利的市场环境中。

2.具体适用

在"买卖双方合意原则"下，此种合理许可使用费并不具有客观现实性，专利权人（许可人、原告）并未与侵权人（被许可人、被告）进行实际谈判，因此适用此种损失计算方法应当特别注意如下参考因素：专利权人的权利性质；侵权人使用专利的程度；专利权的应用及其商业价值；专利权应用的程度；出售专利权产品或应用专利权所带来的利润或节约。

具体来说，原告可举证证明如下内容：（1）专利权人就涉案专利对他人进行许可授权而获得的专利使用费，或被许可人为与涉案专利相类似的专利所支付的专利许可使用费。（2）许可的性质和范围（例如独占许可与普通许可），是否在许可中加以技术、地域、销售渠道等方面的限制。（3）许可人与被许可人的市场地位关系，例如双方是同一市场领域内相同市场地位的竞争者，或双方是发明人和应用人。（4）专利的存续时间，专利技术的性质，专利权产品的创新性、实用性和优势，已产生的经济价值即市场推广度，包括出售专利权产品可能推动被许可人销售该许可项下的其他产品；该专利带给专利权人的已有价值。（5）侵权者使用该专利的程度，以及因使用专利所产生的价值。（6）在商业和市场惯例中，产品获利中来自专利技术的比例，生产方法、商业风险或侵权人所赋予的显著进步或特征。（7）许可人（专利权人）与被许可人（侵权人）在自愿和理性的情况下（侵权发生前）可能达成的专利许可使用费，即：一个审慎、精明的被许可人在生产专利权产品依然能够获利的情况下，愿意支付的购买专利使用权的许可费用，以及一个审慎、精明的许可人愿意接受的许可费用。

此外，计算实际数额还应当考虑以下因素：侵权发生时权利人的盈利情况；被许可人在相关市场中作为市场惯例的可得利益；侵权发生时市场上没有其他可替代的非侵权产品；权利人在许可其专利权给竞争对手时所损失的市场可得利益；侵权产品的市场价值系来源于对专利权的侵犯。

3.三个值得注意的问题

（1）以合理许可使用费计算侵权赔偿，建立在侵权发生时市场中已形成市场惯例的被许可人的可得利益，并不要求侵权人已经实际获得该利益。

（2）诉讼发生时市场中还有其他侵权主体的事实，不成为减少侵权人赔偿的合理许可使用费的理由。

（3）权利人作为原告与其他侵权人在诉讼中因调解达成的合理许可费用，并不在本案中成为"已实际存在的许可使用费"的计算基准，因为调解中达成的协议并不代表双方是"理性的市场主体"，调解过程亦非"正常商业环境"。

除《美国专利法》外，日本、德国等国也规定了侵害商标、著作权的定损及判赔规则。如德国在其《著作权法》中规定了以权利人实际损失、侵权人利润及推算正当许可收入三种具体计算方式,同时原告也有权在判决前选择法定损害赔偿的补偿方式,"原告有权获得最低 250 美元、最高 1 万美元的赔偿,由法院确定一个合理的数额。若善意侵权人能够证明他们不是恶意的,那么赔偿额将降为 100 美元;同样的,如果能够证明侵权人是故意的,法院则有权要求其支付高达 5 万美元的赔偿,即惩罚性赔偿"①。此外,日本《著作权法》和《商标法》亦都对侵权行为作出了经济赔偿的规定,其中不乏法定赔偿的方式。②

三、知识产权侵权损害赔偿定损规则的经济分析:以市场运行机制评估知识产权价值及损失

(一)以市场竞争模式为定损的环境基础

竞争是市场的第一特性。现代经济学通说把众多产业划分成四种市场结构:(1)完全竞争,非常大量的企业生产一种标准化产品,任何企业能够非常容易地进入或退出该产业;(2)完全垄断,一家企业是某种产品或服务的唯一卖者,新企业进入被阻隔,一家企业就构成了整个产业,垄断生产者的产品独一无二,不需考虑与其他产品相区分;(3)垄断竞争,特征是相对大量的卖者生产有差别的产品存在广泛的非价格竞争,即企业努力以诸如设计和工艺等属性为基础,把自己的产品或服务与所有相竞争的产品区别开,新企业进入或退出垄断竞争的产业都相当容易;(4)寡头垄断,只包括一种相同或相近产品的少数几个卖者,每一

---

① 郑成思主编:《知识产权价值评估中的法律问题》,法律出版社 1999 年版,第 149~150 页。

② 日本《著作权法》第 119 条规定:"对有下列任何一项行为的人,处 3 年以下徒刑或 100 万日元以下的罚金:(一)侵犯著作人人格权、著作权、出版权或著作邻接权的人〔出于第 30 条(包括适用于第 102 条第 1 款的情况)规定的个人使用目的,对著作物或表演等进行复制的人除外〕;(二)以赢利为目的,按第 30 条规定将自动复制机用于复制构成侵犯著作权、出版权或著作邻接权的著作物或表演等的人。"第 121 条规定:"对有下列任何一项行为的人,处 1 年以下的徒刑或 30 万日元以下的罚金:(一)发行以非著作人的真名或众所周知为何人的假名作为著作人姓名而署名的著作物复制品(含以'非原著作人'的真名或众所周知为何人的假名作为原著作物的著作人姓名而署名的二次著作物的复制品)的人;(二)将国内以制作商用唱片为业的人接受由唱片制作人提供的唱片(符合第 8 条任何一项的唱片除外)的原盘后制作的商用唱片,作为商用唱片而复制的人以及发行这种复制品的人(自首次将声音固定于该原版唱片之日的翌年起算满 20 年后复制或发行该唱片的人除外)。"日本《商标法》第 78 条规定:"侵犯商标权或者专用使用权者,处五年以下有期徒刑或者五十万元以下罚金。"

家企业都会受到其竞争对手决策的影响。①

涉及商业活动的知识产权侵权主要发生在完全竞争和垄断竞争中，寡头垄断也存在于市场准入机制的行业。不同类型的知识产权因其所涉产业领域不同，市场模型和市场竞争机制也各不相同。

以侵害专利权和侵害商标权的案件为例，专利权实施过程为将智慧成果转化为工业生产，需要技术、设备、人员等特定的软、硬件设施，市场主体相对具有特定性，故涉及专利权的商业活动处于垄断竞争的市场环境和竞争模式中。在此种模式下，一方面，权利人要考虑如何让自己的产品在技术、实用性等方面优于其他竞争者的同类产品，从而得到更大的市场占有率和商业效益；另一方面，侵权人在仿制专利的同时，不少也会加入自己的微小改动或变化，虽然此种变化可能依然因为等同原则而落入专利权保护范围②，但消费者的选择可能基于对侵权产品自有特征的关注，而非将侵权产品混淆为专利权产品。因此，计算权利人的损失或侵权人的获利必须充分考虑侵权人的行为、主观状态以及消费者的选择，不能仅就表面数据而简单地得出结论。与之不同的是，商标侵权处于完全竞争的市场环境中，侵权人可能出于对注册商标知名度的利用心理以及最大化降低自身生产成本的考虑，即追求经济学中"边际效益"的最大化，恶意、直接地使用他人的注册商标；同时由于商品受国家质量标准、社会公众习惯等客观因素的制约，相对具有较高的同一性，更容易造成消费者的混淆而给商标权人带来商誉和市场份额的减损，权利人的损失和侵权人的侵权行为具有更紧密和相对完整的因果关系链条，因此在考察商标侵权的市场环境中，需要充分考虑侵权人的主观恶意、侵权产品的成本、售价、盈利等因素。

（二）以不同类型权利的特性思考市场价值

专利、商标、著作权三大知识产权的权利客体的表现形式、使用方式及成果领域各不相同，在市场运行中所表现出的市场价值和经济效益亦有别。

1. 专利权。发明、实用新型和外观设计三种权利的创造发明程度及其在实际生产中产生的经济效益呈递减趋势。专利权应当具备创造性、新颖性和实用性，且"专利技术的市场价格实际上是专利权许可或转让价值的货币表现"，同

---

① ［美］坎贝尔·R.麦克南、斯坦利·L.布鲁伊：《经济学——原理、问题与政策》，李绍荣等译，中国财政经济出版社 2004 年版，第 459～460 页。

② 此种改动和变化在侵犯实用新型专利权和侵犯外观设计专利权纠纷中表现得尤为突出，不少侵权人在其产品中虽然模仿使用了诉争的原告专利权，但其实际产品中也的确存在对产品结构、外形等作出的微调或变动，有些变动因为并未实质改变其产品中所模仿的诉争专利权保护内容，而依然构成侵权。

时,"专利技术相关产品或相关行业(产业)的市场状况,包括市场容量的大小、市场供需的状况、市场前景的好坏等,直接制约着专利技术市场,也制约了专利技术的市场价格,从而影响到专利技术的价值",①故确定专利权价值的市场因素应当全面考察专利权的具体类型、创新程度、实用价值、行业生产和竞争情况,计算方法的基准包括专利开发或被许可使用人购买专利所需要投入的成本、若干专利技术在同一市场竞争领域中的交易交割、产品利润等。

2.商标权。商标是权利人用于向消费者区分商品来源、宣传自己商品的标识,其与具体商品不可分割。同时,商标本身,尤其是通过权利人长年经营而具有良好商誉与口碑的商标,也在市场竞争中具有经济价值,通常会产生增加商品价值、扩大市场占有率的正面竞争力。因此,除了确定专利权价值中所需要考察的行业生产情况、产品售价、市场竞争激烈程度等因素之外,确定商标价值还应当包括商标注册及存续时间、商标权人经营状况、为宣传商标投入的工作、商标声誉等重要因素。此外,侵权人的主观状态,即借注册商标已有的社会经济价值销售侵权产品、获得利润的"搭便车"心理在其实施侵权行为中所占的比重,也对判断注册商标权的市场价值大小具有重要的参考意义。

3.著作权。著作权通过作品的公开发行、许可使用或转让等,给作者带来商业利润实现其权利价值。著作权是一种"天然"的权利,在作者创作完成作品的当时就已自然形成并受到法律的保护;并且,著作权法所保护的作品为"思想的表现形式而非思想本身",文字、歌曲等表现形式体现着作者独特的风格,因此与市场主要关注专利权和商标权的客观实施成效不同,作者的风格及其名声是否被社会大众认可并为市场所接受,对著作权的价值大小及其实现具有至关重要的决定性因素。在评判著作权的经济价值时,不仅要考虑市场对作品的需求范围和需求量②,还应同时关注作者的学术水平、名声、地位、作品的印量和次数、作品的性质③等因素。

---

① 郑成思主编:《知识产权价值评估中的法律问题》,法律出版社 1999 年版,第 75 页。

② 例如,学术专著与流行小说在市场需求量和受众范围中即存在较大差异。学术专著的读者通常为该专著所涉及的学科领域内的学生或研究者,受众群体的范围相对固定而有限;而流行小说的读者群可能涵盖社会各行业、各文化水平及年龄段的人群,其所面对的是整个经济社会市场。这种市场范围的不同,虽不能简单地认为市场范围小则著作权权利价值也相对较低,但对评判著作权权利在市场运行中的价值也具有不可忽略的参考价值。

③ 此处的"作品性质"指作品是否为作者完整原创,或是汇编、整理形成,以及作品为文字、图片(其中又分为照片和电脑制图等)、歌曲、戏剧等的何种表现形式。

(三)值得注意的法律问题

知识产权不同于市场中的普通商品,其自身系具有"法权"性质的民事权利,分析知识产权的价值还应充分尊重和重视法律的价值取向和立法目的,即保护知识成果、鼓励创新的立法精神,以及不同类型的权利人就同一权利享有的权利不同的法律判断等,才能在知识产权侵权赔偿案件的审判中形成既尊重市场经济的价值规律,又符合法律规定和基本价值的定损规则。

四、知识产权侵权赔偿定损的审判模式构建

(一)重建合理的举证责任分配制度

尽管我国知识产权各部门法规定权利人在明确主张以其损失、侵权人获利及权利许可使用费确定赔偿金额时才承担具体的举证责任,[①]但是当事人怠于举证和法定赔偿中法官自由裁量权的空间,共同导致了法定赔偿中判赔金额确定无证可循、随意性大的巨大缺陷。通过对知识产权权利在市场运行中的经济价值分析和判断侵权行为应当基于的市场模型和竞争模式,法院可要求原告就其主张的法定赔偿数额承担如下举证责任:

1.权利的性质及其具体实施情况,即涉案权利如何通过生产、销售、发行等市场行为转化为实际市场价值,并应说明至少一个主体或一种实施行为在某一市场领域中获得的经济效益。

2.市场范围及受众,即应当明确知识产权产品或作品所涉及的市场地域范围大小、时间长短等,并将侵权产品所涉及的上述问题予以初步陈述,还原市场竞争的环境基础。

3.权利人或其授权实施知识产权的主体在市场中的地位,例如著作权人的学术地位、社会认可度,以及商标的商誉,专利的实用效益等可作为判断权利价值参考因素的基本事实。

4.相关市场的经营交易惯例和同行业经营者的平均收益,该事实能帮助法官对涉诉权利的市场价值形成较为直接、客观的认识。

5.侵权人的心理状态,例如通过比较权利产品或作品与侵权产品的质量、价

---

① 新修订的《商标法》自2014年5月1日起施行。该法第63条第2款规定,可以责令被侵权人提供财务账册等资料以证明赔偿数额。从行文上看,该规定并不明确适用于法定赔偿。

格或销售渠道等,说明侵权人的侵权行为是否出于恶意竞争。

6.权利人还可举证在相似市场环境中所发生的许可使用费等知识产权经济价值。在实际庭审中被告通常会对此种证据的真实性、关联性不予认可,但并不妨碍法院在定损中予以有条件的参考。

除原告可以举证证明以上可供法定赔偿定损参考的事项之外,被告也可举证证明其获利微薄、销售时间短暂、覆盖地域有限等,反驳原告的主张。

(二)确立知识产权侵权赔偿审判中的定损规则

1.以市场环境为计算基础。市场因素包括市场对涉案权利的容量大小、供需状况、市场前景、竞争主体数量与竞争激烈程度以及权利人为推广其产品的市场营销手段、成本等,通过构建此市场环境来基本确定判赔金额的范围和幅度。

2.具体考察涉案权利的自身价值。在专利侵权案件中,可以结合专利开发或被许可使用人购买专利所需要投入的成本、专利许可使用费、产品利润等计算因素;在商标侵权案件中,可以考察商标存续时间、商标权人经营状况、商标声誉等;在著作权侵权案件中,可以考虑作品类型、作者知名度、公众喜爱度、作品印刷数量和次数、作品的性质及表演发行场所、范围等因素。

3.判断侵权行为的性质及程度。充分考虑侵权人是否存在主观恶意以及侵权行为所带来的后果,即是否以不正当手段实现侵权最大边际效益,或是否因其侵权行为致权利人商誉下降等。此外,还应当考虑被告是否以侵权为业,例如在商标侵权案件中的侵权人可能专门从事仿冒他人注册商标的产品制造销售,以及在专利侵权案件中可能存在侵权人自身有正规的生产方法及销售途径,但以"借用"的心理在其生产经营中模仿诉争专利技术等。

(三)定损规则适用的可行性操作——以审判实践为例的实证分析

前文中所提及的 C 市中级人民法院知识产权审判庭有意识地将本文所讨论的定损判赔规则用于分析生效判决,并将该规则用于新受理案件,达到了较为满意的效果,论证了该定损规则的实际可操作性。

1.专利侵权赔偿案例:邹某诉某啤酒公司侵害外观设计专利权纠纷案①

原告设计了名为"标贴(原浆啤酒)"的啤酒罐标贴并获得外观设计专利权,起诉认为被告生产的原浆啤酒所用标贴侵犯了其外观设计权利,诉请人民法院判赔 20 万元。合议庭审理后,判决被告赔偿原告经济损失 1.8 万元。宣判后双方均未上诉。

---

① (2010)C 民初字第 455 号判决书。

本案的判赔应当考虑以下因素:(1)涉案专利权为外观设计专利权,其创造性和成本较低,且该标贴将整体图案分为三个部分,分别展示产品名称、产品介绍等,艺术感有限;(2)涉案标贴系原告专门为某案外啤酒公司设计,并已实际许可该啤酒公司生产使用,获得了许可使用费,已实现了相应的商业利益;(3)被控侵权的啤酒标贴上以明显的位置和字体注明了被告的商标及其啤酒产品信息,且消费者选择啤酒时更多注重品牌而非包装设计,故标贴外观在产品获利中所占比例很小;(4)被告系较有实力的啤酒生产商,自有较为知名的品牌,主观上恶意侵权或搭便车的可能性较小,且若某案外啤酒公司市场销量受到损失,此损失也应由该啤酒公司而非原告主张。综合上述因素,合议庭在审理本案时酌定的判赔金额,符合涉案专利权的性质、权利价值大小的市场规律,分析侵权行为适当,确定的赔偿金额符合法定赔偿的判赔定损规则,也取得了良好的判后效果。

2. 商标侵权赔偿案例:某知名洋酒公司诉张某等侵害商标专用权纠纷案①

原告为国际知名洋酒品牌"绝对"的商标权人,诉称被告张某等人在其生产的洋酒外包装上未经原告许可使用了该注册商标,故诉请人民法院判令被告赔偿原告经济损失 10 万元。

合议庭评议认为:(1)涉案商标为国际知名伏特加酒品牌,并在 2003 年即在我国获得商标注册,商标使用时间长、价值较高;(2)根据原告所举证据和被告在被公安机关查获时供述可知,原告产品批发价 100 元、零售单价 115 元,被告使用假冒注册商标所生产的仿冒洋酒成本价为每瓶 8 元左右、售价为每瓶 20 元左右,被告因侵权获利巨大;(3)被告张某专门从事假冒洋酒的生产制造和销售,形成了系统的生产和销售线,系以侵权为主业,侵权性质较为严重;(4)涉案产品主要在酒吧、KTV 等公众消费场所销售,原告产品与被控侵权产品的市场完全相同,受众广、市场需求较大、产品周转快,侵权商品以其低廉的价格给原告带来了较大的直接市场冲击。合议庭通过对上述涉案商标的价值、销售市场、被告侵权行为的性质等进行调查和评议,最终全额支持原告的诉讼请求。宣判后,被告未提出上诉并主动履行了赔偿义务。

3. 著作权侵权赔偿案例

C 市中级人民法院近两年受理了大量影视作品和 MV 作品权利人起诉网吧、KTV 侵害作品信息网络传播权和放映权的案件,原告主张其通过原始权利人的授权获得了涉案作品相关著作权,被告通过网吧点播和 KTV 点唱的方式侵害了原告的上述权利,诉请人民法院判令被告承担经济赔偿责任。

在审理此类案件时,合议庭考虑了以下因素:(1)涉案作品的价值,原告所主

---

① (2010)c 民初字第 27 号判决书。

张的电影或 MV 作品主要为上映时间较早(如 2004 年上映的《天下无贼》)或歌手在 C 市范围内受欢迎度较低(如庞龙等)的作品,因电影和歌曲具有较强的时效性和流行性,这些作品现有市场价值已降低;(2)被告侵权行为性质,点播电影并非网吧的主要功能,网吧因播放涉案影片的盈利少,而 KTV 主要通过点唱 MV 实现盈利;(3)作品形成的成本,电影通常制作成本较高,MV 作品因其时间短、人物少、情节简单等,制作成本不高;(4)原告并非原始权利人,且合议庭在审理时注意到了原告的代理律师商业诉讼的明显情形。因此,合议庭综合判断后确定,MV 作品和上映当年票房不高的电影判赔金额不高于 500 元,上映当年票房较高、影响力较大的电影判赔金额不高于 800 元。此类案件判决后,原告均未上诉,被告服判息诉率也较高,社会效果和法律效果都较好。

五、仍可探讨的问题

(一)法定赔偿能否突破限额:以家具类外观设计专利侵权为例

《专利法》是唯一规定了法定赔偿下限(1 万元)的知识产权部门法。但是在大量家具类外观设计专利侵权案件中,鞋柜、电视柜等通用家具的形状、样式因其必须具有的功能性而受到很大限制,此类外观设计的创新性极低。同时,此类家具市场生产、销售主体众多,原告即使存在销售损失,也难以形成该损失来自单个被告侵权行为的因果链条,市场机制较难形成;此类外观设计产品的成本和销售价格均不高,故原告产品价值和被告侵权获利都较低。在此类案件的审理中,法院虽认为 1 万元的判赔金额过高,但碍于《专利法》明确规定的金额,难以突破法律规定。

(二)法定赔偿与其他定损方法同时适用的可能性

在一些案件中,原告能够举出一些证据证明其部分损失或被告获利,但该部分均不能完整地反映现实情况,故原告仍会选择法定赔偿并将获得较高赔偿的希望寄托于法官的自由裁量。根据我国法律的行文方式,当事人必须在四种定损方式中作出选择,事实上法院也从未将两种判赔定损方式在一案中并列使用。在美国专利诉讼领域,当事人可以举证证明自己的部分损失,并在该部分明显不足以表现全部损失的情况下,由法院参照原告所举证据进行法定赔偿的补充性判赔。此种方式对权利人的保护力度不言而喻,但我国目前在立法解释、实务操作中都存在一定困境。

（三）在知识产权侵权损害赔偿案件中引入价值评估的方式

我国现有的专家陪审员制度主要意在为法院正确判断提供技术性保障，还远未形成许多域外法院在知识产权侵权赔偿案件中大量采用的专家意见或专业评估机构评估结论①。我国能否引入该机制，存在实体和程序的双重问题：首先，我国知识产权法律及司法解释并未规定此种定损方式；其次，引入专家意见或专业评估机构将产生相应的费用，该费用的承担主体、份额需审慎确定②；最后，该机制是否属于当事人举证或法院调查取证的程序，抑或在案件审理的任何阶段都可由当事人提出等，都尚无完整的程序予以规定。该制度是否可行，还需要结合审判实际及社会经济发展状况作进一步的探讨。

---

① 例如，《德国商标和其他标志保护法》第 58 条即规定："在有关申请的商标或注册的商标的问题上，诉讼中有相反的意见时，专利局应法院或国家检察官员的要求，应当通过一些专家提供意见。"

② 此种"意见"并非确定是否侵权的鉴定意见，且此种意见或结论是否被法院直接采用或其采用比重均具有不确定性，故不适宜直接、全额由侵权人承担。

刑事传唤的自首判定与侦查规范

■李崇涛　辛国升*

摘要：关于刑事传唤的自首判定，司法实践未能统一做法，学界研究也不够深入细致。应以嫌疑人客观上是否"主动到案"、主观上是否"自愿投案"为基本要素，分类判定不同传唤到案情形是否构成自首。公安机关传唤取证工作的现状无法满足分类判定的需要，检察机关发挥监督制约作用拉动了变革，在现有的制度框架下形成了新的工作惯例、搭建新的工作机制，是合理控制公安机关传唤取证工作、实现分类判定自首的有效途径。

关键词：刑事传唤　自首　自动投案　侦查规范　刑事一体化

传唤涉案人员到办案场所了解情况，是实践中侦查人员常用的调查取证手段。关于"传唤到案、坦白罪行"的犯罪人是否构成自首，司法机关的做法不一致，学界则大多将其作为"自首认定若干疑难问题"的子问题进行研究而未能深入探讨。本文立足"刑事一体化"研究思路，以分析各类传唤到案情形应否认定自首为基础，进一步探讨规范传唤取证工作、实现分类判定自首的具体办法，以期推动司法实践。

一、司法现状与学界研究的不足

（一）未能统一的司法实践

是否认定"传唤到案、坦白罪行"的嫌疑人有自首情节，使 2004 年山东省青州市王春明盗窃案成了典型案例。被告人王春明盗窃他人摩托车后，接民警电话传唤通知到公安机关如实交代了自己的罪行。青州市人民法院认为："被告人王春明接到传唤通知后主动归案，如实供述犯罪事实，系自首，可从轻处罚。"最

---

　*　李崇涛：四川省人民检察院助理检察员，法学硕士；辛国升：四川省都江堰市人民检察院助理检察员，法律硕士。

高人民法院于 2006 年、2009 年、2012 年将该案作为指导案例对外公布,相关评析意见对该自首认定表示支持,理由在于:(1)传唤不属于强制措施;(2)经传唤到案的嫌疑人具有归案的自动性和主动性。①

但是,指导案例未能起到规范实践的效果,各地司法机关的做法并未统一,如:(1)上海市高级人民法院 2004 年印发的指导意见认为,嫌疑人因司法机关捎带口信或接到电话通知后,自动到司法机关接受询问或调查并能如实供述罪行的,应当认定为自首。② (2)浙江省高级人民法院 2008 年印发的指导意见要求,对于公安机关打电话、带口信通知后行为人立即到司法机关如实供述犯罪事实的情况,如果公安机关已经掌握一定线索或证据而怀疑其涉嫌犯罪的,不宜认定为自首。③ (3)四川省尚未制订相关的规范性文件。经统计,成都市某郊县 2013 年所办刑事案件,尚无一例"传唤到案、坦白罪行"的嫌疑人被认定为自首。

(二)不够深入的理论研讨

最高人民法院的案例指导效果不佳,或许与我国缺乏判例法土壤的司法环境有关,但主要原因还是其分析说理不足、指导意义不强。关于对"传唤到案、坦白罪行"的犯罪人应否认定为自首,现有观点分为:

一是"否定论",认为被司法机关传唤到案的情况不属于"自动投案",主要理由是:(1)经传唤后到案的嫌疑人是"喊了才来",不具备投案的主动性。(2)传唤较拘传等强制措施虽然强制力较弱,但仍具有不可违抗性。行为人如果拒绝服从传唤,侦查机关必然强迫其归案。

二是最高人民法院支持的"肯定论",认为"传唤到案、坦白罪行"的应当认定为自首,理由主要源自于对最高人民法院 1998 年《关于处理自首和立功具体应用法律若干问题的解释》(下文简称《解释》)的解读:(1)被传唤不等于被讯问,更不是被采取了强制措施,符合"自动投案"的时间条件。(2)传唤不等同于拘传,没有剥夺或限制人身自由的强制力。被传唤人有负案逃匿或自觉到案的选择余地,选择到案接受讯问者具有投案的自觉性和主动性。(3)既然"公安机关通知嫌疑人的亲友将嫌疑人送去投案的"、"犯罪后逃跑,在被通缉、追捕过程中主动投案的"均视为自动投案,如果将"接传唤通知后直接投案"的情况排除在外,会出现"他人带信不算自首,亲友带信才算自首"或"接到传唤通知后宁可先逃跑、

---

① 王学堂:《王春明盗窃案[第 354 号]——犯罪嫌疑人被公安机关传唤到案后,如实供述自己的罪行的,能否认定为自首》,载最高人民法院编:《中国刑事审判指导案例》(第 4 卷),法律出版社 2012 年版。

② 上海市高级人民法院 2004 年《关于刑法总则适用若干问题的解答》。

③ 浙江省高级人民法院 2008 年《全省刑事审判工作座谈会纪要》。

再投案"的滑稽局面。[①]

暂且不论哪种观点更为合理，从研究方法来看，"否定论"与"肯定论"均存在缺陷：一是很少立足于实用的角度系统地研究"自动投案"的本质要素，未能建立用于判定的指导思想。所作分析要么停留于"传唤到案是否节约司法成本"等宏大的价值评判问题，要么纠缠于"被传唤人是否在被采取强制措施和讯问前到案"等散乱的细节表征现象，"到案"、"投案"及"主动"、"自动"、"自愿"等概念也未厘清。二是很少立足于司法实践分析各种具体情形，所持观点"一刀切"却又缺乏普适性，实践指导意义不强。

近年来，有学者提出"分类论"，如：(1)接到传唤通知后，自行到案接受讯问的应当认定为自动投案，在侦查人员陪同下到案接受讯问的应当认定为被动归案。[②] (2)传唤到案的嫌疑人如果没有意识到自己会被司法机关处理，且到案后系经教育才交代犯罪事实的，应属于"既没有投案动机，也没有主动将自己置于司法机关控制下的意愿，不能认定为自动投案"[③]。但是，前者仅从客观的角度关注犯罪人员到案的"主动性"，后者仅从主观角度考虑犯罪人员到案的"自愿性"，相关探讨仍不够全面、细致。前述浙江省高级人民法院指导意见对"公安机关是否掌握一定线索或证据、是否怀疑行为人涉嫌犯罪"区别对待，但是无论在传统理论还是现有立法中，公安机关掌握线索、确定嫌疑人并不必然排斥后者自首，该分类也不科学。对"自动投案"判断要素的系统论证、对实践中不同传唤到案情形的分类分析急需展开。

二、判定要素的确立与实践情形的分类分析

(一)"自动投案"本质的再认识与判断要素的确立

自首以"自动投案"与"如实供述罪行"为条件，传唤到案自首判定问题的分歧集中于对前者的理解区分。按照1998年《解释》第1条第1项的定义，"自动投案"是"犯罪事实或者犯罪嫌疑人未被司法机关发觉，或者虽被发觉，但犯罪嫌疑人尚未受到讯问、未被采取强制措施时，主动、直接向公安机关、人民检察院或者人民法院投案"。2010年最高人民法院《关于处理自首和立功若干具体问题

---

① 冯殿臣、李文军：《试论两种特殊情况的自首认定问题》，载《黑龙江省政法管理干部学院学报》2001年第1期。

② 康均心、朱华：《职务犯罪自首问题探析》，载《人民检察》2011年第16期。

③ 边学文：《论自首制度在司法适用中的若干疑难问题》，载《法学杂志》2010年第11期。

的意见》(下文简称《意见》)进一步规定,《解释》"体现了犯罪嫌疑人投案的主动性和自愿性"。但是实践中如何认识与把握,有待进一步厘清。

1. 走出三个认识误区

(1)判定自首,应当关注嫌疑人到案的"时机"而非"时间"。现有观点普遍将《解释》表述的"尚未受到讯问、未被采取强制措施时"解读为"自动投案"的"时间条件",但是笔者认为《解释》应系强调投案的"时机"而非"时间"。前者意在确定犯罪人有无主动到案的"机会",后者只是判断要素之一。在实践中,"时间"上先到案坦白罪行、后被采取强制措施的嫌疑人并不必然具有主动到案的"时机",如按照《意见》的规定,被发现随身携带犯罪工具的嫌疑人,即便是因为形迹可疑被盘问并在被采取强制措施前主动坦白罪行,也不能认定为自首。

(2)嫌疑人"主动到案",并不能说明其"自愿投案"。学界普遍认为,"自动投案"是指"犯罪人在犯罪以后、被动归案之前,出于本人的意志向有关机关或个人投案",[1]其实质是"将自己置于或最终置于公安、检察、审判机关的合法控制下"并"接受司法机关的审查与裁判"。[2] 由此可见,"主动还是被动到案"仅仅是一种客观结果,"自愿投案"还包含了主观意志因素。[3] "因为主动到案,所以是自愿投案"的观点偷换了概念,在实践中有犯罪人主动到办案场所"协助调查"但决口不提自己的罪行,明显不具备投案的意愿。

(3)"主动到案"与"如实供述罪行",不必然组合为"自动投案"。如实供述罪行的情形有三:一是到案后第一时间积极交代犯罪事实;二是到案后第一时间未交代,但在办案人员政策教育、感化后交代;三是教育、感化无效,在办案人员指出具体案情、明示其重大嫌疑甚至出示相关证据后才交代。第一种情形的犯罪

---

① 陈兴良:《刑法适用总论》(下卷),法律出版社 2006 年第 2 版,第 427 页。

② 张明楷:《刑法学》,法律出版社 2011 年第 4 版,第 518 页。

③ 有学者认为,被传唤到案的行为是否具有主动性不能一概而论,"还应当结合犯罪嫌疑人的内心态度一并进行考察,即要考虑其是否具有真实要求主动归案的主观意志"。虽然该文对此未能进一步系统地论证,但"嫌疑人主观意志因素"已进入"自动投案主动性问题"的研究视野。参见梁经顺等:《对"自动投案"的认定——结合自首的本质探究》,载《西南政法大学学报》2008 年第 6 期。

人"到案就是为了投案",可认定为自首。① 第三种情形,犯罪人选择到案或是因为不明真相而被诱捕(不明知被调查),或是以为可以辩解脱罪而自投罗网(明知被调查),但最终都是在到案后得知铁证如山、已无脱身可能的局面下才被迫调整策略供述罪行。其"主动到案"时并不具备投案的真实意愿,不属于自首语境下的"自动投案"。第二种情形,犯罪人到案时可能尚有思想斗争。鉴于单纯的政策教育强制力较弱,从鼓励自首的角度出发,可结合具体情况进行判定。

2.确定两个判断要素

笔者认为,应将"自动投案"的"主动性"列为客观要素,"自愿性"列为主观要素,进而确定自首语境下的"自动投案"一般是指客观上"主动到案"与主观上"自愿投案"的结合。② 在实践中应通过以下两个要素进行判断:

(1)以犯罪人客观上有无到案的选择权,判断其是否属于"主动到案"。判断时可采用逆向思维,假设犯罪人选择不到案,如果侦查机关能够立即、有效地强制其到案接受调查,则其没有选择余地,属于"被动归案";如果不能实现,或虽能实现但按照普通人的经验不足以明知这一结果,则可认定犯罪人客观上行使了选择权而"主动到案"。

(2)以犯罪人主观上有无配合调查、接受处理的目的,判断其是否具备"投案意愿"。如果犯罪人到案后第一时间主动交代罪行,或在办案人员初步发问了解情况、尚未加大审讯力度时积极配合调查并坦白,应认定其"选择到案就是为了投案";如其到案后歪曲事实、隐瞒真相,经政策教育仍不配合调查,则应认定其不具备"投案意愿",即便后来如实供述罪行,也不属于"自动投案"。

(二)对不同传唤到案情形的分类分析

按照以下逻辑可分类列出十种传唤到案情形(详见表一):(1)判断嫌疑人是否有选择权并"主动到案":一是区分侦查人员的传唤目的,是在已经掌握证据并确定作案人员的情况下作专门调查,还是尚未全面掌握犯罪事实和证据,仅对有

---

① 上海市高级人民法院 2004 年《关于对刑法总则适用若干问题的解释》指出:"投案的内涵必然要求犯罪嫌疑人应当认罪或者至少应当承认自己的行为与犯罪案件存在关联或一定责任。否则犯罪嫌疑人虽然自动来到司法机关,但不能认定为自动投案。"有检察官撰文指出,"自动投案"与"如实供述罪行"必须"密不可分"并符合"连贯性要求",即行为人投案是为了交代自己的犯罪事实并接受法律惩处而来,不允许因拒不供述或虚假供述而割裂。项谷:《自首在司法认定中的疑难问题解析》,载《政治与法律》2008 年第 7 期;张利兆:《"刑事案件"概念的实体法意义》,载《法学》2010 年第 9 期。

② 《解释》将个别犯罪人有投案意愿但被动到案的情况也"视为自动投案",如:"经查实确已准备去投案,或者正在投案途中,被公安机关捕获的,应当视为自动投案。"这是最高人民法院为了鼓励自首所作的特别规定,笔者不展开探讨。

作案可能的人摸排盘查。二是区分传唤方式，是现场传唤还是通过打电话、发信件、找人带口信等方式非现场传唤。（2）判断嫌疑人是否有"投案意愿"。对于"主动到案"的被传唤人，区分到案后第一时间是否积极坦白罪行。①

表一

		掌握证据，以调查被传唤人为目的		没有证据，以摸排盘查为目的
		向被传唤人明示调查意图	不向被传唤人明示调查意图（诱捕）	
现场传唤	第一时间坦白罪行	①	④	⑦
	第一时间不坦白			⑧
非现场传唤	第一时间坦白罪行	②	⑤	⑨
	第一时间不坦白	③	⑥	⑩

1. 客观上不符合"主动到案"条件的两种情形

第①种、第④种情形，侦查人员现场传唤已确定嫌疑的犯罪人，后者如不配合，必然会被立即抓捕、强制归案。嫌疑人事实上已没有选择的余地，只能跟随侦查人员到案接受调查，故客观上不符合"主动到案"条件，可不再考虑主观"投案意愿"的问题，直接认定其不属于"自动投案"，排除自首可能。

2. 客观上"主动到案"，需要考察主观"投案意愿"的八种情形

第②种、第③种、第⑤种、第⑥种情形，由于侦查人员采取打电话、发信件、找人带口信等方式非现场传唤，嫌疑人有自主选择的机会，选择到案者是"主动到案"。第⑨种、第⑩种情形的犯罪人选择空间更大，也属于"主动到案"。第⑦种、第⑧种情形，侦查人员发出现场传唤通知但只是走访排查，犯罪人诈称"暂时有事、稍后过来"并不必然被强制到案，实质上仍有选择的余地，对选择到案者应认定为"主动到案"。该八种情形中：

---

① 由此可见，上海市高级人民法院、最高人民法院及"肯定论"者的观点是将第②种、第③种、第⑤种、第⑥种、第⑨种、第⑩种情形均应认定为自首；浙江省高级人民法院的观点是第②种、第③种、第⑤种、第⑥种情形不宜认定为自首。

（1）具备"投案意愿"的四种情形。第②种情形，嫌疑人明知侦查人员调查其罪行而主动到案，且到案后第一时间积极坦白，足见其接受审查裁判的主观意愿；第⑤种、第⑦种和第⑨种情形，犯罪人虽未被或不明知被列为调查对象，但不排除其真诚悔罪并决定把问题讲清楚，从而在到案后第一时间主动坦白。该四种情形的犯罪人客观上"主动到案"，主观上有"投案意愿"，属于"自动投案"。如其在庭审时保持坦白，应认定为自首。

（2）不具备"投案意愿"的两种情形。第③种情形，嫌疑人明知自己被调查却充满自信地想去排除嫌疑，主动到案后第一时间往往歪曲事实、隐瞒真相以图蒙混过关；第⑥种情形，嫌疑人以为事不关己，到案后绝口不提自己的罪行。该两种情形的犯罪人缺乏"投案意愿"，到案但不准备接受审查裁判，不能认定为"自动投案"。

（3）结论待定的两种情形。第⑧种、第⑩种情形较为特殊。犯罪人选择到案后虽然第一时间未坦白罪行，但在侦查人员掌握相关线索前，其依然具备"主动坦白"的机会。在实践中，部分犯罪人对于是否自首暂未抉择，若其在配合侦查人员谈话了解情况的过程中及时认识到问题的严重性并主动坦白罪行，仍属于有"投案意愿"；若谈话期间是民警发现破绽或恰巧其他方面有所突破，犯罪人在无法全身而退、遭受步步追问的局面下被迫坦白，"投案意愿"则无从谈起。

综上可以发现，侦查人员是否向被传唤人明示调查目的，与后者是否属于"自动投案"没有必然的联系。对上述十种情形可作进一步归纳。（详见表二）

表二

		掌握证据，以调查被传唤人为目的	没有证据，以摸排盘查为目的
现场传唤	第一时间坦白罪行	不属于"自动投案"	属于"自动投案"
			视情况而定
	第一时间不坦白		
非现场传唤	第一时间坦白罪行	属于"自动投案"	
	第一时间不坦白	不属于"自动投案"	视情况而定

三、传唤取证工作的不足对判定自首的影响

（一）理想状态与侦查实践的冲突

1.理想状态的精细化要求

为有力证实犯罪人是否属于"主动到案"与"自愿投案"，侦查人员制作或收集的证据应当反映如下事实：（1）传唤原因及目的：是否掌握线索或证据确定被传唤人的作案嫌疑？传唤其到案是作专门性调查还是摸排盘查？（2）传唤方式及可控性：是现场传唤还是非现场传唤？是否准备及能否立即、有效地强制被传唤人到案？（3）被传唤人配合调查情况：主动到案后是否在第一时间自愿坦白罪行？第一时间没有坦白但在首次讯问结束前坦白的，是经政策教育后坦白还是在侦查人员以案情、证据施压的情况下坦白？

侦查机关刑事传唤及相关取证工作为此需要满足以下要求：（1）清晰的办案逻辑与明确的传唤目的：传唤前应当明确"为什么传唤"、"被传唤人选择到案的可能性"、"采用何种传唤方式最为有效"等问题；（2）规范的初查措施与重视自首情节的办案观念：严格遵守"立案—传唤—讯问"的法定程序，对查清犯罪事实、查明犯罪人到案情况给予同等重视，初次讯问时努力了解被传唤人是否有"投案意愿"；（3）强烈的证据意识与翔实的材料文书：制作"讯问笔录"、"到案情况"类说明文书的过程中，努力呈现或反映前述情况以供司法判定，甚至能够制作或收集其他证据材料与之印证。

2.侦查实践的粗放化现状

（1）初查措施粗放混乱。通知嫌疑人到案接受调查时对"治安传唤"、"刑事传唤"、"继续盘问"不加区分，[①]传唤性质不明确、通知内容不具体、实施程序不规范。公安人员往往随口通知被传唤人"到派出所来一下，找你了解情况"，经询问确信有犯罪事实后再补办《刑事立案决定书》、《刑事传唤通知书》并制作《讯问笔录》。更加严格地讲，"传唤"非现行违法犯罪人员其实于法无据：1996 年的《刑事诉讼法》仅允许"书面传唤"；2013 年的《刑事诉讼法》虽然新增了"口头传唤"的规定，但与 2006 年、2013 年的《公安机关办理行政案件程序规定》一样，适用范围仅限于"在现场发现的"违法犯罪人员。由此可见，"张三到派出所报案称被李四打了，民警打电话让李四到派出所接受调查"的情况只能定义为"不具

[①] 关于三者的区别，参见岳光辉：《论治安传唤、刑事传唤与继续盘问的区别》，载《河北公安警察职业学院学报》2004 年第 2 期。

有法律传唤性质的口头到案通知",实践中曾有辩护人称其为"公安人员的个人行为而非依职权行使的传唤"。

(2)刑事传唤与拘传合而为一。拘传是刑事强制措施,刑事传唤是"对不需要逮捕、拘留的犯罪嫌疑人"采取的通知到案措施。但是在实践中二者难分彼此,"名为传唤,实为拘传"的做法已成常态,即便是对必然会采取逮捕措施的重罪嫌疑人,公安人员仍然会先以刑事传唤的名义实施拘传。此种乱象不但使学界关于"传唤有无强制力"的讨论变得毫无意义,还会带来"有《传唤证》不代表采取的就是传唤措施"的怀疑,使传唤到案自首判定问题更加扑朔迷离。

(3)办案说明文书的内容粗放简略。"到案情况"类说明文书中:"到案人员身份信息"和"简要案情"占据了主要篇幅;"线索来源"部分,一般仅为"经事主报称"或"某年某月群众某某到我所报案称";"嫌疑人归案情况"大多是一笔带过,如"经传唤某某到我所接受调查,其对犯罪事实供认不讳"。该类表述普遍未能如实、准确地反映被传唤人的到案经过,更不用说"传唤原因及目的"、"传唤方式及可控性"、"被传唤人配合调查情况"等事项。分类判定成了无米之炊。

(4)讯问笔录的制作粗放失范。1996年、2013年《公安机关办理刑事案件程序规定》均要求,讯问嫌疑人"应当首先讯问其是否有犯罪行为,让他陈述有罪的情节或者无罪的辩解,然后向他提出问题"。在实践中该规定是否得到遵守不得而知,但从案卷的初次《讯问笔录》来看,所载内容普遍直奔案情,无法体现嫌疑人接传唤通知后选择到案的心态与坦白罪行的经过,检察官、法官很难"以事实为依据"分类判定自首。

(二)现象的成因与变革的困境

公安人员"不严肃的随意口头传人"、"滥发《传唤证》"、"呈批把关不严"、"用他人代传"、"口头传唤时不在讯问笔录上写明"等问题由来已久,[1]近20年来并无实质性的改变。深层次原因是制约变革的因素。

1.制度性缺陷是乱象之源

具体分为两个层面:(1)二元化追究模式的桎梏。我国采取"行政—刑事"二元化追究模式,面对违法犯罪事件发生后无法立即判断区分治安行政、刑事案件的局面,基层公安民警既要尽快督促行为人到案接受调查,又要规避不当刑事立案后撤案程序烦琐和其他不良影响的麻烦,从而不得不在实践中将刑事传唤与行政治安传唤混作一谈。(2)绩效考核与预审机制的缺陷。对于公安机关刑侦

---

① 程兴俊、陈绍泉:《基层派出所使用传唤措施存在的问题及对策》,载《中国人民公安大学学报》1994年第1期。

办案部门来讲，规范、详实地制作《到案经过》、《讯问笔录》耗时费力，但"自首情节是否查清"并不影响其绩效考核，①侦查人员缺乏做好传唤取证工作的动力。公安法制部门的督导把关本可以是一个转机，却又止步于预审工作机制的缺陷：公安部《移送审查起诉意见书》模版不要求判定自首等法定量刑情节，公安法制员（预审民警）普遍认为，"我们公安的任务是查明事实，法律适用是你们检察院、法院的事情"。对自首问题缺乏思辨必然导致考虑不细致、认识不到位，预审民警所谓"一般会关注嫌疑人到案情况是否查清"，其实只是"核查卷内是否有材料说明嫌疑人归案情况及相关内容是否客观"。至于材料内容是否详细准确、是否足以判定自首，"一般没有考虑"②。

2.侦查工作实际是直接动因

（1）对于辖区内发生、办案民警熟悉的常住人口所犯轻微刑事案件，随口通知嫌疑人招之即来，往往是基层办案民警促使嫌疑人归案的首选。"无论有无违法犯罪的重大嫌疑，先叫过来了解情况"已然成为办案习惯，"排除嫌疑、明显不构成犯罪的放回去，需要进一步调查的留下来补办手续"必然成为普遍的做法。至于"传唤前确定犯罪嫌疑到何种程度"、"被传唤人的可控性"等问题，公安民警或许原本就没有想法，更不可能在《到案经过》中清晰说明。（2）在检察官眼中，侦查机关"先传人、后立案"的做法是应当杜绝的"严重程序违法行为"③。心存警惕的侦查人员在言多必失的顾虑和规避风险的需要下，"出具材料时不要详述立案、传唤经过"成了"师傅带徒弟"时的经验之谈。（3）《讯问笔录》的实际制作过程并非"有问有答、一问一答、边问边写"，特别是初次讯问，记录前的长时间谈话过程往往才是政策教育、双方博弈的关键。正式记录时侦查人员大多已经取得了嫌疑人的配合，直奔案情自然成了最省事的办法。

四、检察权制约下的监督规范与合理控制

为如实查明嫌疑人到案情况，学界、实务界曾提出如下方案：（1）有的认为

---

① 批捕、起诉的总人数及批捕、起诉率是影响公安刑侦部门考核成绩的四个绝对因素。对于"犯罪事实清楚、自首情节存疑"的案件，检察院、法院不可能不起诉或判无罪，充其量只能在退回补充侦查未果的情况下作出有利于嫌疑人（被告人）的处理，几乎不影响公安刑侦部门的考核成绩。

② 相关情况系笔者与成都市所辖某城区、某郊县及重庆市某区的公安法制预审民警交谈后获悉。

③ 梁红标、曾祥桓：《论刑事传唤制度的完善》，载《河北法学》2011 年第 10 期；黄文忠：《正确认识刑事诉讼中的传唤措施》，载《中国检察官》2007 年第 10 期。

"案发经过"类说明文书不属于法定证据,建议废除并改用"三表"(《受理案件登记表》、《立案报告表》、《破案报告表》)代替;①(2)有的认为"案发经过"类文书"纳入书证于理有据,实务操作弊端确存",建议"回归本质强化功能",建立"四位一体"(《到案经过》、《接受刑事案件登记表》、《讯问笔录》、《呈请立案报告书》)的证据链条体系;②(3)有的提出,办案机关应当重视和改进对"案发经过"、"归案经过"材料的取证、审查工作,将案件线索来源、嫌疑人到案过程及各嫌疑人到案的相互关系表述清楚,且反映在嫌疑人或同案人供述、被害人陈述及证人证言等证据材料中。③ 上述观点都未能深入考查实际状况、没有提出具备操作性的方案:一是公安机关制作"发、立、破"文书往往照搬"到案经过"的内容,"三表"、"四书"方案并不能取得突破性进展;二是不考虑客观存在的制度性障碍和实践桎梏,单凭口号式的要求并不能改变现状的惯性。法治取决于条件,形成新的工作惯例、搭建新的工作机制、寻求排除或避开制度性障碍的可行办法,是逐步规范传唤取证行为、实现自首情节客观判定的有效途径。

(一)形成新的工作惯例,规范刑事传唤后的侦查取证行为

公安机关缺乏自行规范传唤取证行为的动力,检察机关有效行使审查起诉权与批捕权可以起到拉动作用。其中,公诉部门既有客观判定自首的需要,又有接受辩护权对抗的压力,改变现状的积极性较强,可牵头逐步推进以下工作:

1. 归纳传唤取证工作的问题,有计划地督促当地公安机关改善:(1)要求部门干警统一步调,对相关问题一律要求补正或退回补充侦查,以新的审查起诉工作惯例对公安机关传唤取证工作现状形成倒逼之势。公诉部门负责人审签案件时对此应予特别关注,务必做到令行禁止。(2)适时向公安机关法制预审部门通报相关要求,努力获得其支持并在预审环节加强把关。按照本文前面的分析和地方工作实际,可制作"证据标准"、"工作指引"类文书,针对传唤到案的各种情形,说明分类判定自首所需的取证要求,供公安法制部门指导刑侦办案部门落实。公诉部门为此应当统一做法,涉及相关问题需要补正的,坚持联系公安法制

① 陈为明:《〈案发经过〉不应当作为证据使用》,载《中国刑事法杂志》2004 年第 4 期。
② 梁横:《"案发经过":证据维度下的改革走向》,载《北京人民警察学院学报》2009 年第 6 期。
③ 田野:《案发、归案经过材料制作要有证据意识》,载《检察日报》2009 年 5 月 31 日第 3 版。

预审部门并由后者协调侦办部门补正，①力争通过反复强调相关要求，促使预审民警逐步重视自首判定问题。

2.联合侦监部门加强捕诉衔接，共同规范公安机关传唤取证工作：(1)强调审查批捕阶段对自首等量刑情节的关注，要求报捕案件尽可能做到归案事实清楚、说明材料翔实，拉动公安机关改变目前的工作模式。②(2)强调对明显不当传唤行为的监督，嫌疑人罪行严重、依法必然会被逮捕而公安机关随意采用传唤措施的，作出批捕决定时可视情况发送《违法纠正通知书》，督促其进行整改。

(二)搭建新的工作机制，促使公安民警重视对量刑情节的调查取证

新的工作惯例依赖于检察官始终坚持高强度要求而公安民警又能积极配合，从长远来看规范效果毕竟有限。适时建立有针对性的长效制约机制，是持续规范传唤取证工作、进一步实现分类判定自首的必然举措。

以下两种办法很可能被看作最有效的问题解决方式：(1)针对公安办案部门不重视对自首等量刑情节的调查取证，可将"因到案事实不清、证据不足而退侦或补正"纳入其绩效考评；(2)针对公安法制部门不仔细考虑自首判定问题，可要求其在《移送审查起诉意见书》中判定嫌疑人是否具备自首情节，并以相关意见与检察机关《起诉书》的意见是否一致作为考评依据。但是考虑上述方案的可行性则会发现：(1)希望公安机关建立这种使自己完全受制于人的内部工作机制，或是要求其正确判定自首等法律适用问题，都是不切实际、不符合其职责特色的过高要求；(2)粗放地以"案件是否退侦补正"考核侦查质量并不科学，实践中不排除检察官审查水平不高，相关退侦决定或补正要求不必要的情况；③(3)法律适用问题并无绝对的标准，检、法两家之间都可能存在意见分歧，考核公安法制部门判定自首是否正确也不科学。

在现有的条件下，鉴于公安机关普遍把"是否收到检察建议书"列为对刑侦部门的考核要素，各地检察机关可尝试以下两种方式通报案件侦查情况，促使办案民警做好传唤取证工作：(1)定期归纳分析公安刑侦部门传唤取证工作情况，对于问题较为严重、工作没有改善的部门，发送检察建议书通报公安机关领导机

---

① 在以往的实践中，对于没有必要退回补充侦查的案件，为简化程序、节约时间，公诉干警往往直接联系公安机关刑侦部门承办人补正，导致公安预审部门不了解案件证据未达到要求的情况和检察机关把握的证据标准。

② 在实践中，"不捕"的结果往往带来下一步案件侦查困境，且会导致公安机关刑侦部门所办案件在内部考核中不被计数，所以检察机关侦监部门对公安机关的制约往往比公诉部门的监督更为有效。

③ 甚至还有检察官因为办案时限到期而作"技术性退侦"，所列退侦理由并不具备实际意义。

构;(2)有条件的地区可进一步加强协调,建立公安机关绩效考评前的意见听取机制。如在其开展年度综合考评工作前,由检察机关针对公安刑侦部门传唤取证工作情况制作"白皮书",供公安机关绩效考评管理机构参考。[①] 该"白皮书"的内容可分为两个部分:一是统计列表,明确各公安刑侦部门所办案件中,传唤取证工作不符合相关指引或标准的案件数量;二是分案简述,对于统计的"不达标案件",简要叙述案由、侦办部门、原卷证据材料不足和退侦补正情况,作为前述统计结果的依据。检察机关应在日常工作中对此有所积累,如在公诉部门建立台账,对于不符合要求的案件,结案时即由内勤摘要登记并更新统计数据。

(三)避开制度性障碍,合理控制刑事立案前的"传人问话"行为

为排除制度性障碍并促进刑事传唤措施的合理适用,学界提出了以下建议:(1)借鉴俄罗斯立法经验对我国刑事立案程序进行改造,现行犯案件以采取口头传唤等紧急到案措施作为刑事诉讼启动标志,侦查人员事后只需履行简单的立案手续;[②](2)参考日本的做法,通过立法认可"任意侦查"原则,进而构建以"自愿同行"为核心的刑事传唤制度。[③]

上述方案或许是着眼于法治长远发展的理想办法,但是立足于现有条件可以预见:(1)短期内,我国"行政—刑事"二元化追究模式不会发生改变,在法律层面建立刑事立案前的初查传唤制度也有较大的难度。公安民警仍将倾向于采取各种办法回避"刑事立案—传唤审批—制作传唤证—传唤嫌疑人调查犯罪事实"的法定程序,"不具有法律传唤性质的口头到案通知"和"先传人、后立案"现象将继续存在。(2)刑事诉讼法再次修改前,刑事传唤、拘传措施并存但适用条件不明的状况很难得到根本性改变,"名为传唤、实为拘传"的情况依然会时有发生。(3)检察机关对上述情况无法有力监督:一是由于审批文书、传唤文书倒签,案卷材料在形式上并无问题;二是相关做法在实践中太过普遍,检察机关偶有较真发送《纠正违法通知书》都显得"不近人情",一律禁止并不可行。影响公安机关传唤取证工作的制度性障碍无法排除,完善路径的设计只能选择暂时避开障碍。

不规范的传唤取证行为使嫌疑人遭受了"侦查程序不正当"和"自首认定难落实"的双重权利侵害。但在嫌疑人接传唤通知自愿选择到案的情况下,其程序

---

① 当然,如果试行效果良好,可进一步针对"量刑情节调查取证工作"制作白皮书。

② 周长军:《现行犯案件的初查措施:反思性研究——以新〈刑事诉讼法〉第117条对传唤、拘传的修改为切入》,载《法学论坛》2012年第3期。

③ 日本《刑事诉讼法》规定的"任意侦查",是指以被侦查人同意或承诺为前提而进行的侦查,其中"任意偕行"(自愿同行)是指在征得嫌疑人同意的情况下要求其前往一定场所。参见马方:《刑事传唤制度刍议》,载《人民检察》2005年第23期。

法权利受损稍小而实体法蒙冤尤甚。面对前者暂不能得到有效改善的困境,理性的选择只能是率先改变后者、合理控制前者。^① 具体措施有三:(1)与其让公安民警始终心存顾虑、含糊其辞而影响判定自首,不如明确态度暂不深究"先传人、后立案"问题,鼓励办案人员真实、详细地反映传唤嫌疑人到案经过。(2)默认"先传人、后立案"现象但严格控制底线。一是要求公安民警"传人问话"后尽快判定是否需要刑事立案并补办相关手续,禁止反复多次的不立案传唤行为;二是立案前的"传人问话"也要遵守法定时限,禁止在补办手续后才开始计算传唤时间。(3)法院、检察院需要达成共识,判定传唤到案自首问题应以嫌疑人实质上是否符合前文所述主、客观要件为标准,不再纠缠于"传人问话"行为是否发生在刑事立案之前。

结　　语

实体法判定取决于证据,进而取决于侦查取证行为是否及能否符合需要。单纯针对实体法判定问题的研究往往停留于应然层面,不一定有实现的可能。在传唤到案自首判定问题的研究过程中,笔者立足于"刑事一体化"思想并关注当前的法治运行条件,力求避免"理论的苍白甚至虚伪"^②,使研究成果有助于实践。分类分析传唤到案的自首问题是实现客观公正评判的理想办法,但前提是公安机关传唤侦查行为得到规范、取证工作质量有所提高。科学设计司法判定方案与合理控制侦查取证行为相结合,必然是推进法治进程的有效路径。

---

① 这一观点绝非"重实体、轻程序":第一,"重实体"、"轻程序"是"重查清犯罪事实追究嫌疑人刑事责任"与"遵守正当程序保障嫌疑人合法权益",二者的价值取向不一致。本文所持观点不存在这一冲突。第二,"重实体"、"轻程序"是面对问题时首重保证实体公正,在此基础上才考虑程序正义。本文所持观点,是发现现有条件下暂无完善程序的可能,从而不得不转为考虑保证实体法处理公正客观。

② 龙宗智:《论司法改革中的相对合理主义》,载《中国社会科学》,1999年第2期。

我国民事证据失权制度的困境与出路

■夏　璇*

摘要：我国民事诉讼举证时限制度经历了从证据随时提出主义到证据适时提出主义的转变历程，伴随这种转变的还有严格证据失权向谨慎证据失权的演变。新《民事诉讼法》将证据失权的决定权完全交由审理法官的做法，容易造成对当事人的判决不公，同时还会带来其他弊端。在证据失权的模式选择上，我国应当继续采用严格证据失权的做法，但同时必须对配套制度予以完善，以保障当事人平等诉讼的权利。

关键词：证据失权　举证时限　费用制裁　程序公正

一、两个司法解释：证据失权制度的建立与动摇

（一）建立：《关于民事诉讼证据的若干规定》

证据失权，是指当事人应在法定或约定的时限内向法院提交证据，逾期则丧失证据提出权的一项诉讼制度。证据失权与举证时限有密切关系，举证时限制度的功能在于通过规定当事人不在一定期限内提供证据，将失去证据的提出权和证明权，并承担败诉风险，由此使举证责任得以切实贯彻；[①]而证据失权则在于规定因违反举证时限而产生失权的结果，使举证时限得以落实。

我国 1991 年的《民事诉讼法》并未规定证据失权制度，在证据的提出上，采取随时提出主义。这种证据提出方式随着我国改革开放的深入与经济的发展，诉讼案件的剧增和积压显得不合时宜。到了 2001 年，随着最高人民法院《关于民事诉讼证据的若干规定》（以下简称《证据规定》）的颁布，举证时限、证据失权

---

　*　作者系西南政法大学法学院讲师，法学博士。
　①　李国光：《最高人民法院〈关于民事诉讼证据的若干规定〉的理解与适用》，中国法制出版社 2002 年版，第 273 页。

等相关制度逐渐得以建立。

举证时限、证据失权制度的建立符合民事诉讼发展方向与历史潮流，它所贯彻的程序正义与诉讼效率的理念受到了社会各界的好评，大家对其报以极大的期望。"在以公正和效益为司法改革主旋律的今天，建立民事诉讼举证时限制度不仅是我国社会主义市场经济体制下最大限度地发挥司法社会效益的需要，而且也是我国民事诉讼的证据制度趋于发展和完善的前提保障，更符合国际民事诉讼立法的潮流"①。似乎随着证据失权制度的建立，我国多年以来诉讼拖延、成本高昂、效率低下的弊端就能迎刃而解，诉讼公正与高效的实现就在不远的明天。

（二）困境

《证据规定》刚开始实施时，由于法院系统内部的重视和强调，以及此前社会舆论的广为宣传，多数法院都切实按照相关规定执行，并且出于与传统诉讼模式"划清界限"，尽快建立当事人主义诉讼模式的考虑，法院在"延期举证"、"新证据"的把控上都采取了较为严格的标准。但是随着时间的推移，严格的证据失权制度在实践中带来了诸多的问题与争议。一些普通民众无法理解确有证据存在时，只是因为未在一定的时间内提交，就得承担败诉后果这样的诉讼方式，将其斥之为不公。作为法院而言，虽然证据失权制度在一定程度上提高了诉讼效率，减轻了法院的负担，但是对于长期以追求客观事实为审判目标，实现社会的正义与公平的法官而言，他们在一时之间对证据失权也无法理解和接受。多数法院认为机械地适用《证据规定》，办案的社会效果很差，法官很容易办"错案"。因此，大多数法院和法官都认为对于案件事实有影响的重要证据，即使过了举证时限，只要没有裁判，都应当予以认定，不能因为过了举证期限或当事人拒绝质证而不予认定。②

（三）动摇：最高人民法院《关于适用〈关于民事诉讼证据的若干规定〉中有关举证时限规定的通知》

考虑到严格证据失权所带来的司法实践中的问题，最高人民法院于 2008 年 12 月 11 日颁布了《关于适用〈关于民事诉讼证据的若干规定〉中有关举证时限规定的通知》（以下简称《通知》），对举证时限、证据失权予以了细化。可以认为，

---

① 张建全：《试论民事诉讼中的举证时限制度——兼评〈最高人民法院关于民事诉讼证据的若干规定〉中有关举证时限的规定》，载《内蒙古社会科学》2004 年第 3 期。

② 安徽省高级人民法院民事庭：《〈关于民事诉讼证据的若干规定〉施行情况的调研报告》，载《人民司法》2007 年第 15 期。

《通知》在一定程度上听取了社会各界对于证据失权制度的意见,考虑到了《证据规定》在司法实践中所遇到的问题,是对《证据规定》的进一步完善和修正。

但是,《通知》对于证据失权所必需的配套性制度,如强制答辩、阐明义务等却只字未提。特别是在我国没有完备的审前程序与相应制度的前提下,其第1条规定:"上述规定的举证期限届满后,针对某一特定事实或特定证据或者基于特定原因,人民法院可以根据案件的具体情况,酌情指定当事人提供证据或者反证的期限,该期限不受不得少于三十日的限制。"该规定实属对《证据规定》所建立的证据失权制度的颠覆。按照民事诉讼的基本原理,超过举证期限而提交的证据,除非是"新证据",否则不得被法院所采纳。但是《通知》却无视证据失权的效力,堂而皇之地规定在举证期届满后,法院还可以给予当事人一定期限,就特定事实进行举证,实在令人费解。

《通知》有关举证时限的规定,不但存在法律逻辑上的混乱,同时其对《证据规定》中举证时限制度也造成了全面而严重的冲击,其完全可以被视为是对证据失权制度的全面废除。

二、2012 年修法:证据失权制度"名存实亡"

2012 年修订后民事诉讼法对证据失权的规定又有了新的变化。新《民事诉讼法》第 65 条第 2 款规定:"人民法院根据当事人的主张和案件审理情况,确定当事人应当提供的证据及其期限。当事人在该期限内提供证据确有困难的,可以向人民法院申请延长期限,人民法院根据当事人的申请适当延长。当事人逾期提供证据的,人民法院应当责令其说明理由;拒不说明理由或者理由不成立的,人民法院根据不同情形可以不予采纳该证据,或者采纳该证据但予以训诫、罚款。"

上述条文就举证时限问题规定得十分灵活,完全将因延期举证是否导致证据失权的决定权交给了审判人员。当事人逾期提出的诉讼资料,法院并非不分青红皂白地一概予以排除,而是根据当事人的理由进行判断,有观点认为,这在审判实务中有助于缓解"证据随时提出主义"过于放任与"证据失权的实体性制裁"过于苛刻的紧张关系;在理论上有助于建构一个"以法院与双方当事人的纵向关系为主体、以双方当事人之间的横向关系为补充"的诉讼法律关系。[①] 但是,就笔者看来,正是这条关于证据失权的新规定,使我国本已不太受人重视的

---

① 李瑞钦:《价值定位与路径选择:我国举证时限制度适用再反思》,载《法律适用》2014年第 9 期。

举证时限、证据失权制度彻底走向了"名存实亡"的境地,对该条的逻辑结构可用下列图示予以说明:

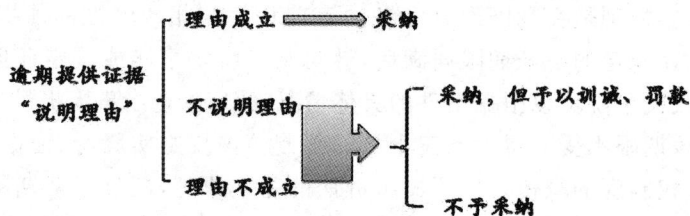

证据失权是负有举证责任的一方诉讼当事人如果未能按照约定或者规定的时间向法庭提交证据时,视为放弃举证权利,其之后提交的证据法院不再组织质证,也不能作为认定案件事实的依据的诉讼制度。但按照新《民事诉讼法》第 65 条的规定,当事人超过规定时间提交证据,法院首先需要确定当事人逾期提供是否具有合理理由,即便理由不成立,法院也可以采纳逾期证据,以费用制裁代替证据失权作为逾期提出证据的不利后果。这种改变虽然在一定程度上是考虑到严格证据失权这些年来在我国的"水土不服"而作出的调整,但考虑到我国目前的司法环境以及饱受争议的法官考评机制,可以预料到绝大多数的法官面对当事人逾期提供证据"不说明理由"或"理由不成立"时,出于对上诉率、再审率等考评项目的畏惧,都会倾向于"采纳该证据但予以训诫、罚款",而不会"不予采纳该证据"。若此做法成为法院常态化的做法,证据失权制度在我国还有何存在的意义呢?

我国是否有必要规定证据失权制度,该制度在何种程度上属于正当? 在讨论其在我国的发展前景前不妨先把目光放到其他国家及地区,对他人成熟经验的合理借鉴对我们建立科学的诉讼制度必有所裨益。

三、证据失权制度之比较分析

西方国家的证据失权制度的发展经历了一个曲折反复的过程,大体上经历了从法定顺序主义到证据随时提出主义再到证据适时提出主义三个发展阶段。法定顺序主义是法律对当事人诉讼行为的顺序有规定且规定不依该顺序则不发生法律效力,[1]按照法定顺序主义,当事人应当严格按照诉讼的进程提出证据,

---

① 奚玮:《民事当事人证明权保障》,中国人民公安大学出版社 2009 年版,第 107 页。

若当事人在相关的阶段未提出证据,则该证据产生失权的效果,其后也不得作为证明事实的证据使用。这种做法虽然可以防止当事人诉讼突袭,使诉讼程序处于稳定状态,但存在容易被当事人滥用,拖延诉讼的弊端,至今已经不被各国所采用。证据失权制度由于大陆法系和英美法系诉讼理念、诉讼模式上的差异,其在各国的具体规定与运行也不尽相同。

(一)域外证据失权制度简述

1.美国的证据失权制度

在竞技型诉讼理念的影响下,美国民事诉讼具有强烈对抗性的特征。当事人主义充斥着诉讼的各个阶段以及具体的程序之中,在证据的提出与失权上也更是将当事人主义发挥得淋漓尽致。

美国民事诉讼程序的最大特征是诉讼程序中审前程序与庭审程序相分离。审前程序即准备程序,它由诉答程序(pleading)、发现程序(discovery)和审前会议(Pretrial Conference)三个阶段共同组成。在该程序里,双方当事人通过审前会议、证据开示等制度进行充分"对抗",并通过询问录取证言、质询书、要求自认、要求提供书面文件和物品及要求勘察土地、身体和精神状态检查等证据开示方法,[1]以完成证据的收集与争点的整理。与准备程序及庭审程序严格分离的诉讼结构一脉相承的是,实行严格的失权制。失权制在美国还受到了"程序至上"观念的支持,[2]主要是通过正当程序的观念来审视失权问题的。其严格的证据失权表现在,证据开示程序完成之后至开庭审理之前,将会举行一次审前会议,审前会议的任务是整理案件的争点以及固定双方的证据。在审前会议之后,对于法官与双方当事人之间协商的事项作出决定,即审前决议。审前决议的内容包括当事人之间的全部协议、双方同意的证人和证据清单等。审前决议一般不得修改,除非当事人表明存在或可能导致明显的不公正。[3]

2.法国的证据失权制度

法国民事诉讼采用书证优先主义,为了证据的收集与调查,法国民事诉讼法规定了事前程序,事前程序在性质和作用方面与美国的准备程序非常类似。由于法国民事诉讼法规定,法官只能将当事人引用的、提出的、并经对审辩论的攻击防御方法作为裁判的基础。因此,当事人在事前程序中,必须向对方送达记载本方主张的准备书证,并向相对方通知本方的书证。

---

① 董皞主编:《司法前沿的逻辑与实证》,人民法院出版社 2007 年版,第 205 页。
② 常怡主编:《比较民事诉讼法》,中国政法大学出版社 2002 年版,第 544 页。
③ 齐树洁主编:《美国民事司法制度》,厦门大学出版社 2011 年版,第 312 页。

当当事人用尽攻击防御方法,并使案件达到适合判决的程度时,法院可以发布事前程序终结命令。事前程序终结命令送达后,当事人在辩论中只能使用其在向法院提出的准备书副本中所记载的攻击防御方法,不得使用在事前程序终结命令发布后提出的攻击防御方法。换言之,法国民事诉讼要求当事人在进入法庭审理前提出证据,而在法庭审理阶段不准许申请提出新证据,从这个意义上来讲,法国和美国一样,实行的也是严格证据失权制。①

3.德国的证据失权制度

德国历史上长期奉行证据的随时提出主义,但是伴随着证据随时提出主义而来的还有诉讼的久拖不决、效率低下,当事人怨声载道,法官也对此苦不堪言。20 世纪 70 年代,德国部分法院进行了"斯图加特模式"的改革试验,朝着程序简化与加快诉讼的方向努力。1976 年德国通过《简化与加速诉讼程序法》,修改了民事诉讼法,变证据的随时提出主义为证据的适时提出主义。

1976 年德国《简化诉讼程序法》对民事诉讼程序作了较为全面的修改,在证据失权问题上修改后的德国民事诉讼法的态度非常谨慎。《德国民事诉讼法》第296 条规定:"已逾各法定期间而提出的攻击和防御方法,只有法院依其自由心证认为准许提出不至于延迟诉讼的终结或当事人逾期无过失时,才能准许;违反第 282 条第 1 款而未及时提出攻击或防御方法,或者违反第 282 条第 2 款而未及时通知对方当事人,如果法院依其自由心证认为逾时提出或通知足以延迟诉讼的终结并且当事人就其逾期有重大过失时,可以予以驳回。"可以看出,德国民事诉讼法对于规制证据失权设置多个要件:攻击防御方法事先提出;迟延提交证据导致了诉讼拖延;这两者之间存在因果关系;当事人是否存在过失等。② 另外,失权制度的运用必须具有宪法上的正当性,失权的决定应与宪法上的合法听审权相吻合。德国联邦最高法院认为,由于失权规定具有例外性质和严重后果,因此应严格解释且不得类推适用。这样一来,实践中真正适用证据失权制度的情形是相当少见的。③

4.日本的证据失权制度

日本旧《民事诉讼法》第 137 条对证据的提出采用的是随时提出主义。依据这种随时提出主义,只要当事人在口头辩论终结之前提出攻击和防御方法就可以。这就是当事人根据审理的进度调整辩论的焦点,适时地提出诉讼资料,使审

---

① 毕玉谦:《对我国民事诉讼审前程序与审理程序对接的功能性反思与建构》,载《比较法研究》2012 年第 5 期。
② 郭士辉:《证据规定运行八年得与失》,载《人民法院报》2010 年 5 月 5 日第 5 版。
③ 夏海龙:《我国民事诉讼举证时限制度之评判与完善》,载张卫平、齐树洁主编:《司法改革论评》(第 7 辑),厦门大学出版社 2008 年版。

理既自由又活泼地进行下去。① 但是,这种方式容易导致争点无法及时确定,使审理流于散漫的弊端。因此,1996 年日本修改民事诉讼法时,将原有的证据随时提出主义修改成为适时提出主义。修改后的《民事诉讼法》第 156 条规定:"攻击和防御方法,应当按照诉讼进行状况的适当时期提出。"作为适时提出主义的内容,日本民事诉讼法对攻击防御方法的提出也作出了一定的限制性规定。驳回攻击防御方法必须符合以下条件:(1)必须是错过提出时机(即原本可以在更早的时期提出)的攻击防御方法;(2)这种错过时机必须是基于当事人故意或可以视为故意的重大过失而导致的;(3)若对这种错过时机的攻击防御方法展开审理,将导致诉讼的迟延。②

日本《民事诉讼法》第 167 条还规定:"在准备性口头辩论终了之后,当事人提出的攻击或防御方法,如果对方当事人要求,则应向其说明在准备性口头辩论终了之前未能提出的理由。"由此可见,比起德国,日本采取了一种更为灵活的方法,即当对方当事人要求时,未按期限提出攻击和防御方法的当事人负有"说明义务",至于法官是否采纳,则由其自由心证来决定。

5.我国台湾地区的证据失权制度

我国台湾地区"民事诉讼法"在对待证据失权问题上仿效德国的立法例。台湾"民事诉讼法"规定,为促进言词辩论的顺利进行,法院在必要时可以以庭审人员一人为受命法官,进行准备程序。准备程序的功能和任务有三:一是阐明法律关系,二是调查证据,三是诉讼和解。如果诉讼关系已明晰,争点及证据已整理完成,证据亦已调查完毕,事件已可为辩论时,应即终结准备程序,并告知当事人,记载于笔录。准备程序笔录应记载下列事项:各当事人之声明及所用之攻击或防御方法;对于他造之声明及攻击或防御方法之陈述;"民事诉讼法"第 270 条之一第 1 项所列事项及整理争点之结果。③

2013 年修订后的台湾地区"民事诉讼法"第 276 条规定:"未于准备程序主张之事项,除有下列情形之一者外,于准备程序后行言词辩论时,不得主张之:(1)法院应依职权调查之事项。(2)该事项不甚延滞诉讼者。(3)因不可归责于当事人之事由不能于准备程序提出者。(4)依其他情形显失公平者。前项第三款事实应释明之。"学者认为,由于准备程序主要在为言词辩论之进行预作适当妥善之准备,当事人于准备程序中未主张之事实,若于言词辩论时,仍得再为主张,则准备程序将形同虚设,为督促当事人善尽诉讼促进义务,对于当事人在准

---

① [日]兼子一、竹下守夫:《民事诉讼法》,白绿铉译,法律出版社 1995 年版,第 93 页。

② [日]新堂幸司:《新民事诉讼法》,林剑锋译,法律出版社 2008 年版,第 326 页。

③ 齐树洁主编:《台港澳民事诉讼制度》,厦门大学出版社 2014 年第 2 版,第 100～101 页。

备程序中未主张之事项,自应有使其失经之规定以资配合。但若不问其未主张之缘由,一概使其失权,亦欠公允,故设但书规定用以平衡。[①]

(二)比较与分析

从以上各国及地区关于证据失权制度的规定来看,虽然证据失权在提高诉讼效率、促进诉讼的目的上是一致的,但由于各国及地区的诉讼观念、诉讼模式以及其他诉讼制度的不同而显现出相应的差别。

上述各国及我国台湾地区的证据失权制度,其共通之处在于它们都设有审前准备程序,将准备程序作为证据失权的配套制度,虽然审前程序的具体设置各有不同,但功能与目的大致无二。正是在审前准备程序中,当事人能够了解对方的观点、证据,从而针对双方的争点进行举证,这也正是证据失权制度的正当性所在。诉讼证明活动是证明主体对客观事物的一种认识和反映,这一过程往往随着当事人之间的事实主张与证据的激烈对抗而随时可能出现新的情况,不可能一成不变或者总是沿着既定的思路和方向推进。而审前程序正是给予了各方当事人进行主张与对抗,从而了解、确定争点的时间与空间。若没有这样一个制度,实行证据失权是难以想象的。

在实行严格证据失权的美国和法国,由于诉讼观念上对对抗制以及当事人主义诉讼理念的推崇,将民事诉讼当作私权的延伸,在诉讼中强调当事人自治、充分尊重当事人的意志,故将证据的提交与调查基本上交由当事人完成,并配之以相应的证据调查手段,如美国的证据开示,法国的书证提出等。两国诉讼制度在设计上给予了各方当事人充分展示证据、调查证据的机会,故在举证期限届满后不再允许提出新的证据或攻击防御方法,这也是符合程序正义的理念的。与之相对应的是,德国、日本以及我国台湾地区,虽然同样奉行当事人主义,但它们在诉讼中也强调法官依职权对案件的管理与控制;在诉讼理念上更重视实质正义。对于案件有实质性影响的证据材料,仅仅因为程序上的瑕疵而导致其失权,从而作出有违事实的判决,是它们所不能够容忍的,故这些国家及地区对证据的失权设置了较为严格的限制,并且将最终决定权交由审理法官依其自由心证来完成。

对证据失权采取宽松主义的大陆法系国家和地区(法国除外),其立法规定法官在考虑对逾期证据是否采纳时,基本都要求从法院是否已经向当事人充分阐明、当事人逾期举证的过错以及是否造成诉讼迟延三个方面进行考虑。法官向当事人就延期举证的责任进行说明即法官行使阐明权,由于当事人知识水平

---

① 陈计男:《民事诉讼法论》(上),台湾三民书局 2006 年版,第 412 页。

以及认识水平存在差异,是否聘请律师进行代理等方面的原因,在举证手段以及对举证时限的理解与认识上必然存有差距,故法官只有将违反举证时限的后果向当事人充分阐明方属正当。同样,当事人主观上对举证时限的违反也有程度的区别,是否故意,是否明知也应当作为法院考量正当性的范畴。在大陆法系国家的立法者看来,民事诉讼的目的在于解决当事人之间的私权纠纷,效率固然重要,但是和公正比起来,非公正的效率是绝对不能被接受的。当二者发生冲突而并非当事人之主观故意时,应当坚定地站在公正的立场上对案件证据进行评判,只要接受逾期证据不致使对案件的审理过分迟延,使程序上之不公大于实质上之不公,都是可以接受的。而所有这些考虑因素,都交由法官根据自由心证来进行最终的裁量。

四、我国证据失权制度实施现状之反思

(一)传统实体正义诉讼思维之冲突

从历史的角度来看,我国重实体而轻程序的观念由来已久,尤其是在民事诉讼领域,司法实践中过于强调案件实体问题解决的重要性,在程序正义与实体正义之间,即使司法官员严重违反诉讼程序,但是如能得到公正之结果,其违反诉讼程序判案的方法也能得到社会的好评。这种为了追求实体正义而放弃程序正义的价值取向,代表了中国古代社会民众的一种普遍的价值追求。新中国建立后,我国在民事诉讼模式上一直是效仿苏联而采取职权主义诉讼模式的,这种模式强调法官依职权对案件的干涉与控制,证据的调查也基本由法官完成,在这种公权力的介入下,纠纷往往也能够得以正确解决。"以事实为依据,以法律为准绳"的诉讼理念也正是对我国自古以来的诉讼传统与理念的继承与发扬。

随着程序正义理念在我国的提出与逐渐受到重视,当事人主义诉讼模式越来越受到推崇,证据失权制度的建立正是这种诉讼观念达至顶峰时的产物。但是我国立法在移植证据失权制度时只凭着对当事人主义诉讼观的热情,匆忙间未充分考虑该制度在民间的生存土壤,这种移植而来的法律与中国人的习惯背离较大或没有系统的习惯惯例的辅助,不易甚至根本不为人们接受,不能成为人们的行动规范。① 因此才造成了现在的窘境。

尽管程序正义观念已为学界、实务界所初步接受,但诉讼制度的实践者大多为普通民众,诉讼主体的接受程度是立法时需要考虑的重要条件。程序正义理

---

① 苏力:《法治及其本土资源》,中国政法大学出版社 2004 年版,第 13 页。

念在西方国家已历经几百年的发展，人民对其已有广泛的接受度，而对我国而言，程序正义观念并非我国所固有，人们不可能一时间对这种"空降"的观念全盘接受，加之现阶段民众法律意识尚处于初步建立阶段、诉讼未实行强制律师代理等原因，使得证据失权在运行之初遭到阻碍在所难免。加之近些年以来我国自上而下对"和谐"的重视，法院判案不但注重法律效果，更注重社会效果，强调二者的有效结合，如果严格执行证据失权的规定容易造成当事人上访、缠讼不休，继而影响法院的威信。这也是《证据规定》所建立的严格证据失权在我国难以落实之缘由之一。

（二）配套制度之缺失

证据失权制度只是整个诉讼程序的一个环节，它不是孤立地存在的，其正常运转必须有相关制度的配合和保障，否则在实施的过程中会障碍重重。一个新制度常常会陷入现存"体制"的桎梏中，出于良好动机的设计在实际运作之中常常会变得虎头蛇尾，或是前后不对应，甚至会引发完全与原意相反的效果。①

可惜的是，《证据规定》在我国所建立的证据失权正是这样一个孤立的制度，它缺乏与之相配套的答辩失权、审前程序、阐明权等制度的配合。当事人若无法在举限时限届满前充分了解对方的主张与攻击防御方法，就不可能有针对性地举证，其结果则是要么毫无目的地提出大量与案件无关的、繁杂的证据资料，从而使案件的审理更加拖延，效率更为低下，给双方当事人带来巨大的审理痛苦；要么是无法充分举证，在审理过程中面对对方提出的自己意料之外的证据，而承受证据突袭的不利后果。这种情形在我国审前准备程序不完善的诉讼环境下而显得尤为突出。"初次举证—争点整理—再举证—争点再整理……举证失权—案件审理"才是证据失权的逻辑性顺序。举证和争点整理都应当在准备程序中完成，并且证据交换应当在举证时限内进行，但是我国没有完善的审前准备程序，法院一般将证据交换时间设定在举证时限结束之后，从而造成证据失权制度无法落实。作为法院而言，明知是与案件事实认定有根本性影响的证据，当事人在举证期限内系因无从获知对方意图而无从举证，却囿于证据失权的规定而不能在审理与判决中予以认定，这也与法官的公正、良心背道而驰。

（三）缺乏相应的司法环境

证据失权制度无法落实除了制度本身的原因外，还与我国现有的司法环境、

---

① ［美］黄宗智：《过去和现在——中国民事法律实践的探索》，法律出版社 2009 年版，第 131 页。

法官考评机制等外部因素有关。目前,我国民众的法律素质偏低,诉讼能力不足,对证据失权制度了解不多甚至根本不了解,加之我国并没有实行强制律师代理制度,因此,要求当事人(尤其是农村地区的当事人)在举证期限内一次举证完毕基本上只是一种美好的愿望。如果严格按照《证据规定》的举证时限制度处理所有的案件,必然会产生大量与客观事实相悖的事实认定与裁判结果,增大实体不公裁判的比例。这样做的结果只能使人民群众对法律和司法的公正性产生怀疑,动摇人民群众对法律的信仰。这对中国特色社会主义法治社会的建设是非常不利的。

自党中央"和谐"社会口号提出以后,出于对该目标的积极"靠拢",在司法审判领域出现了过于强调审判结果应实现"息诉"、"案结事了"的倾向,使法官不敢轻易使用证据失权制度拒绝当事人在举证时限结束后提交的证据,否则容易引发当事人的上诉、申请再审等,这不符合司法审判追求良好社会效果的目标。特别是在近些年所实施的法院、法官业绩考评机制中,将上诉率、发回重审率、二审改判率、再审率等作为考评指标中负面因素予以对待,更加助长了一审法院法官不愿使用证据失权制度的风气。证据失权制度当前的处境,是在我国现今整个司法大环境下所出现的必然结果。

五、我国民事证据失权制度的完善

(一)逻辑性前提:证据失权制度的保留

虽然《通知》动摇了我国证据失权制度,新《民事诉讼法》的规定更让证据失权制度的前景显得"风雨飘摇"。但是,我国民事诉讼真的就不需要证据失权制度了吗?证据失权制度在我国真的完全没有生存的土壤与空间吗?对此问题恐怕任何人都不敢轻易作出结论。

总体看来,证据失权制度虽然在我国的实践中存在一定的问题,但是其符合民事诉讼发展的潮流,也是建立高效、经济诉讼程序的必然选择,这是不争的事实。因此在证据的提出上,我们不能完全放弃举证时限、证据失权制度,倒退回证据随时提出主义的时代,而是应当对其进一步完善。这点基本上已经是所有法律人的共识。

证据失权制度的推行已逾十二年,尽管部分民众对其正当性、合理性尚存疑虑,但是对其接受程度较十年前已经大为改观,该制度的继续存在应当是我们思考其前景的起点与前提。现在若妄言放弃举证时限、证据失权,在立法技术上并非不可,但是由此而带来的社会后果与法律的动荡与成本却是高昂的。《证据规定》中规定的严格证据失权在司法实践中的失败,属于制度设置不完善所致,新修改的《民事诉讼法》放宽其适用的做法又显得不够慎重，可能又会变相地重走"证据适时提出主义"的老路。因此，在完善相关法律制度的同时，应当继续坚持严格的证据失权制度。[①]

（二）模式选择：严格证据失权

在保留证据失权制度的前提下，则需要考虑对证据失权采取何种模式。从域外民事诉讼制度的相关规定来看，美国、法国实行的是严格的证据失权，在一定程序和制度的保障之下，当事人在举证期限届满后不再允许提出新的证据或攻击防御方法。德国、日本以及我国台湾地区采取的则是另外一种模式，它们对证据的失权设置了较为严格的限制，对于当事人逾期提交的证据，是否产生失权效果的最终决定权由审理法官依其自由心证来完成。

在两种证据失权模式中，我国立法似乎倾向于第二种模式，从新《民事诉讼法》第65条第2款的规定可以看出，我国立法将逾期证据是否失权的效力完全交由了审理法官来决定。但是必须同时看到，我国现有规定和德、日两国及我国台湾地区的立法还是有所区别的。上述国家和地区虽然将证据失权的决定权交给了审理法官，但是其在立法中明确规定法官决定时需考虑的事由，包括当事人过失、是否造成诉讼迟延等，对法官的自由裁量权给予了一定的限制。而我国仅仅用了"合理"一词对法官考虑因素予以概括，并且在当事人拒不说明理由或理由不成立，审理法官以训诫、罚款惩罚代替证据失权时，根本就没有规定理由及限制条件。换言之，我国审理法官在证据失权的决定权上是一种绝对的、无限制的状态，完全由其自由心证来完成。

像我国这种将证据失权的判断无任何限制地完全交由主审法官决定的做法，就世界范围来看也是罕见的。其后果极易造成制度的滥用，也容易产生对当事人不公正的认定。采用费用制裁代替证据失权的做法会导致超限行为与证据失权效果的分离。一旦超限行为与证据失权的效果分离，超限行为人就会评估超限行为与处罚之间的成本收益关系。[②] 若当事人经过利益权衡，认为通过费用制裁获得的收益大于适时提供证据获得的收益时，则有可能故意逾期提供证据，获得更大的收益。[③]

---

① 刘金华：《论举证时限制度》，载《民事程序法研究》（第9辑），厦门大学出版社2013年版。

② 张卫平：《民事诉讼法修改中效率与公正的价值博弈》，载《中国司法》2012年第6期。

③ 比如某一公开报道的案件中，对于逾期举证的当事人，法院仅对其罚款200元。何涛：《逾期举证：原告被罚200元》，载《云南信息报》2013年6月14日第8版。

从证据失权制度的规定来看,该制度要求当事人在举证时限内举证完毕,可使法院做好庭前审理准备工作成为常态,便于法院一次开庭查清案件事实,不致因当事人随时提出证据而重复开庭,同时其不仅可以有效地阻止当事人证据突袭,还能在较短的审理期限中确保及时结案。其对推动当事人有序举证,确保诉讼稳步前进发挥了积极的作用。诉讼效率的提高并不必然导致对公正的损害,甚至适当的效率提高还可以促进公正的实现,只是需要在效率和公正之间找到一个平衡的切入点,①该切入点的寻找即制度层面的进一步完善。故两种证据失权模式相比较,在我国还是应当考虑严格的证据失权,不过应对其予以完善。

(三)严格证据失权制度的出路在何方:配套制度的完善

证据失权制度不是我国司法文化的内生性制度,在对西方国家举证时限制度尤其是作为举证时限制度核心的证据失权规则的移植中,不考虑我国国情、不加分辨地规定严格的证据失权,又不具备相关的制度配合和保障,必然会遇到制度运行上的障碍,最终导致移植的失败,这是我国司法改革应当吸取的教训。②因此,在论及证据失权制度的前景时,必然应当回到配套制度的完善上面。

1. 答辩失权。凡是规定证据失权的国家,均同时规定答辩失权。③ 答辩失权,是指若答辩人在规定的答辩期间内不予答辩,即视为对对方诉讼请求的认可。答辩失权的意义有二:首先,从公平的角度出发,原告在起诉时已经明确了自己的主张与观点,若被告不对此进行答辩,则原告将无从知晓被告的主张,等到开庭时被告可以对原告以突然之袭击,造成原告的无所适从,这是极不合理的。其次,实施答辩失权有利于争点的形成,双方在争点形成后进行举证,这时证据失权的存在就具有合理性与正当性。若存在答辩失权制度,被告不得不在答辩期内对对方的主张提出答辩意见,通过答辩则案件的争点出现于各方当事人与法官面前,当事人可以依据争点收集、举示证据;法官也可以按照争点指挥各方提出证据。这样既提高了诉讼效率,也避免了诉讼程序的不公。

可惜,我国《民事诉讼法》将答辩视为当事人的自由,当事人可以答辩,不答辩也不影响案件的审理。《证据规定》第 32 条及新《民事诉讼法》第 125 条虽然规定被告"应当"提出书面答辩,但对被告不答辩却未规定相应的法律后果,使得

---

① 毛成:《民事诉讼举证时限中公正与效率的博弈》,载《上海政法学院学报》2014 年第2 期。

② 王建林:《我国民事举证时限制度的变革及启示》,载《嘉应学院学报》2014 年第 1 期。

③ 李浩:《举证时限制度的困境与出路——追顺证据失权的正义性》,载《中国法学》2005 年第 3 期。

被告答辩的义务有名无实。答辩失权制度的缺乏,导致原告无法在举证时限终结前了解被告攻击防御的方法与手段,并为之准备证据,待举证时限届满后知晓被告的诉讼策略时,又因证据失权无从再为证据的提交,这对原告明显不公。若我国要继续将证据失权制度予以贯彻,建立答辩失权制度则是必需的环节。

2.审前准备程序的完善。前文已提及审前准备程序对于证据失权制度的意义。审前程序是用以整理争点和证据的程序。在此程序中可以将当事人的争点予以明确,并围绕争点促使当事人举证与证据交换,在举证时限之前将争点与证据固定,故审前程序可以被描述为一个过滤程序,其主要目的在于使案情清楚和已经做好准备的情况下对案件尽快作出判决成为可能。《证据规定》虽然也规定了证据交换制度,但该制度存在诸多问题,其作用和效果与其他各国审前准备程序有着显著的差距。

首先,各国审前准备程序基本上以当事人为主体,赋予当事人以充分的证据收集与调查手段,强调当事人之间的对抗与协作。而我国的证据交换却是以法院为中心,证据的交换需要在法院的组织下完成,忽视了当事人的主体地位,法院实际上是审前程序的唯一主体,法官的诉讼行为构成了审前准备的全部内容。这种对当事人诉讼权利的漠视,不符合世界潮流以及我国的民主法制建设的需要。

其次,就证据交换在我国实务中的运用来看,效果也并不太好,由于没有准备程序法官,审判法官又事务繁多,造成由审判法官组织当事人进行证据交换的情况非常罕见,更多的情形是当事人自己在举证的最后期限才将证据交至法官处,并寻求复印对方的证据材料,这样一来证据交换也就形同虚设了。

最后,也是最为重要的。在各国的审前程序中当事人并非只进行一次证据交换与争点整理,对于案情复杂、证据众多的案件,可能反反复复多次准备,并且在争点整理结束后,法官一般会采取裁定或命令的形式将已经形成的争点与证据固定下来,在此后的庭审阶段不再接受新的证据。我国的证据交换一般而言只有一次,且"交换证据之日即举证期限届满之时",由此,我国证据交换只是为交换而交换,或者说只是为了让双方明白对方有哪些证据,仅此而已。当事人在交换后可能仍然无法明白对方的真实意图,只有等到庭审时方为知晓;即使知道了对方的意图,但此时举证期限已经届满,也不能再行举证。这样的证据交换只是一种空洞而毫无意义的制度。

因此,我们需要重新审视现有的证据交换,从主体、内容、手段等各个方面建构审前准备程序,为证据失权制度的存在与实施建立合理的空间。

3.合理规定举证期限的临界点。由于双方当事人的诉讼准备时间起点并不相同,同时答辩失权制度的缺失,统一的举证期限不能保证双方当事人的平等对抗,有失公平,同时将举证期限的临界点规定在准备程序终结之前而非证据交换之日才更为合理。只有在举证时限结束前当事人能够进行必要次数的证据交换,并为之充分准备证据,这样实行严格证据失权制对双方当事人才显合理,也只有如此才能走出《通知》中所规定的举证时限结束后法院还可以指定举证期的误区。

4.释明权。释明是指法官在民事诉讼中为了明了诉讼关系与事实,通过向当事人就事实问题与法律问题发问的方式,促使当事人进一步陈述或补充诉讼和证据资料。由此可见,释明的内容不仅仅限于质询或敦促当事人对于事实的主张,还包括敦促当事人进行举证的活动。虽然释明容易被滥用而造成当事人之间地位的不公,但是在我国规定法官的释明义务仍然是恰当与必要的。由于我国未建立律师强制代理制度,当事人知识水平、法律意识的差异悬殊,如果法官不作举证方面的释明,要求普通民众对证据失权进行理解和接受是困难的。这样不但会由于当事人诉讼能力上的不平等而造成诉讼之不公现象的出现;在当事人因证据失权而败诉时还易于造成不满而增加上诉的可能性。

鉴于释明权可能被滥用,故应对其予以严格解释与限制。《证据规定》对法官的释明已有所涉及,如第3条关于法院应当向当事人说明举证要求及后果;第8条拟制自认需要审判人员"充分说明并询问后";第35条关于告知当事人可以变更诉讼请求的规定等。但是,《证据规定》中关于释明的规定仍然是模糊不清的。首先,在该司法解释中并未明确使用"释明"这一概念,使之难以从概念界定上对其进行理解与操作。其次,由于对释明的程度以及范围也未予明确。在通常情况下,法官只能根据自己的理解去行使职责,甚至干脆不予释明。这就可能产生释明不统一、释明不足、释明过度等问题,有违司法公正。释明权作为证据失权必要的配套制度,具有重要的存在价值。但是其本身也是一把双刃剑,不行使或行使不当都可能造成当事人之间的不平等,这就需要立法对其行使的条件、内容、范围以及方式作具体的规定,只有这样才能使其发挥最大的效力。

综上所述,证据失权制度能够实现促进当事人及时举证,防止证据突袭,提高诉讼效率等功能,将之完全废弃实属可惜,也与世界民事诉讼法的发展潮流不符。新《民事诉讼法》第65条虽然保留了该制度,但赋予了法官过大的自由裁判权,为法官滥用证据裁量权提供了空间,容易使当事人产生诉讼不公平之感,引起司法信任危机。因此,对于证据失权制度应当在保留的前提下尽量减少人为化的操作因素,辅之以具体的配套法律制度,使其运行更加科学、合理,这才是证据失权制度完善的前景和必由之路。

民事诉讼当事人虚假陈述之法律规制

■李福清*

摘要：当前民商事审判领域普遍存在的当事人诚信缺失、虚假陈述泛滥的情形，误导了法官的自由心证，损害了司法权威。新《民事诉讼法》增设了诚实信用原则，但司法实践中对于虚假陈述的认定和惩罚仍存在障碍。这种法律上缺失与认定困难的状况已日益不能适应诉讼实践的客观需要，应对虚假陈述者科以相应责任。本文通过分析虚假陈述的现状、成因，考察域外的做法，提出构建民事伪证调查等制度的建议。

关键词：民事诉讼　虚假陈述　伪证调查　法律规制

当事人的陈述是法院居中裁判、解决纠纷的重要途径。我国新《民事诉讼法》将"当事人的陈述"从第五类证据提到八类证据之首，足见当事人的陈述作为证据的重要性。如果当事人陈述真实，可以节省法院调查案件证据的时间，促进案件审理及裁判的公正。反之，就易导致法官对案件事实作出不公正的判断，[①]影响诉讼程序的顺利进行，最终影响司法权威。当前民事诉讼领域，当事人在诉讼过程中故意作虚假陈述、颠倒是非、混淆黑白的现象大有发展蔓延之势，已成为一个不可回避的问题。当事人虚假陈述作为一种特殊的伪证形式，对于其规制方法，学界较多从研究构建当事人陈述制度方面考虑，而对如何构建具体实施程序，以规制虚假陈述，却少有研究。本文拟以构建民事伪证调查制度为重点，探讨规制当事人虚假陈述程序之构建。

＊　作者系厦门市湖里区人民法院民二庭书记员，法学硕士。

① 有学者认为，当事人的虚假陈述并不能影响法官判决的公正维度，法官本来就有判断证据真伪的职责。参见赵德玖：《民事诉讼法不应确立当事人真实义务》，载《法学杂志》2006 年第 2 期。

一、当事人虚假陈述概述

(一)当事人虚假陈述的概念及性质

1.当事人虚假陈述的概念

当事人陈述和证人证言都属于言词证据,广义的虚假陈述主体应当包括当事人(包括其委托代理人)和证人。[①] 狭义的虚假陈述即当事人虚假陈述,是指当事人及其委托代理人为了谋取非法利益或者逃避责任在诉讼过程中故意歪曲事实或者回避事实而给他人造成损失或者妨碍诉讼的行为。

2.当事人虚假陈述的性质

当事人陈述可以分为对自己不利的事实的陈述和对自己有利的事实的陈述。对于前一种陈述,应视作当事人在诉讼中的承认,允许免除对方的证明责任;对后一种陈述,应结合本案的其他事实,审查能否作为认定事实的证据。有观点认为当事人对自己有利的事实的陈述,不能作为证据,否则该陈述便既是证明对象又是证明手段,同义反复,毫无意义。[②] 笔者认为,当事人对自己有利的事实的陈述,可以分为诉求和证据两类。对应虚假陈述的类型,若陈述诉求的事实是虚假的,如主张虚假的债权债务关系等,则涉嫌虚假诉讼;若作为证据的陈述是虚假的,则是伪证。当前理论和司法实践对作为证据的虚假陈述是伪证的性质并无太大分歧,只是对作为民事诉讼法定证据之一的当事人陈述的证据独立性有较大争议。[③]独立性之争削弱了虚假陈述伪证的性质,当事人很少将虚假

---

① 从某种意义上来说,证人的虚假陈述相较当事人虚假陈述对司法权威及司法公信力的影响更大。因为证人跟案件没有利害关系,而当事人跟案件有利害关系,证人证言相较当事人陈述,更容易获得法官的采信,但因为证人证言与其他法定证据一样,证明力较强,伪证识别方法也差不多,故不是本文讨论的重点。本文论述的是当事人的虚假陈述。

② 张永泉:《民事证据采信制度研究》,中国人民大学出版社 2003 年版,第 129～130 页。

③ 《民事诉讼法》第 63 条明确地将"当事人的陈述"列为法定证据的一种,但《民事诉讼法》第 75 条规定,人民法院对当事人的陈述,应当结合本案的其他证据,审查确定能否作为认定事实的根据。最高人民法院《关于民事诉讼证据的若干规定》第 76 条规定:"当事人对自己的主张只有本人陈述而不能提出其他相关证据的,其主张不予支持。但对方当事人认可的除外。"这实际上否认了当事人陈述的证明力,把当事人陈述简单地理解为当事人的事实主张。这就使得当事人陈述作为法定的证据之一缺乏独立性。对于当事人陈述的证据性质,当前理论界关注和讨论比较多,此不赘言。

陈述与伪证联系到一起。①

表 1　厦门市湖里区人民法院当事人或代理人关于虚假陈述调查问卷统计

调查对象	认为虚假陈述是伪证的比例	庭审中有过虚假陈述的比例	知悉虚假陈述的后果的比例
律师	62.5%	87.5%	87.5%
当事人	8.3%	50%	16.7%

(二)当事人虚假陈述的表现形式及构成要件

1.虚假陈述的表现形式

当前学者归纳虚假陈述的表现形式主要有捏造事实、虚假否认、虚假自认以及虚假诉讼四种类型。② 由于虚假自认和虚假诉讼可能涉及三角诈骗,本文主要讨论的是诉讼中的捏造事实和虚假否认③等虚假陈述形式。

---

① 就此问题,笔者曾发放调查问卷 20 份,实际回收 20 份,有效问卷 20 份,其中代理人填写 8 份,当事人填写 12 份。代理人中有 5 人认为虚假陈述是民事伪证行为,认为民事伪证行为并没有明确包含虚假陈述的情形,故对虚假陈述的后果表示不担忧。而 12 个当事人中仅有 1 人认为虚假陈述是伪证行为,且 10 个人对民事伪证行为的定义及后果均表示不清楚。有 5 个人表示若不需承担责任,可能会在诉讼中虚假陈述。

② 捏造事实如部分当事人利用案件证据不充分、无法证明当时客观事实的情况,在诉讼中故意捏造有利于己方利益的案件事实,以达到有利于本方的诉讼目的。虚假否认表现在一方当事人对于对方当事人指出的案件事实毫无诚信地矢口否认,即使对方提交了充分证据或者法院依法调查取证也予以百般抵赖。虚假自认是指一方当事人对对方当事人陈述的内容和提交的证据表示认可接受。根据民事诉讼中的自认制度,法官对当事人无争议的事实和证据可作为裁判依据。虚假自认在诉讼中危害极大,法官容易受到这些虚假事实的干扰而作出错误的认定。诉讼欺诈是指在民事诉讼中,行为人以非法占有为目的,作虚假陈述、提供虚假证据或串通证人或其他诉讼参与人提供伪证,使法院作出有利于自己的判决,从而获得财物或财产上不法利益的行为。对于诉讼欺诈,很多学者主张应纳入刑法调整范畴予以规制。参见麦嘉潮:《当事人在民事诉讼中提供虚假陈述应予制裁》,载《人民法院报》2011 年 6 月 9 日第 7 版。

③ 以笔者接触的真实案例为例:原告王某诉被告 A 公司劳动争议案。王某诉称其到A 公司上班后不久,便发生工伤,当时公司领导郭某送其到医院,并在手术通知单上署名公司领导郭某,后因公司否认与王某存在劳动关系而产生纠纷,王某诉至法院请求确认其与 A 公司存在劳动关系。A 公司辩称,其并不认识郭某。王某也非其公司职工,并提交了员工花名册及员工打卡记录为证。庭后王某提交了 A 公司的工商登记信息及 A 公司股东郭小某的身份信息,两份证据证明郭某实际为占 A 公司 50%股份的郭小某的姐姐。足见 A 公司辩称其不认识郭某是虚假陈述。该案例为典型的虚假否认。

2.虚假陈述的构成要件

其一,主观方面应为故意,即明知而为之。若为过失,或因记忆模糊而导致的叙述不实不在此列。此处的难度在于如何判断当事人对客观事实是否明知。因为明知与否属于主观性认识,主体之外的人判断时必须借助客观的、外在的证据。这就存在一个判断标准的问题。首先,要赋予法官关于当事人是否明知客观事实的自由裁量权。其次,法官认定当事人具有主观上的恶意(明知而虚假陈述视为恶意)要达到排除合理怀疑的程度,而非高度盖然性的证明程度。再次,关于当事人自身情况的事实以及当事人亲身经历的事实,推定为其明知的事实。

其二,陈述内容须与客观事实不符。客观事实是指在时间和空间中存在的事物、现象和过程,它是一种本体意义上的范畴,无所谓对错之分。显然,根据该定义,具有判断性质和逻辑推理空间方能确定的事实不是客观事实。① 当事人对此无论作何陈述都非虚假陈述。

其三,陈述的是可能影响案件处理结果的事实,对一般情节的叙述失实不在此列。作以上限制的目的是为了防止处罚过滥,侵害诉讼心理不成熟的当事人。

二、当事人虚假陈述的现状:泛滥且缺少制裁

(一)当事人虚假陈述的比例极高

表2　厦门市湖里区人民法院民二庭2008—2012年民事诉讼虚假陈述情况

年度	收案数	结案数	涉及虚假陈述数	因不服事实认定上诉数	制裁数
2008	1275	1106	697	67	1
2009	1202	1045	612	70	0
2010	1183	1015	634	75	1
2011	1154	1103	700	86	0
2012	1436	1381	826	102	0

(二)对虚假陈述的处罚极少

《民事诉讼法》第110条规定了,人民法院对违反法庭规则的人,可以予以训

---

① 例如,货物是否存在质量问题,一般理性人的认识与专业标准可能存在差距,即一般人认为没有质量问题的物品,有可能达不到行业标准而存在质量瑕疵,反之亦然。这是需要借助专业标准判断才能确定的事实。

诚,责令退出法庭或者予以罚款、拘留。笔者通过走访法官、座谈的调查方式,得知近 5 年来只有 2 例案件当事人因虚假陈述受到训诫,而罚款、拘留措施则不曾采取。可见法官对于当事人作虚假陈述仅是以违反法庭规则为由进行训诫。而训诫作为一种惩罚方式,却是苍白乏力的。

三、法官为什么怠于惩罚虚假陈述行为

（一）规范因素:标准不明确,难以操作

依现行法律仅能将虚假陈述列为妨害民事诉讼的伪证行为进行处罚。《民事诉讼法》第 111 条规定了对民事诉讼伪证行为的处罚:"诉讼参与人或者其他人有下列行为之一的,人民法院可以根据情节轻重予以罚款、拘留;构成犯罪的,依法追究刑事责任:(一)伪造、毁灭重要证据,妨碍人民法院审理案件的;(二)以暴力、威胁、贿买方法阻止证人作证或者指使、贿买、胁迫他人作伪证的……。"然而,对在什么情况下罚款、什么情况下拘留、由谁来认定和制裁、程序如何启动等问题,我国法律均没有明确规范,这就造成了现实中的不处罚。且由于该条规定中的"构成犯罪的,依法追究刑事责任"得不到《刑法》的有力支持,没有在《刑法》中明文规定,而变成一句空话。因而,我国民事诉讼中对于伪证的处罚仅限于罚款(对个人是 10 万元以下,对单位是 5 万元以上 100 万元以下)、拘留(15 日以下),且因诸多因素(比如罚款、拘留必须经院长批准)制约,上述两项强制措施的采用率极低。法律对伪证者的起码威慑力丧失殆尽。可以这样评价:民事诉讼伪证惩罚在我国的立法上不能说是苍白的,但至少是无力的。实践中当事人虚假陈述几乎不需要消耗成本,即使被识破也至多受到"训诫"。

新《民事诉讼法》第 112 条规定,当事人之间恶意串通,企图通过诉讼、调解等方式侵害他人合法权益的,人民法院应当驳回其请求,并根据情节轻重予以罚款、拘留;构成犯罪的,依法追究刑事责任。该条规定对恶意诉讼予以明确规制,不仅将直接维护当事人的合法利益,而且可以避免司法资源的浪费。从更高层面来看,还将维护法律的秩序价值和社会的安定性,其意义之深远,非同一般。但该条款对于作为证据的虚假陈述则难以适用,不能不说是此次修订民诉法的遗憾。

（二）模式因素:法官庭外调查权的限制

法官庭外调查权受到严重的限制,助长了当事人在庭上颠倒黑白,混淆视听的心理。依法律规定,除法定事由,法官的调查取证必须依当事人申请而为,且当事人申请调查取证的范围必须是因客观原因不能调取的证据。即便符合以上

条件,法院/法官的调查取证在实践中也遇到了重重阻碍。

【案例 1】 王某诉陈某民间借贷纠纷案

王某起诉陈某要求返还借款 10 万元,仅提供了其与手机号 136×××0592 的短信往来记录作为证据。短信内容显示,手机号 136×××0592 机主确认尚欠王某 10 万元,并表示会尽快偿还。原告陈述该手机号是被告陈某的,而被告却予以否认。庭审前,原告以个人无法调取为由,申请法院向中国移动某分公司调取该手机号的机主信息。然而,该公司依据《中华人民共和国电信条例》第 66 条的规定①,认为法院并非侦查机关,没有调取电信信息的权力,不予配合调查取证。

上述案例说明,由于法官不能依职权在庭外深入调查核实当事人陈述的真伪,导致部分当事人愈发肆无忌惮作虚假陈述。可见,当前将举证责任分配给当事人的对抗主义诉讼模式、法官居中的消极裁判角色及庭外调查权的限制均削弱了法官判断虚假陈述的能力,这给当事人作虚假陈述提供了条件。

(三)个体因素:难以认定,不如袖手旁观

1.虚假陈述难以认定

【案例 2】 肖某诉林某民间借贷纠纷案

2013 年 11 月 2 日,林某向肖某出具了一份借条,载明林某向肖某借到 90 万元款项。出具借条的次日,肖某向林某转账 85 万元。庭审中,肖某陈述出具借条当日用现金方式先支付了 5 万元,次日转账 85 万元,合计 90 万元。林某则辩称,签订借条当日并没有收到现金,次日由于肖某说钱不够,只转了 85 万元,实际只借到 85 万元。

一审法院经审理认为,原告肖某没有证据证明签订借条当日已经支付了 5 万元现金,故采纳被告林某的抗辩,判决被告偿还原告借款 85 万元。原告不服一审判决提起上诉,二审法院经审理认为,原告在签订借条当日预先支付被告 5 万元现金是符合常理的,故采纳了原告的陈述,改判被告偿还原告借款 90 万元。

上述案例争议的焦点在于 5 万元现金是否实际支付。原被告必定有一方为虚假陈述。然而,到底哪一方为虚假陈述,现有证据无从判断。是一审法院判决符合客观事实,还是二审法院改判有理,无从评说,更遑论对虚假陈述进行制裁。

造假容易识假难。推翻一个虚假的证据,需要另一组更有力的证据来证明,

---

① 《中华人民共和国电信条例》第 66 条规定:"电信用户依法使用电信的自由和通信秘密受法律保护。除因国家安全或者追查刑事犯罪的需要,由公安机关、国家安全机关或者人民检察院依照法律规定的程序对电信内容进行检查外,任何组织或者个人不得以任何理由对电信内容进行检查。"

这无疑给法官的认定设置了一道高墙。大部分法官虽然可以运用自由裁量权排除虚假陈述，但如果要将虚假陈述作为伪证制裁，就必须搜集其他证据来证明其认证的正确性。由于对虚假陈述的认定是一个"可有可无"的巨大的工程，导致很多法官不愿投入更多精力对本诉外的事实进行调查。笔者曾为此采访过几位法官，发现虚假陈述在民事一审案件中是一个很普遍的现象，约占整个民商事案件的 63%。在走访和座谈中，75% 的受访法官表示虚假陈述影响事实认定，25% 的受访法官则认为可以自由心证判断虚假陈述。通过何种手段去认定虚假陈述，成了困扰法官制裁虚假陈述的一大难题。

2. 法官认为惩罚虚假陈述缺乏必要

大多数受访法官认为，对虚假陈述内容仅需不予采用，没有必要对其进行惩罚。就现存整个庭审流程来讲，虚假陈述制裁看似裁判行为的旁枝末节，不去制裁似乎也无关大碍，反倒是对虚假陈述制裁错误，会导致被制裁方迁怒于法官个人，从而使得法官倾向于对虚假陈述采取置之不理、"多一事不如少一事"的态度，一则明哲保身，再则省时省力。

四、虚假陈述行为该不该制裁

当事人的虚假陈述不但侵犯他人的合法权益，而且干扰诉讼程序，危害司法权威和司法公信力。虚假陈述该不该制裁，意味着是否有必要将当事人的真实义务法定化。[①] 虚假陈述的惩罚是否具有正当性，进行制裁能否增强当事人的真实义务，能否提高诉讼效率，解决效率与公正的问题，是回答该问题的关键。

（一）惩罚虚假陈述具有正当性

虚假陈述造成的后果非但可能侵害他人的权益，更体现为其对诉讼秩序的破坏，使得国家机关丧失公信力和应有的权威。然而，是否所有虚假陈述都要受到惩罚？笔者认为"一刀切"的做法是武断的且不符合司法实践。处罚虚假陈述

---

① 所谓真实义务，是指当事人在民事诉讼上负有陈述真实的诉讼义务。日本学者高桥宏志认为，真实义务并不是以让当事人陈述真实之积极性义务为内容，仅仅具有禁止当事人在不知的前提下提出主张或作出否认之消极性内容，即当事人不能违反自己的主观性事实认识来提出主张或作出否认。真实义务的法定化之争，最早可以追溯到 1933 年德国民事诉讼法进行修改之时。当时，通过肯定论者和否定论者的论战，最终在德国民事诉讼法中确立了真实义务。参见［日］高桥宏志：《民事诉讼法：制度与理论的深层分析》，林剑锋译，法律出版社 2009 年版，第 378 页。

当分情节轻重,倘若虚假陈述对认定"关键事实"①没有影响,仅是当事人出于防御对方攻击的"条件反射",则认定为情节轻微,不需要科以罚则。除非虚假陈述可能影响到案件关键事实的认定,可能对法官自由心证造成影响,才有惩罚的必要。故而,规制虚假陈述的前提是在双方当事人提供的证据使得待证事实真伪不明时方得适用。若当事人的陈述对事实认定并无影响,追究当事人虚假陈述的法律后果则缺乏必要。有观点认为当双方当事人提交到法庭上的证据不能展现客观事实,需要法官分配举证责任前,法官为查明事实依职权对双方当事人进行询问时,当事人不得进行虚假陈述。笔者认为这只是不得虚假陈述的情形之一,实践中可能在分配完举证责任之后,承担举证责任的一方虽缺乏直接证据,但可以通过询问的方式获得对方对事实的陈述。

对于是否要造成严重后果才进行处罚,笔者认为对于尚未造成对方当事人利益损失的虚假陈述,如诉讼中一方提出真实性异议而法庭审查为虚假陈述的,应该认定为妨害民事诉讼的行为,可以进行罚款、拘留。若因虚假陈述导致判决错误甚至实际已经侵犯了他人的权益,应视为造成严重后果,纳入犯罪范畴,进行刑事制裁。

(二)强有力的制裁才能使人们坚守真实的义务

人们认识客观世界接近真理的程度与感官获取信息的真实度有关。法官对证据的审查、案件事实的判断,只能建立在他们获得的感性材料的基础上。在控辩式诉讼中,法官认定案件事实和区分责任更大程度上依赖于当事人双方对事实的真实提供。这就需要有一种作用力,促使当事人尽可能向法官提供真实情况,以防止法官在谬误的信息引导下作出谬误的结论,这种作用力包括在《民事诉讼法》中构建虚假陈述制裁制度。只有通过强有力的法律制裁,使那些违规者不仅不能通过违反法律而获利,甚至不得不付出惨痛的代价,才能有效遏制违法现象的出现,培养公众对法律的忠诚。

(三)制裁虚假陈述会提高诉讼效率

有观点认为在当前严峻的案多人少形势下,法官办案压力巨大,要求法官认定虚假陈述并进行制裁并不现实;也有观点认为法院不应该作为虚假陈述调查的主体,因为这会损及法院中立者的形象。笔者认为不然。就提高诉讼效率而言,短期来看,似乎需要法官投入部分精力去调查核实当事人的虚假陈述,但是从长远来看,该制度的建立势必使得当事人虚假陈述的现象得到有效遏制,减少

---

① 笔者认为此"关键事实"是庭审辩论终结前,法官归纳争议焦点,对待证事实真伪不明及认定该事实对案件判决结果有重要影响的事实。惩罚的前提是法官必须做到充分的释明。

了法官审查判断虚假陈述的时间和精力，此良性循环最终将提高诉讼效率。对于该制度有违法官中立角色的质疑，笔者认为，我国民事诉讼法本来就赋予法官全面审查、核实证据的职责，那么调查证据的真伪应该也是审查、核实证据的题中之意。换言之，法官有义务对当事人陈述的真伪作出判断。况且，虚假陈述调查的程序并不像刑事侦查那么严格，可以通过诸如法庭辩论或者其他具有较强证明力的证据进行反证的方式推断当事人为虚假陈述。而对于证据的证明力的大小，则应该赋予法官自由心证认定的权力，若法官通过自由心证得出当事人为虚假陈述，则可以处以罚款或者拘留。

综上可知，制裁虚假陈述行为不但具有必要性，而且具有可行性，应该将其设定为法官的义务，提高制裁的积极性，有效打击虚假陈述。在此前提下，构建虚假陈述的调查和制裁制度的必要性也得以凸显。

五、规制虚假陈述之路径选择

当前学界和实务界关于规制当事人虚假陈述的路径有很多探讨，总体来讲，笔者认为应当构建全程无缝的规制体系才能对当事人虚假陈述形成切实有效的威慑力，具体来讲应该在事前构建庭前陈述制度、事中构建庭审陈述宣誓制度、伪证调查制度、事后构建民事伪证制裁制度等。

（一）庭前陈述制度

庭前陈述制度（也称听取当事人本人意见制度）即法官通过浏览全案卷宗，归纳事实争议焦点，在开庭之前传唤当事人就案件事实作出陈述的制度。在审前准备阶段，听取当事人本人意见制度主要用于整理争点，而且被认为是一个必要的手段。同时，可以促进当事人与法官三方的对话、沟通，防止突袭性的裁判，加速诉讼程序的进程。[①] 该项制度有三个特征：一是要求当事人背对背陈述。这样能够避免当事人因陷入争辩而作虚假陈述。二是庭前陈述必须是在证据交换之前。因为其将当事人陈述作为独立的证据，若得知证据调查结果后再作陈述，陈述内容难免会尽量与证据调查结果相一致，不如开始时就让当事人陈述，其陈述受其他证据监控。三是法院可以强制要求当事人到庭接受询问，并要

---

① 陈文曲：《我国当事人陈述制度化——以法律商谈为视角》，载《湖南大学学报》2010年第 5 期。

求其对与裁判有关的重要事实作出陈述。[①] 考虑到询问当事人大多时候对待证事实具有决定性的作用,其直接性应当特别谨慎地予以维护。[②] 由于当事人本人对案情总是比律师有更多的了解,律师与当事人本人之间无论有多么充分的交流,总会存在某种程度的信息差。在实践中,尽管法院发出传票,要求当事人本人到庭接受询问,但是很多当事人出于种种原因,拒不亲自到庭参加诉讼,而法院也不能据此作出对其不利的事实或者法律推定。关于庭前陈述,有观点认为庭前的当事人陈述只具有说明案情的功能,不能作为证据。笔者认为,正是因为庭前陈述少了庭审陈述的激烈冲突和针锋相对,剥离了庭审中激进的功利主义情绪,才使得当事人的陈述具有较强的可信度,作为证据的真实性才能更好地体现。反之,庭审中的陈述甚至辩论,如果客观事实对当事人不利,那么要求当事人完全陈述客观事实反而强人所难。因为这样他们就不会选择如实陈述而导致败诉,转而选择虚假陈述或者拒绝陈述以降低败诉的风险。

(二)陈述宣誓制度

"任何被移入的法律,都不可能像原来的国家那样一模一样地发展,企图照搬别国的法律不过是一个天才的幻想。"[③]借鉴德国、日本和奥地利民事诉讼法关于当事人陈述宣誓制度的经验,结合我国司法实践,笔者认为构建当事人陈述宣誓制度是规制虚假陈述的有益尝试。构建该制度应注意以下几点:一是待证事实真伪不明方得启用。仅在一方当事人对于应由他证明的事项,不能通过其他证据方法得到完全证明或者未提出其他证据方法,法官不能形成内心确信时,才能请求法院启动宣誓制度,并就待证明的事实询问对方当事人。二是伪誓入刑。由于我国民众缺乏广泛信教的传统,不具有西方国家利用宗教强制力保证宣誓效果的有利条件,因此只能以刑罚方法保证誓言的真实性。在法国和德国,由于宣誓后作虚假陈述会严重干扰法院的裁判,法律对此的制裁也十分严厉。当事人作虚假陈述后,一经发现,将被追究刑事责任。在日本,经过宣誓的

---

① 对当事人来说,出庭参与诉讼是他的一项权利而非义务,他可以本人出庭进行诉讼,也可以委托诉讼代理人代为实施诉讼行为。在后一种情形下,法院不得从当事人本人未出庭这一行为中得出任何对其不利的推论。询问当事人制度改变了这种状况,在法院决定询问当事人时,当事人若收到法院通知后无正当理由未到庭接受询问或拒绝宣誓、拒绝陈述,这一不合作行为便成为法院评价的对象,法院依据自由心证对事实作出认定时,常常因此而作出对其不利的心证。

② [德]罗森贝克等:《德国民事诉讼法》,李大雪译,中国法制出版社 2007 年版,第935 页。

③ 宋冰编:《美国与德国的司法制度及司法程序》,中国政法大学出版社 1999 年版,第229 页。

当事人如果作虚假陈述,法院可以对其处以 10 万日元以下的罚款。①

(三)民事伪证调查制度

当前我国关于虚假陈述惩罚的立法不够完善,没有具体的程序支撑,不能将法的指引作用、预测作用、强制作用乃至教育作用得以很好地发挥。当事人作伪证需要受到制裁,这是构建民事伪证调查制度的前提,否则该制度就犹如空中楼阁。伪证调查不是目的,是为了使伪证制裁更具有威慑力。立法的目的是为了规制而不是为了惩罚,伪证调查实际是伪证制裁的实施程序规则。有制裁才有调查的必要,只有进行伪证调查,才能最终实施制裁,二者互为条件,缺一不可。

1.启动虚假陈述伪证调查的条件及主体

启动虚假陈述伪证调查的条件有两个:第一,以目前现有的证据将导致法院认定事实真伪不明;第二,法院依当事人申请或者依职权而启动。首先,如果案件的证据(除当事人陈述外)已经足以认定案件事实,则当事人的虚假陈述可以不必受到惩罚,因为其陈述并不能对裁判结果及他人的权益造成实质的影响。其次,伪证调查的启动可以依当事人申请也可以依职权。一般需要依当事人申请而启动,当法院认为有必要而当事人又没有提出伪证调查申请时,可以依职权发起。具体而言,庭审中,当事人可以针对对方关键的陈述观点提出真实性异议,要求法院对其真实性进行审查,法院认为该陈述对案件的判决有关键影响的,应当准许,同时终止本案审理,进入伪证调查程序。为了防止滥用伪证调查程序,需要申请方交纳一定的调查担保金,若调查结果表明对方的陈述为真,则非但要没收担保金,提出异议方还应该承担赔偿对方损失及接受罚款或者拘留的惩罚。

2.实施虚假陈述伪证调查的主体

关于伪证调查的实施主体,有观点认为应该由公安或者检察机关实施。笔者认为应该由法院实施,理由如下:(1)法官是审查核实证据的主体,判断证据的真伪是法官的职能。② 证据审查是法庭调查的主要内容,而法庭调查权又是审判权的权能之一。伪证调查实质是法庭调查的延伸,是将庭审中无法查证核实的证据延伸到庭外,本质还是对证据的核查。(2)法官在庭外对证据的核查并不违反法官中立原则,因为任何一方都可以提出伪证调查申请,机会对于各方都是均等的,该规则没有违背民事诉讼三角平衡结构。(3)没有造成严重后果的虚假陈述当以妨害民事诉讼的行为进行惩罚,则该调查主体应为法院,若民事伪证涉

---

① 包冰锋:《大陆法系当事人询问制度及其启示》,载《南通大学学报》2012 年第 2 期。

② 李涛:《从原则到制度:诚信原则对民事诉讼伪证行为的规范》,载《晋中学院学报》2013 年第 2 期。

及犯罪,则依法由法院移送侦查机关侦查,而不应该由侦查机关包揽全部的伪证调查事项,这在实践中也是不现实的。

(四)民事伪证制裁制度

是否所有宣誓后的虚假陈述都要制裁?笔者认为,如果待证事实可以通过其他证据就能够证明,那么当事人无论作何虚假陈述,对判决都将没有影响,该行为便没有危害性,也就没有规制的必要。民事伪证的处罚措施分为民事处罚、行政处罚和刑事处罚。应当以"情节严重"和"造成严重后果"作为承担何种责任的考量标准。民事处罚如民事诉讼法规定的妨害民事诉讼行为,可以进行罚款或者拘留,而行政处罚主要针对诉讼代理人的虚假陈述行为,可以要求吊销律师执照、取消律师资格等,这在我国法律仍属空白。刑事处罚是指可以在刑法中规定相关的罪名,对于造成严重后果的民事伪证行为,入罪惩罚。建议对《刑法》第305条"伪证罪"、第306条"辩护人、诉讼代理人毁灭证据、伪造证据妨害作证罪"进行修改,第305条"伪证罪"中"证人、鉴定人、记录人、翻译人"修改为"诉讼参与人","毁灭证据、伪造证据"添加"虚假陈述"。第305条和第306条"在刑事诉讼中"修改为"在诉讼中"。

这里需要讨论的是,何种虚假陈述情节当处民事处罚,什么情况下需要行政处罚以及刑事处罚的适用范围。即"情节轻重"的标准是什么。我国民事诉讼法及相关的司法解释并没有给出情节轻重的具体标准。笔者认为,如果对经过法官归纳并强调过的争议事实,当事人知晓作虚假陈述会造成的后果和应该承担的责任,并在对方当事人或者法官的要求下宣誓,在判决前被推翻而被认定为虚假陈述的,应视为情节严重,适用民事或者行政处罚。如果事后被发现为虚假陈述,而此时该判决已经生效,则应该视为民事伪证罪,纳入刑法规范范畴。根据我国社会当下存在的诚信普遍缺失这一现状,誓言的威慑力通过刑罚来保障会更有力。若当事人拒绝宣誓或者宣誓后拒绝回答法庭提问或者对方当事人提问,从民事诉讼证明规则的角度来说,则应该作对其不利之推定。

结　语

我国民事诉讼法未对当事人在诉讼中作虚假陈述有明确规制,导致各地法院在司法实践中对虚假陈述视而不见。屡禁不止的虚假陈述行为已经成为制约法官高质高效审理案件的瓶颈之一。唯有构建事前的当事人宣誓制度,完善事中的伪证调查制度和事后的伪证制裁制度,才能遏制当事人虚假陈述的泛滥,保障诉讼程序的有序进行和司法的公正。

新《民事诉讼法》举证时限规定之探析

■ 张显丽*

摘要: 我国新《民事诉讼法》从立法上正式确立了举证时限制度,但该制度的运行状况仍不容乐观。建立强制证据交换制度,并将最后一次证据交换之日定为举证逾期的临界点,可以充实审前程序、全面提升诉讼审理效率。对适用失权、罚款、训诫等制裁方式的可罚性逾期举证行为之构成要件进行界定,可以为法官的自由裁量权提供一种行事边界。考虑赋予当事人以异议权,使其有权对法官激进适用制裁方式或者怠于行使职权的行为提出异议,对保障当事人权利、促进举证时限制度良性发展具有重要意义。

关键词: 新民事诉讼法　证据制度　证据交换　举证时限

2012年8月31日修订的《民事诉讼法》第65条确立了证据适时提出原则,举证时限制度终于在我国法律中有了名正言顺的地位。遗憾的是,"适用这一制度不可或缺的一些具体规则仍处于空白状态"。[①] 新《民事诉讼法》实施后,各地法院逐步适用第65条处理当事人的逾期举证行为。《人民法院报》等刊物也刊载了一些典型案例,这些案例无疑显示了司法实务界对新《民事诉讼法》确立的举证时限制度的基本态度。但是,我们能够给当前举证时限制度的运行状况打多少分,似乎还需仔细斟酌。本文结合新《民事诉讼法》第65条在实践中的初步适用情况,拟提出一些能够使举证时限制度在现阶段良好运行的浅见。

一、合理确定举证逾期的临界点

【案例1】 2012年12月,上海某公司因一宗买卖合同纠纷将某商贸公司及另两名被告诉至C区法院,被告某商贸公司聘请了专业律师作为诉讼代理人。2013年1月22日是法庭安排的首次开庭日,也是该商贸公司举证期限届满日。

---

* 作者系昆明市盘龙区人民法院工作人员,法学硕士。

[①] 李浩:《论适用举证期限的几个问题》,载《法律适用》2013年第10期。

在此前的举证期限内以及当天庭审中,商贸公司没有向法庭提交任何证据。然而开庭后的 2 月 4 日,商贸公司却向法庭提交了一组早在 2012 年 12 月 28 日就已经形成的证据,并据此要求抵扣原告诉请的货款。商贸公司对逾期提供证据给出两点理由:一是"以为原告提供的证据可以说明问题";二是"法定代表人生病了"。经再次开庭审理,被告商贸公司逾期提供的这组证据对查清案件事实,保护被告合法权益具有关键作用,法庭依法予以采纳,但对商贸公司逾期举证的理由不予认可。2013 年 3 月 20 日上午,C 区法院对本案作出判决。为维护审判秩序,判决前,法庭依法对被告商贸公司予以训诫,责令其向法院提供《具结悔过书》,向法庭和其他当事人道歉,保证今后不再发生此类情况。①

证据逾期提出而将产生失权、罚款等制裁后果的时间点,笔者认为可以称之为"举证逾期的临界点",它是当事人向法院提供证据的最后期限。② 在案例 1 中,当事人逾期举证行为的产生既有其主观方面的过错,又与法院未能合理确定举证逾期的临界点有关。法院将当事人举证逾期的临界点确定在法庭开庭审理之日,事实上完全抛弃了审前证据交换程序,开庭审理之日将沦为证据交换的场合。这一做法虽然充分考虑到最大限度地给予当事人调查取证的时间,却没有对举证时限制度防止证据突袭的价值给予应有关照。如何合理确定举证逾期的临界点,是值得我们思考的问题。除了案例 1 中法院的做法,司法实务界对将举证逾期的临界点确定在何时还存在以下几种争议:

第一,有人认为,新《民事诉讼法》第 139 条规定当事人在法庭上可以提出新的证据,因此,举证逾期的临界点应确定在第一审法庭辩论终结前。但若是如此,我国的证据制度就又落入证据随时提出主义的窠臼。

第二,最高人民法院于 2001 年 12 月发布的《关于民事诉讼证据的若干规定》(以下简称《证据规定》)第 34 条规定,当事人应当在举证期限内向人民法院提交证据材料,当事人在举证期限内不提交的,视为放弃举证权利。即以举证期限届满之日为举证逾期的临界点(举证期限届满=举证逾期的临界点)。在法院指定举证期限的情况下,举证期限自当事人收到举证通知书的次日起计算。原被告的举证期限虽然长短一样,但他们收到举证通知书的日期往往不一致(即举证期限起算的日期不同),就导致原、被告举证期限届满的日期不是同一天。若

---

① 章伟聪:《上海长宁:对逾期举证者予以训诫》,载《人民法院报》2013 年 3 月 22 日第 3 版。

② 有学者用"举证失权的临界点"概括这一时间点,参见胡军辉:《我国民事举证期限制度的立法缺陷与完善》,载《中南大学学报》2007 年第 5 期。笔者认为,在 2012 年《民事诉讼法》修订后,这一概念变得不恰当了,因为当事人超过这一时间点提出的证据并不必然会导致失权,也有可能被法院施以其他制裁。

按照"举证期限届满＝举证逾期的临界点"的观点,举证期限先届满的当事人在等待对方期限届满而进行证据交换的这段时间,他不能再向法院提交任何证据。双方当事人举证期限的届满日可能相差十几天,这么长的时间,去抑制期限先届满的当事人在收集、提交证据上有所作为,对发现案件真实没有任何好处。况且,即使好不容易待双方举证期限均届满而进行证据交换,一次证据交换也并不能使证据、争点固定下来,当事人肯定要经过举证—反证—再举证—再反证的过程才能完成证据交换。若"举证期限届满＝举证逾期的临界点",当事人举证期限届满,则其已过举证逾期的临界点,那么在之后的证据交换过程中当事人再提出反证、反反证就没有根据,产生与其前提自相矛盾的情况。

第三,依据《证据规定》第37条、第38条的规定,证据交换的时间是在答辩期届满后至开庭审理前,证据交换之日举证期限届满。但《证据规定》第40条又规定,当事人收到对方交换的证据后提出反驳并提出新证据的,人民法院应当通知当事人在指定的时间进行交换。也就是说,司法解释规定证据交换可以多次进行,但是以第一次证据交换之日为举证逾期的临界点,而证据交换之日(举证逾期的临界点)过后,当事人还可以提出证据,此时提出的证据称为新证据。这显然是前后矛盾的。证据交换的目的是让当事人充分了解对方的主张、让法院明确争议焦点,只有在达到这一目的之后,证据交换活动才能停止,才能达到举证逾期的临界点。而举证逾期的临界点一旦到达,当事人一般是不能再提出证据的,《证据规定》似乎是为了自圆其说,将当事人在第一次证据交换之日后提交的证据称为"新证据"。事实上,第一次证据交换后,当事人看到对方交换的证据后提出的反驳证据并不一定是新证据,有可能是此前就已经存在,而当事人误认为其对诉讼没有意义而未提交,经对方当事人主张才想起来的反驳证据。将"新证据"的帽子生硬地扣在这样的证据上,似乎不妥。

笔者认为,应当将最后一次证据交换之日定为举证逾期的临界点,这能够避免再去界定第二次、第三次证据交换时提交的证据是否是新证据的麻烦。在多次充分交换证据后,再到达举证逾期的临界点,此时距离开庭审理之日还有一部分时间,这样既可避免以第一次证据交换之日为举证逾期的临界点造成的"证据固定"过于仓促而侵害当事人的证明权的问题,又可避免将开庭审理之日定为举证逾期的临界点导致的"证据固定"太过迟延而缺乏可操作性的缺点。"证据交换的过程就是双方当事人相互了解摸底的过程,在第二次证据交换中交换彼此在第一次交换当中所没有提交的证据,这是第一次证据交换所带来一种预期后果,是双方当事人就争议的主要问题逐步缩小差距的必要前提。"①

此外,我们还必须面对这样的问题:在我国,案件一般都有举证期限,但并非所有案件均会进行证据交换,特别是数量众多的简易程序案件,如何确定这类案件的举证逾期的临界点? 对于这些案件,当事人只能从法院向其送达的起诉状副本、答辩状副本、证据材料复印件中了解对方的主张、证据,此后对方再收集的证据,当事人在庭审前不可能了解到。新《民事诉讼法》第133条规定,人民法院对受理的案件,需要开庭审理的,通过要求当事人交换证据等方式明确争议焦点。从该条可以推知,新《民事诉讼法》将证据交换定位为法院"明确争议焦点"的方式之一,证据交换并不具有强制性,法院根据自己的"需要"决定是否进行证据交换,这显示出我国立法理念中的"国家本位"主义。设置证据交换程序的意义,不仅在于便利法院查明案情、集中审理,还有防止当事人遭受证据突袭的考虑。如果法院仅以自己是否明确案件争议焦点作为开启证据交换程序的标准,则举证时限制度追求诉讼效率的目标就不可能实现。因为没有证据交换,当事人就不能相互了解对方在举证期限内再收集的证据,不能在庭审前对这些证据和主张作好反驳准备,法院为了查明案情就不得不反复开庭。案例1中,很显然法院在开庭之前并未安排当事人进行证据交换,这也是造成庭审反复的一个重要原因。

当然,有人可能会认为,虽然法院对案件争议焦点无疑义时一般不会站在当事人角度考虑而去组织证据交换,但当事人可依《证据规定》第37条②向法院主动申请证据交换。但由于长期受职权主义的诉讼观念及传统"父母官"思想的影响,实践中当事人主动申请证据交换的情况并不多见。即使当事人主动申请证据交换,人民法院并非一有申请就"应当组织",而是"可以组织",是否组织证据交换的决定权在法院。

首先,法官要转变"国家本位"的理念,不能仅从法院是否明确案件争议焦点、从事审判工作是否便利的角度看待证据交换的作用。应当认识到当事人在准备阶段的主体地位,意识到证据交换程序的目的还包括从当事人角度防止证据突袭。

其次,在当事人法律意识淡薄的情况下,法官要充分行使释明权,引导督促当事人积极收集证据。"释明制度对于减少当事人因无知或疏忽而导致的实体

---

① 毕玉谦:《对我国民事诉讼审前程序与审理程序对接的功能性反思与建构——从比较法的视野看我国〈民事诉讼法〉的修改》,载《比较法研究》2012年第5期。

② 《证据规定》第37条第1款规定:"经当事人申请,人民法院可以组织当事人在开庭审理前交换证据。"

用。"①新《民事诉讼法》第 65 条对法官在适用举证时限制度过程中的释明职权作了相应规定，"大大强调了举证释明的针对性，即要求法官根据具体案情对当事人的举证进行针对性指导，标志着我国民事诉讼引入了个案举证释明机制"。②

最后，我国应当建立强制证据交换制度，③"扩大证据交换制度的适用范围，在所有的案件中均进行证据交换，而不仅限于重大疑难案件"。④ 强制证据交换必定会增加法院工作量，也会耗费一定时间，但是相比多次组织开庭所消耗的时间，这样的耗费显属必要。2003 年最高人民法院《关于适用简易程序审理民事案件的若干规定》第 23 条规定："法院适用简易程序时，应当一次开庭审结，但法院认为确有必要再次开庭的除外。"强制证据交换是达到"一次开庭审结"的重要保障。如此一来，所有案件举证逾期的临界点的确定方式均为最后一次证据交换之日。当然，尽管所有案件均须进行证据交换，但简易程序案件、小额程序案件的证据交换应与普通程序有所区别，要更简便些，如通知当事人到场的方式、证据交换的形式、会议记录等都尽量简要迅捷。

综上所述，案例 1 中，法院较为妥当的做法是，受理案件后充分行使释明权督促当事人进行证据收集活动，在正式开庭审理之前组织双方当事人进行证据交换，证据交换的形式不必拘泥，可采取各种丰富的形式，只要最终达到使案件能够集中审理的目的就可以。法官可以与律师、当事人共同协力在实践中因地制宜、因时制宜创设各种证据交换方式，"不一定是面对面的会议，通过书面或者网络会议的形式也应当被认可"，⑤以此充实审前程序，全面提升诉讼审理效率。

---

① 闫庆霞：《当事人民事诉讼主张研究》，法律出版社 2013 年版，第 218 页。
② 李祖军、吕辉：《个案举证释明研究——兼评 2012 年〈民事诉讼法〉第 65 条》，载《现代法学》2014 年第 1 期。
③ 《民事诉讼法》第 133 条规定："人民法院对受理的案件，分别情形，予以处理：……需要开庭审理的，通过要求当事人交换证据等方式，明确争议焦点。"笔者认为该条文的意思是，法院对需要开庭审理的案件，"应该"明确争议焦点，明确争议焦点"可以"通过要求当事人交换证据的方式进行。"等"字表明，明确争议焦点的方式并不限于要求当事人交换证据的方式，还可以通过其他方式。我们设想，如果法官通过当事人提交的起诉状、答辩状、证据材料明确了争议焦点，法院是不是就不会再组织双方当事人进行证据交换？这说明，该法律条文并不表明我国建立了强制证据交换制度。《证据规定》也仅规定了对证据较多或复杂疑难的案件进行证据交换，这是不够的，我们应当统一适用证据交换程序，这样才能将举证时限制度落到实处。
④ 伊鲁：《论强制答辩制度的建立》，载《西南农业大学学报》2013 年第 3 期。
⑤ 仇金：《论民事诉讼当事人逾期举证的法律后果》，载《西南政法大学学报》2014 年第 1 期。

在法院明确争议焦点、当事人充分了解对方证据之后,以最后一次证据交换之日为举证逾期的临界点,告知当事人此后不得再提交证据,否则将有可能被认为是逾期举证行为而遭受一定的制裁。

二、合理制裁可罚性逾期举证行为

逾期举证的行为样态不同,对应的法律后果就不同。如果法律对逾期举证行为的制裁后果设置得梯度合理、轻重得当,就既能够对拖延诉讼的恶意当事人形成威慑,又能够让双方当事人都认同法院的处理结果。

新《民事诉讼法》第 65 条对可罚性逾期举证行为设置了多种制裁后果,但对"在何种情况下适用不予采纳该证据、训诫、罚款并不明确",[①]这就导致了实践中法官行使自由裁量权尺度难以统一的情况发生。因此,法官在适用制裁措施时如何把握裁量"尺度",是我们不得不思考的问题。过"度",当事人会产生惧讼心理,有损其诉权利益,与作为民事诉讼制度最高目标的"诉权保障"[②]理念相悖;蜻蜓点水似的惩罚,又会给恶意当事人"不痛不痒"的感觉,不可能遏制当事人的证据突袭行为,敦促当事人积极举证的愿望也将难以实现。以下是《人民法院报》分别于 2013 年 2 月 22 日、3 月 22 日刊载的两个案例:

【案例 2】 杨某某于 2003 年向农行丹棱县支行借款 15 万元,约定还款时间为 2004 年,唐某某等人以各自房产为借款提供了抵押担保并进行了相应登记。此后,杨某某一直未归还借款,截至 2012 年差欠本金、利息和违约金共 25 万余元。农行丹棱县支行起诉至丹棱县法院,主张债权和抵押权,但仅向法院提交了一张 2011 年杨某某签字认可的催收借款通知。丹棱县法院据此认定农行丹棱县支行起诉时主债权已经超过 2 年的诉讼时效,其在主债权诉讼时效期满后主张抵押权不应得到支持,驳回了主张抵押权的诉讼请求。农行丹棱县支行不服一审判决,向眉山中院提起上诉。二审中,该支行又向法院提交了从 2004 年至 2011 年的数张由债务人杨某某签收的催款通知,证明借款主债权诉讼时效多次中断,从未届满,其向唐某某等人主张抵押权并未超过主债权诉讼时效,应得到法院支持。该支行称逾期提交证据的原因是时间久远、业务员工作变动,未能及时找到。眉山中院认为,在这起案件中,催款通知是金融借款法律关系中的重要证据,农行丹棱县支行作为正规的金融机构未予妥善保管,并在诉讼中逾期

---

① 毕玉谦:《对我国民事诉讼审前程序与审理程序对接的功能性反思与建构——从比较法的视野看我国〈民事诉讼法〉的修改》,载《比较法研究》2012 年第 5 期。

② 齐树洁、周一颜:《司法改革与接近正义——写在民事诉讼法修改之后》,载《黑龙江省政法管理干部学院学报》2013 年第 1 期。

提交,过错明显,主观上是出于过失。虽然提交的证据属于关键证据,法院予以采信,并据此支持了其诉讼请求,但依法应对其处罚。由于民事诉讼法未对罚款金额幅度作出具体规定,故结合该支行过错大小和涉案金额,决定罚款5000元。①

【案例3】 2013年4月19日,江苏省南通市港闸区人民法院审结一起解散公司纠纷案。在前期审理过程中,被告南通某船舶设备公司向法庭提交了一份公司章程作为证据。庭审中,原告齐某的代理律师对该证据的真实性及内容没有异议,但对该证据的合法性提出了异议,被告公司的代理律师没有提供反驳证据进行抗辩。就在整个庭审程序终结、双方当事人的举证期限早已超过并等待法庭宣判的情况下,被告公司才到工商登记部门核查自身档案,此时才发现其提交法庭的公司章程系公司设立之前股东之间所签订的一份文件,并非公司股东后来更改签署并向工商登记部门备案的公司章程,且两份章程的内容存在重大的差异,如不在宣判前赶快弥补先前的举证失误,该案的判决结果对其明显不利。在法院开庭宣判的当天,被告公司的代理律师向法庭申请提交新的证据,并请求法院查明事实后再进行宣判。在听取了被告公司的逾期举证理由后,承办法官认为,本案被告聘请了专业律师作为诉讼代理人,应当明知举证期间的法律含义以及逾期举证的法律后果,被告提出的逾期举证理由显然难以成立。法官鉴于被告补充提交的新证据对查清案件事实、保护被告合法权益具有关键作用,法庭在采纳证据的同时,对于被告的逾期举证行为当庭予以训诫。②

我们发现,在适用新《民事诉讼法》的举证时限规定时,法官们总体上对逾期举证行为持较为宽容的态度。在案例2中,作为经常处理与客户之间金融纠纷的金融机构,原告对于在处理纠纷时要收集、保留哪些证据似乎应当比普通人更有经验。但直至二审,原告才提交原本早已存在的对于担保债权如此重要的"催收借款通知",实在有违常理。法官"结合该支行过错大小和涉案金额,决定罚款5000元"。对于案例3,被告逾期提交证据的主观过错是非常大的,作为船舶设备公司,其已聘请专业律师,具有较强的诉讼能力,逾期举证的理由非常不合理。法官"鉴于被告补充提交的新证据对查清案件事实、保护被告合法权益具有关键作用","在采纳证据的同时,对于被告的逾期举证行为当庭予以训诫"。案例1中法院的做法也存在同样的问题,被告某商贸公司聘请了专业律师作为诉讼代理人,其对逾期提供证据给出的理由竟然是"以为原告提供的证据可以说明问

---

① 钟成、余林峰:《四川眉山:对逾期提供证据单位作出罚款》,载《人民法院报》2013年2月22日第3版。

② 顾建兵、虞忠红:《法院当庭训诫无故逾期举证当事人》,载《人民法院报》2013年5月7日第3版。

题"和"法定代表人生病了",于情于理皆不可接受,法院却仅对被告商贸公司进行了训诫,责令其提供《具结悔过书》和道歉。对三个案例进行分析后我们发现,法官的裁量尺度有待商榷,尤其是案例 1 与案例 3,只对当事人处以训诫是否轻重失当?从《人民法院报》刊载的这几个案例可以看出,最高人民法院有引导实务部门宽松适用制裁后果的想法,但即使是不轻易采用证据失权而采用其他制裁方式,是否也应该考虑比例原则?

为了统一裁判尺度,法官在考察当事人的逾期举证行为是否具有可罚性以及应当施加何种制裁方式时,应当有一种可供参考的标准。新《民事诉讼法》第 65 条关于几种制裁机制的规定太过笼统,"对诉讼实务的指导意义不强"。[1] 据此,司法解释须统一对证据失权、罚款、训诫等制裁方式的构成要件进行界定,为法官提供一种行事边界。当事人逾期提交证据的,法官应考察逾期举证行为是否符合可罚性逾期举证行为的构成要件,在符合的情况下,选择适用相符的制裁方式,不必再纠缠于证据是否为"新证据"。

笔者认为,可罚性逾期举证行为应同时具备以下要件:

第一,当事人逾期提交证据,即经过举证逾期的临界点——最后一次证据交换之日提出证据。

第二,当事人逾期举证具有主观归责性。对于逾期举证,当事人主观上存在故意或过失,具体情形包括故意、重大过失、一般过失或轻微过失。《民事诉讼法》第 65 条规定"人民法院根据不同情形可以不予采纳该证据,或者采纳该证据但予以训诫、罚款",笔者认为这里的"不同情形",实质上就是指逾期举证人主观过错状态不同。"如果当事人基于轻微过失未及时提供证据,可以采用训诫这种轻微的处罚;当事人存在一般过失的,可以对其处以罚款;当事人存在故意或者重大过失未能及时提供证据的,则应当承担对应证据失权的后果。"[2]当事人逾期提交证据,既非出于过失也非出于故意的,逾期举证行为不具有可罚性,"如果当事人逾期提供证据是基于自身所不能控制的客观原因,如不可抗力、社会事件等,其主观上不存在故意和过失,应当认为其未及时提供证据存在正当理由"。[3]对逾期举证不存在主观过错的事实由当事人进行证明。

第三,当事人逾期举证造成诉讼迟延。如何判断"诉讼因逾时提出攻击防御方法而导致迟延",德国和我国台湾地区的学者有"绝对延滞"与"相对延滞"的探

① 李瑞钦:《价值定位与路径选择:我国举证时限制度适用再反思——兼析新〈民事诉讼法〉第 65 条》,载《法律适用》2013 年第 9 期。

② 王国征:《民事证据的提供和收集专题研究》,湘潭大学出版社 2013 年版,第 40 页。

③ 宋春雨:《新〈民事诉讼法〉中有关证据制度理解和适用的几个问题》,载《法律适用》2013 年第 10 期。

讨。"所谓'绝对延滞'系指自系争逾时攻防提出之时为'起点'加以观察,比较'允许该攻防提出所需之审理期间'与'不允许该攻防提出所需之审理期间',若前者较后者为长,则认定该攻防方法之逾时提出已导致诉讼延滞。由于'绝对延滞'系以自提出系争逾时攻防后之'将来审理时间'为比较基准,从而又称为'剩余期间观察法'。与此相对的,'相对延滞'则系以整个诉讼审理期间为基准进行比较,并不限于系争逾时攻防提出后之'将来审理时间',同时并扩及'过去审理时间'之评估判断,亦即以'因逾时提出系争攻防所需要之整个案件审理时间'与'若准时提出系争攻防所估计需要之整个案件审理时间'进行比较,只有在前者较长之情形之下,始认定因该攻防之提出已导致诉讼延滞。"①

两种判断方式有哪些利弊,学者之间有不同见解。学者黄国昌认为,"绝对延滞"与"相对延滞"的区别在于,法院在认定是否存在因逾期提出攻击防御方法而导致诉讼延滞时,究竟是"只向前看地考虑未来",还是应该"同时向后看地追究过去"? 是只考虑促进诉讼,还是必须考虑对未来其他案件当事人所传达的信息与所造成的影响? 笔者认为,虽然学者们对"绝对延滞"与"相对延滞"的探讨,是在"当事人逾时提出的攻防方法是否应当判定失权"的前提下进行的,但是这两种衡量诉讼迟延的方式,对本部分探讨的"可罚性逾期举证行为之构成要件的诉讼迟延的判断"颇具借鉴意义。对于可罚性逾期举证行为,我们可以同时使用"绝对延滞"与"相对延滞"两种方式相结合来判断是否造成迟延。判断"逾期提出证据是否会导致诉讼迟延",既要向前看,考虑采纳证据后案件审理时间是否会不合理延长(即基于"绝对延滞"的考虑);也要向后回顾,思考如果当事人适时提出证据,案件的审理时间相较目前是否会短得多(即基于"相对延滞"的考虑)。换句话说,当事人逾期提交证据的,法院作如下处理:如果当事人逾期提出证据会导致案件将来的审理迟延的,那么法官可以考虑以失权处理逾期证据,或者以罚款或训诫对待逾期举证人,即只要存在"绝对延滞",再结合另外两个构成要件,法官就可以考虑对逾期举证人进行制裁。接下来考察,如果当事人适时提出证据,本会使案件审理时间大幅缩短,但诉讼却因逾时提出证据而凭空拖延到现在,则法官可以考虑对当事人进行罚款或训诫,而不宜以失权处理逾期证据,因为即使证据失权,既往诉讼程序的迟延与浪费也再难恢复。即若仅存在"相对延滞",则将证据失权排除出制裁后果。但出于惩罚逾期举证人违反诉讼促进义务的行为以及对未来其他案件当事人进行警戒的考虑,应当对当事人的逾期举证行为施加其他方式的制裁。

---

① 黄国昌:《民事程序法学的理论与实践》,台湾元照出版有限公司 2012 年版,第 10～11 页。

第四，当事人逾期提出证据与诉讼迟延之间存在因果关系。逾期举证行为制裁后果的轻重应当与因果关系的相关度成正比。"从因果关系上来看，只有当事人逾期举证与诉讼迟延之间具有因果关系，并且逾期举证是造成诉讼拖延的唯一原因时，才能裁判当事人承担证据失权的不利益。"①

依据可罚性逾期举证行为对本文三个案例进行分析，案例1中的被告某商贸公司、案例2中的农行丹棱县支行、案例3中的被告南通某船舶设备公司的逾期举证行为主观上均存在一般过失，适用罚款的处罚方式较为合理。罚款是我国民事诉讼中对妨害民事诉讼的行为的强制措施。"罚款数额的确定，是这一惩罚后果实施效果的重要基础。"②《民事诉讼法》第115条第1款规定："对个人的罚款金额，为人民币10万元以下。对单位的罚款金额，为人民币5万元以上100万元以下。"案例2中，法官虽然对农行丹棱县支行进行罚款，但显然并未按照第115条的标准进行处罚，这样做是否恰当？以什么标准对当事人进行罚款较为合理？若以涉案金额为标准，那么非经济类案件是否就不能适用罚款？笔者认为，不论何种类型的案件均可适用罚款，但我们有必要进一步明确罚款数额的确定方式，以避免尺度不一造成混乱。《民事诉讼法》第115条规定的罚款尺度太大，不符合经济落后地区的实际状况，罚款的数额可以根据地域差异、案件差异，由不同地区的高级人民法院依据最高人民法院的司法解释作出合理规定。法官在具体案件中要根据案件具体情况，如当事人主观过错的程度、诉讼迟延的程度、当事人的经济能力、案件性质、涉案标的综合确定罚款数额。但罚款数额也不宜过低，否则就丧失了惩戒的意义，助长当事人"只要多花钱，就能随意逾期提交证据，随意使用恶意诉讼策略"的不当企图。

三、设置恰当的异议机制

"在民事诉讼中，为了维护当事人的利益，法律赋予其一定的诉讼权利来监控法院合法运用程序和对方当事人诉讼行为。"③这就构成了民事诉讼的异议机制。《民事诉讼法》第65条对逾期举证行为规定了相应的制裁机制，却未给予逾期举证人及其相对方一定的异议渠道。一方面，这潜藏着法官滥用职权、随意运用制裁方式侵害当事人诉讼权利的危险。另一方面，新《民事诉讼法》第65条赋予了法官较大的选择适用不同制裁方式的空间，逾期举证的制裁后果相比以前

① 王玲：《从法定证据失权到酌定证据失权的嬗变——对新〈民事诉讼法〉第65条的思考》，载《河北法学》2014年第4期。

② 彭幸：《规制逾期举证行为的程序设计》，载《成都理工大学学报》2014年第1期。

③ 吴英旗等：《民事诉讼法律责任初探》，中国政法大学出版社2013年版，第112页。

要宽缓很多。如此一来，我们又不得不担忧，法官对待逾期举证行为是否又会过分宽容？"从 20 世纪 90 年代初至今，我国民事举证时限制度在价值取向上经历了一个从矫枉过正到回归理性的过程"。[①] 为了避免上述两种极端情况出现，有必要赋予当事人以异议权，使其有权对法官激进适用制裁方式的行为或者怠于行使职权的行为提出异议。

（一）异议的对象范围

根据《民事诉讼法》第 65 条的规定，当事人逾期提交证据的，法官可能作如下处理：证据被采纳；证据被采纳，并予以训诫或者罚款；失权。对逾期举证行为的这些处理结果以"判决"、"裁定"还是"决定"作出，构成当事人之异议权的对象范围。

当事人逾期提交的证据失权与否，关涉案件判决结果的公正性及当事人对法院认定事实是否准确的评价，所以，证据失权的裁决方式应当是"判决"。当事人对证据失权的处理结果有异议的，有权提起上诉。况且，以判决方式作出失权与否的决定并允许当事人对此提起上诉是司法实践中早已存在的惯常做法，也是司法规律的必然要求。实践中常常出现当事人对原审法院案件事实的认定不服而提起上诉的情况，上级法院受理后，必须对原审法院作出的证据认定结论进行重新审查、重新评价，这就要求原审法院必须在判决书中对当事人提交的每一项证据的认定情况作出说明，交代清楚证据采纳或失权的理由，合理进行"利益衡量"，"使当事人自觉认同和服从司法裁判"。[②] 由此我们可以看出，以判决的形式对失权作出处理并且允许当事人对失权与否提起上诉，是符合现实状况的。

"对妨害民事诉讼的强制措施，是人民法院根据法律规定依职权采取的强制性手段，其目的在于排除妨害，保障民事诉讼活动的顺利进行。"[③]当事人逾期提交证据的行为在某种程度上可以视为一种妨害民事诉讼的行为，所以，对故意逾期举证的行为适用罚款、训诫并无不当，可以对当事人形成一定的威慑。训诫以口头方式作出，罚款用决定的方式作出，训诫与罚款的异议方式均为复议。

---

① 王建林：《我国民事举证时限制度的变革及启示》，载《嘉应学院学报》2014 年第 1 期。

② 李朋洲、翁世萍：《论司法裁判的可接受性——以利益衡量为视角》，载《湖北警官学院学报》2014 年第 4 期。

③ 武文举：《民事诉讼法学原理与实务研究》，中国政法大学出版社 2013 年版，第 190 页。

（二）异议的具体程序

1. 上诉

在此笔者主要讨论上级人民法院如何对待当事人的上诉请求的问题。从宏观上看，是否采纳逾期证据是法律明确赋予法官的自由裁量权，对于这一权力的行使，除非有特别明显的滥用，上级法院应当予以尊重，不得随意干涉。

从微观角度来看，若法院未对逾期举证行为进行制裁，当事人在法庭辩论终结前没有对逾期举证人行使责问权，对法院的不制裁也没有提出异议，待判决作出后，当事人再因"不服法官未对逾期举证行为施以失权制裁"而提起上诉，上级法院是否支持其主张？笔者认为，当事人在这种情况下丧失了以此为理由上诉的胜诉权。当事人的异议获得支持的前提条件是其在发现对方逾期举证的情况下，对逾期举证人已行使过责问权。"如果当事人已经知道或者应当知道诉讼行为存在的瑕疵，但他懈怠行使责问权，将会导致责问权的丧失。在责问权抛弃、丧失的情况下，诉讼行为的瑕疵将获得治愈（即行为的瑕疵不再被考虑）……当事人对他方或法院的诉讼行为的瑕疵享有责问权，但他应当谨慎、及时地行使责问权，懈怠行使责问权不仅损害程序的安定，而且浪费诉讼资源，降低诉讼效率。"[1]

2. 复议

为督促权利人及时行使复议申请权，保障诉讼顺利进行，最高人民法院可以作出司法解释，规定当事人应当在接到法院裁决书的 3 日内提出复议申请。法院审查复议申请并作出复查结果的期限定为 3 日较为合适。虽然我国民事诉讼将"复议期间不停止执行"作为一项复议原则，但举证时限中罚款等的生效执行并不具有如此强的紧迫性，故当事人提出复议申请的，原来的罚款决定暂不生效。对于复议审查的机构，《民事诉讼法》规定当事人对罚款决定不服的，可以向上一级人民法院申请复议。笔者认为，对逾期举证行为的制裁裁决，应当向作出该裁决的人民法院申请复议较为恰当，向上一级人民法院申请复议与举证时限制度追求诉讼效率、避免诉讼迟延的价值相冲突，且与复议快速维护当事人的程序利益、降低救济成本的本意不符。具体而言，可以由作出原裁决的法官或合议庭进行复议，也可以由原法院指派其他法官或者另行组成合议庭进行审查。

---

① 王德新：《民事诉讼行为理论研究》，中国政法大学出版社 2011 年版，第 301 页。

李亚赛诉陈安辉、陈永抱等共有物分割纠纷案
——灵牌对当事人身份确认的证据效力

■芦 絮 林焕华 王铁玲*

裁判要点:身份关系的认定,在穷尽一切办法均无法在职权部门找到依据后,可以根据物证(如灵牌、照片等)和证人证言认定。共有物分割和继承权纠纷容易混淆,应以遗产是否开始分割作为区分。继承权纠纷的诉讼时效应在遗产范围由法院最终确定后开始起算。

关键词:灵牌 身份确认 共有物分割 诉讼时效

基本案情①

原告李亚赛诉称,陈长印与黄金兰系夫妻,共育子女三人,即陈永良、陈永抱、陈永宝。陈永良与谢宝系夫妻关系,育有陈安辉、陈素秀、陈素敏、陈秀珍;陈永宝与李亚赛系夫妻关系,育有李吉强、李丽美、李革命、李丽君。陈长印、黄金兰、陈永良、陈永宝均已过世。1951 年,原福建省海澄县人民政府向陈长印、黄金兰、陈永良、陈永抱、陈永宝一家颁发了澄字第 23877 号土地房产所有证,记载坐落于温厝乡石仓村宁坑社的平房 12 间 1.08 亩、空基 0.15 亩为该户全家所有。1997 年 8 月,原厦门市杏林区人民政府核发杏集建(97)字第 11593 号集体土地建设用地使用证,该证记载:地址海沧镇温厝村宁坑社,用地面积 704.3 平方米,土地使用者陈安辉。2010 年 1 月 26 日,厦门市国土资源与房产管理局作出厦国土房权籍[2010]2 号文件《关于撤销陈安辉"杏集建(97)字第 11593 号

---

* 芦絮,厦门市海沧区人民法院法官,法律硕士;林焕华,厦门市海沧区人民法院法官;王铁玲,厦门市中级人民法院法官,法学博士。

① 本案第一审判决书:福建省厦门市海沧区人民法院[2013]海民初字第 194 号(2013 年 4 月 17 日);本案第二审判决书:福建省厦门市中级人民法院[2013]厦民终字第 2127 号(2013 年 8 月 18 日)。

〈集体土地建设用地使用证〉"全部核准登记事项的决定》,陈安辉不服该决定,经厦门市海沧区人民法院和福建省厦门市中级人民法院审判确认厦门市国土资源与房产管理局作出的该文件合法有效,予以维持。现上述土地恢复到澄字第23877号土地房产所有证确认的状态,即由陈长印、黄金兰、陈永良、陈永抱、陈永宝全家所有,每人拥有1/5的份额,在陈长印、黄金兰去世后,2/5的份额由陈永良、陈永抱、陈永宝继承,每人继承2/15。陈永宝享有1/5份额和继承而来的2/15份额,合计享有房屋1/3份额。现澄字第23877号土地房产所有证的房屋,因自然原因倒塌一部分,尚余6间121.93平方米。因陈永宝去世且生前未立遗嘱,遗产至今未进行分割,陈永宝的其他法定继承人李吉强、李丽美、李革命、李丽君均已声明放弃继承权,因此本应由陈永宝享有的对上述澄字第23877号土地房产所有证的房屋的继承权,依法应当由原告享有。原告特向法院提起诉讼,请求法院判令原告拥有位于海沧街道温厝村宁坑社老厝房屋面积为40.64平方米的所有权。

被告陈安辉答辩称:(1)本案的案件性质为继承权纠纷,没有任何证据可以证明李亚赛与陈永宝是夫妻关系,陈安辉一直都对李亚赛的身份持有异议,李亚赛无权主张陈永宝遗产的继承权。应当依法驳回李亚赛的全部诉讼请求。(2)即使李亚赛有证据证明陈永宝系其妻子,李亚赛的起诉也超过2年的诉讼时效期间及20年的除斥期间,其相关权利不应当受到法律的保护,应当依法驳回李亚赛的全部诉讼请求。根据原告的陈述,陈永宝系1977年(30多年前)就已死亡。根据《中华人民共和国民法通则》第135条和第137条的规定,《中华人民共和国继承法》第8条以及《最高人民法院关于贯彻执行〈中华人民共和国继承法〉若干问题的意见》第18条和第32条的规定,陈永宝的继承人应当在陈永宝死亡后20年内主张要求继承的权利。然而,李亚赛没有提出任何要求继承陈永宝遗产的请求,且在2010年6月27日陈永抱提出分割涉案财产时,李亚赛作为该案的诉讼当事人,也没有主张任何权利,其行为也表明其放弃其对涉案财产的相关主张。综上所述,李亚赛的主张没有任何的事实和法律依据,应当依法驳回原告李亚赛的全部诉讼请求。

被告陈永抱答辩称:原告所陈述的均为事实,其对于原告的请求没有意见。

第三人陈素秀陈述称:对于原告的请求没有意见,但其作为陈永良的子女,有权继承讼争房产。

第三人陈素敏、陈素珍未作陈述。

法院经审理查明:

1.各方无争议的事实如下:陈长印与黄金兰系夫妻关系,共育子女三人,即陈永良、陈永抱、陈永宝。陈永良与谢宝系夫妻关系,育有陈安辉、陈素秀、陈素敏、陈秀珍。陈长印于1966年去世,黄金兰于1975年去世,陈永宝于1977年去世。陈永良已去世,谢宝于 2012 年 6 月 4 日去世。

1951 年,原福建省海澄县人民政府向陈长印、黄金兰、陈永良、陈永抱、陈永宝一家颁发了澄字第 23877 号土地房产所有证,记载坐落于温厝乡石仓村宁坑社的平房 12 间 1.08 亩、空基 0.15 亩为该户全家所有。1997 年 8 月,原厦门市杏林区人民政府核发杏集建(97)字第 11593 号集体土地建设用地使用证,该证记载:地址海沧镇温厝村宁坑社,用地面积 704.3 平方米,土地使用者陈安辉。2010 年 1 月 26 日,厦门市国土资源与房产管理局作出厦国土房权籍[2010]2 号文件,作出《关于撤销陈安辉"杏集建(97)字第 11593 号〈集体土地建设用地使用证〉"全部核准登记事项的决定》,陈安辉不服该决定,经厦门市海沧区人民法院和福建省厦门市中级人民法院审判确认厦门市国土资源与房产管理局作出的该文件合法有效,予以维持。2010 年 6 月 27 日,陈永抱以陈安辉、李亚赛、李革命、李丽美、李吉强为被告提起诉讼,要求分割海沧街道温厝村宁坑社面积为 1218.49 平方米的房产。2012 年 4 月 9 日,福建省厦门市中级人民法院作出[2012]厦民终字第 544 号民事判决书,认定海沧街道温厝村宁坑社老厝的房间间数现为 6 间,房屋面积为 121.93 平方米。陈永抱拥有澄字第 23877 号土地房产所有证项下祖厝房屋所有权 1/3 的份额,计 40.64 平方米。

2. 对于各方有异议的事实,即陈永宝的身份和原告与陈永宝的关系,本院根据各方当事人的举证、质证,分析认定如下:

原告提供了以下证据证明陈永宝的身份以及原告与陈永宝的夫妻关系:(1)厦门市海沧区东屿社区居民委员会的证明,内容为:原我村第九组村民陈永刊(曾用名:陈永宝),女性,于 1945 年 11 月 5 日出生,1964 年 4 月 22 日因婚嫁,由温厝村宁坑社迁入我村第九组其丈夫李亚赛户内,并于 1977 年 10 月 10 日去世。情况属实。特此证明。(2)李丽美的户籍信息显示父亲是李亚赛,母亲是陈永刊(已故)。(3)照片,内容是李亚赛房屋内存立陈永刊的灵牌。

被告陈安辉对于原告提供的证据质证认为:(1)居民委员会并不具有证明公民身份的主体资格。陈永刊是否有曾用名,陈永刊是否是澄字第 23877 号土地房产所有证上的陈永宝,应当由公安机关和民政部门出具证明确认。(2)户籍信息载明李亚赛的妻子是陈永刊,但并没有写明陈永刊有曾用名陈永宝。(3)原告提供的照片也无法证实陈永刊与陈永宝是同一人。

被告陈永抱对于原告提供的证据均无异议,并认为陈永宝与陈永刊是同一人,陈永宝是其妹妹,陈永宝是出生时的名字,陈永刊是读书时的名字。陈永宝与李亚赛是夫妻关系。

裁判结果

福建省厦门市海沧区人民法院于 2013 年 4 月 17 日作出[2013]海民初字第 194 号民事判决:原告李亚赛拥有澄字第 23877 号土地房产所有证项下祖厝房屋所有权 1/3 的份额,计 40.64 平方米。宣判后,被告陈安辉不服提出上诉。厦门市中级人民法院作出[2013]厦民终字第 2127 号民事判决书,驳回被告陈安辉的上诉,维持原判。

裁判理由

法院生效裁判认为:被告陈安辉对于陈长印与黄金兰生育三名子女陈永良、陈永抱、陈永宝不持异议。在原告向相关机关申请调取仍无法提供陈永宝的身份信息及结婚证等情况下,考虑到陈永宝于 1977 年去世,距今时间久远,因行政区划调整和其他历史原因,档案信息不完整等客观情况,对于陈永宝的身份和陈永宝与原告的关系,陈永抱作为陈永宝的姐姐,其陈述较具有证明力,结合原告提供的厦门市海沧区东屿社区居民委员会的证明、户籍信息和照片的证据予以佐证,可以认定陈永宝曾用名陈永刊,陈永宝与原告系夫妻关系。李吉强、李丽美、李丽君、李革命是陈永宝与李亚赛生育的子女,四人明确放弃对于陈永宝财产的继承权。原告作为陈永宝的配偶,可以依法继承陈永宝的遗产。

本案的焦点问题是案件性质的确定及原告的请求是否超过诉讼时效期间。

原告认为本案系共有物分割纠纷。本案讼争房屋的继承人均未放弃继承,因该遗产尚未分割,应认定讼争房屋是共同共有,并以此为前提予以分割,而非继承权受到侵害的纠纷。本案不适用继承诉讼时效的规定。

被告的主张与其答辩意见一致。

法院认为,根据澄字第 23877 号土地房产所有证记载,陈长印、黄金兰、陈永良、陈永抱、陈永宝是权利人,现该土地房产所有证项下的房屋现余 121.93 平方米,其余倒塌。因此,陈永宝享有该剩余房产 1/5 的份额。李亚赛作为陈永宝的配偶,李吉强、李丽美、李丽君、李革命作为陈永宝的子女,该 5 人均是陈永宝财产的法定继承人,在李吉强、李丽美、李丽君、李革命明确放弃继承权后,李亚赛作为唯一的法定继承人继承陈永宝的财产,陈永宝的遗产继承人对于陈永宝所有财产的继承问题不存在纠纷,由李亚赛继承所有讼争房产 1/5 的份额。此外,在陈长印、黄金兰去世后,继承开始,陈永良、陈永抱、陈永宝作为共同继承人继承讼争房产 2/5 的房产;在陈永良、陈永宝去世后,遗产尚未分割,发生转继承,由陈永良、陈永宝的继承人及陈永抱继承陈长印、黄金兰的财产。现被告陈安辉作为陈长印、黄金兰的转继承人之一，对于同作为陈长印、黄金兰转继承人的李亚赛能否继承遗产提出异议，继承出现纠纷。被告陈安辉提出李亚赛在 2010 年 6 月 27 日，陈永抱提出分割共有物的案件时（厦门市海沧区人民法院[2010]海民初字第 1312 号），知道李亚赛应继承的财产被他人侵害，应从此开始计算诉讼时效，至 2012 年 6 月 26 日，诉讼时效期间已经届满，而李亚赛却迟于 2012 年 12 月 26 日才提起诉讼，已经超过诉讼时效期间。对此主张，本院认为，虽然李亚赛作为厦门市海沧区人民法院[2010]海民初字第 1312 号案件的当事人，知道遗产继承出现纠纷，但是对于可以继承遗产范围的确定，是由福建省厦门市中级人民法院于 2012 年 4 月 9 日作出的[2012]厦民终字第 544 号民事判决书认定的，自此，原告才知道其可以继承遗产的范围，权利最终确定，开始起算诉讼时效期间。原告于 2012 年 12 月 26 日提起诉讼，没有超过诉讼时效，被告的主张本院不予以采纳。因此，李亚赛、陈永抱以及陈永良的继承人可以继承陈长印、黄金兰所有的 2/5 的房产份额，即李亚赛可以继承讼争房产的 2/15，加之其继承陈永宝所有的讼争房产 1/5 的份额，共计拥有讼争房产 1/3，计 40.64 平方米。对于第三人陈素秀主张的其作为谢宝的继承人，在谢宝去世后，应当继承遗产的问题，因陈素秀与陈安辉就继承的问题出现纠纷，第三人陈素秀可以另案主张权利，本案不予一并处理。

案例评析

本案是一起典型的运用丧葬民俗文化中的"灵牌"及其供奉对当事人身份进行认定，从而分割处于共有状态的遗产案。

在我国，有权提供身份证明的职能部门是公安机关，婚姻关系的证明则需由婚姻登记机关出具。但实践中，对于年代久远的户籍信息由于档案移转、区划调整、拆迁、分家等种种原因，导致登记的信息并不完整。在这样的背景下，如果坚持认为权能部门的证明是认定身份关系唯一证据的话，无疑会增加原告的举证难度，导致事实无法查清而误判。

在本案中，双方当事人对于陈长印与黄金兰系夫妻关系，共育子女三人，即陈永良、陈永抱、陈永宝；陈长印、黄金兰、陈永宝、陈永良已去世的事实均无异议。公安机关的户籍信息显示原告李亚赛的妻子是陈永刊，而涉案房产产权登记证书上记载的所有权人之一是陈永宝。陈永宝与陈永刊是否为同一人，李亚赛能否以陈永宝丈夫的身份继承共有的遗产，成为双方争议的焦点问题。

原告欲证实其身份提供了三组证据：（1）所在居委会关于陈永刊曾用名是陈永宝，与李亚塞是夫妻关系的证明；（2）原告李亚赛女儿的户籍证明，载有父亲李亚赛、母亲陈永刊的内容；（3）照片：李亚赛房屋内存立陈永刊的灵牌以及李亚赛抱持灵牌的内容。原告同时陈述其到公安机关、婚姻登记机关调取李亚赛与陈永宝(刊)的婚姻登记信息,均因年代久远、区划调整等原因,无法取得。由于陈永刊已离世近40年,法院依职权无法通过公安机关查明其是否就是陈永宝,也无法通过婚姻登记机关查明原告与陈永刊是否确为夫妻。在穷尽一切办法均无法在职权部门找到依据后,法官充分利用丧葬民俗文化中的"灵牌"及其供奉对当事人的身份进行了认定。

灵牌是为供奉逝者而设置的牌位。是我国丧葬文化的一部分。从灵牌上,能够辨明逝者的性别及家族血脉关系。依惯例,父亲逝世曰"故显考",母亲去世曰"故显妣"。如子女先于老人去世,死后的灵牌由孙子代位,曰"故祖考"或"故祖妣"。如果逝者的双亲健在,在"故显考(妣)"上面要冠上"严慈下"字样(严是父的代称,说明逝者的父亲健在,慈是母的代称,说明逝者的母亲健在)。如果逝者的母亲已故,其父健在,"故显考(妣)"前冠"严恃下故显考(妣)",如果逝者的父亲已故,其母健在,"故显考(妣)"前冠"慈恃下故显考(妣)"。另外,逝者的名讳、称谓及年龄也有特殊的写法。因此,如果书写完整,灵牌基本能够反映逝者与生者承上启下的血缘关系或姻亲关系。

丧葬文化是民俗文化的一种。我国古代诗歌总集《诗经》中的《风》,就是古代各民族流传的、包含风俗习惯的民歌。《汉书·王吉传》一书中亦有"百里不同风,千里不同俗"的记载。作为薪火传承的民间生活习俗,民俗最初起源于人类社会群体生活的需要,于生产生活过程中形成,并为人类社会的日常生活服务,属于非物质文化遗产①。民俗具有集体性,是集体意志的体现。通过民众不断的遵循和演练,历经形成、传承、扩大和演变,民俗最终得以形成。民俗具有规范性,指导并约束民众的行为方式。在人情、礼俗、宗法、习惯等领域,民俗发挥着建立秩序、规范人们行为方式的重要作用。在某种程度上,民俗为民众提供了一种标准化的行为模式,成为国家法律之外的另一种重要的法治资源。

按照我国传统丧葬文化,人逝世后,家人都要为其制作灵牌,作为逝者灵魂离开肉体之后的安魂之所。与死者无关之人,于情于理都不可能供奉其灵牌。根据最高人民法院《民事诉讼证据若干规定》第70条的规定,物证原物或者与物证原物核对无误的复制件、照片、录像资料等,属于有完全证明力的证据。一方

① 联合国教科文组织发表的《人类口头及非物质文化遗产代表作宣言》中对口头及非物质遗产的定义为:"口头及非物质遗产是指来自某一文化社区的全部创作,这些创作以传统为依据、由某一群体或一些个体所表达并被认为是符合社区期望的,作为其文化和社会认同感的表达形式,其准则和价值通过模仿或其他方式口头相传。它的形式包括:语言、文学、音乐、舞蹈、游戏、神话、礼仪、习惯、手工艺、建筑艺术及其他艺术。除此之外,还包括传统形式的联络和信息。"

当事人举证,对方当事人提出异议但没有足以反驳的相反证据的,人民法院应当确认其证明力。因此,本案虽无职能部门出具的身份证明,但灵牌属于确实存在,具有形式和实质上的合法性,且能在逻辑上对案件事实给予一定证明的证据,是证明死者与其亲人关系的有力物证。结合李亚赛的照片、陈永抱对于其亲妹妹曾用名和夫妻关系的证言,形成的证据链足以对当事人的身份进行确认,已达到最高人民法院《民事诉讼证据若干规定》所确立的"明显优势证据"的证明标准。

另外,本案亦体现了民俗与民法之间的辩证统一关系。民俗是人们处理事务、解决问题的群体方式,在民众中统一且普遍适用。应该说,民俗是民法的起源和精神归依。在国家法供给不足、预期不明时,作为被特定社会群体所选择、认同和接纳的民俗,在特定领域发挥着不可替代的规范、秩序作用。我国现行法虽未采纳公序良俗的概念和表述,但在《民法通则》第 7 条、《合同法》第 7 条和《物权法》第 7 条中关于社会公德、社会公共利益和社会经济秩序的规定,通常被认为是承认了公序良俗原则。当然,本案也从另一侧面反映出我国建立当事人身份确认制度的必要性和紧迫性,毕竟不是每一起案件都有灵牌作为物证。

证据规则与法官自由心证
——以一起环境污染侵权案为切入点

■张　薇*

摘要：依据证据材料查清案件事实是民事审判的基础。当现有的证据材料对于待证案件事实无法准确证明时，法官的自由心证就发挥着其特有的作用。自由心证原则"润物细无声"地引导着法官利用经验法则对于案件法律事实形成内心确信。由于心证的形成过程存在于法官的主观思维中，容易导致法官的主观臆断，因而现代自由心证原则需要在证据规则预设的框架内运用，以限制心证滥用。

关键词：自由心证　经验法则　证据规则　环境侵权

引　言

原告卢某在公路旁有一个养猪场，近期出现所饲养的猪大量陆续死亡的事故，经动物卫生监督所检测，猪死亡的原因为呼吸道疾病。卢某近期常常闻到一股刺鼻的气味，于是怀疑有人在公路旁偷倒废水引起猪的死亡，他即在靠近猪场的公路边树立一个牌子，上书"严禁乱倒有毒废水"。2012年11月2日晚，卢某在猪场又闻到一股很浓的刺鼻气味，立即拨打电话报警。民警赶到现场后，抓获正在倾倒废水的某工贸公司司机颜某。现场弥漫着刺鼻气味，且路边已经有流在地上的废水。经环保局现场调查，倾倒的废水为含片碱废液（属于危险废物HW35废碱），为某工贸公司清洗运输化学物质的运输桶后的废液。环保局据此认定某工贸公司违法倾倒废水，对该公司作出罚款2万元的行政处罚。事后，原告卢某诉至法院，称其所饲养的猪因被告某工贸公司倾倒废水引起的环境污染而死亡147头，每头猪价值1400元，请求被告赔偿其经济损失205800元。

---

* 作者系厦门市翔安区人民法院法官，法律硕士。

在这起环境污染侵权案件中，原、被告双方对于法定分配的举证责任均存在举证不能的情况，已有的证据材料对于被告倾倒废水的行为与原告猪死亡结果之间是否存在因果关系、原告因猪死亡遭受的实际经济损失等事实均无法准确地证明，案件审理过程中，法官适用自由心证的原则，确认了案件的法律事实，并最终认定，被告的环境污染行为与原告饲养猪的死亡构成因果关系，被告应向原告赔偿经济损失 39000 元。① 本文以该案例的心证过程为例，解读法官在司法实践中应如何正确适用自由心证原则，据此得出让公众信服的裁判结果。

一、自由心证制度之解读

（一）自由心证概述

自由心证制度是在否定法定证据制度的基础上发展来的。法定证据制度僵化地规定了证据方法及证明力，排除或限制了法官自由判断证据证明力以及案件事实的空间。法定证据的机械性难以适应迅速变化的社会生活，因而自由心证制度就应运而生了。自由心证证据制度允许法官根据"良心"和"理性"自由判断证据证明力的大小及其取舍和运用，在内心形成确信，从而对案件事实作出认定。② 经过二百多年的发展，现代意义的自由心证摒弃了传统自由心证原则将法官自由心证绝对化的做法，在强调心证的同时，也强调法律规则特别是证据规则对法官自由心证的制约，强调心证过程和结果的公开。③ 自由心证不是法官的自由擅断，而是一种受到某种内外因素约束的"自由"。④

最高人民法院 2001 年颁布的《关于民事诉讼证据的若干规定》（以下简称《证据规定》）第 64 条规定："审判人员应当依照法定程序，全面、客观地审核证据，依据法律的规定，遵循法官职业道德，运用逻辑推理和日常生活经验，对证据有无证明力和证明力大小独立进行判断，并公开判断的理由和结果。"该条规定被认为是我国司法界正式认可自由心证制度的标志。该规定在确立自由心证原则的同时，也加上了"依照法定程序，全面、客观地审核证据"、"依据法律的规定"、"公开判断的理由和结果"等限制，以阻断法官的任意心证，确保自由心证在司法审判中被正确运用。

---

① 本案来源于笔者主审的［2013］翔民初字第 373 号民事案件，后经厦门市中级人民法院［2013］厦民终字第 1605 号终审判决维持原判。
② 齐树洁主编：《民事诉讼法》，中国人民大学出版社 2013 年第 3 版，第 172 页。
③ 沈志先主编：《民事证据规则应用》，法律出版社 2010 年版，第 37 页。
④ 张亚东：《经验法则：自由心证的尺度》，北京大学出版社 2012 年版，第 127 页。

(二)自由心证的心证范围

法官对证据的审查判断包含两个证据评价过程:一是对证据是否具有证据能力的判断,即证据是否可以作为认定案件事实的依据;二是对证据证明力的判断,即证据对于待证事实的证明作用的大小。学界对于心证的范围有两种不同的看法,一种认为自由心证的范围仅限于证据的证明力的判断,另一种认为自由心证的范围应及于证据的证据能力及证明力的判断。笔者同意第二种观点。证据能力有三方面要素:真实性、合法性、关联性。合法性是指证据材料必须按照法定程序收集和提供,必须符合法律规定的条件。从表面看,合法性是法律的明文规定,没有自由的空间,但从实践来看,由于法律条文的高度概括性,使得部分法律条文的适用必须经过法官的合理判断。例如,未经他人同意私自录音的录音材料是否能够作为认定事实的证据? 根据司法解释的规定,侵害他人合法权益的证据应作为"非法证据"予以排除,但私自录音的行为是否构成侵犯他人的隐私权呢? 这就需要法官的自由裁量。同理,对某些证据材料的真实性、关联性的判断也需要法官的自由裁量。

二、法官自由心证的适用

(一)证据裁判是自由心证的基础

"无证据,即无心证;自由心证,乃选择证据中之证据,并非证据外之证据。"①《证据规定》第 63 条也指出:"人民法院应当以证据能够证明的案件事实为依据依法作出裁判。"如果舍弃了证据的心证,那只能称为法官的主观臆断。

法官首先需要对原被告所提供的证据材料进行甄别,对于双方无争议的证据即可作为定案依据,而对于部分证据材料是否具有证据能力,还需要法官根据证据规则及自由心证的原则进行取舍,最终确认可以作为定案依据的证据。证据规则的运用笔者将在下文中阐述,这里仅简单分析本文所述环境污染侵权案中心证在证据取舍中的作用。

本案中,对于公安机关、环保部门、动物卫生监督部门出具的材料双方争议并不大,可以认定作为本案定案依据。双方当事人争议比较大的证据是 2012 年 11 月 4 日《海峡导报》的新闻报道是否与本案存在关联性。原告认为报道所载事实与本案没有关联性,认为报道中所称的"卢女士"并非原告本人。该新闻报

---

① 陈朴生:《刑事证据法》,台湾三民书局 1979 年版,第 554 页。

道主要记载的内容为：一个多月以来某公路附近的三家养猪场出现大量猪死亡，都是死于呼吸道疾病，养猪户怀疑与路边有人乱倒废水有关。11 月 2 日晚，一家养猪场的养猪户卢女士在猪场附近的公路上发现一辆正在排污的车辆并及时报警，将非法排污人员抓获。根据新闻报道中的养猪场位置与本案原告养猪场位置基本一致，且新闻报道中所描述的养猪户抓获排污人员的情节与原告描述其抓获被告排污行为的情节具有高度的一致性，本案法官据此确认了该新闻报道与本案具有关联性，可以作为判定案件事实的依据。

（二）经验法则运用是自由心证的精髓

当案件现有的证据材料对于待证事实无法达到直接的证明作用时，裁判者就需要借助于经验法则的运用，这也是自由心证最核心的步骤。经验法则的运用包含了经验法则的选择及法官的逻辑推理两个过程。

1. 经验法则的选择

美国现代实用主义法学创始人霍姆斯（O. W. Holmes）主张"法律的生命始终不是逻辑，而是经验。"经验法则是人们从生活经验中归纳获得的关于事物因果关系或属性状态的法则或知识。[①] 经验法则是法官推理活动的大前提，正如数学推理中已经被证明的各种定律一样。经验法则即法官对证据评价和事实认定进行自由裁量的基础依据，同时也是制约法官任意自由心证的法规则。

"彭宇案"中法官对经验法则选取的失败案例值得我们反思。一审法官根据"日常生活经验"和"社会情理"分析，彭宇"如果是见义勇为做好事，更符合实际的做法应是抓住撞倒原告的人，而不仅仅是好心相扶"；彭宇"如果是做好事，在原告的家人到达后，其完全可以在言明事实经过并让原告的家人将原告送往医院，然后自行离开"，但彭宇"未做此等选择，显然与情理相悖"。对事发当日彭宇主动为原告付出 200 多元医药费，一直未要求返还的事实，法官认为，这个钱给付不合情理，应为彭宇撞人的"赔偿款"。这里法官依据的经验法则是市场经济时代没有活雷锋，这条经验法则冲击了社会道德观，因而受到了公众的抨击。人们能够普遍接受的经验法则还是"人性本善"。[②] 因而法官如何选择适用经验法则决定了案件审判的成败。

经验法则往往存在于人们的日常行动中，成为一种名副其实的"行动中的规则"、一种"集体无意识"的社会存在。[③] 我们无法找到一条类似法律规定的规范

---

① 张卫平：《认识经验法则》，载《清华法学》2008 年第 6 期。

② 黄新华：《"自由"的困境：对我国自由心证制度的反思》，载《民事程序法研究》（第 5 辑），厦门大学出版社 2010 年版。

③ 张亚东：《经验法则：自由心证的尺度》，北京大学出版社 2012 年版，第 47 页。

明确告诉法官哪条经验是可运用的经验法则,而且我们也很难找到一位能够反映公众普遍认同的"权威第三人"来告诉法官经验法则的内容。法官在纷繁复杂的各种经验中要如何选取心证所要依赖的正确的经验法则呢?笔者认为,法官所选取的经验法则应当具有以下要素:(1)经验法则必须具有普遍性。普遍性即指经验法则的内容应为特定地域的公众所熟知并被普遍接受。经验法则不能等同于法官个人的经验,经验法则必须符合常识、常理和常情,是在日常生活中被反复验证的,能为绝大多数人所普遍接受的经验。(2)经验法则必须具有可接受性。可接受性即该经验是合法、合理的,符合公序良俗的要求,可以被公众理解和接受。"彭宇案"的法官选择的经验法则就是违反了社会公众对于善良风俗的期望,而不能被公众所接受。(3)经验法则必须具有匹配性。任何真理性的判断都有严格的适用范围,超过此范围,真理将走向谬误。因此,我们在适用某一经验法则时,必须关注该经验法则是否适合于案件的具体情境,是否与该案的实际情况相符合。①只有具有以上"三性"的经验法则才能被裁判者选用。

就本文所分析的环境污染案而言,依照以上经验法则的要素,本案法官结合案件待证事实的需要引用了如下的经验法则:(1)当事人在案发后第一时间的陈述具有较大的真实性;(2)空气的污染可能引起呼吸道的疾病;(3)小猪的抵抗能力比大猪的抵抗能力弱。

2. 法官的逻辑推理

广义的逻辑推理包含了演绎推理、归纳推理和类比推理三种,狭义的逻辑推理仅指演绎推理。本文采用狭义逻辑推理的概念,即仅指代演绎推理。演绎推理是从一般性的前提出发,通过推导,得出具体陈述或个别结论的过程。三段论是演绎推理的一般模式,包含三个部分:大前提——已知的一般原理,小前提——所研究的特殊情况,结论——根据一般原理对特殊情况作出判断。具体到自由心证的适用,大前提就是法官所选取的经验法则,小前提就是案件已知的证据材料,推导出的结论就是案件的法律事实。这里必须强调的是,逻辑推理过程中必须综合证据材料及经验法则,且每一个推理都是环环相扣的,而不是每一个证据或经验法则孤立地进行推理。

以本案的证据材料和已经确认的经验法则为前提,法官推导出案件的法律事实如下:《海峡导报》新闻报道中的卢女士即为本案原告卢某;新闻报道的记载与案件事实相符,即 2012 年 9 月底,原告所经营的猪场就出现猪因呼吸道疾病陆续死亡的事件;死亡的猪多为小猪;小猪的行情价为每只 300 元。对于死亡猪只数量的事实,根据 11 月 4 日新闻报道中卢某称死亡猪 127 头,11 月 8 日原告

---

① 纪格非:《经验法则适用之正当性研究》,载《证据科学》2012 年第 1 期。

给动物卫生监督所电话中报称其猪场死亡猪数量为 130 只，从而推定原告猪场死亡的猪为 130 只的事实。11 月 2 日晚，被告在原告猪场附近非法排放污水，构成环境污染。对于 11 月 2 日之前被告是否存在排污行为，由于被告 11 月 2 日案发后在环保局的笔录中陈述"清洗的废水以前是放在环卫部门的垃圾中填埋"，而被告并不能提供其此前合法排放废水的证明，庭审中被告又辩称其自经营该业务以来从未排放过废水，这与环保局笔录中的记载明显相悖。结合环保部门案发时的现场照片，原告猪场附近的公路上树立有"严禁乱倒有毒废水"等字样的照片，说明 11 月 2 日之前确已存在有人在原告猪场附近倾倒废水的事件。综合以上因素，法院最终认定被告 11 月 2 日前亦存在非法排放废水的行为。

（三）高度盖然性是自由心证的证明标准

自由心证的结果是法官形成内心确信，证明标准就是自由心证的确信标准。所谓证明标准又称证明要求，是指当事人对待证事实进行证明所应达到的程度或要求。[1]《证据规定》第 73 条规定："双方当事人对同一事实分别举出相反的证据，但都没有足够的依据否定对方证据的，人民法院应当结合案件情况，判断一方提供证据的证明力是否明显大于另一方提供证据的证明力，并对证明力较大的证据予以确认。"根据该规定，学界普遍认为我国民事诉讼法采用的是"高度盖然性"的证明标准。根据《现代汉语词典》的解释：盖然性是指有可能但又不是必然的性质。高度盖然性的证明标准是指在民事审判中，在证据对于待证事实的证明无法达到确实充分的情况下，如果一方当事人提出的证据已经证明该事实发生具有高度的可能性，人民法院即可对该事实予以确定。民事诉讼的证明标准区别于刑事诉讼法的证明标准，前者只要求事实存在的可能性明显高于不存在的可能性即达到了可以确信的程度，并不需要排除一切合理怀疑。高度盖然性的证明标准也体现了民事诉讼对于效率的要求，当获得某些证据需要付出高成本时，当事人可以根据高度盖然性的原理，判断已知的证据材料是否能使法官达到高度盖然性证明标准，如果已经足以达到，则可以节省获取某些证据材料的成本，以提高诉讼效率。证明标准是法官形成心证的下限，自由心证的内心确信程度要求与证明标准有实质性的联系，只要达到了证明标准，就可以认为法官形成了心证，反之则形不成。[2]

---

[1] 程春华主编：《民事诉讼证据专论》，厦门大学出版社 2002 年版，第 200 页。
[2] 刘永贤：《论自由心证的保障与限制机制》，河南大学 2009 年硕士学位论文，第 18 页。

三、法官自由心证的限制

自由心证制度使法官的主观能动性得以充分发挥,摆脱了法定证据下形式主义的束缚。但由于自由心证主要依靠法官的主观推断,因而不可避免存在弊端。法官在根据内心确信对案件事实作出认定时,容易在判断和运用证据的过程中渗入法官个人感情等不合理的因素,从而出现认定事实的错误。此外,由于法官的资质参差不齐,在审理证据相同的案件时,也会因人而异出现不同的裁判结果。① 世上没有无限制的自由,绝对的自由必然导致绝对的不自由。自由心证的运用必须通过制度的限制加以制约,从而确保自由心证的原则不被裁判者滥用。下文将探究法官应如何利用证据规则和心证公开制度来避免任意心证的出现。

(一)证据规则的应用

为了引导裁判者通过证据的应用得出适格的裁判结果,证据规则对于证据举证、质证、认定都做了详尽的规定。法官的自由心证也必须在法律规定的证据规则下适用才不会超出心证的范围,推理出适当的法律事实。心证的形成过程实际上是穿梭于事实与法律之间的。②

1.非法证据的排除

《证据规定》第 68 条规定:"以侵害他人合法权益或者违反法律禁止性规定的方法取得的证据,不能作为认定案件事实的依据。"从该司法解释的本意看,非法证据应当是指收集或提供证据的程序方法不合法而取得的证据。基于法律的规定,非法证据应直接排除在定案所依据的证据之外,这里不能适用法官的自由心证原则,必须先行剔除。《证据规定》对于界定非法证据规定了两个标准。一是侵权标准,即以侵犯他人合法权益的方法获得的证据。二是违法标准,即以违反法律禁止性规定的方法获得的证据。两个标准均过于原则,给司法实践带来一定的困惑,需要在实践中严肃、审慎地予以探索总结。③ 由于该规定的原则性,司法者需要根据法律的价值取向对实际案件中的证据材料是否属于非法证据加以鉴别。从该规定的原则性来看,非法证据排除的价值取向还是更多为了保护公民的合法权益不受非法侵犯。例如,诉讼当事人通过威胁等方式强迫证

---

① 温文:《论法定证据与自由心证结合模式之构建》,太原科技大学 2011 年硕士学位论文,第 12 页。
② 秦宗文:《自由心证研究——以刑事诉讼为中心》,法律出版社 2007 年版,第 109 页。
③ 刘胜香:《民事诉讼非法证据的排除》,载《江苏法制报》2005 年 5 月 17 日 C 版。

人出具证词，这明显与法律相悖，该证人证言应该不能作为定案证据。然而有一些取证方式是否侵权或违法却还需要裁判者根据实际情况来判断。如前文所述的"未经他人同意而取得的录音资料"，如果该录音材料是双方当事人在公众场合的正常对话录音，且录音材料清晰可辨，则可以作为案件的定案依据，但如果该录音材料是通过胁迫、窃取通讯内容等不合法的方式取得，则应当作为非法证据予以排除。因为法律不允许为了保护一部分权益而去故意损害另一部分权益。

2. 法定的证明力

我国现行的证据制度对于一些证据的证明力作出了规范性的限定，对法官评判证据证明力的活动施加了诸多的法律限制。如《证据规定》第 69 条对于不能单独作为定案依据的证据作出了限制性规定；第 70 条对于部分证据的证明力作出肯定性规定；第 77 条对于证据证明力的大小作出了原则性规定。这些规定实质上是将一些在审判过程中形成的经验用司法解释的方式将其法定化。一些学者认为，对于证据证明力的过多规定，将限制自由心证原则的适用，有回归法定证据主义之嫌。但笔者认为，将一些被反复验证的审判经验上升到法定的层面，可以有助于法官在案件审理中更有效地判断证据的证明力，也有利于提高司法效率。此外，对于证据证明力大小的规定并未限制法官对例外情形的相反适用，仅是规定了一般模式而已。退一步而言，在立法者已经规定了证据的证明力时，裁判者在审理的过程中就必须遵守既定的规则，自由心证的范围也不能对其有所突破。

3. 法官的调查取证

法官适用自由心证原则，必须在穷尽了所有证明方法之后进行，证明方法中包括法官的调查取证。由于我国社会诚信体系尚不健全，相应惩戒机制缺乏，当事人诉讼不诚信的现象屡见不鲜。法官为了查明基本案情需要，根据当事人申请或依照职权可进行调查取证，以发现更加接近案件客观事实的法律事实。在本文所述案例的审理过程中，法官在形成心证之前也充分行使了调查取证的职权。首先，法官对案发现场进行了现场勘察，确认了案发排污地点与猪场的实际位置关系是直线距离 300 米之内，从而辨清了原告所称距离 50 余米及被告所称1000 余米的差距，也为法官推断污水的气味可以经空气传到养猪场提供了依据。其次，法官走访了动物卫生监督部门，了解到动物卫生监督部门只能证实11 月 8 日原告报告疫情当日的情况，对于死亡猪的数量、猪为何会死于呼吸道疾病并不能证明，从而也验证了原告所述 147 头猪死亡是经过动物卫生监督部门清点得出的数据不具有真实性。再次，法官走访了环保部门，了解到环保部门仅能证明 11 月 2 日被告存在排污行为，但对于被告的排污行为是否能引起猪的死亡也不能得出确切的结论，因此其对被告出具处罚决定的依据是"未造成污染后果"。这一事实反驳了被告所称环保部门确认其未造成污染后果的辩解。

有学者认为,在诉辩式的诉讼模式下,当事人负有举证的责任和义务,应该限制法官的调查取证权,但笔者认为,在诚信诉讼尚未建立,对当事人虚假陈述及举证未能有效制约的情况下,法官的调查取证仍应发挥重要的作用。特别在需要使用自由心证原则对案件的主要事实进行判断时,法官应首先穷尽其他的证明方法,以确保自由心证结果的可信度。

4.举证责任分配

举证责任是指当事人对自己提出的主张有收集或提供证据的义务,并有运用该证据证明主张的案件事实成立或有利于自己的主张的责任,否则将承担其主张不能成立的危险。举证责任的作用在于当要件事实存否不明之际,要使法规适用成为可能,以及要负担起裁判内容具体加以形成的机能。① 我国《民事诉讼法》中举证责任的一般原则是"谁主张,谁举证",但对于特殊侵权行为,法律另行规定了举证责任的分配。《侵权责任法》第 66 条规定:"因污染环境发生纠纷,污染者应当就法律规定的不承担责任或者减轻责任的情形及其行为与损害之间不存在因果关系承担举证责任。"该法条规定了环境污染侵权案件采用举证责任倒置的原则。

在本文的案例中,穷尽心证认定的事实,亦无法判断被告的排污行为与原告的损失是否存在因果关系,这时就必须按照法定的举证责任分配原则,由举证不能的一方承担责任。因被告并不能对于其排污行为与猪的死亡之间不存在因果关系及免除或减轻责任的情况进行举证,即应认定被告的排污行为与猪的死亡存在因果关系。

笔者认为,举证责任的分配也是对心证的一种引导。因为环境污染侵害的特殊性,需要举证污染行为与损害结果之间存在因果关系存在很大困难,而立法者将该举证责任分配给了侵权一方,可以认定立法者对环境污染的侵害方是一种惩戒的态度,对受害方是一种保护的态度,这也将直接影响到裁判者在作出裁判时的心理导向。

(二)自由心证的公开

自由心证运用的整个过程其实就是法官的主观心理思维过程,其达到的结果也仅仅是法官内心的确信。自由心证的特征就是其存在依附于法官的主观性。主观的东西难以被人们所知悉,只有通过一定方式将其外化,才能被人们接受。自由心证的公开就是将法官的主观思维外化为可见的内容,同时让外化的

---

① 吴杰:《民事诉讼证明标准理论研究》,法律出版社 2007 年版,第 115 页。

心证被公众所知晓。现代自由心证原则的一个重要特征就是法官不仅有运用自由心证认定事实的权力,更有公开心证的义务。①

心证公开是对法官自由心证的外部制约。心证公开是审判公开的重要形式之一,强调法官心证公开逐渐成为公开审判制度的重要内容。审判公开使司法活动置于阳光之下,从而使社会公众对司法进行有效监督成为可能。法官通过公开其判断的理由和结果,当事人、上级法院、社会公众和媒体对法官心证形成的合理性进行监督才成为可能,这样才有利于防止和制约法官恣意心证活动的发生。② 心证公开后所受的各类监督,有助于法官谨慎、合理地利用自由心证,防止权力滥用。

心证公开包括心证过程的公开及心证结果和心证理由的公开。心证过程的公开主要是指在案件审理过程中,法官应适时公开心证,归纳当事人之间的争点、明确举证责任的分配、说明当事人举证是否已达证明要求、法官最终认定的案件事实、所要适用的法律等等。例如,法官在庭审的过程中根据当事人的举证情况,认为当事人请求所依据的合同存在无效之情形,则应及时将该认定结果告知当事人,让当事人可以根据法官的判断结果作出诉讼的变更。

心证理由和心证结果的公开主要体现在裁判文书中。司法者在裁判文书中应当详尽载明事实认定的结果及根据现有证据所作出的事实认定的理由,如认定该事实使用该法律所运用的逻辑法则、经验法则及推理过程。从理念上说,判决中的事实认定应当清晰,并能经得起第三人事后对该事实认定结果的检验。判决中附述理由的要求,不仅是明确法律适用的途径,也应明确自由心证的思路。心证的公开不仅是对心证的制约,同时也是对心证结果的维护。

结　语

法官不可能还原每一个案件的客观事实,只能通过现有的证据材料推断案件的法律事实。当证据材料无法精确认定案件的待证事实,法律又无明文规定时,就需要法官根据"良心"和"理性"推导出让公众信服的法律事实。诉讼所追求的法律真实有时难以达到客观真实的状态,甚至与客观事实相反,但只要司法裁判中自由心证的过程符合既定证据规则,公开的推理依据能够让公众信服,该裁判结果就能够被接受,促使当事人服判息诉,在定分止争的同时增强司法审判的公信力。

---

① 宋琛、孙庆童:《自由心证的"自由"与"不自由"——民事诉讼自由心证原则解读》,载《北京化工大学学报》2010 年第 3 期。
② 王德新:《论约束性自由心证制度的构建》,载《辽东学院学报》2011 年第 4 期。

司法改革

转型时期的刑事司法改革

■ 刘方权[*]

摘要:转型时期的中国刑事司法及改革必须面对现代法治理念普及、社会结构两极分化、信息化与全球化时代来临所带来的压力。在社会结构断裂的背景下,一些普通的刑事案件由于当事人的身份背景等因素,经由媒体作用之后成为社会高度关注的"公案"。对此类案件的处理已经超越了案件本身,并视为是不同社会阶层之间的矛盾和冲突。全球化时代的来临从观念、制度与实践等不同的层面影响着中国的刑事司法改革;日益增多的国际刑事司法合作、协助实践对中国刑事司法制度提出了新的要求。

关键词:转型时期 刑事司法 司法改革

如果说 1996 年刑事诉讼法修改的动力更多来自于"与国际接轨"的外部压力,是"进行国际人权斗争的需要",[①]因此刑事诉讼法的修改更多的是回应《公

---

  * 作者系福建师范大学法学院教授,法学博士。本文系根据作者 2014 年 5 月 9 日在福建省法学会诉讼法学研究会 2014 年年会上所作的主题报告整理而成。基金项目:本文系作者主持的福建省社会科学研究规划项目"经验·政策·法律:地方性刑事司法改革对刑事诉讼立法的影响"(项目号:2013B045)的阶段性成果。

  ① 陈光中:《坚持惩治犯罪与保障人权相结合,立足国情与借鉴外国相结合——参与刑事诉讼法修改的几点体会》,载《政法论坛》1996 年第 6 期。

民权利和政治权利国际公约》、《联合国刑事司法准则》①等国际公约、准则的要求，以及英美等西方现代法治发达国家的刑事诉讼理念、原则与制度目标的话，2012 年刑事诉讼法的修改动力，则更多的是源于国内政治、经济、社会生活等方面的转型所带来人民内部矛盾凸现，社会纠纷和刑事犯罪不断攀升以及刑事案件处理过程中产生的不公正，或者冤假错案等问题在现代媒体的作用下所引起的社会震荡和强烈反响，②通过"适时修改刑事诉讼法，着力保障公共安全，着力化解社会矛盾，解决人民群众反映强烈、影响社会和谐稳定的突出问题"，③以更好地回应党中央对司法工作提出的"化解社会矛盾，创新社会管理，廉洁公正执法"要求。

一、观念转型与刑事司法改革

"惩罚犯罪"与"保障人权"作为一对矛盾的范畴是刑事诉讼法学研究中最为核心的命题之一。1996 年刑事诉讼法修改之时即意在解决既要"保证准确、及时地查明犯罪事实，正确应用法律，惩罚犯罪分子"，又要"保障无罪的人不受刑事追究"，"保护公民的人身权利、民主权利和其他权利"之间的冲突。但很长一段时间里，这一冲突都只是刑事诉讼法学，或者说法学界人士关心的话题，对于绝大多数普通民众而言，"人权"似乎是一个陌生的词汇。仅从时间点上而言，1996 年刑事诉讼法修改时，在人权问题上高谈阔论的更多局限于少数精英知识分子，而且在谈论这一话题时，或多或少地还承担着某种隐约存在的政治风险。

---

① 需要指出的是，《联合国刑事司法准则》并非一个单独的文件，而是指那些以国际人权法和其他有关刑事司法的国际公约的基本原则和规范为基础和主干，在联合国文书中得以表述，受到国际社会不同形式、不同程度承认与支持，对世界各国国内刑事司法和犯罪预防制度的改革有着重要指导和参考价值的规范总称。此类规范在国际上并没有统一的名称，在联合国有关会议和出版物中较多使用的是"standards"，有时也使用"norms"、"guidelines"和"principles"等词，主要包括由《联合国宪章》、《世界人权宣言》、《经济、社会、文化权利国际公约》、《公民权利和政治权利国际公约》为主的《国际人权宪章》中有关规定构成的关于刑事司法根本性准则体系，有关国际犯罪的联合国公约规定为主构成的国际刑法体系，有关囚犯待遇、非监禁措施、刑罚和少年犯待遇的联合国准则体系，关于执法、司法机关和官员以及律师守则的联合国准则体系，有关于受害人权利的联合国准则体系以及开展刑事司法国际合作以打击犯罪，尤其是中国犯罪的联合国准则体系等。陈光中、［加］丹尼尔·普瑞方廷主编：《联合国刑事司法准则与中国刑事法制》，法律出版社 1998 年版，第 1～2 页、第 12～15 页。

② 樊崇义主编：《走向正义——刑事司法改革与刑事诉讼法的修改》，中国政法大学出版社 2011 年版，第 2～3 页。

③ 王兆国副委员长 2012 年 3 月 8 日在第十一届全国人大第五次会议上所做《关于〈中华人民共和国刑事诉讼法修正案（草案）〉》的说明。

然而,时至 2012 年刑事诉讼法修改之时,"人权"不仅早在 2008 年就已经"入宪",获得了为宪法所确认的政治正确性,而且已经从"精英话语"成为普通老百姓轻松的日常话语。当我们看到鼓浪屿上的普通妇女陈亚星女士面对十余位城管人员大谈法治社会与人权保障时,不由得感叹这十余年来中国社会发展所取得的重大进步。普通民众人权观念的进步一方面具有不可逆性,即当人权观念内化于普通民众的认知系统之后,几乎不可能再将其从民众的认知系统中抹去。另一方面,人权观念在普通民众认知系统中得以巩固之后,无疑对中国刑事司法制度与实践中那些与人权保障相背的内容构成巨大的压力,并因此成为中国刑事司法改革的重要动力来源。

观念转型对刑事诉讼法修改以及刑事司法改革带来的影响是显而易见的,1996 年修改刑事诉讼法的时候,更多的需要论证的是为什么要"与国际接轨"、为什么要在刑事诉讼中"保障人权"。而时至 2012 年刑事诉讼法修改之际,"保障人权"已成为不需要过多论证的命题。人权已经"入宪",修正后的刑事诉讼法顺理成章地将"尊重和保障人权"明确为刑事诉讼法的任务之一,并对整部刑事诉讼法的基本原则、制度和程序起到提纲挈领的指导作用,[1]成为本次刑事诉讼法修改的最大亮点。[2] 因此,2012 年刑事诉讼法修正更多关注的是如何从制度设计的技术层面上使保障人权,或者更好地保障人权落到实处,而不至于使良好的制度设计在司法实践中被规避和流产。通过与先行修正的律师法之间的衔接,律师会见、阅卷难问题得到较好的解决;非法证据排除规则得以正式确立;证人出庭、侦查人员出庭、鉴定人出庭作证等制度的完善因其对犯罪嫌疑人、被告人权利保护的重要意义得到了公众的普遍肯定,而刑事诉讼法修正(草)案中一些被认为与尊重和人权保障相冲突的制度规定则因此饱受批评。

当然,观念转型对刑事司法改革最为重要的影响还在于对刑事法律制度的执行。从理论上而言,一套法律制度之所以能够有效,首先需要有一支能够与这一套法律制度所追求的价值目标相匹配的司法职业队伍,这支司法职业队伍不仅要有与这套法律制度相匹配的专业知识素养,更重要的是,还要有与这套法律制度相匹配的价值理念追求,才能够保证这套法律所规定的种种制度设计不会被规避、扭曲,而得以有效地被实践和实现。在"复转军人进法院"的年代,大量缺乏法学专业教育训练背景的"非法"人士是中国司法人员的主要力量,既缺乏操作"法律机器"所需的技能,也缺乏现代法治所要求的价值理念。时至今日,

---

① 陈光中等:《刑事诉讼法制建设的重大进步》,载《清华法学》2012 年第 3 期。

② 陈光中:《刑事诉讼法修改的最大亮点:尊重和保障人权》,http://www.chinalegal. com.hk,下载日期:2014 年 6 月 10 日。

随着中国法学教育的大发展和国家司法资格统一考试制度的实行,越来越多的受过专门法律职业教育的人员进入了中国司法职业队伍,在一定程度上较好地满足了中国刑事司法改革对司法人员的法律职业技术和现代法治理念的要求。司法职业队伍构成的这一改变,或许使我们有理由期待中国刑事司法改革相对较为乐观的未来。

二、社会结构断裂与刑事司法改革

孙立平教授指出,20 世纪 90 年代中后期开始,中国的社会阶层逐步定型,不同社会阶层之间的边界以及社会阶层的内部认同开始形成,并且随着不同社会阶层之间相互流动,特别是自下而上的流动减少之后,社会阶层开始固化,从而形成了不同社会阶层之间的"我们"与"他们"的概念与意识,社会阶层之间的对立与冲突开始显现。[①] 并出现了一些具有较为浓厚的阶层冲突色彩的犯罪个案,特别是征地拆迁过程中因为强拆导致的血案,[②]几乎涉及国内所有省份,对这些血案的根源,有人直接归咎于中国司法的不公。[③] 中国的刑事司法制度因此成为社会阶层冲突情绪的宣泄口和替罪羊。笔者承认在一些类似的案件处理过程中,可能存在着种种倾向于强势社会阶层的司法不公现象,但同样不可否认的是,为了安抚社会情绪,在一些案件的处理过程中却存在另外一种极端——背离刑事司法的原则与要求,向"民意"妥协。而无论是哪一种选择,无疑都会使本已脆弱的司法公信力进一步削弱。

"拆迁血案"之类典型的发生在两个不同社会阶层之间的冲突无疑对当下中国刑事司法制度与实践带来了巨大的挑战,但是,毕竟此类案件在中国刑事诉讼实践中所占的比例较低。更值得我们注意的是,在社会结构两极分化的背景之下,一些并不典型,甚至相当普通的刑事案件,一旦案件当事人(特别是犯罪嫌疑人、被告人)被贴上了特定的社会阶层标签,就极有可能演变成两个社会阶层之间的对立与冲突。近年来经由各种媒体披露出来的此类案件并不在少数。例如

---

① 孙立平:《博弈:断裂社会的利益冲突与和谐》,社会科学文献出版社 2006 年版,第 24~27 页。

② 例如,在百度搜索中输入"拆迁血案"即检索出了约 183 万条相关信息。

③ 王才亮:《拆迁血案频发的背后是司法不公》,http://blog.sina.com.cn,下载日期:2014 年 6 月 10 日。

"杭州胡斌飙车案"（又被称为"70码案件"）、①"李启铭交通肇事案件"（又被称为"我爸是李刚"案件），②以及几乎接连发生的"药家鑫故意杀人案"、③"李某某强奸案"等吸引了大量媒体关注，并造成了重大社会影响的案件无不是社会结构两极分化时代背景下的产物。这些原本相当普通的刑事案件，由于案件当事人（特别是被告人）被贴上了特定的社会标签（"富二代"、"官二代"）而被异化为了两个不同社会阶层（强势与弱势）之间的对立与冲突，并由此调动了人们复杂、强烈的社会情绪，甚至一些原本相当理性的人士也在这种阶层冲突的情绪之下迷失，表现出角色的两面性：在一些不涉及社会阶层冲突，或者阶层冲突不明显的案件中表现得专业、理性、崇尚现代法治精神，但在前述这些典型个案中或者失语，或者表现出截然不同的举止，将其原本奉为圭臬的"人权保障"、"无罪推定"、"司法独立"等刑事诉讼价值理念完全弃之不顾。面对这一冲突，刑事司法机关在处理每起刑事案件时都不得不考虑如何才能做到"法律效果与社会效果"的统

----

① 2009年5月7日晚8时许，胡斌驾驶一辆改装后的跑车将被害人谭卓撞飞，经送医院后不治。有目击者声称，谭卓被撞出大约5米高后再重重摔在20米以外的地方，可能当场死亡。5月8日，杭州交警召开新闻发布会，提及"当时车速在70码（注：实际应为70公里/小时）"，并控制媒体报道，由此引发舆论不满，"70码"一词立刻成为2009年的网络热词。5月14日，杭州市公安局向媒体发布交通肇事案鉴定报告，认定事故车在事发路段的行车时速在84.1公里到101.2公里之间，同时就早前的70码说法向公众道歉。7月20日，杭州市西湖区人民法院对"5·7"交通肇事案进行了一审公开宣判，以交通肇事罪判处被告人胡斌有期徒刑3年。在此期间，关于肇事者胡斌应该是以交通肇事罪起诉还是应该以危险方法危害公共安全罪起诉，在民众和法律界也产生了争论。甚至有人质疑出庭受审者并非胡斌本人，而是替身。参见百度百科：《杭州飙车案》，http://baike.baidu.com，下载日期：2014年6月11日。

② 2010年10月16日晚，李启铭驾车在河北大学校区内撞倒两名女生后不但没有停车，反而继续去校内宿舍楼送女友，导致两女生一死、一伤。李启铭在返回途中被学生和保安拦下，不但没有表示对被害人的关心，甚至态度冷漠嚣张。据目击者声称，当时李启铭曾叫嚣"有本事你们告去，我爸是李刚！""我爸是李刚"因本案成为年度网络流行语。此事一传出，迅速成为网友和媒体热议的焦点并引起了河北省主要领导人的重视。省长陈全国表示，对本案要"依法严肃处理"，河北省委为此成立了专门的工作组。2011年1月30日，法院以交通肇事罪判处李启铭有期徒刑6年。本案经由互联网传播发酵之后，甚至引起了国际媒体的注意。例如2010年11月18日，《纽约时报》国际版针即对本案发表一篇文章：China's bitter joke："My father is Li Gang"。

③ 2010年10月20日22时30分许，药家鑫驾车从西安外国语大学长安校区返回市区途中，将被害人张妙撞倒。药家鑫恐怕张妙记住车牌号找其麻烦，于是持尖刀在张妙胸、腹、背等处捅刺数刀，将张妙杀死。案件发生后，围绕药家鑫的家庭背景、案件可能的处理结果产生了种种猜测。2011年5月20日，陕西省高级人民法院对药家鑫故意杀人案作出终审判决，驳回上诉，维持死刑原判。消息传出后，庭外围观群众放鞭炮以示庆祝。维基百科：《药家鑫案》，http://zh.wikipedia.org，下载日期：2014年6月11日。

一,如何在具体的个案中回应不同社会阶层之间的矛盾和冲突,而现实往往都是以对法律效果的牺牲来满足社会效果的需要。

在社会阶层冲突的情绪作用之下,被告的身份遮蔽了案件的事实与证据,民粹情绪不断地试图凌驾于法律之上,任何模糊的信息都成为"我们"(或者"他们")表达对中国刑事司法制度不满的借口,任何与"我们"的预期有违的结果都被认为是司法腐败的产物,是"他们"对"我们"的胜利,并进一步激化"我们"的情绪,围观从虚拟的网络世界向现实世界蔓延,压力不断地传递到刑事司法机关(人员)的身上,虽然不排除"我们"的围观在一定程度上起到了监督司法、抑制司法腐败的效果,但从另一个角度而言,当"我们"的围观对刑事司法所施加的压力已经超出了司法机关所能承受的限度,制造了法律许可范围之外的结果时,这是不是又一种司法的腐败——司法向"我们"投降!

三、信息化时代与刑事司法改革

信息化时代的来临使信息的传播变得异常便捷,每个人,或者说每个互联网终端都有可能成为一个信息的发布者。信息传播渠道的便捷一方面带来了信息大爆炸,另一方面,也带来了信息的模糊和不对称,各种真假信息混杂在一起,在对当下中国刑事司法缺乏基本信任的社会背景之下,公众对各种信息更多的是倾向于作出不信任司法机关的解读。对中国刑事司法机关的怀疑、谩骂之声不绝于耳,对刑事司法机关和司法人员施加了巨大的压力。

如果不是身处信息化时代之下,很多个案也就只是地方性事件,即使有社会影响,其影响范围也相当有限。但在信息化时代,这些地方性个案却能够在极短的时间之内,通过各种信息传播渠道演变成一个全国性,甚至全球性的事件,从而产生巨大的社会影响,成为孙笑侠教授所说的"公案",①胡彬案、李启铭案、药家鑫案、李某某案即是信息化时代"公案"的典型代表。一些与案件本身并无实质联系的信息被有意无意地歪曲解读,例如胡彬在开庭审判时的外貌变化即被

---

① 孙笑侠教授认为,这类少数案件原本平常,但由于某种特殊因素起作用,在社会上可以迅速演变成公共话题,引起媒体和民众的热烈评判而成为公案。就案件的社会影响力而言,这类少数案件的影响力甚至比多数案件影响力的总和还要大。孙笑侠:《司法的政治力学——民众、媒体、为政者、当事人与司法官的关系分析》,载《中国法学》2011年第2期。

解读为胡家花巨资买了替身;①李启铭之父李刚接受中央电视台的采访、道歉则被解读为央视为李家进行的危机公关;②药家鑫案一审判决死刑,但是判决书中未写明"立即执行",即被解读成为死刑复核时改判死缓所做的伏笔,并将最高人民法院同期发布的有关死刑案件的司法解释与之联系在一起。③

　　信息化时代的另一个特点是公众对信息传播的选择性。面对海量的信息,人们总是选择接受与传播那些夹杂着个人情绪的信息。复旦大学同学投毒案件因颠覆了人们记忆中的"睡在上铺的兄弟"之情受到广泛关注,但其受关注的程度却远不及因本案而被重新挖掘的清华大学"朱令铊中毒案"(以下简称朱令案)。当朱令案在互联上被再次披露之后,人们对作为"药引"的复旦投毒案的关注度大幅下降,热情开始转移到了朱令案,甚至发展到征集公众网络签名,要求美国政府启动驱逐朱令案"犯罪嫌疑人"孙某的程序,④引起了CNN、⑤新加坡联合早报⑥等国外媒体的关注。与此同时,国内一些主流媒体也开始介入,要求北

---

① 相关言论可以参见:《杭州飙车案嫌犯胡斌被疑庭审时使用替身》,http://news. sina. com. cn,下载日期:2014 年 6 月 12 日;《胡斌替身争议亟需一个了断》,http://news. ifeng. com,下载日期:2014 年 6 月 12 日;《胡斌替身之说当让司法公正掩面而泣》,http:// www. ycwb. com,下载日期:2014 年 6 月 12 日。

② 相关言论可参见:《是央视新闻部还是李家的公关部?》,http://blog. sina. com. cn,下载日期:2014 年 6 月 12 日;《但愿李刚父子的痛哭道歉不是危机公关》,http://view. news. qq. com,下载日期:2014 年 6 月 12 日。

③ 相关言论可参见:《刑法修改引关注,网友质疑药家鑫是否会改判死缓》,http:// news. sohu. com,下载日期:2014 年 6 月 12 日;《看药家鑫能量,最高法为药案重新解释死刑,药家鑫可能免死》,http://www. 360doc. com,下载日期:2014 年 6 月 12 日。

④ 《10 万人白宫网站签名要求驱逐朱令案嫌疑人》,http://news. qq. com,下载日期:2014 年 6 月 12 日。

⑤ 相关信息可以参见:《Old Poisoning Case Grips Chinese Netizens Worldwide》,http://edition. cnn. com,下载日期:2014 年 6 月 12 日。

⑥ 《正义中了铊毒》,http://www. zaobao. com,下载日期:2014 年 6 月 12 日。

京市公安局公开19年前对朱令案的调查结果。① 两个悲剧案件,一个是发生在今天的复旦大学,犯罪嫌疑人明确;一个是发生在19年前的清华大学,犯罪嫌疑人并不明确。公众对两个案件关注程度的差异并非因为案件本身,而是因为朱令案中的所谓"犯罪嫌疑人"孙某的身份——出自名门。

信息化时代与社会转型在时间维度上的叠合,使得中国刑事司法过程中媒体(或者说民意)与司法独立之间的冲突问题变得更为复杂。根据胡铭对十起典型案件的研究表明,转型期的媒体对中国刑事司法的关注多持质疑与批判的态度,一些负面的新闻总是更受媒体的偏爱。各种媒体基于行业竞争的需要,必然追求各种更快、更新、更有(新闻)价值、更有吸引力的信息,并不可避免以造成了一些案件信息被夸大、失真。与此同时,"民意"(或者说"民愤")在信息化时代的网络社会中不断地激化,甚至被操纵,已经成为刑事司法中不得不认真权衡的重要力量。② 或者如张金柱案之后的报告文学作品《第一种危险——张金柱案件调查》中所说的那样,新闻和舆论介入司法,导致无法可依,有法不依,以至于无法无天,草菅人命,这才是最大的危险。③

四、全球化与刑事司法改革

在信息化大门敞开之前,人们对域外刑事司法制度的了解主要是通过一些罪案题材的影视作品。但人们都知道,影视作品毕竟是艺术加工之后的产物,因

---

① 《新华网七问朱令案:有哪些证据,案子卡在哪里》,http://news.ifeng.com,下载日期:2014年6月12日;《人民日报评朱令案:公开才能挽回迟到的正义》,http://news.163.com,下载日期::2014年6月12日;《清华"朱令案"19年仍无果,传嫌疑人背景显赫》,http://news.china.com,下载日期:2014年6月12日。在舆论的压力下,北京市公安局通过官方微博"平安北京"对网民要求公开朱令案侦查情况的呼声进行了回应,声明"工作中,(朱令案)专案组始终坚持依法公正办案,未受到任何干扰。公安机关和侦查人员对所有的刑事案件特别是严重侵害公民生命安全的案件,都会尽职尽责、全力以赴开展侦破工作,只要有一线希望,我们都会尽最大的努力。但也确有一些案件受侦办条件限制,碍于证据灭失等客观因素,最终无法侦破。对此,也希望社会公众能够理性客观看待,尊重侦查工作规律,理解支持公安机关依法办案。"周鑫:《警方回应"朱令案",办案始终未受干扰》,载《京华时报》2013年5月9日A15版。
② 胡铭:《转型社会刑事司法中的媒体要素》,载《政法论坛》2011年第1期。
③ 转引自马长山:《媒体介入司法之"危险"与"忠诚"争议的背后——重拾张金柱案》,载《社会科学研究》2014年第3期。马长山教授在文中根据报告文学作品《第一种危险——张金柱案件调查》中提供的材料,对媒体,特别是受操纵的媒体之于司法的危险进行了深入细致的分析,认为在一些"公案"中,人们往往不是出于法律意识和法律判断,而更多是出于道德、政治立场或者随机性的情绪宣泄来对案件进行猜测、评论和质疑。

此,即使这些影视作品真实展现了这些国家和地区的刑事司法制度的优越性,可能很多人也会认为,这只是影视作品,而并不认为这就是这些国家刑事司法制度与实践的真实素描。在并不了解其他国家与地区的刑事司法制度与实践如何的情况下,人们对中国刑事司法制度与现代法治国家之间差距的感受或许并不强烈。但是,随着互联网技术的发展,人们能够非常方便地了解其他国家和地区的刑事司法制度与实践,以及相关国际公约、准则对各成员国的刑事司法制度要求。在出版业高度发达的今天,越来越多的国外法学理论作品、法典文本等被翻译成中文出版,从而将各国的刑事司法制度呈现在人们的面前。在简单的制度文本比较之下,人们很容易看到了中国刑事司法制度的不足,感受到中国刑事司法制度在公民个人权利保障方面的差距,并发出"为什么我们不作这样的规定"的呼声。

除了制度文本的传播给中国的刑事司法改革带来的压力外,更重要的是随着犯罪的全球化趋势,有组织犯罪、腐败犯罪、恐怖活动犯罪、毒品犯罪,甚至一些普通的刑事犯罪(如电信诈骗犯罪)都越来越多地呈现出国际化的特点。要解决这些跨国犯罪问题,任何一个国家都难以独立地完成,国与国之间、国家与地区之间的刑事司法合作、协助是一种必然。由于各国历史、政治、经济、文化传统与现实之间的差异,伴随着刑事司法协助而来的国家主权问题、民族问题、刑事司法理念、制度冲突等问题都需要各国之间通过协商,或者各自对内国刑事司法制度的改革来解决。[①] 而刑事司法全球化的前提是一个统一的刑事司法文化基础和整合一致的人权文化。[②]

在国际刑事司法合作过程中,如果中国的刑事司法制度与国际通行的刑事司法准则,或者有关国家的刑事司法制度差异如果过大,无疑会成为中国与他国之间刑事司法合作的障碍,侦查实践中一些人士对此已经深有体会。以赖昌星案为例,某种程度上可以认为,中国与加拿大之间在刑事司法制度之间的差异,特别是中国的死刑制度可能就是加拿大政府在较长时间之内拒绝遣返赖昌星的重要因素。在中国刑法修正案(八)将走私普通货物罪的死刑废止之后,赖昌星即被遣返中国,也许并非只是一种时间维度上的巧合。

五、化解社会矛盾——刑事司法改革不能承受之重

王兆国同志在刑事诉讼法修正草案说明中提出,"适时修改刑事诉讼法,着

---

① 程荣斌:《经济全球化与刑事司法协助》,载《中国法学》1999年第4期。
② 〔西〕胡塞·路易斯·德拉奎斯塔:《全球化和刑事司法》,载《法律科学》2006年第1期。

力保障公共安全,着力化解社会矛盾,解决人民群众反映强烈、影响社会和谐稳定的突出问题,对于国家长治久安和人民安居乐业具有重要意义。"我们知道,刑事诉讼法是规范刑事诉讼过程中国家专门机关和当事人、诉讼参与人的诉讼行为的法律规范,其本身并不具备化解社会矛盾,解决影响社会和谐稳定问题的能力。那么,是什么样的社会矛盾需要通过修改刑事诉讼法来化解? 修改刑事诉讼法又如何能够化解人民群众反映强烈、影响社会和谐稳定的突出问题? 如果说王兆国同志所指的社会矛盾指的是犯罪问题本身,那么,从目的与手段的关系来看,修改刑事诉讼法并不一定能够实现有效控制犯罪的目的,因为现代刑事诉讼法通过规范与限制国家专门机关在刑事诉讼过程中的权力,同时赋予犯罪嫌疑人、被告人各项权利,追求刑事诉讼过程中的控辩平等、平衡、公平、公正,恰恰就是控制犯罪的障碍。因此,从这一角度而言,可以认为,王兆国同志所指的社会矛盾也许并非犯罪问题本身,而有其他所指。那么,其所指又为何?

在笔者看来,王兆国同志所指的社会矛盾所指即是前文所述的不同社会阶层之间的矛盾,也只有这一矛盾才具有从整体上影响当下中国的社会和谐稳定的巨大威胁。在这社会阶层冲突之中,弱势阶层总是能够从不同的事件中感受到社会生活中的种种不平等、不公平、不公正,而每一个公共事件都有可能成为其表达内心不满和与强势阶层抗争的渠道。然而,由于表达渠道的有限(如对集会、游行、示威、结社的限制),弱势阶层内心的不满不断郁集、发酵,无法得到宣泄。而这些被贴上标签的刑事案件的出现无疑成为弱势阶层表达其情绪的重要机会。因此,这些标签案件的处理很大程度上被弱势阶层作为评估国家与社会对该阶层意志的重视程度指标。然而,需要注意的是,社会阶层之间的矛盾与冲突之根源并非刑事司法,或者说,刑事司法并非是导致这一矛盾冲突的根本原因或主要原因。人们对那些"公案"的围观更多的是其不满情绪在刑事司法中的投射,并且随着案件处理进程的发展消涨。既然刑事司法并非社会阶层矛盾冲突的原因,那么,刑事司法在面对这一问题的时候又该如何作为? 从理论上而言,司法的最高理想是实现法律的公平、公正、正义等诸价值。本不应受到法律之外其他任何因素的影响,包括社会阶层之间的矛盾冲突与情绪,更不该积极、主动地去回应、附和或者向类似的情绪妥协。司法既不能调动行政资源,也不能制定游戏规则,何以承担化解社会矛盾的重担,其要坚守的是其独立性,不制造新的社会矛盾。然而,在"法律效果与社会效果相统一"的要求之下,我们在一些个案的处理当中往往是牺牲了法律,屈从了情绪。但此举是否就能够有效地化解社会阶层之间的矛盾? 任何的改革都应当遵循其自身的规律,刑事司法改革亦不例外。当刑事司法改革背离了其自身的运行规律,背负了其本不应背负,也无力的背负的"社会效果"时,无论是制度还是机制的改革都很有可能被扭曲与变形。

当然,必须承认的是,当下中国的刑事司法与我们所追求的公平、公正、公开和民众对司法的期待之间还有着较大的距离,但我们,无论是立法决策机关,还是从事刑事司法理论研究与刑事司法实践的工作者们或许都不应该自视过高,将刑事司法制度本身无力背负的重担自告奋勇地扛在肩上。此举在背离了刑事司法制度运行规律的同时,不仅不能解决问题,反而有可能导致原本应该完成的"分内之事"都无法完成,在荒废了刑事司法主业的同时,进一步恶化中国的刑事司法制度改革环境。我们必须清醒地认识到,刑事司法制度改革的唯一目标就是在尊重自身规律的前提下,如何更好地让每一个社会阶层都在刑事司法过程中感受到法治的真谛。

周宁法院审判综合改革的思路与实践

■ 张海光*

摘要:作为福建省内唯一的山区审判综合改革试点县,周宁县人民法院立足于本地实际,从重构审判委员会、完善合议制和主审法官负责制作为改革尝试的出发点,制定相关配套制度,期望以此为我国的司法改革作出有益的贡献。

关键词:司法改革　审判综合改革　审判委员会　主审法官负责制

我国已进入深化改革的攻坚期、深水区,司法体制的改革更为关键。"如果说'法治'是近代化国家的主要特征之一,那么作为其实质性的基础则应当是这个国家的裁判制度。"[①]

当前展开的各项改革都贯穿了一条主线,即依法进行改革,通过法治的改革推进其他领域的改革。只有用健全的法制和完善的司法作保障,其他的改革才能有序推进,才能将改革的试错成本降到最低,才能将改革的红利最大化地释放出来。[②] 中共十八届三中全会审议通过的《中共中央关于全面深化改革若干重大问题的决定》明确要求:"确保依法独立公正行使审判权检察权";"建立符合职业特点的司法人员管理制度……完善司法人员分类管理制度,健全法官、检察官、人民警察职业保障制度";"健全司法权力运行机制,深化司法职权配置……改革审判委员会制度,完善主审法官、合议庭办案责任制,让审理者裁判,由裁判者负责"。这些都是党和国家在社会转型期对司法体制改革的宏观指导。只有深化司法体制改革,确保审判机关、检察机关依法独立公正行使审判权、检察权,我国才能在全社会建立"有权必有责、用权受监督、违法受追究、侵权须赔偿"的

---

* 作者系福建省周宁县人民法院院长,法律硕士。

① 〔日〕染野义信:《转变时期的民事裁判制度》,林剑锋译,中国政法大学出版社2004年版,第209页。

② 汤维建:《为什么要全面深化司法体制改革》,载《光明日报》2014年1月2日第11版。

法治秩序,才能切实维护国家法制的统一和权威。①

在这样的大背景之下,周宁县人民法院(以下简称周宁法院)作为福建省山区县试行审判综合改革的唯一试点单位,通过长达半年的精心部署,在推行审判综合改革方面进行了积极而有益的尝试。

一、周宁法院进行审判综合改革的必要性

周宁县位于福建省东北部,平均海拔 800 米,县城海拔 880 多米,居全省之冠,素有"高山明珠"之称。同时为中亚热带季风山地气候,冬长夏短,雨量充沛,年均气温 14.6℃,被誉为"天然空调城"。土地面积 1047 平方公里,辖 6 镇 3 乡 141 个村委会、5 个社区、2 个居委会,户籍人口 20.36 万人。② 周宁法院的前身是周宁县政府司法科,成立于 1949 年 10 月。现有在职人员 48 人,其中拥有法官职称的人员 19 人,40～50 岁年龄段的有 16 人。

近年来,伴随着周宁经济、社会的不断发展,法院的地位和作用日益凸显,但法院也面临诸多难题。具体表现在以下几点:(1)案多人少矛盾更加突出。随着人们诉求的多样易变,各种利益纷争层出不穷,大量纠纷寻求司法解决途径而涌入法院,导致法院审判任务日益繁重。2009—2013 年,县法院受理案件 7805 件,同比 2004—2009 年的 3754 件,上升 107.9%,法院工作人员中拥有法官职称的 19 人,但一线办案人员仅 13 人,占全部工作人员总数的 27.1%。2013 年受理案件 1800 件,一线人均结案 138 件,案多人少矛盾较为突出。(2)管理模式不够科学。院领导班子成员共 10 人,其中兼任庭长 4 人;审判委员会委员 10 人,其中兼任庭长 8 人。行政管理与审判管理混同,审判权力运行的行政化色彩仍较浓厚,审判权与管理职责的区分还不够明确,管理链条交错、层级多、效率低。(3)审判资源优化配置水平较低。9 个审判庭均为一个庭长、一个书记员,无法组成合议庭,案件开庭时只能到其他庭室临时"借"人,办案力量条块分割,资源使用效益不高,而且资深法官担任院领导职务后就不参与一线办案,对于一线办案法官仅 13 名的山区基层院,审判资源存在着浪费。(4)法官职业保障乏力,发展空间狭窄。法官的晋升与行政级别挂钩,职业发展空间狭窄,职业激励手段缺失,优秀人才流失严重。法官人才流失已经影响到了法官队伍的稳定和司法活动的顺利开展,对审判事业的发展造成了一定的影响。③ 全院在编人员

---

① 孟建柱:《深化司法体制改革》,载《人民日报》2013 年 11 月 25 日第 6 版。

② 《宁德统计年鉴 2013》,http://www.stats—fjnd.gov.cn,下载日期:2014 年 5 月 2 日。

③ 郭玉元等:《江西省赣州市中院关于基层法院人才流失情况的调研报告》,载《人民法院报》2014 年 6 月 5 日第 8 版。

48 人中,仅有副处 1 人,正科 7 人,副科 8 人,还有 9 名中层未解决科级待遇。大部分人员行政职级低、晋升慢,通常在法院工作几年后就通过各种方式离开法院。2010 年以来调离、考走、辞职共计 28 人,而每年新进的人员多达 5 个以上。这些直接导致了"青黄不接"的局面:目前 30～40 周岁年龄段的人员数为 0 人,30 周岁以下的法官只有 2 人。30 周岁以下工作人员 24 人,占全院正式在编人员的 50%;青年队伍的不稳定、法官中坚力量出现断层以及增加"新法官"过程漫长,这些都极大制约了审判质量效率的有效提升。

自 2010 年以来,周宁法院针对业务庭多为"一人庭"、案多人少的状况,先行先试,实行审判资源整合,改革打破原有庭室界限,整合成"立案审监、刑事少年、民商林业、行政执行"四大办案组,杜绝了忙闲不均现象,实现了均衡结案目标,审判执行各项考评指标评比连续三年位居全市法院前三名。

但正如前述,周宁法院先行自主尝试的审判资源整合改革并没有触及审判权运行机制的深层次问题,"审理者不裁判,裁判者不负责"等问题仍存在于不同层面。

基于此,为深入贯彻落实《中共中央关于全面深化改革若干重大问题的决定》和《最高人民法院关于切实践行司法为民,大力加强公正司法,不断提高司法公信力的意见》,积极探索建立符合司法规律的审判权运行机制,进一步提高司法为民、公正司法的水平,努力让人民群众在每一个司法案件中都感受到公平正义,周宁法院自 2014 年 1 月起积极稳妥地推进审判综合改革。

二、周宁法院在审判综合改革实践中的图景描绘

最高人民法院咨询委员会委员刘瑞川认为:"现行的司法体制中,我国法院除了在法官的任免等人事管理方面受制于地方党政机关以外,在编制、经费的预算、拨给方式、基础设施、装备等司法行政事务方面还受制于行政机关。……需要排除各种非法干预司法的活动,纠正地方保护主义和部门保护主义,克服以言代法、以权压法等现象。"[①]正因为基层法院的人财物都"掌控"在地方政府手上,审判出现行政化、地方化的样态是难免的,法官的裁量常常是"不自由"的。作为能为其他地区提供借鉴经验的审判综合改革,图景的描绘应当是壮丽的。从设计审判综合改革方案伊始,周宁法院就牢牢坚持从山区县情和审判工作实际出发,从现行的法院内部职权结构和资源配置模式的关键点上着手推进审判综合改革,重点改革审判委员会制度,完善主审法官、合议庭办案责任制,确保"让审

① 刘瑞川:《强化司法管理,提升司法公信》,载《人民法院报》2013 年 8 月 5 日第 6 版。

理者裁判、由裁判者负责"。

（一）改革的目标设定

审判综合改革的目标必须明确。没有目标的改革，犹如一趟没有灯塔指引的夜航。审判权与行政权纠缠不清是中国传统制度设计的特征，官僚机构的思维方式、管理技术以及垂直监督的逻辑始终支配着办案过程，使得司法独立原则根本就无从树立，保障权利义务关系明晰性、稳定性的法律文书既判力也无从产生。三中全会关于司法改革决定在去行政化方面，其改革力度是空前的。最突出的一点是通过办案责任制明确审判主体，改变"审者不判、判者不审"，责任归属不清楚的乱局。[①] 为理顺审判与法院管理的关系，消除审判权运行中的行政化问题，切实提升司法公信力，周宁法院将审判综合改革的目标细分为具体目标与最终目标。

近期改革的目标如下：

1. 开创审判管理和行政管理相剥离的新格局，建立符合司法规律的审判权力运行机制，合理界定审判职权，着力破除审判职权运行行政化问题。

2. 组建新型团队，科学设置审判组织，改革审判资源配置机制，对现有人力资源进行优化重组，充分发掘优秀法官潜能，不断推进法官职业化、正规化、专业化。

3. 完善审判绩效考核等审判管理制度体系，对相关的内设机构职能进行调整，建立科学的配套监督、管理机制，致力实现"公正司法、亲和司法、认同司法"。[②]

4. 严格落实主审法官、独任法官、合议庭的办案责任，加强制约监督，确保主审法官、独任法官、合议庭及其成员依法公正、独立行使审判职权。

5. 改革审判委员会的议事规则，实现审判委员会的审理制，推行审判委员组成合议庭、带团队办案制度。

周宁法院改革的最终目标是从实际出发，争取通过审判综合改革，让司法公信力大步提升，即"努力让人民群众在每一个司法案件中都感受到公平正义。"

周宁法院通过以"让审理者裁判、由裁判者负责"为改革的根本出发点，将改革的图景细分为具体目标与根本目标，为审判综合改革的实践与构建提供着力点。

---

① 季卫东：《司法：两个风向标》，载《中国改革》2014 年度特刊"中国 2014：直面全部问题"。

② 马新岚：《提升司法公信：实践、要素及着力点》，载《人民法院报》2013 年 7 月 3 日第 5 版。

（二）确定改革基本原则

司法体制改革必须坚持基本的价值取向或者改革原则。周宁法院在设计审判综合改革方案时始终坚持以下五个原则：坚持党的领导；严守社会主义法治原则；遵循司法规律原则；坚持实事求是原则；积极稳妥、循序渐进原则。

三、审判综合改革周宁模式的具体构建

周宁法院紧密结合实际，重点改革审判委员会制度，完善主审法官、合议庭办案责任制。通过这两大块的制度改革，以期盘活整体改革的动力。

（一）审判委员会制度改革

审判委员会是我国特有的审判组织形式，具有较强的行政化色彩。[①] 按照《人民法院组织法》的规定，审判委员会是人民法院的一种审判组织，其作出的决定，合议庭和法官必须遵照执行，这就使审判委员会在法院办案过程中具有最高的决定权。它作为审判工作的一个集体领导机构，在讨论，决定重大、疑难案件，总结审判经验和其他有关审判工作方面发挥了一定的积极作用。但随着审判方式改革的深化，现行审判委员会制度已日益不能适应追求公平、高效的审判机制要求，对审判委员会制度进行"去行政化"改革已然势在必行。改革和完善审判委员会制度应当坚持合法性的原则和自上而下的方式，基层法院对于审判委员会制度的改革尝试必须遵从审判规律，结合本地实际。为此，周宁法院对审判委员会制度的运行作了详尽的规定：

1. 严格审判委员会审理案件范围。审判委员会审理或讨论决定的案件应当严格限于法律规定范围内。除依法应当全案审理的外，仅限于法律适用问题。对于较为重大、疑难、复杂的案件应当由院、庭长担任审判长或由审判委员会委员组成的合议庭审理。

2. 推行审判委员会审理案件过滤机制。由院长指定二至三名审判委员会委员，对提交审判委员会审理或讨论决定的案件，先行讨论并提出书面意见，报请院长决定。

3. 明确审委会委员发言与表决制度。审判委员会委员在讨论案件以及表决时按照资历由低到高的顺序进行，主持人最后发表意见。对于具有一定指导意

---

① 刘根菊、刘蕾：《审判委员会改革与合议庭权限》，载《国家检察官学院学报》2006 年第 1 期。

义的法律适用问题,委员们可以在讨论后一定时间内补充发表书面意见。所有审理或者讨论的审判委员会委员应当在审判委员会会议记录上署名,审判委员会作出决定的理由应当反映在以合议庭名义制作的裁判文书中。

4.建立审判委员会委员合议庭制度。审判委员会委员除作为审判长主持合议庭审理案件外,还可以与其他委员临时组成合议庭,审理具有较大社会影响的疑难、复杂案件。审判委员会委员组成合议庭审理的案件,按照合议庭审理案件的规则办理。

5.建立审判委员会委员带团队制度。结合山区法院一线办案法官少的实际情况,每位审判委员会委员至少带一个审判团队,亲自参与审理案件,充分发挥优质审判资源的引领作用。

6.建立审判委员会决定督查制度。最高人民法院《第二个五年改革纲要》第23条规定:"健全审判委员会的办事机构"。为充分发挥审判委员会职能、理顺法院内部管理,并有效推进审判综合改革。周宁法院专门设审判委员会办事机构,以"审判委员会办公室"名义开展工作,全面负责审判委员会日常事务,督办审判委员会作出的决策落实情况。

完善、改革审判委员会,是审判综合改革的立足点,在"去行政化"的改革大方向下,严格限制审判委员会的职能、合理配置优质审判资源,不断提高审委会委员、院庭长参加合议庭审理案件的比例显得尤为重要,这不仅关系到新型审判模式的建立,更会直接影响到改革的成败。

(二)合议制和主审法官负责制的构建

合议庭是人民法院审理案件的基本单位。合议庭追求的是按照法律职业的特点对法律问题的认识,对法律问题和事实问题的判断是对法律的适用和解释。[①] 为了尊重审判规律,坚持"去行政化"改革方向,周宁法院将完善合议制与主审法官制度改革作为审判综合改革的核心环节。

1.以合议制为基础的主审法官团队架构

周宁法院打破根据案件性质划分庭室的传统模式,探索以合议制为基础的主审法官团队模式,将全院办案力量整合为9个审判执行团队,即诉调审监团队1个,立案审管团队1个、刑事团队1个、民商事团队4个(即院部三个民商事团队与咸村法庭团队)、执行团队2个。实行"一个机构、两块牌子",对内设立某某主审法官团队、执行长团队,对外仍然保持原业务庭名称不变,与上级业务庭保持业务对口。并专门配置1名辅助人员担任党政事务协理员暨廉政专员,协助

① 蒋惠岭:《合议制改革若干焦点问题》,载《人民司法》2008年第21期。

院分管领导承担相应团队的党建、队建等日常事务性工作，让审判执行团队能更好地将全部精力投入审判、执行业务。周宁法院地处山区，编制少，庭室多为1人庭，无法组成完整的合议庭，且山区基层法院简易程序适用较多，很多案件都是独任审判。在以合议制为基础的主审法官团队中，主审法官既可以担任合议庭案件的审判长，又可以担任独任法官。团队中其他审判员的独任审判案件一律由主审法官把关负责（主审法官团队架构图见图一）。

从图1中我们不难看出，周宁法院在打造主审法官团队中的人员配置进行了细分。这种配置不仅能解决其本身案多人少的"先天不足"，又能"因地制宜"构建新的团队模式。从微观上看：

（1）案件审判团队人员的配置。民事团队每个团队均设主审法官1名，法官助理1名、书记员1名、人民陪审员若干名，简称"1＋1＋1＋N"模式。刑事团队设主审法官1名，普通法官1名、法官助理1名、书记员1名、人民陪审员若干名，简称1＋1＋1＋1＋N模式。

（2）执行团队人员的配置。开展执行警务化改革，执行团队由执行局和法警大队组成，实行"1＋1＋1＋2"模式，成立2个执行团队，均由业务骨干担任执行长，并分别配置执行员1名、书记员1名、法警2名，负责全院申请执行的案件、非诉执行案件和委托执行工作。

（3）案件的分配。由立案团队统一分案，所有刑事案件由刑事审判团队负责审理；民商事案件，除重大疑难案件外，一般案件不分类型，将案件在3个民商事团队中进行随机分配；咸村法庭团队负责其辖区内所有案件；执行案件由执行团队负责；同时9个团队在审执业务上各有侧重，每个团队负责办理属于自己业务范围内的较为重大疑难案件，并在该专业领域承担对全院法官的审判指导职责。

2. 主审法官负责制的管理机制

（1）实行主审法官、执行长负责制。主审法官、执行长对团队所有案件负责，除明确由审判委员会、院长、副院长行使的审判职权外，其他审判（执行）职权均交由主审法官（执行长），赋予其相对完整、独立的审判职权，包括案件分配权以及裁判文书签发权等，建立以主审法官（执行长）为核心、团队依法独立办案的工作机制。

（2）建立主审法官联席会议制度。对于案件审理过程中发现的重要法律适用问题或者其他复杂疑难问题，主审法官可以提请分管院长或院长召集主审法官联席会议讨论，其结论应当记录在卷，供审理参考。

3. 办案责任机制

在保障主审法官（执行长）、合议庭依法独立行使审判权的前提下，按照权责统一的原则，明确主审法官（执行长）、合议庭及其成员的办案责任：

（1）对于合议庭存在争议的案件或主审法官（执行长）认为没有把握的案件，

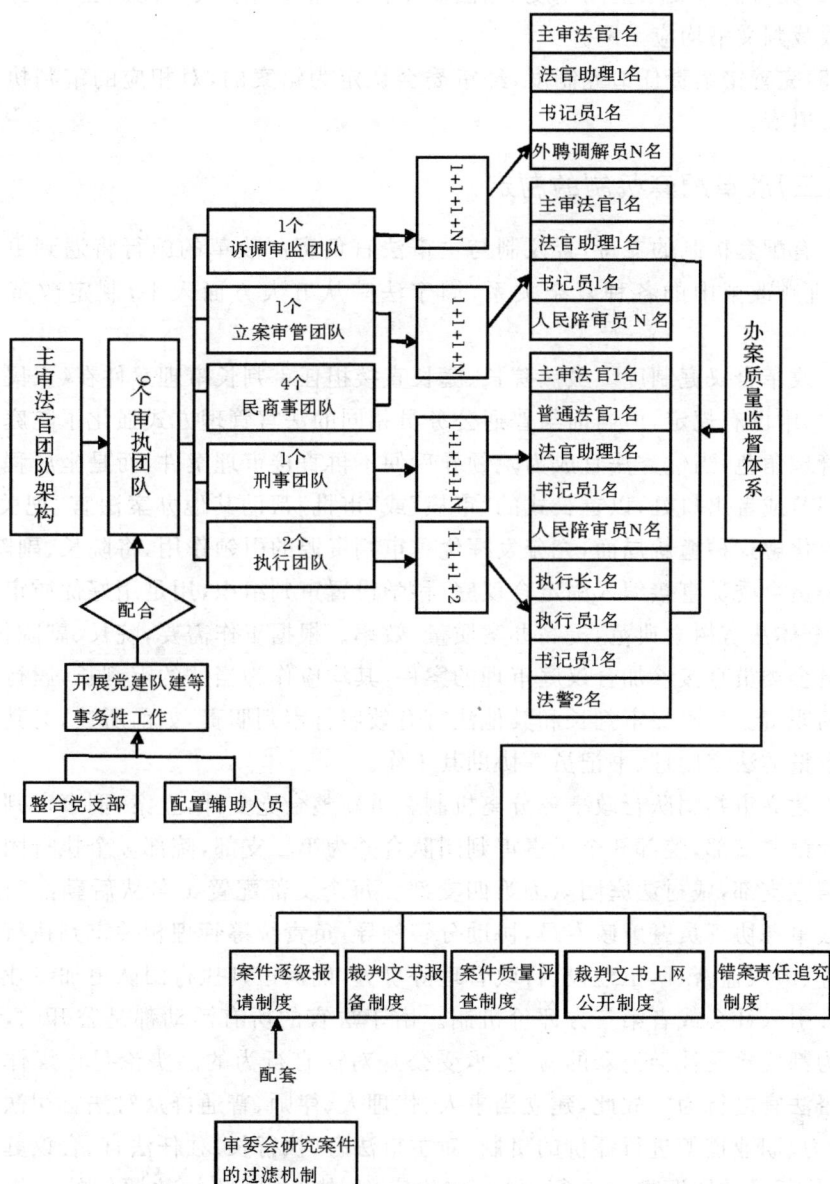

图 1　主审法官团队架构图

可以逐级报请副院长、院长决定。

（2）建立裁判文书报备制度，所有审判执行团队制作发出的法律文书均应报备分管副院长，以备监督。

（3）完善案件质量评查制度，每个团队定期或不定期接受职能部门评查。

（4）完善法律文书上网制度，除法定不能公开或当事人不同意公开的外，所有生效裁判文书均应上网。

（5）完善错案责任追究制度，经审委会认定为错案的，对相应的审判执行团队进行追责。

（三）改革配套机制的制定

没有配套机制的支持，合议制与主审法官负责制改革的施行将遇到更大阻力，为理顺改革中的各种复杂关系，周宁法院从五大方面入手，制定改革配套机制。

1. 改革合议庭制度。虽然院长、庭长直接担任审判长审理案件在《人民法院组织法》中已有规定，但当前与普通公务员相同的法官管理方式强化了院庭长的行政管理角色，当优秀法官成为院领导后便不再直接审理案件，而是坐居程序的关键环节或者出口处，以首长式的"审核"或"审批"帮助其他办案法官"把关"。[①]为有效化解这种尴尬局面，充分发挥优秀审判资源的引领作用，将院长、副院长、审判委员会委员直接编入固定合议庭，科学设置审判组织，用足用好优质审判资源，为全体法官树立典范，提高办案质量、效率。根据工作需要，院长、副院长、审判委员会委员直接参加合议庭审理的案件，其均应作为当然的审判长，履行签发文书的职责。为确保审判长和其他法官有效履行审判职责，如前所述，为其配备一定数量的法官助理、书记员等协助其工作。

2. 建立审判团队行政事务分离机制。重新整合党支部，立案、刑事审判团队合并为第一支部，院部3个民事审判团队合并为第二支部，院部2个执行团队合并为第三支部，咸村法庭团队为第四支部。每个支部配置1名从后勤部门遴选的党政事务协理员暨廉政专员，协助分管领导，负责统筹管理相关审判执行团队的党务、廉政监督、队伍建设、行政管理等事务，确保审判执行团队更加专业化。

3. 引入社会或者第三方评价机制。由于法官的所有活动都是公开的，因此其行为都应接受社会公众的检验，承受公众对法官行为的品头论足。媒体亦可以监督法官之行为。故此，建立当事人、代理人、律师、普通群众对法官司法公正性、能力、职业道德进行评价的机制，对主审法官（执行长）独任法官、合议庭及其成员、执行员的履职情况进行评估，作为审判（执行）团队绩效评估的考核指标之一。

4. 建立基层调解组织协助调解制度。专设诉调审监团队，结合近年来开展

---

① 蒋惠岭：《建立符合司法规律的新型审判权运行机制》，载《法制资讯》2014年第4期。

的诉讼调解与人民调解、工商行业性调解、"无讼社区"创建、化解涉农纠纷、军人军属维权、劳动争议化解、妇女儿童合法权益维护等十二项诉调衔接机制,邀请基层调解组织、社区、妇联等调解干部协助调解相关类型的案件。

5.完善奖罚激励机制。在国家权力"大一统"的科层体系中,司法权自主性不足,法院在人事与财政等方面受到掣肘,法官缺少必要的职业保障。国家权力体系中本不够强势的司法权,当然很难得到公众的信赖。[①] 周宁法院在积极争取法官职业保障和提升待遇上,积极与上级法院、地方政府进行沟通,进行了有益的尝试。根据实际设定办案质效指标,对各团队办案情况进行奖罚。强化审判管理,形成公平合理的工作激励机制,使各团队工作形成良性竞争的局面。

第一,职级待遇。积极争取当地党委支持,制定主审法官(执行长)改革专项职级待遇解决方案,及时解决主审法官(执行长)的职级待遇问题。经周宁县常委会专题研究,主审法官(执行长)职级确定为副科级。

第二,物质奖励。结合实际,确定各团队每年办案基准任务数,同时综合各项考核指标,对于超过绩效考核标准的,积极争取县财政的支持,给予该团队一定的奖励资金。

第三,惩罚规定。案件被改判或被发回重审,经审判委员会认定责任属于团队的,每件扣除相应的奖励资金。每个团队未能完成绩效考核标准的,或因个人原因未完成原业务庭其他事务性工作的,取消年度评先评优资格。

结　　语

面对深化改革的社会现实与"诉讼爆炸"的司法现状,周宁审判综合改革的实践与推进显得恰逢其时,且作为带头的山区基层法院任重道远。自2014年新年伊始,周宁法院率先作为福建省山区县试点率先实行审判综合改革,[②]作为改革的试点单位,改革行进也是"摸着石头过河",许多配套制度尚在完善落实中,人财物的推进也需要省高院进一步统一部署,[③]但周宁法院的改革将一如既往立足本地实际,切实解决司法实践中出现的问题,找准"让审理者裁判,让审理者负责"这一根本出发点,寻找改革中的规律,在改革中不断反思总结,从而完善提高,为司法改革作出有裨益的尝试,为审判综合改革周宁模式的推广奠定更加深厚的基础。

---

① 徐阳:《"舆情再审":司法决策的困境与出路》,载《中国法学》2012年第2期。

② 陈明堂、李清旺:《周宁县率先实行审判综合改革》,载《闽东日报》2014年1月9日第2版。

③ 相关39项配套制度尚在审议落实中。除了职级待遇已经确定主审法官为副科级外,物质奖励已经得到县委原则上的通过。

检察职权范围的问题与重构

——以《人民检察院组织法》为分析对象

■ 邓姗姗 *

摘要：现行《人民检察院组织法》由于制定的时间较早，在内容、体系结构上都存在一定的滞后，尤其是对检察职权范围的设定已经落后于司法的实际需求。检察职权范围现有设定与检察机关实际履职情况并不一致，存在部分内容与《刑事诉讼法》、《民事诉讼法》、《行政诉讼法》没有衔接，没有体现司法改革成果，部分表述明显过时等诸多问题。这不利于检察机关全面履行法律监督职责，亟须进行较大幅度的修改。

关键词：技术侦查　并案侦查　刑事公诉权　诉讼监督

1978年恢复设置人民检察院后，立法机关于1979年审议通过了现行的《人民检察院组织法》（以下简称《组织法》），并先后于1983年、1986年对其作了两次小的修改。《组织法》是检察权运行的法律基础，对明确检察机关的职能定位，规范检察权运行发挥了重要作用。随着社会经济迅速发展，司法体制改革不断深入，《组织法》在结构体系、规范内容上存在部分内容明显滞后、与其他法律表述不一致、未体现司法体制改革成果等问题。特别是在检察职权范围的设定上，由于立法时处于特定历史时期，《组织法》对于检察职权的设定明显突出了检察机关打击刑事犯罪的功能，对其他检察职能表述过于简单。《中华人民共和国民事诉讼法》（以下简称《民诉法》）、《中华人民共和国行政诉讼法》颁布时间均晚于《组织法》的最后一次修改，《组织法》对二者赋予检察机关的新职能完全没有提及。《组织法》对检察职权的设定与检察机关实际履职情况并不一致，不利于检察机关全面履行法律监督职责，需要进行较大幅度的修改。

---

* 作者系武汉市人民检察院研究室副主任、助理检察官，文学硕士。

一、现行《组织法》检察职权范围设定存在的问题

《组织法》第5条对检察职权范围作出了规定,包括部分刑事案件侦查权、审查批准逮捕权、公诉权、对刑事侦查、审判、执行的监督权。从当前司法实践看,其职权设置存在以下问题:

(一)权力规定过于狭窄

我国《宪法》第129条规定:"中华人民共和国人民检察院是国家的法律监督机关。"这是《宪法》对于检察机关的法律定位,也是对检察机关职能的确认。检察院恢复重建以来,法律监督工作由单一的刑事法律监督发展成为刑事法律监督、民事法律监督、行政法律监督并重的格局,监督的途径和范围已大大拓宽①。而《组织法》相关条文仅包含刑事法律监督的部分内容,缺漏非常明显。

(二)权力规定过于滞后

三大诉讼法规定的法律监督职能远超出《组织法》规定的监督范围,《组织法》中仅体现了《中华人民共和国刑事诉讼法》(以下简称《刑诉法》)的部分内容,《民诉法》、《中华人民共和国行政诉讼法》则完全没有体现。"一方面,检察机关在履行《组织法》规定以外的各项职权时底气不足,畏首畏尾,缺乏主动性;另一方面,又有人非难检察机关'盛名之下,其实难副',主张取消或分化法律监督职能。"②十几年后,这种窘境依然存在。2012年《刑诉法》、《民诉法》相继修改,赋予检察机关更多监督职能,但上述局面并没有明显的改变。

(三)权力设置过于僵硬

检察权作为一种不断发展的权力,在最初设定时受当时条件限制,并未在职权设置上留下较为弹性的表述,给新增的检察职权预留空间,因此在其他法律进行修改,赋予检察机关新的职能时,无法将新职能与现有职能相衔接。

(四)部分表述明显过时

《组织法》第5条中的一些提法已经过时或已经取消,这必将直接影响检察

---

① 杨柳、王新友:《尽快修改人民检察院组织法》,载《检察日报》2013年3月15日第11版。
② 赵建平:《论〈人民检察院组织法〉的修改与完善》,载孙谦、张智辉主编:《检察论丛》(第5卷),法律出版社2002年版。

职权的有效行使。如第 5 条第 1 项规定"对于叛国案、分裂国家案以及严重破坏国家的政策、法律、法令、政令统一实施的重大犯罪案件,行使检察权"。现行法律已经取消了"法令"形式,"叛国案、分裂国家案"已经统一归为刑法"危害国家安全案件"范畴,应对上述规定予以修改,又如第 3 项"免于起诉"的提法现在已经废除,应当删掉。

二、检察职权范围修改的原则

《组织法》不仅是《宪法》原则的具体化,而且是检察机关权力边界予以规范的指南。对检察职权范围进行修改,必须秉持以下原则:

(一)依宪修改原则

《宪法》是我国的根本大法,在我国的法律体系中具有最高的法律地位。《宪法》规定人民检察院是国家的法律监督机关,《组织法》应当在明确这一职能定位的基础上,进一步明确法律监督范围,对其中的内容进行细化。

(二)与诉讼法相衔接原则

《刑诉法》、《民诉法》均已于 2012 年进行了较大幅度的修改,《行政诉讼法》目前全国人大常委会已初次审议其修正案(草案),并向社会公开征集意见,修改指日可待。检察职权范围的修改必须与三大诉讼法保持一致,对诉讼法赋予检察机关的职能予以吸纳,维护法律体系的协调。

(三)适度超前原则

法律的修改不宜过于频繁,因为"如果经常修改法律,那么人们在特定时间将很难发现法律的规定是什么,人们将陷入修改法律的忧虑之中,因为他们所了解的法律已成为过去"。[1] 如果对检察职权范围的修改仅仅是对已有法律条文的照抄照搬、简单重复,修改的意义将大打折扣。应当用发展的眼光来看待本次修改,针对现行法律某些方面的立法空白进行再修改,注意吸收、确认较为前沿的做法,通过立法的超前性来避免出现过早的滞后。同时也应当把握好"度"的分寸,一些尚在探索阶段的、存在较大争议的问题不宜纳入本次修改范围,避免因立法过于超前出现法律冲突。

---

① [英]约瑟夫·拉兹:《法律的权威:法律与道德论文集》,朱峰译,法律出版社 2005 年版,第 25 页。

(四)强调特色原则

对检察职权范围的修改要注意立足检察视角,体现自身特色,对于诉讼法中已经作出较为细致规定的内容,《组织法》只宜作出原则性规定,避免重复立法,浪费法律资源。对于检察机关立足于检察视角,经过多年实践检验被证实行之有效的制度,应当及时上升为立法条文加以体现,成为检察机关发挥法律监督职能的重要保障。

三、《组织法》中检察职权范围修改的构想

"检察职权,是指为了实现检察职能,国家法律赋予检察机关的各项职权。检察权是由国家通过法律赋予检察机关的一种国家权力,是由国家强制力保障行使的一种权力,具有国家权力的一般属性。"[1]对于检察权内容的界定,目前理论界认识不尽一致。检察职权范围之争是检察权性质之争的具体化。龙宗智教授的总结较为经典,他认为,检察权的范围应包括刑事案件侦查、批准和决定逮捕权、公诉权、立案监督和侦查活动监督权、刑事审判监督权、对刑事判决和裁定的执行和监管改造机关的活动是否合法的监督权、民事审判和行政诉讼监督权、司法解释权以及根据《组织法》第 5 条规定对叛国案、分裂国家案以及严重破坏国家政策、法律、法令、政令统一实施的重大案件行使检察权[2]。在诸多的理论争议中,对检察机关的检察权和法律监督是同一种权力还是不同的权力的认识非常重要。[3] 虽然理论存在争议,但是在法律运作层面,我们早已经取得了很多的共识,同时由于检察职权配置对检察机关的运行具有指导意义,在《组织法》修改时应尽量将已成熟内容写入法律,对有待进一步探索的留出法律空间或作出原则性规定。检察权作为一种法律监督权,应当在《组织法》上明确其有以下具体职权:

---

[1] 朱孝清、张智辉主编:《检察学》,中国检察出版社 2010 年版,第 319 页。

[2] 龙宗智:《检察制度教程》,法律出版社 2002 年版,第 84～86 页。2012 年《民诉法》修改时,将原"人民检察院有权对民事审判活动实行法律监督"修改为"人民检察院有权对民事诉讼实行法律监督"。笔者认为,龙宗智教授观点中的民事审判监督权应按照最新的法典更新为民事诉讼监督权更为妥当。

[3] 蒋德海:《检察权和法律监督是同一种权力还是不同的权力》,载中国法学会检察学研究会检察基础理论专业委员会编:《诉讼规律和诉讼监督规律与检察职能的优化配置》,湖北人民出版社 2011 年版。

(一)职务犯罪侦查权

《组织法》第 5 条第 2 项规定:"对于直接受理的刑事案件,进行侦查"。该项规定过于笼统,具体指向不明。《刑诉法》第 18 条规定了检察机关负责侦查的案件范围①,《组织法》也应作出相应修改,如规定为:"对于法律规定由人民检察院立案侦查以及其他人民检察院认为需要由其直接立案侦查的刑事案件,进行侦查。"根据"适度超前"原则,《组织法》修订时应对以下问题进行细化吸纳:

1.技术侦查措施的适用范围。《刑诉法》规定,检察机关在立案后,对于以下案件、犯罪嫌疑人、被告人可以使用技术侦查措施:"重大的贪污、贿赂案件;利用职权实施的严重侵犯公民人身权利的案件;追捕被通缉或者被批准、决定逮捕的在逃的犯罪嫌疑人、被告人"。侦查实务中对如何把握"重大"、"严重"的标准,看法并不统一。有观点认为是指犯罪数额巨大、犯罪情节严重以及犯罪行为的后果严重,也有观点认为应当将法定刑作为主要的考虑参数。从技术侦查措施的手段看,目前争议也比较大,可以认为,包括电信监控、网络监控、技术追踪(如 GPS 定位)、电子侦听、电话监听、网络侦查等,②《刑诉法》第 151 条还规定了"隐匿身份侦查"与"控制下交付"。对技术侦查适用范围的把握对尊重和保障人权有着重要意义。常规侦查行为仅仅指向犯罪嫌疑人的权利行使方式,而技侦手段侵犯的隐私没有任何边界与时间限制,任何人在任何时间都有可能成为被监控的对象,这些手段如果频繁使用,必然会引发不良的社会反响。运用技侦措施应当遵循最后手段原则,只有在常规侦查手段无效的特定案件中才能使用。为了避免技术侦查措施在实践中被曲解或被扩大解释,《组织法》在解释职务犯罪侦查权时,应当对技术侦查措施中"重大"、"严重"的范围进行细化,例如可以用具体罪名加最低刑期限制的方式使"重大"、"严重"实质化。

2.职务犯罪关联案件并案侦查权。《刑诉法》第 18 条对刑事案件侦查权作出了明确划分,《人民检察院刑事诉讼规则(试行)》(以下简称《规则》)第 12 条规

---

① 《刑诉法》第 18 条规定:"贪污贿赂犯罪,国家工作人员的渎职犯罪,国家机关工作人员利用职权实施的非法拘禁、刑讯逼供、报复陷害、非法搜查的侵犯公民人身权利的犯罪以及侵犯公民民主权利的犯罪,由人民检察院立案侦查。对于国家机关工作人员利用职权实施的其他重大的犯罪案件,需要由人民检察院直接受理的时候,经省级以上人民检察院决定,可以由人民检察院立案侦查"。

② 邓思清:《技术侦查措施:依法使用与保障人权相得益彰》,载《检察日报》2012 年 11 月 21 日第 3 版。

定了刑事案件侦查权交叉时的处理办法①,并规定了可以并案处理的案件范围:对于一人犯数罪、共同犯罪、多个犯罪嫌疑人实施的犯罪互相关联,并案处理有利于查明案件事实和诉讼进行的,人民检察院可以对相关犯罪案件并案处理。从司法实践看,职务犯罪案件呈现出犯罪主体多元化、犯罪形式复杂化、犯罪手段隐蔽化的特点,如查处贪污贿赂犯罪时可能会涉及伪证、洗钱等普通刑事犯罪,关联的普通刑事犯罪如不能顺利查清,将直接影响贪污贿赂犯罪的侦查和认定。对检察机关而言,并案侦查权是十分必要的,应当在位阶更高的组织法中予以明确。同时,并案侦查权目前还存在一些需要细化的问题,如《规则》中"并案处理有利于查明案件事实和诉讼进行"这一规定比较笼统,并案侦查的实质是检察机关侦查管辖权的扩张,由检察机关侦查了本应由公安机关管辖的刑事案件②,因此必须对并案侦查的案件划定一个清晰的范围:是否要求本案③为重特大职务犯罪案件,关联案件如何认定等等。又如检察机关启动并案侦查应如何审批,仅有 2010 年最高人民检察院《关于加强和改进新形势下惩治和预防渎职侵权犯罪工作若干问题的决定》中规定:"对重特大渎职侵权犯罪案件所涉及的必须及时查清的案件,经上级检察机关同意,可以并案查处",对于以何种形式报批,是否需要经过上级自侦部门、检察长、检委会同意,是否需要逐级报批等都缺乏规定。

3.职务犯罪预防权。检察机关开展职务犯罪预防工作由来已久,最高人民检察院于 2000 年正式设立职务犯罪预防厅,随后全国各地检察机关相继设立了职务犯罪预防机构。职务犯罪预防是我国惩治和预防腐败体系的重要组成部分,作为检察机关惩治职务犯罪工作的延伸,其包含了犯罪分析、预防调查、检察建议、行贿犯罪档案查询等多项内容。检察机关结合执法办案,分析职务犯罪原因和规律,提出预防职务犯罪的对策和措施,促进从源头上遏制和减少职务犯罪,取得了很好的社会效果。《组织法》修改时,应对检察机关的职务犯罪预防权予以确认。

(二)批准和决定逮捕权

《组织法》第 5 条第 3 项规定:"对于公安机关侦查的案件,进行审查,决定是

---

① 《规则》第 12 条规定:"人民检察院侦查直接受理的刑事案件涉及公安机关管辖的刑事案件,应当将属于公安机关管辖的刑事案件移送公安机关。上述情况中,如果涉嫌主罪属于公安机关管辖,由公安机关为主侦查,检察院予以配合;如果涉嫌主罪属于检察院管辖,由检察院为主侦查,公安机关予以配合"。

② 顾军等:《职务犯罪关联案件并案侦查机制研究》,载《人民检察》2013 年第 24 期。

③ 职务犯罪侦查部门管辖范围的案件为"主案"或"本案",非管辖范围而合并侦查的案件为"原案"或"前案"。

否逮捕……"，此处的"决定是否逮捕"指的是《刑诉法》第88条规定的检察机关对公安机关提请批捕案件的批准逮捕权。《刑诉法》第163条还规定了检察机关对自侦案件的决定逮捕权。此外，作为中央司法体制改革的重要内容，最高人民检察院于2009年正式下发《关于省级以下人民检察院立案侦查的案件由上一级人民检察院审查决定逮捕的规定（试行）》，将省级以下（不含省级）人民检察院职务犯罪案件审查逮捕决定权上提一级，这意味着基层检察院实际上已经没有了决定逮捕权。以上内容在《组织法》修订时都应予以完善。

《刑诉法》第79条规定了逮捕的条件，这也是检察机关决定是否对案件批准逮捕的依据。实践中公安机关和检察机关对有无逮捕必要性的争议，多集中在对社会危险性的判断上，但公检两家对社会危险性证明责任的分工在规定上存在较大差异。《公安机关办理刑事案件程序规定》第129条规定："……公安机关在根据第一款的规定提请人民检察院审查批准逮捕时，应当对犯罪嫌疑人具有社会危险性说明理由。"即对于提请逮捕中社会危险性的证明，公安机关只要求说明理由。《规则》并未对此作出明确规定，但从第139条对法定五种情形细化时均要求"有一定证据证明"或者"有迹象表明"的规定看，检察机关明显是要求侦查人员必须拿出一定的证据、材料、理由依据来对社会危险性加以证明的。出于趋利避害的本能，任何一个犯罪嫌疑人犯罪后都有毁灭、伪造证据，干扰证人作证，串供，逃跑的可能，证明该种可能性的证据材料如果不及时收集固定，事后很难补正。同时，社会危险性证明中的大部分证据，散见于侦查机关已经查证的证据材料之中，特别是"可能实施新的犯罪；有危害国家安全、公共安全、社会秩序的现实危险"的证据。侦查人员对案件证据加以提炼的过程，也是对全案加以周密梳理、查漏补缺的过程。要求侦查机关提供社会危险性的证据材料，可以避免办案人员对社会危险性只凭主观感觉随意判断，防止社会危险性在审查中被虚置。综上，公安机关在提请检察院批准逮捕时，应提供证明犯罪嫌疑人社会危险性的证据材料。《组织法》修订时应对此作出原则性规定。

（三）刑事公诉权

《组织法》第5条第3项规定了对公安机关侦查案件的审查起诉权："对于公安机关侦查的案件，进行审查，决定是否……起诉或者免予起诉"，[①]对检察机关自侦案件的审查起诉权没有提及。第4项规定："对于刑事案件提起公诉、支持公诉……"，如何支持并不明确。公诉权是检察权的核心，也是检察机关的最根本职能。作为一项完整的制度，公诉权应当包括审查起诉权、决定起诉或不起

---

① 前文已经提过，"免于起诉"的提法现在已经废除，应当删掉。

诉权、出庭支持公诉权、公诉变更权、抗诉权,上述权力都应当在《组织法》中予以明确。

1.不起诉权。对于不起诉权,除已有的三种不起诉权外,《刑诉法》第271条明确规定,可能被判处1年以下有期徒刑的未成年人,符合条件的可以适用附条件不起诉。对未成年人的附条件不起诉权,使检察机关在面对未成年犯罪嫌疑人时有了更大的自由裁量权。至此,绝对不起诉、相对不起诉、存疑不起诉、附条件不起诉构成了不起诉权的完整结构,作为检察机关专有的权力,应当在《组织法》中予以明确。

2.公诉变更权。变更、追加、撤回起诉都是公诉变更权的一部分,但《组织法》对此并未作出规定。《刑诉法》对补充起诉和变更、追加、撤回起诉没有作出明确规定,仅有最高人民检察院《规则》第458条,第459条规定了在提起公诉后,法院宣告判决前,某些情况下检察机关有变更、追加、补充、撤回起诉的权力。公诉变更权的行使对诉讼程序的运行和案件的实体审判有重大影响,应由效力更高的《组织法》来作出具体规定。

3.量刑建议权。"规范裁量权,将量刑纳入法庭审理程序"是正在进行的深化司法体制和工作机制改革的内容之一。2010年2月23日最高人民检察院《人民检察院开展量刑建议工作的指导意见(试行)》和同年9月"两高三部"①颁布的《关于规范量刑程序若干问题的意见(试行)》的规定明确了检察机关的量刑建议权:"对于公诉案件,人民检察院可以提出量刑建议"。2012年《刑诉法》规定:"法庭审理过程中,对于定罪、量刑有关的事实、证据都应当进行调查、辩论"。这意味着在法庭上,公诉人对量刑已经不再是单纯停留在发表建议层面,而是要对量刑证据、量刑事实、量刑结论系统地发表意见,要与被告人、辩护人展开量刑辩论,量刑建议权已经成为公诉权的一部分。为了优化检察机关的公诉权,量刑建议权也应当提炼为立法条文。

(四)诉讼监督权

诉讼监督权是检察机关对刑事诉讼、民事诉讼、行政诉讼进行法律监督的具体权限,也是检察机关法律监督权能最直接、最集中的表现形式,包括刑事立案监督权、侦查监督权、刑事审判监督权、刑罚执行监督权、民事诉讼监督权、行政诉讼监督权。

1.刑事立案监督权

《组织法》对刑事立案监督权没有作出规定。从司法实践看,刑事立案监督

---

① 即最高人民法院、最高人民检察院、公安部、国家安全部、司法部。

主要包括对应立案而不立案、不应立案而立案、立案以后又撤案、立而不侦、侦而不结等情况的监督。其中对应立案而不立案情况的监督，《刑事诉讼法》第111条作出了明确规定；对立案以后又撤案的监督目前归类于应立案而不立案类，没有更细化的规定；对于不应立案而立案和立而不侦、侦而不结的监督，最高人民检察院与公安部于2010年7月以联合发文形式下发的《关于刑事立案监督有关问题的规定（试行）》中作出了相关规定。《组织法》修改时应对检察机关的刑事立案监督权予以明确，以立法的完善解决实践中公安机关与检察机关配合度不够，监督实效较弱等问题。

（1）监督处分权。在立案监督权、侦查监督权问题上，相关法律虽然赋予检察机关对各类立案及侦查程序违法的监督纠正权，但没有明确被监督机关接受法律监督的义务以及拒绝接受监督将会承担的法律责任，从而使得被监督者是否接受监督完全取决于被监督者有无自觉性，在没有约束力的情况下，可以认真对待，也可以敷衍了事。2010年最高人民检察院和公安部联合发文，对刑事立案监督的有关问题进行了规定，但是对于侦查机关"应当"作而未作该如何处理，仍然没有明确规定。这种"提出纠正意见"或"通知纠正"的形式，仅具有信息告知的性质，并带有强烈的"商榷"色彩，是否"应当"或"必然"对于被监督者发生法律效力，没有法理依据。这一点与抗诉不同，抗诉作为诉权的一种，在理论上具有启动审判权的功能，并且对于检察机关的抗诉法院是不能驳回的①。笔者认为，本次《组织法》修改应确立检察机关的监督处分权，从立法上，明确公安机关配合、接受检察机关法律监督的义务和责任，只有给予检察机关刚性的制裁手段，才能让检察监督化柔为刚，有效执行，实现监督的最终目的。

（2）建立刑事案件信息共享平台机制。刑事立案监督工作是一项动态的监督过程，监督的有效性是建立在人民检察院与侦查机关具有良性互动和信息共享机制的基础上的。检察机关的介入一般从审查逮捕入手，对案件的审查主要依赖公安机关报送的案卷材料，在此之前，侦查机关受理线索、立案、侦破案件、采取的侦查措施和案件的具体处理，检察机关无法介入，报送的材料是否客观全面，检察机关也无法下定论。在整个监督过程中，检察机关并没有获得足够的知情权，无法从宏观上掌握公安机关的侦查情况和侦查动态，也很难寄希望于从侦查机关自己装订的案卷中发现其非法行为，给侦查监督工作带来很大困难。此外，在应当立案而不立案的监督中，被害人请求立案是案件受理来源之一，如果被害人出于经济或其他原因考虑，不向检察机关请求立案，检察机关便很难发

---

① 朱立恒：《我国刑事检察监督制度改革初探——以刑事检察监督的弹性化为中心》，载《法学评论》2010年第1期。

现,造成本应立案的案件流失。建立刑事案件信息共享平台,有利于拓宽立案监督案源渠道,提高监督的及时性和实际效果。《组织法》修订时应为此类改革预留一定空间,待相关条件成熟后再作出具体规定。

2.侦查监督权

《组织法》第 5 条第 3 项规定:"人民检察院对公安机关的侦查活动是否合法,实行监督。"从司法实践看,侦查监督包括对侦查活动的监督和对侦查结果的监督,即对违法变更强制措施、非法手段收集证据、违反羁押和办案期限规定等行为的纠正,对犯罪嫌疑人作出是否批捕的决定,对漏捕犯罪嫌疑人的追捕等。《刑诉法》第 98 条规定了检察机关的侦查监督权,《组织法》应吸收这一规定。

3.刑事审判监督权

《组织法》第 5 条第 4 项规定:"对于人民法院的审判活动是否合法,实行监督"。对于诉讼法中已有规定,《组织法》应予以吸纳,《刑诉法》第 203 条及第三编第 3 章、第 5 章中分别规定了检察机关对法院审判的监督,如增加了死刑复核检察监督权。《刑诉法》第 240 条规定:"在复核死刑案件过程中,最高人民检察院可以向最高人民法院提出意见。最高人民法院应当将死刑复核结果通报最高人民检察院。"明确授予了检察机关对死刑复核程序的监督权。至此,检察机关对法院审判活动的监督,将覆盖审判全程,对保障人权,体现司法公正具有重要意义。

对于司法体制改革的成果,《组织法》应在修改时加以吸纳和明确,如明确规定检察长列席法院审判委员会制度。检察长列席法院审判委员会是检察权对审判权监督和制约的有效手段,是实现审判监督方式多元化发展的重要途径。《人民法院组织法》第 11 条对检察长列席法院审判委员会制度早有规定,2010 年 4 月 1 日最高人民检察院、最高人民法院《关于人民检察院检察长列席人民法院审判委员会会议的实施意见》对检察长列席案件或议题范围等作出了细化规定,《组织法》对检察职权范围进行修改时,虽不宜对列席程序如何启动、列席的案件范围、列席的人员范围等细节问题作出规定,但对检察长列席法院审判委员会制度应当予以明确。在《组织法》明确后,再作出细化规定,使得法律具有明确性和可操作性,避免产生理解上的分歧,影响制度的执行效果。

4.刑罚执行监督权

《组织法》第 5 条第 5 项规定:"对于刑事案件判决、裁定的执行和监狱、看守所、劳动改造机关的活动是否合法,实行监督"。《刑诉法》第 256 条、第 263 条、第 265 条规定了检察机关对监外执行、减刑、假释、执行的监督。《组织法》应吸收《刑诉法》的这一规定,对刑罚执行的监督范围进行梳理明确。

(1)社区矫正检察监督。刑罚执行不仅包括监禁刑,也包括"墙外"执行的非监禁刑,社区矫正是监外执行工作的补充和延续,属于典型的非监禁刑执行方式。检察机关对刑罚执行的监督应包括对社区矫正的监督，《组织法》修改时应对此加以明确。

（2）强制医疗检察监督。《刑诉法》第 289 条规定检察机关对强制医疗的决定和执行实行监督，意味着检察机关要对公安机关的侦查活动、法院的审理活动、强制医疗机构的执行活动等多项内容进行监督。《组织法》修改时应对此新增职能予以明确，并预留一定空间。待《组织法》明确后，可就部分问题进一步作出细化规定。如《刑诉法》规定法院审理强制医疗案件，应当通知被申请人或被告人的法定代理人到场，对检察机关是否需要莅临法庭没有明确规定，但检察机关如果不能莅庭，对强制医疗决定作出的过程将无法进行有效的监督，因此应当明确检察机关在强制医疗程序中的莅庭义务和莅庭监督方式。

5.民事行政诉讼监督权

《中华人民共和国行政诉讼法》、《民诉法》赋予了检察机关对民事诉讼、行政诉讼进行监督的权力①。2012 年《民诉法》的修改，为检察机关民事诉讼监督增设了新的监督措施和手段。作为检察机关的重要职权，《组织法》应对民事诉讼监督权、行政诉讼监督权予以明确，通过立法的保障，推进民事行政诉讼监督权的充分行使。

（1）民事诉讼监督权。《民诉法》修改的最大亮点便是强化了检察院对民事诉讼的法律监督，如增加了执行监督原则，将调解书纳入检察监督的范围，增加了程序违法监督的内容，增设法律监督的前置程序，规定了检察机关的调查核实权等②。《组织法》对检察职权进行修改时，除了明确检察机关的民事诉讼监督权，还应设立专章对民事检察监督的内容、监督的主要途径、监督的方式等予以明确。

（2）行政诉讼监督权。行政诉讼监督作为法律监督的一个重要组成部分，在司法实践中相对薄弱。有关行政检察监督的规定主要散见于行政诉讼法和司法解释，可操作性不强。《行政诉讼法》目前已纳入修改规划，《组织法》在明确检察机关的行政诉讼监督权外，还应结合《行政诉讼法》草案和检察机关司法改革的成果，将行政诉讼监督的范围、监督方式、监督保障、具体权限、程序方式等问题纳入修订视野。通过立法的保障，推进行政诉讼监督权的充分行使，如检察机关的监督，应涵盖诉讼前期的受理、中期的审理、裁判和后期的执行全程。又如，检察机关的监督对象，不仅应包括行使审判权的法院，也应该包括妨碍公正审判的

---

① 《民诉法》第 14 条规定：人民检察院有权对民事诉讼进行法律监督。《中华人民共和国行政诉讼法》第 10 条规定：检察院有权对行政诉讼实行法律监督。

② 汤维建：《尊重规律：民事诉讼法修改后民事检察制度的新发展》，载《人民检察》2014 年第 3 期。

行政机关。

(3)公益诉权。新《民诉法》首次规定了公益诉讼制度,被视为修法的一大亮点。但对于检察机关是否应直接成为民事公益诉讼的原告,目前争议较大。一些学者认为,很多涉及国家利益尤其是公共利益的案件,由于缺乏合适的提起诉讼的主体而使人们的权利得不到保障,《组织法》应该明确规定对涉及国家利益和公共利益的案件,由检察机关代表国家提起公诉。也有人认为,在现行法律框架下,我国检察机关还不能直接成为民事公益诉讼的原告,但这并不影响检察机关帮助法律规定的机关和有关组织当好原告。笔者认为,虽然检察机关作为原告提起公诉讼具有诸多优势,在理论上也具有正当性,国外也有较为丰富的立法和司法经验作为有益的借鉴,但目前将公益诉权纳入《组织法》修改范围并不成熟。首先,是立法上,目前我国尚无立法授权检察机关来提起公益诉讼。其次,对于检察机关能否作为原告提起公益诉讼,还存在很多值得探讨和商榷的问题。如检察机关是法律监督机关,一旦以原告身份参与公益诉讼,是否违背民事诉讼原被告地位平等原则,对民事诉讼角色分配格局造成影响。又如在是否提起公益诉讼问题上,应当赋予检察机关何种程度的自由裁量权。目前我国的社会公益组织还并不成熟,因此目前并不宜将公益诉权纳入修改范围。

司法鉴定质量控制法律制度的完善

■芦　絮*

摘要：在审判实践中，司法鉴定意见因其具有不可替代性，成为左右判决胜败的关键，具有"事实判决"的关键性地位。然而，具有准司法性质的司法鉴定却没有纳入诉讼程序管理。司法鉴定质量出现瑕疵可能导致鉴定资源及司法资源的巨大浪费，从而使当事人基于对鉴定意见的质疑而导致对审判公正的质疑。为此，应从司法鉴定管理制度和司法鉴定程序规则控制两个方面对司法鉴定质量进行控制。

关键词：司法鉴定　鉴定意见　证据制度　质量控制

　　司法鉴定意见作为一种重要的证据形式，是由具有某项专门知识、技能的人按照法定程序接受鉴定委托后，利用其专门知识和技术手段，对客观事物的某种属性进行观察、验证后作出的认定或判断。[①] 由于其具有不可替代性，鉴定意见在诉讼中往往成为左右判决胜败的关键，具有"事实判决"的关键性地位，以致被称为证据之王。长期以来，由于法律的滞后以及利益的掣肘，我国的司法鉴定工作，无论是宏观构建，还是微观建设；无论是机构设置还是人员配备；无论是鉴定程序还是鉴定效力都缺乏统一的规范，致使我国司法鉴定工作的规范化、法制化程度都不高。司法鉴定质量出现瑕疵可能导致鉴定资源及司法资源的巨大浪费，从而使当事人基于对鉴定意见的质疑而导致对审判公正的质疑。因此，只有严格的质量控制措施，才能提供高效、精准、正当的鉴定意见，为审判提供可观有效的依据。

一、司法鉴定意见应用现状

　　本文调查分析的样本数据是厦门市海沧区人民法院 2012—2013 年 5 月涉

---

　　* 作者系福建省厦门市海沧区人民法院法官，法律硕士。
　　① 黄维智：《鉴定证据制度研究》，中国检察出版社 2006 年版，第 5 页。

及司法鉴定的 150 起案件以及该 2 年内典型案件的分析。

(一)数据分析——被鉴定牵制的审判权

1. 关于鉴定类型

类型		数量	比例%
鉴定(150)	伤残等级	62	42.18
	笔迹(指纹)	21	14.29
	医疗(事故、过失行为、费用)类	25	17.00
	行为能力	2	1.36
	工程量、工程造价	11	7.48
	车辆损失	6	4.08
	装修质量、建设工程质量、房屋质量	6	4.08
	亲子鉴定、录音资料	2	1.36
	产品质量	5	3.40
	四至测量	2	1.36
	误工期、护理期、护理依赖程度	5	3.40
	房屋建成年份	1	0.67
	离职审计(破产案件)	1	0.67
	宠物狗价值	1	0.67

在统计的 150 件案件中,鉴定类型较为集中地体现在伤残等级鉴定、笔迹(文印)和医疗(事故、过失、费用)三类案件,共有 108 件,占鉴定案件总数的 73.47%。其中,伤残等级占到了 42.18%,有 62 件之多。此外,所涉鉴定类型广泛,除传统笔迹(文印)、工程造价、车辆损失、亲子鉴定外,还包括宠物狗价值、房屋建成年份、离职审计等新类型的鉴定。

2.关于鉴定期限

类型	平均时长（天）	数量（件）	最长时间	最短时间
伤残等级	31.08	62	127	4
笔迹（指纹）	52.25	21	99	14
医疗（事故、过失行为、费用）类	120.5	25	220	18
行为能力	19.5	2	21	18
工程量、工程造价	155.5	11	200	118
车辆损失	60	6	64	56
装修质量、建设工程质量、房屋质量	72.22	6	91	33
亲子鉴定、录音资料	12	2	14	10
产品质量	25	5	25	25
四至测量	41	2	56	26
误工期、护理期、护理依赖程度	35.6	5	70	23
房屋建成年份	未完成	1		
离职审计（破产案件）	未完成	1		
宠物狗价值	未完成	1		

在所统计的鉴定案件中,工程类鉴定案件所需的鉴定期限最长,平均耗时155天,其次是医疗类鉴定,其所花费的时间也较长,有120余天。而在其他类型的鉴定案件中,个案所需鉴定时间也并不十分平均,如伤残类鉴定,最长的需要127天的时间,而最短的只有4天;上述情况也同样体现在笔迹(文印)类和医疗类鉴定案件中,笔迹类鉴定最长的需要99天,而最短的则只有14天;医疗类鉴定最长的220天,而最短的只有18天。

3.鉴定完成情况

类型	未完成数量（件）	尚在鉴定（件）	当事人原因（件）	鉴定机构原因（件）
伤残等级	6	4	2（撤诉）	0
笔迹（指纹）	8	2	6（费用过高）	0

续表

类型	未完成数量（件）	尚在鉴定（件）	当事人原因（件）	鉴定机构原因（件）
医疗（事故、过失行为、费用）类	4	0	2	2
行为能力	0	0	0	0
工程量、工程造价	7	1	4	2
车辆损失	4	1	1	0
装修质量、建设工程质量房屋质量	3	1	1	1
亲子鉴定、录音资料	0	0	0	0
产品质量	4	1	2	1
四至测量	0	0	0	0
误工期、护理期、护理依赖程度	0	0	0	0
房屋建成年份	1	0	0	1
离职审计（破产案件）	1	1	0	0
宠物狗价值	1	0	0	1

除了正在鉴定的案件外，无法完成鉴定的情况包括当事人申请撤鉴和鉴定机构退鉴两种原因。从调阅的案件卷宗分析，当事人申请撤鉴的原因比较复杂，主要有鉴定费用过高、当事人提交的鉴定资料不齐全。而鉴定机构退鉴的原因也是五花八门，如医疗类鉴定中，鉴定机构因担心对患方不利，畏惧当事人闹访而以"技术水平不够"等理由不予受理[1]；有的鉴定机构在接受委托受理鉴定事项并召开听证会后两个月，"以人员变动原因"为由终止鉴定程序[2]；还有一部分需要鉴定的案件比较偏门，鉴定事项未纳入鉴定名册，导致无法将鉴定事项委托给相应的鉴定机构。

---

[1] 厦门市海沧区人民法院[2011]海民初字第1180号案件。
[2] 厦门市海沧区人民法院[2011]海民初字第1180号案件。

（二）案例分析——游离在程序外的鉴定权

1. 宠物狗价值鉴定案①

郑某饲养了两年的宠物狗（拉布拉多品种）"阿布"丧生于一场交通事故。郑某将侵权人诉至法院，同时申请法院对于阿布的价值进行鉴定。然而，在法院对外委托鉴定时却遇到了障碍。在鉴定机构名册中，没有一家鉴定机构可以进行该类鉴定，导致无法启动鉴定。随着社会的发展，司法鉴定业务类别和专门事项亦将逐渐增加。鉴定执业类别，如何进行动态的管理，亦是司法鉴定管理的一个重要课题。

2. 鉴定人司法意见鉴定书造假案②

2012年，厦门市思明区人民法院发现福建某司法鉴定中心的司法鉴定书存在几个问题：（1）鉴定程序违反规定；（2）鉴定中心已存档的451号鉴定意见书与原告提供的鉴定书不一致；（3）鉴定中心对原告提供的鉴定意见书印章的真实性也提出异议。福建某司法鉴定中心还反映，出具该鉴定结论的鉴定人员邹某负责该所的伤残等级鉴定，此前曾因出具假鉴定意见书被举报。另一鉴定人员为兼职人员，且鉴定书上加盖的印章与存档的不一致。这是该院在诉讼案件中首次发现司法鉴定意见书造假现象。目前，法院对于司法鉴定意见书的审查，重于形式，司法鉴定的过程缺乏有效的监督，部分司法鉴定人利用了制度管理的漏洞，为其谋取私利打开了方便之门。

二、司法鉴定的诉讼品格——司法鉴定的诉讼法律制度控制

司法鉴定是运用科学技术手段为诉讼活动提供技术保障和专业服务的司法证明活动。司法鉴定作为诉讼活动的重要组成部分，其制度完善有赖于法律对司法鉴定活动的有效约束。通过对鉴定人、鉴定机构、鉴定程序、鉴定标准的规范，对司法鉴定质量进行把控，使司法鉴定作为证据保障公民权利和实现司法公正。

（一）诉讼领域中的司法鉴定应受到诉讼效率价值的制约

诉讼是一种解决利益争端的活动，它具有定分止争的功效。现代法院程序

---

① 厦门市海沧区人民法院[2013]海民初字第1496号案件。
② 厦门市思明区人民法院[2012]思民初字第12024号案件。

的目的是通过当事人意见的整合使得纷争能终结,社会能够趋向稳定。① 司法鉴定虽作为自然科学或历史考证的一部分,同时更是作为诉讼中证据调查活动,必须遵循诉讼终结性原则。相应的,司法鉴定不能无时限的要求,即不能无限制地发现真实。鉴定资料的收集、获取,鉴定结论的得出、审查、判断必须遵循时效原则,这是诉讼期间制度得以存在的理性基础。② 因此,在诉讼程序中必须以时间、期限等多种方式约束司法鉴定过程。然而,从上文的统计数据可以看出,我国法律法规对于鉴定时限并没有统一的要求,同类鉴定事项所需要的鉴定时间相差甚为悬殊,有的鉴定机构4天即可完成伤残等级鉴定,而有的鉴定机构则需花费4个月的时间。医疗类鉴定和工程类鉴定,是所有鉴定案件中平均花费时间最长的鉴定类型,有的案件鉴定期限长达7个月之久。这种结果的出现主要是由于忽视了司法鉴定的诉讼性,没有在诉讼期限上对其予以限制。

(二)诉讼领域中的司法鉴定应受到诉讼规则的制约

实施鉴定的过程是诉讼进程的一部分,应当遵循司法程序公开、透明的原则,并在监督机制的保障下完成。鉴定一旦进入诉讼程序,就不再只是单纯的判断活动,而具有了诉讼上的意义,鉴定人作出的鉴定意见将会对法官认定事实具有决定性的影响。司法鉴定的启动、鉴定材料的移送以及对于鉴定意见的质证等均需要当事人的积极参与,充分发表意见,以更大程度地接近真实,同时也有利于裁判者对于鉴定意见的辨识。鉴定活动在实施过程中具有事实裁判的准司法属性,罗马法谚云:"鉴定人是发现事实的法官",因此,鉴定作为诉讼活动的一部分,同时又是作为发现特定事实的活动,必须纳入诉讼规则的制约,以法律的强制力将鉴定中一般认识的自然无序整合为法律的有序状态。

三、司法鉴定质量控制的实现方法

我国国家标准 GB/T19000:2008(质量管理体系基础和术语)对质量控制的定义是:"质量管理的一部分,致力于满足质量要求"。司法鉴定质量控制,是指为达到司法鉴定质量要求所采取的一系列方法和措施,其目的是确保司法鉴定领域的产品能够满足诉讼证据所提出的质量要求,司法鉴定质量控制的范围涉及鉴定结论生成全过程的各个环节。

---

① 顾立雄、许恒连:《共同被告自白与供述证据》,载台湾《月旦法学教室》2003 年第 3 期。

② 郭金霞:《鉴定结论适用中的问题与对策研究》,中国政法大学 2008 年博士学位论文,第 11 页。

(一)司法鉴定管理制度控制

司法鉴定管理制度通常是指对一国司法鉴定机构和司法鉴定人员进行行政管理或者行业指导的体制。[①] 具体内容主要有:鉴定人入职准入管理、鉴定人执业管理、司法鉴定人在司法鉴定中的权利义务及法律责任等。设计良好的司法鉴定管理制度,不仅是司法鉴定科学性和可靠性的保障,而且有助于鉴定意见可信度增加。

目前,我国司法鉴定管理的法律、法规和司法解释,主要有 2005 年第十届全国人大常委会第十四次会议通过的《关于司法鉴定管理问题的决定》(以下简称《决定》),2005 年司法部《司法鉴定机构登记管理办法》,2005 年公安部《公安机关鉴定机构登记管理办法》,2006 年《人民检察院鉴定规则》和《人民检察院鉴定人登记管理办法》,2007 年司法部颁布的《司法鉴定程序通则》,2007 最高人民法院《对外委托鉴定、评估、拍卖等工作管理规定》。特别指出的是,2004 年最高人民法院《人民法院司法鉴定人名册制度实施办法》现行有效。其中,2005 年《决定》的颁布意味着司法鉴定的管理迈入了一个新的阶段。司法行政机关按照《决定》的规定,建立了一个管理社会鉴定机构和人员的登记管理体制;公安、检察机关分别制定了管理其内设鉴定机构和人员的登记管理办法,各自建立了一套管理体制;最高人民法院也颁布相关文件,要求各级人民法院编制审判机关鉴定机构名册,对审判机关使用的鉴定机构进行考核、实施管理。这样,在《决定》确立的统一管理体制框架下,事实上出现了五个管理权互相独立,管理范围相互交叉的管理体制。[②] 进而产生以下的问题:

问题一:鉴定人和鉴定机构按照不同管理体制确定的不同条件取得司法鉴定资格,产生多头管理的问题。2004 年最高人民法院《人民法院司法鉴定人名册制度实施办法》在涉及司法鉴定问题时规定,人民法院在对外委托时,必须从鉴定人名册中选择一家鉴定机构。然而,《决定》第 2 条、第 3 条却明确规定了三种类型的鉴定必须由国家对鉴定人和鉴定机构实行登记管理制度。人民法院鉴定人名册的范围是否局限于已经登记的鉴定机构,还是可以选择性列入?在已登记的鉴定机构涵盖的行业范围不全的情况下,人民法院是否可以依职权扩展鉴定机构或鉴定人名册。比如上文提到的宠物狗价值鉴定案,在人民法院的司法鉴定名册中没有符合鉴定资质条件的鉴定机构,法院对外委托鉴定的工作无法实质性开展。宠物狗价值鉴定只是个案,其反应的问题是对于人民法院鉴定

[①] 徐景和编著:《司法鉴定制度改革探索》,中国检察出版社 2006 年版,第 11 页。
[②] 李奇:《影响司法鉴定质量的因素分析及对策》,载《中国司法鉴定》2008 年第 6 期。

名册中没有包括进去的行业,如何通过其他途径完成鉴定。这是多头管理制度给审判带来的管理上的困惑。

对于鉴定资质的问题。大陆法系国家对于鉴定人资质的问题采用的是鉴定权主义,又称为固定资格原则。一般而言,鉴定人都必须获得某种学术资格认证,并经官方承认的登记手续登记注册。[①] 这一原则的基本精神是事先由法律或者权力机关明确鉴定资格,将鉴定权固定地授予特定的人或者机构。而英美法系国家的鉴定人被称为专家证人。在专家证人的资格认定上采取鉴定人主义原则,又称为无固定资格原则或能力制,是指法律或相关权力机关并不事先将专家证人的资格授予固定的人员或机构,也不严格地规定专家证人的认定条件,而仅仅根据其是否具有某一方面的专门技能或知识确定该人专家证人资格。[②] 不论其知识、技能来源于正式教育还是个人实践,只要是在某一行业和领域具有专门知识和丰富经验的人,都可以看作是某一个方面的专家。[③] 英国法中对于专家证人的资格要求并不高,专家的范围既包括特定专业的高级研究人员,也包括汽车修理工、砖瓦工、木工等具有一定技术经验的普通人。[④] 事实上,我国现行的司法鉴定人资格认定体系就符合鉴定权主义原则。但是对于鉴定人资格认定体系并不完善,我国只建立了法医类、物证类、音像资料等方面的鉴定人资格认定,却没有规定其他方面的资格认定规则。这是导致法院无法完成鉴定事项委托的原因。笔者认为,可以借鉴英美法系的专家证人制度,不实行鉴定人资格事先认定原则,允许在某一方面有专长的人作为专家证人,至于专家证人所证明的内容能否被采信,则由法官根据其在庭上的介绍和表现予以认定。法官在判决说明理由部分论证为何赋予鉴定人名册以外的人员具有鉴定人资格。对于宠物狗鉴定案,虽然鉴定人名册中没有相对应的鉴定人,但是可以请求宠物狗协会人员出庭就宠物狗价值的认定作出陈述,由双方当事人对该陈述进行质证,最终由法官判断该证言能否作为判断宠物狗价值的认定依据。该案最终即是以这样的方式,由长期从事警犬训练的专业人员出庭就宠物狗的价值进行说明,法官进行判断后,部分地采信了其意见。但是,在该案中,该专业人员是以专家证人的身份出庭作证,而并没有作为鉴定人的身份出庭论述鉴定意见,这也是无奈之举。宣判后,各方当事人均服判。

问题二:鉴定人和鉴定机构按照不同管理规定,遵循不同的鉴定程序和规

① 齐树洁主编:《美国证据法专论》,厦门大学出版社 2011 年版,第 159 页。

② 刘革新:《构建中国的司法鉴定体制》,中国政法大学 2006 年博士学位论文,第 45 页。

③ 齐树洁主编:《美国证据法专论》,厦门大学出版社 2011 年版,第 157 页。

④ 齐树洁主编:《英国证据法新论》,厦门大学出版社 2011 年版,第 258 页。

则,对鉴定标准的理解不统一。如针对人体损伤残疾程度鉴定如何适用鉴定标准问题,2010年5月5日最高人民法院在回复北京市高级人民法院的《关于审理刑事案件中涉及人体损伤残疾程度鉴定如何适用鉴定标准问题的请示的批复的通知》指出:"关于审理刑事案件中涉及人体损伤残疾程度鉴定如何适用鉴定标准问题的请示的批复的通知,对于你市法院审理刑事案件中涉及人体损伤残疾程度的鉴定标准,在新的国家统一标准出台之前,除职工工伤与职业病致残程度鉴定、道路交通事故受伤人员伤残评定等有国家标准的鉴定外,其他情况下可由你院酌情确定统一适用的鉴定标准。"然而在司法实践中,民事审判和刑事审判却分别适用《道路交通事故受伤人员伤残评定》(GA18667－2002)和《职工工伤与职业病致残程度鉴定》(GA/T16180－2006)两个标准,而这两个标准对于伤残等级级别的认定存在较大的差异。总的说来,同样的伤情适用《职工工伤与职业病致残程度鉴定》的标准鉴定出的伤残等级级别较高,而适用《道路交通事故受伤人员伤残评定》的级别较低。这意味着,当事人获得伤残赔偿金的赔偿差别较大。以厦门市2012年的统计数据为例,相差一个级别,伤残赔偿金的数额相差在75152元,不可谓影响不大。

在国外,司法鉴定领域十分重视标准化、规范化建设,如美国、英国、法国、德国、澳大利亚等国家均已将司法鉴定标准纳入国家标准管理体系,并通过专业标准化委员或相关行业协会、专业研究机构对司法鉴定标准进行管理。如美国著名的标准化组织——材料测试协会,早在1970年就成立了司法鉴定标准化委员会,下设犯罪学、文件检验、法医病理、毒物学、法医齿科学、司法精神病等15个专业委员会,对相关标准进行管理,在其2004年出版的标准汇编中,涉及司法鉴定行业的标准有40余项;同时美国国家司法研究院也对司法鉴定标准进行管理。[1] 我国现行法律、司法解释以及行政法规对司法鉴定技术与方法的科学性评判标准问题没有作出规定,与之相关的一些规定也根本无力解决司法实践中存在的问题,而且在理论研究上对鉴定意见科学性问题的认识也很不足,很少有人对鉴定意见运用的科学技术所应具有的特性和属性进行研究。司法鉴定管理就是要为新的技术和方法进入司法鉴定活动设置一道门槛,而且这也是关乎鉴定意见是否科学可靠的一个重要因素。

(二)司法鉴定程序规则控制

对于司法鉴定程序规则的规范,主要是2007年司法部制定的《司法鉴定程序通则》,2007年《最高人民法院关于对外委托鉴定、评估、拍卖等工作管理规

---

① 郭金霞等:《司法鉴定质量控制法律制度研究》,法律出版社2011年版,第237页。

定》(以下简称《管理规定》)。《司法鉴定程序通则》规定了司法鉴定的独立、客观和公正原则,明确了出庭制度、保密制度、回避制度和监督、管理制度等内容。但是,《司法鉴定程序通则》还是从行政管理角度对鉴定工作进行规范,而不是诉讼程序规范。《管理规定》可以看作是在诉讼过程中对于司法鉴定工作的管理规定,但其规定比较原则,具体操作性不强,对于很多涉及司法鉴定的问题未予规定。

1. 鉴定前鉴定检材的确认

检材是鉴定的基础,决定着鉴定质量的高低。《管理规定》第 7 条规定:"对外委托鉴定、检验、评估、审计、变卖和指定破产清算管理人等工作时,应当移交以下材料:……(二)经法庭质证确认的当事人举证材料……"据此,只有经过质证并确认的材料才能作为鉴定的检材。但是在审判实践中,出现了以下的问题,一是证据材料经过了质证,但对方当事人对证据材料不予以确认,没有相应的规定如何处理。二是对于质证的方式认识不统一。有的严格遵循民事诉讼程序要求采取开庭方式,有的从提高民事诉讼效率出发采取庭前确认方式。采取开庭方式的,均存在二次以上开庭的情形,即鉴定检材(样本)经开庭质证确认后交鉴定机构鉴定,鉴定结论提交后再次开庭组织双方当事人质证,若出现补充鉴定材料则可能出现三次以上开庭。有的采取庭前确认方式,即于开庭前法官召集双方当事人就拟提交鉴定机构的证据材料进行确认,听取双方当事人意见,并以笔录方式记录在案。[①] 上文已经分析,司法鉴定的程序也必须服从效率原则,因此,有必要对上述存在问题予以规定。当事人在申请鉴定后一定时间内必须提交鉴定材料或申请调取鉴定材料,否则将会产生失权的法律后果。人民法院在收到鉴定材料一定时间内要通知双方当事人对检材进行质证,无论采用庭前确认的方式还是开庭质证的方式,法官都必须在一定时间内对经过质证的材料能否作为送检材料以决定的方式告知双方当事人。如当事人对该决定有异议,可以针对决定申请复核。这样规定,既能保证鉴定过程实施的连贯性,又能保证鉴定材料的质量。防止因鉴定材料没有经过质证或没有经过确认而引发重复鉴定现象的发生。

2. 鉴定过程中时限性规定

从本文第一部分的统计数据分析可以看出司法鉴定随意性较大。《司法鉴定程序通则》第 26 条规定,司法鉴定机构应当在与委托人签订司法鉴定协议书之日起 30 个工作日内完成委托事项的鉴定。鉴定事项涉及复杂、疑难、特殊的

---

① 厦门中院、厦门市思明法院课题组:《关于司法鉴定结论作为民事诉讼证据的调研报告》,载《厦门审判》2009 年第 2 期。

技术问题或者检验过程需要较长时间的，经本机构负责人批准，完成鉴定的时间可以延长，延长时间一般不得超过 30 个工作日。但是，《司法鉴定程序通则》没有规定如果没有在规定的时间内完成委托鉴定，应要承担何种法律后果。这只是鉴定时限缺失法律后果的一个表现。其实，更大的问题是法律、司法解释缺少时限的规定。司法鉴定过程可能会被委托方有意无意地拖延，以期达到拖延审限的目的。从委托阶段开始，鉴定项目就不停变更、不停追加；受理阶段，出现不能按时配合鉴定机构进行取样或检查，或不停增补新的材料，而每增补一次法庭就需要先行开庭质证才能提交；交款阶段，由于鉴定机构通常是交足全款后才开展鉴定，拖交费用又成为拖延的手段之一。因此，要落实司法鉴定效率的原则，不仅要有对鉴定机构审查、受理、鉴定的期限要求，同时也应当对当事人配合期限以及超过期限的处理方式有明确的规定。例如鉴定机构可以退案或告知法院裁定失权等，这同样也能防止鉴定机构参与拖延或对拖延行为的不作为，真正能协助法院将举证时限的规定落到实处。如在法国，针对鉴定费预缴情况这个看似细小的问题，《法国民事诉讼法》第 271 条规定："在当事人不按照规定的期限与支付方式寄存预付款项的情况下，鉴定人的指定失去效力，但如法官应当事人之一的请求，依据该当事人提出的正当理由，决定延长期限或者决定撤销前述失效事由时，不在此限。诉讼继续进行，但没有寄存款项或者拒绝寄存款项的人应承担一切后果"。①

3.司法鉴定质量监督——以人民法院的监督为切入点

《决定》将司法鉴定的管理权赋予司法行政部门，并明确规定省级人民政府司法行政部门对鉴定人或者鉴定机构有违反本决定规定行为的，有权予以警告，责令改正等处罚措施。然而，司法鉴定意见书主要是作为人民法院审理案件的证据，影响最大的也是人民法院的审判工作。人民法院对于司法鉴定人和鉴定机构却没有监督管理权，其对于司法鉴定意见书的不予采信，就是司法鉴定最后关口的监督。比如，上文提到的厦门某鉴定机构的工作人员伪造司法鉴定意见书案中，该工作人员曾被举报过，但其没有被科以实质性的处罚，这更加剧了其丧失职业操守，胆大妄为地以权谋私。而且，在司法鉴定意见书中签字的另一位法医是兼职工作，其没有参与本次鉴定，仅是挂名而已。正是利用了司法鉴定过程中缺乏监督的管理漏洞，才会有类似的案件反复出现，给审判的严肃性带来了极大的挑战。法律应赋予人民法院对于鉴定机构和鉴定人的监督管理权。从统计数据的结论看，大部分的鉴定集中在法医类鉴定中。在《决定》颁布之前，人民

---

① 邹明理：《新〈民事诉讼法〉司法鉴定立法的进步与不足——对新民诉法涉及修改鉴定规定的几点认识》，载《中国司法鉴定》2012 年第 6 期。

法院司法鉴定部门承担着司法鉴定的任务,该职权被撤销后,司法鉴定部门承担着司法鉴定的对外委托、材料收转等联系工作,而没有实质介入司法鉴定工作。很多的调研文章强调的是对于司法鉴定意见的程序规范。然而对于专业问题,即使经过了质证程序,如果对鉴定内容没有了解,也是无法有实质性的意见。对于审判者而言,司法鉴定意见书如果没有程序上和明显的实体上的错误,一般都会予以采信。这才是司法鉴定书作为证据之王的真正所在。其实,针对这一问题,已有人民法院的工作人员撰文认为,司法鉴定意见书需要经过审核程序,该任务应由人民法院司法鉴定处专业工作人员完成。① 笔者认为,人民法院应重新考虑设置司法鉴定处,招收专业鉴定人员。从务实性的角度考虑,目前法医学的鉴定量最大,可以招收法医类鉴定人员,从事法医类司法鉴定的审核工作。这是人民法院对于司法鉴定监督的重要的形式,也是实质鉴定的形式。如此,当事人一方的庭前委托鉴定,不会仅因为单方委托,而作为对方当事人要求申请重新鉴定的借口,重复鉴定和错误鉴定的数量均会减少。此外,司法行政机关对于人民法院所反馈的在审判过程中发现的司法鉴定机构或者鉴定人所作出的影响公正的行为,必须要予以相应的处理,才能不断净化司法鉴定队伍,提高司法鉴定质量。

四、结语

笔者之所以选择司法鉴定质量控制作为调研的题材,是因为在审判中发现审判人员对于司法鉴定意见书的依赖过重。在一些案件中,有的仅凭肉眼就能判断出当事人一方提交的证据存在伪造字迹的可能,但法官为了让证据更有说服力,不得不启动鉴定程序。这不仅增加当事人的负担,也降低了审判效率。鉴定意见书的证据王者地位由此可见一斑。然而,这种倾向却存在着审判权向鉴定机构让渡的危险。审判结果倚重鉴定意见,司法鉴定的过程必须遵循程序规则,并纳入审判监督的范围,唯有如此,才能保证司法的公正。

---

① 周从俞:《浅议人民法院进行法医学审核的必要性和重要性——由 3 例错误鉴定所引发的思考》,载《法律与医学杂志》2007 年第 2 期。

我国刑事司法鉴定改革路径探析

■ 洪秀娟*

摘要：鉴定制度在现代诉讼中存在巨大的实践需求，日益发挥着举足轻重的作用。面对我国鉴定体制积弊已久、效果不彰的现状，2012 年《刑事诉讼法》对此作了较为系统的修改，回应了理论界与实务界的呼声。目前我国诉讼领域已经形成司法鉴定、专家证人、专家辅助人三足鼎立的格局，为此，应探索既有格局的成因，分析不同制度的利弊。在此基础上，以模式淡化与制度互补的方式，细化《刑事诉讼法》的鉴定规则，推动鉴定制度改革进一步深入。

关键词：司法鉴定　专家证人　专家辅助人　司法改革

现代科技的洪流席卷着社会生活的各个方面，诉讼领域也不例外。"越来越多对诉讼程序非常重要的事实只能通过高科技手段查明。"[1]司法鉴定作为就诉讼中的专门性问题提供专业意见、协助查明事实的重要手段，日益发挥着举足轻重的作用。根据司法部统计，截至 2012 年年底，全国已登记的司法鉴定机构有 4850 家，司法鉴定人员 53000 多名，5 年来共办理司法鉴定案件 615 万件。[2] 与实践的巨大需求形成鲜明对比的是我国司法鉴定体制积弊已久，重复鉴定、冲突鉴定乱象环生。作为"证据之王"的司法鉴定意见在部分案件中非但未能定分止

---

* 作者系厦门市同安区人民法院研究室主任，法学硕士。

[1] ［美］米尔建·R. 马达斯卡：《漂移的证据法》，李学军等译，中国科技大学出版社 2003 年版，第 200 页。

[2] 该数据来源于中国司法鉴定网，http://www.moj.gov.cn，下载日期：2014 年 5 月 10 日。

争,反而沦为"是非之源",危及司法公信。① 鉴定制度存在的弊端已不仅仅是法律问题,而在一定程度上成为社会关注的问题。为破解鉴定体制弊端,理论与实务界的探讨一直在不断推进。2012 年《中华人民共和国刑事诉讼法》(以下简称《刑诉法》)首次在基本法层面对司法鉴定制度进行了较为系统的修改。司法鉴定体制的改革成果如何?《刑诉法》相关规定当如何落到实处?笔者试图就自己的观察提出一点粗浅的看法,以期抛砖引玉,推进我国司法鉴定制度的良性发展。

一、三足鼎立之势——司法鉴定模式现状考查

"每个社会的法律在实质上都面临着同样的问题,但不同的法律制度以极不相同的方法解决这些问题。"②在应对涉诉事项日趋专业化、技术化的问题上,这样的情形同样存在。作为弥补法官知识构成不足的手段,大陆法系创制了司法鉴定制度,英美法系则寻求专家证人的协助。由于历史、文化等方面因素,我国的司法鉴定体制与大陆法系制度存在更多相通之处,但由于粗线条立法、权利制约缺位以及实际操作异化等原因,我国司法鉴定制度弊端重重,严重制约司法公信。对此,近年来,立法、司法机构进行了深入探讨,制定了一系列规范性文件:2000 年和 2001 年,司法部相继颁布《司法鉴定人管理办法》、《司法鉴定程序通则(试行)》;2005 年,全国人大常委会《关于司法鉴定管理问题的决定》(以下简称《鉴定管理决定》)颁行,在统一鉴定管理、规范鉴定从业方面进行重大改革;2012 年,《刑诉法》广泛吸收鉴定改革成果,涉及鉴定的增改条款达 6 条,在基本法层面上彰显了改革的决心和力度。③ 有意思的是,相关法律法规在完善鉴定机制、解决原有问题的同时,也在同一法律框架下引入运行模式完全不同的鉴定

① 例如,2010 年,赵作海因"故意杀人"被关 8 年后,"被害人"现身,法院认定赵作海故意杀人案系错案,宣告赵作海无罪。在该案的侦查阶段未对高度腐烂的无名尸体进行 DNA 鉴定,由此引发广泛社会质疑。2013 年,河南"死刑保证书"案嫌犯被关押 12 年后获无罪释放。卷宗显示,侦查阶段侦查机关对遗留在犯罪现场的血泊进行鉴定,确认为 O 型血,后经嫌犯家属申诉,再次鉴定为 A 型血。2013 年,浙江叔侄奸杀冤案在两名嫌犯被关押 10 年后,公安局将被害人指甲内提取的 DNA 材料与警方数据库比对,发现真凶,排除浙江叔侄作案的嫌疑,两人被宣告无罪。

② [德]K. 茨威格特、H. 克茨:《比较法总论》,潘汉典等译,贵州人民出版社 1992 年版,第 56 页。

③ 增改内容主要包括:将原有"鉴定结论"改为"鉴定意见",设立专家辅助人制度,改"医学鉴定"为"法医鉴定",强化鉴定人出庭作证义务,并制定相应保护措施。参见田毅平:《新刑事诉讼法鉴定制度不足与再完善》,载《湖北社会科学》2013 年第 7 期。

体制,从而构成当前司法鉴定领域中鉴定人、专家证人、专家辅助人三足鼎立的格局。

(一)司法鉴定人

大陆法系各国的诉讼理论普遍认为,鉴定的目的在于帮助裁判者发现真实、实现正义,鉴定人往往被称为"审判官的科学辅助人"。因此,当事人(包括侦查机关)仅能就鉴定的启动提出申请,而作为纠纷的居中裁判者,法官握有鉴定的启动权和鉴定主体的决定权。

我国的主体鉴定模式接近于大陆法系的司法鉴定制度,体现出较浓的职权主义色彩,要求鉴定人保持中立,以专业知识和技术帮助发现案件真实,但在具体制度安排特别是鉴定的启动决定主体上,二者仍有明显区别。以德国为例,综合考察其刑事诉讼法的相关规定,"鉴定人之聘请系由法官或检察官决定,且刑事诉讼法列举必须延请鉴定人之情状,至于聘请谁及聘请人数,原则上由法官或检察官决定,并应与之约定出具鉴定书之期限,且不受其他诉讼参与人之建议约束"。[①] 台湾地区"刑事诉讼法"第 198 条亦规定:"鉴定人由审判长、受命法官或者检察官就下列之人选任一人或者数人充之:……"可见,大陆法系司法鉴定机制严格遵循控辩平等原则,鉴定的启动及鉴定人的选任决定权仅在于法官和检察官,侦查人员无权启动。我国《刑诉法》第 144 条规定:"为了查明案情,需要解决案件中某些专门性问题的时候,应当指派、聘请有专门知识的人进行鉴定。"该规定虽未明确启动鉴定程序之主体,但从条文所处的"鉴定"专节被规定在"侦查"章内,可推断侦查机关应当享有鉴定启动和鉴定人选任权。

(二)专家证人

与司法鉴定制度相对,专家证人制度是英美法系对抗制诉讼模式的缩影。在该制度中,鉴定启动与鉴定事项都由当事人自行决定,专家证人的选任更是当事人自由意志的充分外显。专家证言的这一属性决定了专家证人必须在法庭上接受当事人残酷的交叉询问,法官正是从涉讼双方的激烈交锋中了解案件真实。

与司法鉴定制度在我国的"官方地位"不同,"专家证人"制度虽在司法实务中初露端倪,但其法律地位却一直暧昧不明。有学者认为,2001 年颁布的最高人民法院《关于民事诉讼证据的若干规定》(以下简称《民事证据规定》)实际上间

---

① 〔德〕克劳斯·罗克辛:《刑事诉讼法》,吴丽琪译,法律出版社 2003 年版,第 264～265 页。

接认同了当事人自主委托鉴定的方式。[①] 在刑事领域,尽管相关的立法与司法操作更为谨慎,但实践中同样存在被害人或被告人家属自行委托鉴定,试图否定侦查机关"官方"鉴定意见的情况。对这类鉴定,由于缺乏统一的法律规范,各地法院做法不一。通常情况下,如果对方当事人未对单方委托鉴定提出异议,则该意见获得证据资格,否则可能面临被搁置、由法院重新委托鉴定的命运。尽管处境尴尬,但当事人自行委托鉴定仍在一定程度上获得司法"潜规则"的认同,形成与"专家证人"制度近似的单方鉴定人制度。

(三)专家辅助人

司法鉴定制度和专家证人制度在模式设计、运行方式上存在巨大差异,而专家辅助人制度恰是弥合二者鸿沟的有益尝试。专家辅助人制度是大陆法系鉴定制度在借鉴英美专家证人制度的合理因素后,衍生发展而成的配套机制,即在法院委任鉴定人之外,由双方当事人自行聘请技术专家,在司法鉴定过程中就专门性问题发表意见,辅佐当事人进行诉讼。[②]

在近年来我国有关司法鉴定的立法中,最为引人注目且备受推崇的莫过于"专家辅助人"制度。继 2001 年《民事证据规定》在民事司法领域引入该制度后,2012 年《刑诉法》第 192 条第 2 款也在刑事司法领域确定了该制度:"公诉人、当事人和辩护人、诉讼代理人可以申请法庭通知有专门知识的人出庭,就鉴定人作出的鉴定意见提出意见。"

综上可见,我国现行的司法鉴定制度,实际已形成鉴定人、专家证人、专家辅助人三足鼎立之势,并且在某种意义上,呈现出在司法鉴定制度和专家证人制度两个相反维度上同步扩张的奇特态势。

二、冲突模式之争——鱼与熊掌的艰难抉择

实践领域的鉴定模式冲突来源于理论层面上制度抉择之艰难,而理论上的艰难抉择又进一步加剧了实践上的制度冲突。因此,我们有必要将视角转向理论层面,剖析不同鉴定模式的内涵及利弊。

---

① 《民事证据规定》第 28 条规定:"一方当事人自行委托有关部门作出的鉴定结论,另一方当事人有证据足以反驳并申请重新鉴定的,人民法院应予准许。"

② 黄敏:《我国应当建立专家辅助人制度——意大利技术顾问制度之借鉴》,载《中国司法鉴定》2003 年第 4 期。

(一)司法鉴定制度剖析

大陆法系的司法鉴定制度由法官决定启动鉴定程序,鉴定人与当事人之间无直接经济联系,鉴定的客观中立属性具有了至少是表象上的制度保障,法官启动鉴定的模式也赋予了法官有效控制诉讼进程的职权,有助于避免不必要的资源浪费,确保司法公正高效。然而,现实运作却出现了异化情形:一方面,鉴定制度被引入诉讼过程是为了弥补法官专业领域知识的不足,但正是由于法官知识构成上的这种欠缺使其对鉴定人行为及鉴定结果的制约流于形式,并过分依赖鉴定人来发现案件真实。鉴定意见在诉讼中往往发挥着"一语定乾坤"的作用,无怪乎德国学者奥特马·尧厄尼希感叹:鉴定人太容易从法官的"助手"转变为法官的"主人"了。① 另一方面,当事人与法官一样,往往并非某一领域的专家。虽然出于自身利益考量,当事人存在监督鉴定的巨大动力,但专业技术的高门槛却使其对鉴定意见的质疑缺乏力度及依据,当事人对鉴定人的监督链条同样发生了断裂。这样,鉴定意见的可信度就只能仰仗鉴定人自身的专业素质与职业操守来维系,而实践中参差不齐的鉴定人专业素质、道德水平以及鉴定自身在时间、空间、手段上的有限性都使得这种脆弱的信任岌岌可危。

(二)专家证人制度剖析

司法鉴定制度存在异化危机,那在英美法律土壤上成长起来的专家证人制度是摆脱鉴定困境的济世良方吗? 不容否认,专家证人制度在保障当事人举证权利、维护法官超然地位以及全面揭示案情、避免专家证据的片面性方面具有司法鉴定制度无可比拟的优越性,但对制度的深度发掘也展现出另一幅法律图景:专家证人制度在对抗制诉讼文化下运行,在这种诉讼角力中,任何一方都将不遗余力地寻找对己有利的证据,这其中便包括聘请专家证人。花重金委任的目的在于借用专家证人那张"权威的嘴巴"来说服法官。因此,倾向性便成为专家证人制度中一个不容忽视的词汇。尽管专家证据在法庭上将遭遇严酷的交叉询问考验,然而职业化运作及专门教授应对法庭质证技巧的培训课程的开设使专家证人日益专业化与技巧化,②兼具专业知识与诉讼技巧的"超级专家"的出现使交叉询问规则一步步丧失其有效作用版图。专家证人制度的另一弊端在于诉讼

---

① [德]奥特马·尧厄尼希:《民事诉讼法》,周翠译,法律出版社 2003 年版,第 289 页。
② 杨良宜、杨大明:《国际商务游戏规则:英美证据法》,法律出版社 2002 年版,第472 页。

运作中的过度对抗以及对专家证据作用的不当渲染造成的诉讼迟延及诉讼费用高昂。① 专家证据的滥用使庭审日益成为一个漫长而缺乏实效的过程,法庭需要花费大量时间来进行专门针对专家证人的询问。专家证人计时收费的方式使其有意无意地拖延诉讼以寻求更多经济收入,聘请专家的高额代价也成为一些当事人借延长诉讼以拖垮对方的有力武器。

针对这些弊端,20世纪90年代沃尔夫勋爵领导的司法改革对专家证人制度进行了如下改进:首先,赋予专家证人对法院的优先职责,要求专家证人独立于委托人,立足客观事实,运用科学知识,为法院发现案件真实、进行公正裁判服务。其次,创制了"单一共同专家证人制度"。鼓励当事人增强协商,尽量使用单一的共同专家,降低诉讼成本。即使在允许双方当事人自行聘请专家证人的案件中,双方专家间的协作也被提升到了前所未有的高度。② 改革方案的出炉似乎使专家证人制度出现了柳暗花明之景,但仔细分析,我们不难发现这一方案的尴尬之处。"任何人为的制度都不可能同时实现两种价值,即一仆不能同侍二主。"③但在专家证人制度中,我们却看到它所承载的两种互不兼容相互对立的价值:一方面,是基于公正裁判的需要,法律要求专家证人持中立立场以协助寻求社会正义;另一方面,则是当事人诉讼利益的剑拔弩张,毫无疑问,没有当事人愿意花钱找一个坚守公平理念在关键时刻会反戈一击的专家证人。实际上,专家证人不同于从国库领取工资的法官,当事人才是他们的"衣食父母",尤其当专家证人日益发展成一项赖以谋生的职业时,社会正义与个人利益的冲突、法律规定和现实需要的裂痕将其推向了困窘的前台。

三、制度并存之举——简单模式叠加不可取

对司法鉴定与专家证人制度的剖析清楚地说明了两项事实:第一,无论司法鉴定制度还是专家证人制度皆不完美,现实运作中的异化往往危及制度的有效运行。因此,无论固守司法鉴定之路,还是另辟专家证人新径,对我国的法律现状而言均是一项艰难的抉择。第二,两项制度的利弊存在极强的对应性,制度互补倾向明显。司法鉴定制度的客观中立无疑是避免专家证人倾向性的可取之道,法官职权的适当应用也是改善诉讼低效率的良方,而在相反的维度上,充分

① 徐继军、谢文哲:《英美法系专家证人制度弊端评析》,载《北京科技大学学报》2004年第3期。

② 齐树洁主编:《英国民事司法改革》,北京大学出版社2004年版,第295~299页。

③ [美]博登海默:《法理学:法律哲学与法律方法》,邓正来译,中国政法大学出版社1999年版,第318页。

应用当事人追求自身权利所生发出的诉讼激情，寻找当事人技术手段的有效扩张，则为司法鉴定走出权力制约真空的困境提供了一个全新的视角。那么，我们是否可以得出这样的结论：运作迥异而利弊互补的制度并存将是摆脱我国司法鉴定困境的可行之道？有学者主张设置并存的司法鉴定和专家证人制度，赋予当事人充分的选择权。[①] 亦有学者主张在制度并存基础上，区分主辅，建立以司法启动为主、当事人启动为辅的鉴定模式，在一定情况下赋予当事人直接启动司法鉴定的权利。[②] 笔者以为，这两种方式均不妥。事实上，我国当前司法领域的冲突制度并存只是改革路径艰难抉择的表现，简单的一加一式的制度叠加并不利于改善司法鉴定现状。

（一）诉讼文化冲突

不同的鉴定运作模式源于不同的诉讼文化，而激烈的文化碰撞难于构成冲突制度并存的和谐根基。众所周知，我国奉行强职权主义的诉讼模式，强调法官对诉讼的主导作用，并在此基础上构建了传统的司法鉴定制度。尽管近年来通过司法改革逐步削弱法官职权，强调当事人主体地位，然而传统诉讼文化下形成的社会大众的"清官情结"及当事人对法院职权行为的依赖心理，不是短时间内可以消除的。诉讼当事人尤其是那些弱势群体当事人往往面临着知识和财富的双重困境，视法院启动鉴定为权利救济的"救命稻草"。与此相反，专家证人制度以对抗制诉讼文化为根基，要求法官消极中立，任何一方都只能依靠自己发掘证据，对法官的职权行为无可依赖。在我国当今法律援助资源不足、当事人举证能力有限、弱势群体救济方式匮乏的情形下，法院在鉴定启动上的无所作为显然不利于司法实质公正的实现。

（二）司法成本高企

泾渭分明的两套鉴定模式在同一法律框架下各行其是，制度弊端非但不能得到有效克服，还可能造成司法的高成本。众所周知，一项制度的建立远非一个概念、一句法条所能解决，而是事关法律制度、配套机制、司法理念乃至判例引进的系统工程。司法鉴定制度联系着法官职权建设、鉴定启动程序、鉴定人选任规则、鉴定人监督管理等一系列制度，专家证人制度的适用则与交叉询问规则、律师强制代理、诉讼费用转移以及司法过程中形成的诸多判例密不可分，而这其中

---

① 李革新：《民事诉讼中的专家证人制度》，载《前沿》2003 年第 5 期。
② 陈光中、吕泽华：《我国刑事司法鉴定制度的新发展与新展望》，载《中国司法鉴定》2012 年第 2 期。

许多制度在我国尚未健全或根本不存在。两套几乎没有重合点的制度网络建设不仅意味着高额的司法成本付出，更可能导致诉讼制度建设上的低效率。

（三）制度效果不彰

从更为现实的角度考查，重复鉴定、冲突鉴定现象是我国现行司法鉴定制度的一大弊端，不但造成社会资源浪费，更可能使法官无所适从，案件久拖不决。而不同鉴定制度的并存意味着鉴定启动主体的泛化，这种泛化将使鉴定启动更加随意，其可能导致的加剧重复鉴定、冲突鉴定的后果，不能不使我们有所警惕。在高度专业性的鉴定意见面前，完全寄希望于法官辨别真伪，显然缺乏现实可行性。另外，鉴定启动的随意性为一方当事人依靠经济实力肆意启动鉴定、加大诉讼成本或拖延诉讼提供了可能性。这种合法的滥用往往使对方当事人疲于应付，不利于纠纷的公正及时解决。

四、模式淡化之路——鉴定制度改革的另一种可能性

生发自不同法律文化的司法鉴定与专家证人制度具有极强的互补性，但简单的制度并存难以避免模式冲突并带来社会阵痛，如何才是制度相互借鉴的可取之道呢？笔者以为，我国的刑事司法鉴定制度改革应走"模式淡化"之路，以合作前移、对抗后置的方式强化权力制衡，提升司法公信。

（一）司法鉴定的启动

鉴定启动权的配置一直是司法鉴定制度中争议最大的问题。控辩对等是司法公正的基本要求。然而，我国现行刑事诉讼制度中，侦查机关拥有独立的、全部的初次鉴定和再鉴定的启动决定权，而犯罪嫌疑人、被告人、被害人、辩护人、诉讼代理人等仅享有补充鉴定和重新鉴定的申请权，诉讼两造在鉴定的启动上毫无权利对等可言，侦查机关"自侦自鉴"的模式也被广泛诟病。对此，2012年《刑诉法》未予修订，学界普遍认为是一个较大的遗憾。[1] 如何破解鉴定启动权平等合理配置的困局？笔者以为，一方面，应明确不予承认私人选择鉴定人之制度；另一方面，适当限制甚至取消侦查机关刑事鉴定的启动权，将鉴定启动权合理复归至法官、检察官，在诉辩双方和鉴定人之间设置起一道有效的利益隔离带。

---

[1] 　陈光中、吕泽华：《我国刑事司法鉴定制度的新发展与新展望》，载《中国司法鉴定》2012年第2期。

　　针对法官、检察官垄断鉴定启动权可能伴生的司法腐败现象，法律应赋予当事人充分的权利保障以实现对权力的制约：首先，双方当事人应当享有平等而有效的鉴定启动申请权。为避免当事人的此项权利流于虚设，在当事人提出申请后，法院应以附理由的决定的形式决定是否采纳申请。当事人对法院决定不服的，有权向上一级法院申请复议。其次，为保护当事人利益，避免本应进行鉴定的案件由于司法人员故意或过失不提起鉴定程序而影响案件的公正及时处理，可设立强制鉴定规则，对人身伤害、死亡原因、当事人精神状况等确需借助专门知识加以鉴别的情形，由法律明确规定启动强制鉴定的条件和程序等事项。[①]最后，在法官、检察官决定启动鉴定后，对鉴定人的选任应充分听取双方当事人的意见。法院应指令双方当事人就鉴定人的选任进行协商，双方协商一致的，该意见对法院具有约束力。只有在双方当事人争执不下的情形下，法官才可依法定程序从经合法登记的适格鉴定人和鉴定机构中随机选取鉴定主体。法院选任的鉴定主体应及时向双方当事人公布，任一方当事人均可提出回避申请。需要鉴定的事项同样由法官决定，但送检材料应由双方当事人共同确认或经双方认可，以避免一方当事人对送检材料进行倾向性筛选或擅自篡改，而使鉴定意见失去其可信任的事实基础。

（二）鉴定意见的质证

　　如果说上述制度的着力点在于法官职权控制下的双方当事人合作，偏重大陆法系的司法鉴定制度，那对于英美法系专家证人制度的合理因素，也应予以审慎地考查与借鉴。剖析专家证人制度，对抗仅是其外在表现，真正的内核在于对专家证据的理性解读及对案件真实的充分发掘。专家虽然拥有某一领域的专门知识，但在诉讼中仍是证人之一种，必须出庭接受双方当事人交叉询问的考验，法官也有权以挑剔的眼光审视专家证据，自主决定是否采纳。

　　专家证人制度中的这种理性审查正是我国乃至整个大陆法系司法鉴定制度的通病。因此，改革极为重要的方面在于强化对鉴定意见的质证。对此，台湾地区"刑事诉讼法"的规定可供借鉴。其第197条规定："鉴定，除本节有特别规定外，准用前节关于人证之规定。"可见，按照台湾地区的规定，鉴定人的法律地位等同于证人。鉴定人有三项义务：一是到场之义务。台湾地区"刑事诉讼法"第176条之二规定："法院因当事人、代理人、辩护人或辅佐人声请调查证据，而有传唤证人之必要者，为声请之人应促使证人到场。"第178条第1项规定："证人经合法传唤，无正当理由而不到场者，得科以新台币三万元以下之罚锾，并得拘

---

　　① 杜志淳：《刑诉法修改与司法鉴定》，载《法制日报》2011年8月31日第10版。

提之；再传不到者，亦同。"二是陈述、接受质证及为鉴定报告之义务。有关讯问鉴定人的方式，台湾地区"刑事诉讼法"第166条对当事人、代理人、辩护人或辅佐人为辨明鉴定证明力，就相关事项进行诘问的顺序、主诘问、反诘问、视为反诘问、覆主诘问、覆反诘问、法院之诘问，及鉴定人诘问回答方式等均作了详细规定。主诘问按鉴定方法、鉴定资料、鉴定结果等程序进行，反诘问重点在鉴定人的适格性、鉴定资料的相当性、鉴定方法和结果的合理性及相关鉴定书或鉴定人有证据能力及信用性。[①] 三是具结义务，即鉴定人在鉴定前，应出具结文保证为公正诚实之鉴定，绝无匿、饰、增、减，为不实鉴定或虚假鉴定者，愿负台湾地区"刑法"第168条伪证罪之刑责。鉴定人无正当理由拒绝具结的，得处罚金，且应具结而未具结之鉴定意见，不得作为证据。[②]

相较于台湾地区"密而不漏"的立法，大陆立法即使是新《刑诉法》的规定亦显粗略。《刑诉法》尽管将原有"鉴定结论"的称谓改为"鉴定意见"，并于第187条明确鉴定人出庭作证之义务，但对经法院传唤，无正当理由拒不出庭者，法律仅规定"鉴定意见不得作为定案的根据"。而在具体的鉴定程序、讯问规则、鉴定人拒不出庭、出具虚假和错误鉴定的责任承担上，立法均未涉及，而交由其他低位阶法律或部门规章处理。我国立法在鉴定意见的质证规则方面尚有较大完善空间。

首先，强化鉴定人出庭义务。笔者认为，鉴定人并不因具有某方面专业知识而享有免于出庭的特权，甚至因其所为系职权行为、受托行为，与普通证人的偶发性不同，对其出庭作证之要求更应高于普通证人。因此，立法应明确规定鉴定人具有出庭作证的义务及有限的法定例外情形。鉴定人一旦接受委托，出庭接受质证便成为其法定职责之一。鉴定人无正当理由拒不出庭的，法庭可据此认定其所作的鉴定意见不能作为认定案件事实的依据。同时，鉴于《鉴定管理决定》"由省级人民政府司法行政部门作为处罚主体，对未出庭作证者给予适当处罚"的规定多年来实务效果不彰，建议借鉴台湾立法，改由法官当庭决定处以罚款，并对多次不尽出庭义务者，建议取消其司法鉴定人资格。

其次，规范鉴定意见出示和质证规则。允许被告人及其辩护人提出质疑的机会，乃是构成鉴定意见作为事实认定依据的必要正当程序。[③] 因此，为防止鉴

---

① ［日］大出良知、川崎英明：《刑事辩护》，日本刑事法学研究会译，台湾元照出版公司2008年版，第270～272页。

② 谈在祥：《海峡两岸刑事鉴定制度比较与借鉴——以刑事诉讼法修正案为视角》，载《上海公安高等专科学校学报》2012年第4期。

③ 刘晓农、彭志刚：《关于刑事鉴定的几个问题——以〈刑事诉讼法〉的修改为视角》，载《法学论坛》2013年第1期。

定过程失控,确保控辩双方和法院对鉴定的监督实效,鉴定意见的开示必不可少。开示应注意全面性,不能单纯告知意见部分,对于鉴定人资质、送检材料、委托鉴定事项、鉴定依据、鉴定手段、鉴定过程以及明确的鉴定意见等,均应在鉴定书中有所体现。在意见部分,无论是对申请鉴定方有利或不利的意见均应公开。

最后,完善鉴定人出庭保障机制。鉴定人出庭作证必然付出一定的时间、精力和相关费用。为促使其出庭作证并加以适当约束,可实行鉴定费和出庭费分别列支的方式,将鉴定费用划分为鉴定和出庭两部分,鉴定部分的费用由当事人直接支付给鉴定机构,出庭费用则交付法院代管。鉴定人如拒不出庭,则该部分费用退还当事人。此外,法院还应落实《刑诉法》第 62 条之规定,确实加强对鉴定人人身安全的司法保护,使鉴定人出庭作证无后顾之忧。

(三)专家辅助人制度的细化

为避免对鉴定意见的审查流于形式,应当允许双方当事人自行委托专家辅助人。通过专家辅助人权利的行使,对鉴定人的违法违规鉴定乱象及司法恣意形成潜在威慑及有力约制。但是应当明确,专家辅助人既不同于司法鉴定人,也不同于专家证人,而是当事人知识领域及技术手段的扩张,专家辅助人出具的意见不具有证据效力。换言之,专家辅助人提供的意见无论是质辩性的还是独立的,都不能直接作为定案证据使用,原则上只具有"弹劾效力",法官可通过专家辅助人的意见否定某项鉴定意见的证据效力,在条件允许的情况下,并可重新鉴定,但不能仅根据专家辅助人的意见直接得出与原鉴定意见相反的结论。[1]

对于专家辅助人的职能,《刑诉法》仅有出庭就鉴定意见提出意见的规定,笔者以为,这一功能定位仅限于庭审阶段。实际上,专家辅助人介入诉讼远早于该阶段,一般而言,专家辅助人行使如下职权:(1)代表本方当事人对法院聘请鉴定人的工作提出建议并有权表达本方当事人的意愿;(2)代表本方当事人对送检材料进行确认;(3)监督司法鉴定过程,对鉴定人提出问题和建议;(4)参与庭审,对鉴定意见加以研究,发表专业意见,经法官许可有权在庭审中询问鉴定人等。专家辅助人制度的引入有利于强化对鉴定人的专业监督与制约,进而构建相应的虚假、错误鉴定责任追究制度,推动鉴定体系的良性发展。

---

[1] 龙宗智、孙末非:《非鉴定专家制度在我国刑事诉讼中的完善》,载《吉林大学社会科学学报》2014 年第 1 期。

类别审判专项化的规范解读

——以环保专项审判为范本

■赵　丽 *

摘要：随着环保审判、知识产权审判在全国范围内广泛试点,我国的类别审判实践呈现出明显的专项化发展趋势。它以审判机构专项设立、审判程序高度集约、审判人员专业培养为特征,因应了社会的差异性需求,是司法进步必然。然而,类别审判的专项化发展与体系化制约在理论上并不对立。我国环保审判实践证明,缺乏必要体系性和协调性的专项审判机制会导致制度运行与理想预期的脱节。未来中国的专项审判应在遵循合法、恰适、协调原则的基础上,设置科学的分类标准,建构结构清晰、衔接顺畅的双层框架体系。

关键词：类别审判　专项化　规范约制　司法制度

引　言

据不完全统计,截至 2013 年 12 月 31 日,全国范围内可查知且仍在运行的环保专业审判机构已达 168 家,广泛分布于贵州、江苏、云南等 18 个省市,其中,高级人民法院专项审判机构 3 家,中级人民法院专项审判机构 30 家,基层人民法院派出法庭、审判庭、合议庭及巡回法庭则多达 136 家。[①]

随着近年来环保、知识产权等各类专业审判机构的试点推广,审判专项化实践已经在大胆探索、谨慎运行中逐步自证,实现了从点到面,从理论呼唤到区域先行,从摸索尝试到验证推广的腾跃。可以预见,随着我国审判力量的提升和司法资源的充实,法律系统的自创生进化将逐步从案件的共性需求向个性需求趋

---

* 作者系广州市南沙区人民法院工作人员,法学博士。

① 该统计不包括已被取消或从网络上无法查知的环保审判机构,各环保审判机构在各省的具体情况,参见张宝:《我国环境保护审判组织概览》(截至 2013 年 12 月 31 日),http://ahlawyers.fyfz.cn,下载日期:2014 年 1 月 11 日。

导,特定群体、利益,抑或特定行业、情境因其独有的非类同性、非规约性价值将逐步凸显于传统民事、刑事、行政分类之外,得到司法实践的尊重和回应。由此引发的审判机构专门化、审判程序集约化、审判人员专业化诉求将以蓬勃之势跃入现代审判的内在机理,越来越多的案件以各种充分或必要的理由寻求区别对待,一种更为细化的专项审判路径将持续铺开。

然而,专项化虽有因应需要、解构差异的当然之意,却绝非照单下菜式的被动应对和杂乱无章的简单铺陈。中国审判机制改革的水墨丹青在回应各领域案件的特殊要求,精雕细琢、细致勾勒的同时,更应全局在胸,对整个审判专项化趋势进行系统约制和全局把握,形成错落有致、酣畅淋漓的磅礴写意。

一、类别审判及其专项化[①]的分析解构

(一)类别审判——一个由来已久的旧思路

首先需要说明的是,类别审判并非一个标新立异的新概念,而是一种由来已久的旧思路。类别审判源自诉讼类别的划分,是一国在对案件进行同质性分类的基础上,对司法资源进行的相应整合。一般来说,出于公平与效率的双重考量,一个国家应当也必须通过分类手段,将有限的司法资源配置于不同领域,以充分发挥其内在效能。毕竟,司法本身是高度专业的国家行为,而社会纠纷的芜杂繁复决定了其不能将林林总总、错综复杂的所有争议都进行板式化的统一对待。全能的审判机构、单一的审判类型既无法助益公平正义的常态化实践,也不利于司法资源的高效配置。

正因为如此,世界绝大多数国家都会根据本国实际划分诉讼种类,并配置相应的司法程序。各国普遍在民、刑案件之间迥异的程序和证据规则设置只代表了一种粗放式的归类进路;而 20 世纪 70 年代起,荷兰、瑞典与美国、澳大利亚等国在环境司法专项化发展的积极尝试,[②]则进一步展示了两大法系在审判专项化思路上的不谋而合。

从规范角度看,基本审判类别至少应满足两个要求:(1)周延性。即能涵盖所有即发或潜在的纠纷情势,而不存在明显缺漏;各类别间有相对清晰的外延界

---

① 司法实践中对各专项审判机构的称谓并不统一,有"专门"、"专业"、"专项"三种不同表述。笔者认为,"专门"强调"特意",侧重机构设立和管辖权不受一般规则约束;"专业"强调"非业余",侧重行业或领域的技术性;而"专项"则含有单独设立、区别对待、定向适用之意,恰能契合本文主旨。

② 赵苹苹:《环保法庭设置研究》,浙江农业大学 2012 年硕士学位论文,第 15~17 页。

线,互不交叉指涉。唯有如此,方能保证既将所有案件纳入司法视野,又不会因界定不明而使审、诉各方无所适从。(2)集约性。即能集中反映该类案件的共性,具有普适性、集中性和代表性,从而使审判机构的设立、管辖规则及诉讼程序规则等具体运行规范能完全或基本适用于该类纠纷的全部案件。从这一角度看,基本审判类别不宜太细,相反,其应具有相当的覆盖面和张力。应当说,我国现有的民事、刑事、行政分立的三大基本审判类别在符合上述要求的同时,兼顾了长期以来的法律传统,契合了当前的司法现状,是相对合理的。

(二)审判专项化——一种平流缓进的新趋势

类别审判专项化,是指审判类别划分从宽入细,从简至繁,从普遍规范向差异处理,从关注共性向尊重个性的发展倾向。并由此导致现代司法不断根据特定类型案件审理需求,在审判机构设置、审判人员配备、审判程序等各方面作出特殊设计,定向适用的精专化发展趋势。

差异化、专项化管理是社会进步的必然结果,它建立在物质与资源丰富、社会管理技能提高、人对自然和社会认知深入的基础之上,是人类对事物独立性及内在联系高度整合后的细化。虽然我国在法院体系建立之初即设置了独立的专门法院体系,或着眼于特定群体身份,如军事法院;或针对特定案件性质,如海事法院;或将身份与案由集合考量,如铁路运输法院①。但当时的专门法院仅仅是基于特定政治或现实因素而作出的补充安排,并未呈现出明显趋向。

随着我国审判精细化发展,理论界和司法实践从促进法官职业化、审判机制科学化、审判资源集约化层面对审判专项化进行了全新阐释,类别审判专项化趋势已超越"晨曦微现"的初始阶段,势头稳健,徐徐展进,表现在以下方面:

1.审判机构专项设立。《人民法院组织法》第30条、第26条、第23条规定,高级人民法院、中级人民法院可根据需要设立审判庭;第19条规定,基层人民法院可根据地区、人口和案件情况设立人民法庭。这就为各级专项审判机构的设立提供了依据。近年来,各类专项审判机构如雨后春笋般纷纷设立,其数量之多、类型之广均是前所未有的。以广州为例,广东省广州市中级人民法院及下辖12个基层法院全部设立独立建制的少年审判庭(或未成年人综合审判庭),此外,还有4个基层法院设立了独立建制的知识产权审判庭。②

2.审判程序高度集约。以案件性质为基础,《民事诉讼法》《刑事诉讼法》、

---

① 铁路法院的管辖范围既涵盖了与铁路运输及作业相关的全部纠纷,也囊括了铁路部门及其所属企、事业单位为一方当事人的各类民商事纠纷,集合了身份与案由两方面的考量。

② 这4个基层法院为:广州市越秀区人民法院、广州市天河区人民法院、广州市白云区人民法院、广州市南沙区人民法院。

《行政诉讼法》分别构建了相对独立的三大诉讼规则体系。然而，同一违法行为可能超越民事、刑事、行政的界线，同时满足民事侵权、行政违法、刑事犯罪三方面的构成要求。此时，若坚持固守三大诉讼截然分立、依次进行的做法，就会因制度缺陷造成事实上的一事多审及司法资源的重复配置。因此，许多专项审判机构，如环保审判庭、知识产权审判庭等均在审判程序上进行了"三审合一"的大胆尝试，①以充分发挥专项审判的集约优势。

3. 审判人员专业培养。审判专项化的一项最有力呼声源自于提升审判人员专业素质的诉求。审判人员专业培养和定向使用可以有效规避因知识构成和经验欠缺导致的认知偏差，统一裁判尺度，提高办案质量，因而成为众多专项审判机构最直观的特征之一。以广州市南沙区人民法院环保合议庭为例，3 名审判人员中，1 名具有环保相关专业教育背景，2 名具有 3 年以上环保案件审判经验。

二、审判专项化与规范化的理论耦合

与专项化不同，审判规范化源自法律权威性的根本要求，代表的是一种更具稳定性、规制性及体系性的思维路径，它强调机构设立标准统一，审判体系完整，注重各审判机制间的内在联系及审判运行的可预见性和形式色彩。二者虽思路不同，却非完全对立。专项化的差异管理，可以在标准规制下获得法理上的正当性和经济上的高效率；而规范化的稳定体系，亦可以从差异设置中获得蓬勃生机与活力。

（一）组织管理的稳定性（规范性）与自适应性（差异性）：管理学维度

组织管理学认为，正式组织往往具有稳定性和透明性两种优势：建立在劳动分工基础上的稳定组织类别，可以使个体尽快熟练掌握技术，减少组织运行的不确定性，降低组织能耗，保证组织准时保质提供产品、服务，从而实现有效管理；②固定有序的分工也使得组织内部运行机制公开透明，资源利用和决策规则被明确记录并可查知，从而减少可预见性阻力，推动组织按照一贯脉络规范运行。然而，这两种优势都必须通过组织结构的制度化和标准化来实现，规范的制

---

① 所谓"三审合一"是指法院特别针对知识产权、环境保护等特殊种类的案件，将与之相关的民事侵权、行政、刑事案件统一由特别设立的专项审判机构审理的模式。

② 白景坤：《创新、效率与惰性：一个组织存续的分析框架》，载《财经问题研究》2008 年第 5 期。

度和明晰的决策程序为组织稳定提供了可靠保障。[①] 因此,即使除却维护法律权威的考虑,司法体制和审判机构也必须建立在稳定、规范的基础上,在保证管理质效的同时,以系统设置实现司法行为和审判结果的公开透明、统一连续。

然而,不确定性、复杂性是社会进化的必然结果,差异是社会系统的常态存在,也是社会系统进化发展的动力之源。大而化之的概括分类虽可保证组织宏观上的周延,却无法对旋进变化的差异问题进行有效规约,也无法对丰富的社会需求进行细致关怀。僵化的类别划分还可能导致组织惰性,使组织不能或不愿自觉调整,适应环境变化,从而对创新造成阻滞。[②] 因此,科学的组织结构应当在维系规范运作的同时,因应社会多样性需求,在复杂环境中运用差异管理方法,对组织进行合目的性调控和配置;[③]使组织在保持相对稳定的同时,不失变动和创新的勇气,在动态的权变因素影响下主动寻求合规性,随环境、组织种群和制度形态的变化而演化。这种基于差异普遍性和组织自适应性的理论恰能生动诠释我国类别审判路径从粗至细、从概括分类到专项化的发展路径。

值得注意的是,差异现象是普遍现象,更是具有整体性、联系性、层次性、结构性的系统现象。差异管理是一种非标准化管理,却不排斥规范化规制。对差异问题进行系统分析,即使不能构建完美的结构图谱,却至少能在有限理性条件下形成初步认识,不断完善。因此,实施差异管理不能停留在浅层与表面,而需要理性升华、长期积累和系统规制。类别审判专项化亦应如此,既要对需求迥异的各类案件进行现象回应,分门别类地区别处置;也要从更高层面系统构架,不是粗线条、杂乱无章的罗列,而是标准统一、体系分明的设计。

总之,类别审判专项化使审判机构在享受组织稳定、透明的管理优势的同时,因应了案件的多样化需求,适应了社会发展。然而,它不能仅停留在"照单下菜"的被动回应层面,而应运用系统化思维,充分考虑各类专项审判机制相互间及其与基本审判类别间可能发生的抵牾,构建标准统一、运行畅顺的专项审判体系。

(二)法律程序的"第一正义"与"第二正义":法理学维度

"社会正义观的改进和变化,常常是改革的先驱。"[④]类别审判专项化,从一

---

① Burns T. & Stalker G. M, The Management of Innovation, Tavistock, 1961, p. 342.

② Kanter. R. M, When a thousand flowers bloom: Structural, collective, and social conditions for innovation in organizations, Research in organizational behavior, 1988, Vol. 10.

③ 陈玉和等:《关于差异管理的几个基本问题》,载《东岳论丛》2006 年第 6 期。

④ [美]博登海默:《法理学——法哲学及其方法》,邓正来等译,华夏出版社 1987 年版,第 258 页。

个侧面折射出我国程序正义观的演进。广义的法律程序是法律为保持日常司法工作的纯洁性而认可的各种方法。① 管辖、诉讼程序、审判资源配置均属这一范畴。然而,如何使法律程序符合正义要求?具体到本文,在司法资源有限且优质资源稀缺的前提下,如何在林林总总的各类案件间合理配置资源,既保证整个社会共享司法进步的硕果,又兼顾各类案件自身的特定需求?这绝非易解的问题。

罗尔斯在其经典著作《正义论》中将正义分为"第一正义原则"和"第二正义原则",前者即平等自由原则,后者则是机会平等和差别原则。② 如果说基本审判类别对民事、刑事、行政的粗略划分体现的是同类案件同类审判的"第一正义"理念;那么,对基本类别的细化与区别对待的审判专项化则预示着审判程序从"第一正义"向"第二正义"的过渡:毕竟,司法资源向特定案件的专项整合,相对于未获特殊对待的其他案件而言,也是一种"不平等",问题的关键在于,这种"差别设计"是否符合正义要求?我们的答案是肯定的。

一方面,类别审判专项化符合机会均等要求。托马斯·阿奎那认为,正义应当能"使每个人获得其应得的东西"。③ 专项化必然意味着差别,但对于特定弱势群体、欠缺专业知识的当事人而言,这种设计恰恰是建立在弥补其自身弱势或不利地位,保证诉讼权利平等的基础上展开,因而是其所"应得的"。类别审判专项化,使公共裁判在每个专门领域设置特定解决方法,有针对性地保障个人权利真正实现,鼓励人们提出诉求,并使其享受先进实体法所带来的利益,从而使司法改革日趋接近实质正义。④

另一方面,类别审判专项化是法律程序对社会需求的正面回应。美国学者P.诺内特和P.塞尔兹尼克把法律分为三种类型:压制型法、自治型法和回应型法。回应型法回应社会需求,将社会压力作为认识来源和自我矫正的机会,以公共目的为指导,促使法律不断自我修正、变革,与社会形成良性互动。⑤ 随着我国法治水平的提高,司法在特定领域的非专业性和非针对性缺失凸显,公众对审

---

① [英]丹宁勋爵:《法律的正当程序》,李克强等译,法律出版社 1999 年版,前言第1~2 页。

② [美]约翰·罗尔斯:《正义论》,何怀宏等译,中国社会科学出版社 1988 年版,第 60 页。

③ [意]托马斯·阿奎那:《神学大全》(第Ⅱ卷),第二部分,第 58 条,第 1 款,转引自:[美]E.博登海默:《法理学——法哲学及其方法》,邓正来、姬敬武译,华夏出版社 1987 年版,第 28 页。

④ [意]莫诺·卡佩莱蒂:《福利国家与接近正义》,刘俊祥等译,法律出版社 2000 年版,中文版序言第 2 页。

⑤ [美]P.诺内特、P.塞尔兹尼:《转变中的法律与社会:迈向回应型法》,张志铭译,中国政法大学出版社 2004 年版,第 82~87 页。

判分类细化的呼声日趋强烈,类别审判专项化正是对这种现实需求的正面回应。从这一意义上说,其映照了正义与社会需求的正相关互动。

需要强调的是,类别审判专项化与法律程序应有的形式化、规范性要求并不矛盾。法律程序是"一种带有独特的形式主义色彩的活动过程"。① 现代法必须能仅根据自己的形式特征为法律统治提供合法性。② 这种形式主义要求决定了法律程序应是一种体系化、相对固定的存在,有严格的范式和相当的稳定性,而不能杂乱无章、频繁变动。事实上,这也是维护司法权威的必然,程序与法律的内在目的紧密联系,它增加了依规处理的可能性,降低了规范外调整的发生几率③,从而维护了法律的普适性和可预见性。

(三)公共政策变革的司法成本与社会收益:法经济学维度

成本——收益分析是一种旨在提高公共政策制定和选择质量的工具,它将公共政策变化发生的全部成本与由此导致的社会福利变化进行量化比较,使人们更加集中、准确地考虑政策的潜在后果,为协助作出规范性选择提供了一个训练有素的分析工具。④ 类别审判的专项化发展,必然会对现有审判种类和审判机制进行调整、变动,从而引发司法成本投入;而其预设的各项社会福利提升,则是该项公共政策变化的预期收益:

从成本角度看,类别审判专项化的实际或潜在成本包括:(1)显性成本,即专项审判机构从分析论证、试点完善,到正式推广、监督反馈的整个过程中可能发生并直接反映在预算中的所有政府费用,如审批、机构设立、规则制定、程序单立、硬件配备、人员工资、专业培训成本等等;(2)隐形成本,即由审判专项化产生但没有或难以反映在预算中的成本。隐形成本范围较广,既包括法院成本,如管理成本、与原有审判机构的耦合成本等,也包括当事人的成本,如交通、时间延滞、上诉程序衔接成本等。(3)机会成本,即为满足专项化要求,将司法资源从其他类型案件转移而产生的成本,如因抽调审判人员造成其他案件审判力量削弱产生的影响等。

从收益角度看,类别审判专项化的预期社会福利包括:(1)个体收益,即审判专项化对法院及个人带来的收益,包括裁判结果公正度的提高、弱势群体利益的

---

① 葛洪义:《法理学导论》,法律出版社 1996 年版,第 33 页。
② [德]哈贝马斯:《在事实与规范之间》,童世骏译,三联书店 2003 年版,第 558 页。
③ [美]艾伦·沃森:《民法法系的演变及形成》,李静冰等译,中国政法大学出版社 1992 年版,第 33 页。
④ [美]凯斯·R. 孙斯坦:《自由市场与社会正义》,金朝武等译,中国政法大学出版社 2002 年版,第 169~171 页。

特别保护、审判程序整合带来的诉讼程序简化、审判机构专业能力的提高等；（2）社会收益，即审判专项化对整个社会福利的提升，如因环保案件审判质效提高而遏制了污染，促进环境净化；因知识产权保护得力而优化了市场竞争环境，促进社会创新等。

理论上说，只要审判专项化的社会收益大于其成本投入，即为有效率、可行。然而，上述成本、收益的分类列举均是建立在理论假设的基础上，并不具有现实必然性，某类专项审判措施是否一定导致某种支出或收益仍取决于区域和案件的实际。一般而言，专项设置对现有审判机制改变越小，则成本投入就越低，反之越高；而某类案件在该区域的重要性、普遍性和影响力越大，则该类案件专项审判的社会收益就越高，反之越低。此外，专项审判体系内部衔接机制越顺畅，外部运作状态越稳定，则制度变革的社会溢出收益就越高，反之越低。仍以环保审判为例，某区域的环保审判机制对现有管辖设置、诉讼程序、执行机制变动越大，司法投入越高；该区域的林业、水域等生态资源越丰富，生态产业对区域经济影响越大，社会收益越好；而其在一、二审程序上的设置越协调，审判运行效果越好，社会效益越高。

三、我国环保专项审判的实证探析

（一）制度预设：环保专项审判的理想预期

环保公益诉讼的引入曾一度被称为中国环境保护的"最后希望"。有鉴于环保审判的高度代表性，[①]下述应然预设基本涵盖了当前我国各类专项审判机制回应案件差异性需求的全部预想：

1. 突出环境权益保护，呼应生态价值的重要性和紧迫性要求。生态价值的凸显是建立在"自然死亡"的存在境域之上，是人类基于当下生存情势对未来规划的觉悟。[②] 而环境审判单列则与当代生态破碎和环境危机紧密相关，例如，江苏省无锡市中级人民法院（以下简称无锡中院）环保审判庭的设立契机是太湖流

---

① 环保审判的代表性表现在以下方面：首先，从发展历程看，环保审判曾经历从被完全否定到逐步获得认可的曲折过程，最高人民法院在有关的批复和解释中对专项审判的思路表明态度；其次，从发展规模看，引言中数据充分证明，环保审判机构的层次和数量已颇具规模；最后，从制度的设立目的和运行效果看，环保审判的理想预期与现实运行的偏差，也代表了整个专项审判思路所面临的困境。

② 毛勒堂：《分配正义：建设生态文明不可或缺的伦理之维》，载《云南师范大学学报》2008年第3期。

域的严重污染；而催生贵州省贵阳市中级人民法院（以下简称贵阳中院）环保审判庭的直接肇因，则是红枫湖、百花湖、阿哈水库饮用水源的严重污染。保护生态环境是环保审判产生的初衷，而这一初衷又反过来扩展了其受案范围。

2.突破专业性限制，呼应环保案件的技术性要求。环保纠纷往往涉及对某种污染行为的标准化定性，需要了解各种污染的科学成因、技术指标和鉴别方式，从而对审判人员的专业素养、知识构成和审判经验提出更高要求。培育专业审判人员，提高案件审判质效，是众多专项审判机构设立的主要目的之一。

3.突破地域管辖限制，呼应环境损害后果的跨地域性要求。与一般侵权行为不同，环境污染案件的损害后果波及面宽，往往超出行政辖区范围。因此，环保专项法庭的管辖领域大都遵循环境资源的自然属性而非完全按照行政区划设置，例如，云南省以九大高原湖泊、金沙江水系、珠江水系等重点水资源保护区为主线规划省内环保法庭设置。[①]

4.突破"三审分立"限制，呼应环境污染行为潜在的性质竞合要求。危害较大的环境污染行为很可能导致民事侵权、行政违法和刑事犯罪竞合。为避免司法资源的重置和浪费，许多环保审判机构在"三审合一"的基础上进一步将涉及环境和生态保护、资源管理的执行案件也纳入审理范围，实现了"四合一"的高效整合。

5.突破诉讼主体资格限制，呼应环境诉讼的公益性要求。在2012年《民事诉讼法》修订前公益诉讼体制缺位的情形下，环保诉讼面临因原告主体不适格而无法启动的尴尬。因此，环保审判还肩负着弥补立法不足，支持环境公益诉讼的重任。例如，2008年，无锡中院与无锡市人民检察院共同发布的《关于办理环境民事公益诉讼案件的试行规定》；云南省则率先制定统一的环境公益诉讼规范性文件，并第一次明确肯定民间环保组织的诉讼主体资格，推动了我国公益诉讼体制的跨越式迈步。

(二)实效考察：环保专项审判非规范性运行偏差

自1989年武汉市硚口区人民法院尝试成立第一家环保法庭开始，环保审判

---

① 黄莎、李广兵：《环保法庭的合法性和正当性论证——兼与刘超博士商榷》，载《法学评论》2010年第5期。

历经挫折、沉寂和复兴，不断向前发展。① 然而，与理想预期形成反差的是，以环保审判为代表的专项审判机制，因缺乏必要的体系性和内部协调性，在实际运行中出现诸多问题，而这些问题恰为专项审判的理性规制提供了实证依据：

1. 法律依据不完备，造成基层环保审判庭设置遭受合法性质疑。根据《人民法院组织法》规定，只有中级人民法院、高级人民法院和最高人民法院才能"根据需要"在基本审判类别外设立其他审判庭，基层法院无此权限。最高人民法院也曾以批复的形式指出，"在基层人民法院设立环保法庭尚无法律根据"。② 这种立法上的缺漏，使大量基层法院环保审判庭在设立上面临合法性质疑，而在运行上则面临与现行法院体系衔接不顺的内生性困境。③

2. 案件分布不均匀，造成审判资源区域性浪费。当前我国专项审判机构仍处于自发性的区域试点阶段，各地专项审判机构审批、设立相对独立，缺少整体规划。从实际运行情况看，各专项审判机构案件受理量存在较大差异。2012 年中央电视台播出的《保护环境的权利》节目调查发现，多个省市环保法庭面临"门前冷落鞍马稀"的尴尬境遇；而与此形成对比的是，自 2008 年 5 月无锡中院环保审判庭成立后，市内各基层法院环保合议庭也相继成立，截至当年 8 月，两级法院共受理环保案件 192 件，是 2005 年至 2007 年 3 月受案总数的 6.6 倍。④ 此外，2007 年至 2011 年全国法院受理的 8 件环境公益诉讼案件中，5 件均由贵阳中院环保审判庭受理⑤。这种案件分布的明显不均固然有其内在成因，但环保审判机构设置过多过滥，罔顾区域环境资源实际需求，也是重要原因之一。

3. 设立标准不统一，造成管辖权横向交叉重合。目前，我国专项审判机构设立标准主要有主体身份标准与案件性质标准两大类型，前者如少年审判庭、涉军案件审判庭、涉外审判庭等，后者如涉外审判庭、知识产权审判庭、环保审判庭、

---

① 武汉市硚口区人民法院的这一最初尝试遭到了最高人民法院的明确否定，此后近 20 年的时间内，辽宁、河北、山东等地虽有一些环保法庭或环保巡回法庭成立，但在审判机制上没有太大突破，影响较小。直至 1997 年之后，环保专项审判才开始在全国范围内蓬勃发展，以贵阳市、无锡市为代表的环保专项审判模式在受案范围、审判程序、主体资格方面都有了重大突破。参见高洁：《环境公益诉讼与环保法庭的生命力——中国环保法庭的发展与未来》，载《人民法院报》2010 年 1 月 29 日第 5 版。

② 最高人民法院发布《对〈关于武汉市硚口区人民法院设立环保法庭的情况报告〉的答复》（法[经]函(1989)19 号），发布日期：1989 年 2 月 10 日。

③ 刘超：《反思环保法庭的制度逻辑——以贵阳市环保审判庭和清镇市环保法庭为考察对象》，载《法学评论》2010 年第 1 期。

④ 王灿发：《遇到污染事故应如何维权 环保法庭能否走得远？》，http://www.acef.com.cn，下载日期：2013 年 10 月 26 日。

⑤ 鲍小东：《环境公益诉讼"里程碑式"破局》，载《南方周末》2011 年 10 月 27 日 C14 版。

金融审判庭、医疗纠纷审判庭等。当同一法院依据不同标准同时设立多个专项审判机构时,就会造成专项审判机构管辖权的相互交叉。例如,若同一法院既设涉外审判庭,亦设环保审判庭,如缺乏进一步的辅助分配标准,则对于外国企业或个人造成的环境污染案件,就很难在两个审判庭间准确分案。

4. 两级法院设置不衔接,造成二审终审机制纵向运行不畅。目前全国各环保审判机构中,组织构架、人员配备和制度运作最为系统完善的是贵阳中院环保审判庭和贵州省清镇市人民法院环保法庭,由于其构建了完整的两级法院环保审判体系,保证了二审终审机制在专项审判脉络下顺畅运行,故而作为范本向全国推广。然而,这种纵向统一的专项实践毕竟只是少数,大量环保审判机构由于一、二审机构设置上的不对称,造成"四合一"的集约设计在审级上的断层。

四、类别审判专项体系的全局建构

理论的契合与现实的尴尬已为我国专项审判的规范制约提供了充分的正当性论证。然而,即使对全世界而言,专项审判都是一个趋向文明的崭新尝试,对其进行规范约制更是鲜见的思路,本文无意对这一命题作出最后结论,仅希望以此开启一条全新的研究路径:专项审判可以也应当以现有的基本审判类别为前提,进行必要的体系化规制。

(一)明确专项审判设置的原则

1. 合法。在法治理念深入人心的当今中国,类别审判专项体系不能在与现有法律发生龃龉的同时,仅以"能动司法"的单薄理论和试行推广的既存现实证明正当性。相反,其必须在现有法律框架内获得合法性自证。因此,在《人民法院组织法》修订前,基层法院设置专项审判庭应慎之又慎,但却可以根据《人民法院组织法》第19条,按照地区、人口和案件情况设立专项法庭。同时,专项审判在管辖、程序、审级等方面的创新也不能超越现有法律认可的范畴。

2. 恰适。专项审判的数量、种类、规模都应切合实际,从而在司法投入最低的前提下实现效率最优:(1)与区域实际匹配。符合各城市、各地区的自然、社会条件和发展定位。例如,环保审判机构的设置应与区域环境资源分布对应,兼顾当地的产业定位。(2)与案件需求匹配。充分衡量各类案件的社会危害性、影响力和矫正价值,在指引司法资源向数量多、代表性强的案件种类集聚的同时,模糊或忽略少数案件的非本质需求,使专项审判类别更集中、高效。(3)与司法水平匹配。不能超越本区域现有的司法技术水平和司法资源储量,造成基本审判类别司法资源的严重抽空,影响整体司法水平。

3. 协调。(1)横向协调。一方面,应与基本审判类别相协调,或是对基本审判类别二次细化，或是对其提升、补充，并在管辖权、人员配备、审判程序等方面契合自身的定位要求；另一方面，各专项审判机制应相互协调，避免设立标准不一造成管辖权及程序适用的交叉、混乱。(2)纵向协调。各级法院在设置专项审判机构时应满足二审终审的要求，尤其对于采用"四合一"程序规则的一审案件，更应当强调一、二审程序在审判机构、程序方面的高度衔接与应和，否则，就无法真正实现专项审判的预期效果。

（二）统一专项审判设置的标准

1. 首推案件性质标准。统一设置标准，是保证专项审判体系内外协调的前提。诚如上文所述，群体身份和案件性质是专项审判实践中并存的两种常用标准。然而，现代人的身份往往多重交叉，个人在具有职业身份的同时还具有国籍、社会等多种身份，且各身份间很难有清晰界线。同时，"从身份到契约"被誉为是现代法律里程碑式的进步，[①]适用群体身份标准既无法保证专项审判设置周延，也不符合现代法律的精神。与此相反，案件性质标准则以法律定性为前提，可以有效避免管辖权的交叉重叠，因此在设置时应尽量优选这一标准。

2. 慎用主体身份标准。主体身份标准应慎用，而非绝对不用。事实上，完全排除其适用只能是罔顾现实的空想。毕竟，从政治、外交、国家安全等各种因素考虑，某些特定身份群体的权利保护必须得到特殊关照，这其中也包括程序上特殊设计。但要注意的是，身份标准应尽量少用，必须适用时，应辅之以案件性质标准，进一步细化该类专项审判机制的受案范围，并事先规定与其他审判机制发生管辖权交叉时的优先层次。

（三）建构专项审判双层框架体系

1. 第一层次：基本审判类别框架下的专项审判体系

第一层次的专项审判体系，是基于法官专业化培养路径，根据案件性质，按照种属原则，对基本审判类别的细化。这一层次的专项审判体系其实并未超出基本审判类别的一般设计，除对审判人员专业培养、定向使用外，在管辖权、审级、诉讼程序、证据规则、案件执行等各方面均沿用其所从属的基本审判类别设置，不作太大创新和变动。其本质是建立在共性基础上的差异化管理，可以充分借助基本审判类别已有的机构和管理优势，降低成本投入，减少运行阻力，有效避免因专业缺陷导致的错判、误判，契合了审判精细化发展的要求，值得普遍推广。

---

① ［英］梅因：《古代法》，沈景一译，商务印书馆 1959 年版，第 97 页。

2.第二层次:基本审判类别框架外的专项审判体系

第二层次的专项审判体系,是基于回应特案需求的能动思路,在基本审判类别的框架外,建立与之平行并立的专项审判体系。这一层次的专项审判体系往往着眼于现有基本审判类别运行中无法有效回应的特类案件,在充分评估其重要性和影响力的前提下,对现有审判机制进行必要调整,以满足其特定程序需求。因此,除对审判人员专项整合外,还必须在管辖、机构设置、诉讼程序等方面作出明显不同于基本类别审判的特殊设计(包括一、二审机制对应的纵向设计),具有极强的针对性和灵活度。然而,由于其对现有审判机制变动大,适用面窄,司法成本高,不宜盲目推广,而必须根据区域和案件实际适当配置。

3.双层框架:我国专项审判的基本图谱

根据上述双层设计,可以初步建立我国专项审判的基本架构:

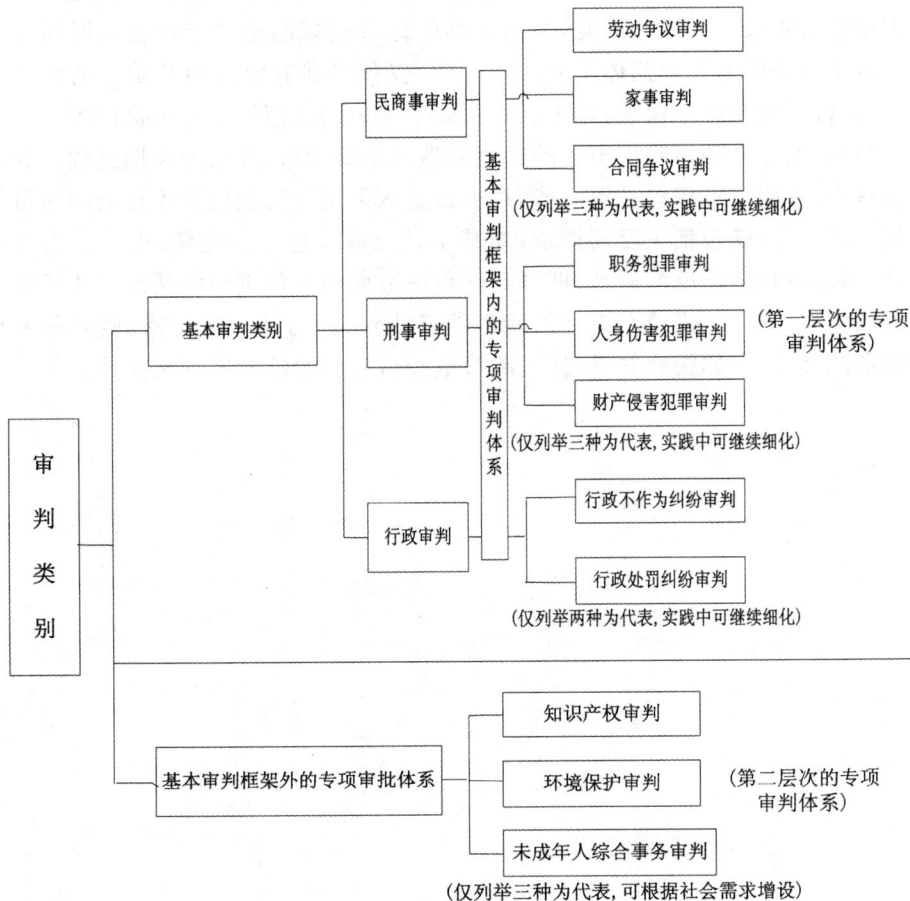

专项审判的双层构架,既相互独立,又密切联系。从关系论的角度看,第二层次是对第一层次更进一步的特定甄选,因此,在统一以案件性质为设置标准时,二者一般不会发生交叉。然而,由于第二层次的专项审判体系完全建立在特案特办的基点之上,难免会因案件的主体特性不得不适用主体身份标准,此时就可能造成整个图谱关系的交叉混乱,必须通过预设竞合处理规则予以规避。

结语:反馈调节——待续融图的精进之路

类别审判专项化是司法进步的必然进境,也是持续发展的循渐过程。它立足差异管理,回应社会需求,代表了一种更精准、更深入、更机动的全新视阈。但同时,它又必须在合理的规范约制下才能获得更科学的规划,并在体系化的规范指引中获得更长远发展。因此,类别审判的体系化规制必须与社会发展同步演进。本文对我国专项审判体系的初步构建,仅仅是在有限认知基础上的粗浅预设,存在许多模糊甚至谬误,远未反映我国专项审判规范体系的丰富内容。

当然,实现专项审判规范化的过程必然是不断尝试、开拓的长期过程。在这一过程中,大胆试点仅仅是第一步,根据试点效果进行反馈调节才是趋向精进的关键。这其中,既包括正反馈调节,即基于试点成效进一步完善、推广某类专项审判实践;也包括负反馈调节,即基于试点失败而中止甚至叫停某地区或某类专项审判尝试。毕竟,摸着石头过河就必然可能跌倒,与其一味支持,使各种专项审判杂乱林立;不如扬弃并举,让实践打造经得起检验的专项审判体系。

我国人事保证的司法实践与立法完善

■ 张照东*

摘要：人事保证，又称职务保证、雇佣保证，是以被保证人有损害用人单位合法权益从而产生合法债务为担保对象的、对将来债务之保证，是一种典型的信用保证，对现代社会的信用机制的构建能够起到一定的积极作用。我国理论界对人事保证制度的认识还存有较大分歧，在立法上对人事保证制度的规定尚未明确，在现实生活中因为人事保证而提起的诉讼又不断出现，各地法院因缺乏法律依据导致判决结果差异较大。本文对我国的人事保证制度进行全面检讨，提出了相应的立法建议。

关键词：人事保证　司法实践　立法完善

一、人事保证概述

(一)人事保证的定义

人事保证，是指雇佣人与保证人签订的，约定若因被保证之受雇人于受雇佣期间因职务上之行为而对雇佣人应负损害赔偿责任时，由保证人代负其责之契约。人事保证这一概念有狭义、中义和广义之分。狭义的人事保证，是指在雇佣关系或职务关系中，就可归责于被用人之事由，致生损害于雇主时，保证人应负损害赔偿责任之保证①，这也正是本文所要讨论的。中义的人事保证，除保证人与雇用人约定，如因受雇人之行为(不问故意、过失与否)，致使雇用人受到损失时(不问其损害已发生，或将来发生之损害)，由保证人负损害赔偿的保证责任之外，保证人还对雇佣方保证或担保受雇人之人品(如学历、经历之确实、诚实之程

---

* 作者系华侨大学法学院副教授，福建天衡联合律师事务所一级律师，中华全国律师协会劳动和社会保障法专业委员会副主任，厦门市劳动争议仲裁委员会仲裁员，法学博士，经济学博士后研究人员。

① 史尚宽：《债法各论》，中国政法大学出版社 2000 年版，第 7 页。

度）、思想之端正以及技能之熟练等。①

人事保证包括职务保证和人事担保两种。职务保证是指保证人保证被保证人的工作技能、身体状况及品德行为等各方面均能够胜任其即将担任的工作，且被保证人不得因职务行为致使雇用人或用人单位遭受损害。人事担保所担保的范围较广，不仅包括担保被保证人的技能、身体、品行能胜任工作并依合同约定履行。如发生因被保证人原因造成的损害，不问是否与职务有关、是否属于利用职务之便，被保证人和保证人均要负赔偿责任。而且还要求保证人对被保证人有监督、教育、照顾的义务。

（二）人事保证的法律性质

关于人事保证的法律性质，学术界存在如下不同观点：（1）一般保证说认为，人事保证契约以雇佣契约存在为前提，为从契约，故与一般保证相同具有从属性，只不过人事保证尚具有继续性、情义性与专属性等特征而已。（2）损害担保契约②说认为，人事保证契约具有独立性，因为即使雇用人与受雇人之间的雇佣契约无效，当受雇人具有侵害雇用人之情事时，雇用人仍得依据该损害担保契约向担保人请求赔偿。③（3）特殊保证说认为，人事保证与一般保证不同，一般保证纯以债务关系为保证对象，人事保证之对象除债务关系外，还涉及人身关系，故人事保证属于一种特殊保证。④ 人事保证合同因其自身的特殊性不应该完全适用担保法中有关保证的规定，而应当设立专门的特殊保证规则以维持契约关系中实质的公平。（4）区分说认为，人事保证是保证人以受雇人或劳动者有损害赔偿债务为前提而保证其债务，这属民法上之保证，且是对将来债务的保证。保证人不仅要对被保证人因职务行为致使雇用人或用人单位遭受损害时的赔偿责任，还要承担被保证人因疾病或其他事由不能胜任工作时，对被保证人负有照顾及承担医疗费用等义务。此时人事保证已不是一种单纯的保证，而是一种具有损害担保契约性质的无名契约。

笔者认为，一般保证说片面地强调人事保证与一般保证的相同之处，而忽视人事保证其自身的特殊性质，仅仅凭借人事保证具有保证的从属性就牵强地把本不是一个范畴的两个概念联系在一起，这样的逻辑是错误的。人事保证与一

---

① 朱凡：《人的担保基本制度研究》，中国检察出版社 2006 年版，第 188 页。

② 损害担保契约是指对于相对人因一定危险所受积极或消极的损害，应独立地无偿地负填补损害之责的契约。参见史尚宽：《债法各论》，中国政法大学出版社 2000 年版，第 882 页。

③ 詹森林：《民事法理与判决研究》，中国政法大学出版社 2002 年版，第 386 页。

④ 郑玉波：《民法债编各论》（下），台湾三民书局 1997 年版，第 895 页。

般的保证除了调整对象有着本质的差别,在法律性质、保证人的权利义务、具体规范的适用等诸多方面都与一般的保证存在较大差异,绝不可将二者混为一谈。人事保证也不是损害担保契约。二者之间也存在着本质的区别。首先要予以肯定的是人事保证具有从属性,如果雇佣关系或劳动关系不存在或无效,则人事保证亦无效。这一点与损害担保契约的独立性是截然相反的。因而,人事保证不属于损害担保契约。区分说对于人事保证所担保的内容界定过于宽泛。这一点在对人事保证调整范围的界定上已作论述,其所包含的内容远远超出了通常理解上的人事保证,因而,这一观点对人事保证的性质判断也不尽准确。特殊保证说认为人事保证具备保证制度的一般属性,如从属性,同时又考虑到了人事保证的保证范围、保证的对象以及保证人权利义务等方面的特殊性所在,这是较为全面、最为接近人事保证法律性质的一种观点。

二、我国司法实践关于人事保证的争议

(一)1990 年宁波市国际经济技术合作公司诉单威祥劳务输出合同担保纠纷

在该案中,宁波市国际经济技术合作公司作为中方的劳务输出单位,组织单洁囡等人员到美国佛罗里达州奥兰多大中集团参加工作。根据当时惯例,由宁波市国际经济技术合作公司与单洁囡及其担保人单威祥(单洁囡之父)签订《出国劳务人员保证书》,约定由单威祥对单洁囡在出国期间遵守所在国法律和所在国公司的各项行政规章以及出国纪律等方面作出保证,如单洁囡违反有关事项致使公司遭受损害的,保证人单威祥须承担相应的赔偿责任。后因单洁囡违反了相关的规定,造成宁波市国际经济技术合作公司被外方索赔,宁波市国际经济技术合作公司对外理赔后,向保证人单威祥提起民事诉讼,请求单威祥承担民事赔偿责任。

最高人民法院复函(1990 年 10 月 9 日法(经)函[1990]73 号)认为,该《出国劳务人员保证书》是劳务派出单位宁波市国际经济技术合作公司与美国佛罗里达州奥兰多大中集团签订的,目的是为了保证劳务输出合同的顺利实施。这一行为实质上是依用人单位的行政职权要求派出人员单洁囡对在出国期间遵守所在国法律和所在国公司各项行政规章以及出国纪律等方面作出的行为保证,是派出单位对其派出人员进行内部管理的一种行政措施。因此,单威祥为其女单洁囡工作所提供的担保,不属于民法和经济合同法调整范畴。这类纠纷属新型纠纷,尚无法律明确规定可以向人民法院起诉。故依照《民事诉讼法(试行)》第84 条第 2 项规定,应当告知原告向有关行政部门申请解决。

最高人民法院通过对劳务担保合同的签订双方的隶属关系分析来限制人事保证合同纠纷进入民事诉讼程序,但其没有明确否定人事保证效力,其所持的实际是一种回避的态度。

(二)2001 年金龙万、金龙哲与黑龙江省国际经济技术合作公司出国劳务合同纠纷

在该案中,黑龙江省国际经济技术合作公司于 1995 年 8 月 1 日与金龙万签订《外派渔工聘用合同》,约定了两年的聘用期限,工作岗位为韩国船上渔工等内容。同时,黑龙江省国际经济技术合作公司与金龙万之兄金龙哲签订了《担保合同》,约如被保证人金龙万违反合同约定造成公司经济损失,则定金龙哲对全部损失承担连带责任,并以其房屋进行了抵押。合同签订并经公证后,金龙万在 1995 年年底被派往韩国工作。1996 年 10 月 30 日,金龙万未服从公司安排,离开渔船。黑龙江省国际经济技术合作公司依据韩方株式会社的电传,向人民法院提起法院诉讼,要求金龙万、金龙哲连带赔偿黑龙江省国际经济技术合作公司经济损失人民币 22468 元。

本案经黑龙江省穆棱市人民法院、牡丹江市中级人民法院(以下简称牡丹江中院)两级法院审理,均认为:黑龙江省国际经济技术合作公司与被告金龙万、金龙哲签订的劳动合同以及附随的担保合同是合法有效的,法律应予以保护。金龙万在出国劳务期间未按照合同约定逃离渔船,是对既有合同的违反,因此造成的经济损失应当由金龙万赔偿。金龙哲对金龙万的担保合法有效,应当承担担保责任,判决金龙万给付违约损失 22468 元,金龙哲承担连带赔偿责任。金龙哲对二审判决不服,遂向牡丹江中院申请再审。

牡丹江中院审委会讨论认为,本案纠纷系新型案件纠纷,具有较强的政策性,为此就案件的法律适用等问题报黑龙江省高级人民法院(以下简称黑龙江高院)请示。黑龙江高院审委会经讨论认为,本案是否适用《最高人民法院 1990 年对浙江高级法院关于劳务输出合同的担保纠纷人民法院应否受理的复函》值得研究。该复函认为,此类纠纷不属民法和经济合同法调整范畴,法院不应受理。但黑龙江省高院认为,本案中金龙哲和金龙万与黑龙江省国际经济技术合作公司之间并无行政隶属关系,二人与黑龙江省国际经济技术合作公司之间形成的劳务关系与担保关系是平等主体之间基于合同而建立的民事法律关系,属于民法调整的范围,法院应当受理。黑龙江高院就此案的法律适用问题,报请最高人民法院,最高人民法院根据案情作出上述重新认识人事保证的答复(2001 年 2 月 19 日[2001]民立他字第 3 号),认同下级法院的裁判意见。

在这一案件中,最高人民法院对人事保证的认识发生了根本性转变:由认为劳务关系中人事保证属于用人单位内部管理性的一种隶属行政措施,不属于民

法和经济合同法调整范畴,到认为人事保证是平等主体之间基于自主约定合同而建立的民事法律关系,属民法调整的范围;由限制人事保证纠纷进入民事诉讼程序到支持将人事保证纠纷作为一种新型纠纷纳入民事诉讼程序。虽然最高人民法院在诉讼程序上为人事保证纠纷开辟了一条司法可诉性之道,但是最高人民法院对人事保证的效力问题仍没有明确表明其态度,同时也没有宣示废除其1990年的复函规定。

(三)2001年中国工商银行哈尔滨市和平支行诉高延民担保合同纠纷案

在该案中,中国工商银行哈尔滨市和平支行在1993年同高延民之子高峰岩签订了聘用合同,聘用高峰岩为该支行的合同制干部。高延民在作为聘用合同附件的《合同制干部担保办法》上盖章,同意作高峰岩合同期内的经济担保人,约定"担保人有责任教育被担保人严格履行合同,如被担保人发生盗窃、贪污、严重违纪等方面问题,担保人应负连带责任。"后被担保人高峰岩在劳动合同期内取出储户存款共计23万元后携款潜逃。哈尔滨工行向黑龙江省哈尔滨市动力区人民法院(以下简称动力区法院)提起诉讼,要求担保人高延民承担保证责任,赔偿23万元存款及相关损失。动力区法院经审理认为,被告高延民为其子高峰岩作经济担保人的意思表示是明确的,原告哈尔滨工行与高延民之间签订的担保合同成立;担保合同对担保人责任的规定,符合《民法通则》第4条、第54条、第55条规定,是合法有效的。而《民法通则》第57条规定,民事法律行为从成立时起具有法律约束力,高延民应当按照合同的约定,承担担保人的连带民事责任。遂于2001年1月9日作出判决,要求高延民赔偿哈尔滨工行经济损失23万元及相应利息,案件诉讼费由被告高延民负担。被告高延民不服,向哈尔滨中级人民法院(以下简称哈尔滨中院)提起上诉。

哈尔滨中院经审理认为,《民法通则》第84条、第85条和《担保法》第2条之规定已明确指出,债是依照合同的约定在当事人之间产生特定权利和义务。担保合同作为从合同,只是对因借贷、买卖、货物运输、加工承揽等主合同发生的债进行担保。这些主合同约定的当然是民事关系。而《合同制干部担保办法》第6条规定,"担保人有责任教育被担保人严格履行合同,如发生贪污、盗窃、严重违纪等方面问题,担保人应负连带责任。"根据这一条规定,本案"担保合同"要求上诉人高延民"担保"的,是高峰岩在被上诉人哈尔滨市和平支行工作期间的行为。而该支行与高峰岩在此期间形成的是单位与职工的内部职务隶属关系,而非平等民事主体之间形成的民事关系。高峰岩在此期间实施的贪污、盗窃或者严重违纪等与职责有关的行为,不应当由民法调整。本案"担保合同"所指向的"主合同",约定的不是平等主体之间的债权债务,而是企业内部的管理工作。"担保"

的内容不是要实现债权人的债权,而是要保证"被担保人"的违法违纪行为不损害企业利益。因此,本案的"担保合同"不符合民法通则和担保法的规定,由此引发的纠纷不应当由民法调整,本案不属于人民法院受理的民事诉讼范围。

(四)2003 年广州市统一企业有限公司与崔展鸣、谭焕兴、崔伯森债务纠纷一案

在该案中,崔展鸣是于 2001 年 7 月 1 日与广州市统一企业有限公司(以下简称"统一公司")签订劳动合同,担任销售业务员一职。崔展鸣的父母崔伯森、谭焕兴作为担保人出具《保证书》:"被保证人如有盗窃公款、公物、泄露公司之机密资料(含复印件)以及故意破坏本公司财物等行为给本公司造成经济损失的,保证人愿负连带赔偿责任。"崔展鸣在统一公司工作期间,未将于 2001 年 10 月 11 日收取的货款 4435.50 元交回公司;没有依统一公司促销活动的规定,将收到客户"再来一瓶"之兑奖凭证的瓶盖 298 个交回公司。2001 年 11 月 15 日后,崔展鸣擅自离职,不再在统一公司工作。统一公司向被告崔展鸣、崔伯森、谭焕兴主张权利未果,便向佛山市禅城区人民法院提起诉讼。一审法院经审理认为,崔展鸣在统一公司工作期间,其与统一公司发生的债权债务关系不属民法调整的平等主体之间的债权债务关系,而是企业内部的管理工作;崔伯森、谭焕兴的担保内容不是要实现统一公司的债权,而是要保证崔展鸣的行为不损害统一公司的企业利益。因此崔伯森、谭焕兴的担保行为不符合《民法通则》和《担保法》的规定,由此引起的纠纷不应当由民法调整,本案不属于法院受理的民事诉讼范围。于是裁定驳回原告统一公司的起诉。原告统一公司不服,上诉至佛山市中级人民法院(以下简称佛山中院)。

佛山中院经审理认为,被上诉人崔展鸣在上诉人统一公司工作期间,代公司收取货款未交回公司的行为已构成侵害统一公司财产权利的侵权行为。上诉人起诉要求被上诉人崔展鸣归还其在职期间代为收取的财产,属于人民法院受理的民事诉讼范围。被上诉人崔伯森、谭焕兴作为具有完全民事行为能力人签订《保证书》,所立保证是一种自愿的民事法律行为,该行为并未违反法律及社会公共利益,是其真实意思表示,符合《民法通则》有关规定,保证人应对其保证行为承担相应的民事责任。一审裁定认定本案不属人民法院受理的民事诉讼范围是错误的,应予纠正。遂于 2003 年 6 月 14 日裁定撤销一审裁定,指令原审法院对本案继续审理。

禅城区人民法院审理认为,被告崔展鸣在原告统一公司工作期间,代公司收取货款及其他财物未能交回公司,其行为已经侵害了统一公司的财产权,对统一公司造成了经济损失。统一公司要求崔展鸣归还财产的请求合理,应予支持。根据《民法通则》第 89 条和《担保法》第 2 条、第 6 条之规定,保证是指当事人在

经济活动中设立债权债务关系时,保证人向债权人约定,当债务人不履行债务时,保证人按照约定履行债务或者承担责任的行为。从统一公司与崔展鸣签订的劳动合同来看,提供保证人是统一公司录用崔展鸣时的前提条件。本案《保证书》所保证的内容实际上是对崔展鸣的一种人格担保。被告崔伯森、谭焕兴签订《保证书》的目的是为了保证原告能录用其儿子崔展鸣,而崔展鸣作为完全民事行为能力人,其父母是不可能保证一个完全民事行为能力人将来所做的行为是否违法的,该《保证书》实际上是统一公司单方的意思表示,不符合《担保法》的有关规定,其保证应当无效,统一公司要求崔伯森、谭焕兴承担连带赔偿责任的请求,于法无据,不予支持。依照《民事诉讼法》第130条、《民法通则》第106条第2款、第134条第1款第4项的规定,于2004年4月12日判决,被告崔展鸣返还货款4435元及兑奖瓶盖给统一公司;驳回原告统一公司其他诉讼请求。一审判决后,原告统一公司不服,上诉至佛山中院,请求撤销原审并依法改判。

佛山中院审理认为,根据《民法通则》第54条、第55条的规定,民事法律行为系公民或者法人设立、变更、终止民事权利和民事义务的合法行为。民事法律行为应当具备下列条件:行为人具有相应的民事行为能力;意思表示真实;不违反法律或者社会公共利益。本案中,作为完全民事行为能力人的被上诉人崔伯森、谭焕兴在保证书上签章,自愿为崔展鸣在职期间可能发生的不法行为所给公司造成的经济损失承担连带赔偿责任,其意思表示真实,且不违反法律法规的强制性规定或者损害公序良俗,已具备了民事法律行为的有效及成立要件。崔伯森、谭焕兴自在保证书上签名盖章之日起,即应受其所自愿实施的民事法律行为的约束,非依法律规定或者取得对方同意之前,不得擅自变更或者解除该约定。从崔伯森、谭焕兴所实施的上述民事法律行为的形式及内容分析,其具有人事保证的性质。人事保证合同是以将来内容不确定之损害赔偿作为保证内容的,而非以担保将来的行为是否违法为内容目的。原审以崔伯森、谭焕兴所提供的系一种人格担保,而该保证不符合《担保法》的有关规定为由,否定崔伯森、谭焕兴所实施的民事法律行为的效力是不妥当的,应予以纠正。由于崔展鸣在职期间代收货款及其他财物后未能交回公司,致使统一公司的财产所有权受到了侵害,并由此而造成的经济损失,保证人崔伯森、谭焕兴对该损害应承担连带赔偿责任。

三、我国人事保证立法的必要性

(一)现有相关立法分析

1994年3月4日,劳动部、公安部、全国总工会联合发布的《关于加强外商投资企业和私营企业劳动管理切实保障职工合法权益的通知》第 2 条规定"企业不得向职工收取货币、实物等作为入厂押金,也不得扣留或者抵押职工的居民身份证、暂住证和其他证明个人身份的证件"。劳动部也曾于 1995 年 8 月 4 日印发《关于贯彻执行〈中华人民共和国劳动法〉若干问题的意见》,第 24 条规定"用人单位在与劳动者订立劳动合同时,不得以任何形式向劳动者收取定金、保证金(物)或抵押金(物)"。这两个部门规章均禁止用人单位在与劳动者在订立劳动合同时要求劳动者提供物的担保,但并没有规定人事保证的效力。《劳动合同法》第 9 条规定:"用人单位招用劳动者,不得扣押劳动者的居民身份证和其他证件,不得要求劳动者提供担保或者以其他名义向劳动者收取财物。"其禁止的仍是物的担保,并未对人提供的保证进行规定。

从法律制定的目的来看,《劳动合同法》之所以作此规定,是因为用人单位并没有合法权利收取劳动者的钱财作为保证金,更无权扣押其证件,同时也是为了防止用人单位利用其在劳动关系中的优势地位对劳动者的财物、证件进行扣押,对以后劳动合同解除时给劳动者构成一种障碍。但是人事保证所提供的保证人并不会给劳动者构成此类障碍,因为当劳动合同终止时,从属于其的人事保证合同的效力也随之终止,不会对劳动者再有约束力。因此法律也没有对保证人明文进行禁止。

从法律规定的内容"不得要求劳动者提供担保或者以其他名义向劳动者收取财物",这里的"以其他名义"表明其是基于已经表达的"一种名义",而这种名义即为"要求劳动者提供担保的名义",这两个并列的行为的目的均是"向劳动者收取财物"。《劳动合同法》第 9 条规定的内容侧重于对劳动者证件、金钱等实物的保护,在此所禁止的是物的担保以及证件的扣押,而非针对人的保证。

有的学者运用当然解释的方法,认为《劳动合同法》第 9 条已禁止物的担保,举轻以明重,则人的保证也是应当予以禁止的。但是,关于物的担保与人的担保何者更有利于实现债权的问题尚未有定论,因此二者之间孰轻孰重难以判断,当然解释便没有比较的标准。因此,不能以此解释得出人事保证被《劳动合同法》第 9 条禁止的结论。

(二)确立人事保证制度的必要性

如上所述,我国关于人事保证立法的缺失,导致司法实践五花八门的判决,令社会大众无所适从。出现以上这样迥异的判决,对于司法权威的损害是极严重的,会极大地影响当事人对于法律的信仰、对于司法判决的认同感。因此,从司法实践的分歧和争议中,我们应该寻找更合适的理论和逻辑给人事保证一个合理的定位,使得现在对于人事保证的意见得以统一,从而维护司法的统一性和权威性,树立当事人对于法治的信仰,更好地建设社会主义法治国家。

1.人事保证制度符合公平正义价值。劳动关系涉及人身性和财产性,并且要维持劳动者和用人单位之间利益平衡,作为这一关系的双方才是切实感受公平正义的主体,其所认为的劳动关系中的公平正义的度才是在这一特殊关系中最接近公平正义标准的,这是现实劳动关系中平衡各方关系所需要的一个基准。我们应当尊重当事人的选择,以他们的度为标准,尽可能地以这一公平正义的理念维持劳动关系的平衡。

2.人事保证制度有益于完善劳动保障体系。现代社会流通性大,人口流动频率越来越高,社会的陌生程度也在增强。用人单位对劳动者的熟悉程度在降低,对于劳动者诚信考察的风险就不断提高,因而,用人单位选择以保证人的方式来降低用人风险,这一管理风险的方式也无可厚非。况且,人事保证制度针对的风险是来源于劳动者本身。即使劳动者与用人单位签订了人事保证合同,有保证人作为后盾,但如果劳动者安守本分,未有逾越之处,人事保证合同就只是用人单位一道安静的护身符。

3.人事保证制度对劳动者和用人单位双方有一定的管理和防范意义。人事保证制度对劳动者会产生积极的心理强制作用,时刻要求劳动者按照用人单位要求完成工作,不得因个人原因给用人单位造成损失,保证人对劳动者而言也是一个督导者,会对其工作起到督促作用。人事保证制度对用人单位的利益的保护是一道后备墙,在用人单位的财产性权利受到损害,其可以向劳动者要求赔偿,在劳动者无法赔偿时可以继续主张保证人进行赔偿,这一双重保险为用人单位利益的保护提供了强有力的支持。

4.人事保证制度有助于劳动者与用人单位之间建立互信关系,对现代社会信用危机起到缓解。我国现阶段缺乏征信制度,信用缺失严重,如果一些劳动者玩忽职守、背信弃义、毁约跳槽或是携款潜逃,用人单位的利益遭受巨大损害却无法得到赔偿。但是如果劳动者提供了合适的保证人,用人单位对于劳动者的工作就会比较放心,劳动者也能顺利得到工作职位,双方之间的劳动关系和信任关系都维持了稳定和平衡。

四、完善我国人事保证立法的建议

(一)人事保证制度在立法体系中的地位

依据人事保证的不同性质,既可以按其附属性将其放置在调整对象为劳动关系的劳动法中,也可以按照其特殊保证的法律属性将其划分为担保法的保证制度一章,都是可行的选择。但是,劳动法的性质是社会法,具有侧重保护劳动者的色彩,该部门很多有异于一般民事法律制度的特殊规定正是这一色彩的体现。正如《劳动合同法》将劳动合同从《合同法》中独立出来一样，人事保证也可以从一般的民事保证制度中独立出来置于劳动法的框架之下。

（二）人事保证的保证范围

1. 对于劳动者工作技能、身体状况及品德方面的要求是保证雇佣关系或劳动关系能顺利缔结的前提，如若因为工作技能、身体状况或品行道德等因素致使劳动者无法胜任其工作岗位，雇用人或用人单位可依据雇佣合同无法实现合同目的或是劳动法规定解除双方之间的劳动关系。因此，在这一点上不需要保证人对其保证，应由雇用人或用人单位负责对其要录用的工作人员进行筛选。

2. 保证人对被保证人的监督、教育、照顾义务在很大程度上可归于双方之间的道德伦理义务，并不应该成为保证人的保证义务载入保证合同之中。而用人单位可以根据合同约定或管理规章对劳动者监督、管理，若被保证人严重违反相关的劳动纪律和规章制度时，用人单位可解除双方之间的关系。保证人在这一方面客观上没有此等便利条件，而且如果将此义务划入人事保证的保证范围，则会导致用人单位对劳动者的监督、管理义务过度转移到他人身上，对保证人而言其责任过重，是一种明显的不公平。

3. 保证人对被保证人未依约履行义务等职务行为而致用人单位负损害赔偿责任时的保证，这是对被保证人诚信的保证，并将人事保证的范围限定于因劳动者自身未履行合同或是利用职务之便致用人单位遭受损害这一范围内，符合常理，并且和设立人事保证制度的宗旨相一致，正是本文前述狭义人事保证的定义所含内容。

4. 人事保证是否适用于公法关系上的职务保证？公法上的职务关系依据行政法、公务员法及相关规章、条例所缔结，公务人员的职务行为并不单纯是劳动关系，更多的是行政机关内部的管理隶属关系。因此，在双方之间并不存在平等地位的主体之间缔结的保证。如果公务员因其不当履行或者是不作为致使国家或所在机关遭受损害，如盗窃、侵占、贪污、挪用等侵犯国家财产的行为时，其要承担的责任类型主要是刑事责任和行政责任，而非利用民事救济来分散这一风险。故，人事保证的范围不宜包括公法上的职务行为。[①]

（三）人事保证合同的期限

人事保证和一般保证一样，是基于保证人对被保证人的了解和信任而作出的。但是，随着时间的推移，时过境迁，物是人非，当事人之间的信任基础可能不

---

① 陈荣文：《人事保证制度若干基本问题研究》，载《东南学术》2004 年第 6 期。

复存在。人事保证合同期限的确定旨在将保证人的保证责任在一定程度上固定,避免因劳动合同签订的用工时间过长加重保证人的责任。结合我国劳动力市场中劳动关系的变化情况及稳定程度,人事保证合同的期限最长为两年,超过的部分无效。劳动合同到期之后续签,人事保证合同如随之续签,其延续期限仍以两年为限。

对于保证合同期限长于劳动合同期限保证是否有效的问题,多数观点认为是无效。但朱凡在其关于人事保证制度的立法建议稿中认为,在特殊情况下人事保证对于劳动合同终止后遵守保密义务及竞业禁止义务的担保仍然有效。[①]笔者认为,这一规定对于保证人的责任有加重之嫌,关于劳动者的保密义务及竞业禁止义务由劳动合同及相关协议规定,根据公司法、侵权法及劳动合同法等相关法律规定进行责任的追究,而不应该让人事保证的保证人在劳动关系解除后再承担保证责任。

(四)人事保证的最高限额

为了避免人事保证制度中保证人的责任因不可预见而过重,使其权利与义务相平衡,笔者认为应当对人事保证设定最高限额,并且不能被当事人约定排除适用。最高限额的数额可以保证合同期间内劳动者年平均工资总额或当地年平均工资额为限。这既可以保护保证人的信赖利益,也有利于激励用人单位加强其内部管理。

(五)人事保证的方式

人事保证合同所涉及的当事人之间权利义务较为复杂,保证责任较重,对于其规定必须采书面形式,将权利义务通过书面形式固定下来,避免不必要的纠纷。

人事保证成立的方式应限于一般保证,排除连带保证的约定。这也是为了平衡保证人的权利和义务的承担,并且可以防止用人单位怠于损害发生后对劳动者的及时追偿。

(六)用人单位和保证人的权利义务

1.用人单位的监督义务。用人单位应当尽力完善工作制度,对员工的行为进行有效监督,最大限度地防范损害的发生。如果因用人单位这一监督义务未妥善履行,则保证人可以要求减免保证责任。

---

① 朱凡:《论我国人事保证制度之构建》,载《法律适用》2004 年第 3 期。

2.用人单位的证明义务。用人单位基于雇佣关系或劳动关系对将自身的劳动行为置于用人单位的控制之下，因此对于劳动者因职务行为所导致的不利益，用人单位负有证明的义务。在劳动者要求用人单位、保证人承担损害赔偿责任时，其必须证明损害的发生是由于劳动者的行为所导致的。

3.用人单位的通知义务。劳动者由于工种变动、工作地点转移、职务升迁等情形导致劳动关系内容有变化的，即保证人对于判断的基础已经发生改变，用人单位应当及时履行通知义务，并且征得保证人的继续承保的同意，这是法律为保护当事人之间的等量平衡，延续彼此的动态公平，使得双方之间信息较为对称。

4.保证人的先诉抗辩权。因为人事保证限于一般保证，故应当赋予保证人相应的先诉抗辩权。在因劳动者原因发生了损害时，用人单位应当首先向劳动者主张损害赔偿。在劳动者无力支付或无法支付时，人事保证的保证人才需要承担保证责任。在人事保证中，要坚持责任承担的顺序性，如果法律预先剥夺了保证人的先诉抗辩权或者保证人被迫以特约的方式放弃先诉抗辩权，则对保证人的责任和义务加负过重。

5.保证人的减免赔偿请求权。在人事保证法律关系中，如果用人单位没有及时履行通知义务或怠于履行注意义务，使得原本不会发生或者即使发生也可以降低损害程度的不诚信、不利益行为发生或者损害程度加重，保证人在这些情形下应当享有减免赔偿请求权。对于在用人单位有过失的情况下，保证人得请求人民法院行使自由裁量权予以减免赔偿。

（七）人事保证合同终止的情形

1.保证期间届满。人事保证作为合同的一种，在合同期满时，自动终止其效力，即在人事保证合同的保证期满时，人事保证合同终止。

2.劳动关系终止。人事保证合同具有从属性，当作为主合同的劳动合同或雇佣合同终止时，附随于其的人事保证合同的效力也发生终止。劳动关系或雇佣合同关系终止的情形由相关的法律法规进行规定。

3.情事变更下的解除。当劳动者工作内容、工作地点或职务升迁等劳动关系或雇佣关系内容发生变化时，用人单位应及时通知保证人。保证人对于保证存在的基础发生变化，加重保证人负担的，如果用人单位未予以通知，保证人享有单方解除人事保证合同的权利。

4.保证人丧失行为能力、死亡等情形，不具有合适保证人的条件。因为保证的发生是基于一定的信任关系，若保证人已无能力承担保证责任，对于这一责任不发生继承或者转移，即人事保证合同效力发生终止。

关于我国未成年人民事审判机制的思考

■何　燕*

摘要:受制于受案范围和资源配置不足的困扰,我国未成年人民事审判发展陷入了"囚徒困境"的博弈格局。家事审判与少年审判在理念和制度上的趋同,使二者的整合成为可能。在我国现有国情下,借鉴他国成熟的经验,构建少年家事审判庭有助于从根本上破解我国少年法庭发展的困境。

关键词:未成年人　少年审判　家事审判　儿童利益最大化

长期以来,我国的偏刑化导向使得未成年人司法的发展始终难以摆脱因案源不足而导致的生存困境。少年综合庭的创立在一定程度上缓解了少年司法的生存问题,但由此带来的案多人少的问题不但受到了"难以保持原有少年审判的特点和优势"的指责,[①]而且由于不能逻辑划分未成年人民事案件受案范围与普通民事案件受案范围的界限也让未成年人民事司法存在的合理性受到质疑,实务中导致未成年人民事审判工作的开展存在被忽略和架空的危险。此外,少年综合庭将涉及未成年人的婚姻家庭案件另案处理也为我国家事审判制度的研究和实践制造了障碍。笔者以为,在我国现有国情下,无论是构建独立的少年法院还是独立的家事法院都存在诸多无法克服的障碍,也是对我国现有审判资源的浪费。家事审判和少年审判趋同的理念和程序运作让二者的融合成为可能。合理整合我国现有少年审判和家事审判资源,适当借鉴他国成熟的经验,构建适合我国国情的少年家事法庭方是有效破解当下困境的应对之策。

---

* 作者系南京师范大学法学院诉讼法博士研究生,烟台大学法学院副教授。
① 姚建龙:《评最高人民法院少年综合庭试点改革》,载《法学》2007 年第 12 期。

一、我国少年法庭的发展与现状

（一）我国少年法庭发展历史之回顾

通览我国少年法庭近 30 年的发展历程，一个有趣的现象是：我国少年法庭的发展似乎总是离不开对其受案范围的批判与改革。如果说 1984 年上海市长宁区人民法院首创少年法庭的目的是为了应对青少年犯罪不断攀升的现实，试图通过特别程序的审理重塑犯罪青少年的人格，以达预防和控制青少年犯罪的目的，那么 20 世纪 90 年代初江苏省常州市天宁区人民法院创建的少年综合庭和江苏省连云港市中级人民法院对少年刑事案件的"集中管辖"则都是为了缓解少年法庭因案源不足所面临的生存困境。但无论是天宁模式还是连云港模式都未能有效地解决这一问题。各地法院仿效天宁模式构建了少年综合庭，将涉及未成年人的民事、行政案件都纳入少年综合庭的受案范围，但在少年综合庭受理民事案件的范围上，各地法院则大多根据本院少年法庭审判力量的强弱来决定受理民事案件的种类和数量。这种过于地方化的选择导致了各地少年法庭受案范围的无序和混乱。

2006 年 12 月，最高人民法院下发了少年审判庭受理案件的范围规定，试图通过统一的受案标准来对上述现象进行整顿，但其过于宽泛的表述受到理论界的批评和实务界的抵制。2009 年，经过 3 年的实地调研，最高人民法院于 2009 年 1 月下发的《关于进一步规范试点未成年人案件综合审判庭受理民事案件范围的通知》中重新对少年综合庭受理民事案件的范围进行了限缩式调整。从调整的内容上看：（1）抛弃了过于理想化色彩的"当事人一方或双方为未成年人的民事案件"，将其明确限制于"侵权人或被侵权人是未成年人的人格权纠纷案件"，包括生命权、健康权、身体权纠纷、姓名权纠纷、肖像权纠纷、名誉权纠纷、荣誉权纠纷、隐私权纠纷、人身自由权纠纷、一般人格权纠纷；（2）在婚姻家庭纠纷案件中增加了涉及子女抚养的同居析产案件；（3）增加了侵权人或者直接侵权人是未成年人的特殊类型侵权纠纷案件；（4）删除了兜底条款，即"其他涉及未成年人权益的案件，试点单位可以根据机构设置、人员配备及案件数量等实际情况自行确定"。最高人民法院如此罕见地多次以列举式的方式规定少年综合庭的受案范围，其目的在于清晰地划分少年综合庭与普通民事法庭在受案范围上的分野，从而解决先前由于二者受案范围界限不明而导致法院内部审判秩序混乱的矛盾。然而最高人民法院的这种努力是否在实务中得到了预期的结果呢？答案是否定的。

（二）少年法庭在案源与机构设置之间的"囚徒困境"

不可否认,自 2006 年最高人民法院在全国 15 个省选择 17 个试点中级人民法院全面推广少年综合庭建制以来,少年法庭的生存危机得到了一定程度的缓解。但少年法庭偏刑化的审判思维并没有得到根本改观。除了一些原来势力雄厚的少年法庭有能力推广涉少民事、行政审判外,大部分少年法庭,包括一些试点中院的涉少民事和行政案件的审理根本没有开展。以山东省为例,山东省的少年法庭工作曾经得到最高人民法院的表扬,但 2012 年笔者上网查阅山东省 Q 市试点中院审理涉少民事案件的情况时发现,在关于少年法庭的网页上没有找到一起涉少民事案件,全部是少年刑事案件。山东省 D 市也是少年法庭工作典范的代表,其中 D 市 L 县的少年法庭工作尤为突出,总结了许多优秀经验在全省推广。但 2011 年发生在 L 县的"坚强妞"①案件却从侧面反映出在涉及未成年人抚养问题上,审理"坚强妞"父母离婚案件的 L 县法官缺乏最基本的"儿童利益最大化"、"儿童利益优先保护"等涉少民事审判理念。笔者曾与 Y 市 Z 基层法院分管少年法庭的副院长交流时间及为何不开展涉少民事案件的审判工作,其回答仍然没能脱离"案多人少,一旦将大量的涉及未成年人的民事案件纳入少年法庭,则难以保持原来刑案审判的特色和优势"的悖论。经调查得知,Z 法院近 3 年来受理的民事案件分别是:4664 件、5767 件、5626 件,其中婚姻家庭类纠纷分别是 1156 件、1239 件、1278 件。而该法院的少年法庭受理刑事案件的数量每年仅有 60 余件,由于 Z 法院在全省属于经济发展较快、人口流动较大的地区,这个受案数量在全省少年法庭受理刑事案件中还算是比较多的。②

即便是一些经济发达、原有少年审判实力雄厚的地区,未成年人民事审判也并没有出现遍地开花的结果。北京市设立少年法院可行性研究的调查报告显示,除西城、朝阳、门头沟等少数几个基层法院的少年审判庭既审理未成年人刑事案件又审理未成年人民事案件之外,其他的少年法庭或少年审判庭仅审理刑事案件,而涉及未成年人行政权益保护的案件则完全由各法院的行政审判庭审理。原因是受审判机构设置、审判人员人数和专业的限制,其实质仍然是存在案多人少的问题。③

由此观之,我国少年法庭在受案问题上处于类似于"囚徒困境"的博弈格局。

---

① 央视节目:《今年我三岁》,载"今日说法"栏目 2011 年 4 月 15 日。

② 作者在山东各地法院调研中所得了一些相关信息。由于各法院普遍要求对这些信息保密,本文采用了模糊处理。

③ 北京市高级人民法院课题组:《完善少年审判制度相关问题研究:关于北京市设立少年法院可行性研究的调查报告》,载《法律适用》2007 年第 8 期。

单纯地受理少年刑事案件会由于案源不足导致生存困境，而将所有涉及未成年人的案件全部纳入其间则又会引发案多人少难以保障审判质量的问题。有鉴于此，我们有必要拓展思维，寻求一条更为适合的发展模式。

（三）专业审判力量难以稳定构建

少年问题是家庭、学校、社会等多方面因素共同合力的结果，原因的复杂性使得对涉及未成年人纠纷的解决需要深谙世俗民情，有经验的，对法学、社会学、心理、校园文化等各方面知识都有所涉猎的复合型人才。但是少年审判所附带的那些所谓"后台"式工作的琐碎和不易解决的麻烦，却让许多资深法官不愿涉足其间，而将其推给新进的、有热情但却欠缺经验的年轻法官，这又往往导致少年案件的审理需要更多的时间。这是世界各国在少年审判问题上的通病。在美国，少年法官的地位普遍低于其他法官。"不幸的是，审理少年犯罪案件的法官资质一般较低，而且地位也被视为低于其他法官"，这是由于"少年法院在整个司法体系中被置于最低级，尽管他们的工作对家长、少年和社会意义重大……传统上，少年法院法官地位低于其他法官。少年法院配备的法官一般不是司法工作水平最高的。美国司法学会也指出，少年司法有时因为使用的不合格的法官而遭受影响……少年法院工作的律师和法官也不像其他同行那样受到尊重"[1]。德国、波兰的情况也同样如此。[2]

其他各国在家事法官选任上存在的问题在中国同样难以避免，并且由于存在前述案源问题的困扰以及我国特有的法官业绩评价机制，这种情况更为严重。我国现有主要以收案数量来评价法官工作业绩的制度明显不利于少年法官的工作评估，致使少年法庭中的判前调查、判后延伸等具有"后台"性质的工作在现有的业绩评估当中完全得不到应有的体现。再加上我国法院内部法官在各庭之间交流互聘机制也让少年法官的专业性难以持久。这些情况都使得我国少年法庭的专门化需求与法官队伍稳定性不足、流动性过大的悖论无法根治，从而出现"热爱少年法庭工作的大有人在，但安心于少年法庭工作的却寥寥无几"[3]的现象。

---

① 张文娟：《中美少年司法制度探索比较研究》，法律出版社 2010 年版，第 27 页。

② ［日］中村英郎：《家事事件裁判制度的比较法研究》，郎治国译，载张卫平主编：《民事程序法研究》（第 3 辑），厦门大学出版社 2007 年版。

③ 丁凤春：《设置少年法院是中国少年审判工作向前发展的必然》，载《青少年犯罪问题》2001 年第 5 期。

（四）简要评析

构建少年法院是我国每一个坚持走纯粹少年法庭的实务法官和理论研究者的梦想。从 20 世纪 90 年代末到 21 世纪初，我国一些少年法庭发展较快、实力雄厚的地方法院就不断论证构建少年法院的可能性并得到了最高人民法院的支持，而且中央在政策上也曾释放出一些令人鼓舞的信号。然而，2005 年全国人大常委会对最高人民法院提出的关于设立少年法院的方案未予批准，这使得设立少年法院的努力落空。① 颇值得思考的是，在人大常委会驳回少年法院构建的方案后的 2006 年，最高人民法院开始在全国开展少年综合庭的试点工作并且详细规定了少年综合庭的受案范围。这似乎从某一方面证明了少年法院之所以难以获得批准的一个重要因素是由于案源数量偏少的问题。首先，试图让决策者在现有司法资源紧张的情况下接受一个案源绝对量偏少、投入却很多（一个完整的少年法院除基本的少年法官配备外，还需要许多诸如社会调查员、心理治疗师、调解室等附属设施，这比普通法院的设施要复杂得多），且可能冲击原有法院秩序的独立建制的少年法院，起码在当下的国情下是非常困难的。

其次，我国现有的行政与司法在涉少案件管辖上的分工也决定了成立单独少年法院的不可行。国外大部分少年法院，如英国、美国（部分州）不但受理少年犯罪案件，还受理少年非行事件。所谓少年非行案件是指一些行为只能由成年人实施，未成年人一旦实施就有触法之虞，可能会受到惩处。如酗酒、夜游、从事危险娱乐等。同时，欧美等国家的少年法院（庭）还将未成年人权益保护案件，如虐待、忽视等案件也一并纳入少年法院（庭）的审理范围，并且所占比例甚大。这就让这些法庭不会因为受案数量不足而存在生存困境。但我国的少年法庭只受理少年犯罪案件，而少年非行事件则一般是由公安机关根据《治安管理处罚法》来予以纠正。至于未成年人权益保护案件，如虐待、忽视则由于受制于审判力量的不足大多由普通刑事审判庭来受理，只有极个别力量雄厚的未成年人综合审判庭受理此类案件。因此，我国少年事件处理机制的分散决定了单独的少年刑事法庭（法院）受案数量绝对值偏少的困境难以从根源上得以缓解。

再次，相较于在各基层法院成立少年法庭来说，少年法院的成立只是便利了法院审判的便利，但当事人的便利却不一定得以实现。以上海市为例，以前每一个基层法院都设少年综合庭或少年刑事法庭，那么有关的未成年人刑事案件大多能在本区得以审理。涉及未成年人的民事纠纷也能在本辖区的少年综合庭或普通的民事审判庭审理，当事人无须太过舟车劳顿就能参加诉讼。而设立少

---

① 　陈爱武：《家事法院制度研究》，北京大学出版社 2010 年版，第 174 页。

年法院以后,上海市所有涉及未成年人的纠纷都必须到少年法院去进行诉讼,则就近诉讼的便利显然不存在了。考虑到成立少年法院呼声最高的几大城市拥堵的交通情况,这必然会相应地增加当事人的系争外利益。① 过度的劳顿奔波是否会让当事人放弃将涉及未成年人的民事案件提交诉讼,不无疑问,由此未成年人合法权益的维护便很成问题。

最后,构建独立少年法院有可能面临司法资源分配不公的指责。从论证少年法院构建的地方来看大都是我国经济发达的富裕地区,如上海市高级法院、北京市第二中级法院、广州市中级法院等,这是否会导致司法资源分配不均的质疑,不无疑问。毕竟,少年法庭所倡导的未成年人利益优先保护、未成年人利益最大化等先进理念和程序构建,应该是所有未成年人能够共享的基本福利保障,不应该成为富裕地区儿童的特权。

有鉴于此,笔者反对构建独立的少年法院。然而,何者才是当下中国应然的制度构建呢? 笔者认为,在我国现有国情下,构建独立的少年家事法庭才是不会受到案源困扰,能够继续保持少年法庭原有特色和优势,所有未成年人都能够共享先进司法资源的务实选择。

二、我国家事法庭的发展现状

我国传统的强职权主义审判模式与家事审判的理念存在一定程度的契合,所以家事审判的特殊性一直难以凸现。但 20 世纪 90 年代中后期以当事人主义为导向的民事审判方式改革却与家事审判的职权主义理念渐行渐远。不同的纠纷类型应该适用不同的审判方式,婚姻家庭纠纷中大量涉及诸如未成年人利益保护、家庭伦理关系等公益问题,而以"当事人主义"为模板塑造的审判方式恰恰在这类关涉公益问题的纠纷上难以获得妥当的裁判。在实务中,法官在家事纠纷解决方案上的机械、僵化,都使得法院裁判的社会评价一再受到质疑。理论界于是开始反思我国审判方式改革给婚姻家庭纠纷解决所带来的不利和伤害。21世纪初,国外先进的婚姻家事案件的审理理念、模式开始引入我国,婚姻家事案件的审理应该有别于普通民商事案件,这一点在理论界逐渐达成共识。理论界的反思迅速获得了实务界的认同,一些法院开始针对婚姻家庭纠纷成立了专门的合议庭,尝试采用特别程序进行审理。这些举措迅速在全国各级法院得到推

---

① 系争外利益,是指民事诉讼当事人的系争的实体利益以外的利益,具体来说,它是指因程序简化或者避免使用烦琐程序而导致的当事人时间、费用、精力的节省而获得的利益。系争外利益保护原理是设计和运作民事诉讼制度必须遵循的一项基本原理。参见刘敏:《原理与制度:民事诉讼法修订研究》,法律出版社 2009 年版,第 45 页。

广,最高人民法院也在调研和总结经验的基础上,通过两个"婚姻法司法解释"把家事案件的特殊审判程序进行具体细化。如今,我国大多数法院在审理婚姻家事纠纷时,已经开始注意其与普通民事案件的区别,采用更为审慎的方式进行妥当地解决。但是,与国外不同的是,我国现有国情同样难以承载独立家事法院构建的设想。

首先,受制于司法资源的紧张,我国的专业法院的建制现在正不断萎缩,试图构建全新的、成本投入不少的家事法院很难得到财政上的支持。

其次,我国传统的强职权主义的审判模式与家事案件审理理念的趋同也从某种程度上制约了家事法院独立建制的可能性。因为这实质上让家事案件审理的特殊性难以凸现。从 2013 年 1 月 1 日起施行的新《民事诉讼法》的内容来看,其中一个很重要的特点就是强化了法院调解的范围和方式,但学者们呼声颇高的构建独立的家事案件的审判程序却没有获得批准,这也从某种角度上表明了立法者在程序专业化构建上的保守态度:在现有法官资源紧缺、财政支持力度不足的情况下,立法者更希望通过程序的简易化设计来获得纠纷的迅速解决。能够通过普通程序和调解的方式解决的问题,就没有必要构建专业化的程序模式。并且,家事案件大量以调解方式结案的特色也可以被我国现有的法院调解程序所包容,再加上长期以来我国民事审判方式的强职权主义的法官定位都可能成为家事法院(庭)独立构建的专业性不足的重要因素。

最后,现阶段构建独立的家事法庭(院)很难得到从事少年法庭工作的理论和实务者的认同。从国外成功的家事法院的构建来看,将所有的未成年人事件和家事事件合并交由家事法院管辖是一大特色,他们认为这可以从根源上解决未成年人犯罪问题,同时也可以在婚姻关系破裂时对未成年人作出妥适的安排。然而,在我国这却受到了一些从事少年审判工作的学者和法官的抵制。他们认为,在我国少年司法根基尚浅的情况下,过多的家事案件的审理工作会让法官难以兼顾少年刑事案件的审慎裁判,从而冲淡已经具有一定规模的少年刑事案件审判的特色。[①] 这种担忧不但体现在对家事事件的排斥上,对一些坚持独立少年刑事司法的学者和法官而言,即便是少年法庭受理未成年人民事案件也会挤占未成年人刑事案件的审判资源,从而反对将少年法庭的受案范围扩展至未成年人民事和行政案件。这种思潮曾经一度导致我国一些法院的少年综合法庭构建受阻。比如,上海长宁区法院就曾在 20 世纪 90 年代中后期试行过一段时间少年综合庭,后来又因为审判力量不足和审判特色难以保持等因素返回到独立受理少年刑事案件的少年刑事法庭的模式。所以,在缺乏充分的论证以及实务

---

① 姚建龙:《创设少年法院必要性研究的反思》,载《青少年犯罪问题》2004 年第 2 期。

支持的情况下,一蹴而就地构建家事法院很难得到从事少年司法理论研究者和实务工作者的认同。

三、我国少年法庭、家事法庭发展走向之思考

纵览世界少年司法的发展脉络,一个共同的趋势是少年法院(庭)发展到一定阶段就转型为家事法院。因为在处理少年问题时往往发现其中有着更为深层复杂的家庭问题,若不对家庭问题进行解决,则少年问题很难得到根治。所以成立专门的家事法院(法庭),将未成年人问题与家事问题合并处理成为大部分先进福利国家的选择。但遗憾的是,在过去近 20 年的发展中,我国的少年法庭并没有如预期那样与家事法庭相融合,而是分别独立各自运作发展。我国大部分从事少年司法理论的学者和从事少年审判的法官仍然把设立独立的少年法院作为少年法庭改革的目标。甚至仍然有学者出于担心对少年刑事审判"正统"地位的冲击而坚持少年法院应该成为单一受理少年刑事案件的专门法院。然而,从少年司法的长远发展来看,过窄的受案范围只会导致少年法庭的发展空间受到受案数量急剧上升的普通法庭的挤占,唯有通过受案范围的合理扩张,增大少年法庭的受案数量,才能在紧张的司法资源的分配中获得合理的配置。这种看似功利的思路实质上却是最有效地解决当下我国少年法庭发展困境的良方,而且从最高人民法院近 20 年来在少年法庭上的工作脉络来看,也正在践行这一思路。但是,从前文分析可以看出,我国现有国情难以承载独立少年法院的建制,所以,转变观念,探索少年家事法庭的建制可能是一个更适合我国国情的方案。笔者的思路是:充分整合我国在少年法庭和婚姻家事案件审理上的优质的司法资源,将具有共同司法理念和程序设计的少年事件和家事事件合并在一个法庭进行审理,成立少年家事法庭。这种设计的优势主要体现在:

首先,这一方案能够极大缓解我国少年法庭因案源不足而导致的生存危机。由于在受案范围上将其严格地控制在家事事件范围内,从而能够有效避免我国现阶段因为未成年人民事案件受案范围过于宽泛而引发的"案多人少,未成年人审判特色难以保持"的问题。

其次,未成年人事件与家事事件的审理由于在历史传统上的一脉相承而天然地在理念和制度上存在相当的契合度,这就让少年家事法庭同时受理各类未成年人事件和家事事件具有可行性。从未成年人司法发展脉络来看,大多数国家在其发展到一定阶段,都将其与家事事件相结合,成立少年家事法院(庭)或家事法院(庭)。这主要是因为二者对一些重要原则和基本价值判断选择上的一致,如对儿童利益最大化原则的坚守、国家亲权理念的强化、对完整婚姻家庭关系的维护等。由此导致了二者在制度设计上的趋同,如法官审理中的强职权介

人、诉讼模式中对抗度的降低、大力倡导以和解和调解方式等替代性纠纷解决机制来解决争议以避免对未成年人的二次伤害；专业法官的需求，尤其是更多女法官的参与；专门为保护未成年人利益的辅助机构和人员的积极介入；基于对未成年人未来生存状态的关注而引发的法官对判后工作的持续跟进等。即便是在未成年人刑事司法的构建中，也由于在"国家亲权"、"儿童利益最大化"、"儿童宜教不宜罚"等理念的影响下，而存在淡化刑事司法，更多地具有了民事、行政司法的特点。并且在我国现有司法资源紧张的情况下，将二者合并由一个法庭进行审理能够优化司法资源组合，最大限度降低司法资源的浪费。所以，成立少年家事法庭一并处理未成年人事件和家事事件在我国现有国情下具有相当的必要性和可行性。

最后，由于将家事问题与未成年人问题一并解决，能够从根源上缓解少年犯罪问题。诸多研究表明，家庭关系不畅，会相应地导致未成年人生活环境的恶化，而这往往成为诱发少年犯罪的主要因素。因此，将少年事件与家事事件合并在同一个法院或法庭进行审理，能够通过家事问题的妥当解决保障未成年人生活环境的有序和健康，从而有效减少少年犯罪之诱因。所以，从单独的少年法庭（法院）发展到少年家事法庭（法院）已经成为少年审判和家事审判的发展趋势，因为这不但可以有效地控制少年犯罪，而且能够从根源上杜绝少年犯罪的发生。

四、我国少年家事法庭的制度构建

（一）职权主义诉讼模式的沿袭

早在计划经济时期，我国法院受理的民事案件主要是婚姻家庭案件，审判模式也是与现代少年家事审判极为契合的职权主义诉讼模式：如积极主动的法官定位；诉讼中大量运用调解解决纷争；不公开审判倾向，国家干预原则等。虽然这些制度与现代私益纠纷解决所秉持的当事人对抗模式相去甚远，但却是未成年人和家事事件等涉及公益问题审理中必须坚守的信念，也是其获得正当性的基础。所以，沿袭我国传统的职权主义诉讼模式，一方面，可以让未成年人事件和家事事件获得妥适的解决，另一方面，也可以使我国法官转换思维，更快适应少年家事审判的要求，达到司法资源合理利用的目的。

（二）机构建制上的同类项合并

从机构层面来说，我国大多数的婚姻家庭案件被指定给民一庭审理，民一庭的法官在婚姻家庭案件的审理上经验更为丰富。民一庭理应成为构建少年家事法庭的模板。在将原来的少年法庭与民一庭合并成立少年家事法庭后，民一庭的法官将主要从事少年民事和家事案件的审理，这对他们来说是驾轻就熟的一件事情，无须过多的培训和学习就能很快适应。将民一庭定位于少年家事案件法庭的主要机构的另一个原因是出于案件类型的考虑。从笔者的调查来看，大部分的基层法院都是按照这一要求把婚姻家庭案件放在民一庭，也有部分交给派出法庭集中管辖。笔者以为可以将现有的民一庭和少年法庭的力量进行整合，成立少年家事法庭，专门审理婚姻家事纠纷和涉及未成年人的案件，将人身权案件和房产合同案件分离出去交给其他的民庭审理，同时将原来少年法庭受理的少年刑事案件、少年行政案件纳入其中，这样少年法庭不会由于案源不足而担心生存问题，民一庭所受理的案件也不会与以前相比有较大的落差，可能在绝对数量上会有所下降，但考虑到少年家事法庭审理过程中更多的必要的附带工作，这种数量上的调整也是必需的。当然，随之而来的对少年家事法庭工作的考核也应该有与普通法庭不同的评价体系，这种评价体系主要以案件审理质量为参照，受案数量在这种评价体系中应该处于较低的位次甚或不必考虑。

这种合并的另一个优势在于，它是一个可以在我国所有法院普遍推广的模式。笔者一向坚持少年家事法院所体现的先进理念和制度不应该只是少数富裕地区未成年人的特权，它更应该是一个所有未成年人都能共享的、可以普及的制度构建。少年犯罪和婚姻家庭纠纷在我国所有的基层法院管辖的区域都有发生，但是由于大部分地区少年犯罪案件的绝对数偏少，所以都不可能单独成立少年法庭，甚至成立少年合议庭都不是一个可以在全国基层法院推广的制度。但是，如果组建少年家事法庭，对全国基层法院而言，其难度要比单独成立少年法庭或家事法庭要小得多，而且成本更低，如果中央和地方在财政上能给予一定支持，这种推广将可以迅速得见实效。

（三）受案范围的合理界定

前已论及，我国少年法庭生存困境的一个重要原因源于受案范围的界定不明。合理的受案范围是少年家事法庭得以有效运作的关键：一方面，需要充分的案源来保障少年家事法庭有足以与其他普通法庭"分庭抗礼"的资本；另一方面，又必须要对其进行合理界分，防止少年家事法庭的特色因为受案范围的无限度扩张而被冲淡。笔者以为，在少年刑事案件的管辖上原有的标准应该保留，不宜将少年非行事件纳入其中，少年非行事件仍然交由公安机关处理为宜。首先，这些行为以"年龄"作为合法与非法的划分方式本身就带有一定的身份歧视，其合理性颇令人怀疑。其次，将其交由公安司法机关处理可以节约有限的司法资源，更为重要的是，未成年人不会因为这样的一时失误而被打上"失足"的烙印，避免

"标签理论"效应的发生。①

　　少年家事法庭在民事案件的受案范围当然包括所有的家事事件。但关于未成年人民事案件的受案范围则是一个需要慎重考虑的问题,因为稍有不妥就面临可能导致法院内部审判秩序混乱的指责。2009年1月最高人民法院发布《关于进一步规范试点未成年人案件综合审判庭受理民事案件范围的通知》,规定以下四类案件作为未成年人民事案件的受理范围,包括:侵权人或者直接被侵权人是未成年人的人格权纠纷案件、特殊类型侵权纠纷案件、婚姻家庭与继承纠纷案件和适用特殊程序案件。这一解释与2006年的同类规定相比已经有所限缩,在一定程度上解决了未成年人民事案件受案范围过于泛化的问题,但仍没有脱离"全面保护"的价值取向。"全面保护"不可谓不对,但笔者以为"全面保护"的理念应该是国家和社会的共识,更应该体现在未成年人福利政策的制定上。而司法的着力点应该是未成年人最为急迫的、其他机构或个人难以提供保障的部分。否则,将会模糊司法与福利的分界,导致司法保护的成本不断攀升,而福利制度的功能却被不恰当地忽视,进而为政府机构的不作为提供了借口。② 从世界各国对未成年人民事受案范围的规定来看,大多限制在未成年人监护的确定与监督的层面。原因在于:当未成年人能够得到有效监护时,其所涉民事案件一般都能够在监护人的法定代理下通过普通程序即可完成,无须适用特别的程序。此时未成年人的权益保护与普通人的权益保护在司法程序中的表现并无二致。③但是当未成年人的监护不畅时,亦即在监护的确定、监督和保障上出现问题时,法定代理制度的功能无法顺利实现,此时未成年人需要特殊保护的意义才得以凸显,构建在此基础上的未成年人民事司法才具有了存在的必要性和正当性。

---

　　① 标签理论认为,犯罪是社会互动的产物,当个人被有意义的他人——如教师、法官等贴上标签,被描述为有偏差行为或犯罪者,他就会在内心逐渐强化并确认这一标签而最终成为真正的偏差行为者或犯罪者。姚建龙:《标签理论及其对美国少年司法改革之影响》,载《犯罪研究》2007年第4期。

　　② 我国一些地方政府由于编制、资金等问题经常挤占未成年人福利资源,导致未成年人的福利政策常常难以落实,如"有些省级未成年人保护委员会或妇女儿童工作委员会根本没有一个人员编制"。张文娟:《法定代理人制度缘何成为虐待、遗弃案件中未成年人寻求司法救济的枷锁》,载佟丽华主编:《未成年人法学》(家庭保护卷),法律出版社2007年版。

　　③ 实践中反馈的信息也证明的确如此,在一些关涉未成年人伤害的校园事件和交通事件中,未成年人几乎不用出庭,整个的诉讼主要由其法定代理人来交涉和完成。并且未成年人民事实务中大多数案件都是涉及婚姻家庭纠纷事件,如据上海高院2008年统计,上海参与试点工作的法院,抚育费、抚养关系、探望权纠纷等案件占未成年人民事案件受案数的90%以上。上海市高级人民法院课题组:《上海率先建立少年法院论证报告》,载《青少年犯罪问题》2010年第5期。

由此，笔者以为我国的少年家事法庭受理的未成年人民事案件应该限于涉及未成年人监护事项的家事事件，包括涉及未成年人的婚姻家庭、继承纠纷事件和涉及未成年人监护确定、变更的适用特殊程序的案件。此外，还应该囊括对监护进行监督与扶助的案件以及在无监护或监护失当情况下对未成年人提供紧急保护的案件。这两类案件我国在立法上和相关司法解释尚未进行规定，但实务中对此的需求非常迫切。① 对此可以参照国外成熟的立法例。例如，英国《儿童法》规定，法院有权发布家庭援助令；德国法规定，父母有过错或不能行使父母照护权，家庭法院应采取必要的措施；美国对疏于照管儿童、虐待儿童等事项规定了诸多的保护令案件管辖权等。②

结　　语

我国近 30 年的少年法庭的发展由于受制于受案范围与审判资源的博弈困境，现在已经步入了瓶颈阶段。设立单独的少年法院在实务中存在诸多困难。比较可行的方案是合理整合我国的家事案件和未成年人案件的审判力量，以原有的受理婚姻家事案件的民一庭为基础，构建独立的少年家事法庭，这样既能避免由于案源不足而导致司法资源浪费的弊病，又能推进涉及未成年人以及家事案件审理的专业化过程。这也是一个可以在全国推广的、惠及我国所有未成年人和婚姻家庭的切实可行的举措。

---

① 近年来我国媒体报道的多起父母、监护人虐待未成年人致伤致残致死案件无不体现了我国在监护监督制度上的缺失带给未成年人权益保护上的惨痛代价。

② 曲昇霞：《论我国未成年人民事司法之定位与基本理念》，载《扬州大学学报》2013 年第 4 期。

编者按：2014年6月,本刊主编带领7名厦门大学法学院社会实践的学生来到上海市长宁区人民法院,就该院的未成年人民事审判工作进行调研。在调研中,厦大师生受到该院少年庭钱晓峰副庭长、顾薛磊法官、乐宇歆法官的热情接待,收集了许多第一手资料,受益匪浅。长宁区法院少年庭在长期的司法实践中,不断开拓创新,积累了丰富的经验,令人敬佩。未成年人是民族的未来,少年强则国家强。为此,本卷特刊登该庭的两篇文章,以此表达对长宁区法院的敬意,并希望借此唤起法律界对未成年人司法制度的关注。

长宁法院未成年人民事审判七周年回顾

■上海市长宁区人民法院少年审判庭

摘要：为配合上海市第一中级人民法院在全国首批开展未成年人案件综合审理试点工作,从2006年11月起,长宁法院少年庭开始扩大收案范围,全面受理未成年人刑事、民事、行政案件,并于2007年7月正式成立未成年人案件综合审判庭。7年来,长宁法院未成年民事审判工作积极借鉴未成年人刑事审判的成熟经验,不断探索未成年人民事审判的新机制。目前长宁法院已形成"一二三四五"工作机制和"两情三心四理"调解工作法,并努力在社会观护、心理干预、困境儿童司法干预等方面进行司法实践尝试和机制建设。

关键词：长宁法院　未成年人　民事审判　司法改革

未成年人是祖国的未来,民族的希望。当前,全社会对未成年人的权益维护和犯罪预防和教育矫治越来越重视。然而,近年来全国各地发生的多起严重侵犯儿童权益案件,让社会关切的目光聚焦司法机关,民众热切地期待司法机关加大改革力度,不断提升对未成年人司法保护的水平。

从2006年11月起,根据上海市高级人民法院的要求,上海市长宁区人民法院(以下简称长宁法院)配合全国首批试点单位的上海市第一中级人民法院,开展由最高人民法院主导的独立建制的未成年人案件综合审判庭试点工作。长宁法院在原来少年法庭单一刑事审判职能的基础上,进一步扩大审理职能,将涉及未成年人的人格纠纷案件、婚姻家庭案件、特殊类型侵权纠纷案件、特殊程序案件以及当事人是未成年人的行政案件纳入少年法庭审理范围,并于2007年正式挂牌成立未成年人案件综合审判庭。2007年7月至2014年5月,少年庭共审理未成年人民事案件843件,其中离婚纠纷(涉及未成年人)250件,抚养费纠纷226件,变更抚养关系纠纷193件,同居关系子女抚养纠纷73件,探望权纠纷55

件,涉及校园伤害等生命权、健康权及其他人身损害纠纷 44 件,生身父母确认纠纷 2 件,案件数量总体呈现逐年上升态势。7 年来,长宁法院少年庭坚持"积极、优先、亲和、关怀"的理念,针对未成年人的生理和心理特点开展未成年人民事审判活动,形成了未成年人民事案件"一二三四五"工作机制、"两情三心四理"调解法,并积极开展社会观护、心理干预、困境儿童司法干预等特色工作制度,实践困境未成年人司法干预,不断探索具有时代特征、中国特色、上海特点的未成年人综合审判工作方法,取得了良好的法律效果和社会效果。

一、探索未成年人民事审判工作机制

在多年的未成年人刑事审判司法实践中我们发现,"问题未成年人"往往出自"问题家庭"。因此,未成年人民事审判工作关系到儿童利益最大化原则的贯彻实现,关系到未成年人的合法权益的有效维护,关系到未成年人的健康成长,而且与未成年人犯罪的预防工作息息相关。这也是我国未成年人审判领域不断扩大的逻辑前提。但我国的未成年人民事审判工作起步较晚,没有成熟的制度和经验可以借鉴。近年来,长宁法院少年庭在未成年人民事审判中积极探索,加强调研,不断总结审判经验。具体做法如下:

1. 设立一项程序。即在庭审过程中设立了单独的"诉讼引导"审理程序。少年庭在开庭审理"涉少"民事案件时,针对每个案件的特点,法官对未成年人的父母就法律规范、伦理道德、人间亲情、父母责任等方面进行有针对性的解释、教育、劝诫,以促使当事人自觉履行相关义务、保护未成年人合法权益而设立了诉讼阶段。法官通过通俗易懂的语言、朴实动情的说理,促使当事人转变错误观念,共同促进问题的有效解决。

2. 突出"两个结合"。一是把案件的处理与坚持"未成年人利益最大化"原则相结合,在审理程序和实体处理上,都将维护未成年人利益、促进未成年人健康成长作为案件处理的标准,充分体现儿童利益最大化原则。二是在审理"涉少"民事案件时把案件的处理与法律和道德宣传教育相结合。法官在案件审理的全过程,都坚持开展法律宣传和伦理道德宣传,对当事人晓之以理,释之以法。

3. 规定"三个见面"。为了更好地了解未成年人的身心和权益维护情况,法官在审理中可以根据案件需要与学校老师见面,了解未成年人的学习生活情况;与未成年人见面,了解身心健康和个人意愿状况;与社区组织见面,了解未成年人及其家庭的社区表现、家庭和谐程度等情况。

4. 制定四条措施。(1)发送《诉讼提示》。即在立案后发送相关法律文书时,以书面形式对当事人知晓诉讼权利、了解诉讼流程、保护未成年人利益等问题进行必要的法律释明。(2)加强法律援助。即与长宁区法律援助中心签订"涉少"

民事案件的法律援助工作协议,将法律援助从未成年人刑事案件向民事案件延伸。(3)开展诉调对接。即未成年人民事案件先由长宁法院"诉调对接中心"进行调解,调解不成的,再正式进入未成年人民事诉讼程序。(4)加大司法救助。即对经调解结案的案件或当事人确有经济困难的案件,实行诉讼费减免;对于被告经济能力有限,未成年人生活学习治疗面临急迫需要的,由法院依当事人申请及时进行司法救助。

5.提出五项原则。(1)避免二次伤害原则。即审理"涉少"民事案件过程中,在依法充分听取未成年人意见的基础上,注意避免诉讼对未成年人造成父母离异之外的第二次伤害,以充分保护未成年人的身心健康。(2)注重调解原则。即"涉少"民事纠纷主要以调解为手段,有效缓解、化解当事人激烈对抗情绪,做到调解优先,调判结合。(3)快速处置原则。即提高"涉少"民事纠纷案件立案、送达、审理、执行等诉讼各个环节的流转速度,建立快立、快调、快审、快执机制,充分保障未成年人的学习生活需要。(4)适时回访原则。即法官在"六·一"、中秋、春节等重要节假日对"涉少"民事纠纷案件的未成年人开展回访活动,了解裁决的执行和权益的维护情况,与有关部门协调解决与未成年权益保护的相关问题。(5)关爱心灵原则。即审理"涉少"民事案件时,法官充分关注当事人尤其是未成年当事人的心理健康,注重运用心理干预方法,在解开案件"法结"的同时解开当事人的"心结",真正做到案结事了。

二、实践"两情三心四理"的调解工作法

7年来,长宁法院少年庭法官努力开展实践,形成了"两情、三心、四理"的调解工作法,努力促进案件的调解结案。据统计,在843件案件中,调解撤诉645件,调撤率76.51%;判决198件,当事人上诉52件,一审服判息诉率73.74%。当事人申请执行42件,申请执行率6.49%,从而实现了未成年人民事案件调撤率、一审服判息诉率相对较高和申请执行率相对较低的"两高一低"良好态势。

1.对当事人唤"两情"。即在做工作时,少年庭法官要善于唤起当事人之间的旧情、修复当事人之间的亲情。在审理过程中,法官充分发挥做群众工作特长,与当事人谈原夫妻家人感情,让矛盾双方对立情绪尽量缓解;谈父母子女亲情,发现矛盾对立的关键点,引导双方当事人为未成年人利益寻找最佳方案,从而寻找当事人双方的情感共同点,以促进案件的顺利解决。

2.化解矛盾用"三心"。即在化解矛盾时,少年庭法官要以"耐心、诚心、公心"感化当事人,赢得当事人的信任。了解案件情况,法官要耐心倾听当事人倾诉,不厌其烦;为解决当事人实际困难,法官要积极与民政、街道、公安、学校、居委会等部门沟通;为公正处理案件,法官要在坚持对未成年人实现"特殊、优先"

保护的基础上，做到法理与情理的平衡，让双方当事人感受到法律的公正。

3.审理案件讲"四理"。即在审理案件时，少年庭法官要综合运用"法理、情理、事理、心理"，多管齐下，促进案结事了。讲法理，就是引导当事人辨法析理，宣传相关法律制度和"儿童利益最大化"原则；讲情理，就是引导当事人通情达理，唤起当事人之间存在的夫妻之情、父（母）子（女）之情；讲事理，就是引导当事人冷静对待，正确处理家庭、人际事务；讲心理，就是引导当事人认识自己，帮助其克服心理障碍。通过讲"四理"，让当事人赢得明白，输得服气。

三、推行未成年人民事案件社会观护制度

保护未成年人是全社会的责任，少年审判工作要善于组织和利用社会资源，为我所用。未成年人民事审判的社会观护制度是未成年人保护工作延伸拓展的一个重要渠道。长宁法院少年庭于 2011 年 5 月起在全市率先规范开展未成年人社会观护工作。截至目前，我院共聘请了 26 名社会观护员，已对 82 件案件进行了判前调查和判后观护，取得了良好的社会效果。

1.进行庭前调查，充分尊重未成年人的意愿。在未成年人民事审判中，为避免其受到二次伤害，我们不主张未成年人亲自到庭参与诉讼。在诉讼中，少年法官通过引入社会观护制度，委托社会观护员上门听取未成年人意见。这种做法既能让未成年人无须直接到庭即可参加诉讼，又能让法庭充分了解未成年人的意愿，从而作出符合儿童利益最大化的裁决，体现了对未成年人的特殊、优先保护。

2.引入第三方评估机制，提供中立客观的参考意见。社会观护员到庭参加诉讼，宣读观护报告，接受原、被告双方的质询，并从保护未成年人利益出发提供参考意见，从而有利于法院客观了解案件背景情况，作出公正的判决。

3.开展判后观护，关注裁判效果。对于调解或判决生效的"涉少"民事纠纷案件，如法官认为有必要继续关注的，将聘请社会观护员进行判后观护。社会观护员在裁判生效后 3 个月内，回访当事人，了解调解或判决执行情况，并向法官作出书面报告。判后观护的开展，有利于法院了解未成年人权益能否得到有效维护，并及时与相关部门和组织进行沟通协作。

四、开展未成年人心理干预工作

少年法官在关注案件本身的同时，也关注案件中的当事人尤其是未成年当事人的心理问题，追求解决纠纷同时，打开当事人的心结。这是少年司法精细化的工作体现，也有利于未成年人的健康成长。

1.充分提升法官將心理學技術應用審判的能力。從 2009 年起,長寧法院選派干警參加二級心理咨詢師的培訓,目前已有 5 名少年庭的法官和書記員參加培訓。與此同時,長寧法院充分利用全院干警中心理咨詢師數量眾多的資源優勢,聘請其中 9 人擔任少年庭的心理輔導員。

2.充分依托社會資源開展心理干預。2011 年以來,長寧法院在上級法院和相關部門的支持下,先後與區婦聯"開心家園"心理工作室、區心理咨詢師協會、華東師範大學行為與認識學院建立了合作關係,由這些社會組織和高校提供業務指導、專業干預、設立服務基地、開展實習實踐等服務,從而為開展心理干預工作提供了豐富的社會資源。

3.充分整合力量開展心理干預。在充分整合現有力量的基礎上,長寧法院已建立法官心理咨詢師發現問題、心理系研究生研判問題、專業心理咨詢師解決問題的內外結合心理干預機制。在專業心理咨詢師、心理學研究生、心理輔導員的配合下,少年法官對於存在消極心理傾向、情緒困擾、人格障礙的未成年當事人及其父母等監護人開展心理測評、訪談、疏導、治療等專項工作,有效了解和化解當事人存在的心理問題,促進了案件的順利解決。截至目前,少年庭已對二十餘起案件順利開展心理干預工作。

五、設立困境兒童司法干預機制

近年來,由於未成年人的監護人失職、虐待甚至遺棄等,致兒童傷亡事件時有發生,並在社會上引起強烈反響。但是在司法實踐中,此類案件無人起訴、無人接手承擔未成年人監護職責的現象比較嚴重。為破解這一難題,長寧法院做出積極努力:

1.積極提出設立兒童庇護所政協提案和人大議案。在 2013 年 2 月舉行的上海市長寧區政協第十三屆二次會議上,由長寧法院少年庭起草,區政協委員、長寧法院副院長胡國均提出的"關於設立兒童庇護所"的提案被作為區政協社會和法制委員會集體提案予以提出並通過,並被列為 2013 年區政協專門委員會督促辦理提案予以推進。2014 年 3 月,被稱為"小巷總理"的全國人大代表朱國萍來長寧法院考察少年審判工作,並聽取有關困境兒童司法保護狀況的意見。在 2014 年全國"兩會"期間,她聯合 31 名代表向大會正式遞交了關於加強對困境兒童國家庇護工作的議案。

2.探索訴訟困境兒童司法干預與社會干預聯動機制。2013 年 8 月,長寧法院發生一起撫養糾紛案件當事人將孩子遺棄在法院的事件。以此為契機,長寧法院與區民政局、區婦聯等採取聯合行動,並通過司法救助、民政緊急安置、婦聯社會扶持等,妥善化解這一矛盾激化事件。2013 年 9 月 4 日,長寧法院與區民政局签订《关于开展诉讼困境儿童临时庇护工作的合作协议》。这标志着该院与民政部门联合开展的探索诉讼困境儿童临时庇护工作取得阶段性成果。

3.开展未成年人监护权转移的案件试点工作。要真正解决未成年人监护不当问题,在必要时应当采取未成年人监护权转移,让未成年人有一个健康成长的环境。长期以来,有法律规定,但无人起诉、无人承担未成年人抚养监护职责的问题较为突出。最近,长宁法院少年庭对一起未成年人抚养权纠纷案件进行立案审理,对不履行监护权的母亲探索进行监护权的依法转移,为立法提供实践经验。

未成年人的保护事关国家的命运,是一项崇高的事业。未成年人保护的事业不仅口号要喊得响亮,行动更应做得实在;不仅需要法院作出努力,更需要全社会的共同关心和参与。长宁法院 7 年来对未成年人民事审判工作的积极探索,取得了一定进步,同时也显现出当前对未成年人民事审判工作特殊性的研究和特色机制的探索还比较薄弱。我们应当充分认识到,继续加强未成年人民事审判工作机制的研究和探索,对于进一步有效实现"儿童利益最大化"原则,探索完善中国少年司法体系,提升拓宽未成年人司法保护水平,均有着重要意义。未成年人民事审判工作的发展与未来我国少年司法制度的构建密切相关。少年司法制度改革任重道远,我们将继续努力,不断探索,勇于实践,争取做出应有的贡献。

未成年人民事审判社会观护制度的探索

——以长宁法院的司法实践为例

■ 钱晓峰　乐宇歆*

摘要：社会观护制度是人民法院在长期的未成年人审判中探索建立的一项新制度，适用于涉及未成年人的民事权益案件。上海市长宁区人民法院在近几年的探索实践中，总结出未成年人社会观护工作的经验，形成了具有长宁特色的社会观护"一二三四"的工作体系。社会观护体现了未成年人民事审判中不可或缺的程序性价值，但在工作效率、制度规范、评价体系、配套机制等方面仍有待于进一步完善。

关键词：未成年人民事审判　社会观护　民事诉讼　司法改革

1984年10月，上海市长宁区人民法院（以下简称长宁法院）建立了中国大陆第一个少年刑事合议庭。在30年的发展中，未成年人审判经历了一个在实践中探索，在发展中创新的过程。目前，长宁法院少年庭不仅受理未成年人刑事案件，也受理未成年人民事案件。未成年人民事案件社会观护制度，是我国法院在未成年人民事审判的探索中建立的一项新制度。该制度引入社会力量，由社会观护员对民事案件中涉及的未成年人开展审前社会调查，为未成年人民事审判提供更为客观、全面的参考依据；在调解或判决结案后，由社会观护员进行回访，持续关心及维护未成年人的权益①。在未成年人民事案件的审判中开展社会观护，是创新司法公正载体的程序性体现，也是少年司法改革的内容之一。

---

* 钱晓峰：上海市长宁区人民法院少年庭副庭长，法学硕士；乐宇歆：上海市长宁区人民法院少年庭助理审判员，法学硕士。

① 沈志先主编：《未成年人审判精要》，法律出版社2012年版，第470页。

一、长宁法院创设社会观护工作的缘起

（一）制度源起

观护制度最早起源于美国人奥古斯都在对一名酗酒犯进行成功矫治后，开始的长达 18 年的观护工作。奥古斯都在此期间不断地从事保释和扶助将被判处刑罚的人的工作，并视其工作为"处遇"、"治疗"。1876 年，美国马萨诸塞州制定了《观护法》。1899 年，美国伊利诺伊州制定了第一部少年法——《少年法院法》。该法明确规定，"被法定选定为监督员者，将负法庭执事之责"，其具体职责包括："(1)根据法院要求，对该孩子进行调查；(2)在案件审理时代表孩子利益出席法庭；(3)根据法官要求向法院提供情况和帮助；(4)按法院指示在审理前或者审理后负责照管孩子"。伊利洛斯州的少年法院在对这些少年案件作出判决时，首先决定的一般都是保护观察，其次才是交付寄养家庭，安置于团体之家、私立机构等。自从俄亥俄州的辛辛那提市设立第一个家庭法院以后，日益增多的家庭法院逐渐取代青少年法院。家庭法院不仅管辖传统上与儿童有关的虐待、疏忽、收养以及青少年犯罪案件，而且还管辖传统上由普通法院审理的离婚案件，确定生父案件，针对虐待、疏忽或家庭暴力的刑事案件，确定成人程序案件以及就虐待等颁发保护令的案件等。[1] 我国台湾地区自 1971 年起，确立了少年观护制度，此后还确立了少年调查官和少年保护官制度。台湾地区的少年法院还设置了心理辅导员、心理测试员等专业人员，由此推动了少年观护制度的专业化，少年法院的功能也得到积极发挥。

目前，我国法律、法规尚未对社会观护制度作出具体规定，涉少民事审判中适用社会观护制度仍然处于试点探索阶段。最早将社会观护工作引入未成年人民事审判的是广州市黄埔区人民法院。该院 2007 年审理一起涉及未成年人的抚养费纠纷案件时，引入了社会观护制度。两位关注未成年人权益的社会人士在本案中担任社会观护员。他们在庭前作了充分的调查工作，通过与双方当事人单位、学校、朋友和当事人的接触，对涉案未成年当事人权益的现状，本人的个体情况、性格特点等都做了充分调查了解，并在开庭时向法庭如实报告。报告中不仅涉及未成年当事人父母双方的经济情况和他们履行各自抚养职责的情况，而且突出该未成年人因为这一案件可能受到的影响，提醒其父母关注未成年人

---

① 段辉：《论少年观护制度的借鉴与完善》，http://www.docin.com，下载日期：2012 年 10 月 5 日。

的内心、情感需要。最终,该案以调解方式结案①。在总结实践经验的基础上,广州市中级人民法院于 2007 年制定《广州市法院审理未成年人民事案件社会观护(员)制度实施规程》,确立了社会观护制度的基本内容和程序规范。

(二)理论基础

未成年人的司法保护不仅是一个法律问题,也是一个社会问题。未成年人民事审判的社会观护制度作为我国未成年人司法保护的一项措施,体现了现代少年司法保护的不断拓展,即由少年刑事审判领域扩展到民事权益保护领域。未成年人民事案件的审理具有特殊性,与普通民事案件相比,未成年人民事案件主要源于血缘和婚姻关系,涉及亲情伦理和未成年人家庭成长环境。在此类案件中,由于父母本身已相互对抗,未成年人往往成为父母利益争夺的筹码和相互斗气的工具,缺乏自身利益的维护意识和能力,需要法院在遵循"儿童利益最大化"原则基础上进行必要的司法干预,加强调查取证等工作的主动性,从而积极有效地维护未成年人合法权益。由于法院的裁判者地位,由法院在未成年人案件中主动开展调查等工作,可能影响诉讼效率,也可能导致审判结果难以让当事人信服,影响司法公正。由作为社会力量的社会观护员协助法院开展有关庭前调查、庭中作证、调解、判后观护等工作,能够提高司法透明度和公正度,实现法院和社会组织彼此合作和相互多赢的效果。

现代少年司法制度应当构建以专门司法机关为中心的、各职能部门相互配合的运作体系。少年司法在与社会组织的协作联系上,比针对成人的司法体系更为密切。因此,为促进少年司法制度的发展,应使社会的相关机构和组织尽可能地参与这一领域的事务,发挥各自优势,从而促进少年司法的"司法—社会"一体化发展。长宁法院开展未成年人民事审判的社会观护,就是充分依托现有社会资源,推动少年审判"司法—社会"一体化发展,实现儿童利益最大化的有益尝试。社会观护工作的开展使得法院更加注意倾听未成年人的声音,更加注意体现儿童利益最大化原则,更加注意强调司法机构与社会组织间的相互协调配合的重要性,实现全程跟进、全面保护的工作目标。

(三)制度背景

最高人民法院 2010 年发布的《关于进一步加强少年法庭工作的意见》第 21 条指出:"各级法院应当坚持对未成年人'特殊、优先'保护原则,大胆探索实践社会观护、圆桌审判、诉讼教育引导等未成年人民事和行政案件特色审判制度,不

---

① 赖雨晨:《广州:未成年人民事案件首次出现"社会观护员"》,http://news.xinhuanet.com,下载日期:2013 年 10 月 3 日。

断开拓未成年人民事和行政案件审判的新思路、新方法。"长宁法院在借鉴各地发展经验的基础上,结合上海实际,不断探索新时期适合未成年人司法保护、充分彰显儿童利益最大化的实践模式,而社会观护工作正是创新未成年人司法保护工作的切入点。2011 年 9 月 9 日,长宁法院联合团区委、区妇联、区青少年社工站共同举行长宁区未成年人民事审判社会观护工作启动仪式,签订了《在未成年人民事案件中开展社会观护工作的工作规程》,并聘请 26 名品德好、能力强、热心青少年工作、有丰富基层社区家庭工作经验和社会阅历的人士担任"社会观护员"。这一举措实现了少年司法与社会工作的有机融合,赢得当事人的普遍欢迎,也引起社会各界的广泛关注和认同。

长宁法院和兄弟法院对于未成年人民事审判社会观护工作的探索为上级法院制订相关规范性文件创造了条件。2011 年 12 月,上海市高级人民法院(以下简称上海高院)与共青团上海市委联合制定下发《上海法院审理未成年人民事、行政案件开展社会观护工作的实施意见》(以下简称《观护意见》),对上海法院未成年人民事、行政审判的社会观护工作予以规范。目前,社会观护工作已经在全市法院少年法庭进行推广。

二、长宁法院观护工作的实践与发展

(一)整体状况

长宁法院适用社会观护制度的"涉少"民事案件类型包括抚养费纠纷、监护权纠纷、探望权纠纷、收养关系纠纷以及其他需要适用社会观护的案件。自 2011 年 9 月至 2013 年 5 月,长宁法院共对 57 件未成年人民事案件的审判工作开展社会观护,其中抚养费纠纷案件 20 件,离婚纠纷案件 15 件,变更抚养关系纠纷案件 11 件,探望权纠纷案件 4 件,人身权、生命权、健康权纠纷案件 5 件,同居关系子女抚养纠纷案件 2 件。适用社会观护制度的涉少民事案件的调解率达 60%,上诉率仅为 1.78%,且无一改判,无一发回重审;其中有 10 件本为矛盾激化案件,适用社会观护后全部化解;适用社会观护后审理的案件上访、信访数为 0。目前长宁法院在未成年人民事审判中开展社会观护工作的探索实践力度在全市处于领先地位。

(二)工作体系

长宁法院在实践中形成了具有长宁特色的社会观护"一二三四"的工作体系。

1.一项制度

长宁法院于 2011 年与长宁团区委、区妇联、阳光青少年事务社工站联合签署了《在未成年人民事案件中开展社会观护工作的工作规程》,对社会观护报告的性质与作用,社会观护员的主要职责、工作流程、档案管理机制等均作了详细规定,在上海市率先实现了社会观护制度的规范化。该规程明确规定,适用社会观护工作的案件如下:(1)未成年子女因年幼不能向法院就其成长环境的选择表达意愿或感受的案件;(2)法院根据在案证据及材料,难以对涉及未成年人健康成长利弊作出判断的案件。该规程要求社会观护员一般应当在 10 个工作日内完成社会观护报告;法院对未成年人民事案件中开展社会观护工作应当登记建档,并为社会观护员开展判后延伸提供必要帮助等。

2.两支队伍

长宁法院的社会观护员队伍主要从青少年社工和妇联干部中选任。目前全区有两支社会观护员队伍,即阳光社区青少年事务中心长宁工作站青少年社工16 人和长宁区妇联及各街镇妇联干部 10 人。

长宁法院聘请的两支社会观护队伍各有所长。青少年社工的优势是年龄普遍较轻,文化程度均为大专以上,具有较好的文字表达能力。他们中的许多人还具有心理咨询师、社工师等专业资质,能体现观护工作"专"的特点。妇联干部的优势则在于年龄相对较大,社会经验丰富,且一般居住于当事人附近社区,能体现观护工作"近"的特点。长宁法院将两支队伍有机整合,委托青少年社工从事需要投入大量时间精力的庭前调查、庭中出庭报告和接受质询工作;委托妇联干部从事调解、判后回访工作,以实现两支队伍的优势互补。

3.三个阶段

未成年人民事案件的社会观护可分为庭前、庭中、判后三个步骤:

庭前阶段:由法院经事先征求当事人意见后,启动社会观护工作,并通知社会观护员,开展社会调查。社工联系双方当事人,上门或约定地点进行访谈调查,听取未成年人的意见,并经社会观护员思考后形成具有第三方观察角度的社会观护报告。

庭中阶段:由法庭通知社会观护员参加庭审,并由社会观护员在法庭举证阶段宣读社会观护报告,而后由法庭组织双方当事人进行质证。社会观护员在法官引导下,可以适度参与案件调解。

判后阶段:在判决或调解后,为观察裁判效果,由法官通知社会观护员进行定期回访观护,并以报告形式向法院反馈有关情况。在判决后观护期间,社会观护员可督促负有义务的当事人及时履行义务,同时提醒权利人适当地行使权利。

4.四种成效

未成年人社会观护工作主要体现了以下四种成效:

(1)充分表达未成年人意愿,有效体现未成年人权益特殊优先保护。在未成年人民事审判中,避免未成年人受到"二次伤害"原则与充分听取未成年人意愿的要求存在一定矛盾,开展社会观护工作在相当程度上缓解了这一矛盾。法院通过委托社会观护员上门实地走访,听取未成年人意见,并以社会观护报告的形式将未成年人的意愿如实反映给法官作为参考。与法官亲自接触未成年人不同,社会观护员更多的是以较为亲切的社工叔叔、阿姨的形象出现,气氛较为轻松活泼。未成年人在这种宽松的环境下容易说出自己的心声,从而有助于减少因父母纷争对孩子的负面影响,体现对未成年人权益的特殊优先保护。

(2)通过引入第三方意见,最大限度地确保法庭查明事实,作出适当判决。在未成年人民事案件尤其是家事类案件中,当事人的证据意识和举证能力相对较弱,法院依职权主动开展调查有利于查明事实。社会观护制度的引入使得法院能够依托社会力量,更为积极地开展调查。社会观护员将未成年人的成长情况、居住状况以及父母对孩子的抚养情况提交法庭审核,并接受双方质询。这种由第三方评估的方式比起法官亲自调查,更加客观公正,更易为当事人所接受。

(3)加强调解力量,实现和谐司法,推进司法公正。在未成年人民事案件中,为促成案结事了,法官十分注重运用综合方法,积极开展调解。社会观护员通过社会调查,熟悉双方当事人的基本情况,有利于开展调解工作。法官邀请社会观护员介入调解,可以更为准确地针对当事人之间发生纠纷的原因进行调解。社会观护员将一般的道德原则、普遍的是非标准、善良的民俗习惯以及人情关系等融入工作,对当事人进行讲解、宣传,使观护的过程更加人性化,更加符合人民群众的要求和期待,有利于实现和谐司法。

(4)开展判后观护,观察裁判效果,实现全程维权。社会观护员不仅需要庭前调查、庭中出庭,还积极参与判后观护,即在案件判决或调解后继续由社会观护员对案件的履行、执行情况进行跟踪,对未成年人权益维护情况进行考察,并在观护期结束后提供相应报告。社会观护员的角色存在有助于法官开展判后延伸工作,及时制止侵犯未成年人权益的行为。

(三)工作特点

1.观护全程化。具有社工师、心理咨询师等教育背景的社会观护员全面参与未成年人民事案件,开展庭前调查、参与调解、庭中出庭、庭后回访等工作,实现对未成年人民事案件的全程参与。具体而言,社会观护员对未成年人的个人情况、家庭情况、学习情况以及权益保护现状等进行社会调查;协助法院对案件进行调解,对未成年当事人进行疏导;在案件审理时出庭宣读社会调查报告,并接受原、被告双方的质询;案件审结后,对未成年当事人进行回访观护,了解裁判履行情况,考察未成年人的权益保护情况,并及时向法院书面报告回访情况;在观护过程中发现有实施伤害、虐待、遗弃等危害未成年人的违法犯罪行为或者侵害未成年人财产权益、受教育权等其他权益情形的，及时向有关部门报告，并进行适当的社会保护和干预；对当事人、未成年人的监护人或近亲属进行法制、伦理道德等方面的宣传。

2.部门协作化。少年司法的终极目标在于全面维护未成年人的合法利益。因此，少年司法的工作理念是以审判为中心，适度向前、向后延伸。加强"司法一条龙"和"社会一条龙"的两条龙制度建设早已成为中国特色少年司法制度建设的成功经验。未成年民事审判社会观护工作，就是少年司法跨部门合作的一个典型范例。未成年人民事案件的处理，由于涉及家庭、社会的方方面面，如了解儿童的生活状态，提高父母的养育能力，甚至需要为儿童改变家庭环境，这些都需要有一个跨部门、跨专业的合作机制。长宁法院在对国内较早开展社会观护工作的其他法院的相关案例进行了深入研究，并充分吸收借鉴了台湾地区相关制度的基础上，充分利用上海社会工作专业力量较为发达的优势，与团区委所主管的青少年社工队伍、区妇联主管的妇联干部进行密切合作，建立了以青少年社工和妇联干部为主的社会观护员队伍，为开展社会观护工作提供了有力的人员支持。

3.衔接无缝化。社会观护工作在促进未成年人民事案件裁判的公正性，促进儿童利益最大化的同时，不可否认会增加诉讼环节，影响诉讼效率。为提高社会观护的工作效率，减少工作环节，长宁法院在社会观护工作中努力打造无缝化衔接机制。法官在受理案件后及时向案件当事人介绍社会观护工作的必要性和工作程序，让他们了解并接受社会观护这一较为新颖的特色工作的意义，为社会观护员上门调查奠定良好基础。法官在委托社会观护时，大多采用传真、函件交换等高效、便捷的方式，并在寄送之后电话联系确认传真、函件的到达情况，消除因时间、效率、收发衔接问题给社会观护工作带来的不确定性。受委托组织则指派专人与法院联系，负责收发函件，并组成观护小组，根据案件当事人情况指派合适人员担任社会观护员完成调查、出庭和判后观护等工作，从而有效地提高了社会观护效率，确保审判顺利进行。

4.运作规范化。长宁法院和上海高院先后制定了相关规范性文件，规范运作程序，提高观护质量。具体做法包括：(1)建立社会观护员名册，进行登记备案，并每年定期对人员进行培训；(2)制作工作台账，对每一起案件社会观护的案号、观护人员、观护报告进行登记，实现对工作全程跟踪；(3)制作附带照片和法院印章的社会观护员胸卡，要求观护员在开展工作时携带工作证、佩戴胸卡，方便当事人对其的身份识别；(4)要求观护员按照社会观护规范格式制作报告。

(四)法院功能

1.程序启动。涉少民事案件是否适用流程化社会观护制度，启动权在于法院。法院不仅可决定观护工作的适用与否，而且具有监督观护过程及决定观护起止期限的权力。社会观护员何时介入案件，由法院决定。法院选择和确定观护对象后，通知和委托社会观护员开展工作时，将当事人的联系方式、民事起诉状提交社会观护员。社会观护员在规定的时间内，按照法院的要求开展工作，填写好所需材料提交法院。如果观护员在 2 周内未能完成工作，需向法院说明原因。

2.业务指导。社会观护工作是一项新生事物，在探索阶段，社会调查报告的质量、社会观护的程序、判后观护的效果均可能参差不齐。这与社会观护员的个人素质和能力有关，也与认识和培训不足有关。在开展此项工作时，法院注重对社会观护员的培训，逐步形成统一标准，确保具体工作规范化开展，提高社会观护质量。

3.资源联合。社会观护工作的探索，本身就是整合资源，形成司法保护社会化的努力。在社会观护工作中，法院通过依托社工、妇联干部等社会观护员力量，整合了基层居委会、村委会、青少年权益保护办公室、民政部门等组织的资源，从而将未成年人的保护工作走向更为主动。

4.衔接配合。社会观护工作，有多个环节需要衔接配合，如法官与社会观护员之间的衔接、社会观护员与当事人之间的衔接、社会观护员与青少年保护组织、民政部门、基层社区的衔接等等，都需要法官在其中起到指导配合、沟通协调作用。

三、社会观护工作完善路径的具体设想

社会观护充分体现了少年司法对未成年人的特殊优先保护，具有较强的创新意义和推广价值。社会观护制度作为少年司法制度的重要一环，已经成为国际社会的通行做法。由于我国尚未建立完备的少年司法体系，这项工作至今还是一项新生事物。为推动这项探索的进一步深入，我们建议从以下四个方面完善相关制度：

（一）完善衔接配合机制，提高观护工作效率

当前社会观护工作对审判效率产生一定影响。一方面，当事人对社会观护的知晓度和接受度还有待提高。由于在未成年人民事审判中开展社会观护工作是一项崭新的探索，一些当事人并不了解社会观护的具体作用，隐私保护意识较强，导致对社会观护员上门调查有抵触情绪；另一方面，社会观护的工作周期相对较长。从征得当事人同意，法院派出委托，社会观护员上门走访到制作报告一般需要 2～3 周的时间，从而导致有的案件即将开庭，观护报告还未能提交，对案

件的诉讼效率产生影响。

我们建议,做好释明工作,即在开展社会观护工作之前,由法院制作书面的社会观护告知书,配合口头释明,争取当事人理解和支持,从而为社会观护员上门调查、开展调解和判后观护奠定基础;完善社会观护的衔接工作,通过电话、传真、微信、电邮等快捷方式通知社会观护员向法院反馈观护报告。

(二)规范社会观护制度规范,深化观护工作质量

目前庭前的社会观护报告由上海高院和团市委下发的《观护意见》予以统一规范,主要包括基本情况、资料来源、父母调查、子女调查、未成年人权益保护状况、综合评估意见等几个部分。但仍存在一些不足:由于报告制作人的文字能力、信息搜集能力、综合分析能力的差异,观护报告的质量存在良莠不齐现象;庭后的社会观护回访报告缺乏统一的规范格式;回访报告内容相对庭前调查报告内容相对简单,质量相对一般。

我们建议,进一步制订完善表格式的社会调查报告,对于庭前调查报告和庭后观护报告制作不同的规范性文书格式,明确必填内容和选填内容,实现报告的相对标准化制作;加强对社会观护员业务培训,定期交流工作心得,总结经验教训,建立奖励机制,不断提高社会观护工作质量。

(三)深化社会观护工作评价体系,形成和建立合理的激励机制

为规范社会观护工作,需要投入较多人力物力。目前长宁法院每起规范适用社会观护的案件,从庭前调查到庭中出庭、参与调解,到庭后观护,一般需 2 名社会观护员耗时约 2 日至 3 日。现行社会保护经费保障机制虽已初步建立,但标准相对较低,且存在全市社会观护员报酬支付标准仍不统一的问题。此外,对社会观护工作缺乏合理的评价机制,报酬无法与工作质量相挂钩。随着社会观护工作的完善发展,社会观护员的工作量将逐渐加大,现行报酬机制的费用无法充分体现社会观护员的劳动价值。与此同时,法院由于办案经费的限制,对社会观护工作虽有所倾斜但仍明显不足。

我们建议,今后应深化社会观护工作的评价体系,设立上访率、信访率、人民群众满意率等反映工作成效的指标体系;对社会观护工作实行项目化管理,统一社会观护工作报酬;将社会观护经费纳入少年庭特色工作经费,每年进行经费预算和决算,实现经费单独序列保障;加大市高级人民法院对基层法院工作的指导力度,适时对工作经验进行总结提升。

(四)完善少年审判配套工作机制,实现未成年人维权联动

在一些未成年人民事案件审前调查或判后观护中,社会观护员与相关部门

的介入衔接方面还存在不足。比如，观护员在审前调查中一旦发现存在侵害未成年人权益的行为，如何向有关部门反映，反映之后该由哪个部门进行介入干预？在未成年人民事案件作出裁判后，发现裁判未能得到有效执行的，该如何处理？这些问题都有待于在总结实践经验的基础上予以解决。

为此，我们建议，建立横向合作机制，即与有关教育、青保、民政、公安、司法、共青团、妇联等部门签订合作协议，联合开展未成年人权益保护宣传，建立侵害未成年人权益的应急启动衔接机制；加强审执衔接机制，对于社会观护工作中发现的裁判未得到有效执行的，建立社会观护员—主审法官—执行法官的直线联系机制，在法院设置未成年人民事案件执行专员，更有力地维护未成年人合法权益。

域 外 司 法

英国案件管理制度的新发展

■ 陈 祎 *

摘要：案件管理制度主要被用于根治司法的诉讼迟延与诉讼耗费，是应对司法危机的有效举措。早在 1837 年，英国就有由法官亲自主持审前程序、处理审前申请的案件管理制度雏形。在建立起现代案件管理制度的十多年中，英国以立法的形式不断完善该项制度。新的制度发展不仅表现在管理理念上，而且在案件分配、书证开示、专家证人等具体机制方面都有所体现。

关键词：英国　案件管理　司法改革　民事诉讼规则

面对司法危机，西方各国纷纷通过民事司法制度的改革予以应对。其中，英国在 20 世纪 90 年代进行的大刀阔斧的司法改革尤为引人注目。1999 年 4 月 26 日，英国《1998 年民事诉讼规则》（含《诉讼指引》，以下简称新《规则》）开始施行。它以法律的形式确定了英国司法改革的目标及案件管理等改革举措。此项规则施行至今已逾 15 年，其间历经 73 次修正，其中 2013 年 4 月 1 日开始施行的新《规则》第 60 次修正案对案件管理制度的发展意义深远。在管理型司法这一改革趋势的指引下，强化案件管理成为英国近年来民事司法改革的重心。英国式案件管理不仅赋予法官极大的程序控制权，并且在诉讼进程中强调双方当事人的互相协作。其结果是保证了法院公正、迅速、低廉地审理案件，有效地缓解了司法危机。

---

* 作者系上海市闵行区人民法院工作人员，法学硕士。

一、英国案件管理理念的新发展

沃尔夫勋爵《接近正义》的报告被认为是英国司法改革、案件管理的理念出处。无论是视野的广度还是报告使用的概念的新颖度,该份报告都值得称道。基于此,新《规则》首先在理念上获得了成功。最初,英国案件管理的理念主要囊括"接近正义"的主旨理念、"分配正义"的哲学理念及新《规则》中"根本目标"的目标理念。随着案件管理制度的不断完善,英国提出了公共服务的新理念,并对"根本目标"作了相应的修改。

(一)公共服务管理理念的新生

关于民事司法的性质,英国学界在一定程度上达成了如下共识:法庭对民事争议进行裁决不能仅仅被视为与调解、和解相类似的纠纷解决服务手段。这是因为,有权作出民事裁决的唯一主体是法院,而法院作为公民权利的保障者,理应在维持社会秩序、建设法治国家方面发挥更为重要的作用。[1] 这说明司法在社会治理层面具有其独特的地位与意义。在此基础之上,牛津大学民事诉讼法学教授、沃尔夫勋爵的顾问 Adrian Zuckerman 教授明确提出"民事司法是一种为了顺利实现权利的'公共服务'"。称民事司法为"公共服务",是指民事裁决与我们常说的公共医疗服务或者公共交通服务属于同一范畴。如果说卡多佐"法律的最终目的是社会福利"还没有直接地定位民事司法的性质,那么公共服务理念的提出的确做到了这一点。[2]

首先,"公共服务"的定位印证了案件管理的必要性。一般意义上的"公共服务"具有两大特征:(1)服务的目的出自公共利益或公共需要;(2)提供服务的主体系政府公权力组织。从广义上说,因为国家具有公共性质,国家机构的工作都属于提供公共服务。为了突出公共服务的公益性并将其与国家、政府的其他职能相区分,我们也可以把公共服务与经济调控、市场监管、社会管理等并列为国家的几项不同职能。但无论从广义抑或狭义上讨论公共服务,对公共服务自身的管理都不可或缺。"没有规矩不成方圆",在公共服务领域,只存在良好的管理、不善的管理及介于两者之间的管理状态,却从不可能完全没有管理。因此,民事司法程序不可能在没有任何管理投入的情况下顺利地运行。并且,法官无

---

[1] Deirdre Dwyer (ed), *The Civil Procedure Rules Ten Years On*, Oxford University Press,2009,p.10.

[2] [美]本杰明·卡多佐:《司法过程的性质》,苏力译,商务印书馆 1998 年版,第 39 页。

法成为判断案件管理是否良好的唯一裁决者,公众对案件管理制度的评价将成为评判案件管理的重要标尺。

其次,公共服务中的自我管理理念印证了法官管理的正当性。既然英国司法改革将民事诉讼视为公共服务,那对民事诉讼的管理就可以从其他公共管理中得到一些启示。在高等教育领域,英国公共服务方式的转变表现在:中央政府加强了对教育系统的控制力,而地方政府教育部门则逐渐分化和弱化了对学校的管理权,学校自我管理机构和运行机制得以确立。① 在公共医疗领域,英国的医院也曾经由医生进行管理并取得了良好的管理效果。医生们在政策的框架内提供医疗服务,而有关医疗资源分配、是否降低昂贵药品的价格等重要决定则不由医生个体来定夺。反观案件管理,将法官作为案件管理的主体与高等教育领域、公共医疗领域的"自治管理"相契合,印证了法官管理诉讼的正当性。同时,案件管理也应与医疗领域的管理一样,管理主体权限发挥的自由度应依据领域的不同而呈现差异化。譬如在案件分配的标准、成本控制的费用额度等方面,管理流程及权限需规则化,而不能任由每个法官自由裁量。

(二)"根本目标"的修正

新《规则》第 60 次修正案对民事诉讼的根本目标(overriding objective)进行了修改,成为修正案的一大亮点。根本目标在原先"确保法院公正地审理案件"的基础上进一步提出要"以适当的诉讼成本审理案件",并且在"公正地审理案件"应切实做到的要求中增添了如下规定——"强制遵守民事诉讼规则、诉讼指引及其他的法庭命令"。这一修改使得控制诉讼费用与强制诉讼方遵守规则成为民事诉讼规则的核心。原先,案件管理过程中诉讼当事人违反管理指令的情形时有发生。而法官往往会运用自由裁量权容忍违规行为。伴随根本目标的修正,法官此种行为将更难在其他解释中获得正当性,这种行为将难以被视为与根本目标相符。② 案件管理的要求是要推进根本目标的实现。这一修改意味着英国将坚定地坚持司法改革案件管理的路径,突出费用控制与强化违规制裁的举措。法官必须尽快转变传统诉讼观并严格地执行案件管理规则,保证案件管理指令被当事人所遵守、诉讼费用被控制在合理的范围之内。

以上案件管理理念的不断丰富不仅为案件管理提供了制度构建的正当性,而且也确立了案件管理所要达到的标准。英国法院在对上述理念的承认与逐步

---

① 董礼胜、胡志芳:《英、法、德三国政府改革的实践经验及其对我国的启示》,载《欧洲研究》2006 年第 6 期。

② Andrew Spencer, Post Jackson CPR Amendments Published - a Brave New World?,http://www.lexology.com.cn,下载日期:2014 年 1 月 16 日。

接受中开始了案件管理的实践,对完善案件管理的具体机制进行了长足的摸索。

二、英国案件管理具体机制的完善

(一)有关案件分配

在翻阅相关英文文献资料之后,笔者将英国司法实务中案件分配的主要问题总结如下:(1)快速程序与多轨程序中费用过高。司法实务中,快速程序经常有与具体案件争议的标的金额、本应配备的司法资源不相匹配的风险;有些多轨程序不仅不合比例,而且价格非常昂贵。2008 年的 Multiplex Constructions (UK) Limited v. Cleveland Bridge UK Limited 一案就集中地暴露出这一问题。这一有关建筑材料工程费用纠纷的案件从 2004 年开始至 2008 年才结案,历经四年多的时间。最终,原告 Multiplex 获得了 600 万英镑的赔偿,但案件的整个耗费却高达 1400 万英镑。其中,案件材料的影印费用就达到了 100 万英镑。审理该案的 Jackson 法官认为,当把诉讼耗费考虑在内时,诉讼的最终结果是任何一方当事人都没有获得实质性的利益。(2)快速程序的审理期间过于固定。快速程序的特点是"案件分配后 30 周内的一个固定不变的审理期间"。在快速程序的实践中,一些法官认为将快速程序控制在 30 日之内的目标具有潜在的危害性,快速程序不应当由这一期限目标来驱动。[①] 相反的,快速程序应当具有一定的灵活性,允许法官规定及安排自身认为合理的期限。部分法官支持这一主张源于他们认为许多适用快速程序的案件都可以在 20 周内尝试着解决。特别是在有审前协议进行过早期的案件管理时,30 周的规定实属不必要。但其他一些特殊的快速程序案件则需要 35 周至 40 周的时间。(3)填报案件分配调查表存在困难。案件分配调查表用于向法院提供案件信息,使法院能够将案件分配到合适的审理程序并作出正确的案件管理指令。案件分配调查表要求当事人提供的信息比较繁多。许多当事人表示,依据现有情况完整、合理地填报案件分配调查表存在一定的难度。这在双方当事人无法做到实质的互相磋商和合作的情况下表现得更为明显。

有关上述快速程序是否需要明确期限的问题,修正案并没有给出回应。笔者认为案件能在 20 周内解决与 30 周的法律规定显然并不抵触,因为 30 周的规

[①] John Peysner & Mary Seneviratne, The Management of Civil Cases: The Courts and Post-Woolf Landscape, *Nottingham Trent University DCA Research Series*, 2005, Vol. 9, No. 6.

定系一个期限规定。期限是否需要修改应主要取决于不能在 30 周内完结的案件是否具有普遍性。而针对解决第一个和第三个问题,新《规则》第 60 次修正案对案件分配环节进行了如下修改:

1. 提高小额程序的诉讼金额

根据 1998 年新《规则》的规定,小额程序通常适用于诉讼金额不超过 5000 英镑的案件,但是人身损害案件和房屋的承租人请求法院发布命令、要求房主修缮房屋的案件例外。新《规则》第 60 次修正案将小额诉讼金额的上限由 5000 英镑调整为 1 万英镑,并且改变了首次分配案件中的规则。在第一次分配案件时,除非当事人一致同意,否则法院不能将诉讼请求金额超过某种审理程序限制的案件分配到该程序。[①] 但修正案施行后,即使没有当事人一致同意,法官也可以依据案件的具体情况,将超过小额程序金额限制的案件分配至小额程序。

为实现司法公正和程序经济之间的平衡,世界各国的第一审法院几乎都采取二元性或三元性的构成,并依案件规模不同相应地在某种程度上谋求裁判机制和程序构造的多元化。[②]《诉讼指引》第 8.1 条规定:“小额诉讼程序的设计,旨在促使诉讼当事人在自己希望时,能够本人直接参与诉讼程序,而无须聘请诉讼代理人。”追寻不需要法律技巧的简易和效率使小额程序在保障公民权利方面备受青睐。对小额程序诉讼金额的修改源于多年来该诉讼程序进展良好,在实践中积累了宝贵的经验。这种良性发展使立法者预见到小额程序已具有吸纳更多诉讼案件的能力。与此同时,扩大法官将超过诉讼金额的案件径行分配至小额程序的权力也是为了尽可能地扩大小额程序的适用。配合使用多样化的成本控制管理手段,英国在尝试解决快速程序与多轨程序中费用过高的问题。

2. 提高小额程序中的专家证人费用

与新《规则》提高小额程序的诉讼金额相一致,《诉讼指引》也相应地提高了小额程序中专家证人的费用限定。在小额程序中,可被法庭允许并由胜诉方期待从败诉方获得的专家证人费用上限被提高至 750 英镑。

3. 以“分配指引调查表”取代“案件分配调查表”

在新《规则》第 26 章中,修正案以“分配指引调查表”(Allocation Directions Questionnaire)替代了原规则中的“案件分配调查表”(Allocation Questionnaire)。分配指引调查表被区分为两种:一种适用于暂时被分配至小额

---

① 齐树洁主编:《英国司法制度》,厦门大学出版社 2007 年版,第 313 页。

② 卢静娟、周江:《英国案件管理制度改革评析》,载《广西政法管理干部学院学报》2003 年第 6 期。

程序的案件,另一种适用于可能被分配至快速程序或多轨程序的案件。① 在收到被告的答辩状后,法院将依据原告请求的数额作出将案件分配至何种程序的决定。之后,法院将向所有诉讼当事人发送通知,要求当事人完成分配指引调查表。只有在诉讼当事人一方是自然人时,法庭才会给予一个合适的分配指引调查表。在可能被分配至快速程序或多轨程序的案件中,法庭会要求双方当事人提交法院推荐的或双方协商好的分配指引调查表。在快速程序中,这种分配指引调查表应当遵循新《规则》第 28 章的规定;而在多轨程序中,当事人可以在英国民事诉讼网站或相关网站上查找到作为范本标准的多样化的案件分配调查表。调查表需最晚在案件管理会议开始 7 天前的提交。

以"分配指引调查表"替代"案件分配调查表"可以达到两方面的效果。第一,避免了调查表的形式过于固定,保障公民在填报时能够不受法律专业知识的限制而尽可能切实地提供案件分配所需的信息。第二,在快速程序与多轨程序中明确要求提交合议的调查表可以进一步贯彻案件管理中双方当事人需要切实合作的这一要求,突出当事人协作的重要性。

(二)有关书证开示

第 60 次修正案对书证开示做了相应的修改。依据规定,连同考虑相应的费用,法院可以采用任何针对案件争点以及相关文件的合适的书证开示方式。这主要表现在多轨程序(人身损害案件除外)中,法院可以依据案件的实际情况指令书证开示的特殊化方式,而不再是被限定于采用原先标准化、模式化的披露方式。"在不晚于第一次案件管理会议开始的 7 天之前,以及任何法院可能指示的场合下,双方当事人必须通过会面或电话等方式,讨论并且寻求达成有关书证开示的合议,并且这项合议需要符合根本目标的要求。"此外,修正案还为特殊案件提供了相关文件材料披露的规则。今后在重大且复杂的案件中,昂贵的模式化的文件材料披露行为将被认为是不正当的。② 第 60 次修正案以更加务实的态度,允许法官在具体案件中指令书证开示的内容,并以此来减少整个案件中提交材料的费用。

(三)有关专家证人

专家证人的转变一直是英国案件管理的关注点之一。在新《规则》修正之

---

① 英国司法部:《民事诉讼规则》,http://www.justice.gov.uk/,下载日期:2014 年 1 月 17 日。

② Pinsent Masons, Changes to Civil Procedure Rules and Court Costs Made in April 2013,http://www.out-law.com/cn/,下载日期:2014 年 2 月 15 日。

前,专家就必须首先说服法庭相信他们是专家这一事实,并且担负着缩小争点的职责。专家证人不能屈从于其委托人要求他们歪曲事实的压力。事实上专家证人也已经常常在没有律师在场的情况下会面,尽力缩小争点、消除争议。

在新《规则》施行以后,专家的首要职责被明确为指向法院,而非指向支付其费用的当事人。这促使过去"游击队"式的专家证人正在逐渐消逝。

英国的各类诉前议定书中有关于选择专家证人的规定,鼓励双方当事人一起选择专家证人。为了限制专家证人的费用,第 60 次修正案要求,试图向法院申请提出专家证据的一方当事人需要向法院提供有关该证据费用的评估。法庭有权指导"……专家证据指向的争点"。与此同时,法院还将积极鼓励"趁热打铁"的模式,即鼓励不同的专家证人在同一场合同时提出专家证据以供质证,尽量减少一个专家证人接着一个专家证人提出证据。可以预见,在新《规则》被修正之后专家证人将被法院更为良性地引导,在明确争点、推进双方当事人的合作方面发挥更大的作用。更重要的是,此前针对专家证人的案件管理弊病在于只处理专家证人费用的大体框架,而非具体内容。[①] 例如,法官只决定当事人是否可以有一个专家证人或几个专家证人,但对当事人如何寻找一个合适的专家证人没有限制。要求当事人提交专家证人费用的评估正是对多年来这一问题的有力回应。

(四)有关违规制裁中法官的自由裁量权

当违反新《规则》或法庭命令的情形出现时,法官应直接给予制裁抑或延缓惩罚一直是立法与司法实务中的难题。因为涉及的是程序性规定的违反,因此法官在是否使用制裁手段强制当事人遵守规则方面一直享有一定的自由裁量权。值得一提的是,影响自由裁量权的因素一直在发生变化,这一改变也显示出了司法改革、案件管理理念在其中的渗透。

新《规则》实施以前,对有关程序性事项的违规制裁是由判例来指引的。1978 年,英国上议院在 Birkett v. James 一案中有关违规时法院撤销诉讼问题的判决在长时间内指引了法官的相关实践。判决指出:只有满足了以下两种情形之一时,法庭才能行使撤销诉讼的权力——(1)违规行为系故意且具有侮辱性,例如对法庭强制命令的不服从或行为构成对程序的滥用;(2)(a)原告或原告律师存在过度及不可原谅的诉讼迟延;并且(b)此种迟延将实质性地增加诉讼中公正审判难以实现的风险,或者已经或可能造成对诉讼另一方的偏见。这一

---

① Deirdre Dwyer (ed), *The Civil Procedure Rules Ten Years On*, Oxford University Press, 2009, p. 167.

判决表明,案件需要及时完结抑或诉讼应有效地利用法院及当事人的资源这两个理由都不足以使法院即时对不遵守相关规则的行为进行制裁与规制。不必要的迟延与诉讼耗费对法官行使自由裁量权的影响不大。更重要的其实是造成违规行为的主观动机及此种迟延是否对另一方造成偏见性的影响,是否对公正审判造成阻碍。换句话说,无论已经存在多么过度并且不可原谅的诉讼迟延,只要公正审判仍有可能并且被告未承受严重的偏见,法庭都极有可能容忍原告的违规行为而不撤销诉讼。这种情况在诉讼时效还没届满时更为明显,因为法庭会考虑即使撤销诉讼原告也极有可能再提起一个新的诉讼。这也是法院选择容忍程序性错误的另一个原因。

在 1989 年的 Department of Transport v. Chris Smaller(Transport) Ltd. 一案中,上议院的法官重申了这样的观点:"如果公正审判是可能的,并且被告没有遭受严重的偏见影响,那么就不能在庭前对双方的纠纷作出决断。因为若撤销诉讼,显然会构成对原告的不公正。作出这样的法庭命令的唯一可能目的就是威慑,使以后的当事人不敢再有类似的诉讼迟延行为。"这些判例实质上是以"公正审判权是否还有可能"作为违规制裁与否的标准。究其形成的根源则是英国旧的诉讼哲学,即法院将"根据是非曲直作出公平判断"视为法院的第一性功能而超越了所有其他程序的安排。

新《规则》对违规制裁作出了规定。第3.8条规定:"除非违规一方申请对制裁的救济并且获得了这种救济,否则任何针对不遵守民事诉讼规则、诉讼指引和法庭命令的制裁立即发生效力。"这意味着违规的结果在表面上是即时生效,但实质上法庭可能以另外的救济方式架空制裁的适用。第3.9条第1款规定:"在当事人针对不遵守民事诉讼规则、诉讼指引或法庭命令的制裁申请救济时,法庭将考虑以下所有情形,这些情形包括:(a)案件管理的利益;(b)救济的申请是否即时作出;(c)对规则的违反是否系故意;(d)对违规行为是否提供了合理的解释;(e)违规一方对其他的诉讼规则、诉讼指引、法庭命令及任何相关的审前议定书的遵守程度;(f)未遵守是由当事人自己还是其诉讼代理人所引起的;(g)如果对制裁给予救济,审判日期等重要日期是否仍然能够被满足;(h)未遵守规则的行为对各方当事人已经造成的影响;(i)允许救济将对各方当事人造成的影响。"最后,新《规则》第3.10条规定:"当存在程序上的错误,例如对民事诉讼规则或诉讼指引不遵守的情形发生时——(a)除非法院判决这一错误将导致程序中的其他行为无效,否则这一错误不会造成这样的后果;(b)法庭可以作出指令以弥补这样的错误。"对于动态的诉讼进程而言,法官自由裁量权的灵活性可以被利用于改进案件管理。譬如对一些非故意造成的、对整体的诉讼进程妨碍不大的诉讼行为不予制裁或用另外的法庭命令加以弥补并不背离案件管理的初衷。但这种立法模式的弊端也非常明显。九个考虑因素从表面上看非常细致全面,但在实际运用时却显然缺乏可供遵循的核心主线或理念。九个因素之间的优先性如何认定？每个法官都可能给出不同的答案。在处理违规制裁救济的申请时，法官们常常要纠结于这九个因素，并在判决书中用大量的篇幅围绕这些因素进行说理，试图使人信服。而且从司法实务来看，法官们大多对违规行为还是采取了容忍的态度，即在违规当事人申请法院救济时，法官们通常会网开一面。更为严重的是，法官还极有可能"网开二面、三面……"。即使遇上坚持案件管理的法官作出了制裁的裁定，但当当事人再就此上诉时，也难保受理法院再改变裁定，重新给予救济。引发这些问题的实质是法官在违规制裁方面的自由裁量权明显过大，这势必最终损害案件管理制度。这在当事人不遵守规定的时间期限还给予延长期限的机会时损害最大。

第 60 次修正案将上述第 3.9 条第 1 款细致的"法庭考虑因素表"完全删去。改动后的规则规定："在当事人针对不遵守民事诉讼规则、诉讼指引和法庭命令的制裁申请救济时，法庭将综合考虑案件的所有情形，以保证对申请作出公正的处理，其中包括：(a)满足诉讼行为有效率地、与诉讼费用相称地运作的需要；(b)满足强制遵守民事诉讼规则、诉讼指引及法庭命令的需要。"这显然彰显了民事诉讼规则在规制违规制裁的法官自由裁量权上采取了与先前完全不同的路径。这一修改照应了进一步修正的民事诉讼根本目标。仅提及了两种需要考虑的情形却在实质上缩小了违规制裁的自由裁量权。由此可见，案件管理的主旨仍是诉讼的经济与效率。修正案旨在促使法官减少对当事人违规行为的不必要容忍、确保当事人更严格地遵守案件管理规定方面增强了立法力度。法官应在未来的司法实务中减少对程序错误不必要的放任与补救，更加关注案件管理得到实施的实际利益。

三、英国案件管理制度的不足之处

随着英国对民事诉讼规则进行不断的修正，其中的案件管理制度也在日趋完善。但当前英国案件管理制度的顺利实施仍然存在着诸多困境。

(一)制度层面

1.法官权力扩大后的操作标准模糊

英国案件管理的法理基础是经验性而非逻辑性的，仅仅是法官的积极介入将能有效地改变当前民事司法中诉讼迟延、诉讼耗费等弊端。英国"接近正义"、"分配正义"的哲学理念及整体性原则、诉讼均衡性原则在理论上都臻于完美，但当谈及具体制度时却常常给人以与它的原则一般难以量化和在操作中过于模糊的印象。案件管理赋予了法官许多新的权力，但在一些环节中却缺乏相应的操作标准和制度约束。以法官为当事人设立诉讼时间表为例,包括法官在内,实际上并没有一套用以判断法官所设定的期限是否合理的标准,而法官对当事人也根本不承担说理的义务。[①] 这种缺乏操作标准和制度约束的法官权力在案件管理相关规定中比比皆是。再如《规则》第 7.3 条中"诉讼请求金额"的规定:(1)《民事诉讼规则》第 26.8 条第 2 款规定,由法院对诉讼请求金额进行评估;(2)如法院认为,原告主张的诉讼请求金额超过其可合理预期获得赔偿的,法院可根据《民事诉讼规则》第 26.5 条第 3 款作出命令,指令原告使诉讼请求金额正当化。诸如此类的规定都意味着法院自由裁量权的扩大,但如何缩小法官认定与公众理解之间的差距,避免法官权力的滥用呢? 其中很多问题值得思考。

2.案件管理不连贯

众所周知,英国存在程序法官(Procedural Judge)和审理法官(Trial Judge)的分类。两类法官都具有案件管理的权利。但基于此种制度上的设计,事实上在司法实务中并不存在一个法官整体地、连贯地负责一个案件的有效管理。具体到当事人一个程序上的申请,处理申请的法官极有可能只能在有限的听证会时间内了解到当事人选择性呈现给其的那一部分信息,而无法完全知悉与此相关的所有信息。另外,程序法院与审判法官在同一问题上的想法也可能相异。一旦出现看法上的矛盾,个案中的案件管理就难以贯彻始终。更重要的是,英国式的案件管理在一般意义上违背了管理学中"有权必有责"的管理原理。法官虽然具备案件管理的权力,但从诉讼程序的开始到结束,没有一个法官在案件管理问题上担有相应的职责。[②] 因此,法官在利用案件管理职权推进案件高效成功地解决方面并不存在个人利益。这是英国诸多法官对案件管理没有热情的最重要原因。

3.法院系统内部领导力量缺位

就领导司法改革的专门机构而言,英国的司法改革是完备的。早在 1965 年英国议会就通过了《法律改革委员会法》,开始了专门、全面的法律改革工作。在1998 年民事司法改革中,英国成立了法律改革委员会和民事诉讼规则委员会,作为推进司法改革的专门机构。但值得注意的是,实施案件管理工作的主体为法院,而法院系统内部仍然有层级之分。各法院虽然相互独立,但高层级的法院对低层级的法院有一定的示范与影响作用也是毋庸置疑的。管窥英国法院系

---

① 百晓锋:《诉讼迟延、案件管理与对抗制——英美民事诉讼案件管理运动对传统对抗制的影响》,载张卫平主编:《民事程序法研究》(第 5 辑),厦门大学出版社 2010 年版。

② 但也有例外,在商事法院或团体诉讼中案件通常会被分配给一个特殊的法官,该法官会一直关注案件直到案件完结。但在大量案件中,一般不存在一个唯一的法官从事持续性的案件管理工作。

统,在案件管理制度的推行方面,英国高等法院(High Court)由于掌管着中心办公室(Central Office)并且拥有富有经验的高素质的法官团体,因此在案件管理的改革上表现出了最大的热情。但更高层级的法院几乎没有显现出鼓励案件管理的态度。民事领域,最适宜领导案件管理的主体应该是一直扮演着司法监督者角色的英国上诉法院。但就目前的情况来看,上诉法院并不能承担这样的职责。然而,若没有一个高层级的法院来领导案件管理,管理的水平就难以有长足的提高。

(二)实践层面

1.面对复杂案件的案件管理时,很多法官反映他们缺乏足够的案件阅读及准备时间,这使他们无法做到真正熟悉案情并了解案情发展。这对作出正确的案件管理造成了不小的困难。

2.法院案件管理的任务繁重,法官们在重压下表现出案件管理方面的"士气衰竭"。任务繁重的原因也包含了法院经费少、人手不足及法官在案件管理上缺乏经验等。这些都容易损害法院的司法效率,造成诉讼的迟延。

3.因为可能无法获得一些当事人的理解,许多法官将案件管理视为"黑脸"的活,认为案件管理吃力不讨好。基于此,这些法官不愿意从事相关的案件管理工作。

4.法官素质参差不齐。在不同的法院、不同的纠纷领域,案件管理的实施状况也极不平衡。在商业法庭、技术和建设法庭还有专利法庭,案件管理制度贯彻得较为良好。就案件类型而言,在医疗过失纠纷中法官行使案件管理权最为常见。造成这种现状的原因主要在于不同法院、不同领域内法官的职业素质、案件管理水平存在差异。

在制度与实践层面之外,法官的观念也决定着案件管理制度的成败。尽管案件管理在英国各法院的发展从未间断,但是诸多法官还是对改变现状、改进案件管理持迟疑的态度。更有甚者,一些年纪大、比较保守的法官对这项民事诉讼制度采取彻底抵制的策略。同样的,这种抵制也表现在一些资历比较老的律师身上。与制度层面上的问题相比,案件管理实践层面及人的观念层面的问题可能更难解决。因为制度的弊端往往能够通过立法的精细安排予以改进,但实践中的掣肘则会受到诸多客观因素的影响,与整个司法体制的完备都相关联。观念的改变则更是一个潜移默化的过程。此外,法律服务条款中有悖常理的经济动机以及法院一定程度上拒绝对民事司法这一公共服务承担管理责任也是制约英国案件管理制度发展的重要因素。

结　语

　　构建案件管理制度是一个从理念到制度的全方位的大工程。在资源供给与诉讼机制改革的两种路径中，后者应是核心，前者则更应谨慎。任何机构只要人员增加了，即使只是想增加干活的人，其副产品之一也会是科层制的增强。① 而由较为先进的英国案件管理制度来看，多级别的科层制并不是案件管理所依托的良好法院结构。英国案件管理制度的优势在于理念先行，制度跟进。它将案件管理的理念贯穿于案件审理的过程中，从诉讼机能的角度切入，改革诉讼程序上的构造。由此我们不仅可以看到英国如何改革诉讼机制、理顺程序管理权的分配，也可以感受到信赖法官、注重提高法官案件管理技能、发挥法官主观能动性的重要性。与此同时，英国以司法实践为重要依据，始终注意适时总结司法实务的经验，在法律制定方面常改常新的务实态度也值得我国学习。

---

　　① 苏力:《审判管理与社会管理——法院如何有效回应"案多人少"》，载《中国法学》2010 年第 6 期。

西班牙调解制度评析

■吴秋怡*

摘要：随着《调解法》的颁布，西班牙第一次将调解制度纳入全国性的立法体系。调解机制在西班牙社会具有良好的运行基础，并在许多方面跟随世界发展潮流，形成了其独有的特色。《调解法》的正式施行实现了西班牙调解制度的规范化，并为其进一步发展带来了契机。该法在实践中也存在一些不足，有待今后的立法加以完善。

关键词：西班牙　调解制度　调解指令　纠纷解决

随着现代社会的发展，诉讼这一传统的纠纷解决机制在日渐繁杂的私人和社会事务面前，越来越表现出周期长、效率低、花费高等难以克服的缺陷。人们逐渐认识到，司法机关不可能解决所有的社会纠纷，仅依靠简化诉讼程序也不足以克服诉讼的所有弊端和问题。在这样的背景下，推动包括调解在内的诉讼外纠纷解决机制（ADR）的适用，强化其社会纠纷解决的能力，使更多的社会主体和当事人能及时、便捷、经济、和平地解决纠纷，成为席卷全球的司法改革第三次浪潮。[1] 欧盟多年以来为推动 ADR 机制在"接近正义"目标中发挥更大的作用作出了诸多的努力，先后发布了多个关于调解与和解的指令、文件，在民商事和公共司法领域资助了多个 ADR 和调解工程项目。[2] 其中，欧洲议会及欧盟理事会于 2008 年发布《关于民商事调解若干问题的 2008/52/EC 指令》[3]（以下简称《调解指令》）对推动调解机制在欧盟成员国的发展起到了极大的促进作用，将以

---

* 作者系厦门大学法学院法律硕士研究生。

[1] 陈洪杰、齐树洁：《欧盟关于民商事调解的 2008/52/EC 指令评述》，载《法学评论》2009 年第 2 期。

[2] Laura Davis, The EU and Advancing Justice issues in Mediation，http://www.initiativeforpeacebuilding.eu，下载日期：2014 年 4 月 26 日。

[3] 该指令全文参见《欧洲议会及欧盟理事会关于民商事调解若干问题的 2008/52/EC 指令》，陈洪杰译，齐树洁校，载张卫平、齐树洁主编：《司法改革论评》（第 8 辑），厦门大学出版社 2008 年版。

"ADR"为特色的第三次"接近正义"浪潮推向了新的高度。西班牙根据《调解指令》的要求，于 2012 年颁布了第一部全国性的《调解法》。《调解法》的颁行不仅实现了西班牙调解的规范化，而且为西班牙形成独具特色的调解制度带来了契机。本文希冀对西班牙调解制度的立法特色和运行现状进行简单阐述和评析，为我国调解现代化的构建提供一些域外经验。

一、西班牙调解立法概述

（一）调解制度的立法过程

2008 年 5 月 21 日，欧洲议会及欧盟理事会发布《调解指令》，要求诸成员国（除丹麦外）于 2011 年 5 月 21 日前根据该指令进行民商事调解制度的立法，以推进调解在跨境民商事争议中的适用。为了避免欧盟的经济制裁，西班牙政府于 2011 年 4 月紧急启动立法程序，终于在 2012 年 3 月颁布了 5/2012 号皇家法令。[①] 5/2012 号皇家法令是西班牙法律体系中一种特殊的立法形式，按照《西班牙宪法》第 86 条第 2 款的规定，该法令只需获得众议院的通过即可生效。显然，西班牙政府采取皇家法令的方式进行立法，意在简化立法程序，快速通过调解法，以规避欧盟的制裁。然而，2012 年 3 月，就在众议院即将通过该皇家法令之际，西班牙国会根据《西班牙宪法》第 86 条第 3 款的规定，决定将 5/2012 号皇家法令作为立法案重新审议，并提交议会修改。这一立法程序于 2012 年 6 月 28 日正式完成。2012 年 7 月，该法律文本经西班牙官方公报发布，成为现行的西班牙《调解法》。

《调解法》是西班牙第一部全国性的调解立法。在此之前，西班牙关于调解制度的规定多散见于各地区的家事及民商事立法之中。《调解法》不仅吸纳了《调解指令》所要求的跨境民商事调解制度，而且对西班牙国内民商事调解制度作了详尽的规定，它的颁行基本上满足了西班牙民商事调解实践的需求，推动了调解在西班牙民商事争议中的适用。

（二）调解的定义及基本属性

考察西班牙《调解法》和一系列地区立法中对调解的定义，调解是指发生争

---

① 西班牙最终未能在 2011 年 5 月 21 日之前完成调解立法。欧洲理事会随后向包括西班牙在内的 9 个未按规定期限完成调解立法的成员国寄发了正式通知函（Letters of Formal Notice）以示警告，并要求这些成员国于 2 个月之内作出回应。

议的双方或多方当事人在调解员的介入下自愿达成协议的一种纠纷解决机制,具有如下属性:(1)调解是一种相对于诉讼而言的替代性纠纷解决机制;(2)调解必须出于自愿;(3)调解必须在调解员的协助下进行;(4)调解力图使当事人避免卷入诉讼程序或者使已经进入诉讼程序的当事人摆脱讼累。[①]

值得一提的是,西班牙和绝大多数欧洲国家一样,对调解与和解并没有严格地区分。二者都表现为当事人自行达成协议,都可以在诉讼开始前或诉讼中启动,且最终达成的协议都需经过法院确认方能获得强制执行效力,所不同的是调解中会有中立第三人的介入。

(三)特殊领域的调解立法

1.小额纠纷

实践中普遍存在的小额案件具有数量众多、争议标的额小、容易协商解决且绝大多数当事人都有履行能力等特点。有鉴于此,20世纪以来,世界上的许多国家如美国、英国、日本、韩国纷纷设立简易化的、快速解决小额纠纷的诉讼程序,用来解决当事人之间的小额纠纷。[②] 西班牙《调解法》创造性地为小额纠纷开设了简易调解程序,并且完美地融入了"在线调解"(Online Mediation)的适用,具有首创意义。根据《调解法》第24条第1款规定,对于争议标的额小于600欧元的小额纠纷,当事人可以在具备客观物质条件时通过视频会议等电子媒介进行在线调解;该类小额纠纷的调解期限应当控制在1个月以内。《调解法》原则上要求当事人亲自到席调解,但也允许当事人在某些情形下通过视频会议等电子媒介参与调解过程。这种又被研究者称为"虚拟个人调解"(Virtual Personal Mediation)的新颖调解方式,在节约成本,提高效率,实现不同语言、时区人员的同步交流方面,具有卓越的优势。研究者认为,《调解法》关于小额纠纷的特别规定,着眼于社会实践中数量庞大的小额纠纷的解决,不仅提高了解决争议的效率,节约了调解资源,而且有利于推进小额案件当事人"接近正义"。[③]

2.消费纠纷

消费纠纷的典型特征在于,与纠纷相关的经济价值和司法解决的代价之间比例失衡。显然,消费纠纷在争议当事人之间自行解决或通过法庭外程序解决,

---

① Aura Esther Vilalta Nicuesa, The White Book of Mediatin in Catalonia, http://ssrn.com,下载日期:2014年4月24日。

② 马强:《美国小额法庭制度与借鉴》,载《比较法学》2011年第5期。

③ Pablo Cortés, Does the Proposed European Procedure Enhance the Resolution of Small Claims? http://ssrn.com,下载日期:2014年5月6日。

符合所有争议当事人的利益。[1] 早在1998年,欧盟就发布了《关于消费纠纷的庭外解决责任机构之建议》,冀望构建一套简便有效的庭外消费纠纷解决程序。2008年欧盟发布的《调解指令》明确规定该指令适用于消费纠纷。此外,欧盟理事会正在酝酿中的关于消费纠纷中适用诉讼外纠纷解决机制的重要立法提案[2],也说明了在消费纠纷中适用调解是无可争议的。然而,西班牙2012年颁行的《调解法》却将消费纠纷排除在该法的适用范围之外,西班牙《消费者法》也没有有关调解的规定。这一立法现状与实践中西班牙消费纠纷广泛适用调解的情况是不相协调的。西班牙全国消费者协会2007年度公报显示,20.64%的消费者诉求最终通过调解解决,这一数据表明调解已然在该国消费纠纷的解决中扮演了重要角色。因此,研究者从如下西班牙其他相关法律规范中为调解在消费纠纷中的适用寻找依据:首先,《西班牙宪法》第51条规定,各国家机关有义务采取有效措施保障消费者的安全、健康及其他合法权益。其次,规范消费争议仲裁机制的231/2008号皇家法令将调解作为仲裁的前置程序。该法规定,各消费争议仲裁委员会在对案件进行仲裁以前,须秉持等同于调解员的中立性和保密性原则对案件进行调解;调解将使为期6个月的仲裁时效中断。最后,除了全国性的法律依据之外,各地区立法对调解在消费纠纷中的适用作了更为细致的规定。

3. 劳动争议

在西班牙,调解长期以来都是解决劳动争议的常见方式。西班牙《社会管辖权法》(Law 36/2011,10th October)规定,劳动争议当事人在将案件付诸诉讼之前,必须先进行调解或和解;当事人一方无正当理由缺席调解或和解程序,须承担诉讼费用;调解协议无须经法庭确认即可获得强制执行效力。上述规定将在劳动争议中适用调解或和解作为诉讼的前置程序,使调解具有了义务属性。尽管《调解法》没有将劳动争议案件纳入其适用范围,西班牙有关劳动争议案件的调解体制已经相当成熟。针对个人劳动争议,西班牙早在其民主制的开端,就已经建立起全国性的调解、仲裁与和解机构。随着纠纷解决权力发散下放给各地区,大部分地区设立了自己的调解服务机构,分担了越来越多的调解工作。针对集体劳动纠纷,案件的管辖机构根据案件的性质而有所差别。对于跨地区的集体劳动争议,主要由跨地区调解与仲裁服务组织(the Interconfederal Service of

---

① 刘益灯:《欧盟消费者保护法的最新发展及其启示》,载《政治与法律》2009年第5期。

② See proposal for a directive of the European parliament and of the council, on alternative dispute resolution for consumer disputes, http:// eur-lex. europa. eu, 下载日期: 2014年5月3日。

Mediation and Arbitration,以下简称 SIMA)提供服务。SIMA 诞生于一份由各大企业和工会组织在 1996 年签署的替代性纠纷解决协议,这份协议分别在 2001 年、2004 年、2009 年以及 2012 年进行了定期更新,以不断改进解决争议的诉讼外机制。根据 SIMA 发布的 2010 年跟踪报告,在该年度 216 件启动调解程序的案件中,56 件达成了调解协议,且其中的 89% 获得良好履行,这些调解结果使共计 818991 名职工受益。对于地区内的集体劳动争议,调解的工作主要由各地区内负有调解职责的机构承担。由于各地区立法上的差异,承担调解职责的机构也是多种多样的,比如马德里区的劳工组织,加泰罗尼亚区的劳工法庭等。

二、西班牙调解制度的特色

(一)调解的模式

1.当事人自主调解

当事人可以在争议发生之前以合同条款的形式约定将现有的或未来发生的争议交付调解解决。当事人以调解条款的形式,自主决定将争议提交调解是调解程序启动的常见模式。《调解法》规定,在当事人之间就纠纷的解决具有调解条款的情形下,当事人须依约进行调解,不得启动诉讼程序;对于当事人一方已经提起的诉讼程序,另一方当事人应当及时向法院提交既有调解条款,使已经开展的诉讼程序中断。根据该法规定,当事人应当及时将调解条款提交法院,普通程序中,须于答辩期限起算后的 10 日内提交;简易程序中,须于收到审讯传票后 5 日内提交。① 然而,研究者认为,这样的规定有违调解的自愿属性,而且会导致争议的迟延解决。实践中多见当事人一方以提交调解条款或约定的方式来达到拖延诉讼的目的,因为根据西班牙法律规定,这样的中断最长可达 6 个月。显然,西班牙立法者此举意在效仿仲裁机制中仲裁协议的效果,却忽视了仲裁协议和调解条款或约定对于当事人全然不同的效力,因此难以取得预期的效果,甚至延误了纠纷的解决。

2.法院转介调解

不同于许多其他的欧盟成员国,西班牙没有推行法院强制调解制度。尽管如此,法院在诉讼程序的各个环节积极地推动当事人选择调解。在通知当事人

---

① 西班牙的一般民事诉讼程序有普通程序和简易程序之分。其中普通程序适用于案情较为复杂或诉讼标的额超过 6000 欧元的案件,而简易程序适用于案情较为简单或诉讼标的额小于 6000 欧元的案件。

参加庭审时,法院会预先告知当事人,案件可以提交调解解决。进入审理程序以后,法院会根据案件的性质劝说当事人接受调解,或者待到程序性障碍消除、案件事实确定之后,推动调解。除了上述情形之外,任何阶段只要当事人表现出调解意愿,法院都有义务审查当事人及其代理人是否具有相应的法律能力自行解决纠纷。正是法院所表现出的近于"热衷"地推动调解的态度,调解在许多时候被视为司法的衍生程序。

(二)调解的基本原则

1.当事人自愿原则

《调解法》第 6 条第 1 款规定,调解须是自愿的。当事人自愿原则是私法上的意思自治原则在纠纷解决领域的延伸。根据该原则,当事人自主决定是否进入或退出调解、何时开始或终止调解、是否达成调解协议;当事人相互之间可以约定将现在发生的或将来可能发生的争议交付调解解决。该法第 6 条 2 款规定当事人在将争议付诸诉讼或仲裁等其他解决方式之前,应当首先善意地尝试调解。[①] 当然,法律没有阻碍当事人在尝试调解之后选择其他争议解决方法。前文已经提到,当事人自愿原则可能会诱使当事人一方以提交调解条款或约定的方式来达到拖延诉讼的目的。因此,研究者认为该款规定因不具有积极效用而显得多余。

2.调解员中立性原则

调解员中立性原则主要用来规制调解过程中调解员的行为。事实上,在有第三方介入的所有纠纷解决机制中,第三方的中立性原则可以说是这些形式各异的纠纷解决机制的"公分母"。[②] 在调解中,调解员只负责给当事人提供一个进行交流的场所或平台,帮助当事人排除交流的障碍,更加理性地考虑问题。调解员应当给予各方同等的发言机会和被倾听的机会,一方面,帮助当事人回复对他们自身的价值、力量和应对问题的能力和信心;另一方面,帮助当事人认识和理解对方的境遇。至于是非对错、如何处理纠纷,需要当事人自己作出判断和决

---

① Dr. Carlos Esplugues Mota, A New General Legal Regime for Mediation in Spain: the Royal-Decree-Law5/2012 of March 5th, 2012, http://ssrn. com,下载日期:2014 年 5 月 3 日。

② Dr. Fernando Garriga Ariho, Mediation in the Calatan legal system:Special reference to this Guiding Principles. *ILSA Journal of International & Comparative Law*,2012—2013,Vol. 19,No. 3.

定。[①] 因此,按照通常的理解,调解员只起着帮助当事人的作用,一般不会说出对于纠纷的事实判断、纠纷的价值判断及解决方案,不应该为当事人提供任何实质的解决方案,这也正是调解有别于诉讼和仲裁等其他纠纷解决机制的特点。《调解法》中规定当事人地位平等的第 7 条和规定调解员中立性的第 8 条体现了该原则。

3. 保密性原则

保密性原则是基于确保当事人之间以及当事人与调解员之间的信任关系的目的而产生的。对于调解这样一种由当事人自行达成协议以解决争议的纠纷解决机制来说,当事人之间以及当事人和调解员之间的信任关系至关重要。保密性原则禁止调解员以及参与调解过程的人员在随后的诉讼或仲裁程序中,未经当事人明确许可且非根据法院的强制命令,引证或提交与调解过程有关的资料或事实。《调解法》第 9 条第 1 款规定了保密性原则。保密性原则的意义在于,避免在调解过程中获取的文件、资料等重要信息在随后可能启动的诉讼或仲裁程序中成为对当事人不利的证据。确保与调解相关的资料信息的保密性,有利于当事人各方成功达成协议,更快速而富有成效地解决纠纷。从这一角度来说,保密义务是一种消极的、避免与调解程序有关的各种事实和资料被泄露的义务。有鉴于此,参加调解程序的人员都负有保密义务。

(三)调解协议的效力

当事人在调解员的协助下,就全部或部分争议事项达成合意后,需制作调解协议将调解成果固定下来。根据《调解法》的规定,一份合法的调解协议须包含:当事人的身份、住址;协议签署的时间、地点;协议确认的当事人权利义务;协议的法律依据;调解员的指示;进行调解程序的调解机构;调解协议的效力。[②] 调解协议需由当事人签字,并在调解结束之日起 10 日内送交调解员签字。《调解法》没有赋予调解协议强制执行力,因此如果没有履行特定程序来获得强制力,一份调解协议就只具有合同的约束力。《调解指令》第 6 条要求成员国提供可以使调解协议获得强制执行力的法定途径,该途径既可以是由法院认可调解协议来使其获得强制力,也可以是通过某一有公信力之手段赋予其强制执行力。[③]

---

① 范登峰、李江:《从美国法院附设 ADR 调解制度探索中国法院调解的改革之路》,载《西南政法大学学报》2013 年第 5 期。

② Aura Esther Vilalta & Rosa Pkrez Martell, Overview of the New Normative on Mediation in Spain, in *American Journal of Mediation*, 2012, Vol. 6.

③ Jacqueline M. Nolan-Haleyf, Is Europe Headed Down the Primrose Path with Mandatory Mediation? *N. C. J. INTLL. & COM. REG*, 2011—2012, Vol. 37.

《调解法》根据《调解指令》的要求规定了如下两种途径使调解协议获得强制执行力:其一,如果是在诉讼过程中提出调解,当事人得请求法院许可调解协议,经过法院许可的调解协议便具有了法律赋予司法裁判文书的强制力。其二,如果调解发生在诉讼之外,当事人可以请求公证处公证该调解协议。公证处在收到当事人递交的调解协议以及调解笔录副本后,详细审查该调解协议是否符合法律规定和公共政策的要求,对于符合规定及要求的调解协议予以公证。为了鼓励调解的适用,《调解法》规定公证处公证调解协议只收取最低级别的公证费用。无论采取了以上哪种方式,调解协议都可以获得同于一般司法令状的强制执行力,但是两者在有权执行机构上有所差别。对于得到法院许可获得强制力的调解协议,须由许可该协议的法院强制执行;对于由公证处登记而获得强制力的调解协议,须由对协议签署地有管辖权的第一审法院负责执行。

对于跨境民商事调解所达成的调解协议的执行,《调解法》规定,经国外有权机关许可获得强制执行力的调解协议,在西班牙国内具有相同的效力;在国外未获得强制执行力的调解协议,须由当事人双方共同申请西班牙公证机构对该协议进行公证方能使协议获得强制执行力。此外,如果前述调解协议明显违背了西班牙的公共政策,将被拒绝执行。

(四)调解员制度

对于希望通过调解获得令人满意的纠纷解决方案的当事人来说,选择一位兼具能力和经验的调解员是至关重要的。调解员在调解过程中扮演着重要的角色,是调解中非常关键的部分。[①] 调解员不是为争议提供解决方案的裁决者,仅是为争议双方传递信息,促成协议达成的中立第三人。一个合格的调解员需要引导调解程序的进行,使当事人各方充分地参与协商,最后达成符合双方意愿的协议。西班牙《调解法》参照《欧盟调解员行为守则》(以下简称《调解员守则》)[②],根据《调解指令》的要求,对有关调解员的责任、义务及教育等方面作出如下规定:

1. 调解员的选任

根据《调解法》的规定,调解员可以由当事人一方选任或者根据双方合意确定。当事人既可以在有法定资格的调解员名单里选任,也可以通过选择调解机

[①] Esplugues & Carlos, A New General Legal Regime for Mediation in Spain: The Royal-Decree-Law 5/2012 of March 5th, 2012, http://ssrn. com,下载日期:2014 年 5 月 3 日。

[②] See European Code of Conduct For Mediators, http://ec. europa. eu,下载日期:2014 年 5 月 1 日。

构由其来指派调解员;既可以选择律师作为调解员,也可以选择其他人员;既可以选择公共调解机构的服务,也可以选择民间调解机构的服务。调解以一名调解员的参与为常态,如果争议事项较为复杂或者当事人共同要求,《调解法》也认可由多名调解员协同参与。在签署了调解服务协议之后,当事人和调解员之间就具有了类似于律师和当事人之间的合同关系。如果调解员在调解过程中表现出偏见、非中立等情形,当事人可以随时解聘调解员。

2.调解员的义务和责任

(1)注意义务

《调解法》明确规定了调解员在履行职责时应遵守的一系列注意义务,其中包括:(1)告知义务。调解开始以后,调解员有义务向当事人阐明本次调解的特点、流程,帮助当事人了解调解协议的内容和效力。(2)沟通义务。调解员并不需要为当事人提供具体的解决方案,其主要作用在于帮助各方当事人沟通信息,增进理解,引导当事人进行充分协商。(3)保密义务。调解程序的所有参与者对在调解过程中获知的资料信息都负有保密义务。调解员参与整个调解过程,可以接触到各方当事人的文件资料,因此负有更多的保密义务。《调解法》规定,对于在调解过程中获取的各方当事人的资料文件,调解员负有保密义务,不能随意透露给他方当事人;调解结束后,调解员应将文件归还当事人;对于不能归还的应当记录在案,并至少保留4个月。

(2)忠实义务

中立而无偏见是调解员在履行职责时的基本要求。在调解程序中,调解员应当始终坚持扮演中间人的角色,起着增进沟通交流的桥梁纽带作用,促使当事人自己达成纠纷解决协议。调解员本人没有义务自己解决冲突。调解员在心理上不能偏向任何一方,因为调解员的偏好会影响调解结果的公正合理。因此,调解员在程序开始之时,就应当告知当事人哪些状况有可能会使其产生偏见,当事人有权获知该种情形并选择是否接受该调解员的调解。为了彰显调解员无偏见性的重要意义,《调解法》详细罗列了如下三种威胁调解员公正性的情形:(1)与当事人一方存在某种个人关系,比如合同上的或业务上的往来关系;(2)与调解结果存在直接或间接的利害关系;(3)调解员本人或与他同一机构的其他人员在除调解以外的其他场合中支持过其中一方或多方当事人。值得一提的是,《调解法》在规定调解终结的常见原因时,准许调解员在确认当事人各方的立场不可调和的情况下,决定终止调解。虽然这条规定符合《调解员守则》,但是研究者认为,此项规定不仅违背了调解员的忠实义务,而且不符合调解的当事人自愿原则,根据该原则,调解当事人有权自由决定开始或终止调解程序。

(3)责任

《调解法》明确规定,调解员违反诚信原则,故意或者过失造成当事人损失时应承担民事责任。为确保调解员承担责任，《调解法》要求调解员须投保或提供足额担保。不过，对于强制投保的范围和比例，还有待进一步的立法规定。除此之外，在调解员对其过错承担首要责任的同时，调解机构也要承担相应责任，调解机构可在承担责任之后向造成损失的调解员追偿。[①]

3. 调解员的资格

《调解法》对于调解员资格的规定比较笼统。最初的 5/2012 号皇家法令只规定了通过国家正式认可的机构开设的特定课程的人员可以获得调解员资格，该法令不仅没有提及关于培养期限、费用及有培养资格的机构等重要信息，而且没有限定作为调解员所必需的基本学历背景。西班牙国会在审议修改该法律的过程中显然发现了这些问题，并作出了一些改进。新的规定要求调解员具有由国家正式认可的大学颁发的学历，或者具有卓越的专业背景。但是，国会的修改并没有完全弥补这一缺陷，关于调解员资格的规定过于笼统仍然是《调解法》最薄弱的一环。在调解员资格的规定上，全国性立法缺位，而各地区规定各异，这导致各区之间不能互相认可调解员资格，本地区的调解员很难在其他地区执业，这不可避免地影响到调解在跨地区纠纷中的适用，不利于调解机制在全国范围内发挥更大的作用。

除了符合基本的教育背景之外，调解员在调解工作中还须具备如下基本条件：必须是自然人；必须具有完全民事行为能力；其从事的职业必须不能对调解产生法定限制等。但是，《调解法》没有规定确保调解员符合上述条件的实质性措施，例如违背基本条件时吊销调解员资格等惩罚措施。研究者认为，有鉴于上述基本条件对于调解程序顺利开展的重要性，《调解法》需在后续修订中完善这方面的规定。

三、西班牙调解制度运行实效之评析

（一）调解机制的运行现状

西班牙调解立法虽然在近年才进入全国性的民商事立法规划，但在实践中存在已久，而且在各类纠纷的解决中一直发挥着举足轻重的作用。由于缺乏全国性的关于西班牙国内调解机制运行现状的官方数据，研究者只得从各地区研究机构的研究结论中寻找能体现这一命题的翔实数据。根据加泰罗尼亚地区发

---

① Aura Esther Vilalta & Rosa Pkrez Martell, Overview of the New Normative on Mediation in Spain, in *American Journal of Mediation*, 2012, Vol. 6.

布的《2008 年调解白皮书》，研究者获得了囊括家事法、刑法、消费者法、劳动法等多个法律领域在内的调解实践数据。本文仅截取家事纠纷和消费纠纷两个领域的数据来说明调解机制在该地区的适用状况。在家事纠纷领域，2008 年经由公共调解机构提供调解服务的案件达 610 件，其中 60.8％的案件由当事人达成了调解协议；经由民间调解机构提供服务的案件达 568 件，其中 73％的案件由当事人达成了调解协议。在消费纠纷领域，共有 30755 件进行调解的案件，其中半数纠纷以达成调解协议解决。此外，马德里第 73 号初审法庭（the Court of First Instance number 73 of Madrid）于 2010 年实施的一个民事案件庭内调解试点项目（the Pilot Mediation Civil Intra-Court Project）结果也显示，在当事人双方均出席庭审的案件中，60％的案件当事人选择提交调解；进入调解程序的案件中有 77％的案件以达成调解协议解决。①

（二）调解机制的社会接受度及原因

在众多的纠纷解决机制中，调解以效率高、周期短、费用低等优势，获得了西班牙社会的广泛接受与青睐。根据西班牙社会学研究中心 2011 年 2 月的数据，对于解决纠纷，57％的受访者宁愿承受一些损失也更倾向于自行达成协议，15％的受访者倾向于寻求第三方中立的仲裁方案，而只有 22％的人愿意走上法庭。② 这一数据与该机构随后发布的一项关于西班牙司法体制的调查结果互为映衬。在该调查中，调查者被问及如何看待西班牙现有司法体制的表现，其中 37％的受访者认为西班牙的司法体制运行不良，29％的受访者认为表现一般，而仅有 18％的人认为表现良好。③ 这样的答卷从另一角度说明了西班牙民众青睐诉讼外纠纷解决机制的原因。另外，西班牙律师协会总理事会于 2011 年进行的一项关于西班牙社会法律职业现状的调查结果显示，关于一个律师最令人看重的品质，62％的受访者最看重律师与对方达成合理的协议解决纠纷的能力，而仅有 35％的受访者看重律师的庭审经验和在诉讼中争取利益最大化的能力。以上调查数据均显示，无论是基于对现有司法体制的不满，抑或是基于合理解决纠纷的需要，西班牙社会都已倾向于选择诉讼外纠纷解决机制，尤其是调解解决纠纷。

为了探究西班牙社会在选择纠纷解决方式时更青睐调解而不是诉讼的原因，研

---

① 该项目旨在提高已经进入诉讼程序的案件当事人选择调解的倾向，最终取得了良好的效果，在 2011 年获得了西班牙司法总理事会的奖励。

② See Question 11 of Study No 2861, http://datos.cis.es，下载日期：2014 年 5 月 2 日。

③ See Question 12 of Study No 2861, http://datos.cis.es，下载日期：2014 年 5 月 2 日。

究者基于欧洲 ADR 中心于 2010 年进行的一个研究项目的数据进行比较分析①。该项目以标的额合计达 20 万欧元的家庭纠纷案件为参数，将诉讼、调解和仲裁三种纠纷解决机制在费用、可靠性和耗时等方面进行对比。本文截取诉讼和调解在耗时和费用这两项指标上的不同表现来进行比较。首先，在平均耗时方面，经由诉讼解决纠纷平均耗时 730 天，而经由调解解决纠纷平均耗时 74 天。其次，在平均费用方面，经由诉讼解决的案件平均花费 3 万欧元，占案件标的额的 15%；经由调解解决纠纷的案件平均花费 7667 欧元，占争议标的额的 3.8%。综合以上数据，在西班牙，调解程序解决争议的速度快于诉讼程序，并且相比诉讼程序节约了 75% 的费用，是更具效率且价格更为低廉的纠纷解决机制。

（三）西班牙《调解法》的评析

尽管在立法进度上较其他欧盟成员国迟缓，西班牙最终完成了根据《调解指令》在跨境民商事领域进行调解立法的任务，将调解制度纳入全国性的法律体系。《调解法》对于欧盟所要求的如下基本要求都作出了详尽的规定：建立跨境自愿调解的程序；确保调解过程的私密性；不损害当事人在调解终结后重新选择诉讼或仲裁以解决争议的机会；有效解决纠纷以及提供使调解协议获得强制效力的途径。《调解法》不仅完整地遵循《调解指令》的基本要求，而且将调解的适用范围扩展到西班牙国内的民商事纠纷，成为西班牙第一部全国性的调解立法。研究者认为，《调解法》在以下方面的规定具有积极意义：关于调解的基本原则的明确规定；关于调解员须为调解提供担保的规定；对于调解过程的步骤不进行详细规定，从而赋予了当事人和调解员更多的自由；提供了较为便捷、低廉的途径使调解协议获得强制力；有关"在线调解"的创举性规定等。

《调解法》自 2012 年实施以来，在总体上获得相当正面的评价的同时，其不足之处也受到了一些批评，首当其冲的就是有关调解员任职资格的过于笼统模糊的规定。由于缺乏全国统一的调解员资格认证标准和调解员国家注册制度，一个地区的调解员难以在其他地区获得认可，由此阻碍了调解机制在跨地区纠纷解决中发挥更大的作用。尽管西班牙国会在修改审议《调解法》时已经注意到这一问题并增加了规定，但现有规定仍无法满足实践操作的要求，有待今后的立法对此作出更为细致的规定。

---

① 该项研究由欧盟资助，开展的地域范围囊括了西班牙在内的所有欧盟国家，因此该研究数据对于证明"西班牙社会更为青睐调解的原因"这一命题有一定的说服力。

意大利调解制度新发展述评

■ 黄河缘*

摘要：调解制度在意大利的发展既曲折又充满挑战。近年来，受《欧洲议会及欧盟理事会关于民商事调解若干问题的 2008/52/EC 指令》的推动，意大利进行了一系列调解立法。强制调解与调解保密是调解立法的重点。强制调解、调解保密等新制度在实践中取得了一定的成效，但制度成型终究不是一蹴而就的纸面化改造。

关键词：意大利　调解立法　强制调解　调解保密

多元化的纠纷解决方式，特别是调解制度，能够确保人们通过诉讼之外的渠道接近正义，实现权利救济。一般而言，调解重视当事人解决纠纷的自主性，促使当事人就解决争端形成新的合意。通过这一合意，在当事人之间产生"更新"的效力，从而修复原先存在的权利义务关系。[①] 意大利以及多数欧盟国家，长期致力于发展并完善本国的调解制度。

一、意大利调解制度发展的背景

(一)国内背景：实现案件分流

意大利司法体系存在的弊端，集中表现在民事案件平均持续时间长达 9 年。[②] 过分冗长的诉讼时间造成的正义脱离，使许多民事诉讼当事人向欧洲人

---

* 作者系厦门大学法学院诉讼法研究生。

① ［意］罗伯特·隆波里等：《意大利法概要》，薛军译，中国法制出版社 2007 年版，第 259 页。

② ［意］Elena Consiglio：《意大利调解制度的新发展》，李叶丹译，载齐树洁主编：《东南司法评论》(2013 年卷)，厦门大学出版社 2013 年版。

权法院以拒绝司法的理由起诉意大利司法机关。① 虽然意大利议会已经颁布法律,以减轻起诉人的压力,但是改革措施未能触及司法效率,因而效果并不理想。为了改变拥挤不堪的法院系统、减少诉讼迟延和实现案件分流,意大利逐渐转向调解制度,并不断扩大调解的适用范围。

早在 1865 年意大利就存在调解形式。调解第一次出现在正式的法规文本中是在 20 世纪 30 年代。随后,意大利于 1940 年将调解纳入《民事诉讼法》。至此,调解被视为一项由法官主持的法庭内设程序。在接下来的半个世纪中,调解在越来越多的纠纷领域中得到适用。意大利调解立法的努力是有目共睹的,但是,与其相悖的是民众使用调解的意愿并不强,申请调解的案件数量也没有达到预期。因此,扩大调解的适用范围势必成为意大利调解立法的主要任务。

(二)国外背景:来自欧盟推动

"接近司法"(又译为接近正义)在欧洲各国被视为公民的一项基本权利,通常表现为当事人可以通过多种渠道及时解决纠纷。与诉讼解决纠纷的方式不同,调解所具备的灵活性、自治性和便捷性能够满足纠纷主体不同的价值需求。欧盟支持调解的态度是显而易见的。2009 年欧洲议会采纳了一项实施期间为2010 年至 2014 年的行动计划,称为"斯德哥尔摩计划"——一个关于公民权利、正义以及安全等问题的欧盟行动框架。② 调解促进公民接近正义,保障公民权利实现的功能与斯德哥尔摩计划追求的目标不谋而合。除了关注调解的独特功能之外,欧盟还尝试将其运用到更多的领域。欧洲议会于 2012 年 12 月 19 日出具了一份报告,主要对欧洲议会和理事会就参与和宣传"Horizon2020"计划③制定的规则提出部分建议。该报告提出如下要求:为"Horizon2020"计划的实施提供专门的控诉程序,只要涉及该计划,任何领域的控告都可以使用这一程序;当一个投诉不能通过既定的控诉程序得到满意解决时,在符合 2008/52/EC 指令的前提下,可以选择调解程序解决纠纷。④ 不难发现,欧盟即使在一个临时性的

---

① [澳]娜嘉·亚历山大主编:《全球调解趋势》,王福华等译,中国法制出版社 2011 年版,第 241 页。

② The Stockholm Programme-An Open and Secure Europe Serving and Protecting the Citizen,http://www. europarl. europa. eu,下载日期:2014 年 4 月 10 日。

③ Horizon2020 是欧盟最大的研究和创新项目,旨在通过采取一系列措施确保并提升欧洲的全球竞争力,其实施时间为 2014 年至 2020 年。

④ Report on the Proposal for A Regulation of the European Parliament and of the Council Laying Down the Rules for the Participation and Dissemination in Horizon 2020 - the Framework Programme for Research and Innovation (2014—2020),http://www. europarl. europa. eu,下载日期:2014 年 4 月 10 日。

控诉程序中,也不乏调解倾向。

为鼓励成员国发展调解制度,欧盟早在 2008 年就出台了《欧洲议会及欧盟理事会关于民商事调解若干问题的 2008/52/EC 指令》①(以下简称《调解指令》)。该指令要求各成员国在 2011 年 5 月 21 日前通过国内立法确立调解制度。② 在此背景下,意大利议会于 2009 年颁布了第 69 号法律,将调解作为纠纷解决的选择之一,同时授权意大利政府制定相关法令(Legislative Decree),以完善调解制度。2010 年,意大利正式实施第 28 号法令。该法令引入了强制调解的规定,试图进一步扩大调解的适用范围。同年 10 月,意大利司法部颁布第 180 号命令(Ministry of Justice Decree),③对调解组织、调解员资格以及强制调解费用等规定进行补充。而后,上述规定依据 2011 年 8 月生效的司法部第 145 号命令予以修改。

二、意大利调解制度的主要内容

(一)调解定义

国外有学者分别从理论和实践的角度,界定调解的具体含义。前者侧重调解方案的有效达成,而后者关注调解主体的交流和意见的协商。上述定义各有侧重,但无论从理论的还是实践的角度,调解的含义均要求当事人在第三方的协助下,达成协议、解决争议。④ 随着调解立法的不断发展,意大利也将调解定义为:一种由第三方主持,旨在帮助双方或者多方当事人达成一致意见,并提供解决方案的活动。

调解不同于仲裁。虽然它们都是诉讼外纠纷解决方式,利用率也最高,⑤但是两者存在诸多区别。长期以来,仲裁是意大利最重要的纠纷解决方式之一,在商业和合同纠纷中得到广泛使用。它要求当事人认可裁决的终局性,并遵守特

---

① 具体条文参见《欧洲议会及欧盟理事会关于民商事调解若干问题的 2008/52/EC 指令》,陈洪杰译,齐树洁校,载张卫平、齐树洁主编:《司法改革论评》(第 8 辑),厦门大学出版社 2008 年版。

② Report on Alternative Dispute Resolution in Civil, Commercial and Family Matters [2011/2117(INI)]. http://www. europarl. europa. eu,下载日期:2014 年 4 月 1 日。

③ Ministry of Justice Decree 不同于 Legislative Decree,前者是司法部颁布的政府规章,而后者是根据法律的授权制定的,其效力等同于法律。

④ 齐树洁主编:《纠纷解决与和谐社会》,厦门大学出版社 2010 年版,第 21 页。

⑤ 范愉主编:《多元化纠纷解决机制》,厦门大学出版社 2005 年第 2 版,第 113 页。

殊的仲裁规则。在中立第三方的选任方面,仲裁也有着严格的标准,规定仲裁员必须掌握详尽的专业知识。相反,调解在规则和程序方面比较灵活。具体表现在调解活动中,证据材料的重要性下降,律师的参与也不是强制性的要求。

(二)调解类型

1.民间调解

案件的调解活动通常由调解机构主持。意大利的调解机构,大部分是私人实体,而非公共机构。私人实体,即民间调解组织,必须按照一定的规则向意大利政府申请登记。职业化和效率是调解组织获得登记的两个主要条件,政府一般通过以下几个方面进行判断:(1)调解员的职业资格;(2)调解活动的独立性、中立性以及秘密性;(3)调解程序规则;(4)调解服务费用;(5)调解机构的自治性与调解活动的目的相一致;(6)调解员职业保险的承担;(7)调解机构管理的透明度。① 一经登记,调解活动即可按照内部规则进行,但不能与法律规定相冲突。

2.法院附设调解

允许律师参与 ADR 制度,重视律师在调解活动中发挥的作用,是意大利法院附设调解的独特之处。根据第 28 号法令的规定,法院附设调解主要是指律师协会在法院内部设立专门的调解室。早在 2000 年 7 月,意大利第 7185 号议案就曾建议在法院内部设立调解室,以进一步促进调解的适用。该议案的特点在于,调解室组织的调解活动由律师主持。而今,意大利颁布的第 28 号法令,除了赋予律师协会设立法院调解室的权利,还允许调解室使用法院内部的资源和设备,以便其更好地发挥作用。事实上,法律专业人才参与调解是必要的。律师具备的法律知识和实践经验,使他们有足够的能力对纠纷进行判断和衡量,并对当事人的某种行为进行法律上的预测和评价,从而迎合当事人对法律权威信仰的需要。②

3.司法调解

意大利不存在司法调解制度。在欧洲,"调解"(mediation)和"和解"③(conciliation)的定义并没有一个清晰的界限,以至于经常出现两种概念交叉使用的情形。④ 关于"mediation"和"conciliation"含义的理解和区分,各国学者看法各

---

① [澳]娜嘉·亚历山大主编:《全球调解趋势》,王福华等译,中国法制出版社 2011 年版,第 246 页。

② 范愉主编:《多元化纠纷解决机制》,厦门大学出版社 2005 年第 2 版,第 521 页。

③ mediation 和 conciliation 都可以翻译为调解,为了区分,此处译成和解。

④ Jacqueline M Nolan-Haley, Is Europe Headed Down the Primrose Path with Mandatory Mediation? *N. C. J. INTL L. & COM. REG*, 2012, Vol. 37.

异,有学者认为两者含义相同,也有学者主张两者内涵不一。另有观点指出:"对'mediation'和'conciliation'的严格区分在现代争议解决体系中并没有什么实际意义。随着调解的发展,人们更注重的是调解在纠纷解决中的适用价值,而不再纠缠于具体的措辞用语。"① 不过,意大利却对上述概念区别对待,认为"mediation"和"conciliation"是两种不同的制度。虽然《调解指令》明确规定了司法调解,允许法官主持调解活动,但是意大利并不存在这种制度。相反,意大利民法典规定了一种司法和解程序(judicial conciliation procedure),主要适用于劳动纠纷、家事纠纷、小额纠纷以及土地纠纷领域。该程序的启动既可以根据当事人的申请,也可以通过法官的建议。

(三)调解特征

自愿性是调解制度的重要原则,是否选择调解应当建立在双方当事人意思自治的基础上。如果调解失败,当事人仍有权向法院提起诉讼。意大利坚持并遵循了调解自愿原则,但是在实施欧盟指令的过程中,意大利第 28 号法令逾越了该原则,引入强制调解的规定,这使许多民商事纠纷调解逐渐形成了强制性的特征。

1. 强制性特征

(1)适用范围

在被意大利宪法法院宣布违宪之前,强制调解规定于第 28 号法令的第 5 条。该条规定以下纠纷必须进行调解:不动产物权纠纷、遗产继承纠纷、医疗事故纠纷、合同纠纷、保险纠纷以及银行金融纠纷等。另外,因车船事故引发的纠纷也需要进行诉前调解。如果当事人之间产生的纠纷属于其中一种,法官必须引导当事人进行调解。该调解的启动,既可以根据当事人的申请,也可以依据法官的职权。不过,在特定民事纠纷中使用强制调解的规定却遭到意大利律师的强烈抵制,同时,强制调解还因违背自愿性原则而受到律师们提起的合宪性审查。②

(2)具体规则

调解的强制性特征首先体现在律师的告知义务中。代理案件时,律师应当告知当事人可以选择调解解决纠纷。告知内容包括:调解程序的详细事项;调解解决纠纷的可能性;调解可以获得税收减免的优惠信息等等。此外,上述内容必

---

① 齐树洁主编:《纠纷解决与和谐社会》,厦门大学出版社 2010 年版,第 94~95 页。

② Ashley Feasley, Mediator Qualification Regulations and the 2008 EU Mediation Directive:A Necessity or An Impediment, http://www.works.bepress.com,下载日期:2014 年 4 月 10 日。

须以书面方式告知当事人,并要求其签字,以此证明代理律师按照要求履行了告知义务,否则当事人有权拒绝该律师作为代理人。在履行告知义务时,律师应当谨慎注意对调解制度的描述,因为不同的理解方式会对当事人是否利用调解产生一定影响。在意大利,法律还允许调解员对调解活动进行权威性的评价,该评价往往不同于律师的描述,与完全建立自愿调解的国家相比,这种区别在规定了强制调解的意大利会更加明显。[①] 因此在描述调解制度的同时,律师还必须关注调解员对调解活动的权威性评价。

强制性特征贯穿于调解活动的整个过程。在准备调解前,假如只有一方当事人有意调解,那么另一当事人有权选择是否接受调解的邀请。但是,意大利不允许当事人无正当理由拒绝邀请。在此情形下,调解员需要登记当事人拒绝调解的事项,并提交至后续的司法程序中。根据意大利调解法的规定,法官可以据此作出不利于拒绝调解的当事人的判断。值得关注的是,意大利已于 2012 年 3 月废除该条规定。[②] 在此背景下,当事人拒绝参加调解的行为将不再对随后的司法活动造成不利影响。然而,这并不意味着意大利消除了调解活动对司法程序产生的全部影响。调解结束后,当事人或者调解成功,达成一致协议;或者失败,继而转向法院。如果失败,调解员还需要提供一份最终的调解方案,当事人可以选择接受或者拒绝,倘若被拒的调解方案与随后的法院判决内容相一致,拒绝方案的胜诉方将承担不利后果。

2.保密性特征

保密性是意大利调解制度的另一大特征。意大利遵循欧盟关于保密制度的要求,制定了一套严格的保密规则。[③] 该规则要求产生于调解过程中的相关信息对随后的司法程序予以保密。调解保密的本意,是避免当事人在调解中的行为对后续司法活动造成不利影响。

(1)保密主体

承担保密义务的主体,既包括调解员,也包括当事人,还包括参与调解活动的其他主体,如律师和专家。意大利并不强迫当事人在律师的陪同下出席调解会议。但是,多数调解机构均鼓励律师的参与。早在《公司法》改革时期,意大利

---

① Jacqueline M Nolan-Haley, Is Europe Headed Down the Primrose Path with Mandatory Mediation? *N. C. J. INTL L. & COM. REG*, 2012, Vol. 37.

② [意]Elena Consiglio:《意大利调解制度的新发展》,李叶丹译,载齐树洁主编:《东南司法评论》(2013 年卷),厦门大学出版社 2013 年版。

③ European Parliament resolution of 13 September 2011 on the implementation of the directive on mediation in the Member States, its impact on mediation and its take-up by the courts [2011/2026(INI)]. http://www. europarl. europa. eu,下载日期:2014 年 4 月 1 日。

就非常重视律师的作用,规定在商业诉讼的引导阶段由律师进行排他性管理,排除法官的介入,从而消除审判管理引起的诉讼迟延,促使商业纠纷得到快速解决。① 另外,当纠纷解决需要一定专业知识时,法律也鼓励专家参与调解活动。据此,调解保密规则不仅适用于当事人,也适用于与调解结果没有任何利害关系的主体。只要是参与调解并因此获得相关信息的主体,都要恪守保密义务。

(2)保密范围

意大利对调解保密范围的规定比较概括和笼统,其对调解程序产生的相关信息均予以保密。基于成员国国内情况不一,欧盟就调解保密的程序规则只提供了一个最低标准。② 根据意大利第28号法令的规定,需要保密的信息大致可以归纳为:当事人提供的书面证据;调解过程中的当事人陈述;其他主体获取的相关信息和资料。当然,调解完成后的信息交流不属于保密范围。意大利允许调解员为审查调解方案而重新召开调解会议,但是,由于该会议不属于规定范围内的会议,法律无须对此会议产生的信息进行保密。

(3)保密方式

调解保密方式在意大利比较单一。首先,在审判程序中,保密的方式主要是赋予参与调解的主体就其获悉的调解信息免于出庭作证的权利。意大利第28号法令将通过调解获得的陈述内容排除在证据之外,同时规定调解员不得为此出庭作证。禁止调解员出庭作证的规定还出现在意大利刑事诉讼法中。其次,在调解程序中,保密的方式主要是要求调解员从一方当事人获取的信息在与另一方当事人交流时予以保密。这种保密方式通常发生在调解员与当事人分别进行的调解会议中。

(4)保密例外

调解保密也存在例外。欧洲调解员行为规范允许调解员在特定的情况下披露调解信息。大致包括以下几种情形:调解员按照法律规定不需要遵守保密规则时;调解员有合理理由认为,如果按照保密规则继续保密将会使个人生命受到损害或陷入真正的危险状态时;调解员有理由相信,如果依照保密规则继续保密将会使个人面临刑事审判的危险时。意大利也规定,只要经过当事人同意,调解员可以将其所知晓的信息透露给另一方当事人;或者经过当事人的认可,将其获取的信息用于随后的司法程序。

---

① 王春丽:《意大利商业诉讼研究》,载《甘肃政法学院学报》2013年第2期。

② See whereas No. 23 of the Directive 2008/52/EC, http://www. europarl. europa. eu,下载日期:2014年4月1日。

三、意大利调解制度之评析

显而易见,自意大利颁布第 69 号法律开始,适用替代性纠纷解决机制的可能性逐步提高。[①] 不过,近几年陆续出台的修改法案却表明意大利调解立法尚处于一种"且走且看"和"先制定,后完善"的吊诡状态。例如,第 28 号法令自颁布以来遭到意大利律师团体的激烈反对,他们认为强制调解妨碍了司法公正,并要求对其进行合宪性审查。对此,意大利司法部于 2011 年 7 月颁布了第 145 号命令(Ministry Justice of Decree),该命令自颁布一个月后立即生效。立法者试图通过新规定的实施,对调解制度进行完善,以期转变律师团体和法院对强制调解的态度。[②]

(一)对强制调解的思考

1.规则的思考

减少诉讼拖延是意大利司法改革的当务之急。自 1990 年开始的民事诉讼改革,其"缓解办案压力,提高诉讼效率"的指导理念一直未变。收效甚差的改革,不断强化了立法者改变现状的急切心理,一定程度上导致了意大利调解强制性特征的产生。然而,对于强制调解,各国态度不一,并不是所有国家都抵制强制调解的引入。具体而言,强制调解在很多国家确立下来,并成为扩大调解适用的一种趋势。[③] 但是,由于法律文化的不同和司法体制的差异,强制调解的效果不尽相同。德国的实践表明强制调解确实起到了过滤案件的作用;澳大利和美国在强制调解中也取得了不少成效;而意大利由于缺乏配套措施,反倒将调解制度拖入困境。[④]

2.功能的思考

关于强制调解是否侵犯了宪法赋予的任何人都有权获得诉讼保障的基本权利,早期意大利宪法法院就认为,只要具备如下条件,强制调解的尝试还是有意义的:(1)需明确规定最长期限,促使当事人进行和解所做的各种努力不超过这

[①]　王春丽:《意大利民事诉讼改革之旅》,载《前沿》2012 年第 23 期。

[②]　但这样的努力仍然有限,意大利最高法院最终以违反宪法为由宣布强制调解无效。

[③]　李德恩:《民事调解理论系统化研究——基于当事人自治原理》,中国法制出版社 2012 年版,第 130 页。

[④]　王福华:《现代调解制度若干问题研究》,载《当代法学》2009 年第 6 期。

一期限;(2)一旦当事人提起诉讼,无论该程序处于何种阶段,都应该立即终结。① 退一步而言,强制调解即便涉嫌违宪,也是为法治进程的推进付出代价,即所谓的"交学费"。② 从此种意义上讲,强制调解的引入对意大利司法体制的改革还是具备某些积极意义。

首先,强制调解有利于扩大调解的适用范围。根据意大利司法部公布的数据显示,调解案件的数量,与强制规定实施之前相比,呈大幅增加的趋势。2011年3月21日至2012年4月30日,仅仅1个月内的调解数量中,强制调解占77.2%,自愿调解则占19.7%。③ 其次,强制调解有助于转变意大利崇尚法律权威的传统观念,提升民众的调解意识。司法管辖权神圣且不可改变的观点,加之长期以来人们对非专业法官所持的怀疑态度,使意大利推动调解的努力并不理想。④ 而通过该制度的引入,"强制"当事人认识并了解以调解的方式解决纠纷的可能性,并将调解所具备的比较优势"植入"人们脑中,不断影响并推动民众传统观念的转变。

3.存废的思考

虽然强制调解在实施过程中步履维艰,但意大利的态度表明,其尚未有废除强制调解规定的倾向。⑤ 相反,意大利司法部试图通过第145号命令和第180号命令的颁布提高强制调解的成功率,从而强化民众对调解程序的信任感,并最终改变律师团体和法院对强制调解的看法。毕竟,强制调解的立法宗旨,是为了体现调解与其他纠纷解决方式相比所具备的优势,而不是试图取代诉讼,剥夺当事人选择诉讼的权利。⑥ 因此,意大利发展调解似乎应该由是否强制转变为如何强制,同时通过相应措施的完善,避免调解立法因强制调解的存在而陷入困境。

---

① [意]罗伯特·隆波里、阿尔多·贝特鲁奇等:《意大利法概要》,薛军译,中国法制出版社2007年版,第262页。

② [日]小岛武司:《司法制度的历史与未来》,汪祖兴译,法律出版社2000年版,第109页。

③ Klaus J. Hopt & Felix Steffek, *Mediation: Principles and Regulation in Comparative Perspective*, Oxford University Press, 2013, p. 691.

④ [澳]娜嘉·亚历山大主编:《全球调解趋势》,王福华等译,中国法制出版社2011年版,第236页。

⑤ 考虑到每年有50万可以适用强制调解的案件,意大利对强制条款进行的修改被推迟到2012年3月。参见 Klaus J. Hopt & Felix Steffek, *Mediation: Principles and Regulation in Comparative Perspective*, Oxford University Press, 2013, p. 679.

⑥ [英]J. A. 乔罗威茨:《民事诉讼程序研究》,吴泽勇译,中国政法大学出版社2008年版,第318页。

(二)对调解保密的质疑

1.规则的质疑

在《调解指令》的指引下,意大利建立了一套较为严格的保密性规则。调解保密旨在促进当事人之间信任关系的建立,确保冲突的有效解决。即使调解失败,当事人也无须担心自己的"所作所为"反倒成为诉讼中对其不利的证据。禁止调解信息向后续司法程序披露,不仅能确保调解程序的安定性,还有助于维护诉讼判决的公正性。[①] 但是,意大利的调解保密制度存在某些不足。

(1)程序保密与惩罚措施的阙如

调解的保密性包含两个层面:一个是调解程序保密,一个是调解信息保密。[②] 前者要求调解过程不公开,不允许与调解无关的人员旁听。后者强调调解主体不得将调解信息向随后的审判活动披露。因此,调解保密是程序性保密和内容性保密的结合。遗憾的是,意大利只关注信息保密而缺乏程序保密。意大利的调解活动,在当事人选定调解组织后,一般由该组织内部规则规制,无须受正式程序规则的约束。但是,多数调解规则均未明确调解程序是否公开,如果公开又是否因当事人申请而不公开? 程序保密规则的阙如,将对调解信息的保密产生不利影响。除此之外,意大利通常以法律义务的形式制定保密条款,即"调解主体应当恪守调解信息的保密义务",至于违反保密义务的具体惩罚措施,保密条款却没有任何规定。

(2)保密内容既不包括调解方案,也不包括调解记录

没有达成调解协议,意味着调解失败。在意大利,当事人拒绝调解员提供的调解方案将导致调解活动的终止。根据第 28 号法令,调解员可以依据当事人的申请或者依职权提供一份最终的调解方案。当事人需要对该方案作出同意或者拒绝的意愿说明。如果当事人拒绝接受,那么调解员将拟成一份书面报告,记载拒绝方案的当事人以及被拒方案的内容。按照强制调解的要求,这份报告应当在随后的审判活动中公开,倘若法官发现法院作出的判决与被拒方案的内容相一致,那么拒绝调解方案的胜诉方将承担不利的后果。虽然调解方案和调解记录均产生于调解活动,本质上也属于调解信息的范畴,意大利却将二者排除在调解保密的范围之外。

与此同时,关于当事人拒绝参加调解会议的记录也不属于保密内容。一般而言,当事人享有选择是否参加调解会议的权利。而调解记录却使参加调解会

---

① 周建华:《司法调解的保密原则》,载《时代法学》2008 年第 5 期。

② 肖建华、唐玉富:《论法院调解保密原则》,载《法律科学》2011 年第 4 期。

议成为当事人的一项法定义务。因为在随后的审判活动中,法官将以不出席调解会议的记录作为对抗当事人的考量因素。值得称道的是该做法已被废除。①

2.目的的质疑

调解保密最直接的目的,是避免调解信息的披露影响法官审判的公正性。而设立调解保密规则最根本的目的,是鼓励当事人积极地适用调解。因为调解信息的保密能够最大化消除当事人担忧调解行为造成不利影响的心理顾虑。然而,需要思考的是,调解信息的公开是否必然会给当事人带来严重的后果?

根据意大利第28号法令的规定,调解保密主体大致分为两类:一类是当事人;一类是当事人之外的其他主体,具体包括调解员、律师、专家和翻译人员等等。首先,对于当事人而言,调解保密难以规制当事人的心理认知。虽然法律要求产生于调解过程的调解信息对审判活动保密,但是倘若当事人基于调解中的信息交流对案件事实形成了初步看法,这种看法很难不对后续的程序行为产生影响。② 其次,对当事人以外的其他主体而言,保密义务可以成为例外。在允许当事人提出异议和反驳的情况下,披露部分调解信息或许有助于法官发现真相,认定案件事实。进一步而言,对于某些内容,例如调解信息中先前存在的事实,法律无须进行保密。有些国家就对调解保密范围进行了创造性划分,认为受保护的信息应当是产生于以调解为目的的交流,而非先前就存在的事实。③ 意大利对此不作任何区分,规定产生于调解活动的与调解相关的信息都属于保密范围。欧洲调解员行为规范甚至还将是否已经调解或者准备调解的事实纳入保密范围。④ 其实,对于某些先前就存在,且不影响后续公正审判的信息,法律没有必要予以保密。

近年来,意大利调解制度取得了实质性的进展。需要注意的是,调解并不是缓解法院办案压力,减少诉讼迟延的"救命稻草"。即使民事案件平均持续时间不再长达9年,调解制度也有其存在的价值。随着立法对替代性纠纷解决方式的不断重视,调解所具备的比较优势将日益凸显。虽然意大利强制调解被认定违宪,但部分强制性规定在扩大调解的适用范围,过滤案件数量方面仍然发挥着积极的作用。

---

① 如前所述,意大利于2012年3月废除了该条规定,法官将不再作出对拒绝参加调解会议的当事人不利的判断。

② 陆而启:《简论诉调对接程序的意见共通》,载《福建江夏学院学报》2013年第2期。

③ 陶南颖:《诉讼调解保密制度的域外经验述评》,载齐树洁主编:《东南司法评论》(2013年卷),厦门大学出版社2013年版。

④ See No. 4 of the European Code of Conduct for Mediators, http://www. europarl. europa.eu,下载日期:2014年4月1日。

爱尔兰调解制度发展简评

■牛子文*

摘要：近年来，纠纷类型的多样化与争议问题的复杂化，使爱尔兰法院系统的审判压力陡然增加，诉讼拖延与案件积压的问题进一步恶化。ADR机制尤其是调解制度的发展，在很大程度上缓和了诉讼爆炸和有限司法资源之间的矛盾。2010年，爱尔兰司法改革委员会公布了《调解法草案》。该草案奠定了调解制度发展的基础，同时也为将来的调解立法提供了蓝本。

关键词：爱尔兰　纠纷解决　调解制度　《调解法草案》

爱尔兰是位于欧洲大陆西北海岸外的一个岛屿，包括爱尔兰共和国和英国辖下的北爱尔兰。本文所称的"爱尔兰"，是爱尔兰共和国的简称，其国土面积为70282平方公里。就人口数量（约400万人）和经济规模总量来说，爱尔兰是一个小国，然而它却是一个颇具特色和影响、引起世人广泛兴趣的国度[1]。自20世纪90年代以来，随着爱尔兰经济的持续快速增长以及国民法律素养的提高，爱尔兰民事诉讼案件数量迅速增加。

为缓解诉讼爆炸与有限司法资源之间的矛盾，爱尔兰政府加大对非诉讼纠纷解决机制（ADR）的投入，ADR机制近年来获得长足发展。非诉讼程序通过发挥其自身特点和优势，及时、快速、有效、经济地解决纠纷，从而实现对诉讼制度的补偏救弊和功能替代，以减轻司法压力，节约司法资源，减少社会的纠纷解决成本，并更好地调整人际关系和社会关系，维护社会自治。[2] 在爱尔兰，调解制度最初适用于劳动和家事法律领域。近年来，随着调解高效、快捷、低成本等优点为人们所熟知，越来越多的当事人选择调解来解决纠纷。2010年，爱尔兰司法改革委员会公布了《调解法草案》(the Draft Mediation and Conciliation Bill)，对爱尔兰调解制度的基本框架加以规范，促进了调解制度的发展。爱尔兰政府期望借由调解制度为当事人

---

* 作者系厦门大学法学院诉讼法硕士研究生。

① 王振华等主编：《爱尔兰》，社会科学文献出版社2007年版，第1～2页。

② 范愉主编：《非诉讼程序（ADR）教程》，中国人民大学出版社2012年第2版，第21页。

提供一种比较低廉的纠纷解决方式,以节约司法机关的公共开支,减轻法院系统的压力。

一、爱尔兰调解制度的发展历程

(一)爱尔兰调解的历史源流

调解既是法制社会中出现的一种新型纠纷解决方式,也是自古流传至今的一种传统的纠纷解决方式[①],但爱尔兰民事调解制度的历史并不长。1946年颁布的《劳资关系法》(the Industrial Relation Act)规定,在处理劳资纠纷时,当事人可以进行调解。在1986年爱尔兰家事法改革之后,爱尔兰政府试验性地设立了家事调解委员会,旨在妥善、友好地解决离婚纠纷中所涉及的诸多争议。但直至1996年,爱尔兰法律才承认调解是一种可以替代民事诉讼,解决民事纷争的纠纷解决方式。

近年来,爱尔兰诉讼程序费用高昂、程序烦琐、期间迟延等固有缺陷逐渐显现,已不能适应社会成员纠纷解决的需要。为缓解国家与公民在民事诉讼制度方面的供需矛盾,司法系统积极推动ADR的发展。在商事贸易纠纷、租赁合同纠纷等领域,ADR正发挥着日益重要的作用。法院通常会在昂贵的、费时费力的法庭程序开始之前,建议当事人选择调解等ADR机制来解决纠纷[②]。

但到目前为止,爱尔兰民事法律并未对ADR机制的基本框架加以统一规定。在法院附设调解过程中,法院针对不同的民事纠纷采用不同的调解规则。对于民间调解的原则与框架,相关法律亦并未进行统一规定。2010年,爱尔兰司法改革委员会[③]深入细致地调查了调解制度在司法体系中所发挥的作用,并提出应通过全面的立法来规范法庭程序内和法庭程序外的调解制度。

---

① [澳]娜嘉·亚历山大主编:《全球调解趋势》,王福华等译,中国法制出版社2011年第2版,第1页。

② Cassandra Byrne & Jarleth Heneghan, Trends Influencing Effective Projects and Construction Dispute Resolution in Ireland, *Construction Law International*, 2011, Vol. 6, Issue 2.

③ 爱尔兰司法改革委员会是依据1975年颁布的《司法改革委员会法》(Law Reform Commission Act 1975)成立的,其目标在于为司法改革提供建议,推广法律的适用以及保证司法独立与公正。

（二）《爱尔兰司法改革委员会关于 *ADR* 的报告》（以下简称 *ADR* 报告）的发布

2010 年,爱尔兰司法改革委员会发布了 ADR 报告①。该报告引发了爱尔兰法学界关于 ADR 机制在其司法系统中究竟发挥何种作用的大讨论。上述报告不仅讨论了 ADR 机制的基本原则,如自愿参与、保密性、调解员的中立与公正等,还详尽描述了 ADR 机制在民商事等诸多领域所发挥的作用。在司法改革委员会起草《调解法草案》之后,爱尔兰法学界对于 ADR 机制(尤其是调解制度)的研究热情高涨。一旦该草案在议会获得通过,将会促进民商事等领域 ADR 机制的进一步发展。

（三）2010 年《调解法草案》的颁布

如上所述,司法改革委员会并未将其职能局限于为当事人使用 ADR 机制解决民事纠纷提供建议与帮助。寄望于为爱尔兰议会将来通过的调解立法②提供一份具有可行性的范本,它将上述建议写入《调解法草案》。到目前为止,虽然未有任何迹象表明立法者将会在何种程度上采纳司法改革委员会所颁布的《调解法草案》,但毫无疑问,该草案已经在爱尔兰调解立法进程中发挥了重要作用。

《调解法草案》以敦促纠纷双方当事人达成调解协议为目标,为爱尔兰调解制度的运作提供了一系列详细全面的规则。该草案未取代爱尔兰法律体系中其他立法关于调解程序的规定,并且以《调解法草案》为基础的未来调解立法将会做必要的修改,以求同其他与调解相关的法律相一致。如果《调解法草案》将来获得议会通过,成为正式的法律,那将是爱尔兰法律首次对调解制度规则进行详尽的规定。

二、爱尔兰调解制度的模式

（一）民间调解

在 2005 年爱尔兰高等法院审理的 Byrne v. Byrne 一案中,当事人(有限责

---

① 这份报告是在 2008 年司法改革委员会撰写的关于 ADR 咨询文件的基础之上编写的,其主旨在一定程度上与司法改革委员会第三阶段(2008—2014 年)司法改革的主题相吻合。

② 爱尔兰政府宣称计划在 2012 年颁布调解法草案。

任公司的董事和股东)达成了一份包含如下条款的协议:双方当事人同意通过仲裁或者调解,解决公司股东或者董事在行使各自职权时发生的纠纷。在双方当事人选任仲裁员或者调解员发生争议时,选任权由爱尔兰律师协会(the Incorporated Law Society of Ireland)的当职主席行使。

在当事人发生纠纷后,律师协会主席任命的仲裁员在组织第一次仲裁会议时发现,双方当事人对上述条款存在不同理解。原告方认为,仲裁院作出的裁决对双方当事人均有约束力。被告方则辩称,该条款规定仲裁员的裁决不具有约束力,原因是上述条款包括调解和仲裁两方面内容,而调解并不具有约束力。仲裁员将这一问题作为典型案例呈报给高等法院,法官 Macken. 认为,仲裁员作出的裁决具有约束力。在解释上述条款时,高等法院认为调解与仲裁的性质和程序各不相同,否则就没必要提到仲裁和调解两种机制。调解完全是当事人自愿参与,调解员的决定不具有约束力,而仲裁法庭作出的裁决对当事人具有法律约束力。在这一案例中,上述条款应被解释为,当事人可自主选择具有约束力的仲裁程序和不具有约束力的调解程序,一旦当事人选择仲裁程序,仲裁裁决对双方当事人具有约束力。

由上述案例可见,爱尔兰的民间调解是当事人双方自愿参与的,体现了调解的自愿与自治原则。所谓民间调解,是指在非司法性和非行政性的民间组织、团体或个人主持下进行的调解。[①] 在爱尔兰,当事人可达成一份完全独立于将来诉讼程序的协议,约定在双方合同关系存续期间,可通过调解解决纠纷。为此,当事人可在合同中订立调解条款,为随后可能发生的纠纷做准备。但在纠纷发生之后,当事人也可协商通过调解解决争议。

(二)法院附设调解

法院附设调解,即由法院附设或委托独立的调解机构进行调解[②]。对于不同形式的法庭程序而言,爱尔兰相关法律明确规定,法院应当告知纠纷双方当事人可选择调解解决争议。但当事人享有程序选择权,即是否选择调解完全取决于当事人双方的合意,法院无权决定。法院附设调解始于诉讼未决之时,目的在于促使纠纷当事人在调解程序中达成争议解决方案,从而避免审判程序的启动,节约诉讼资源。如果当事人决定进行调解,法官将会中止法庭程序,直到调解结束。例如 1996 年生效的《家事(离婚)法》[the Family Law(Divorce) Act 1996]

① 齐树洁主编:《纠纷解决与和谐社会》,厦门大学出版社 2010 年版,第 98 页。
② 范愉主编:《非诉讼程序(ADR)教程》,中国人民大学出版社 2012 年第 2 版,第 109 页。

规定,在离婚或者合法分居纠纷中,当事人的法定代理人应当如实告知本方和对方当事人是否选择调解程序以及调解程序的可行性。

法院附设调解一般因当事人的申请而启动,并且与诉讼程序分离,仅在调解失败的时候才由当事人决定是否转入诉讼,而达成的和解协议在获得法院的确认后通常具有强制执行力①。与法庭调解不同,在法院附设调解中,法官或书记员并不能担任调解员,纠纷双方当事人应从独立于法庭程序之外的人员中选择一个或多个调解员。例如,在爱尔兰,离婚纠纷的双方当事人在起诉到家事法庭之后,可选择由政府资助的家事调解服务中心②进行调解,从而达成调解协议。

(三)自愿调解与强制调解

无论是民间调解还是法院附设调解,均基于当事人的自愿参与。对于法庭调解而言,法官可建议当事人选择调解制度解决争议,但是否选择调解则完全取决于当事人的合意。

2004年《民事责任和法院行为法》(the Civil Liability and Courts Act 2004)规定的调解会议制度是调解自愿原则的唯一例外。该法规定,一方当事人可申请举行调解会议,法院经合议认为该会议有助于纠纷的解决,则会强制另一方当事人参与。另一方当事人同意与否,不影响调解会议的举行。上述法案并未规定任何确保另一方当事人参加会议的强制措施。但是,法院可勒令拒绝参加调解会议的一方当事人承担该案的诉讼费用③。尽管当事人并无参加调解会议的法定义务,但为规避承担诉讼费用的风险,其通常会参加调解会议。

三、爱尔兰调解制度的主要内容

(一)调解程序

至目前为止,爱尔兰的成文法未对调解制度乃至于调解的具体程序进行统一规范。2004年生效的《住宅租赁法》(Residential Tenancies Act 2004)规定了调解程序中的指导原则,但这仅是爱尔兰法律体系的个例。该法规定,调解的目标在于促使当事人双方达成调解协议,以友好地解决纠纷,从而避免诉讼程序的

---

① 汤维建主编:《外国民事诉讼法学研究》,中国人民大学出版社2007年版,第498页。

② 家事调解服务中心独立于家事法庭,不属于司法机关的范畴。最初它附属于司法部,但在1998年1月1日之后,受爱尔兰社会家庭事务部管辖。

③ Katie Bradford, Commercial Mediation:a comparative review 2013, http://www.linklaters.com,下载日期:2014年5月20日。

启动。为达成上述目标,调解员应当充分查究有关纠纷的各个方面,并将其认为必要的信息披露给当事人。在必要时,调解员可随时采取有助于友好解决纠纷的其他行动。

与《住宅租赁法》对调解程序的基础性规定不同,爱尔兰调解员协会(The Mediators' Institute of Ireland,简称 MII)《调解员道德与实践准则》(Code of Ethics and Practice)规定,调解程序由调解员主导。在调解程序开始之前,调解员应书面告知当事人双方关于调解程序的性质以及目标。此外,调解员还应与当事人协商确定导致调解程序终止的情形。为确保调解顺利进行,调解员应当具备必要的知识、经验、能力。当事人之间达成的调解协议应包含调解员的费用,并且经过调解员以及当事人的签署之后才能生效。在调解过程中,调解员应确保当事人可获得其法律顾问所提供的法律和财政方面的专业建议。在调解程序中,对儿童福祉的保护占有特殊地位。在儿童福祉遭受侵害或者可能遭受侵害时,调解员有义务采取或督促有关机构采取保护儿童权益的相关措施。如有必要,调解员可将其在调解中获知的保密信息提供给卫生部门的官员。

《调解员道德与实践准则》同时规定,调解员应当保持中立与公正,无差别地对待任何一方当事人,以确保调解程序与调解协议的公正性。此外,调解员无权确定调解双方当事人的权利与义务。调解员需对调解双方当事人负责,在特殊情形下,还需负担侵权责任。《调解员道德与实践准则》规定,调解员应确保其提供的调解服务合理合法,并且爱尔兰调解协会每年都会考核调解员的业务水平。尽管《调解员道德与实践准则》规定了调解程序的非正式性以及适用调解程序的纠纷类型,但却未对调解的具体程序加以规范。在调解实践中,为更好地达成调解的目标,往往是由调解员和双方当事人共同决定调解的具体程序。

与调解协会的《调解员道德与实践准则》相类似,爱尔兰司法改革委员会起草的《调解法草案》并未对调解的具体程序加以规定,仅仅罗列了部分指导调解具体程序的基本原则。该规定特别强调 ADR 程序中当事人的自愿参与原则,自主决定调解结果原则,ADR 程序中针对所有参与者的保密原则以及调解员需保持中立与公正原则。

(二)调解员制度

1.调解员的培训与任命

爱尔兰尚未制定统一的调解员培训与任命的法律规范。长期以来,由于缺乏培训调解员的相关机构,爱尔兰的调解员是由英国的调解员培训机构代为培训的。目前,爱尔兰的调解员培训服务主要是由私人的研讨会提供。关于调解员的教育,可参考爱尔兰调解协会推荐的调解员培训与认证体系。爱尔兰调解协会是该国最古老的调解员协会,但它并不提供调解员培训的相关课程。

爱尔兰调解协会将调解员分为一般调解员(General Members)、准调解员(Associate Members)、认证调解员(Certified Members)、执业调解员(Practitioners Members)四种。一般调解员是指仅仅对调解感兴趣的调解员;准调解员是指已完成爱尔兰调解协会或是其他相关机构指定的,至少60个小时调解课程的调解员;认证调解员是指已完成上述调解课程,并通过了爱尔兰调解协会调解能力考核的调解员;执业调解员是指完成了60个小时的调解课程,并且已具有多年调解经验的调解员。根据爱尔兰调解协会的相关规则,只有认证调解员和执业调解员才能独立进行调解①。在调解过程中,上述调解员应当遵守调解协会颁布的《调解员道德与实践准则》的规定。据统计,爱尔兰大约有2000名训练有素的调解员。

2.调解员法规和调解员职业协会(Mediators' Professional Unions)

至目前为止,囿于爱尔兰缺乏专业调解员认证与准入机制方面的法律法规,任何人均可成为调解员并从事调解,而官方机构也未对调解制度加以规制。但是,许多爱尔兰民间调解机构针对调解员颁布了相应的规章制度。1992年成立的爱尔兰调解协会是上述机构中存在时间最长,也是唯一的非营利性机构。为提高其成员的素质,它要求每个成员都应接受培训,并满足《调解员道德与实践准则》中对调解员的要求。爱尔兰商业调解协会(the Irish Commercial Mediation Association)成立于2003年,是一个相对较新的组织,其调解员主要负责商事纠纷的调解。上述两个调解机构都致力于提倡调解,通过不间断的培训提高调解员的素质,并要求调解员为当事人提供高标准的调解服务。无论是调解协会还是商业调解协会,都会为对调解感兴趣的纠纷当事人提供调解员名单。

《调解法草案》要求爱尔兰司法部尽快颁布《调解员行为准则》以便为调解员提供实践指导,同时也为将要颁布的《调解法》做准备。值得注意的是,《调解法草案》并未将获得相关国家机构的认证作为调解员提供调解服务的先决条件。

(三)调解保密制度

调解保密性具有吸引当事人参与调解的制度魅力,也是成功调解的核心要素②。调解员以及纠纷双方当事人对调解过程中所获取的信息保密,对于调解的成功至关重要。如果当事人不能确信其在调解过程中提供的信息不被披露,

---

① 爱尔兰调解协会对调解员的具体划分标准,参见 Becoming an MII Member,http://www.themii.ie,下载日期:2014年5月20日。
② 肖建华、唐玉富:《论法院调解保密原则》,载《法律科学》2011年第4期。

或是一方当事人担心上述信息会在随后的诉讼中被当作证据使用,并对自己不利,那么当事人不会以开放的态度参与调解的整个过程,这将严重阻碍调解的进行。

爱尔兰的相关法律要求调解员以及双方当事人对在调解过程中获取的信息保密。在特殊情形下,对于在调解会议中所获取的信息,法院将不会当作证据采纳。2004年生效的《住宅租赁法》规定,解决房屋所有人与房屋租赁人之间纠纷的调解员应当遵守调解保密原则,对在调解过程中所获取的信息保密。只有在该法明确规定的情形下,才可披露调解会议的经过以及结果。同样生效于2004年的《民事责任和法院行为法》不仅要求调解员和当事人对在调解过程中所获得的信息保密,还对此设立了更为详细和全面的义务。该法适用于人身损害赔偿的强制执行,包括调解员制作的调解会议记录、当事人和调解员在调解过程中的沟通与交流、与调解程序相关的所有记录以及其他证据等在内的事项都是调解保密原则的对象。此外,上述事项在调解程序之后的民事或刑事诉讼过程中不能被当作证据使用。《家事(离婚)法》规定,在离婚诉讼等家事法庭程序中,任何来源于调解程序中的口头和书面信息都不会在诉讼程序中被当作证据使用。

此外,调解员及调解各方当事人在调解程序中所获取的信息,并没有进一步的保密措施。因此,爱尔兰调解协会在《调解员道德与实践准则》中规定,调解员和双方当事人应共同达成一份要求所有参与调解程序的人员遵守调解保密原则的协议,在经过所有人签署之后,对在调解程序中所获取的信息保密就成为合同义务。2010年公布的《调解法草案》要求调解员和双方当事人对在调解过程中所获取的信息保密,但在特定情形下,调解保密权利受到制约。比如,信息的披露对于规避一方当事人的生理或心理伤害是必要的或是有助于制止当事人利用调解中获取的信息犯罪。此外,爱尔兰司法部2012年公布的《调解法总体规划草案》(Draft General Scheme of Mediation Bill 2012)[①]也规定,当事人应对调解过程中所做的沟通与交流保密,并规定了调解保密原则的例外情形。

(四)调解协议的执行

涉及调解协议的执行,需对如下两个方面的内容作出回应:首先,当事人经过调解所达成的调解协议,在多大程度上有助于纠纷的解决。其次,当事人在诉诸诉讼之前,因合同中的调解条款,而通过调解来解决纠纷,是否同样适用于调

---

① 《调解法总体规划草案》以2010年司法改革委员公布的《调解法草案》为基础,但不具有约束力,至今尚未施行。该草案具体条文参见:http://www.justice.ie,下载日期:2014年4月28日。

解协议。

1.调解协议

当事人在调解程序结束之后，为解决纠纷而达成的调解协议，就其性质而言属于普通民事合同，不具有直接执行效力。如果一方当事人拒不履行调解协议，另一方当事人可向法院提起诉讼，请求其继续履行合同或者请求损害赔偿，法院应采取相应的执行措施。

2004 年施行的《住宅租赁法》规定，私人住宅租赁委员会（the Private Residential Tenancies Board)作为本法案规定的调解协议执行机构，享有执行当事人之间达成的调解协议的权利，这是上述原则的唯一例外，对调解双方当事人具有约束力。但是，这一规定仅限于《住宅租赁法》规定的纠纷解决。

2.调解条款

当事人之间达成协议，同意通过调解解决已经发生或者将来可能发生的争议，这就是所谓的调解条款。在爱尔兰，调解条款在何种程度上具有可执行性是一个尚未确定的问题。在 2003 年范宁诉科克大学（Fanning v. University College of Cork)一案中，被告方当事人约定，未经其他被告同意不得擅自终止诉讼。在上述情形下，部分被告是否有权组织并参加调解程序？因未出现阻碍诉讼公平和调解自愿参与性的情形，法院拒绝发出禁令，以禁止部分被告参与调解。申请禁令的当事人认为，其有权拒绝参与调解，而禁令在本质上只是其试图解决纠纷的一种非正式性尝试。但在诉讼程序开始前，合同双方当事人均同意通过调解解决纠纷的情形下，尚不能确定法院可否发出禁令。综上所述，要求参加调解会议的当事人清楚明确地拒绝通过调解解决纠纷，纯粹是法律形式主义的表现。上述调解条款对双方当事人的约束力较弱，尤其是其不能阻碍诉讼程序的开始。

《调解员道德与实践准则》第 31 条规定，合同双方当事人以书面或是口头形式约定的调解条款，具有约束力。调解员应告知双方当事人同意调解所需负担的责任。此外，《调解员道德与实践准则》第 62 条强调了调解自愿参与原则，这一原则贯穿于调解的整个过程。调解是自愿的，任何一方当事人包括调解员可随时终止调解，并且无需任何理由。由此可见，参与调解的整个过程仅仅是当事人的义务，因此，调解条款的约束力应在一定程度上受到限制。

四、爱尔兰调解制度的未来发展

1995 年至 2007 年，爱尔兰经济的高速发展导致民事诉讼案件数量的增加。随着案件数量的增加，诉讼成本上升、诉讼拖延等问题日益突出。替代性纠纷解决方式尤其是调解制度的发展，不仅为爱尔兰民事纠纷当事人提供了一种比高昂的诉讼程序更为低廉的纠纷解决方式,而且在减少法院系统的案件积压与控制法院的公共成本方面效果显著。在爱尔兰,劳资纠纷以及家事法律领域的当事人选择调解作为一种替代性纠纷解决方式化解争议历史悠久。但在大多数法律领域,调解制度还是一个新生事物。2010 年由司法改革委员会起草的《调解法草案》和 2012 年司法部公布的《调解法总体规划草案》对爱尔兰调解制度进行规范,推动了调解制度的发展,并深化了爱尔兰民众对于调解制度的理解。但上述两个草案对调解制度的规定较为笼统,未来的爱尔兰调解制度可从如下几个方面予以完善:

(一)加快爱尔兰调解法的立法进程,统一调解制度的法律规范

2008 年 5 月 21 日,欧洲议会及欧盟理事会作出了一项关于在欧盟范围内推动建立调解机制发展的指令。该指令的目的在于便利当事人利用替代性纠纷解决机制,并通过鼓励使用调解以及确保调解与司法程序之间的平衡关系促成纠纷的妥善解决。上述指令的施行,促进了欧盟各国调解制度的发展,奠定了各国调解立法的法律基础。

但到目前为止,作为欧盟成员国之一的爱尔兰尚未对其法律制度中的 ADR 机制尤其是调解制度,进行统一全面的法律规定。关于调解制度的相关规定散见于不同的法律中,在上述规定发生冲突时,也未规定何种法律优先适用。无论是 2010 年由司法改革委员会起草的《调解法草案》,抑或 2012 年司法部公布的《调解法总体规划草案》,仅具有指导意义,不具有全国适用性。统一法律规范的缺乏,是爱尔兰调解制度发展遇到的最大阻碍。因此,爱尔兰亟须将《调解法草案》转化为具有法律效力的规范,从而为调解制度确立坚实的法律框架,这同时也是与欧盟 ADR 立法保持一致的要求。

(二)提高爱尔兰调解员的素质,建立统一的调解员培训与认证机制

调解能否获得成功,在很大程度上取决于调解员以自身素质和技巧为内容的职业素养[①]。调解员职业素养的提高一方面需要调解员在不断的调解实践中积累经验,另一方面则依赖于统一的调解员培训与认证机制。在爱尔兰,调解员的培训与认证主要是通过民间的调解组织(如爱尔兰调解协会)进行的,这造成了爱尔兰调解员的职业素质参差不齐。为确保调解员具备引导当事人达成谈判协议的技能,诚实公正地对待每一方当事人,保护当事人的合法权益,爱尔兰亟须建立全国统一的调解员培训与认证机制。

---

① 李德恩:《现代调解员的角色:转换与规制》,载《法学论坛》2010 年第 6 期。

在这方面，民间调解组织的经验值得重视。首先，将调解员划分为准调解员与认证调解员两类，准调解员是指年满25周岁、获得法学学士学位，并且已经在司法部的调解员名单上注册过的调解员。认证调解员是指完成了爱尔兰司法部组织的调解员培训课程，并获得了调解员执业证书的调解员。其次，规定准调解员不能独立进行调解，其在参加培训课程之前，须作为认证调解员的助手完成80小时的调解工作。最后，应加强对认证调解员的监督，可考虑通过在《调解员执业规范》中增加惩处规定，规范调解员行为。如认证调解员违反相应条款，可吊销其执业证书。

（三）扩大调解制度在劳动以及家事法律领域之外的适用范围

长期以来，在劳动以及家事法律领域，调解凭借其快捷便利、成本低廉等优点，已经证明其对于纠纷解决的价值。但在上述两个法律领域之外，诸如商事贸易以及其他民事领域，调解才刚开始适用并获得立法者的关注。因此，从2004年开始，爱尔兰诉讼程序规则开始鼓励当事人通过调解解决商事贸易纠纷。

为促进调解在解决复杂的商事贸易纠纷中的运用，爱尔兰司法部作出了诸多努力，其中包括设立附属于爱尔兰最高法院的商事分庭（Commercial Division），以促进替代性纠纷解决方式的运用。但由于最高法院受案范围的有限性，商事分庭只是在一定程度上推动当事人选择调解来解决商事纠纷。为扩大调解在商事贸易领域的适用，爱尔兰司法部计划设立商事贸易调解组织，培训专业的商事贸易调解员。

近年来，调解在爱尔兰普通民事领域以及民事诉讼法中的重要性日益增强。2004年颁布的《住宅租赁法》以及《民事责任和法院行为法》对民事相关领域的调解制度加以规定，推动了调解制度的发展。在2008年欧盟调解指令颁布之后，爱尔兰迫切需要一部统一的法律，用以规范调解在所有民事领域的适用。

发展中的比利时调解制度

■ 方　俊*

摘要：2005 年之前，调解在比利时尚属新生事物，在纠纷解决实践中适用并不普遍。2005 年之后，在《司法法典》与《调解规则》的支持下，调解在比利时蓬勃发展，日益发挥解纷的重要作用。比利时调解制度在迈向现代化的进程中，呈现制度化、职业化、电子化的发展趋势。考察比利时调解立法与实践，可为我国调解现代化转型提供必要的域外资源。

关键词：比利时　纠纷解决　调解规范　调解现代化

在"接近正义"（access to justice）理念与司法危机的双重影响下，调解制度的勃兴成为一种世界性潮流。比利时在调解立法与实践上较早地遵循了这一潮流。2005 年，比利时立法机关在修订《司法法典》（Judicial Code）时增设"调解"专章，确立了调解的制度框架。为优化调解制度，比利时仲裁调解中心①（CEPANI）于 2007 年颁布了《调解规则》（2013 年作了修订）。该规则进一步促进了调解的制度化与职业化。2013 年，Belmed 门户网站（平台）的构建与运作开启了比利时调解电子化（E-Mediation）的时代。从近年的发展来看，比利时调解制度在迈向现代化的进程中呈现制度化、职业化、电子化的趋势。

一、民事司法改革背景下的调解立法

20 世纪 60 年代以来，在许多国家，民事司法制度不能满足社会的需求已成

---

* 作者系厦门大学法学院诉讼法硕士研究生。

① CEPANI 建立于 1969 年 9 月 25 日，是比利时最大的仲裁和调解中心，也是比利时唯一的解决具有国际因素争议的机构。其主要职责包括研究和促进仲裁和调解，管理仲裁和调解程序。

为一个普遍现象。① 基于经济的发展、社会的变迁,比利时民事司法制度亦经历此种危机。最初,比利时试图通过司法体制内的改革,尤其是优化法律援助和集团诉讼等司法制度,②减少乃至消除民众在平等而充分地寻求诉讼救济方面的障碍,但这一努力收效甚微。

1999 年议会大选后,比利时启动了以满足民众需求为核心的"哥白尼改革"③(the Copernicus reform),以重塑民众对国家制度的信任。就诉讼制度而言,每一个人能否"接近"法院并获得公正的司法救济,是衡量一个国家司法水准高低和法治实现程度的重要标尺。④ 为挽救处于危机中的民事司法,比利时推行了司法改革。其时,立法者深刻反思以往的司法改革理念与路径选择,将正义与司法(法院)区分开来,重新理解和解释正义的内涵,通过司法的社会化,使公民有机会获得具体而符合实际的正义,即纠纷解决的权利。⑤ 比利时民事司法改革转向"对诉讼制度进行外部改良",即致力于构建诉讼外纠纷解决机制(ADR)。在这一背景下,调解立法是大势所趋。2005 年,《司法法典》修正案将调解制度法律化。

值得一提的是,2008 年 5 月,欧盟议会及理事会颁布了《关于民商事调解若干问题的 2008/52/EC 指令》(以下简称《调解指令》)⑥。该指令要求各成员国必须在 2011 年 5 月 21 日之前遵照指令施行必要的法律、规章和行政规定以使调解在本国范围内高效运作。而比利时早于 2005 年进行了专门的调解立法,并且在内容上已经基本体现了《调解指令》的要求,这足以表明在社会变迁与法律变革的宏大背景之下比利时纠纷解决机制所发生的重大革新。

二、比利时调解的制度化

《司法法典》第 7 章第 1724 条至第 1737 条对调解制度作了详细规定,包括调解的一般规则、自愿调解、法院建议调解。比利时通过立法的方式建构起调解

---

① [英]阿德里安·A. S. 朱克曼主编:《危机中的民事司法:民事诉讼程序的比较视角》,傅郁林等译,中国政法大学出版社 2005 年版,序言。
② 范明志:《比利时调解立法》,载《人民法院报》2011 年 7 月 22 日第 6 版。
③ 比利时的公共机构的现代化改革,因该改革影响重大而称为"哥白尼改革"。
④ 齐树洁、周一颜:《司法改革与接近正义——写在民事诉讼法修改之后》,载《黑龙江省政法管理干部学院学报》2013 年第 1 期。
⑤ 范愉、李浩:《纠纷解决:理论、制度与技能》,清华大学出版社 2010 年版,第 72 页。
⑥ 关于该指令的具体条文,参见《欧洲议会及欧盟理事会关于民商事调解若干问题的 2008/52/EC 指令》,陈洪杰译,载张卫平、齐树洁主编:《司法改革论评》(第八辑),厦门大学出版社 2008 年版。

的制度架构,确立了一种全新的、法定的纠纷解决形式。

(一)调解模式

由于历史传统以及调解实践的差异,世界各国的调解形式多样,并且仍在不断创新。① 在比利时,调解模式包括法定调解与民间调解。

1.法定调解

《司法法典》规定了两种法定调解模式:自愿调解与法院建议调解。二者具有如下共同特点:(1)必须选任专职调解员;(2)可以申请司法确认;(3)产生诉讼时效中断之效力。

自愿调解是根据当事人共同的调解意愿,由专职调解员进行的调解。当事人在诉前、诉中及诉后自由地选择是否适用自愿调解,并无须法院激励和参与。法院建议调解是法官在诉讼阶段认为存在调解的必要性和可能性,在征得当事人的同意后,指定专职调解员进行的调解。法官职权介入的目的在于规范调解进程与确保调解质量,如法官较全面地掌握专职调解员的经验与特长,从而可以依据纠纷类型指定调解员,为调解成功奠定专业基础。

另需说明的是,法院建议调解不同于司法调解,两者在内涵与运作等方面存在诸多差异。比利时调解立法直接排除主审法官主持调解的可能是出于诉讼伦理与调解质量的顾虑,因为即使法官接受系统的调解培训与监督,他们还是难以克服职业化的逻辑思维,从而倾向于决定型调解,而非协商型调解。此外,同一法官在同一案件中既担任调解人又担任审判人员即属于利益冲突的情形,调解人与审判法官在身份上相分离才与正当程序原则相符合。②

2.民间调解

现代调解要求发展多元化的调解模式以充分满足当事人不同的纠纷解决需求,由此《司法法典》并未否定民间调解的存在。实践中,当事人可在法定调解之外选择自治程度更高的民间调解。根据比利时《民法典》第 1134 条的立法意旨,民间调解可视为是一种民事合同关系。③ 民间调解与法定调解的区别如下:(1)民间调解员选任比较随意,只需当事人认为适宜即可而非要求是专职调解员;(2)民间调解达成的协议不能进行司法确认,其效力仅为民事合同;(3)调解的启动无需书面调解意向书。

① 齐树洁主编:《纠纷解决与和谐社会》,厦门大学出版社 2010 年版,第 97 页。

② 王福华:《现代调解制度若干问题研究》,载《当代法学》2009 年第 9 期。

③ Demeyere Luc, The Belgian Law On Mediation: An Early Overview, *Dispute Resolution Journal*, 2006, Vol. 61, No. 4.

(二)调解的适用范围

在比利时,2005 年之前,仅家事纠纷和商事纠纷可以适用调解。家事调解于 2001 年建立起立法框架;商事调解由布鲁塞尔商事调解中心①制定的调解规则与职业纪律予以规制。2005 年之后,《司法法典》将调解的适用范围扩展到绝大多数的民事、商事、家事等案件②,有效地满足了民众的需求。

(三)强制调解

20 世纪后半期以来,各国有关调解的政策在不断流变,从最初的限制甚至抵触,到逐步认同其价值与意义而允许,直至积极鼓励或者有限强制以推动其普及与发展。③ 比利时调解制度的发展已进入"有条件地强制利用"阶段。基于案件特殊性及处理效果的考量,《司法法典》规定了劳动争议、房屋租金纠纷、某些环境纠纷等案件适用强制调解。④ 但强制调解既不意味着结果强制,也不代表着全部调解过程的强制,仅是调解程序启动环节的强制而已。⑤

(四)诉调对接

激励当事人使用调解并确保调解与诉讼之间的有效衔接,可形成系统、动态的纠纷解决框架,从而促成纠纷的妥善解决。因此,诉调互动与对接是比利时调解立法的意旨。实践中具体表现为:(1)当事人的调解意愿应当受到法院的充分尊重。只要不存在法定事由,如禁止调解的事项(涉及社会公共利益或第三人利益)、禁止调解的阶段(最高法院只审理法律适用问题,不得建议当事人调解),法院都应当准许当事人使用调解并且给予调解期限、调解员选任等法律范围内的便利。例如,调解时限为 3 个月,如果在该时限内不能达成协议,当事人可以共同向法院申请延长调解时限;当事人可就案件的整体或者部分达成调解协议。(2)当事人的诉权应当受到法院的充分保障。调解不应当阻隔当事人裁判请求权,具体而言:实行调判分离,不介入本案纠纷诉讼程序的法官才可以主持调解;

---

① 布鲁塞尔商事调解中心于 1999 年由布鲁塞尔工商联合会与布鲁塞尔律师协会共同创办。

② See Belgian Judicial Code art. 1724.

③ 〔英〕西蒙·罗伯茨、彭文浩:《纠纷解决过程:ADR 与形成决定的主要形式》,刘哲玮等译,北京大学出版社 2011 年版,第 58~60 页。

④ Katie Bradford, Commercial Mediation:a comparative review 2013, http://www. linklaters. com,下载日期:2014 年 2 月 20 日。

⑤ 王福华:《现代调解制度若干问题研究》,载《当代法学》2009 年第 9 期。

调解可以产生诉讼时效中断之效力以保障时效利益;法官不得因为调解而缩减案件的审限。换言之,诉调对接是指一方面,只要当事人请求调解,法官就必须中止对案件的审理并由专职调解员对案件展开独立的调解程序;另一方面,只要当事人向法院表明调解不可能或者拒绝继续接受调解,案件就应在 15 日内回到审理程序并由法官作出及时裁决,以免造成"迟来的正义"。比利时调解与诉讼相衔接的机制较好地平衡鼓励调解与保障诉权的关系。

(五)调解保密

保密性是指调解不必公开进行,在调解过程中,调解员对于双方当事人告知的信息严加保密,不会透露给任何人。[①] 调解制度之所以能够解决纠纷,就是建立在调解员与当事人以及当事人彼此之间相互信任的基础上,如果这种信任不复存在,也就动摇了程序运作的基础。[②] 鉴于调解保密的实践价值,《司法法典》与《调解规则》对保密主体、保密范围与法律制裁作了细致的规定。

首先,保密义务主体。根据《司法法典》第 1728 条的规定,调解员、当事人及其授权代表和顾问以及参与调解的专家或第三人,应承担保密义务。该条款设定了全面的保密义务主体,所有的调解参与人都负担保密义务,须依法拒绝披露信息资料。其次,保密范围及例外。在调解程序中,当事人之间及其与调解员间的沟通信息、当事人提交的书面文书等证据材料属于机密。为维护以互信为基础的信息交换关系,前述信息资料不得在其他纠纷解决程序被披露与使用。社会极度重视某些关系,为捍卫保守秘密的本性,甚至不惜失去与案件结局关系重大的信息。[③] 布鲁塞尔上诉法院就对调解信息在诉讼程序被作为证据使用予以否定。[④] 然而,任何保密都是有边界的,即非一切调解信息都要受到保密保护。《司法法典》与《调解规则》明确了调解保密的例外情形:(1)征得当事人明确同意的;(2)保密信息被用于策划、实施刑事犯罪等法定不当行为的。最后,违反保密的后果。法律制裁是调解保密的最后防线:(1)程序性制裁。在仲裁程序、行政裁决程序及诉讼程序中,违规披露的调解信息被视为非法证据而予以排除。(2)实体性制裁。调解参与人在未征得当事人明确同意的情况下披露保密信息将承担侵权责任。其中,调解员违背保密义务不仅要受到执业处分(严重的可能

---

① 齐树洁主编:《纠纷解决与和谐社会》,厦门大学出版社 2010 年版,第 101 页。

② 李德恩:《民事调解理论系统化研究——基于当事人自治原理》,中国法制出版社 2012 年版,第 101 页。

③ [美]乔恩·R. 华尔兹:《刑事证据大全》,何家弘等译,中国人民公安大学出版社 2004 年版,第 356 页。

④ See Court of Appeal of Brussels,Dec. 5,2005,JLMB 2006,286(Belg.)。

会被撤销执业资质),还要受到刑事处罚。①

(六)调解费用

随着受到社会广泛认同的调解组织在纠纷解决中的影响力和控制力上日渐增强,调解费用市场化成为现代调解的特征之一。《司法法典》第 1731 条规定,调解意向书应当包括调解员费用及负担方式。区别于"胜诉者全得"的诉讼哲学,比利时调解立法确定了"费用均担"原则(调解产生的费用与成本由当事人平均承担,当事人另有约定除外),以促使纠纷的友好解决。在比利时,调解成本组成部分之一的调解员费用由调委会秘书处依据争议金额与调解所需时间来确定(详见下表)。

争议金额(欧元)	1 小时的费用	半天的费用	全天的费用
0~25000	180	600	1200
25001~50000	200	675	1350
50001~100000	250	850	1700
100001~200000	275	900	1800
200001~500000	300	1000	2000
500001~1000000	350	1175	2350
1000001~2000000	400	1300	2600
>2000000	450	1400	2800

注:半天指三个半小时,全天指七小时

调解市场化虽整体上分担了国家的司法责任,但增加了当事人的经济负担却是不争的事实,因而由国家购买调解服务也具有相当的合理性,故将法律援助制度拓展到调解制度,以帮助社会弱者使用调解制度克服接近正义之障碍。② 为减轻调解市场化带给弱势群体的压力,比利时将调解制度纳入司法援助体系,并提供法律援助等司法服务。《司法法典》第 665 条规定,在自愿调解与法院建

---

① See Belgian Penal Code art. 458: medical practitioners, surgeons, health officers, apothecaries, midwives and all other persons who, by reason of their status or profession, are guardians of secrets entrusted to them and who disclose them expect where they are called to give evidence in legal proceedings or where the law requires them to do so, shall be liable to imprisonment of between eight days and six months and a fine ranging from one hundred to five hundred francs.

② 王福华:《现代调解制度若干问题研究》,载《当代法学》2009 年第 9 期。

议调解的程序中,经济困难的当事人可以申请法律援助。

(七)调解的法律效力

调解的效力涉及三个方面,即调解启动协议(条款)或法律规定的法律效力、调解程序的法律效力以及调解解决结果的法律效力。

首先,关于调解启动协议(条款)或法律规定的法律效力。在比利时,当订立调解启动协议或在合同中包含调解条款的情形下,当事人在依约进行调解前不能提起诉讼或仲裁,以便温和、经济地解决纠纷。倘若一方当事人未遵守调解启动协议或条款,法庭或仲裁庭必须在任何一方的要求下,暂停审理程序直到调解程序依约启动并终止①,即妨诉抗辩效力。但根据《司法法典》第1725条的规定,这一抗辩应当在其他纠纷解决程序启动之前及时向法院作出。

其次,关于调解程序的法律效力。其一,调解程序启动的法律效力。根据《司法法典》第1730条的规定,在当事人就调解程序启动达成协议之时,诉讼时效自动中断,直至调解程序终结。其二,调解程序过程的法律效力。普遍认为,为了鼓励当事人通过ADR解决争议,当事人在ADR程序中提出的主张或承认的事实在后续诉讼程序不得作为对其不利的证据。② 因此,《司法法典》规定了严格的调解保密制度。

最后,关于调解协议的法律效力。调解协议是在具有一定权威性的调解组织主持下达成的,必然耗费了纠纷解决的社会公共资源,故有必要通过司法确认制度来强化调解协议的执行力。《司法法典》明确规定由专职调解员主持达成的调解协议可以申请司法确认,经确认后具有与判决同等的法律效力。司法确认后,一方不履行协议的,另一方可以申请直接强制执行。当然,经审查后,法院对违反公共政策、损害未成年子女利益的调解协议不予确认。为防范当事人通过司法确认来侵害社会公共利益或第三人利益的风险,《司法法典》规定,凡是申请司法确认的调解协议都须在专职调解员的主持下达成。如果当事人的调解及其达成的协议可能损害社会公共利益或者第三人利益,调解员应当及时终止调解并通知法官恢复审理。

三、比利时调解的职业化

"职业化"意味着一个拥有和运用独特的知识、技能、方法、思维模式和语言

---

① Katie Bradford, Commercial Mediation: a comparative review 2013, http://www.linklaters.com,下载日期:2014年2月20日。

② 齐树洁主编:《民事司法改革研究》,厦门大学出版社2006年第3版,第615页。

文字(同质化)的群体专门以从事某类工作为业,通过向社会提供特定的产品来参与社会资源和利益分配。① 在调解现代化的进程中,调解逐渐发展成为专门的职业。调解的职业化能够让社会对调解员产生信任,进而促使调解获得成功。实践中,比利时调解的职业化程度较高。

(一)调解员的职业概况

各类调解组织纷纷涌现,调解员的素质提高与数量增多,是调解制度职业化的主要表征。受国家鼓励与市场调节的合力影响,解纷资源向调解制度的配置份额较以往明显增多,如国家以及社会资金的汇集、优秀人力资源的聚合等。至2008 年,比利时已有调解员 1082 人,每 10 万人就有 10 个调解员。② 这为比利时调解制度的职业化发展及向民众提供优质的解纷服务奠定了基础。

(二)调解员的职业规范

出于提高调解品质的考量,调解员的职业规范重点在于,在不损害或少损害调解优势的条件下如何提高调解员素质和掌控调解程序的能力,协助当事人自治纠纷解决,为民众提供优质的解纷服务。③《司法法典》与《调解规则》对调解员勾勒了一个明确的职业描述。

1.调解员管理机构

"当一个有组织的行业获得了决定由谁从事一系列明确的工作、防止其他人从事此类的工作,并且控制评价工作的标准的权力"的时候,职业主义就得以存在和维系。④ 比利时调解职业主义的维系机构是联邦调解委员会(以下简称调委会)。调委会由总委员会和专业委员会组成。总委员会负责指导、协调所有领域的调解活动,对调解活动具有决策权;三个专业委员会分别负责家事、民商事和劳动事务的调解活动,对调解活动只有建议权。调委会的核心任务是监督调解程序开展与确保调解质量、认证与管理调解员。其具有如下法定职责:评审调解员培训机构的资质与指导培训工作的开展;制定调解员的认证标准;认证调解员;暂时或永久撤销调解员执业资质;确立撤销调解员执业资质的程序;建立专

---

① 傅郁林:《民事司法制度的功能与结构》,北京大学出版社 2006 年版,第 365 页。
② 范明志:《比利时调解立法》,载《人民法院报》2011 年 7 月 22 日第 6 版。
③ 李德恩:《民事调解理论系统化研究——基于当事人自治原理》,中国法制出版社 2012 年版,第 167～168 页。
④ Eliot freidson,Professionalism:The Third Logic,University Of Chicago Press,2001, p.12.转引自刘思达:《失落的城邦——当代中国法律职业变迁》,北京大学出版社 2008 年版,第 147 页。

职调解员的名册,并分发至各级法院;起草调解员行为准则与制裁措施。

调委会还建立了以不同标准(如地区、职业、学科和语言)在线搜索专职调解员的平台。① 培训合格的其他欧盟国家调解员亦可申请认证与评定。系统的学习与培训对调解员的执业至关重要,专职调解员应当坚持不间断的培训深造。《司法法典》第 1726 条规定,调解员进修培训计划由调委会确定。

2.调解员执业资质

调解是一种与调解者个人经验、能力、知识(包括法律知识及其他必要的专门知识)乃至人格魅力密切相关的实践活动。② 因此,执业资质之规范是调解员高素质的必要保障。但鉴于单纯的执业资格并不总能保证调解员的高素质,《司法法典》对调解员的执业资质规定了最低标准:具有必要的专业知识和积累足够的调解实践经验;依据不同的案件情况,获得调解类型化纠纷的资格;基于调解程序的要求,调解员应当独立、中立与公正;无刑事犯罪记录;没有因违反调解员职业道德受到过行政或者纪律处罚。此外,调解员执业还需满足《调解规则》的要求。该规则确立的执业条件是最适度的,因为它在结合调解实践的基础上细化了现行法律规定。

3.调解员选任

调解人的素质及选任是影响调解程序有效性的重要因素。《调解规则》规定,调委会调解员选任委员会或者调委会主席应在收到调解申请后两周内任命调解员。在选任时,应考虑调解员的可用性、资历和经验等。毋庸置疑,调委会应当尊重当事人的调解员选任权。因此,当事人也可合意确定调解员,并及时告知调委会调解员选任委员会或者调委会主席。

4.调解员职责

《调解规则》规定调解员在调解活动中履行下述职责:创造有利的环境确保调解程序正常进行,以找到一个解决争端的方案;对双方当事人不偏不倚;无权对当事人施加解决方案;灵活地决定调解进行的场所;获取必要的证据资料;在当事人同意的情形下,通知第三方专业领域的专家对调解专门问题进行释疑;在调解不可能或当事人明确拒绝继续调解时,及时终结调解程序,以尽可能地减少或者避免由调解不成功产生的额外费用和正义延迟。

---

① 调解员检索平台网站:http://www. request. just. fgov. be.

② Nadja Alexander, Walther Gottwald, Thomas Trenczek, *Mediation in Germany: The Long and Winding Road. Global Trends in Mediation*, 2nd Edition, Kluwer Law Press, 2006,p. 256.

四、比利时调解的电子化①

在电子化时代(E-age),网络信息技术在纠纷解决上发挥着日益重要的作用。纠纷解决服务的提供者也开始寻求利用互联网技术的纠纷解决方式。② 在线调解(Online-Mediation)是调解移至网络空间的电子化产物,并成为在线纠纷解决机制(ODR,Online Dispute Resolution)的重要形式。在线调解是指在第三人的协助下,当事人之间、当事人与第三人之间利用网络信息技术所打造的网络纠纷解决环境,在没有会面的情形下,利用网络信息技术进行的解决纠纷的信息传输、交流、沟通,最后达成纠纷解决的协议并最终解决纠纷。③ 在比利时,在线调解日渐兴起并发展迅速。

2011年,Federal Public Service(FPSE)、Small and Medium Enterprises(SME)、Self-Employed and Energy(SEE)联合构建了 Belmed 门户网站(平台)。该网站创设的目的是让民众接近 ADR。Belmed 平台由两部分组成:一是推广、普及 ADR,另一是为消费者与企业、商家提供 ODR,主要形式是在线调解。除比利时外,荷兰、法国、德国及英国的民众也可以从 Belmed 平台获得纠纷解决服务。

(一)Belmed 平台的构建与发展

Belmed 平台的构建大致经历了以下几个阶段:(1)论证阶段。在线调解平台可行性的论证研究由那慕尔大学与布鲁塞尔管理学院联合成立"信息化与法律"的研究中心负责开展。该论证研究需要讨论在线调解平台构建所涉及的法学、经济学、信息技术学等学科的可行性。论证研究的主要结论之一:以公私合作模式构建 ODR 平台。(2)磋商阶段。在前期论证研究的基础上,利益相关者的咨询讨论会议顺利召开,会议广泛讨论了 ODR 平台构建的诸多事宜。商业协会、消费者协会、监察署等组织与会讨论。与会代表对 ODR 平台的构建热情非常高。然而,令人遗憾的是,几乎所有的利益相关者都不愿承担该项目的资金。(3)竞标阶段。在2009年年底,为研发 ODR 平台的软件,欧盟组织了一场竞标活动。包括 IBM 在内的8家电子公司对研发项目饶有兴趣。2010年1月,

---

① 本章资料除特别注明外,主要参考 Stefaan Voet,Belmed:the Belgian Digital Portal for Consumer A(O)DR,http://www.ssrn.com,下载日期:2014年2月20日。

② 李德恩:《民事调解理论系统化研究——基于当事人自治原理》,中国法制出版社2012年版,第57页。

③ 郑世保:《在线解决纠纷机制(ODR)研究》,法律出版社2012年版,第43页。

经过激烈的竞争,来自比利时新鲁汶的一家 IT 公司以"IRIS"技术方案竞标成功。(4)实施阶段。在解决资金与技术的难题后,Belmed 平台的构建工作顺利展开。在 2011 年 4 月,Belmed 平台正式运行。①

事实上,Belmed 平台的运作与服务取决于 ADR 服务组织数量及质量。在平台构建完成之后,FPSE、SME 与 SEE 大力地动员 ADR 服务组织参与平台的运行。截至 2013 年年底,已有 20 家 ADR 服务组织与 Belmed 平台签订合作协议。FPS 期望在不远的未来能够与更多的 ADR 服务组织建立合作关系。Belmed 平台要求与之合作的 ADR 服务组织必须充分遵守《关于消费纠纷的庭外解决责任机构的 1998/257/EC 建议》②、《关于非司法机构涉及消费者纠纷处理的原则的 2001/310/EC 建议》③的最低保证,即庭外消费纠纷解决程序必须遵守独立、有效、法定、抗辩、代理、公平和透明度等原则④。

(二)在线调解的运作⑤

在线调解与现实中的调解在具体运作上并无本质差异。本节主要论述的是比利时在线调解在运作上的独特个性:(1)实体限制。只有欧盟地区的消费者与比利时注册的企业、商家之间的消费纠纷能够适用在线调解,单纯的消费者之间及企业、商家之间的纠纷则被排除在在线调解之外。(2)程序限制。在前述纠纷中,只有在当事人达成调解合意且法院未涉入的情形才能够申请在线调解。(3)申请注册。在符合申请在线调解的实体与程序要求后,当事人还需在 Belmed 平台进行用户注册。(4)调解申请。消费者、企业或商家完成注册便可参照平台的提示申请在线调解服务。在线调解申请分为三类:①消费者自我申请;②限制民事行为能力消费者的代理申请;③企业或商家的代理申请。当申请提交后,Belmed 平台会自动将纠纷转交至有执业资质的调解组织,由此节省当事人寻求适宜的调解组织所花费的时间与金钱。

---

① Belmed 平台的网站:http://www.belmed.fgov.be.

② Commission Recommendation 98/257/EC of 30 March 1998 on the bodies responsible for the out-of-court settlement of consumer disputes,Official Journal L 115 of 17 April 1998.

③ Commission Recommendation 2001/310/EC of 4 April 2001 on the principles for the out-of-court bodies involved in the consensual resolution of consumer disputes,Official Journal L 109 of 19 April 2001.

④ 刘益灯:《欧盟消费者保护法的最新发展及其启示》,载《政治与法律》2009 年第 5 期。

⑤ 在线调解的运作详情,See http://www.belmed.economie.fgov.be,下载日期:2014 年 2 月 20 日。

结　　语

在"接近正义"的第三次浪潮中,世界各国拓展了有关正义、司法与纠纷解决的视野,形构了纠纷解决的新范式——ADR 机制。从世界各国的法律实践和立法层面看,调解是发展最为迅速的一种 ADR 形式①,由此掀起现代调解运动。比利时顺应并引导了这一潮流,于 2005 年确立了调解制度的法律框架。在《司法法典》与《调解规则》的支持下,调解在比利时蓬勃发展,日益发挥解纷的重要作用。

从阐释人类学的角度看,法律及司法都是一种与地方性知识相关联的制度存在。② 当把调解置于宏大的文化背景与地域范畴下理解,我们发现调解与所有法律制度一样。应当被理解为一种地方性知识与地方性的实践。各国的调解在制度设计与具体实践上既存在独具特色之处,亦存在着可资互鉴的资源。对比利时调解图景的描述,在比较法的层面上为调解现代化的研究提供了新素材。迈向现代化的比利时调解制度,以独特的立法与实践生动地揭示了现代调解至少包含制度化、职业化、电子化的趋势。

当全球化在社会科学研究成为一个热点领域之后,目前许多新制度主义传统下的研究都集中于制度形式的全球化传播,而关于法律移植的研究也开始集中到全球化的分析框架下。③ 深处全球化的时代背景之下,调解制度的跨文化和跨区域的借鉴与流动早已蔚然成风。因此,各国在解决纠纷的目标设定与程序设计方面彼此借鉴,走向趋同——各国在发展调解中面临的困扰甚至都一模一样。为此我们必须在调解制度化和非制度化,调解职业化和非职业化,调解的程序化和非程序化之间作出价值上的取舍。④

---

① 〔澳〕娜嘉·亚历山大主编:《全球调解趋势》,王福华等译,中国法制出版社 2011 年版,第5 页。

② 〔美〕克利福德·吉尔兹:《地方性知识——阐释人类学论文集》,王龙海等译,中央编译出版社 2000 年版,第 222 页。

③ 刘思达:《失落的城邦——当代中国法律职业变迁》,北京大学出版社 2008 年版,第25～26 页。

④ 〔澳〕娜嘉·亚历山大主编:《全球调解趋势》,王福华等译,中国法制出版社 2011 年版,译者序,第3～4 页。

新西兰调解制度简析

■ 刘桂花 *

摘要:新西兰调解制度实行国家立法与民间准则各司其职、双管齐下的模式,关于调解的定义也是多元而不统一的。民间调解和法院附设调解是新西兰两种最主要的调解模式,二者各自遵循相关的专门立法并适用不同的调解程序。保密制度是新西兰调解制度的最重要内容。与此同时,新西兰对调解员的选任、职责以及民事司法豁免权等方面也都作了详细的规定。学界就调解制度是否应当统一立法经过了激烈讨论,目前的主流观点是统一立法弊大于利。

关键词:新西兰 调解立法 保密制度 调解员制度

20 世纪 60 年代以来,传统的民事司法制度遭遇危机,无法完全满足社会的需求。全球性的民事司法改革因此蓬勃发展。构建替代性纠纷解决机制(ADR)是此次司法改革的重中之重。新西兰法律委员会(the Law Commission of New Zealand)2004 年发布了一份详尽的报告:《实现所有人的正义:对新西兰法院系统的构想》(Delivering Justice for All:A Vision for the New Zealand Court System),对包含调解服务在内的法院系统的改革提出了一系列建议,由此揭开了民事司法改革的序幕。

一、新西兰调解制度概况

(一)调解的定义:多元而不统一

由于新西兰缺乏关于调解制度的统一立法,所以我们只能从各种各样关于调解的法规、规章和文献的零星阐述中提炼"调解"的概念。

在诸多文献中,"调解"一词主要被定义为一种非正式的、保密性的、分歧者自愿参加并在调解员的帮助下勉力解决纠纷的程序。在该程序中,调解员并不

---

* 作者系厦门大学法学院诉讼法硕士研究生。

直接对纠纷之解决作出决议,而仅仅为各方达成协议开辟道路。此外,调解必须建立在各方独立自主的基础之上,各方当事人的不同意见最终得以调和是调解的宗旨所在。新西兰法律委员会将调解定义为:"调解是一种帮助争端各方去达成一个就纠纷全部或部分问题双方都可接受的解决方案并由中立的第三方所主导的程序。"立法咨询委员会(the Legislation Advisory Committee)所采用的关于调解的定义与此类似:"调解是一种秘密进行的灵活的程序。在此程序中由中立的第三人积极帮助各方达成纠纷谈判协议,各方当事人都应受谈判协议的约束。"①

由此可见,非正式性、保密性、自愿性、三方参与性、中立性等属于调解的一般特征,但并不绝对。比如,在家事法中,调解可以由一个此前程序中的主审法官启动,并且拒绝参加调解会议的一方还可能被传讯。

此外,在没有严格确定的调解概念的前提下,应十分注意区分调解与调停。二者之间最大的区别在于:调停程序中主席会就案件材料发问并对解决方案提出建议,但调解员仅仅跟随并推进各方当事人之间的谈判。与调解员相比较,调停人对程序的干预性更强。调停与调解程序非常相似,但前者通常在法律中被规定为一种强制性程序。调停人肩负法律所赋予的责任,担任一个干预者的角色。他可能会对解决方案提出专业性意见,并积极促成解决方案的达成;如果调停不能促成纠纷的解决,那么将由法庭进行裁决。

(二)调解的立法框架:国家规定与民间准则双管齐下,各司其职

新西兰调解立法框架与其他国家的不同之处在于:其不仅未就调解制度进行统一立法,而且形成了国家层面之立法与行业准则相结合的立法模式。该种模式的缺点在于缺乏制度的完整性和统一性,优点在于适用面广、可调试性强。为提高替代性纠纷解决机制的可接受性及其效率,国会法律顾问办公室(the Parliamentary Counsel Office,简称PCO)以及立法咨询委员会等机构已经组织进行了深入的研究和探讨。

1.国家层面的立法

新西兰关于调解的国家立法数量繁多,且涉及不同的法律领域,比如1980年《家事程序法》(Family Proceedings Act 1980)第2部分、1989年《教育法》(Education Act 1989)第10条、1958年《警察法》(Police Act 1958)附件3、2002

---

① Guidelines on Process and Content of Legislation,ch. 18:Alternative Dispute Resolution Clauses in Legislation. http://www2. justice. govt. nz,下载日期:2014 年 6 月 20 日。

年《施工合同法》(Construction Contracts Act2002)第 3 部分、2004 年《建筑法》(Building Act 2004)第 398 条、2006 年《抵御天气变化的家居保固服务条例》(Weathertight Homes Resolution Services Act 2006)第 77 条至第 88 条、2008 年《金融服务企业注册争端解决法案》(Registration and Dispute Resolution Act 2008)第 3 编。据不完全统计,新西兰至少有 60 部单行法律包含调解规定。但不得不说的是,这些涉及多个专门领域之立法仅仅为调解制度的适用提供了机会,而就具体的程序性规定而言,则为执法机关留下了无尽的"想象空间"。

2.行业准则

新西兰两个主要的调解员专业组织——仲裁员和调解员协会(Arbitrators' and Mediators' Institute of New Zealand,以下简称 AMINZ)以及前沿 ADR 协会(Leading Edge Alternative Dispute Resolvers,以下简称 LEADR)——已经建立了多级认证系统,并制定了各自的行为规则、调解规范和专业调解员培训标准。这些准则引导着调解行业的自律发展。

二、调解立法的一般内容

(一)调解模式

1.民间调解

民间调解主要指在非司法性和非行政性的民间组织、团体或个人主持下进行的调解。[①] 新西兰于 1996 年制定了《仲裁法》(Arbitration Act 1996),但是缺乏规范民间调解的一般法律规定。为了弥补这一缺陷并减轻法院的负担,法律委员会建议,应当为标的额在 5 万新西兰元以下的一般民事纠纷提供一项成本低、效益高并由国家管理的调解服务。

2.法院附设调解

新西兰在各种特殊法律领域陆续设立了法院附设调解。建立在这些特别法律规范基础之上,调解可能会成为由法官或仲裁员主持的法院或者仲裁庭程序的一部分。许多纠纷都可以由法院或者公共机构委托给私人(商业)调解员,包括进入地区或者高等法院、环境法院(the Environment Court)、残疾人士委员会(the Health and Disability Commissioner)或者隐私委员会(the Privacy Com-

---

① 齐树洁主编:《纠纷解决与和谐社会》,厦门大学出版社 2010 年版,第 98 页。

missioner)之前的纠纷。政府机构甚至可以在没有任何明确法律授权的情况下诉诸调解。① 总体上,新西兰司法系统对调解保持着明确支持的态度,在其许多法院判例或者程序规则之中都包含了调解规则。同时,各方当事人都有争端解决选择权,他们可以选择在法院作出最终裁决之前的诉讼的任何阶段选择其争端解决方式。

法院附设调解包括小额诉讼纠纷审裁处的调解、地区法院的调解、高等法院的调解、特殊法院的调解以及其他法定审裁机构的调解。小额纠纷审裁处的管辖权以 1988 年《纠纷审裁处法》(the Disputes Tribunals Act 1988)为依据,其对合同诉讼、准契约诉讼或者标的额在 1.5 万新西兰元以上的财产侵权诉讼享有管辖权。② 在小额纠纷诉讼程序中,裁判员必须考虑调解协议所形成的解决方案是否可能为各方当事人接受、是否能够在其帮助下被阐明。如果双方当事人均同意,裁判员将以调解员的身份行事,调解程序的开展则由裁判员自由裁量。值得注意的是,纠纷审裁处进行的调解采用的是非正式程序,不适用法庭证据规则。如果双方当事人未达成协议,裁判员将根据案件的是非曲直作出纠纷裁决,这使得纠纷审裁处的调解区别于私人调解。根据 1947 年《地区法院法》(District Courts Act 1947)的规定,地区法院对标的额在 20 万新西兰元以上的案件拥有管辖权。地区法院的案件一般通过三种方式进行审判:快速审判、简易审判或者完整审判(the short, the simplified, or the full trial)。快速审判被适用于简单的纠纷或者处于紧急情况下可以被迅速决定、标的额适度的案件。2009 年《地区法院规则》(District Court Rules 2009)规定,在法院或者司法常务官对案件不指定进行快速审判时,法官必须举行一个司法解决会议(judicial settlement conference)来解决纠纷。此即地区法院的调解。调解程序同样由地区法院法官自由裁量。如果双方当事人无法通过调解方式解决争端,司法解决会议随即转变为司法决定会议(judicial directions conference),由司法决定会议指定对案件适用简易审判或者完整审判。根据《高等法院规则》(The High Court Rules)的规定,高等法院的案件以两种不同的方式进行审判:标准审判或是快速审判(the standard or the swift track)。两种方式下法官都可以依职权或者依一方当事人的申请举行案件管理会议(case management conference),以讨论案件是否适合通过纠纷解决会议(case management conferences)或者其他方式去协商解决纠纷。除一般法院的调解外,许多专门法院比如家事法院、环境法

---

① Laurence Boulle et al. , *Mediation:Principles,Process,Practice*, 2nd Edition, LexisNexis, 2008, p. 249.

② 《纠纷审裁处法》第 13 条规定,对双方当事人协议规定 2 万新西兰元以上的财产侵权诉讼,纠纷审裁处亦享有管辖权。

院同样在它们的程序中融合了调解。

应当指出的是,民间调解与法院附设调解之间最大的区别即在于其程序的不同。民间调解始于 AMINZ 制定的调解规约①;法定调解(即法院附设调解)在特别法领域可能与民间调解制度大相径庭,其采用的程序源于 2007 年国会法律顾问办公室出版的《替代性争议解决之示范条款》(Model Clauses for Alternative Dispute Resolution)。

3. 调解-仲裁混合程序(Med-Arb)

除民间调解和法院附设调解外,新西兰还存在一种独具特色的调解方式——调解-仲裁混合程序。② 如果该程序在进行过程中遭到失败,那么它将被建议终止,因为调解员在随后的程序中承继仲裁员的角色将削减调解的开放性和自愿性。此外,仲裁程序中适用的证据规则以及在法律规范基础上作出的裁决与调解程序并不相容。尽管存在种种质疑,仍有学者始终认为,如果双方当事人都倾向于得到快速的裁决而不是进行旷日持久的诉讼,那么 Med-Arb 可能是合适的。③

(二)调解的启动

1. 法庭决议

法庭一般没有启动调解程序的权力,除非存在双方当事人的合意。在大多数案件中,法庭会通过达成决议的形式将纠纷交付调解。由于多数法律只包含基本的调解程序条款,法庭有权自由地对各方当事人提出具体要求,但是因为这必须以当事人的合意为前提,所以事实上法庭在这方面发挥作用的机会很小。

但是各种程序规则为调解在诉讼所有阶段的适用都预留了制度空间。某些法律还规定了强制性调解程序,比如《雇佣关系法》(Employment Relations Act 2000)和《家事程序法》(Family Proceedings Act 1980)。

2. 调解解决纠纷协议

与仲裁不同,尽管拒绝参加调解可能会承担额外的费用,但是调解本质上仍

---

① AMINZ, Mediation Protocol (Version 07/2004).

② 仲裁与调解相结合的模式指的是当事人为了解决争议,先启动仲裁程序,并在仲裁过程中由仲裁员适时进行调解,如果调解成功,则由仲裁员依据调解协议作出同样内容的裁决;如果调解不成,则恢复仲裁审理,由仲裁员作出裁决。大多学者认为该种模式属于中国首创。详见张丽萍:《论仲裁与调解相结合——仲裁中调解》,载《经营管理者》2011 年第 18 期。

③ Peter Spiller, Dispute Resolution in New Zealand, OUP Australia and New Zealand, 2007, p. 129, 167; see also the Model Clause for Mediation and Arbitration in AMINZ, Non-International Dispute Resolution Model Clauses.

属于一种自愿性的程序。私人调解的第一步就是促使双方当事人达成调解解决纠纷的协议。该协议在当事人双方之间设立了一个须将未来可能产生的纠纷提交调解的合同义务。

(三)调解的结果

1. 调解成功

一个成功的调解标志着其所达成的调解协议能够同其他合同一样约束双方当事人。调解协议应当以书面形式记录,并由双方当事人签名,以避免产生协议主体和范围的混淆。在复杂案件中,当事人的法定代理人将对协议的最后措辞负责,与此同时,调解员的职责在口头协议达成之际即履行完毕。调解协议必须遵守一般合同法和衡平法,但也会面临与其他合同一样的问题,如不当影响、胁迫或者显失公平。合法有效的调解协议与其他合同一样是具有强制执行力的。事实上很多特殊法律都设置了特别条款对法定调解协议的约束力和执行力进行规制。例如,1988 年《纠纷审裁处法》规定法庭批准的调解协议应当被视作相关地区法院的一个裁决,并因此具有强制执行力,即使其标的额超出了该法庭裁决的一般金额限制。

2. 调解失败

如果调解失败,当事人也不会因此失去获得救济的权利,他们可以在 ADR 程序失败之后向有管辖权的法院提起诉讼。

(四)调解的影响

1. 对时效期间的影响

2010 年施行的《时效法》(the Limitation Act 2010)是一部专门、系统规范法定时效期间的法律。该法第 39 条规定了适用于在仲裁中提出的权利请求的时效规则,关于调解则还没有类似规定。因此,时效期间不会因为调解的启动而中断或者延长[1]。原则上,双方当事人之间的协商不会导致时效期间中断,即使原告方已经因协商的进行而暂缓起诉。但是,如果被告怀着拖延诉讼的明确意图而加入协商之中,他可能会因此丧失提出时效抗辩的权利。

2. 对审判和仲裁程序的影响

如果双方当事人正在协商或者正试图进行调解,法院通常会延期审理案件。正式延期不太常见,但也不是全无可能。若双方当事人积极寻求纠纷解决协议

---

① Laurence Boulle et al. , *Mediation: Principles, Process, Practice*, 2nd Edition, LexisNexis,2008, p. 280.

的达成,地区法院可以延长 2009 年《地区法院规则》规定的时效期限,但《时效法》(the Limitation Act 2010)规定的时效期间不受影响。高等法院同样可以在诉讼的任何阶段自行延长或者缩短时效期限。

另外,调解协议通常是当事人互相妥协的产物,其权利要求难免会在调解过程中大打折扣。同时协议的达成也意味着解纷程序的终结,一般情况下当事人不得再提起诉讼。1996 年《仲裁法》(Arbitration Act 1996)规定,仲裁程序中达成的调解协议将终止诉讼程序,并可以按照当事人的要求制作仲裁裁决书。

3. 对诉讼费用的影响

拒绝参加调解一般不会导致一方当事人在后续的诉讼中承担额外的费用。[①] 然而,在对抗性诉讼开始之前,如果后来败诉的一方曾经提出过调解申请,并且事实证明该申请所呈现的解纷方案相比法庭作出的最终裁决更为妥善,那么此前拒绝参加调解的一方可能会因此承担更为高昂的法律成本。无合理原因未参加法定调解可能会导致该方当事人承担额外费用。比如,在租赁纠纷中,如果租赁法庭认为,在租赁调解员介入之前纠纷就应当被解决,那么租赁法庭可能会判定其承担费用。

三、调解的主要制度

(一)调解保密制度

"保密"是指不得向调解程序之外的人传递信息的合同、法律或者习惯义务。普通法和特殊法律条款将"保密性"(confidentiality)和"拒绝泄露内情权"(privilege)进行了区分:前者被定义为向第三方(行政当局或者法院)隐瞒信息和证据的程序属性,后者主要被规定于 2006 年的《证据法》(the Evidence Act 2006)之中。但是两个条款经常被不加区别地使用。

1. 庭内保密

对庭内信息进行保密常常被视为当事人及调解员的法定义务。各种法律都明确规定调解过程中作出的陈述或者妥协不能用作诉讼中的证据。只有在家事法和雇佣关系问题中的少数几个法律条款要求调解员向法庭报告。例如,1986 年《住房租赁法案》(Residential Tenancies Act 1986)第 89 条、2000 年《雇佣关

---

① 虽然调解总体上是一种自愿的、理想性的程序,但是可能对当事人来说它在许多方面常常与程序的初衷相去甚远——法院可能因为种种原因勉强一方当事人参加调解,而该当事人为了避免承担过重的诉讼费用(即使他最后胜诉了)而不得不参加调解。

系法》(Employment Relations Act 2000)第 148 条。

2006 年《证据法》第 57 条明确规定了拒绝泄露内情权。其规定如下:(1)对己方与纠纷另一方之间的任何沟通信息,可能得到救济的民事诉讼一方当事人或者调解员在以下情况中享有拒绝泄露内情权:如果该信息旨在保密,并且该信息与个人之间纠纷的调解解决相关联。(2)对其准备或者被要求准备的、与纠纷之调解相关联的保密文件,可能得到救济的民事诉讼一方当事人享有拒绝泄露内情权。(3)本规定不适用于以下情形:①纠纷解决协议条款;②证明该纠纷的解决协议还处于争议之中,但该协议确实存在所必需的证据;③仅出于费用判定之目的的书面申请。在普通法中,调解过程的保密性由该种公正的拒绝泄露内情权所保障。该权利适用于调解或者其他协商解决程序,并规制诉讼中证据的可采性。即使拒绝泄露内情权在调解程序中未被明确援用,在试图解决纠纷过程中作出的陈述或者提供的信息在任何后续的法律程序包括复审程序中也不允许被作为证据使用。由于拒绝泄露内情权的性质为一项"权利"而非义务,所以,它可以被明示或被默示地放弃。

2.庭外保密

在许多案件中,法定或者合同义务(来自调解协议)亦会在诉讼之外保障调解的保密性。并且,任何得到保密信息的个人都负有同等的未经授权不得使用该信息的义务。

3.保密例外

如果保密信息能够被外部证据证明或者在调解程序开始之前已经被另一方当事人知晓,那么该信息将丧失保密性;如果足以证明调解过程中已经达成一个合法有效的协议,那么调解之拒绝泄露内情权亦不能再适用。

当对是否存在调解协议产生争议时,调解的保密性同样会丧失。在 2011 年的 Sheppard Industries Ltd. v. Specialized Bicycle Components Inc. 一案中,当事人达成了一个调解协议。该协议规定调解之外的人不能引用当事人之间或者任何一方当事人与调解员之间的协商沟通信息作为仲裁或者司法程序中的证据。但当事人未在调解之后签订书面协议,上诉法院必须决定当事人一方是否有权在随后的法律程序中证明双方当事人已经达成了一个口头协议。最后上诉法院认为,调解协议为制定书面协议设立特殊条款并不必然意味着其旨在排除口头协议的存在。调解过程中的协商沟通信息和证据可以用来证明口头调解协议的存在。

(二)调解员制度

新西兰缺乏关于调解员的国家认证系统,任何人都可以免费提供调解服务。现存两大主要的调解员专门组织(AMINZ 和 LEDER NZ)在所有关于 ADR 问题的法律程序和法院系统中都扮演着重要角色。

1.调解员的任命

调解员由双方当事人协议任命,除非相关的法律提供了特殊的调解服务。法庭一般不干涉调解员的选任,但是当双方当事人不能在调解员的任命上达成一致意见时,由于目前还不存在法律默认规则,这时法庭被建议应当有权任命调解员。

2.调解员的职能和责任

新西兰主要的调解员专业组织颁布了职业道德守则。该守则载明了调解员的职能,尤其是维护公平、保障保密性、避免胁迫和利益冲突、全面披露费用以及只有在拥有必要资格的前提下才能进行调解等专业职能。但是这些义务的细节并未被完全界定。例如,就调解员是否对调解过程中相对较弱一方当事人负有保护义务这一问题,守则并未予以规定。调解员的责任则可能建立在合同、侵权、违反信托责任或者违反消费者保护法的基础之上。

此外,调解员职责的最重要方面还在于如何选择一个最合适的调解程序以促成纠纷的圆满解决。法律并未对调解种类的选择作出一般性规定,倒是立法咨询委员会在立法中提供了一些如何选择合适的 ADR 程序的指导原则,但这并未建立在对不同调解程序进行综合性审查的基础上,所以不具有权威性。因此调解员自身必须具备高素质和丰富的经验,以综合分析调解程序的便利性、变革性和可评估性。如果调解员错误地判断了法律状况或者采用了误导性的方法,他可能会因此承担相应的责任风险。但是根据戈德布拉特(Goldblatt)的统计,迄今为止还没有调解员在新西兰被成功起诉。

3.调解员的民事司法豁免权

目前没有专门法律规定调解员的责任和豁免权问题。1986 年《住房租赁法案》规定,如果调解员善意地行为,那么法律将对其提供保护。2000 年《雇佣关系法》规定,即使调解的性质和内容不适当或者提供调解服务的方式不适当,调解也不会因此受到质疑。如果法庭将纠纷提交调解,法庭可能会将对调解员赋予豁免权视为一个隐形合同条款。AMINZ 示范条款规定调解员不对"疏忽大意或者其他方面的问题"负责,并且调解员的任何评论、建议或者判断都不属于专业意见。

新西兰法律委员会建议,如果调解员在公共调解服务机构的支持下行事,那么应当赋予其民事司法豁免权。因此委员会参考了 1988 年《纠纷审裁处法》和环境法庭委员会关于鉴定人的豁免权规定,对调解员的民事司法豁免权进行了相关的考量。

四、新西兰调解制度之评析

（一）现状分析

调解及其他的争议解决方法在新西兰得到了广泛的认可，60多部法律以及诸多的行业准则中都包含着调解规定。新西兰研究评价和社会评估中心（The New Zealand Centre for Research Evaluation and Social Assessment）评估了60个民事案件诉讼样本，其中有14个是通过ADR程序解决的。这些案件中，有一半案件的ADR费用少于4000新西兰元，并且其余部分的费用也保持在4000至1.15万新西兰元之间。相比之下，通过诉讼程序解决的案件的费用明显较高：有15个案件的费用在1万至2万新西兰元之间；10个在2万至5万新西兰元之间；6个超过了5万新西兰元。1988年《标准法》（the Standards Act 1988）设立的新西兰标准委员会（The Standards Council of New Zealand）还发展了包含调解条款在内的示范合同，而专业组织也常常依赖于调解去解决内部争端。[1]通过对一般民事案件中ADR之使用所进行的研究发现，ADR可以显著减少法院的工作量。2002年，律师向高等法院提起了总共1193起案件，其中730起并未进入诉讼程序。而在这730起案件中，494起已解决，其中181起是通过调解解决的。

作为ADR中最重要的形式，调解在纠纷解决中的重要性可见一斑。在截至2010年6月之前的一年时间内，进入租赁法庭之前的将近4万起案件中，44％是通过调解解决的。[2]

（二）未来展望

新西兰的律师已经看到了ADR在促进纠纷快速解决中的潜力及在削减诉讼上的优势，因此他们认为法庭应当有权命令当事人参与ADR，甚至认为法庭应当享有强制调解权。在一项对一般民事案件中ADR之使用所进行的研究中发现，受访律师中65％认为法庭应当有权命令当事人参与ADR，54％认为法庭应当享有强制调解权。

目前新西兰许多法律只对调解或者其他ADR程序进行了基础性规定，立

---

① Laurence Boulle et al. , *Mediation: Principles, Process, Practice*, 2nd Edition, LexisNexis, 2008, p. 250.

② Department of Building & Housing, Annual Report 2009/2010, p. 30；New Zealand Ministry of Justice, Annual Report 1 July 2009-30 June 2010, p. 48.

法咨询委员会以及国会法律顾问办公室建议在未来的法律中应当细化 ADR 的运作程序而不是将该程序留白。国会法律顾问办公室认为,未来的立法应当包含建立在现存 ADR 示范条款基础上的详细规定,该种规定可以适用于任何形式的解纷方式。

理论界就是否有必要制定一部统一的调解法展开了激烈讨论。① 肯定方认为:统一立法可以保障裁决的一致性;可以为调解服务的质量设立一定的标准;可以为消费者提供权利保护;可以解决调解员的某些困境——比如关于保密的限制和调解员的豁免权问题。但是,目前新西兰主流的观点是统一立法将弊大于利:统一立法可能进一步僵化调解程序,并在一定程度上阻碍调解的发展。此外,在许多不同领域中,不同种类的纠纷需要不同的调解技术,如果期冀由一部统一的法律来涵盖现存具体调解制度下所有经验丰富的调解员所掌握的不同调解方法,几乎是天方夜谭。②

参与法院附设调解会议之法官的中立性问题同样引起了激烈的讨论,尤其是在家事法庭和强制调解中。调解员必须找到中立与干涉之间的微妙平衡,尽管调解结果的合法性要求使得这种平衡很难把握。

此外,法律委员会还建议设立一个机构来整合所有国家管理的调解,以确保其可以保持一定水准并充分发挥效用。考虑到费用问题,整合之后的调解机构同样将会为标的额在 5 万新西兰元以下的民事纠纷提供调解服务。③ 但是政府对此建议进行了批判,认为调解员应当隶属于相关的组织机构,否则他们将丧失其专业技能;民事纠纷应当由私人调解员解决,而非由国家调解体系去解决。④

---

① D. Clapshaw and S. Freeman-Greene, A Mediation Act: Do We Need One? http://www. researchgate. net,下载日期:2014 年 6 月 20 日。

② D. Clapshaw and S. Freeman-Greene, A Mediation Act: Do We Need One? http://www. researchgate. net,下载日期:2014 年 6 月 20 日。

③ New Zealand Law Commission, Delivering Justice for All, http://www. lawcom. govt. nz,下载日期:2014 年 6 月 20 日。

④ New Zealand Ministry of Justice, Government Response to Law Commission Report on Delivering Justice for All, http://www. justice. govt. nz,下载日期:2014 年 6 月 20 日。

希腊调解制度新发展评析

■ 汪文雨*

摘要:近年来,希腊在民事司法改革中日益重视调解制度的完善。2010 年《调解法》的施行为调解制度的蓬勃发展提供了立法支持。该法对调解自治、调解保密、调解执行和调解职业化等事项作了规定。然而,希腊调解制度的发展之路仍然任重而道远。

关键词:希腊 调解法 规范化 职业化

希腊民众自古推崇自由和民主,信仰法律。1995 年,希腊颁布了涉及调解制度的法律,并在 2001 年制定了补充法令。然而,调解在希腊纠纷解决实践中适用并不普遍。近年来,受欧债风波的影响,希腊社会经济矛盾加剧。民事诉讼受案量不断增多,这使得已经不堪重负的希腊法院"雪上加霜",陷入案件积压,审讯延迟的司法危机之中。有鉴于此,希腊于 2005 年成立了民事诉讼法改革委员会,由此揭开了民事司法改革的序幕。为将《欧洲议会及欧盟理事会关于民商事调解若干问题的指令》①(以下简称《欧盟调解指令》)转化为本国法律,希腊立法部门于 2010 年 12 月颁布了《调解法》。该法是希腊立法部门和司法部门不懈努力的成果,承载着构建希腊多元化纠纷解决机制的历史使命。但是,自从 1967 年《民事诉讼法典》制定以来,希腊民事司法改革的经验呈现出一幅立法改革与实践惯性混杂的画面。② 调解立法与实践亦不例外。为此,希腊政府制定了《调解条例》(Ministerial Decision No 1908/12. 12. 2011)和《政府公告》(Gazette No 255/9. 12. 2011),以进一步完善《调解法》。

---

* 作者系厦门大学法学院诉讼法硕士研究生。

① 调解指令全文参见《欧洲议会及欧盟理事会关于民商事调解若干问题的 2008/52/EC 指令》,陈洪杰译,齐树洁校,载张卫平、齐树洁主编:《司法改革论评》(第八辑),厦门大学出版社 2008 年版。该指令第 12 条要求欧盟各成员国在 2011 年 5 月 21 日之前遵照指令施行必要的法律、规章和行政规定。

② [英]阿德里安·A. S. 朱克曼主编:《危机中的民事司法:民事诉讼程序的比较视角》,傅郁林等译,中国政法大学出版社 2005 年版,第 366 页。

一、希腊《调解法》的特征分析

相较于其他欧盟国家,希腊推行调解制度稍晚一些。近年来,随着德国和英国 ADR(Alternative Dispute Resolution)①机制的发展日渐成熟,希腊有条件去研究和借鉴这些较早推行调解制度国家的先进经验。通过对《调解法》的分析,笔者发现希腊调解制度在借鉴外国经验的基础上,仍有着其自身的特色。

(一)绝对自主性

1.启动、终结调解程序的自主性

根据《调解法》的规定,调解程序必须由当事人自主决定启动或者法院建议并经双方当事人同意后启动。在诉讼的任一阶段,当事人都可以申请调解。同样,调解程序的终止也由当事人自主决定。希腊这一规定不同于英国的法院建议调解制度。在英国,如果当事人拒绝法院提出的调解建议,他们必须证明是出于正当理由。当事人未能给出合理理由而拒绝使用 ADR 的,法院最终还是会作出中止诉讼程序的指令。② 而在希腊,只要当事人拒绝调解,调解程序就无法启动。此外,为了鼓励当事人使用 ADR 解决纠纷,英国法院在决定诉讼费用时会对此加以考虑。胜诉的当事人可能因为在 ADR 程序中不合作的态度,其所获得的诉讼费用补偿被减少处理;拒绝使用 ADR 来解决纠纷且败诉的被告所承担的诉讼费用或赔偿费用被适当提高。③ 2002 年 2 月,英国法院在 Dunnett v. Railtrack 一案中首次适用了诉讼费罚则,即当事人若拒绝法院提出的以调解方式解决纠纷的建议,那么即使该方当事人在随后的诉讼中获胜,法院同样有权判决其承担案件的诉讼费用。④

2.选任调解员的自主性

调解制度具有灵活性和简便的特点,调解员的选任也理所当然应当是便利与灵活的。《调解法》规定当事人可以自由选任调解员,即双方共同选定调解员或者双方指定第三人选任调解员。在希腊,当事人的调解员选任完全做到了自主选择。

---

① 英国在 20 世纪 90 年代启动了大规模、有计划的司法改革。以沃尔夫勋爵为代表人物的司法改革者,通过坚持不懈的努力,促进了英国民事司法制度的发展。

② 齐树洁主编:《英国民事司法改革》,北京大学出版社 2004 年版,第 179 页。

③ 齐树洁主编:《英国民事司法制度》,厦门大学出版社 2011 年版,第 207~208 页。

④ 郭晓珍:《英国调解程序中的诉讼费罚则》,载齐树洁主编:《东南司法评论》(第 5 卷),厦门大学出版社 2012 年版。

3.调解手段的自主性

希腊调解制度以"转介调解"为主要模式。"转介调解"的构建基于以下两种基本理念：赋予当事人最大限度的自主性的"授权"理念，及一方当事人对另一方当事人的需求、利益、价值和观点加以承认的"认可"理念。此模式的最大特点就是认为双方是否达成和解应当由当事人自行决定而不应由调解员做主。① 基于此种理念，当事人享有很大的自主权，不受程序和法律的过多羁绊。只要不违反法律和公序良俗原则，任何方式都可以作为调解手段去平衡当事人之间的利益，以促成最终的和解。

（二）相对保密性

保密原则，是指调解应当仅在当事人之间进行，与案件无关的其他公民不得旁听，新闻媒体不得采访、报道，当事人在调解过程中为达成调解协议或者和解而妥协所作的陈述、承认，不得在以后的诉讼程序中作为对其不利的证据而披露或者使用。② 《调解法》规定调解必须在保密的状态下进行，当事人另有约定的除外。为了争取调解的成功，凡参与调解的人员都有权了解存在争议的案情和法律上的争点，这无疑给调解保密带来了一定的隐患。为此，《调解法》第10条规定：参与调解的人员，都必须签订遵守保密义务的书面协议。法律同时规定，调解最终达成的协议同样受到保密性约束，除非当事人因申请强制执行而必须公布调解协议。

美国弗里德曼教授认为，调解保密性是指当事人保持调解内容免受用作后续法律程序证据的能力。③ 免受用作后续程序证据的能力有利于解除当事人的思想包袱，敞开心扉地沟通、对话，有助于调解程序的开展和调解协议的达成。希腊调解保密原则的另一价值在于：参与调解的人员，在诉讼和仲裁程序中作为证人的资格缺失和义务豁免，即调解参与人没有义务作为证人参与后续纠纷解决程序，在调解中所作的陈述记录不具有证据能力。《调解法》规定，未经双方当事人的一致同意，调解员对所了解的情况以及当事人在调解程序中的主张均不得披露给法官，也不能在另一司法程序中透露，甚至在同一司法过程中，调解阶段的信息和内容不经双方当事人同意，也不能在接下来的其他阶段被使用或披露。然而，调解保密亦有例外。《调解法》规定，当制定重要的公共政策时，有必要披露调解信息的，调解信息可以公布。例如，为了保护儿童的特殊利益和人身

---

① 蒋惠岭主编：《域外ADR：制度·规则·技能》，中国法制出版社2012年版，第13页。
② 邱星美：《调解的回顾与展望》，中国政法大学出版社2013年版，第199页。
③ Lawrence Freedman, Confidentiality: A Closer Look, in Confidentiality in Mediation: A Practitioner's Guide, *Journal on Dispute Resolution*, 1985, Vol. 19.

权益,调解信息可以被披露。调解保密的意旨在于为当事人创造轻松、坦诚的对话氛围,不必担心调解中涉及的信息可能作为对己不利的证据。但当调解涉及社会公共利益或者第三人利益时,披露调解信息是有正当依据的。

(三)备案登记方有执行力

根据《调解法》第 9 条的规定,如果最终的调解协议包含了遵从和适用强制执行的条款,且调解协议在法院作了正式的备案登记,那么此调解协议即具有强制执行力。如果调解协议未经法院备案登记,则只具合同效力。第 9 条实际上扩大了民事诉讼法关于强制执行文书签发主体的规定,但这主要是为了贯彻《欧盟调解指令》①而增加了《民事诉讼法》所规定强制执行效力文书的种类。虽然这一规定受到了希腊学者和议员的批评,但其对调解制度迅速被人们接纳具有重要意义。事实上,赋予调解协议强制执行力已成为各国调解制度的惯例。

(四)调解的实体法和程序法效力②

1.实体法的效力

长期以来,调解制度在希腊的使用率极低。希腊司法部希望借由《调解法》及一系列的激励措施,以最大限度地激发希腊民众选择调解解决纠纷的积极性。司法部认为,调解对诉讼时效的中断或中止可以消除那些本想通过诉讼和仲裁来解决纠纷的当事人的后顾之忧,认为"好讼"的希腊人不用担心因选择调解而丧失诉权。

《调解法》第 11 条规定,只要调解程序存续,诉讼时效就一直处于中断或中止状态。首先,在调解程序的持续时间内,调解排除了司法管辖权,即已经审理的案件要中止审理。其次,调解可以中断或中止诉讼时效。所以确定调解程序开始的时间,无疑是确定诉讼时效中止或中断时间起点最为关键的一点。但法律并没有直接规定调解从何时开始,只规定了调解可能发生的情形:(1)双方当事人在案件未决前同意使用调解;(2)法庭在审判案件时建议当事人使用调解;(3)其他欧盟国家法庭希望当事人使用调解;(4)依法定义务须适用调解。以上四种情形只是使得调解可能发生,并不能决定该程序是否真正启动,因为程序的启动取决于当事人。《调解法》并没有明确调解开始的时间,导致诉讼时效中止或中断的时间不好准确界定。关于这个模糊点,笔者认为与其说是希腊立法者

① 《欧盟调解指令》第 6 条规定:"各成员应确保纠纷各方当事人,或者已取得其他当事人明确同意的一方当事人,得以请求赋予基于调解而形成的书面协议之内容以强制执行的效力。"

② 齐树洁主编:《民事司法改革研究》,厦门大学出版社 2006 年第 3 版,第 615 页。

的疏忽之处,不如说是其高明之处,因为当事人完全可以利用这个模糊点来扩大时效利益,这也达到了希腊调解立法本意——尽可能地调动当事人选择调解手段的积极性。但本条也带来了一系列法律体系间的矛盾,下文将对此加以详细分析。

2.程序法的效力

调解程序的启动意味着排除或中止了司法管辖权,法律规定调解程序时限为 3 个月到 6 个月。如果在这段时间内,当事人未实施实质性的调解行为,那么法院可以重新开庭审理。由此可见,程序法上的中断或者中止须以实质性调解程序的启动为前提,当事人只是达成或签订了选择调解解决纠纷的意向协议,并不能排除司法管辖或者中止法院裁决,此时只是在实体法上产生了合同效力。因而,即使当事人已经一致同意选择调解手段,但如果没有采取实质性行动,当事人完全可以继续诉诸司法,并请求法庭裁决。遗憾的是,《调解法》并没有具体规定哪些行为代表调解程序的正式启动,这需要《调解条例》或者《政府公告》予以明确。

二、希腊调解员制度

功利主义理论认为调解员的最终目的是达到社会利益的最大化。调解员通过帮助当事人了解调解的成果、平衡他人利益等方式,促使当事人完成自身利益的取得过程。[①] 实践中,调解员首先考虑的是怎样实现利益的最大化,尤其是当事人的利益,这要求其必须拥有洞察社会利益分配的能力和经验。调解能否获得成功,一定程度上取决于调解员以自身素质和技巧为内容的职业素养。[②] 调解的成功率和当事人的满意度往往取决于调解机构或调解员的权威、公信力和解纷能力。调解员于调解活动中扮演各种角色所承担的任务甚至多于法官在审判中所承担的职责。一国的调解制度是否先进,是否被本国人民所认可,关键是看此项制度能否获得人才资源支持。希腊司法部门也意识到调解员对调解活动的重大作用,故《调解法》与《政府公告》重点对调解员的资格和选任作了规定。

(一)调解员资格的取得

《调解法》规定只有律师才有资格申请成为调解员,涉及跨境纠纷的调解除外。在希腊,一般案件的调解员必须是律师,这无疑确保了调解员的素质,尤其

---

① 蒋惠岭主编:《域外 ADR:制度·规则·技能》,中国法制出版社 2012 年版,第 9 页。
② 李德恩:《现代调解员的角色:转换与规制》,载《法学论坛》2010 年第 6 期。

是专业素质。律师获得调解员资格须经历以下几个阶段:(1)参与一系列的培训,具体包括调解员的职业伦理、调解的一般原则、调解的程序和步骤、谈判和交流的技巧、冲突的分析、调解的相关法律、心理学的基础;(2)通过调解员资格委员会组织的专业考试;(3)通过认证委员会的认证。希腊调解立法对调解员资格之规定相对于其他欧盟国家来说更为严苛,这一方面,能够保证调解员熟悉业务知识,并拥有较高素质,另一方面,也导致调解员资格门槛较高,间接引发调解员费用较高和调解能否较大范围使用的难题。

(二) 调解员的费用

得到社会广泛认同的调解组织在影响力和控制力方面愈发强大,他们从法院手中接过的对纠纷的控制权越多,[①]由此导致调解费用市场化。在希腊,调解费用以小时为单位计算,包括准备启动调解程序所花费的时间,但《调解法》规定计算费用的时间上限为 24 个小时。《调解法》草案曾规定调解员每小时收费标准为 200 欧元,但最终通过的法律并没有规定调解员收费标准。实践中,只能参照律师在诉讼和仲裁程序中的收费标准确定调解员费用。但案件在不同的法院审理,律师费用又不尽相同,法律大体规定每小时在 200~1300 欧元之间。目前,具体的收费标准主要通过当事人和调解员协商确定。一般而言,调解所需的费用一般由当事人之间平分,另有约定的除外。而同为欧盟成员国的保加利亚调解平均收费是每小时 25 欧元,即使是一个标的额为 10 万欧元的案件进行为期一天(按 8 小时计算)的调解,调解费也只有 320 欧元。[②] 希腊调解员费用相对较高不利于鼓励当事人选择调解解决纠纷。

(三) 调解员的义务和责任

调解员必须是能够有效、公正、公平地主持调解的中立第三人,在调解的过程中和达成和解协议后必须承担保密义务,不泄露各方的隐私。为了达到调解之目的,调解员应该乐于倾听当事人的陈述与诉说,并尽最大努力去化解当事人之间的冲突和矛盾,以尽可能地实现双赢。较遗憾的是,《调解法》没有规定调解员在违反哪些规定时会被处以惩罚性措施,只规定了调解员不遵守基本职业准则会被暂时或永久取消调解员资格。因此,对调解员违背职业准则的惩罚性措施亟须立法明确。

---

① 王福华:《现代调解制度若干问题研究》,载《当代法学》2009 年第 9 期。
② 蒋丽萍:《保加利亚的调解制度》,载《人民法院报》2011 年 10 月 21 日第 6 版。

(四)调解员培训、认证、管理机构

在希腊,律师要成为调解员须经过培训、考试和认证,三者缺一不可。主持和管理这些程序的权力归属于不同机构。

随着协商调解等非诉讼纠纷解决方式日益受到重视,相关教育培训逐步成为重点。① 调解员培训机构须由至少一个地方律师协会或者已经被法律授予资格、拥有一定数量的具有学术和专业水平会员的机构申请成立。作为公益性的培训机构,它不仅承担着调解员候选人的培训任务,同时也承担着调解员的后续培训、继续教育任务。根据欧盟网站公布的信息,希腊只有 2 所新近成立的调解员培训机构,分别位于塞萨洛尼基和比雷埃夫斯。因此,希腊国内很多调解员由英国有效争议解决中心(CEDR)和特许仲裁学会(CIArb)组织培训。调解员考试委员会负责组织调解员资格考试。考试委员会由 2 名认证委员会委员和 1 名法官组成,主要考察候选人是否具有必要的知识、是否具有符合调解员资格的素质和能力,并由考试委员对每一个候选人出具一份详细的最终考察报告。作为最重要一环的组织者,调解员认证委员会拥有的权力也是最大的,其直接受司法部管辖和监督,由 5 名常任委员和 5 名轮换委员组成,其中主席必须由拥有专业学识和富有经验的调解员担任。认证委员会不但具有认证调解员资格的权力,同时也拥有监督培训机构的权力。调解员候选人想要通过认证,须从参加培训那一刻起就遵守调解员的职业道德规范,因为认证委员会对调解员候选人的考察是全方位和全过程的。

三、希腊调解制度存在的问题

希腊大力推行调解制度的根本目的在于减轻法院的诉讼压力(relieve the congestion experienced in the state courts),而英国等欧盟国家大力实行司法改革的目标为"接近正义"(access to justice)。目标定位的不同自然导致希腊调解立法有属于自己的价值判断标准,但也带来了一系列其他国家未曾遇到的问题和阻碍。

(一) 法律的混乱和冲突

希腊急于通过《调解法》是为了减轻法院的诉讼压力,由此导致此项法律只是涉及了主要规则。为了弥补法律的不足并且确保法律的顺利实施,制定具体

---

① 范愉、李浩:《纠纷解决:理论、制度与技能》,清华大学出版社 2010 年版,第 9 页。

实施细则是大势所趋。然而,这些以《调解条例》和《政府公告》为形式出台的补充法令首先是缺乏统一的逻辑体系,其次由不同主体制定导致希腊调解制度带有明显的部门利益特点,很多条款脱离了实际。

上文提到调解程序的启动会产生诉讼时效中断或中止之效力,而二者有明显区别,但《调解法》并没有规定调解程序的启动带来的是时效的中断还是中止。此外,《希腊民法典》规定诉讼时效的中断、中止必须是出现了法律明确规定的事由,诉讼时效从当事人或者法院完成最后一个程序内容开始重新计算。此外规定了如果一个中断或中止诉讼时效的行为需要准备程序,该程序时限最多为3个月。超过3个月没有实施中断或中止诉讼时效的行为,时效不发生中断或中止,准备程序的时间也被重新计算在时效内。然而,《调解法》并没有规定调解程序从什么时间开始,只要当事人同意和达成适用调解的,诉讼时效一律中断或中止,这无疑与《希腊民法典》相矛盾。人为制造的诉讼时效适用难题给调解制度的普及带来了巨大障碍。

又如,法律要求调解员具有律师资格,但涉外或者跨国纠纷的调解又不要求调解员具备律师资格,这造成了国内调解与国际调解之间的差异。面对种种立法缺陷,立法者无法及时制定和颁布新规定去弥补立法漏洞,这无疑给希腊调解发展前景蒙上了一层阴影。

(二)调解法对律师的影响

发生纠纷后,希腊民众首先咨询律师,而律师也会给当事人提出一些法律建议。由此可见,律师是否支持调解制度是《调解法》能否获得成功的关键因素。事实上,希腊律师一般不会建议当事人选择调解。因为当前只有少数律师获得了调解员资格,建议调解就意味律师失去了诉讼业务。

《调解法》未能调动起律师的积极性,包括费用在内的激励机制,均不足以让律师界支持这项法律的施行。相反,早期颁布的《调解法》并没有要求律师成为调解员一定要经过培训、考试、认证,不少律师还会建议当事人选择调解。然而新法颁布后,部分已具备丰富经验的律师却面临着没有调解资格的尴尬境地。鉴于律师职业体对调解的重大影响,希腊司法部门认为有必要重新研究关于调解员资格的规定。

(三)希腊民众对新《调解法》的态度

《调解法》的目标是减少诉讼,即激励当事人选择调解化解纠纷,以减轻法院的受案压力。然而,希腊民众对此法律内容了解甚少,甚至很多人不知道希腊通过了新《调解法》。希腊司法部门把律所和企业作为新法的重点宣传对象,而不是社会大众,这直接导致调解法施行缺乏群众基础。弗里德曼曾言:"法典背后有强大的思想运动。"①希腊学者对调解制度的研究也远不如英国和德国学者那么深刻和富有成果,最直接的表现即是目前希腊国内只有一种研究调解制度的学术期刊。凡此种种无疑给希腊调解制度的普及带来了巨大障碍。

四、希腊调解制度改革的前景分析

新《调解法》和补充法令施行的时间较短,目前尚无有关新法实施效果的数据,包括调解案件数量是否增加、诉讼案件数量是否减少等。但我们仍可以对希腊调解制度进行一些评析。毋庸置疑,调解制度若要取得良好的实效,政府、律师和民众均需作出巨大努力。

笔者认为,希腊司法部门今后可以在以下几个方面作出改革,以扩大调解制度在希腊的适用范围。

(一)诉讼费用改革

当事人把诉讼作为纠纷解决第一选择的原因复杂多样,但诉讼费用相对低廉是主要原因之一。诉讼费用在民事诉讼中具有重要作用:(1)影响民众诉讼观念的形成与转变;(2)直接制约当事人诉权的实现程度;(3)直接制约各类诉讼程序机制的功能发挥与协调运作;(4)直接影响司法的公正与廉洁。② 其中,诉讼费用低廉在一定程度上会导致当事人滥用诉权。民事诉讼程序设置的目的在于保护当事人的私权,但维护法律秩序也是其重要的功能。对此,国家应承担主要责任,由当事人适当予以分担,使司法制度能够在合理平衡国家和个人利益的前提下得到良好的运作。③ 为了保持良好的司法秩序和较高的司法效率,司法机关可以考虑适当提高诉讼费用,并制定相应的、具有吸引力的调解费用制度。

(二)放宽调解员的资格要求

在调解制度相对较发达的国家,对调解员资格条件的要求一般十分宽泛。希腊强调调解员的能力和素质。实践表明,调解员的品格和经验是调解能否获得成功的核心要件。希腊对调解员资格的过度限制不利于调解的大规模适用,亦不利于获得律师职业体的支持。希腊司法部门今后可借鉴法国和英国的成功

---

① [美]弗里德曼:《法律制度》,林欣、李琼英译,中国政法大学出版社 1994 年版,第 241 页。

② 廖永安:《诉讼费用研究——以当事人诉权保护为分析视角》,中国政法大学出版社 2006 年版,第 5~7 页。

③ 张榕:《民事诉讼收费制度改革的理念及路径》,载《法律科学》2006 年第 1 期。

经验,适当放松调解员资格的规定,从强调调解员能力和素质向强调调解员品格和经验转变。

(三)转变司法改革观念

近年来希腊以调解制度为代表的一系列司法改革,重点是从体制改革入手,以突出司法效率为目标,直接目的在于提高法院的司法效率,出发点和落脚点并没有放在保障民众的合法权益上。在德国民事司法改革的进程中,"接近正义"这一司法理念始终贯穿其全过程。2002 年德国立法者对民事诉讼法进行大幅改革的理念在于,目前的程序规则已无法满足公民请求权实现以及经济发展的要求;改革的目的在于使民事司法程序更加亲民,更加有效率,更加透明。[①] 以此理念为指导,德国制定改革措施从人民角度出发,法律符合人民利益,故其易被当事人接受。希腊改革的侧重点则放在司法体制的运转上,有些新制定的法律不重视对当事人权益的保护,脱离了实际。民众不关注司法改革,以至于希腊仍有一部分民众不知道《调解法》的存在。

民事司法改革是一种对制度渐进性的内省,其自身重组和变革的助力不仅源自司法对于社会现实的深度关照和反思,更在于制度基底之下关联价值取向和司法理念的演进和变迁。[②] 转变司法改革的理念是解决希腊当前司法制度困境的前提要求,因为任何改革方案或者改革措施的制定与施行必然在本质上贯彻一种新的司法理念。希腊司法改革理念应定位于保障当事人"接近正义"的权利,并由此实现司法便利化与价值均衡化。

结　　语

目前希腊新《调解法》有效实施面临重重困难和诸多阻碍,但面对极度拥堵和效率低下的司法现状,希腊司法部门面前的路只有一条——坚定不移地推动 ADR 相关制度的发展和实施。作为一个 ADR 制度起步较晚的国家,希腊具有天时、地利、人和的优势,今后的改革应尊重司法自身的规律,在实践中顺应法治进程的发展规律,不断地完善司法制度。我们有理由相信,在这个曾诞生无数美丽的神话的国家,立法者和司法者一定能找到一条符合本国国情的 ADR 发展道路。

---

①　刘彦辛、许英杰:《德国民事诉讼制度改革十年综述》,载齐树洁主编:《东南司法评论》(2010 年卷),厦门大学出版社 2010 年版。

②　齐树洁、周一颜:《香港民事诉讼制度改革之回顾与前瞻》,载《现代法学》2013 年第 3 期。

匈牙利调解制度述评

■ 肖 燕*

摘要:为提高诉讼效率,降低诉讼成本,给普通民众更多"接近正义"的机会,匈牙利于 2002 年制定了《调解法》,由此确立了调解在匈牙利纠纷解决机制中的地位。由于立法者坚持以实现正义作为纠纷解决的首要目的,因此设置了较高的调解员准入门槛和严格的调解程序,这些规则限制了调解制度的推广与普及。如何在正义与效率之间进行平衡与取舍,是今后匈牙利完善其调解制度所必须解决的问题。

关键词:匈牙利 调解法 纠纷解决 民间调解

匈牙利位于欧洲中部,是一个内陆国家,人口约 1000 万(2013 年),面积 9.3 万平方公里。该国经济发达,人均 GDP 已经达到中等发达国家水平。罗马法、奥地利法律和德国法律对于早期匈牙利法律的发展产生了重要影响。20 世纪中叶至 1990 年,匈牙利作为社会主义阵营的一员,其法律制度深受苏联的影响。东欧剧变之后,匈牙利法律制度发生重大变革,一些基本法律亟须重新制定。[①]

匈牙利设有四级法院。[②] 最底层的法院是地方法院,受理普通民商事案件和简单刑事案件的一审。此外,还有专门的劳动争议法院,受理与劳动争议有关的劳动合同纠纷、社会保障纠纷和劳动行政诉讼。第二级法院包括郡法院和布达佩斯城市法院,管辖各郡和首都所在城市的部分案件的一审,审查对地方法院和劳动争议法院的裁决不服提出的上诉。第三级法院是地区上诉法院,全国有 5 个。地区上诉法院的职权如下:审查对郡法院的裁决不服提出的上诉;在下级

---

* 作者系厦门大学法学院法律硕士专业研究生。

① Pokecz Kovacs Attila, Hungarian Law in the First Decade of the 21st Century (Hungarian Law-Comparative Law), *Studia Universitatis Babes-Bolyai Jurisprudentia*, 2011, Vol. 2011, Issue 4.

② 匈牙利还设立了宪法法院,专门对立法进行违宪审查,不审查具体行政行为。宪法法院是匈牙利东欧剧变之后司法改革的重要成果。

法院发生管辖权争议的时候,指定审理法院。最高法院是匈牙利最高司法机关,受理对郡法院和地区上诉法院裁决不服提出的上诉,通过审查生效判决对申请者提供特别救济。最高法院作出的裁决对所有的下级法院都有约束力。①

单一的法院模式和有限的法院数量难以解决经济和社会转型所带来的大量纠纷。为了缓解诉讼迟延,节约司法资源,匈牙利立法者大力推广多元化纠纷解决机制。调解和仲裁在纠纷解决中的地位日趋重要。相对于仲裁来说,调解具有程序灵活、适用案件范围广泛、成本较低等优势,因而在司法实践中使用更为广泛。②

一、调解制度的基本框架

(一)匈牙利调解立法概况

1.2002 年《调解法》

21 世纪初,匈牙利诉讼中的高成本和迟延问题严重,司法改革刻不容缓。2002 年《调解法》(Act LV of 2002 on Mediation)在此大背景下应运而生。该法共 44 条,于 2003 年 3 月 27 日开始施行。《民商事领域替代性纠纷解决绿皮书》和联合国国际贸易法委员会的《示范法》对《调解法》的制定产生了重要影响。为解决实践中出现的新问题,适应国际调解法发展新趋势,匈牙利对 2002 年《调解法》进行过多次修改。由于受 2008 年《欧洲议会及欧盟理事会关于民商事调解若干问题的指令》③(以下简称《欧盟调解指令》)的影响,2009 年的修改幅度最大。

2.其他法律法规中关于调解的规定

匈牙利 1952 年《民事诉讼法》自颁布后一直沿用至今。在近年的修改中,增加了诸多有关调解的规定。1990 年第 93 号法令最早对调解费用进行了规定,

---

① 孙万胜等:《关于东欧四国司法制度变革情况的考察报告》,载《当代法学》2008 年第 1 期。

② Horvath Eva, Arbitration in Hungary, *European Business Law Review*, 2006, Vol. 17, Issue 2.

③ 该指令全文参见《欧洲议会及欧盟理事会关于民商事调解若干问题的 2008/52/EC 指令》,陈洪杰译,齐树洁校,载张卫平、齐树洁主编:《司法改革论评》(第八辑),厦门大学出版社 2008 年版。《欧盟调解指令》第 12 条要求欧盟各成员国在 2011 年 5 月 21 日之前遵照指令施行必要的法律、规章和行政规定。

2008年作了修改。此外,公共管理与司法部(2009年之前为司法部)①先后发布了多个行政命令,对调解员的职业教育、资格证书的获得及登记程序等事项作了规定。

3.特殊领域的调解立法

匈牙利存在诸多特殊领域的调解制度。这些制度包括:1992年第22号法令规定的劳动纠纷中的调解制度;1997年设立的消费纠纷调解制度;1997年第149号行政指令确立的儿童福利机构纠纷调解制度;2002年设立的医疗纠纷调解制度;2006年第123号法令增设的刑事调解制度。

(二)调解的内涵和特征

1.调解的法定内涵

《调解法》第1条第1款规定:"调解目的是为双方当事人提供一个调解员,处理他们的人身或者财产纠纷,纠纷的处理结果不受制定法的约束。"第2条规定:"调解是一种替代传统法庭审理的纠纷解决机制,在调解过程中,双方当事人为解决纠纷,自愿地把案件提交给某一中立的第三方,以求达成调解协议,并要求调解员以书面形式把相关调解过程记录下来。"

2.调解的特征

匈牙利调解制度具有如下特点:(1)由中立第三方主持;(2)当事人自愿选择调解;(3)调解协议内容不受制定法约束;(4)处理对象为人身关系和财产关系;②(5)全程书面记录。

匈牙利调解制度还有其特殊规定:首先,绝对保密性。《调解法》要求所有的调解参与人保密,不仅调解过程中需要保密,调解结束后也必须继续保密。其次,调解协议不具有强制执行力。调解协议能否履行取决于当事人的意愿,调解成功之后,当事人依然可以不履行调解协议。最后,严格的程序性。如果一方当事人在第一次听审或者调解协议签署阶段未亲自出席,调解程序自动终止或调解协议无效。

此外,在匈牙利,调解与和解无严格的区分,二者可以混用。研究者认为,原因可能有二点:(1)匈牙利只存在民间调解,调解主体都是非官方的,非官方的调

---

① 2010年匈牙利大选之中,首相奥班(Viktor Orbán)和他的同盟者在议会中获得三分之二多数,在新组织的政府之中,部委数量减少了8个,司法部(Ministry of Justice)正好处于裁撤之列。因此,匈牙利不再有独立的司法部。原司法部的职权由新成立的公共管理与司法部(Ministry of Public Administration and Justice)行使。

② 匈牙利于2006年引进了刑事调解制度,刑事调解适用《调解法》的所有规定。因此,匈牙利调解制度适用的范围已经不再局限于民商事领域,也不再局限于人身关系和财产关系。

解员和当事人的地位一样;(2)调解协议与和解协议在效力上没有差别,都不具有强制执行力。①

(三)调解模式

1.民间调解

所谓民间调解,是指在非司法性和非行政性的民间组织、团体或个人主持下进行的调解。② 匈牙利只存在民间调解。民间调解有两种,一种是自然人以自己的名义主持的调解;另一种是自然人以法人的名义主持的调解。匈牙利民间调解和我国的民间调解不同,其差异主要体现在以下三个方面:一是调解收取费用;二是调解员有严格的资格限制;三是调解员可以进行刑事调解。

民间调解协议不具有执行力,需要通过司法确认制度赋予调解协议的执行力。在调解失败情况下,也需要其他纠纷解决机制来保证纠纷的及时有效解决。针对这些问题,2008 年修改后的《民事诉讼法》规定:在诉讼过程中,如果双方当事人申请调解,法院应当审查调解的必要性、可能性和可行性。如果法院同意当事人调解,则诉讼程序中止,当事人有 6 个月的时间达成调解协议。如果当事人在调解员的组织下达成调解协议,且法庭认可了该协议,该调解协议即具有和法院判决一样的法律效力。如果在起诉之前,案件已经由调解员进行过调解,原告需要在起诉状中写明。相较于欧盟的其他国家,匈牙利的诉调衔接机制仍然有很大的完善空间。

2.在线调解

在线调解是在线纠纷解决机制(ODR)③的一种,指当事人在调解员组织下通过电话会议、电视会议等远程方式进行的调解。在线调解依赖于以高度发达的信息技术为基础的远程交流,对硬件设施要求较高,具有快速便宜、高度机密性、避免有争议双方当事人面对面语言交流等优势。④

在目前匈牙利调解立法的框架下,在线调解的正当性备受争议。根据《调解法》的规定,有两个场合双方当事人必须亲自到场,这就限制了全程在线调解的适用。因而在实践中只能退而求其次,采用一种混合式的在线调解模式,即在第一次听审阶段和最后调解协议的签署阶段当事人出席,其他的阶段在线解决。

---

① Klaus J. Hopt & Felix Steffek, *Mediation: Principles and Regulation in Comparative Perspective*, Oxford University Press, 2013, pp. 606~610.

② 齐树洁主编:《纠纷解决与和谐社会》,厦门大学出版社 2010 年版,第 98 页。

③ 范愉主编:《多元化纠纷解决机制》,厦门大学出版社 2005 年第 2 版,第 559~562 页。

④ 范筱静:《在线纠纷解决机制研究》,载《西部法学评论》2012 年第 4 期。

此外,虽然全程在线调解与《调解法》的规定相违背,但是如果全程在线调解达成调解协议,协议具有合同效力。法官在重新审理案件过程中,虽然不会直接认可调解协议,却可能会将该协议作为合同审查,最终裁判结果往往会采纳调解协议的处理方案。这样的司法实践对《调解法》的效力以及调解协议的公信力产生了不利影响。因此,很多匈牙利学者正在讨论修改《调解法》,以增强调解程序的灵活性。①

3. 刑事调解

匈牙利 2006 年第 123 号法令将调解制度引入刑事司法领域,该法于 2007 年 1 月 1 日生效实施。2001 年 3 月 15 日施行的《欧洲议会关于受害人在刑事诉讼中的地位的决定》(以下简称《决定》)在匈牙利刑事调解制度的确立过程中扮演了重要角色。《决定》的第 10 条要求各成员国鼓励刑事案件中受害人与被告人达成调解协议。对于成功达成调解协议的案件,法院在后续的裁决中必须对调解协议予以考虑。

在侦查程序中,检察官如果发现案件可以调解,②并且受害人和犯罪嫌疑人同意调解,检察官应当中止侦查程序,将案件移交给调解员。调解员在受害人和犯罪嫌疑人之间斡旋协商。如果调解成功,犯罪嫌疑人同意赔偿或者保证以其他方式补偿受害人,检察官收到调解协议并确定犯罪嫌疑人履行完毕后,作出不起诉决定。③

整个刑事调解过程中只有两个阶段与检察官或者法官有联系:一是调解开始阶段,检察官或法官认为案件可以调解,把案件提交给调解员;二是检察官作出起诉决定时或者法官审判时需要考虑调解结果。其他阶段与民商事调解一样,适用《调解法》的规定,皆为民间调解,由具有执业资格的调解员调解,不允许国家机关介入。④

① G. L. Szoke, Possibility of Online Mediation under the Hungarian Mediation Act, *Masaryk University Journal of Law and Technology*, 2007, Vol. 1, Issue 1.
② 对于可能判处三年以下有期徒刑的案件,检察官有权决定调解;对于可能被判处三年以上五年以下有期徒刑的案件,检察官无权决定调解,必须由法官决定。
③ Roth Erika, Ensuring Uniform Administration of Law in Criminal Matters—The Hungarian Way, *Lex ET Scientia International Journal*, 2010, Vol. 17, Issue 1.
④ Roth Erika, New Tendencies in Hungarian Criminal Justice, *Lex ET Scientia International Journal*, 2012, Vol. 19, Issue 1.

二、调解员制度

(一)调解员资格申请制度

匈牙利调解员分为两类:自然人调解员和法人调解员。调解员资格的获得实行许可制,只有在公共管理与司法部登记注册过的自然人或者法人,才可以从事调解活动。自然人成为调解员之前,需要接受专门的职业教育。[①] 公共管理与司法部审查自然人或者法人的申请材料,对符合条件的予以登记注册,此后该申请人即具有调解员资格。自然人取得调解员资格之后必须继续接受后续的职业教育。公共管理与司法部会定期对调解员进行监督考核,如果调解员未通过考核,将会被撤销调解员资格。由于匈牙利对调解员任职资格要求比较高,因此大部分调解员是律师出身。

根据《调解法》的规定,自然人符合以下条件者才能获得调解员资格:完全民事行为能力人;完成了公共管理与司法部所要求的自然人调解员职业教育;没有刑事犯罪记录,未被禁止调解员从业;未被吊销过调解员资格;拥有高等教育学历并且有 5 年以上的相关领域工作经历。法人符合以下条件才能获得调解员资格:调解活动属于法人营业执照上登记的主营业务;法人的雇员、成员或者次承包人具有调解员资格且未被相关部门暂停执业。匈牙利对调解员的国籍没有限制。在《欧盟调解指令》发布之前,匈牙利法律就允许其他国家的公民在匈牙利申请调解员执业。

(二)调解员资格撤销制度

调解员可以自愿放弃调解员资格,但是需要到公共管理与司法部办理相应手续。公共管理与司法部也有权撤销调解员资格。根据《调解法》的规定,公共管理与司法部可以如下事由撤销自然人的调解员资格:永久性身体残疾,且无法再胜任调解工作;不再符合《调解法》第 5 条规定的调解员申请条件;申请调解员资格时不符合《调解法》第 5 条规定的申请条件;在公共管理与司法部的后续调查中,不符合要求;不能完成后续的职业教育;自然人死亡。公共管理与司法部可以如下事由撤销法人的调解员资格:管理部门的命令或法庭的撤销判决;不再

---

① 调解指令发布之前,匈牙利尚无法定的调解员职业教育,当时的调解员培训课程主要由国家调解员委员会提供,或者由调解员自学。2009 年公共管理与司法部发布行政命令,对调解员职业教育以及后续教育作了全面规范。职业教育的内容包括理论和实践两部分,调解员必须定期参加。

符合《调解法》第 5 条规定的法人调解员申请条件;从事调解活动的所有雇员或成员的调解员资格被撤销;在公共管理与司法部的后续调查中,不符合要求。

(三)调解员登记制度

自然人调解员需要在公共管理与司法部登记如下信息:姓名;出生地、出生日期、母亲未出嫁前的姓氏;学历证书、其他资格证书、相关专业领域从业时间、调解员培训结业证明;注册时间、注册序号;开始执业活动的时间、终止执业活动的时间;能够使用的外语;擅长处理的纠纷种类;办公室地址;如果被法人雇佣,法人的地址;如果组织调解活动的地址与法人登记地址不一致,组织调解活动的地址;办公室联系方式、住址、工作地址;①是否为专业协会成员。法人调解员需要登记的信息包括:法人的名称;法人的企业总部;法人的注册号、管理部门名称、注册地法院名称;具有调解员资格的雇员姓名;如果法人组织调解活动的地址与登记注册的地址不一致,组织调解活动的场所;登记注册的时间、处理纠纷的数量。

调解员的登记信息,除了出生地、生日、母亲未出嫁前的姓氏、住址和工作地址,都属于公共信息,公民可以通过公共管理与司法部的网站查询。公共管理与司法部必须以公报形式及时公布这些信息。

(四)调解员的义务

调解员负有忠实、勤勉、保密、公正的义务。根据《调解法》的规定,从调解第一起案件开始,调解员就应当按照受理时间对案件进行编号归档,记录所有经手案件的调解过程。需要记录的具体内容包括:调解开始的时间;双方当事人的姓名和住所;调解结束的时间;如果有代理人,代理人的姓名和联系方式,代理人是否积极参与调解;调解的费用。调解记录必须保存 10 年以上。保存的目的有两个:一是确定调解程序开始的时间;二是明确成功的调解中调解协议的具体内容或者失败的调解中调解终结声明的内容。② 调解员必须在每年的 1 月 31 日之前向公共管理与司法部汇报上一年度如下信息:办理案件的数量、调解成功的案件的数量、调解失败的案件的数量和性质。

---

① 地址包括邮寄地址、电话、传真号码和电子邮件地址。

② Klaus J. Hopt & Felix Steffek, *Mediation: Principles and Regulation in Comparative Perspective*, Oxford University Press, 2013, pp. 617~619.

三、调 解 程 序

(一)调解程序的启动

调解应以尊重当事人的意思自治为价值取向。因此,调解程序的启动应当基于当事人的调解合意。[①] 根据《调解法》的规定,提交给调解员的案卷材料中,应有一份当事人表示愿意选择调解作为解决方式的声明。这份声明的签署与提交,才真正标志着调解程序启动。调解程序一开始即产生诉讼时效中断的效力。

调解员接受当事人的调解申请之后,首先会正式通知当事人,并告知他们有权委托代理人参加调解,而后组织第一次调解听审。在调解的第一次听审中,调解员必须告知当事人如下信息:调解的原则、调解的阶段、调解的费用、调解员的保密义务、当事人对于保密事项的选择权、法律法规规定的其他应当告知当事人的信息。调解活动一般在调解员登记的场所进行,也可以在双方当事人同意的其他场所进行。

(二)调解员的选任和回避

根据自愿原则,当事人可以自由地选择调解员,可以选择一人或者多人担任案件的调解员,可以自由地更换调解员。根据《调解法》的规定,当事人可以书面、邮件或者其他方式选择调解员。如果有必要,双方当事人可以同时选择两个或者两个以上的调解员。调解员接到当事人调解申请之后,有 8 天的时间决定是否接受。无论最终接受与否,调解员都必须以书面的形式作出答复。调解员确定之后,当事人与调解员需要签订一份委托调解员的协议(Mediator Agreement),[②]该协议需要包含如下内容:当事人的姓名、工作单位、住址、工作单位地址;自然人调解员的姓名或法人调解员的名称;法定代表人的姓名、地址;纠纷的种类、性质;调解使用的语言。

任何人不能做自己案件的裁决者,如果调解员与案件存在利益冲突,必须回避。《调解法》规定的调解员回避事由包括:调解员代理一方当事人;调解员是一方当事人的近亲属;作为调解员的法人被一方当事人控制;调解员因合同、从合同或者成员关系被一方当事人控制;因其他原因与案件有利害关系。如果调解

---

① 范愉主编:《多元化纠纷解决机制》,厦门大学出版社 2005 年第 2 版,第 358 页。

② 整个调解过程可能出现三份协议,第一份协议是同意调解的协议;第二份协议是选择调解员的协议;第三份协议与程序终结有关,如果调解成功,签订调解协议,如果调解不成功,则可能会有一份终结调解程序的协议。

员在之前的 5 年之内代理过一方当事人或者被一方当事人雇佣过,则有义务向另一方当事人披露。只有对方当事人知情而且同意该调解员继续组织调解,该调解员则无须回避。调解员、代理人、专家或者已经被回避的调解员,禁止在调解失败后的仲裁程序或者与此案相关的其他案件的仲裁程序中作为仲裁员,禁止在后续的诉讼程序或者与此案相关的其他案件的诉讼程序中作为专家证人或者一方当事人的诉讼代理人,除非对方当事人知情且同意。

(三)调解程序的开展

调解程序由两部分组成:准备程序和正式程序。准备程序是正式调解前的准备阶段,主要活动包括:签订同意调解的协议,选择调解员,了解调解规则,调解员讲解调解原则和注意事项,当事人提供各种材料,签订委任调解员的协议等等。

正式程序中,调解员需要听取双方当事人的意见,确保双方当事人得到平等对待。调解员组织调解程序,可以同时听取双方当事人的陈述,也可以分别听取双方当事人的陈述。调解员在得到双方当事人的支持之后,可以申请专家协助调解,可以采访知晓案件情况的其他人。整个调解程序使用的语言可以是匈牙利语,也可以是其他的语言。[1]

调解员可以把从一方当事人处获得的信息告知另一方当事人,除非当事人明确要求调解员向另一方当事人保密。对于调解过程中知悉的各种信息,调解员、当事人、代理人和专家都有保密的义务,不仅在调解过程中必须保密,在调解结束之后也必须继续保密。

在调解过程中,当事人有权委托代理人。代理人可以是律师,也可以是其他具有完全民事行为能力的人。除非法律有特殊规定,在正式的调解程序中,当事人应当亲自到场。[2] 在调解的第一次听审中,如果一方当事人缺席,调解程序中止。一方当事人是法人的,其法定代表人也必须在第一次调解听审时和最后调解协议的签署阶段到场。

(四)调解的终结

调解有两种结果:调解成功,达成调解协议;调解失败,终结调解程序,转入其他纠纷解决程序。

如果调解成功,当事人应当签署调解协议。双方当事人和调解员都必须在

---

[1] Klaus J. Hopt & Felix Steffek, *Mediation: Principles and Regulation in Comparative Perspective*, Oxford University Press, 2013, pp. 610~619.

[2] 这一规定在实践中有了新发展,现在只要求当事人在调解第一次听审和调解协议的签署阶段必须亲自到场。

调解协议上签名。调解协议一式三份,双方当事人和调解员各执一份。调解协议的履行可以是当事人的自愿履行,也可以是在协议获得强制执行力之后申请强制执行。调解协议经过法院的认可或者公正机构的认证之后才具有强制执行力。诉讼中当事人申请调解而且法院同意调解,当事人在调解员帮助下达成的调解协议提交法院而且被法院认可之后,具有和法院判决一样的效力。

如果调解失败,当事人可以通过签订一份协议的方式终结调解程序,也可以通过以下方式终结调解程序:一方当事人通知另一方当事人以及调解员其撤回调解申请;双方当事人同时向调解员申请终结调解程序;同意调解的声明签订4个月之后,双方当事人对案件争议尚未达成调解协议。

(五)调解的费用

调解费包括调解过程中支付的费用和调解员的劳务费。调解费因调解所花费的时间以及调解员资历的不同而有所区别。平均而言,调解员的调解服务费是每小时5000~50000福林(匈牙利货币,约合17~170欧元)。如果调解协议中对调解费用的负担有约定,依协议约定;如果没有约定,双方当事人平等负担。为推广调解制度,2008年《调解法》修改时引进了费用激励制度。根据法律的规定,如果当事人在调解过程中积极参与调解,费用应当减半收取。在第一次调解听审结束后,当事人积极参与调解,法院在后续的程序之中认可了当事人达成的调解协议,有关的费用可以减半收取,但是至多只可以减少5万福林。在所有费用减免的情形中,收取的费用不能低于无减免条件下的应收取费用的30%。

四、简要评析

(一)运行功效

作为一种新的纠纷解决机制,匈牙利调解制度从无到有,从简单到缜密,从不完善到相对完善,从特殊领域到所有民商事领域,满足了纠纷解决多元化的需求。调解制度与诉讼制度功能互补,一定程度上降低了纠纷解决的成本,提高了当事人解决纠纷的主动性,增强了纠纷处理的灵活性,缓解了当事人之间的对抗性,减轻了法院的压力,节约了司法资源。[1]

(二)实践缺陷

匈牙利调解制度虽然已经确立,但是始终以一种温和的方式发展着。尽管

---

[1]　齐树洁主编:《纠纷解决与和谐社会》,厦门大学出版社2010年版,第100~102页。

登记注册的调解员的数量比较多，但是事实上调解案件的数量并不多。根据有关数据，2003 年调解案件数为 395 件，2007 年增长到 1729 件，2008 年则减少到 1559 件。这些案件中，2003 年调解成功 343 件，成功率 87％；2007 年调解成功 1135 件，成功率降低到 76％；2008 年调解成功 1038 件，成功率 77％。总的来说，调解制度在匈牙利的使用频率比较低。① 究其原因，研究者认为可能和立法者的认识以及调解制度设计有关。

匈牙利立法者始终坚持实现正义是纠纷解决的首要目的，调解也不例外。为保证调解的公正性，必须制定严格的调解程序。调解员是调解的组织者，其个人的学识、品行和经验对调解公正性的实现至关重要，因而也必须对调解员的资格提出严格要求。在这一理念的指导下，《调解法》设置了较高的调解员准入门槛和严格的调解程序。这些规则与调解所要求的灵活性和高效性相违背，严重阻碍了调解制度发挥其应有的作用。实践中主要存在以下问题：

首先，调解模式单一。匈牙利只有民间调解，尚未构建法院调解、行政调解等其他调解模式。自然人或者法人具有调解资格并且在公共管理与司法部登记之后方可成为调解员。禁止没有调解资格的主体主持调解的做法虽然可以保证调解的质量，但严重影响纠纷的及时有效解决。

其次，调解与诉讼衔接机制不完善。在匈牙利，调解是调解，诉讼是诉讼，两套不同的程序，两套完全不同的人员。《调解法》对于诉调衔接机制的程序规定较粗糙。如果调解失败，进入诉讼程序，与不经调解直接起诉程序一样。因为没有建立法院附设调解制度和诉讼中调解制度，诉讼中当事人申请调解，与纠纷发生之后直接调解的程序一样。因此，对于调解成功率比较低的纠纷，当事人往往更愿意直接诉诸诉讼。

再次，调解协议执行难。调解协议不具有强制执行力，能否被执行取决于当事人的意愿。只有得到法院认可或者经过公证机构认证之后的调解协议才具有强制执行力。然而，不论是法院认可还是公证机构认证，都需要另外支付费用。

最后，调解程序僵硬单一。具体表现如下：调解过程必须全程书面记录，当事人必须亲自出席首次听审和调解协议签署两个阶段，限制全程在线调解的使用，包括刑事调解在内的所有调解适用完全一样的程序步骤。这些规定与调解的宗旨相悖，不利于纠纷的灵活解决和调解制度的推广。

---

① Klaus J. Hopt & Felix Steffek, *Mediation： Principles and Regulation in Comparative Perspective*, Oxford University Press, 2013, p. 619.

奥地利调解制度的发展与改革

■许林波*

摘要：2003 年，奥地利率先颁布了欧洲第一部专门的调解法律《民事案件调解法》。该法规定了调解的定义、类型以及调解的监管与适用，对欧盟各国的调解立法产生了重要的影响。奥地利注重调解员队伍的建设，对调解员资格的认定、调解员注册的规范以及调解员专业技能的培养都有专门的规定。

关键词：奥地利　调解制度　《民事案件调解法》

20 世纪 70 年代以来，替代性纠纷解决机制（ADR）在世界范围内迅速兴起，调解作为其中最重要的纠纷解决方式，在各国实践中发挥了重要作用，形成了许多行之有效的做法。① 欧盟成员国开始规范调解行为的时间相对较晚。其中，充满开拓精神的阿尔卑斯山脉国家奥地利是欧洲调解制度发展的先锋。受到美国调解制度的启发，奥地利较早实现了调解的制度化。随着《民事案件调解法》（Civil Law Mediation Act，以下简称《调解法》）的颁布与实践改革的推进，奥地利俨然成了欧洲调解制度的代表性国家。

一、奥地利调解制度的特征

（一）立法层面

进入 21 世纪后，与调解有关的立法活动在欧盟国家十分频繁：在法国，民事和商事领域内的调解被列入 1996 年《民事诉讼法》；英国于 1998 年首次在《民事

---

* 作者系厦门大学法学院诉讼法硕士研究生。

① 一般认为，ADR 的主要形式为调解、仲裁和协商。尽管随着规模扩大，目前 ADR 名目繁多，但大多数仍是以上三种重要方式的派生形态。其中，调解是最常见和最重要的 ADR 方式，也是所有其他形态的基础。参见齐树洁主编：《纠纷解决与和谐社会》，厦门大学出版社 2010 年版，第 94 页。

诉讼规则》中规定了调解；1999 年，德国《替代性纠纷解决促进法》颁布；葡萄牙有关调解的法律在 2001 年通过；奥地利《调解法》2004 年开始实施；保加利亚2004 年开始制定有关调解的法律；2005 年，波兰立法规定在民事案件中适用调解；2012 年，德国联邦议会通过了《促进调解及其他庭外纠纷解决程序的法律》。

上述不同的规定都始于对下面的根本性问题的回答，即调解是否需要首先由立法进行规范。奥地利选择了相对密集的立法形式，将调解与提供法律意见区分开来，以提高调解的适用及保证法律的稳定性。奥地利《调解法》通过详细的条款规定了建议性调解委员会、调解员注册制度、注册调解员的权利和义务、诉讼时效与时效中断、培训机构以及对调解员的培训等重要内容。和奥地利相比，其他国家，主要是英国和荷兰，则是尽量限制对调解制度的立法，以避免因为制定了不成熟的法律而妨碍当事人的创造性以及在并非急需的情况下限制调解的灵活性。因此，英国《民事诉讼规则》只是选择性地规定了一些条款，而将调解制度的设计、调解员的培训留给了私人联合组织等自治力量来规制。

(二)实践领域

当调解制度已经在美国、澳大利亚等国家充分建立并运作起来时，奥地利的调解制度和其他替代性纠纷解决机制仍处在萌芽期。时至今日，替代性纠纷解决机制已经成为奥地利纠纷解决研究领域学术讨论与政策制定的聚焦点。调解在家庭纠纷、校园纠纷、商事领域纠纷（民事法）、环境冲突（行政法）以及"受害人－加害人"调解（刑事法）制度中发挥着越来越显著的作用。[①] 在奥地利，有一系列职业和职业化的工作提供着传统意义上的类似于调解的服务。这些职业领域包括指导、顾问、精神心理治疗、心理咨询、团队动力学、组织机构发展、法律、仲裁和管理学。作为一项新兴发展的职业，奥地利现代调解制度不断改革，并继续在基础性技巧、实际知识和科学理念方面影响着上述学科领域的发展。因此，奥地利调解实践的先驱们大多拥有心理学和治疗学背景，他们创造了大量富有改革性和推动性的调解范例，这些范例即是奥地利调解文化主要追寻的对象。在非私下沟通的情况下实现调解的便捷与顺畅，成为奥地利调解员训练主流模式关注的焦点。换言之，双方当事人之间的合作会谈贯穿调解全过程。此外对于当事人而言，相较于连续性的会谈他们更倾向于选择多方调解会谈模式。基于对这两个特点的考虑，奥地利调解员训练模式与美国的模式存在较大差异。

---

① ［澳］娜嘉·亚历山大主编：《全球调解趋势》，王福华等译，中国法制出版社 2011 年版，第 62～63 页。

二、调解立法的完善与发展

2003 年,奥地利率先颁布了欧洲第一部《调解法》,该法被认为是欧洲首部法典化的调解规定。该法的主要目的有二:首先,采用不具体描述调解模式与程序的方法,促进并实现调解实践标准的规范化;其次,通过立法来增进公众对调解的认知与信心。《调解法》包含诸如调解员的保密义务、诉讼期间迟延等与调解实践密切相关的核心因素。该法还规定,为了使调解制度能够引起诉讼参与人的足够重视,法院应告知诉讼双方当事人采用调解的可能性。

(一)背景介绍

奥地利调解立法可以追溯到有关法院附属的"受害人－加害人"调解模式(Victim-offender Except Judicial Offense Resolution)的规定,该模式在 1985 年开始适用于针对未成年加害人的庭外纠纷解决。① 调解作为一种纠纷解决机制,在"受害人－加害人"调解模式下经常被用于解决家庭纠纷、在学校里开展的同龄人调解项目(peer mediation)、商业以及劳动纠纷和逐渐增加的环境污染纠纷。20 世纪 80 年代末期,在接受了源自美国的系统化训练之后,奥地利调解法的先驱们在 1994 年创立了名为"适用于法庭调解的家庭顾问——为父母离异和分居的孩子提供帮助"的项目(Pilot Project on Co-Mediation),该项目成为奥地利调解立法又向前迈出的重要一步。20 世纪 90 年代,调解首次被认为可用于化解离婚或分居类纠纷。自此,调解开始主要适用于家事纠纷领域。2001 年颁布的《未成年人监护法》也规定了未成年人监护权纠纷的调解。此外,奥地利《民事诉讼法》、《刑事诉讼法》以及律师、公证员的行为准则中亦有调解制度的相关规定。但直到用于规范社区与劳工纠纷调解的《调解法》颁布后,调解才被正式纳入纠纷解决机制。《调解法》废除了《民事诉讼法》针对离婚纠纷及未成年人监护权纠纷调解的部分不同规定,该法的大部分内容于 2004 年 5 月 1 日生效。

---

① "受害人－加害人"调解模式是德国最先发展起来的调解形式,且在理论和实践中均获得了赞同。1985 年开始的第一个试行项目肇始于青少年领域。对于青少年犯罪,如果该青少年认真尝试"受害人－加害人"调解,那么检察官办公室可能会免于启动正式程序。对于成年人犯罪,如果该成年人采用了调解,那么允许检察官推迟或者免于正式指控行为不端的被告。而且,在这样的案件中,如果允许调解,那么检察官可以在宣判前降低指控,法官亦可对被告人减轻处罚或者免除一项最高刑为一年监禁的刑罚。

(二)《调解法》的制定

奥地利《调解法》影响了欧洲各国的调解立法活动。2005 年颁布的列支敦士登《民事案件调解法》、2008 年颁布的斯洛文尼亚《民商事调解法》以及 2012 年颁布的德国《促进调解及其他庭外纠纷解决程序的法律》均以奥地利《调解法》为参考文本。自 2003 年颁布以来,除增补《调解员培训规则》,[①]奥地利《调解法》从未被修改过。有关跨境调解的规定则依据 2011 年 5 月 21 日实施的《欧盟调解指令》。[②] 在《调解法》的起草过程中,奥地利司法部受权力配置所限,无法顺利开展起草工作,因此曾对联邦政府管理调解活动的权限与能力提出质疑。此外,大多数法律评论员都对《调解条例(草案)》提出批判。例如,将该法适用范围局限于民事调解活动的立法原意有悖于调解的本质要求,会导致案件性质分析与纠纷解决的分离。另一项主要的批判在于《调解法》的制定可能会造成法律的不确定性,特别是《调解条例(草案)》中对调解员法定资格的限定,使得那些未经法定注册的调解员开展的调解活动成为刑事犯罪行为。该规定在表决通过前被废除,未注册的调解员也可以自由调解民事纠纷而不被认定为犯罪。现在,《调解法》的规定被公认为比较合理适度。

(三)《调解法》的内容

1. 调解的法律定义

调解所具有的随意性以及部分的超越司法性,都可以用来解释为什么在公众性的法律、法规和私人间的标准合同、行业自治章程、行为准则中,调解的概念和相关细则具有相当程度的多样性。在奥地利,对于调解及其隐含的深层次哲学有着差异性界定。在实践中,关于调解的定义更多地参考了立法和调解行业的规定。因此,《调解法》关于调解的定义往往会引起调解实践者的特别关注。《调解法》关于调解的定义如下:(1)调解制度是由纠纷双方自愿进行的,由一个具备相应资格的中立代表,运用经调解双方认可的方法,通过有组织、系统化的促成纠纷双方交流的途径,协助他们达成纠纷解决合意的程序。(2)民事案件调

---

① 尽管《调解条例(草案)》规定调解员的培训标准实行自我调整的原则,《调解法》却赋予奥地利司法部发布调解员培训准则的权力。

② 欧盟于 2008 年 5 月 21 日颁布《关于民商事调解若干问题的 2008/52/EC 指令》。该指令在其明确规定为有直接约束力的条款之外的规定,也具有效力,因为它已经使得一些成员国家,如德国,为了达成国内和跨国调解的同步性,在《调解指令》规定的适用范围之外对《调解指令》加以执行。尽管如此,其他一些成员国,如奥地利和英国,只在跨国调解时才适用该指令。

解指的是适用于民事案件的调解,意指那些民事法庭具备管辖权的案件。该定义将当事人的利益基础作为调解程序的首要特点,以促成当事人通过谈判解决纠纷,被奥地利调解法的实践者和理论研究者广为接受。之所以产生这种结果,主要在于奥地利调解法的先驱们大多是心理学家或者是精神治疗师出身。而且在调解训练和实践中最普遍采用的是辅助型和转变型(Facilitative and Trans-formative)调解模式。《调解法》将调解确定为一种对奥地利市民社会发展具有重大潜在推动作用的纠纷解决机制。同时,该法还提供了开展民事调解程序所应遵循的法律框架。《调解法》并未直接对调解程序本身作出规定,而是就调解制度与商业咨询、法律服务、顾问辅导以及心理治疗等领域做了划分。

由于调解的定义遭到广泛批判,立法者参照佛罗里达州法律,于2003年修改了调解的法定含义。在重新界定的调解程序中,调解员的主要工作被认为是协助纠纷当事人明确自身角色、明晰双方利益的共同点与冲突所在,在此基础上探求纠纷解决的最佳方案。此类协商模式可被认定为遵循了"对抗中寻求合作"的调解基本原则。故在奥地利,调解是一种基于当事人自愿参与的程序,在该程序中,没有司法裁判权的调解员系统化地辅助当事人进行交流,从而让当事人自己承担起解决他们之间纠纷的责任。调解的自愿性以及当事人对调解方案的接受,从根本上带来了对实质正义的期待,以及对当事人有利的结果。从这个层次上看,调解是合同的程序性化身。

2.调解的法定类型

调解作为若干解决纠纷的程序中的一种,与法庭审理程序的权威性、依照法定程序进行以及以诉权为导向相比,其能够提供一种更灵活的、自我决定的方式。该方式可以把冲突的方方面面都考虑进来,却不涉及冲突的法律特质。正是基于上述原因,与司法程序相对应的调解一般被定位为替代性纠纷解决机制的一种。考虑到调解与庭审程序的关系,可以将调解分为三类:(1)"私人调解",与庭审程序完全无关。(2)"法院转介调解",一方面,从制度上看与司法程序有关;另一方面,程序上却作为独立体制与法院分离。(3)"司法调解",在地点与人事上都与法院和法庭程序密切相关。① 奥地利《调解法》对上述三种类型的调解均明确规定。

(1)私人调解

奥地利法律不要求法院通过裁定启动调解程序。根据调解的法律定义,调解的特质在于对自愿原则的综合利用。在1997年进行的一项司法审查中,由于

① [德]菲利克斯·斯德菲克:《欧洲国家的调解概述》,吕芳译,载《法律适用》2011年第8期。

缺乏相应的法律规定,强制调解被奥地利最高法院宣布违法。奥地利法律也不会强制当事人参加调解的信息发布会。根据《调解法》的规定,双方同意调解并不意味着当事人禁止在调解前或调解中将纠纷重新提交法院审理。原则上,当事人就同意调解达成的契约不具有强制性,不能阻碍其回归司法程序。就具体的调解而言,问题在于在尚未启动调解程序的情况下,当事人的权利主张是否已经过充分考虑。一旦当事人决定在诉讼过程中调解,诉讼程序只有在双方失败的情况下才会继续进行。但如果当事人达成调解协议,诉讼自动终止,双方还会将终止诉讼的约定作为条款之一列入调解协议。

（2）法院转介调解

《调解法》将法院转介调解程序纳入调整范围,作了详细规定,并相应修正了《民事诉讼法》的部分内容。根据《调解法》的强制规定,法院须在合适的案件中,引导当事人选择其他的替代性纠纷解决机制,以更有效地协助冲突双方达成互利共赢的解决方案,其中就包括调解。

（3）司法调解

对于司法调解,《调解法》既没有明文规定,也没有将其明确排除在调整范围之外。根据该法的规定,在庭审中,法官指挥当事人协商解决纠纷的尝试不属于调解。同样,在法院单独召开的强制性调解听证会中,法院促使当事人达成和解协议的尝试亦不属于调解的范畴。上述做法之所以不被认可为法律规定的调解类型,一是自愿性的缺乏,没有尊重和体现当事人的意思自治。二是调解员不适当,《调解法》禁止决策机构充当调解者。

3. 调解前置程序

通过调解,当事人可以期待获得比司法程序更快,也更省钱的纠纷解决方案。除此之外,调解通过将纠纷解决方式私人化,帮助减轻司法沉重的案件负担,降低司法成本。因此,另外两个阿尔卑斯山脉国家——瑞士和列支敦士登,均规定当事人在将纠纷诉至法院前必须先经过调解,此谓强制性调解前置程序。而在《调解法》颁布之前,调解并非奥地利民事诉讼的前置程序,其仅作为社区纠纷与劳工纠纷案件的替代性纠纷解决机制之一。随着立法中部分新的权利的确立,《调解法》最终确定上述两类纠纷亦实行调解前置。社区法律的修正引发了社区纠纷诉讼案件数量猛增,上述规定的目的之一在于改变该现状。由于业主纷纷起诉转基因生物致其财产带来了巨大损害,并相应地起诉索赔,奥地利《基因工程法》也规定此类纠纷适用调解前置规则,以缓解诉讼压力。

（四）《调解法》附注

依照奥地利立法传统,法案的附注内容对法规解释至关重要。解释法律条文时参照附注的做法被称为"历史解释"方法,是法律解释工作中公认的准则。

该准则不仅适用于法学研究领域,还常被用在法院司法解释的实践中。因此,奥地利《调解法》附注的内容在学术研究及法律解释的过程中被频繁引用,其主要内容包括以下三个方面:(1)监管目标。附注中注明该法的监管目标在于通过调解立法的确定,保证调解的质量、扩大调解的适用、确立调解员的培训标准以及统一民众对调解服务的认识,使调解员的职业区别于其他类型的法律职业。《调解法》表决通过前,由于各调解员培训机构在培训标准、持续时间和强度等方面差异较大,政府部门很难评定各类调解员技能培训服务的质量高低。该法颁布的另一层目的在于降低不规范或不符合专业标准的调解行为给当事人带来的风险,尤其是在调解家事与商事等涉及实质性个人权益与商业利益的纠纷时。(2)监管内容。《调解法》开篇即对调解的定义做了法律说明,随后概述了有关调解的部分主要内容,如建立调解咨询委员会、正式列入调解员名单的标准与手续、登记成立专门的民事调解培训机构或开展此类培训课程的要求与程序、登记名册的维护、注册调解员的法定权利与义务、调解时效与时效中止等。对那些所谓"自由从业"的调解员以及新成立的公益调解机构的工作人员的权利义务,该法不作规定。(3)适用范围。尽管一些专家学者主张《调解法》应规范所有类型案件的调解活动,但事实上该法仅适用于规范民事纠纷的调解。在《调解法》中,"调解"特指民事案件的调解,正如该法第一章所述:"调解是指专门调处原由普通民事法庭司法管辖的民事纠纷的系列活动。"

三、调解实践的改革与创新

(一)调解员队伍的建设

随着《调解法》的颁布,奥地利调解员的数量迅速增长。奥地利联邦调解员协会(Austrian Federal Association of Mediators)发布的报告显示,近10年来奥地利调解员的数量一直保持增长趋势:从2003年的500人到2004年中期的900人,再到2005年1月的2500人。2012年1月的数字为2400人,稍有下降。根据《调解法》附注的预测,2007年,奥地利调解员总数将突破3600人。尽管数据显示目前奥地利注册调解员的总数有所下降,且与《调解法》附注中预测的人数差距明显,但调解制度仍被视为一项设置合理、运行良好的替代性纠纷解决机制。在此基础上,奥地利诞生了一批规模较大的专业调解组织,例如奥地利调解员协会(Austrian Association of Mediators)、企业调解论坛(Forum Wirtschaftsmediation)、商事调解协会(Society for Business Mediation)等。

奥地利对调解职业的规范实行激励模式,该模式允许任何人担任调解员,而无需经过许可。尽管如此,一些对当事人有利的规定如保密性条款和保证调解质量等,只有在调解是由注册调解员主持时才适用。该做法引导当事人倾向于委托注册调解员,由此激励调解员努力争取满足注册所需要的能力要求。根据《调解法》的规定,"调解员中立、调解保密以及诉讼时效、时效中断等规则都只有在如下情形中才能适用,即选中的调解员是司法部注册的调解员"。从 2010 年中期开始,随着 2419 名调解员陆续完成登记注册,奥地利注册调解员的总数基本固定。共计 2400 名左右的注册调解员为约 800 万奥地利常住居民提供调解服务。据此,奥地利每 100 万居民拥有 300 名注册调解员(即每名注册调解员可为 3300 位居民提供调解服务)。立法者已经预见到注册调解员数量将会减少,并将该现象理解为调解服务市场宏观调控与后续整合的必然结果。由于对注册调解员数量的预测过于乐观,奥地利《调解法》补充规定首次登记在案的调解员需在 5 年后重新注册。重新注册应符合 5 年间累计参加至少 50 个小时的调解技能培训的条件,并交纳 293 欧元手续费及每年 70 欧元从业保险费,该保险一般由专业协会提供。

(二)调解技能的培训与认定

诚如有些学者所言:"当代世界纠纷解决的实践中发展出的评价性或指导性调解模式,正是利用了当事人对调解人专家身份和权威性的信赖,将调解与依据及结果评估、提案建议、裁决等结合起来,以节约解纷成本和时间。"[①]为确保调解质量的提高,调解制度的成熟稳定,奥地利高度重视调解员的专业素质与业务技能。作为为数不多的针对调解制度施行改革性立法的欧洲国家之一,奥地利的调解立法一直走在前列,其改革性表现在不仅将调解认定为一项规范性职业,而且还为民事调解员的训练和职业资格获取制定了细致的标准和规范。2005年,奥地利在《欧洲调解员管理规范》的基础上,发布了规范调解员调解行为的《调解员管理规范》。该规范在前言中注明:如果纠纷当事人向那些遵守《调解员管理规范》的调解员寻求调解服务,就可以依法获得有关可获得的调解服务、调解质量与条件、调解员的任职资格与调解能力等最全面、准确的资讯。因此,虽然该规范不是强制性规定,却得到奥地利调解员的普遍遵守。

奥地利也是第一个针对调解员职业资格制定成文立法的欧洲大陆国家。对于依据《调解法》而获得联邦司法部授权的调解员,2004 年 5 月 1 日生效的《民事案件调解员训练细则》详细规定了其训练的内容和知识储备的标准。该细则是在由 27 名专家组成的调解顾问委员会的建议下,由联邦司法部通过施行的。训练细则设置了对来自各不同学科背景的调解员申请人的课程要求。且参与者

---

① 范愉:《诉讼调解:审判经验与法学原理》,载《中国法学》2009 年第 6 期。

的职业背景不同,其训练要求也不尽相同。对满怀热情的调解员而言,他们要根据另一单行法的规定完成 365 个课时的调解训练。然而对于有法律、社会科学、会计、咨询以及工程学职业经历的申请人而言,如果他们在各自领域中具备 3 年实践经验,①则只需完成 220 个课时的训练。调解训练细则将调解训练细分为两个部分:第一部分集中在调解理论基础(136 至 165 个课时),包括沟通理论、性格理论、团队心理学、冲突分析、法律经济学和调解伦理;第二部分包括实践技巧训练、监督和同行业内辅导(peer counselling,84 至 165 个课时)。申请人在申请参加训练时必须年满 28 岁以上,并且为其日后调解的每个案件购买价值 4 万欧元的保险。获得资质的调解员每 5 年还需要参加 50 个课时的阶段训练,以在奥地利司法部的委任调解员名单上保留资格。调解员名单的保存和适用,主要由调解顾问委员会的一个附属委员会负责。必须要认识到,尤其在早期的调解员委任制度之下,顾问委员会的意见经常被作为重要的参考依据。

事实上,合作调解实验性项目标志着奥地利调解制度开始运转。自从该项目开展以来,调解员培训市场的发展已经超过了对调解本身的需求,多种多样的学术性与非学术性的组织都开展了调解员的培训工作。相较于大多数大陆法系国家的调解培训而言,奥地利在强调调解理论基础、各学科间知识交互运用、细节化以及复杂化程度上更胜一筹。调解培训提供针对不同实践领域的专门性课程,同时为来自特定专业领域的参与人提供研讨交流的机会。在一至两年的训练期间里,大多数训练课程结合了大量调解理论知识与具体的、经验性的实践方法。例如在家事调解领域中,现今大多数为期两年的训练课程里已包含了近 200 个训练单位。尽管调解制度的运用已扩展到许多潜在的纠纷领域,但在奥地利仍出现了受过专业训练的调解工作者供过于求的局面。基于《调解法》的目标在于实现调解制度体系的高标准化,对于联邦司法部在调解培训机构的资质认定及调解员认证方面的严格要求,该法制定了相应的详细规则,并进一步规定了具备资质的调解员的权利与义务。此外,与调解职业相关的委任、资格认定要求,民事案件调解培训细则中都有明确规定。

---

① 具有法律背景的申请人包括律师、公证人和法官;具有社会科学学科背景的申请人包括心理治疗师、心理学家和社会工作者。

日本 ADR 制度发展述评

■ 杨佳莉 *

　　摘要: ADR 作为日本实现法制现代化的一种过渡性战略措施,有效地缓解了移植法与传统社会间的不适与冲突。根据运作主体的不同,可将 ADR 分为司法 ADR、行政 ADR 与民间 ADR。日本的司法 ADR 与行政 ADR 制度已趋于成熟,民间 ADR 虽然在适用过程中面临尴尬,但有很大的发展空间。
　　关键词: 日本　纠纷解决　司法 ADR　行政 ADR　民间 ADR

　　ADR(Alternative Dispute Resolution)是一切诉讼外纠纷解决方法的总称,包括仲裁、调解(调停、斡旋)②等形式。在日本,ADR 的实践历史源远流长。早在江户时代,民间就有通过长者调解解决纠纷的习惯。这一方面根源于人们对社会和谐的孜孜追求,另一方面,也归因于法官职业群体的缺乏。调解凭借其自由灵活、高效便利的优势,在当时的社会情境下广受欢迎。但这样的历史源流却使得日本法学界在"一战"前,将以调解为主的 ADR 误读为一项具有"前现代性"特征的纠纷解决机制③。随着 ADR 在缓解传统社会与继受法冲突方面发挥的作用越来越突出,及美国等国家对 ADR 关注的升温,人们才逐渐改变对 ADR 的态度。

　　日本于 2007 年实施《关于促进利用裁判外纷争解决的法律》(以下简称

---

　　* 作者系厦门大学法学院诉讼法硕士研究生。

　　② 在中国词汇中,"调解"既可指法庭调解,也可指法庭外调解(私人机构及行政机关组织的调解)。但在日本,类似"调解"的词汇有两个:"调停"与"斡旋"。两者没有本质差异,只是在第三人参与程序的方法上,斡旋比调停更为机动灵活。因此,斡旋常被用于法庭外调解,而调停则被用于法庭调解。为了符合中文的阅读习惯,若无特别之处,在下文中以"调解"代替"斡旋"指代法庭外调解;"调停"则仍延续日本用法,指法庭调解。

　　③ 和诉讼这种现代纠纷解决方式作对比。但也有观点认为,日本的调解无"现代"与"非现代"之分,它就是"日本式的"。参见 Takao Tanase, Community and the Law: A Critical Reassessment of American Liberalism and Japanese Modernity, Edward Elgar Publishing, 2010, p.151.

《ADR 促进法》)。该法附则第 2 条规定:"在本法施行五年后,政府应当对施行状况进行调查研究,如果认为有必要,则应基于调查结果修改法律。"由于 2011 年春天发生三场大灾难——海啸、地震、核泄漏,立法者将注意力转移到其他更紧迫的事情上,推迟了对《ADR 促进法》实施情况的调研。2014 年 3 月 17 日,经过"ADR 法调查委员会"一年的实证研究,日本法务省发布了 ADR 制度在日运行状况的调查书。本文希冀在介绍日本 ADR 制度发展原因、种类的基础上,通过对运作现状的简要述评,为我国 ADR 制度构建提供一些域外经验。

一、日本 ADR 制度发展的背景

由于江户时代的《相对济令》、内济制度和明治时期的劝解制度①,日本曾一度将以调解为主的诉讼外纠纷解决方式标签化为"前现代",认为其与现代法制不相兼容。进入 20 世纪后,工业化、城市化以及"一战"后萧条破败的经济状况使得社会矛盾加剧,大量的房屋租赁纠纷、劳动纠纷、土地建筑纠纷②涌现③。继受欧陆法建立的现代民事诉讼制度对此束手无策。移植法与传统社会的高度不协调逐渐显现出来。调停、斡旋等手段以其内在灵活性和对古老法律文化的传承,成为可与诉讼制度相媲美的纠纷解决手段。日本现代民事调停制度肇始于 1922 年《借地借家调停法》。1951 年的《民事调停法》将除家事和劳动争议以外的各种调停制度加以统一,此后虽作过若干次修改④,但一直沿用至今。

1945 年后,社会上出现了行政和民间 ADR 机构。这些机构打破法庭调解的固有模式,以"游离于法律与秩序之外"的独特程序解决纠纷,引发了是否要对其进行立法规制的讨论。但直到 20 世纪 90 年代中期,人们才首次呼吁制定 ADR 法,为各种各样法庭外 ADR 机构的存在提供法律依据。在制定 ADR 法的过程中,如何处理 ADR 程序与诉讼程序的关系成为一个棘手问题。对此,学

---

① 《相对济令》规定某些种类的金钱债券纠纷在特定时间前后不得作为债权诉讼予以受理,促使当事人通过和谈解决纠纷;内济制度是指在向法院提起诉讼之前,作为必经程序,由大地主、名望家族或村吏先进行调解;劝解制度基于"对决前熟议解讼"的理念设置,劝解成功则达成和解。参见范愉:《非诉讼纠纷解决机制研究》,中国人民大学出版社 2000 年版,第 51~52 页。

② 此处的土地建筑纠纷指土地所有权人未经建筑所有权人同意转让土地,或建筑所有权人所有房屋未经地主允许而被要求拆除的情况。

③ 但须注意的是,这并非"诉讼爆炸"。成为现代 ADR 高速发展契机的"诉讼爆炸",是指 20 世纪 90 年代后,伴随着法院案件云集而导致的诉讼迟延的严重化。这与文中所提的时间节点相距甚远。而且,当时日本纠纷虽多,诉讼案件却也远未达到"爆炸"程度。

④ 最近的一次修改在 2011 年。

界有两种意见，学者们形象地用日本名山——富士山与八山（八ケ山）命名代表这两种意见的两个学派。富士山派认为诉讼是纠纷解决的核心，是严格以法为基准的裁断，应从诉讼角度把握纠纷解决全局。八山派将 ADR 与诉讼并行排列，认为两者同等重要，应在相互补足的基础上获得共荣。在两派激烈争论时，中间派阿苏山派诞生。阿苏山派承继了八山派的同等重要观，但提出诉讼相当于山内环，ADR 相当于山外围。不管内环外围，由民众选择最方便自己的手段即可。应当说，阿苏山派的观点是较为妥当的①。《ADR 促进法》于 2004 年 12 月 1 日公布。但为了留给政府部门充足的时间制定配套的行政文件，直到 2007 年 5 月 31 日，这部法律才正式得以施行。

《ADR 促进法》总则规定，ADR 即"除诉讼外，当事人自愿选择的，通过公正第三方介入以解决民事纠纷的方法"。涵盖法院调停、调解、仲裁等方式。这些诉讼外纠纷解决程序，"应尊重当事人自主解决纠纷的努力，公正妥适地开展程序。当事人及其代理人在纠纷解决过程中应展现出与争议事项相关的专门知识，并且尽可能快速地定分止争"。无论 ADR 的运作主体是法院（司法 ADR）、行政机关（行政 ADR）还是民间机构（民间 ADR），都应遵守总则的总括性规定。《ADR 促进法》的分则规制了民间 ADR，内容包括民间 ADR 认证制度及可能产生的特殊法律效果。

二、司法 ADR

司法 ADR 主要指法院调停制度，包括民事调停与家事调停②。日本的法院调停制度堪称现代法院附设调解制度的滥觞。该独立程序一方面完全受控于司法机关，另一方面，又在调停人、解纷方式和依据方面强调与诉讼的区别，在满足当事人选择意愿的同时，承担了沟通诉讼与非诉讼、社会与司法、传统与现代纠纷解决方式的社会功能③。

（一）程序的启动

法院调停可由当事人申请启动或依法庭指令启动。在申请启动的情况下，一方当事人可以在任意时候申请调停。故另一方当事人有可能在未赞成采用调

---

① ［日］川岛四郎：《日本 ADR 系统现状以及相关课题备忘》，载日本《法政研究》2007 年第 3 期。

② 下文介绍的主要是普通民事调停的程序。关于家事纠纷的调停，由专门的《家事事件程序法》予以规定，本文不作展开。

③ 范愉：《委托调解比较研究》，载《清华法学》2013 年第 3 期。

停程序的情况下被卷入该程序(在行政及民间 ADR 机构里,调解的提起必须经双方同意)。如果其拒绝出席首次聆讯,将会被法庭处以最高达 5 万日元(约合人民币 3020 元)的罚金。申请应以书面方式提起。如果以口头方式提出,则必须由法庭工作人员记录成文。申请书必须包含申请人的请求以及关于冲突的简要描述。申请可以在调停的任一阶段撤回,而无须另一方当事人的同意。在依指令启动的情况下,只要法庭认为合适,即可依职权将诉讼程序转为调停程序。在程序开展初期,法官无需取得当事人同意即可自由转换程序。但当法庭梳理出案件的争议焦点并整理完证据后,法官若想转换程序,就必须征得当事人双方的同意。此外,家事纠纷与租约纠纷实行调停前置。

(二)调停员的指定

在法院调停程序中,调停委员会主导程序开展。调停委员会由一名主任以及至少两名非专业调停员组成。

当案件从庭审程序转换为调停程序时,发布转换命令的法庭会为调停委员会指定一名主任。最初,主任只能由职业法官担任。但为了减轻法官工作负担,增加法官和律师间沟通交流,2004 年司法改革规定最高法院可选任有 5 年以上执业经验的律师,以兼职法官的身份担任主任。兼职法官与职业法官拥有相同的权利义务。非专业调停员是从由最高法院指定的候选人中再行选定的,选任标准是具有与具体争议事项相关的知识储备。调停员应符合以下条件之一:(1)有律师执业资格(如律师、退休法官、大学教授等);(2)有专门知识背景(如内科医生、编辑、注册税务会计师等);(3)有丰富社会经验。其年龄被限制在 40 岁~69 岁之间。同时,候选人不能有《调停委员会条例》规定的不能被任命的情形,主要是指未被判处过监禁,或受过其他严重的刑事处罚或行业处分(如曾被撤销某项任命,或被吊销某个行业的职业资格)。近年来,第三类非专业调停员中从事贸易、农业生产和商品生产的人急剧减少。但没有正式工作却有丰富社会经验的非专业调停员则增长了 30%。这是因为一大批已经退休的司法代书人仍然活跃在调停程序中。

(三)程序的开展

调停委员会组织的调停聆讯应当保密。委员会有权决定是否在法庭外举行聆讯。如果他们认为该案件不适合调停或申请调停者怀有恶意,即可在程序正式开始前终结调停。委员会的决定遵从多数原则。若出现僵局(反对方与支持方人数相同),则由主任作最终决定。在日本,调停与诉讼是并行的独立程序。法庭如果发现就调停事项提起的诉讼将影响调停的顺利开展,可以推迟该案件的审理。若调停失败(当事人双方没能达成协议,法庭没有提供可调方案或法庭提供的方案被一方当事人拒绝而无效),当事人在两周内就此提起诉讼的,视调停申请提出之日为诉讼提起之日。在行政和民间 ADR 机构组织的调解中,同样会产生时效中断的效果,不过时间限制并非两周,而为一个月。

(四)程序的终结

在法院调停中,有两种情况会被视为调停程序成功终结。其一,在调停委员会的调停下,双方达成合理协议并将内容记录在案。该协议的内容与诉讼和解协议具有同等效力。其二,虽然双方没有达成协议,但职业法官行使《民事调停法》第 17 条赋予的权力发布了一个可资参考的方案即"代替调停的决定"。若双方当事人均未在两周内提起上诉,法庭的这份方案即生效,并且拥有与当事人自己达成的协议相同的效力。诉讼和解协议或调停协议均可作为强制执行的依据。但是根据通说,它们并不具备完全的法律效力,其效力须受到执行目的的限制。

三、行政 ADR

日本是行政 ADR 机构比较发达的国家。行政 ADR 机构部分由国家运营,部分由地方运营,负责处理环境、劳动、消费方面的纠纷,如都道府县劳动委员会、公害调整委员会、消费生活中心等。在程序上,其将调解、调停与裁决相结合,实际上主要依靠协商和调解处理纠纷。行政 ADR 机构的调解方案没有强制执行力,但因具备成本低廉,效率较高的优势而广受社会与当事人欢迎。以下以成效显著的国民生活中心与消费生活中心为例,进行简要介绍。

在消费者权益保护领域,行政 ADR 机构的作用独树一帜。基于日本民众的"权威崇拜",人们对民间消费者保护组织提供的解纷服务兴趣不大。法庭组织的调停程序和诉讼程序在这个领域也未发挥良好的效能。行政 ADR 凭借其权威内蕴的先天特征和组织良好的后天技能而优势明显。国民生活中心为消费厅下属的独立行政法人①(国家运营),消费生活中心则为一般的地方行政机关(地方运营),两者共同构成了一张绵密细致的权益保护网络。

---

① 20 世纪 90 年代,桥本龙太郎内阁执政时,日本为提升部分公共事业机构的行政效率而仿效英国导入独立行政法人制度。独立行政法人为公法人的一种,乃新公共管理风潮下的产物。原本由政府组织负责的公共事务,经执行后,被普遍认为不适合再以政府组织继续运作,又不适合以财团的形式为之,遂有"独立行政法人"的设置。

(一)国民生活中心

国民生活中心认为调解可以"发现消费者期待与企业态度之间的落差,并从保护消费者的角度调整这种落差"①。调解员须具备一定的法律素养,并能时刻注意观察消费者的情绪起伏。调解员要清楚与消费争议相关的法条、判决以及调解先例(特别是在企业有欺诈嫌疑,而消费者又对自己权利了解不充分的情况下),综合分析后作出判断。因纠纷当事人通常存在愤怒、悲哀、悔恨等消极情绪,调解员除理智冷静地提供法律建议外,还要努力将消费者的消极情绪转变为积极情绪。学者大村敦志曾说:"消费者不仅想主张自己的权利,使纠纷朝着对己有利的方向解决,他们还希望调解员能理解其烦恼,并产生'你们的想法是正当的'的共鸣。""调解与其说是填补物理损失,还不如说是给消费者一个曝光不幸遭遇的机会。消费者得以在调解员这个耐心且中立的第三方面前,与对方企业面对面互动。并在对事件的不断叙述描绘中回复平和心态。"②如果仅仅关注纠纷所涉及的法律问题,忽略当事人心情,即使双方达成妥协合意,也不意味着纠纷被实质解决,还会有再起纠纷的可能。另外,调解中调解员所坚持的"中立地位"也与一般理解不同。调解员的中立并不是简单地与当事人双方保持同等距离,而是在虑及法律规定、商业利益、当事者双方原本关系和群体主张后所行的相对"中立"。国民生活中心的调解广受好评,且成功率高。其2012年的和解成功率达到了 53%③。

(二)消费生活中心

消费生活中心组织的调解意在"以事后介入方式确保消费者利益的现实实现"、"促进双方当事人的交流与合意达成"。其职责主要是"积极参与"与"尊重当事人的自我决定"。所谓"积极参与",是指调解员为了实现消费者权益,在调解过程中所为的引导、指导行为。所谓"尊重当事人自我决定",是指调解员应尊重消费者的自主意思。不可否认,很多消费者在纠纷解决过程中过于以自我为中心,在申辩时毫不避忌地展示出对对方企业的猜疑心和不信任,使得调解不欢而散。但经过调解中心的努力,这些消费者也可能回归冷静,理解纠纷中自己的

---

① 在这一节中引用的消费生活中心与国民生活中心的信息,如无特别指出,均来源于[日]宫园由纪代:《行政性 ADR 开展的消费者谈话:引导公正交易进行的消费生活相谈员的作用》,载日本《熊本大学社会文化研究》2010 年第 8 期。

② [日]大村敦志:《消费者法》,日本有斐阁 2007 年版,第 354~356 页。

③ [日]井口尚志、日野胜吾:《国民生活中心纷争解决委员会的运行状况及今后的课题》,载日本《jurist》杂志 2013 年第 12 期。

责任和权利义务,从而作出适宜的决定。中心理当支持消费者的这种决定。

日本认为"消费者与企业相比,在所获取信息的数量、质量方面处于劣势",并以这种"弱势消费者"特征为基准,制定了相关消费者保护法律。各行政 ADR 机构也着眼于消费者的弱势地位,在纠纷解决中给予倾斜保护。但值得注意的是,随着时代发展,消费者不再是单一的弱者型,也出现了能够合理判断型消费者与希望自主决定型消费者①。故现在日本国内也有声音呼吁,既然消费者是多样的,基于消费者特质构建的 ADR 系统也应该呈现多样化特征。

四、民间 ADR

民间 ADR 的运作离不开社会自治和共同体。共同体由特定的生活方式、价值观和结构组成。成员的认同感和凝聚力是其赖以生存的基础,并由此形成对共同体规范及其实施、制裁的需求。经过现代化的社会转型,传统的村落、家族、单位等共同体衰落。这不可避免导致一部分民间纠纷解决机制衰弱。但是,社会发展又促生新的社区、行业协会、民间团体等自治共同体形式,并形成新的民间解纷机制。民间 ADR 就在社会变动中不断兴盛、衰落、复兴②。但无论如何,民间 ADR 是现代法治社会不可或缺的。日本的民间 ADR 机构包括仲裁机构、地区律师协会、准律师协会(如司法代书人组织)以及专门解决交通事故、产品质量、消费者信任等纠纷的行业机构。与行政 ADR 机构相同,民间 ADR 机构达成的调解协议不具强制执行力。《ADR 促进法》分则详细规定了民间 ADR 机构的认证条件,产生的特殊法律效果以及调解员在开展业务时应履行的义务。

(一)实行认证制度

立法之初,立法者曾就是否在民间 ADR 中引进机构认证制度产生争议。最终,立法对此采取肯定态度。民间机构若想合法开展 ADR 业务,必须向法务大臣提出申请。但若该机构开展的业务是仲裁以及类似业务,无须运用交谈、协商等手段,则无认证的必要③。《ADR 促进法》第 6 条规定,要取得认证,该机构须具备某个专门领域的知识背景和合适的程序实施者,所制定的规章应包括程

---

① 关于消费者新类型,参见[日]宫园由纪代:《消费者特征与 ADR 程序》,载日本《消费生活研究》2012 年第 1 期。

② 范愉:《纠纷解决的理论与实践》,清华大学出版社 2007 年版,第 274 页。

③ 日本法务省:《为想要取得认证的企业进行的指引》,http://www.moj.go.jp,下载日期:2014 年 4 月 15 日。

序实施者的选任办法、回避制度、解纷程序流程①等内容。如果法务大臣经过审查认为该机构具备相关的知识、能力、管理基础,应当给予认证。若某机构未能取得认证,其实施的调解将无法产生下文所述特殊法律效果,人们对其信赖度和依赖性也会大大降低。

(二)产生特殊的法律效果

经认证的民间 ADR 机构开展的调解有中断诉讼时效、中止诉讼程序、抵消调停前置三种特殊的法律效果。所谓中断诉讼时效,是指当纠纷解决程序以双方当事人达成和解无望为理由终结时,当事人在收到终结通知书起的一个月内以相同事由提起诉讼的,视纠纷解决申请提出之日为诉讼提出之日。所谓中止诉讼程序,是指纠纷当事人已经提出诉讼,但在诉讼进行中,他们又达成申请民间 ADR 服务的合意或已经申请民间 ADR 服务,经过共同申请,管辖法院可以将诉讼程序推迟,但不超过四个月。在家事纠纷和租约纠纷中,若当事人已经申请民间 ADR 服务,但以和解不成为由终结时,可以免除此两类案件诉讼中的调停前置义务。不过,如果管辖法院认为合理,仍可以依据职权进行调停。

(三)金融 ADR 制度

民间 ADR 制度的最新发展是金融 ADR 制度。金融消费者的权利保护直接关系到整个金融行业的健康发展,各界就构建一个多元化、立体化的纠纷解决机制已达成共识②。日本国会在 2009 年通过金融 ADR 法,并于 2010 年 10 月 1 日正式施行金融 ADR 制度。这种全新的 ADR 利用了已受认证的民间 ADR 机构,旨在以一种快速灵活的方式处理消费者与金融机构之间的争议。日本当前的金融 ADR 制度的运作流程如下:(1)基于申请,由行政部门指定 ADR 机构并予以监督;(2)金融机构与指定的 ADR 机构之间事先缔结"同意实施程序基本合同";(3)纠纷发生后,双方均可向指定的 ADR 机构提出解决纠纷的申请;(4)纠纷解决委员实施解决纠纷的程序,提出和解方案;(5)双方通过和解方式解决纠纷③。如果 ADR 机构提供了和解方案,消费者有接受或拒绝和解方案的自由。而对于金融机构,除非消费者不接受和解方案或该机构在一个月内提起诉

---

① 共有 16 条标准,参见《ADR 促进法》第 6 条。该法第 7 条还规定了另 12 种情形,如果这 12 种情形出现,即使该机构条件符合第 6 条规定的全部 16 种标准,也不得受认证。

② 廖向阳、王琪:《论金融消费者的界定及司法救济的功能定位》,载《人民司法·应用》2014 年第 3 期。

③ 杨东:《日本金融 ADR 制度的创新及其对我国的借鉴》,载《法律科学》2013 年第 3 期。

讼,否则必须受到和解方案的约束。

五、日本 ADR 实施现状之评析

ADR 运动有两大发展指向:接近正义指向与自治指向。日本 ADR 发展趋向于自治指向,即其并不是特意作为司法的辅助机制存在,而是从自治角度提供适合共同体及个人需要的纠纷解决方式。但接近正义指向与自治指向的 ADR 本身并非泾渭分明。实践中,两种指向下形形色色的 ADR 形式,都存在一定程度的交错与融合①。事实上,在当代社会,简单恪守单一的价值理念会不可避免地埋没 ADR 的一些重要价值。日本的立法者已经认识到这一点。《ADR 促进法》规范民间 ADR 认证制度及其产生的特殊法律效果,即意在鼓励民间 ADR 通过正规化、规范化途径向接近正义指向靠拢,为社会公众提供便利的准"司法服务"或通向"正义"的途径。由于《ADR 促进法》主要规定了民间 ADR 的相关内容,法务省于 2014 年 3 月 17 日发布的调查书也主要调研了民间 ADR 的运营情况。该部分就以民间 ADR 为例,对其实施现状加以评析。

自《ADR 促进法》施行以来,7 年中共有 128 个民间 ADR 团体获得认证②。这些团体承担了以诉讼外纠纷解决方式处理纷繁复杂纠纷的任务。2011 年,民间 ADR 机构处理的 47.2% 的案件在 3 个月内结束,64.9% 经过两次以下调解即告完结。除去不接受调解的案件,剩余案件中的 51% 成功调解。然而,在调解案件数年年上涨的同时,各个 ADR 机构的发展也必定存在偏差。ADR 机构功能的发挥亦不可能尽善尽美。

(一)ADR 机构分布不均衡

如同上文所述,现在已经有超过 120 个 ADR 机构获得了认证,所涉及范围有制造物责任、土地界限划定、特殊商品交易、软件纠纷、劳资纠纷、夫妇关系、留学事宜、医疗纠纷、奢侈品买卖、知识产权等。但与此相对的是,部分行业或地区仍未配备认证 ADR 机构。尽管社会保险办事员③协会、司法代书人协会、土地屋宇调查员协会之类的团体在全国各都、道、府、县都有广泛分布,但社团、财团、NPO(Non Profit Organization,非营利机构)型的认证 ADR 机构则主要分布在

---

① 范愉:《纠纷解决的理论与实践》,清华大学出版社 2007 年版,第 171~176 页。
② 本段所引用数据均来自于日本法务省:《与 ADR 法相关讨论会的报告书》,http://www.moj.go.jp.下载日期:2014 年 4 月 10 日。
③ 指经厚生劳动大臣认可,专门从事与社会保险、劳动保险相关的文件制作及指导、商谈的人。

东京等大都市。东京是已获认证的民间 ADR 机构分布最密集的地区,多达 28 个机构分布于此,且有众多的 NPO,如留学协会、个别劳动纷争处理中心、证券金融商品调解相谈中心等。北海道、横滨、京都等老牌发达都市亦有为数不少的民间 ADR 机构,数量在 4～6 个之间。但中部地区、东北地区、中国①地区的 ADR 机构分布极少,数量仅在 1～3 个之间。个别地区,如九州东部则还未设立获得认证的民间 ADR 机构。ADR 机构分布的不均衡可见一斑。

(二)ADR 机构利用率低

在《ADR 促进法》颁布前,就存在相当数量的民间 ADR 机构,其中以第二东京律师仲裁协会、冈山律师仲裁协会、交通事故纠纷处理中心为代表。可以看出,法律施行前的民间 ADR 机构大多由律师协会和业界团体设置,工作人员也以律师为主。该法施行后,众多与法律密切相关的机构,如司法代书人协会被认证为 ADR 机构,使得民间 ADR 机构主体日益多元化和丰富化。这无疑是 ADR 法实施以来最重大的贡献。

但在日本,问题从来不是"机构数目太少",而是"机构利用率太低"。日本 ADR 协会(Japan ADR Associate,简称 JADRA)曾在 2011 年 6 月组织了一次问卷调查。当被问及"在机构开展的三大业务:咨询、谈心与调解中,申请调解服务的人是否较少"时,60.5％的 ADR 机构选择了"是"。其中有 30％的机构回答:"即使当事人申请调解,在很多情况下,申请也会被撤回或因得不到另一方当事人同意而无法开展。"仅有 8.9％的受访者同意"ADR 法实施认证制度后,处理事件数有所增长"的观点②。尽管 ADR 机构也积极地与其他协商机构、行政机关的办事窗口合作获取案源,但 68％的受访者认为这些合作所起效用甚微③。在 ADR 法实施后,民间 ADR 机构利用率不高的窘境并没有得到明显改善。有评论称,"问题关键并非调解协议无强制执行力的硬件配备不足,而是制度本身

---

① 此处"中国"为日本地名。
② 日本 ADR 协会:《ADR 法改正方向》,http://www.japan-adr.or.jp,下载日期:2014 年 4 月 14 日。
③ 日本 ADR 协会:《关于 ADR 机构与相谈机构合作的调查问卷》,http://japan-adr.or.jp,下载日期:2014 年 4 月 14 日。

组织构建不善的软件缺陷"①。下文以占民间 ADR 机构大多数的业界型 ADR 机构②为例，分析日本民间 ADR 处境尴尬的原因。

1. 财政来源不稳

业界型 ADR 机构通常是某个专门单位下属的一个部门。其资金来源于总部的拨款。根据单位实力差异，所提供资金、对于 ADR 事业的定位（是否将其放置于优先地位）、ADR 事业的发展规模（工作人数，会议召开频度）也相差甚远。并且，ADR 的主要支出并非调解员的报酬津贴等显性支出，而是与其他机构联络的会议费、培训调解员的培训费等隐性支出。这些隐性支出数额不定且很难预算。一旦总部的财政状况恶化，是否继续维持 ADR 部门的运营，就只能依靠管理者的意见决定。而以利益最大化为目标的管理者，往往会考虑到 ADR 难以掌控的支出预算和偏低的回报率，对 ADR 部门的存续一般持消极态度。

2. 对 ADR 认识偏差

很多单位之所以设置 ADR 部门，是希望借此开拓新的业务领域。设置 ADR 部门耗费的人力物力，在他们看来不过是创建崭新业务领域所需的必要前期投资。当然，这样的动机并不能否定其为发展 ADR 事业筹措资金的努力，也不能否定其欲妥善利用新获得的 ADR 事业代理权的意图。但在平衡原有部门和新设部门的资源配置时，出现了认识偏差。ADR 事业是一项长期性的工作，短期见效，尤其是短期获得经济收入的可能性不大。当单位雄心勃勃地投入资源却无法即刻收益，甚至看不到收益可能时，他们就会将 ADR 看作阻滞原有事业发展，造成单位财政紧张的"鸡肋"。如果说 ADR 是工业社会"现代化"后的纠纷解决方式，设置者首要做的应是探知纠纷当事人的需求，一味追求 ADR 机构的增加和代理权限的扩张似乎有点本末倒置。

3. 律师界的压制

《ADR 促进法》第 6 条规定，若 ADR 机构想获得认证，必须保证有如下设置：当调解案件涉及特定法令的理解，而调解员本人又非律师时，可以向律师征询专业意见。即 ADR 机构若想在现行制度下通过认证，就必须与律所合作以随时获得法律建议。如果 ADR 机构与其选择的律所在对 ADR 的理解、思考方式、程序运行方面不能达成一致，ADR 机构就不能通过认证。为了获得认证，ADR 机构要在和特定律所达成妥协统一的情况下进行组织构建，因而在设置之

---

① ［日］和田直人：《民间 ADR 的现状与法律改正议论》，载日本《静冈法律杂志》2012 年第 3 期。

② 民间 ADR 可以分为业界型、社团法人/财团法人型、NPO 以及其他型。也有将其分为行业型、自律型、营业型。参见范愉主编：《非诉讼程序（ADR）教程》，中国人民大学出版社 2012 年第 2 版，第 78 页。

初就受到律所影响。有说法称,律所支配了 ADR 机构①。同时,这样的制度设计也会产生以下问题:(1)提供意见的律师来源被限定;(2)律师并不一定对 ADR 充分了解;(3)在处理特定案件时,调解员与律师容易发生利益冲突②。

此外,民众对民间 ADR 机构信赖度不足。这固然与日本社会传统的"权威崇拜"思想有关,也与人们唯恐民间 ADR 机构会泄露其在调解过程中的供述以及证据有关。与裁判公开原则相对立,ADR 程序及解决内容实行不公开原则。在涉及知识产权、商业秘密的纠纷中,为当事人保守秘密已成为必然要求。但值得关注的是,如果 ADR 完全在秘密状态下进行,也可能因为失去解决基准(解决纠纷的实体依据)的安定性、预测可能性而有损民众对 ADR 的信赖③。

结　语

伴随着社会的变迁,民事纠纷解决方式的发展日趋多元化。这一现象并非日本独有。目前,日本正尽力扭转对诉讼外纠纷解决方式所谓"前现代性"的误读,并紧跟世界法制发展潮流,实现纠纷解决"现代化"的过程和方式。不论是司法 ADR,行政 ADR,还是民间 ADR ,都具有诸多机能,如具有程序上的简易性;无须严格适用实体法规定,在法律规定的基本原则框架内可以有较大的灵活运用空间;减少诉讼程序的对抗性,有利于维护双方当事人的长远利益和友好关系等。它们在运营上受法律规范的约束但不拘泥于法定的方式,"挖掘"当事人的真正需要,最大限度地提高双方当事人满意度。日本的民间 ADR 制度虽然设立的时间不长,目前发展也存在一定困境,但极具发展前景。它有利于当事人发挥主动权,在纠纷解决的时间、内容等方面也能充分反映其意向。日本对 ADR 的多元化认识和利用,使 ADR 的发展和司法利用成为可能。

---

① 　[日]和田直人:《民间 ADR 的现状与法律改正议论》,载日本《静冈法律杂志》2012年第 3 期。

② 　有观点称,ADR 的发展意味着律师服务范围的缩减。参见季卫东:《世纪之交日本司法的改革述评》,载《环球法律评论》2002 年第 1 期。

③ 　[日]小岛武司:《自律型社会与正义的综合体系》,陈刚等译,中国法制出版社 2006年版,第 19 页。

图书在版编目(CIP)数据

东南司法评论.2014 年卷:总第 7 卷/齐树洁主编.—厦门:厦门大学出版社,
2014.10

ISBN 978-7-5615-5186-8

I.①东… II.①齐… III.①司法－工作－中国－2014－文集 IV.①D926－53

中国版本图书馆 CIP 数据核字(2014)第 171492 号

厦门大学出版社出版发行

(地址:厦门市软件园二期望海路 39 号 邮编:361008)

http://www.xmupress.com

xmup @ xmupress.com

厦门集大印刷厂印刷

2014 年 10 月第 1 版 2014 年 10 月第 1 次印刷

开本:787×1092 1/16 印张:37 插页:2

字数:704 千字 印数:1～2 500 册

定价:65.00 元

如有印装质量问题请寄本社营销中心调换